LA

TRIBUNE JUDICIAIRE.

Paris. — Imprimerie de L. MARTINET, rue Mignon, 2.

LA
TRIBUNE JUDICIAIRE

RECUEIL

DES PLAIDOYERS ET DES RÉQUISITOIRES

LES PLUS REMARQUABLES

DES TRIBUNAUX FRANÇAIS ET ÉTRANGERS

PAR

J. SABBATIER,

Ancien sténographe des Chambres législatives pour le *Moniteur universel.*

TOME CINQUIÈME.

PARIS

C. BORRANI, LIBRAIRE-ÉDITEUR,

RUE DES SAINTS-PÈRES, 9.

1857

LA
TRIBUNE JUDICIAIRE

RECUEIL

DES PLAIDOYERS ET DES RÉQUISITOIRES

LES PLUS REMARQUABLES

DES TRIBUNAUX FRANÇAIS ET ÉTRANGERS

PUBLIÉE SOUS LES AUSPICES DE

MM. Berryer, Bethmont, Chaix d'Est Ange, De Laboulie,
Ernest Desmarest, Dumiral, Dufaure, Léon Duval, Duvergier, Jules Favre, Hébert, V. Lefranc,
Liouville, Marie, Émile Ollivier, Senard, etc., etc.

ET ENCOURAGÉE PAR

MM. NICIAS GAILLARD, premier avocat général à la Cour de cassation, DE GAUJAL, avocat général
à la Cour impériale de Paris, etc., etc.

SOUS LA DIRECTION DE

J. SABBATIER,

Ancien sténographe des Chambres législatives pour le *Moniteur universel.*

Paris, le 30 juin 1858.

MONSIEUR,

La *Tribune judiciaire* commence sa quatrième année. Les cinq premiers volumes qu'elle a déjà publiés permettent de juger si elle a été fidèle à son programme. Le tome. VI, dont l'impression est très avancée, ne présentera pas moins d'intérêt que les précédents.

On nous reproche l'intermittence de nos publications. Le reproche est fondé, mais difficile à éviter : il tient au choix des procès et à la révision des plaidoiries par leurs auteurs (1).

Pour paraître exactement quand même, il faudrait prendre les causes telles qu'elles se présentent. Nous n'avons pas cru devoir procéder ainsi. La *Tribune* est moins un journal qu'un livre; l'essentiel n'est donc pas qu'elle donne régulièrement de mois en mois douze livraisons au hasard, mais un bon volume dans le courant de chaque semestre. Sans doute ce mode de publicité est nuisible à un succès d'argent, mais il peut conduire à un succès d'estime. Nous l'avons dit déjà, la *Tribune* n'est point une spéculation même par le temps où nous vivons : plutôt que de le devenir, elle cesserait de paraître. Comme d'autres publications périodiques,

(1) Nous pourrions citer tel avocat qui, dans quatre affaires des tomes V et VI, nous a occasionné un retard moyen d'environ cinq mois.

elle aurait pu donner des bénéfices ; elle a été, elle est encore onéreuse, parce qu'au lieu de se mettre au service des amours-propres individuels, elle n'a entendu servir que l'art de parler, et reconnaître la bienveillante hospitalité que la magistrature et le barreau ont bien voulu accorder à son fondateur. Mais si, dans ses illusions, le zèle ne connaît pas de bornes, les ressources d'un seul homme sont très limitées. La *Tribune* n'aura tout son développement qu'autant qu'elle sera soutenue, et elle ne sera véritablement utile que lorsqu'elle sera reçue à la bibliothèque de chaque Cour et de chaque Tribunal de première instance, au Parquet, à la bibliothèque de l'Ordre des avocats, à la Chambre des avoués des Cours et des Tribunaux. Les magistrats qui, dans les rangs du barreau, ont préparé les décisions de la justice avant de les rendre ; les avocats qui les préparent tous les jours en élucidant les questions ; les avoués qui concourent à la même œuvre d'une manière également utile quoique moins brillante, sont les lecteurs et les propagateurs naturels de notre Recueil.

Bien que la *Tribune* publie sans acception de lieux et de personnes tous les procès qui lui sont signalés comme importants par les questions qu'ils soulèvent ou par le talent de ceux qui les plaident, elle s'attache plus spécialement aux affaires qui se débattent à Paris. Là, en effet, sont les modèles en plus grand nombre. Jamais le barreau de Paris n'avait brillé d'un aussi vif éclat que depuis que les événements politiques ont groupé autour de la magistrature des orateurs de premier ordre, exercés à la lutte dans d'autres arènes. Mais la plupart de ces orateurs atteignent l'époque de la vie où des vides se font dans les rangs, et nos lecteurs savent que succéder à un homme de talent n'est pas toujours le remplacer. Relier le présent à l'avenir, enregistrer les seuls monuments de la parole publique à une époque où elle n'a d'autre écho que la barre de nos prétoires ; dans tous les cas, conserver les traditions du présent, qui seules peuvent former les générations futures, tel est le but de la *Tribune* et son titre à l'encouragement des hommes éclairés.

Veuillez agréer, Monsieur, les assurances de notre haute considération,

Pour le Comité de rédaction,

Le Rédacteur en chef,

J. SABBATIER.

TABLE DES MATIÈRES

DES CINQ PREMIERS VOLUMES.

TOME QUATRIÈME.

Docks Napoléon. — Abus de confiance et escroquerie. Dilapidation du fonds social. Détournement de plusieurs millions. (*Tribunal de police correctionnelle, 6ᵉ chambre.* — Présidence de M. Dubarle. Accusés principaux : Cusin, Legendre, Duchêne de Vère ; prévenus de complicité : Orsi, Arthur Berryer. Avocats des parties civiles, Mᵉ Henry Celliez. M. Ernest Pinard, substitut du procureur impérial. Défenseurs, Mᵉˢ Nibelle, Dufaure, Nogent Saint-Laurens, Grévy, Marie.)

TOME CINQUIÈME.

Madame Audouin contre le lieutenant-colonel Dubost. — Demande en 100 000 fr. de dommages-intérêts pour refus de mariage. (*Tribunal civil de la Seine, 1ʳᵉ chambre.* — Présidence de M. Debelleyme. Mᵉˢ Berryer et Nogent Saint-Laurens, avocats plaidants ; M. Moignon, substitut.)

Les héritiers du prince Eugène contre M. Perrotin, éditeur des Mémoires du maréchal Marmont, duc de Raguse. (*Tribunal civil de la Seine, 1ʳᵉ chambre.* — Présidence de M. Benoît Champy. Mᵉˢ Dufaure et Marie, avocats plaidants ; M. Descoutures, substitut ; avoués, Mᵉˢ Jules David et Lavaux.)

Affaire de Jeufosse. — Accusation d'assassinat contre le garde Crépel, et de complicité d'assassinat contre Madame de Jeufosse et ses deux fils, Ernest et Albert de Jeufosse. (*Cour d'assises de l'Eure.* — Présidence de M. Vanier. Mᵉˢ Cresson, Berryer et Deschamps, avocats plaidants ; M. Jolibois, avocat général.)

Affaire Nadar. — Revendication de la propriété exclusive du pseudonyme Nadar (*Cour impériale de Paris.* — Présidence de M. Delangle. Mᵉˢ Henry Celliez et Ernest Desmarest, avocats plaidants.)

Attentat du 14 janvier. (*Cour d'assises de la Seine.* — Présidence de M. Delangle. M. Chaix d'Est Ange, procureur général. Mᵉˢ Jules Favre, Nogent Saint-Laurens, Nicollet et Mathieu, avocats plaidants.)

Question des reprises de la femme commune. (*Cour de cassation.* — Présidence de M. le premier président Troplong. Conclusions de M. le procureur général Dupin, suivies de l'arrêt de la Cour.)

Solution de l'affaire Pescatore. (*Cour impériale de Paris.* — Présidence de M. le premier président Delangle. Conclusion de l'affaire.)

TOME SIXIÈME (sous presse).

Madame la marquise de Guerry contre la communauté de Picpus. — Demande en restitution de 1 million 200 000 francs. (*Cour impériale de Paris, 1ʳᵉ chambre.* — Présidence de M. le premier président Delangle. Mᵉˢ Émile Ollivier, Berryer, Fontaine (d'Orléans), Dufaure, avocats plaidants ; Mᵉˢ Tapont-Chollet, Deroulède, Bernheim, Labois, avoués. M. Oscar de Vallée, avocat général.)

Affaire de Clermont-Tonnerre. — Question de nom. (*Cour impériale de Paris.* — Présidence de M. le premier président Delangle. Mᵉˢ Aurélien De Sèze et Dufaure, avocats plaidants. Mᵉˢ Charpentier et David, avoués. M. Oscar de Vallée, avocat gén.)

Le procès relatif au MIRACLE DE LA SALETTE, *si admirablement débattu devant la cour de Grenoble par Mᵉˢ Jules Favre, Bethmont, Farconnet et M. l'avocat général Alméras-Latour, et qui forme un joli volume Charpentier, est donné en prime à tous les nouveaux abonnés de la* TRIBUNE.

La **Tribune judiciaire** publie chaque année deux volumes grand in-8° compactes d'au moins 400 pages chacun, distribués par livraisons de plusieurs feuilles, suivant l'étendue des affaires.

On s'abonne pour l'année courante, au prix de 12 francs pour Paris, et 14 francs pour les départements ; il suffit d'adresser sa demande à l'éditeur de la *Tribune judiciaire*, rue des Saints-Pères, 9, qui fera recevoir le prix de l'abonnement au domicile du souscripteur, dans le courant de la publication du second volume de l'année.

On peut acquérir les cinq premiers volumes de la *Tribune judiciaire*, au prix de 6 francs le volume.

Les nouveaux abonnés recevront en prime le *Procès de la Salette*, 1 volume grand in-18 de près de 400 pages.

PARIS. — Imprimerie de L. MARTINET, rue Mignon, 2.

LA
TRIBUNE JUDICIAIRE.

TRIBUNAL CIVIL DE LA SEINE.
(1re CHAMBRE.)

PRÉSIDENCE DE M. DE BELLEYME.

Audience du 24 décembre 1856.

MADAME VEUVE AUDOUIN
CONTRE
M. le Lieutenant-Colonel DUBOST.

Demande en 100,000 francs de dommages-intérêts pour refus de mariage civil.

L'action intentée par madame veuve Audouin au lieutenant-colonel du génie Dubost a eu un grand retentissement.

En effet, la position honorable des parties, les circonstances qui ont précédé le procès et les émouvantes péripéties de la lutte soutenue par madame Audouin pendant près de trois années, le nom et le talent des avocats chargés de défendre les intérêts de madame Audouin et du colonel Dubost, tout devait concourir à solenniser le débat.

La question de droit était une des plus simples et en même temps des plus controversées, il s'agissait de savoir si la promesse de mariage non réalisée pouvait donner lieu à des dommages-intérêts contre la personne qui s'était refusée à l'exécution. Mais dans les affaires de cette nature la question de droit s'efface le plus souvent devant la question de fait dont nous allons dire un mot pour l'intelligence du procès.

Dans la nuit du 8 juin 1854, un mariage *in extremis* fait par le curé de Saint-Thomas-d'Aquin, unissait madame veuve Audouin au commandant Dubost. Ce lien religieux, formé à la demande de ce dernier, non comme une réparation du passé, mais comme l'accomplissement d'une promesse antérieure, reçut sa consécration dans la sacristie de Saint-Thomas-d'Aquin, après le rétablissement de la santé de madame Audouin, par la bénédiction de la pièce de mariage et des alliances.

Le 1ᵉʳ août 1854, plus de deux mois après cette cérémonie, M. Dubost disparut laissant à une personne de son choix, une procuration à l'effet de faire dresser son contrat de mariage par un notaire de Paris, et au besoin pour faire signifier les actes respectueux à son père et à sa mère qui semblaient opposés à cette union. Il laissait en outre une lettre pour le maréchal ministre de la guerre, dans laquelle il demandait la permission de faire célébrer son mariage civil avec madame Audouin, et deux autres lettres, l'une pour madame Audouin, l'autre pour son mandataire.

Ce départ subit jette l'alarme au cœur de madame Audouin qui se voit compromise par cet abandon, et que l'espoir de nouvelles soutient encore à Paris, mais épuisée par un mois d'attente, sachant que le commandant Dubost est à Varna, où, sur sa demande, il a été envoyé pour concourir aux opérations de la guerre d'Orient ; encouragée par l'adhésion de sa mère, de ses amis et du curé de Saint-Thomas-d'Aquin, elle prend la résolution d'aller le trouver, afin de connaître ses véritables sentiments. Elle quitte Paris le 12 septembre 1854, sous le patronage d'un ami dévoué à sa famille, et accompagnée de sa femme de chambre. Elle arrive à Varna, apprend le départ du commandant pour la Crimée et se rend à Constantinople où elle entre le 5 octobre 1854.

Dans cette ville, où elle est reçue par les sœurs de Saint-Vincent-de-Paul, apprenant la révocation de la procuration du 1ᵉʳ août, elle s'embarque le 20 novembre et arrive au quartier général devant Sébastopol le 24. Le colonel de Brancion se charge de prévenir M. Dubost et de l'amener sous la tente de l'abbé Ferrari où madame Audouin a reçu un asile. M. Dubost arrive, la vue de madame Audouin, au milieu du théâtre de la guerre, l'impressionne ; mais ce bon mouvement est aussitôt réprimé ; alors sa conduite ne laisse plus d'espoir à madame Audouin qui, folle de douleur, se frappe de deux coups de couteau-poignard dans la région du cœur, et tombe dans les bras des personnes présentes à cette scène. Le médecin en chef, M. Scrive, est appelé; il pose un appareil sur les plaies, sans pouvoir répondre de la vie de la blessée, et ce n'est que le 16 décembre, après vingt jours de traitement, qu'elle est transportable à bord du navire qui doit la ramener à Constantinople. Pendant son séjour en Crimée, M. Dubost renouvelle tous ses engagements et passe chaque jour deux ou trois heures auprès de ce lit de souffrances.

A Constantinople elle attend jusqu'au mois de mai 1855 que M. Dubost vienne remplir sa promesse. C'est en vain qu'elle attend; elle voit qu'elle a été abusée, en Crimée comme à Paris, par de vaines protestations. Les lettres qu'elle reçoit sont faites pour détruire toute illusion. Elle se décide à revenir à Paris. En juillet 1856, M. Dubost étant revenu de Crimée avec le grade de lieutenant-colonel, elle fait auprès de lui une dernière tentative aussi infructueuse que les autres.

Elle croit alors qu'il ne lui reste plus qu'un parti à prendre pour sauvegarder son honneur compromis, celui de s'adresser à la justice pour obtenir la réparation des injures qu'elle a subies. La loi ne lui donne qu'un moyen, celui de faire une demande en dommages-intérêts. Cette demande est formée dès le mois de juillet, et elle vient en ordre utile à l'audience du 24 décembre 1856.

Madame Audouin est représentée par M⁰ Berryer, avocat, assisté de M⁰ Eugène Legrand, avoué; M. le lieutenant-colonel Dubost par M⁰ Nogent-Saint-Laurens, avocat, assisté de M⁰ Picard, avoué. M. Moignon occupe le siége du ministère public.

PLAIDOIRIE DE M⁰ BERRYER.

Messieurs,

Quelle que soit la nature des faits et des engagements que je dois vous faire connaître, vous avez vu, par mes conclusions, que cette cause se réduit à une simple demande de dommages-intérêts. Elle ne saurait être autre chose. Il faut recourir à la justice dans toutes les questions où l'honneur est engagé, ce recours est le seul légitime. S'il est des cas où l'homme offensé cherche ailleurs qu'aux pieds de votre tribunal une satisfaction personnelle, il est réprouvé; le recours aux lois, aux tribunaux, à la magistrature du pays, lui est commandé, encore bien que la justice ne puisse, le plus souvent, prescrire et ordonner un acte réparateur.

Dans toutes les questions où les plus grandes délicatesses de l'honneur, je le répète, sont engagées, tout se résume par des demandes de dommages-intérêts; en matière de diffamation, d'injures, d'outrages, pour des faits qui sont

une offense profonde, on demande à la justice les satisfactions qu'on a droit
d'obtenir, et la justice ne peut prononcer que des dommages-intérêts. Mais,
quand la dignité personnelle a été blessée, quand une atteinte a été portée à
la considération, qu'est-ce qu'une réparation pécuniaire? Est-ce que l'argent
paie l'honneur? A quoi donc sert de faire condamner à une certaine somme
de dommages-intérêts? Messieurs, ce n'est pas le montant de la condamnation
qui répare, ce n'est pas le montant de la condamnation qui satisfait; la réparation, elle est toute dans la décision de la justice qui condamne. Le chiffre,
l'objet matériel de cette condamnation, on vous le demande, parce qu'on ne
peut pas procéder autrement devant votre justice; mais on en dispose ainsi
qu'on le juge convenable, on ne s'en enrichit pas, et vous pouvez être sûrs
que la personne au nom de laquelle je me présente aujourd'hui ne voudra pas
accroître le patrimoine de son fils du rachat des affronts qu'elle a subis (1).

Mieux encore serait, dit-on, de se taire. Une femme, une mère, qu'a-t-elle
de mieux à faire que d'ensevelir dans le silence et dans l'oubli les outrages
dont elle a souffert? Pourquoi ajouter à la publicité de ces outrages? pourquoi
ajouter à tout ce qu'il y a eu de fâcheux dans la connaissance que sa famille,
ses amis, une partie du public, ont eue de l'indigne conduite qui a été tenue
envers elle?

Ce langage est facile, facile à ceux dont le cœur n'est pas ulcéré. On peut
pratiquer cette conduite pleine de modération, de patience, de résignation,
quand on n'a pas, pendant trois années, épuisé toutes ses forces pour se relever
et se laver de l'opprobre. Quand on ne se sent pas flétri par les tortures des
regrets amers et de la honte, le silence est possible pour qui n'a pas traversé
ces situations où l'âme est exaltée par les douleurs, pour qui n'a pas près de
soi un fils à qui l'on dira peut-être un jour qu'il doit rougir de sa mère,
un fils déjà en âge de se demander comment il se fait que l'homme qu'il a regardé comme un second père est devenu étranger au foyer maternel? Mais,
Messieurs, quand on a vécu respectée et respectable, se voir, au milieu du
monde, être étrangère, dans une situation humiliée, accusée et suspecte, livrée
à tous les murmures injurieux, et quelquefois aux propos de la malveillance,
oh! alors, messieurs, ces considérations faciles aux esprits et aux cœurs peu
agités, ces considérations tombent; on a besoin de parler haut, on a besoin de
dire que l'on a été victime, on a besoin de faire savoir qu'on est à plaindre,
qu'on est honorable et respectable encore, qu'on a droit à une réparation,
qu'on est digne de l'obtenir. Oui, on a besoin de le dire haut. On ne craint pas la
publicité, on provoque la discussion en révélant soi-même les secrets d'une vie
que, dans l'ignorance de ce qu'elle a été, d'autres pourraient injurier et accuser. La parole alors soulage; non la parole de la vengeance, mais celle de

---

(1) Au mois de juillet 1855, au moment où elle signait sa requête, madame Audouin
a déclaré, en présence de plusieurs personnes, vouloir abandonner à un établissement
charitable la totalité des dommages-intérêts qui pourraient lui être attribués. Au mois
de novembre, renouvelant cette déclaration dans le cabinet de M⁰ Brun, notaire, elle a
invité cet officier public à dresser un acte constatant l'engagement qu'elle prenait à cet
égard. Les règles imposées à l'exercice du notariat n'ont pas permis à M⁰ Brun de faire
droit à cette réquisition.

l'honneur, celle du devoir, et c'est sous l'impulsion de ces sentiments que madame Audouin a formé la demande que je viens soutenir devant vous.

Madame Audouin est née d'une famille honorable ; sa mère était regardée comme une femme fort distinguée ; son père est mort officier général à peine âgé de quarante ans. L'éducation de madame Audouin avait été pure et brillante ; elle fut mariée à un officier qui obtint aussi un des grades élevés de l'armée. M. Audouin tomba bientôt malade. Son organisation nerveuse fit de la vie commune une grande épreuve de dévouement, de soins et de sacrifices pour sa jeune épouse. Il mourut au mois de mars de l'année 1854. Un fils était né de cette union.

Quelle avait été la conduite de cette femme jeune et belle pendant ces années de douleur, depuis la retraite de son mari jusqu'à sa mort ? J'ai, Messieurs, un témoignage récent, mais un témoignage irrécusable, dans une lettre qui m'a été adressée, au commencement de ce mois, par le frère même de feu M. Audouin. C'est M. Audouin, directeur de l'administration des contributions indirectes à Lons-le-Saulnier, le propre frère du défunt mari, qui m'écrit en ces termes :

« Lons-le-Saulnier, le 5 décembre 1856.

« Monsieur,

» Sachant que les débats du triste procès entre madame Audouin, ma belle-sœur, » et M. Dubost doivent s'ouvrir le 10 de ce mois, je viens appeler de nouveau toutes » vos sympathies sur ma malheureuse parente.

» Unie pendant quatorze ans avec mon frère, ses rapports avec son mari ont tou- » jours été dignes d'éloges.

» Quoique faite pour le monde par son éducation et la distinction de ses ma- » nières, elle s'en est tenue constamment éloignée, afin de se conformer aux goûts » de son mari. Ma belle-sœur a franchement accepté cette vie de retraite, quoique » son intérieur lui offrît peu de ressources.

» Pendant dix ans, mon pauvre frère a été sous l'influence de la maladie qui a » fini par l'emporter, maladie qui avait rendu ses nerfs irritables à un tel point, » que les médecins le remarquaient au premier abord, et avaient même conseillé » de prendre des précautions, dans la crainte d'un malheur.

» Cependant Alexandre n'a jamais eu qu'à s'applaudir du choix qu'il avait fait. Sa » femme s'attachait à le calmer, à rendre son existence douce et paisible, et il s'en » est toujours montré reconnaissant. Dans les six derniers mois de sa vie, où la » paralysie l'avait comme anéanti, le dévouement de ma belle-sœur a été vraiment » admirable, et c'est surtout la vue de ce dévouement qui a touché le cœur de » M. Dubost. Le désintéressement de madame Audouin s'est fait remarquer pour ce » premier mariage comme pour le second, puisqu'elle apportait seule un petit » capital.

» Vous voyez, monsieur, que les événements dont ma belle-sœur a été victime ne » l'ont pas empêchée un instant d'être digne des sympathies de tous les honnêtes » gens.

» Si, comme j'en suis convaincu, vous partagez cette conviction, j'espère, mon- » sieur, que vous acquerrez la double satisfaction d'avoir fait triompher la justice, » tout en apportant quelque consolation à une famille désolée qui en conservera » un éternel souvenir.

» Veuillez bien agréer, etc.

» Signé : AUDOUIN. »

C'est avec bonheur, messieurs, que j'ai reçu ce témoignage imposant du propre frère du mari, nous présentant ainsi le tableau de ce qu'avait été l'existence de madame Audouin jusqu'au jour où elle devint veuve. Le spectacle de cette conduite, dit-on dans cette lettre, a touché le cœur de M. Dubost. En effet, messieurs, M. Dubost avait été élevé dans l'armée à un grade égal à celui qu'avait obtenu M. Audouin. Pendant la vie de celui-ci, il le visitait de temps en temps et se montrait fort touché de la situation malheureuse de son compagnon d'armes ; il semblait empressé à lui rendre de bons offices, et voulut intervenir même pour tâcher de faire entrer dans une maison de l'État l'enfant issu de ce mariage. Les correspondances furent rares entre M. Dubost et madame Audouin ; mais quelques lettres expriment les sentiments de respect, d'amitié réservée, décente, qu'il convenait d'avoir pour une femme du caractère de madame Audouin, quelques lettres, dis-je, font connaître les seuls sentiments que M. Dubost manifestait alors. Il écrivait notamment le 23 février, époque voisine de la mort de M. Audouin :

« Madame et amie,

» J'avais formé le projet d'aller vous surprendre ce soir dans votre solitude ; » mais j'ai trouvé hier une invitation qui est presque une réquisition... J'espère n'être » pas requis pour demain. Puis-je espérer de vous trouver, et vous verrai-je plus » calme, plus forte contre la douleur, plus confiante dans l'avenir ? Je voudrais » pouvoir dire plus rassurée au sujet du pauvre malade ; je le désirerais de tout » mon cœur, madame et amie, mais si votre cœur se refuse aujourd'hui à des es- » pérances que la réalité ne saurait plus soutenir, ne le fermez pas, du moins, aux » consolations de ceux que vous avez pu reconnaître pour amis dans ces tristes » jours.

» Daignez agréer, chère madame, l'hommage respectueux de mon dévouement.

» Signé : F. Dubost.

» 23 février 1854. »

Tels étaient les rapports qui existaient entre M. Dubost et madame Audouin.

A la mort de M. Audouin, l'empressement de M. Dubost pour venir au secours de cette veuve, les soins officieux qu'il lui prodigua, rendirent leurs relations plus fréquentes ; il fallut constituer un conseil de famille ; M. Dubost s'offrit à en faire partie comme ami :

» Madame et amie, écrivait-il le 30 mars à madame Audouin, voici la réponse de » Loquessye. Je n'ai, comme vous voyez, qu'à lui trouver un représentant, ce qui » me sera facile, et aujourd'hui ou demain au plus tard, je le lui désignerai, afin » qu'il lui envoie sa procuration.

» Vous n'avez donc qu'à trouver un sixième membre, le conseil étant déjà com- » posé de MM. Prus, Tourneminne, Gruel que je vais aller voir demain, Loques- » sye, et votre très respectueux, fidèle et dévoué serviteur.

» Signé : F. Dubost.

» 30 mars 1854. »

En même temps qu'il correspondait avec madame Audouin, M. Dubost adressait à sa mère la lettre suivante, à la date du 5 avril :

« Madame,

» Vous aurez, sans doute, appris par madame votre fille, qu'un conseil de famille,

» réuni hier pour constituer la tutelle de votre petit-fils , m'a désigné pour rem-
» plir l'office de subrogé-tuteur. J'ai accepté avec empressement, sachant que ce
» choix était d'avance ratifié par la mère d'Édouard, et qu'il avait aussi votre as-
» sentiment.

 » J'ai à peine l'honneur d'être connu de vous, madame; mais ai-je besoin de
» vous dire quels sentiments m'attachent à ce jeune enfant, orphelin même avant
» la mort de son père? J'ai promis à sa mère de l'aider à en faire un homme, et il
» ne tiendra pas à moi qu'elle trouve un jour, dans les succès et le bonheur de son
» fils, l'oubli ou la consolation de tous les maux qu'elle a soufferts. Vous aussi,
» madame, avez été éprouvée par des pertes cruelles, et je sens combien il vous
» serait doux de retrouver votre unique enfant un peu réconciliée avec la vie, plus
» calme, et rassurée sur l'avenir.

 » C'est dans ces sentiments, Madame, que je vous offre mon concours le plus
» dévoué, et vous prie d'agréer le respectueux hommage de votre très humble et
» obéissant serviteur.

» Signé : Dubost. »

Cette charge de subrogé-tuteur rendait naturelles, dans l'intérêt même de
la tutelle, les relations de M. Dubost avec madame Audouin si récemment
veuve. Mais M. Dubost ne tarda pas à manifester des sentiments autres que
ceux d'un ami soigneux des intérêts de l'enfant de son compagnon d'armes et
désireux seulement de venir en aide à une veuve et à une mère respectable. Ses
assiduités se multiplièrent sans cause légitime ou du moins sans nécessité : il
ne quittait plus guère la maison de madame Audouin. Il témoigna une grande
admiration pour la résignation de sa vie passée, un grand attrait vers la beauté
de sa personne, un intérêt immense pour sa situation pénible ; en un mot,
tout ce qui peut remuer le cœur, il l'employa auprès de madame Audouin.

Hésiterai-je à le dire ? Non. Madame Audouin, vous le comprenez, puisque
vous savez qu'elles avaient été, dans un âge peu avancé encore, sa réserve,
sa conduite pleine de dignité pendant l'existence de son mari, madame
Audouin ne fut pas insensible aux sentiments que lui manifestait le commandant. Elle l'écouta, elle fut touchée de ses soins assidus, de ce caractère de
paternité qu'il prenait à l'égard de son enfant, des hommages profonds, vivement sentis qu'il lui adressait à elle-même, et, je l'avoue, oui, il faut le dire,
dans ce cœur qui avait été muet pendant tant d'années, dans l'âge de la force
et du succès, oui, la passion s'est éveillée dans le cœur de madame Audouin.

Cependant, la mère de madame Audouin, femme respectable, mère vigilante,
était inquiète de cette constante habitude de M. Dubost de se rendre chez
sa fille. Elle manifesta ses sentiments à cet égard. Sa fille lui dit qu'elle n'avait
pas démérité ; mais elle avoua qu'elle se sentait le cœur engagé dans une lutte
difficile. C'est alors que M. Dubost adressa, sous la date du 28 mai, à la mère
de madame Audouin la lettre que voici :

   « Madame,

 » Je sens par la douleur dont chaque jour me rend ici témoin, que mes conso-
» lations, pour n'être pas stériles, doivent chercher d'abord le chemin de votre
» cœur. C'est de votre cœur en effet qu'elles reviendront plus douces et plus effi-
» caces, et que pourra reprendre espoir et confiance dans la vie cette pauvre âme
» malade, dont votre œil de mère a dû sonder avec douleur les profondes bles-

» sures. Si j'ose entreprendre cette œuvre, si, pour l'accomplir, je viens troubler
» votre retraite, c'est que mon cœur et ma conscience me disent que je n'ai pas
» seulement pour devoir de fermer les plaies qui saignent sous mes yeux, qu'il faut
» encore que je contribue, par tout ce que Dieu m'a donné de force et d'honneur,
» à effacer jusqu'au dernier vestige du doute et du désespoir qui rongent votre
» propre cœur.

» C'est votre confiance, madame, que je veux d'abord mériter ; par elle, nous
» retrouverons tous trois la paix et le bonheur dont nous avons besoin. Pour l'ob-
» tenir, il n'est pas de plus sûr moyen que de vous demander si vous voulez dès à
» présent me regarder comme un fils. Je le serai si Dieu m'entend, car toutes mes
» espérances de bonheur sont tournées vers l'union qui peut seule me donner ce
» titre. J'ose croire que vous y consentirez, madame, et que vous n'aurez pas trop
» de peine à y ramener l'inclination de votre fille. Je n'ai qu'une grâce à vous de-
» mander, c'est de me laisser le maître et le juge du temps et des moyens.

» Quelques difficultés se présenteront ; des obstacles qu'il ne faut pas soulever
» dès aujourd'hui, afin de ne point les grandir ; nous les surmonterons avec l'aide
» de Dieu et de la profonde et sincère affection que je sens dans mon cœur.

» Rendez-nous le vôtre, madame, ou gardez-nous-le tout entier ; car je ne puis
» croire ni que votre fille, ni moi, si j'y avais quelque place, l'ayons jamais perdu.
» Gardez-nous donc votre chère et précieuse tendresse, et les larmes sècheront et
» les cœurs renaîtront à la joie et au bonheur.

» Daignez agréer, madame,

» L'hommage de ma respectueuse affection.

» Signé : F. DUBOST.

» 28 mai 1854. »

Ainsi, le 28 mai, M. Dubost adressait en forme à la mère de madame Audouin
la demande de la main de sa fille. Il lui demandait qu'elle consentît à une union
dont il avait un immense désir et à laquelle l'inclination de sa fille ne résiste-
rait pas. Et assurément, après la lecture de cette lettre, vous serez étonnés si,
plus tard, on vient dire dans cette cause qu'il a été tendu un piége à M. Dubost,
et que, par une scène romanesque, on l'a entraîné à prendre des engagements
et à faire des promesses. L'engagement était d'avance pris par lui, quand une
telle demande était écrite par lui. Voyons ce qui a suivi.

Quand il a ainsi sollicité de la mère de madame Audouin son consentement
à ce qu'il devienne le second mari de sa fille, M. Dubost commence à jeter le
trouble dans le cœur qu'il a ému, chez cette femme à qui il a inspiré une
grande tendresse, une véritable passion. Il parle alors d'obstacles qu'il peut
trouver dans sa famille, de résistance de la part de son père et de sa mère.

Mais pourquoi cette opposition ? Est-ce la situation sociale de madame Audouin, sa naissance, le rang de son père dans la société ? Sa fortune, elle est
supérieure à celle de M. Dubost ; est-ce sa réputation ? elle est intacte. Quoi
donc peut motiver cette opposition des père et mère ? Cependant, en même
temps qu'il remue le cœur de madame Audouin par de plus ardentes protestations de tendresse, d'affection, par un engagement plus pénétrant, plus positif, de s'unir à elle, M. Dubost lui jette des alarmes, des inquiétudes sur l'avenir, sur la résistance de sa famille, et il vient même dire qu'il redoute la
malédiction de son père, s'il contracte ce mariage. C'était cependant une alliance
naturelle sous tous les rapports, convenable à tous égards.

Eh bien, messieurs, mettez-vous un moment dans la situation de cette femme : elle est fière encore de sa vie passée ; elle chérit, oui, elle chérit les émotions nouvelles qu'on a fait pénétrer dans son cœur ; mais elle s'étonne, elle s'effraie. Le mot de malédiction qui va tomber sur la tête de celui qui s'est fait aimer d'elle, ce mot la fait frémir ; elle est entraînée par les sentiments qu'on lui a inspirés, et elle tremble devant les malheurs dont on la menace ; elle craint autant de ne pas se vaincre elle-même dans l'état où est son âme, que de ne pas voir disparaître les obstacles qui se lèvent entre elle et M. Dubost. Dans cette situation, messieurs, vous qui avez des cœurs d'hommes, qui avez l'expérience de la vie, ne vous étonnez point qu'une femme honnête, mais ardente et troublée, s'écrie : « Hélas ! je me sens entraînée à désirer un avenir qui sera » rempli de dédain pour moi, de mépris, d'hostilité de la part de la famille de » celui auquel je vais m'unir ; la malédiction tombera sur sa tête, j'en serai la » cause. Je ne puis dominer les sentiments qu'il m'a inspirés ; je résiste » encore, mais je serai vaincue, je serai déshonorée. Mieux vaut mourir. »

Elle succombe à cette résolution ; elle ne veut pas peser sur la vie de celui qui s'est fait aimer, elle ne veut pas devenir indigne d'elle-même en cédant à la passion qu'il lui a inspirée, et, dans ce combat, dans cette lutte, elle ne trouve que la déplorable issue de la mort pour échapper au supplice de ses désirs et de ses terreurs.

Le 7 juin, en effet, elle est gisante sur son lit ; les médecins sont appelés ; elle présente tous les aspects de la mort ; les derniers moments leur semblent approcher. On court chercher M. Dubost, ou plutôt il est accouru, il est aux pieds de ce lit de mort ; il envoie demander un prêtre. Le respectable curé de Saint-Thomas-d'Aquin arrive ; il va donner les derniers sacrements, il les administre. Ce n'est pas en vain que ces consolations, ces secours célestes sont apportés à l'âme des mourants, lorsque toutes leurs facultés physiques semblent s'éteindre ; le regard de cette femme expirante laisse apercevoir une de ces dernières clartés que jette la vie au moment où son flambeau va s'éteindre. A cette heure suprême, M Dubost est à genoux ; il prie, il pleure, et, voyant déjà comme une lumière de l'autre vie sur la face de madame Audouin, il conjure le prêtre de les unir, il lui demande le mariage *in extremis*, il le sollicite. Le vénérable pasteur, quoique touché d'un tel spectacle des souffrances du corps et de l'âme, quoique entrevoyant une séparation cruelle et prochaine, résiste néanmoins encore à la prière qui lui est faite. Il passe dans la pièce voisine, il interroge les médecins, il leur demande s'il y a chance que madame Audouin survive. Non, dit le médecin, elle ne peut passer la nuit. Elle va donc entrer dans un autre monde. A ce moment, le prêtre croit qu'il peut recevoir leurs serments et que, ne pouvant les unir pour la terre, il peut les unir pour l'éternité. Il reçoit ces serments, il les bénit.

Ah ! messieurs, ce ne sont pas là de ces formules païennes : *Carnis libertatem introducentes !* Non, ce sont les paroles sacramentelles qui ont été prononcées, c'est le mariage élevé à cette heure à la dignité de sacrement, comme l'a voulu le divin Consécrateur de l'union des âmes. C'est un mariage célébré par le curé de Saint-Thomas-d'Aquin au lit d'une mourante, avec cette double pensée que la femme qu'il console dans ces derniers battements de son cœur par l'union qu'il vient de bénir va mourir avec calme, avec joie ; si par hasard la vie renaît, si les terreurs, les craintes, les convictions des médecins sont trompées, cet homme, si touché des cérémonies religieuses et qui pleure aux pieds du lit de la mourante, le signe de l'honneur sur la poitrine, maintenant qu'il a été béni par la religion, maintenant que cette union, accordée au moment où peut-être le dernier soupir allait s'échapper, que cette union est contractée à sa prière, l'homme sera fidèle et il ira, conformément à la loi, faire consacrer par l'autorité civile un mariage désormais saint, sacré, respectable, une union bénie pour la terre si l'on survit, pour l'éternité si la mort arrive.

Le prêtre se retire; le médecin reste. Le lendemain une crise se manifeste. Il est inutile d'entrer dans le détail des accidents qui se sont produits; mais enfin le poison dans ce qu'il lui restait encore d'actif a disparu. La convalescence dure huit ou dix jours; madame Audouin est rendue à la vie. M. Dubost ne veut se dégager d'aucun de ses devoirs, et, les huit ou dix jours écoulés, madame Audouin se trouvant mieux, il la fait sortir en voiture. On se rend chez un orfévre : là on achète deux alliances; madame Audouin remet à M. Dubost une pièce de mariage. La mère de madame Audouin avait donné à M. Dubost une bague fort belle, une belle pierre; elle était trop petite pour sa main guerrière; on se rend chez le joaillier, la bague est agrandie; on se rend chez le graveur, les deux alliances sont revêtues des initiales suivantes : F. D. — A. Z. C. C.

Voici les factures extraites des livres du joaillier et du graveur :

« Agrandir une bague le 17 juin 1854. NATIVELLES, joaillier-bijoutier... et gravé » dans l'intérieur F. D. — A. Z. C. C., unis le 8 juin 1854. »

Pour les alliances et la pièce de mariage, voici les factures :

« Une pièce de mariage F. D. (Félix Dubost), C. C. (Claire C...) Pour solde de » tout compte, 18 juin 1854.

> » DANIEL,
> » graveur, rue du Bac. »

Ces bagues et cette pièce de monnaie sont remises au curé de la paroisse. Le 22 juin, les forces de madame Audouin étant revenues, on se rend à Saint-Thomas-d'Aquin. Les deux personnes, unies, comme je viens de le dire dans la nuit du 8 juin, entendent la messe du curé pieusement; après la messe, elles se rendent dans la sacristie; le prêtre revêt son étole, le sacristain lui présente le rituel, et il bénit les alliances, l'anneau, la pièce de mariage et les remet aux époux.

De ce jour, messieurs, ils se crurent unis en conscience, et en conscience entièrement l'un à l'autre.

Un mois s'est écoulé, durant lequel M. Dubost n'a plus parlé de l'opposition de son père et de sa mère, ni de cette malédiction qui avait jeté un si grand trouble et un si grand désespoir dans le cœur de madame Audouin; mais il a une carrière, il a des devoirs militaires à remplir, il veut suivre sa carrière honorablement, glorieusement, et sans doute il va être obligé de s'absenter. L'idée de partir pour l'Orient effraie beaucoup; comment obtenir une autre destination? On s'adresse au prêtre qui les avait bénis; ce respectable ecclésiastique, quand il a fait la consécration de la nuit du 8 juin, n'a pas cru qu'il apportait la réparation à des fautes passées. Non, non, il savait bien quelle avait été la conduite de madame Audouin ; il savait bien que cette existence avait été pure, qu'elle était digne de son respect et de son intérêt, et, depuis le jour où il avait ainsi béni cette union, au lit de la mort, il ne cessa pas de venir la visiter, et, quand ses craintes sur le service militaire au loin arrivèrent et l'agitèrent, il était à côté d'elle, lui donnant des conseils et lui promettant son entremise, comme vous allez le voir.

Le 27 juin, en effet, je trouve une de ses lettres, et il lui en a beaucoup écrit ; j'y lis ceci :

« Madame,

» J'irai vous voir, si je puis, ce soir, après dîner. Je trouverai, je pense, M. Du» bost chez vous. Nous causerons des circonstances dont vous me parlez et qui cau» sent vos appréhensions. Je verrai les démarches qui seront jugées nécessaires ; ne
» vous inquiétez pas, c'est dans les circonstances difficiles qu'il faut conserver toute
» sa force et toute sa raison.

» Recevez, madame, l'assurance de mon respect,

» Signé : Sɪʙᴏᴜʀ, curé. »

En effet, Messieurs, on sentit qu'il fallait aller parler au ministre de la guerre pour savoir ce qu'allait devenir M. Dubost, quelle mission pouvait lui être donnée. Le 29 juin, M. le curé écrit qu'il a été voir le maréchal Vaillant, mais qu'il n'a pas pu, parce qu'il avait trop de monde à son audience, causer avec lui, et qu'il lui a demandé un rendez-vous pour un jour suivant. Le 5 juillet enfin, voici le résultat d'une visite de M. le curé de Saint-Thomas-d'Aquin au ministre de la guerre :

« Madame,

» Je viens de voir M. le maréchal Vaillant, il m'a dit que nous pouvions être
» tranquilles ; qu'il ne s'agissait pas pour M. Dubost d'aller en Orient, que personne
» ne lui avait parlé de cela, que la chose dans ce moment n'était pas possible ;
» qu'il ne se laissait pas conduire par des motifs d'intérêt particulier.

» Enfin, il m'a complétement rassuré sur le départ qui vous effrayait, etc., etc. »

Voilà donc quelles semblaient être les seules préoccupations de M. Dubost et de madame Audouin.

Mais vous verrez dans les lettres que je mettrai sous vos yeux se transformer peu à peu le langage de M. Dubost. Il est inutile de lire à l'audience toute cette correspondance pour faire bien connaître la cause. Il me suffit de dire que jusqu'au 8 juin elle est pleine de convenance, de réserve, d'une affection calme et respectueuse, que depuis le 8 juin elle prend un autre caractère. Là s'épanchent les sentiments les plus passionnés, mais les accents de tendresse commencent à s'affaiblir vers les derniers jours de juillet.

Deux mois n'étaient pas encore écoulés, six semaines à peine, que dans l'une de ces lettres, celle qui porte la date du 28 juillet, je vois sous la plume de M. Dubost un ton de plaisanterie qui ne s'accorde pas, si je sais bien juger les choses du cœur, qui ne s'accorde pas avec ce qu'il devait y avoir de vrai, de grave, de sérieux, de tendre, dans l'âme de l'homme qui, après avoir contracté cette union toute de conscience, devait attendre impatiemment le moment indiqué par la loi pour consacrer légalement ce qui avait été accordé aux prières de son amour et consacré par les plus solennelles bénédictions. L'inquiétude, l'agitation d'une personne impressionnable, sur qui tout agit fortement, les craintes que son absence pourrait lui donner, tout cela ne pouvait pas lui inspirer ce ton léger, un peu badin, presque insouciant, car c'est là le caractère que je signale dans ses lettres. Il en est une cependant que je dois vous lire, c'est celle du 31 juillet, la dernière; elle va vous faire connaître parfaitement le langage épris, passionné de M. Dubost, les sentiments qu'il cherchait encore à exalter, à affermir dans le cœur de madame Audouin, et vous jugerez sa conduite dans la journée du lendemain.

Voici cette lettre du 31 juillet :

« Claire, je suis votre mari devant Dieu : un ministre de l'Église nous a unis ;
» vous avez des témoins de mes engagements, et ceux-là même qui auraient le plus
» à cœur de les rompre savent que je tiendrai ma promesse à jour fixe. Vous même
» n'en doutez pas. Vous savez aussi que je vous aime assez pour croire que vous
» me consolerez de toutes les affections perdues, des peines présentes et de celles
» que l'avenir me garde.

» Mon honneur et mon amour, voilà deux croyances que vous devriez toujours
» garder intactes, deux croyances que votre amour à vous, que votre orgueil même
» devrait s'attacher à préserver du doute qui ronge et flétrit tout ; mais que ce mot
» soit confiance ! C'est le seul qui n'ait pas encore été dit : c'est le seul qui puisse
» me rendre la paix et la force dont j'ai tant besoin.

» Claire, je t'en supplie, ne brisons pas notre bonheur ; n'oublie pas que ton mari
» est l'homme que tu aimes et qui t'aime aussi du plus profond de son cœur.

» FÉLIX.

» 31 juillet 1854. »

Le lendemain, 1er août, madame Audouin et M. Dubost se quittent après l'heure du déjeuner. Que fait M. Dubost? Il se rend chez un notaire. Il est certain que, comme aide de camp du général Charon, il va être exposé d'un moment à l'autre à partir pour ses inspections ; il est préservé de la crainte d'être envoyé en Orient ; il ne sait la destination qu'il va recevoir. Mais il peut s'absenter d'un moment à l'autre, et, le 1er août, le lendemain de la lettre dans laquelle il demande à madame Audouin d'avoir confiance, que c'est le mot qui doit tout guider entre eux, il va chez le notaire Charles-Marie Brun, et devant lui comparaît en ces termes :

« Par devant Mᵉ Charles-Marie Brun et son collègue, notaires à Paris, sous-
» signés,
» A comparu,
» M. Félix Dubost, chef de bataillon du génie, aide de camp de M. le général
» Charon, demeurant à Paris, rue de Las-Cases, n° 10.
» Lequel a, par ces présentes, constitué pour son mandataire, M. Jean-Charles
» Prus, ingénieur en chef des ponts et chaussées en retraite, demeurant à Paris,
» rue de Clichy, 7, à ce présent, qui accepte ;
» Auquel il donne pouvoir de, pour lui et en son nom, obtenir de M. Jacques-
» Toussaint Dubost, ancien administrateur des postes, demeurant à Paris, rue Basse-
» du-Rempart, 52, et de madame Amélie-Zoé-Valentine Cellier de Grizy, son épouse,

» demeurant avec lui, père et mère du comparant, leur consentement au mariage
» que ce dernier se propose de contracter avec madame Augustine-Zicharie-Claire C...,
» veuve de M. Jean-Alexandre Audouin, demeurant à Paris, rue de Varennes, 40 ;
      » En cas de refus de la part de M. et Mme Dubost ou de l'un deux, leur demander
» ledit consentement par un acte respectueux et formel, et dans les termes de l'art.
» 153 du Code Napoléon, attendu que le comparant est âgé de plus de trente ans,
» comme étant né à Bruxelles, le 30 mars 1813 ;
      » Notifier ledit acte respectueux à M. et Mme Dubost et, en cas de dissentiment,
» à celui des deux qui refuserait son consentement ; requérir pour ladite notifica-
» tion tous notaires qu'il appartiendra ;
      » Arrêter les clauses et conditions du contrat de mariage du comparant avec
» madame veuve Audouin, adopter pour base de leur union le régime dotal avec so-
» ciété d'acquêts ;
      » Prendre connaissance de l'apport de la future, stipuler comme dérogation au
» droit strict du régime dotal que la femme pourra vendre, aliéner, échanger ses
» immeubles dotaux, présents et à venir, qu'elle pourra partager et liquider toute
» succession, traiter et transiger sur ses biens et droits, et ce, sans aucune forma-
» lité de justice, mais à la charge d'employer les capitaux provenant de l'aliénation
» desdits biens, soit en rentes sur l'État, actions de la Banque de France, actions
» et obligations de chemins de fer français, rendues nominatives par le dépôt dans
» les caisses des compagnies, soit en placement par hypothèque, soit en acquisition
» d'autres immeubles avec mention de la clause de dotalité ;
      » Stipuler tous avantages au profit de la future épouse, accepter ceux qu'elle
» pourra faire audit futur époux, consentir et accepter toutes donations qui seraient
» faites dans ledit contrat ;
      » Aux effets ci-dessus, passer et signer tous actes et procès-verbaux, élire domi-
» cile, substituer, et généralement faire le nécessaire ;
      » Dont acte fait et passé à Paris, en l'étude dudit Mᵉ Brun, l'an 1854, le 1ᵉʳ août;
      » Et après lecture, M. Dubost a signé avec les notaires et M. Prus.

Signé : DURAND, DUBOST, PRUS et BRUN.

Voilà ce qu'un homme d'honneur devait faire dans cette situation désormais
connue. Il peut partir d'un moment à l'autre, il veut tout préparer pour que
pas un jour ne soit perdu du moment où madame Audouin pourra contracter
avec lui le mariage civil. La procuration est faite au moment où il craint de
partir, et faite dans les termes que vous connaissez.

On vous parlera, sans doute, de surprise, de je ne sais quelles pratiques,
quels mensonges employés pour le séduire. Mais ne connaissez-vous pas la
demande qu'il faisait à la mère bien avant cette nuit que l'on a dit, plus tard,
dans cette masse de calomnies qui ont été jetées sur la tête de madame Audouin, être la comédie du 8 juin ?

Ce n'est pas tout. Quand il a fait cet acte devant notaire, après les actes religieux qui vous sont connus, il a encore un devoir à remplir. Il est subordonné, il a un chef, le ministre de la guerre ; il faut que le ministre donne
son assentiment. En conséquence, M. Dubost remet, le 1ᵉʳ août, entre les
mains de M. Prus, qu'il a constitué son mandataire pour faire les sommations
respectueuses et dresser le contrat de mariage, la lettre que voici :

      « Monsieur le maréchal,
      » Vous savez par M. le curé de Saint-Thomas-d'Aquin que je suis uni par un

» mariage religieux à la veuve d'un officier supérieur, décédé dans les derniers
» jours du mois de mars de cette année. Cette union est légitime et indissoluble
» aux yeux de l'Église ; mais elle ne peut être sanctionnée, conformément à la loi
» civile, qu'après l'expiration des délais prescrits par l'article 238 du Code civil. Ma
» conscience et mon honneur me font un devoir de ne pas en retarder la célébra-
» tion d'un seul jour au delà de cette époque.

» Mes projets à cet égard n'ont pu obtenir l'agrément de ma famille, et j'aurai
» peut-être le regret de recourir au moyen que la loi me donne de solliciter par un
» acte respectueux le consentement que mes parents ont refusé à mes instantes
» prières.

» Dans ces circonstances, j'ose espérer, monsieur le maréchal, que l'ordre par le-
» quel vous venez de me prescrire de partir pour l'armée ne signifie pas un refus
» d'assentiment de la part du ministre de la guerre, et que je n'y trouverai pas un
» obstacle à l'accomplissement d'une promesse sacrée. Mon honneur en dépend ;
» l'honneur et la vie d'une femme digne de tout mon respect et de toute mon af-
» fection y sont également engagés. Je me soumets donc respectueusement et avec
» confiance à votre ordre. Ma conduite à l'armée vous prouvera, j'ose le croire,
» que je suis digne de la faveur que vous m'avez faite et de la haute protection
» que je réclame pour mes plus chers et mes plus précieux intérêts.

» Veuillez agréer, monsieur le maréchal, l'hommage de ma vive gratitude et de
» mon profond respect.

» Signé : DUBOST,
» Chef de bataillon du génie. »

Tout ceci se passe dans la matinée du 1er août.

M. Dubost devait revenir le soir. Il ne revint pas ! L'heure s'avance, huit
heures ! pas de nouvelles de lui. La femme de chambre descend chez le concierge, et on lui remet pour sa maîtresse un billet non cacheté écrit d'une
main étrangère, et qui est conçu en ces termes :

« Il vient d'arriver un grand malheur dans la famille Dubost, d'où il résulte que
Félix doit rester ce soir chez lui. »

Pas un mot de plus, pas de signature. Quelle énigme !

Connaissant bien sa maîtresse, sachant dans quelle cruelle inquiétude elle
est déjà par ce que M. Dubost ne revient pas, la femme de chambre, en recevant ce billet, court le porter à Saint-Thomas-d'Aquin. Elle dit au curé :
« Quel malheur est-il arrivé ? je n'ose en parler à madame. » Le curé vient
lui parler lui-même ; il apporte le billet, et donne le conseil d'aller tout de suite
chercher M. Prus, l'homme de confiance de toute la famille, l'homme de
M. Dubost, et de faire avec celui-ci d'immédiates recherches, quoiqu'il soit
déjà tard et que la nuit approche, car le prêtre ne peut pas lui-même accompagner une femme à cette heure. En conséquence, on se rend chez M. Prus.
M. Prus se rend dans la maison de M. Dubost le père, il interroge d'abord le
concierge sur le malheur annoncé ; le concierge ne sait rien. Il monte à l'appartement. La porte lui est ouverte par mademoiselle Dubost. Il lui dit qu'il
désirerait parler à son frère ; elle lui répond qu'il n'est pas à la maison, et
qu'il n'y est pas venu de toute la journée. Au domicile de M. Dubost, celui-ci
n'y est plus ; il a disparu. On se rend chez un de ses amis, le capitaine Deroulède. Cet officier reconnaît que c'est lui qui a écrit le billet au crayon, mais

il ne veut donner aucune explication. Il y eut même, ce semble, par deux lettres qui sont là, quelque brusquerie de sa part, lorsqu'il déclara qu'il n'avait rien à dire, et qu'il avait rempli sa mission. M. Prus se retire et rentre chez lui. Puis, à minuit, il reçoit de M. Deroulède la communication suivante :

« 1ᵉʳ août, au soir.

» Monsieur ,

» Je regrette ce qui s'est passé chez moi, mais enfin je n'en dois pas moins » m'acquitter jusqu'au bout du devoir dont je me suis chargé, et je vous envoie ci-» jointes deux lettres de Dubost, pour que vous preniez connaissance de l'une et » de l'autre, et que vous remettiez à madame A... celle qui lui est adressée.

» Je devais vous montrer ce soir, si je vous eusse rencontré, la lettre de M. Du-» bost père, qui a déterminé son fils à prendre le parti qu'il a suivi ; mais le géné-» ral l'ayant réclamée, je la lui ai confiée, comme cela est bien naturel.

» Enfin, pour ce qui est des actions de chemins de fer que madame A... avait » confiées à Dubost, je les ai en main et suis tout prêt à vous les rendre ou à ma-» dame Audouin, quand il vous plaira.

» Si j'ai l'honneur de vous revoir, monsieur, et de m'entretenir avec vous de ce » qui s'est passé entre nous, *j'espère que vous reviendrez sur la mauvaise impres-» sion que vous a causée ma brusquerie.*

» Recevez en attendant, monsieur, l'assurance de mon respect.

» Signé : Deroulède. »

Voici les lettres de M. Dubost. La première est adressée à M. Prus, 1ᵉʳ août, bien datée, et du jour même où il signait la procuration chez le notaire, le lendemain du jour où il demandait confiance dans la lettre affectueuse et tendre que j'ai lue tout à l'heure. Voici ce qu'il écrit à M. Prus dans cette même journée, et il disparaît sans qu'il soit possible de savoir où il est :

« 1ᵉʳ août.

» Monsieur,

» Je fais appel a toute l'énergie de votre dévouement pour conjurer un nouveau » péril qui nous menace. Je suis frappé de la malédiction de ma famille, et j'ap-» prends que la vie de mon père est en danger. Cette lettre, que j'écris à ma bien-» aimée Claire, et celle que M. le capitaine Deroulède vous montrera, vous expli-» queront et justifieront, je l'espère, à vos yeux, la résolution que je prends de » quitter Paris pour quelques jours, et d'aller chercher ailleurs le repos et la soli-» tude dont mon cœur brisé après tant de luttes éprouve un impérieux besoin.

» Tout est fini avec ma famille ; mais cette fin est plus cruelle que tout ce qui l'a » précédée, que tous les combats que j'avais soutenus jusqu'ici. Je ne peux même » point m'expliquer entièrement l'aveugle exaspération qui a pu pousser mon père » à m'outrager si brutalement ; quelque fait que j'ignore a dû amener cette explo-» sion imprévue.

» Je fuis la ville où je viens d'être maudit. Je n'y reviendrai peut-être plus ; mais » les résolutions que j'ai à prendre exigent un complet isolement. Vous le compren-» drez, je n'en doute pas, malgré les dangers auxquels j'expose une vie qui m'est » si chère.

» Consolez, soutenez ma pauvre Claire, faites qu'elle trouve de la force pour » elle-même dans le malheur même qui m'accable, que je ne sois pas accablé dans » un même jour par toutes les foudres du ciel. Si vous me sauvez d'une dernière » catastrophe, vous m'aurez rendu, monsieur, un service qui vous assurera ma » plus vive et profonde reconnaissance.

» M. le capitaine Deroulède est chargé par moi de vous remettre les dix actions
» du chemin de fer de Lyon à la Méditerranée appartenant à Claire. Ne devant plus
» partir, je n'ai pas eu à faire d'emprunt. Vous aurez la bonté de les lui remettre
» ou plutôt d'en faire le dépôt, comme elle le désirera.

» Je pars sans savoir encore où je vais, mais j'écrirai et vous ferai bientôt con-
» naître en quel lieu vous pourrez m'écrire.

» Je vous serai très reconnaissant si vous voulez bien faire part de ce qui arrive
» à M. l'abbé Sibour, dont vous jugerez peut-être prudent de réclamer le pieux
» et utile concours pour vous aider auprès de ma pauvre Claire.

» Dites-lui bien surtout que je l'aime et mets dès aujourd'hui en elle toutes mes
» espérances de bonheur, si je peux encore prononcer ce mot.

» Adieu, monsieur, veuillez croire encore à toute ma gratitude et à mon respec-
» tueux attachement.

» Signé : Dubost. »

Écoutez maintenant la lettre adressée à madame Audouin, à cette même
date du 1er août :

« Chère et bonne Claire,

» Je ne sais ce qui s'est passé ce matin dans ma famille, mais mon père, à la suite
» d'un entretien avec le général, qui lui a fait connaître la résolution prise par le ·
» maréchal de ne point m'envoyer à l'armée, m'a écrit une lettre dans laquelle il
» me déclare que lui et ma mère me renient et me maudissent, et que je suis mort
» pour eux.

» Leur colère ne m'a épargné aucun outrage, et il est impossible désormais que
» je rentre dans leur maison. Cependant ma tête est perdue, je sens qu'avant de
» prendre une résolution extrême il me faut quelques jours de calme et d'isolement
» absolu. J'ai renoncé à l'inspection, j'ai quitté le service du général, je ne sais
» encore quelle destination en France je pourrai avoir, mais je ne saurais demeurer
» deux heures de plus à Paris dans l'état où je suis. Pardonne-moi, ma bien-aimée,
» de ne pas aller à toi, de ne pas t'emmener avec moi. Sois forte et confiante, car
» je n'ai plus de consolations à attendre que de toi. Laisse-moi seulement quelques
» jours à ma douleur, c'est-à-dire au silence et à la solitude qu'elle réclame. Je ne
» sais où je vais aller les trouver, mais je t'écrirai dès que je serai arrêté quelque
» part, et tu recevras de mes nouvelles chaque jour.

» Garde-moi ta vie, mon seul bonheur ; garde-la à celui qui t'aime et qui est ton
» époux.

» Félix Dubost. »

Et en marge :

« C'est d'Alger, je crois, que le dernier coup est parti ; rappelle-toi cela, je te
» l'expliquerai en temps et lieu. »

L'explication ne fut pour madame Audouin que trop facile et trop cruelle.

Dans une des lettres, M. Dubost part pour l'armée : dans l'autre il renonce
à l'inspection, il a quitté le général ; puis il le suit ; et puis il dit à cette
femme : « Je pars, je m'absente, je ne sais où je vais chercher la solitude, le
silence ; » il ajoute : « C'est d'Alger qu'est venu le coup ! »

Ah ! messieurs, qui ne détesterait les gens de cette trempe, ces hommes qui
veulent avoir tout le cœur d'une femme, son dévouement, sa consécration,

et qui, eux, ne prodiguent que les caresses du mensonge et une laborieuse
affectation de tendresse. Alger! oh! quelle révélation! quelle menace terrible
pour madame Audouin! Depuis le jour où il lui a fait ses protestations d'a-
mour, depuis le jour où il a pu, en abusant la conscience de cette femme
honnête, se la donner tout entière, il avait dit qu'il abandonnait ses conquêtes,
et qu'il lui sacrifiait d'autres amours; il lui a livré ce que l'on ne doit jamais
livrer, même dans le plus grand égarement des affections et des passions, la
correspondance d'une autre femme; madame Audouin n'a pu se défendre de
la lire! Pauvre aveuglée!! Et cette autre femme qu'écrivait-elle dans une lettre
timbrée de la poste du 20 mars de la même année? Je ne veux pas l'analyser,
je ne veux que vous en lire un seul passage, et vous comprendrez ce qu'ont
été pour le cœur si agité de madame Audouin, ces mots : « Le coup est venu
d'Alger! » ce que l'avenir présenta de désolant à sa pensée :

« Ah! papa (c'est la femme d'Alger qui écrit à M. Dubost), nous pourrons donc
» élever notre petit Félix ensemble, car, vois-tu, je ne vois pas autrement la vie;
» notre enfant va avoir trois ans accomplis. Il faut qu'il te connaisse, il faut que
» vous vous aimiez. Enfin il le faut. Il le faut, Félix, par grâce pour ma longue
» attente, pour nous deux, si nous voulons être heureux. Et cela avant que l'hiver
» nous surprenne. »

Il avait une femme, il avait un fils! Cette femme, à qui il avait aussi promis
de consacrer sa vie, il l'avait délaissée! Et quand il s'éloigne de madame Audouin, après ces heures solennelles, après la lettre adressée au ministre, après
la procuration passée chez le notaire dans la matinée du 1ᵉʳ août, quand il
écrit ce même jour les deux lettres pleines de vains prétextes, quand il dit qu'il
ne peut pas savoir ce qu'il va devenir, s'il partira pour l'armée, quand il parle
du trouble de son âme et de la malédiction de son père, il explique tout par
ces mots : « Le coup est venu d'Alger! » Ah! le malheur de madame Audouin lui est révélé par ce langage qui ne pouvait plus tromper son âme, c'est
l'humiliante menace de l'abandon; elle est trahie, abandonnée comme la
femme d'Alger avec son enfant âgé de trois ans.

Ne la plaindrez-vous pas, ne la vengerez-vous pas, cette femme si malheureuse, quoique entourée de consolations empressées? De ce moment, elle veut
savoir où il est : on cherche partout; au ministère de la guerre des précautions
sont prises, on ne peut obtenir une réponse. Elle s'adresse à M. Prus; cet
homme investi de la confiance de M. Dubost, cet homme respectable, qui a
rempli une carrière parfaitement honorable, M. Prus se fatigue en vaines
démarches, il écrit de tous les côtés; il parvient à savoir que Dubost a passé
à Bâle, à Francfort; il lui écrit en ces divers lieux, et je n'ai ici qu'un duplicata de la lettre qui était adressée à M. Dubost, au bas de laquelle M. Sibour
avait ajouté ces mots :

« J'ai vu presque tous les jours madame Audouin depuis le départ de M. Du-
» bost. Ce départ est pour moi inexplicable. Nous soutenons cette pauvre femme,
» nous la défendons contre son propre désespoir; mais si des nouvelles rassu-

» rantes de M. Dubost ne lui arrivent pas promptement, on ne peut plus répondre
» de rien.

» Signé : SIBOUR. »

Enfin, messieurs, dans ces recherches, nous avons appris quelles précautions avaient été prises.

M. Dubost avait adressé au ministre de la guerre une demande pour être envoyé à l'armée d'Orient ; le ministre avait répondu favorablement. M. Sibour, M. Prus, non pas madame Audouin, elle était dans un abattement et dans un état qui la rendaient complétement inactive, mais enfin ses parents, ses amis, font tous des recherches et de tous côtés. On tente de fléchir la famille de M. Dubost et d'avoir par elle quelques renseignements sur ce que le fils est devenu. Je lis dans plusieurs lettres que le curé de Saint-Thomas-d'Aquin a cru devoir aller entretenir de cette affaire M. le curé de la Madeleine, qu'il savait être lié avec la famille de M. Dubost :

« J'ai expliqué l'affaire, dit-il, dans tous ses détails, à M. le curé de la Madeleine.
» Il va donner au père des explications.... »

Le 6 septembre il écrivait encore :

«Mad ame,

» Je comprends et je partage toute votre indignation. Les absurdes calomnies
» dont on essaie de vous noircir ne peuvent avoir aucune prise sur l'esprit de
» M. Dubost. Il vous connaît; il connaît M. Prus et il connaît aussi, mieux que
» personne, les passions qui ont été excitées. Il faudrait plus que jamais du cou-
» rage, de la raison et du calme. M. le curé de la Madeleine n'est pas revenu me
» voir aujourd'hui, et je n'ai rien de nouveau à vous apprendre. Mais j'irai moi-
» même le chercher demain. Je lui lirai votre lettre, et quelles que soient les pré-
» ventions que ses relations anciennes avec le père de M. Dubost, qu'il a connu,
» m'a-t-il dit, quand il était à la poste, aient pu lui donner, il sera désarmé par les
» accents de votre juste indignation, comme il aurait dû l'être déjà par les explica-
» tions que je lui avais données.

» Je regrette que Madame votre mère soit souffrante ; dans les épreuves de la vie,
» il faut mettre sa confiance en Dieu et puiser à cette source les secours dont on a
» besoin. Vous implorez ma protection, elle n'est pas aussi puissante que vous vou-
» lez bien le supposer, mais telle qu'elle est, vous pouvez y compter. *Vous êtes*
» *faible, malheureuse, calomniée;* je vous la dois et comme homme et comme
» pasteur. Demain soir, j'irai vous rendre compte de mon entretien avec le curé
» de la Madeleine.

» Recevez, madame, l'assurance de mon profond respect.

» Signé : L. SIBOUR, curé. »

A ce moment-là même, on apprit enfin que M. Dubost avait demandé à être expédié pour l'armée d'Orient et qu'il était parti pour Varna.

Vous le comprenez, du moment où cette résidence fut connue, dans la situation où se trouvait madame Audouin, il n'y avait pas deux partis à prendre.

Elle va partir, se rendre à Varna. Elle partira, elle sera accompagnée du fondé de pouvoirs de son mari, de M. Prus; elle sera surtout accompagnée par des recommandations puissantes; elle en obtient de toutes parts; elle en a pour M. le maréchal de Saint-Arnaud et pour le général Bizot, commandant en chef le génie de l'armée. M. le curé de Saint-Thomas-d'Aquin remet entre les mains de M. Prus une lettre pour M. Dubost. Cette lettre a été plus tard à son adresse, mais M. Dubost n'a pas voulu la recevoir; on la lui a lue sans qu'il voulût l'entendre en quelque sorte. La voici :

» Paris, le 9 septembre 1854.

« Monsieur,

» D'après le vœu que vous exprimiez, dans votre lettre à M. Prus, au moment
» où des événements douloureux vous forçaient à quitter Paris, j'ai accouru auprès
» de madame pour la soutenir et la défendre contre son désespoir, après le coup
» qui venait de la frapper. Elle s'est mise au lit, et son état nous a donné, pendant
» quelque temps, les plus vives inquiétudes. La certitude de son malheur, quand
» elle vous a su à l'armée d'Orient, lui a rendu quelques forces, et l'espoir d'aller
» un jour vous y rejoindre la soutient. Nous avons beau l'engager à attendre le
» mois de janvier pour faire le voyage et lui en montrer les difficultés et les périls,
» elle n'écoute rien que cette voix du cœur qui l'appelle où vous êtes. Puisse Dieu
» la protéger! Il y a des circonstances exceptionnelles où les règles ordinaires de
» la raison ne servent plus en rien. Vous êtes l'un et l'autre dans un de ces cas. Je
» vous plains d'avoir été amenés où vous êtes. Mais rien ne peut changer les faits
» accomplis. Il y a un devoir de conscience qui domine tous les autres, quelque
» respectables qu'ils soient. Adieu, Monsieur. Où et quand ma lettre vous arrivera-
» t-elle ? Peut-être après des triomphes, peut-être après des malheurs. Je fais des
» vœux bien vifs pour nos succès en Orient, et je n'en fais pas de moins sincères
» pour votre bonheur. Quand le délai légal sera expiré, je vous tracerai la voie que
» vous devez suivre, et si les choses devaient se compléter en Orient, cela n'en
» vaudrait peut-être que mieux.

» Recevez, monsieur, la nouvelle assurance de ma considération très distinguée.

» L. SIBOUR, curé, vic. gén.

» *P. S.* Les esprits ne paraissent pas vouloir s'apaiser, mais l'irritation leur sug-
» gère des moyens indignes et des propos calomnieux qui vont au delà de tout. »

Cette lettre allait donc être portée en Orient.

En même temps, M. l'abbé Coquereau, aumônier en chef de la flotte, se chargea d'adresser une lettre à MM. les aumôniers supérieurs des deux escadres françaises dans le levant, pour y donner protection à madame Audouin. Voici la lettre de M. l'abbé Coquereau :

« Paris, le 12 septembre 1854.

» Monsieur et cher aumônier supérieur,

» Cette lettre vous sera remise par des personnes que je recommande instamment
» à toute votre bienveillance et votre sollicitude. Elles me sont adressées par
» M. Sibour, curé de Saint-Thomas-d'Aquin et vicaire général du diocèse de Paris;
» elles partent pour l'Orient; si elles venaient réclamer de vous un service quel-
» conque qu'il fût en votre pouvoir de leur rendre, mettez-y, je vous en prie,
» toute la bonne grâce et l'empressement qui ont signalé tant de fois, à ma con-

» naissance déjà, votre parfaite obligeance. Vous m'aurez fait le plus vif plaisir, et
» je vous en aurai obligation.

  » Recevez, Monsieur et cher aumônier supérieur, la nouvelle expression de mes
» sentiments les plus affectueux et les plus dévoués.

  » L'aumônier en chef de la flotte, chanoine du Chapitre impérial de Saint-Denis.
» Signé : COQUEREAU. »

Enfin, M. Sibour procura à madame Audouin une lettre de la supérieure générale des dames de saint Vincent de Paul.

On part donc. Et qu'on n'essaye pas de vous dire, en confondant les époques: Il est survenu dans la conduite de madame Audouin des torts, des exagérations, des scènes romanesques, un voyage téméraire comme celui dans lequel elle a voulu s'engager. Ce sont ces actes de démence qui ont changé les sentiments et les résolutions de M. Dubost ! Non ! non ! il n'en fut pas ainsi. Les faits vont le prouver. Le 12 septembre, elle partait de France, arrivait à Vienne, de là se rendait par les Principautés à Varna ; M. Dubost ne s'y trouvait plus, il était en Crimée. De Varna elle marchait péniblement jusqu'à Constantinople où elle arrivait enfin dans le courant d'octobre. Non, non ! ce n'est pas ce voyage, ce n'est pas ce qui a suivi qui a si étrangement transformé les sentiments et la volonté de M. Dubost. C'est en vain que, dans ces événements, il viendra chercher des prétextes pour expliquer les inexplicables et offensantes violations de ses engagements.

En effet, madame Audouin est arrivée à Constantinople ; elle y attend, sous la protection des dames de saint Vincent de Paul, qui lui ont donné asile, elle y attend les événements. M. le curé de Saint-Thomas-d'Aquin ne changeait pas de sentiment, d'opinion ni d'affection à l'égard de la malheureuse madame Audouin ; de loin il veillait sur elle. On lui écrivit pour lui apprendre l'arrivée à Constantinople, et il répondait au mois de novembre, à M. Prus, la lettre que voici :

  « Monsieur,

» J'ai trouvé votre lettre à ma rentrée à Paris au commencement du mois, mêlée
» à une montagne de lettres. Ce soir je pars pour Rome avec Mgr l'archevêque. Ce
» départ précipité ne me laisse que le temps de vous dire que j'ai vu le père de
» M. Dubost à mon retour. Il m'a fait de grandes plaintes ; mais ce qui m'inquiète
» plus que cela, c'est qu'*il paraît que les sentiments de son fils sont changés*. J'ai
» su, sur son compte, des choses qui m'ont fait de la peine et qui prouvent une
» grande légèreté de mœurs. *Je regrette que vous soyez à la poursuite d'un homme
» que vous ne pouvez tenir que par le cœur et les sentiments, lorsque j'ai lieu de
» craindre une profonde altération de tout cela en lui.*

  » Nous partons dans quelques heures, et je n'ai été averti qu'il y a quelques
» jours que j'étais du voyage. Je suis donc accablé d'affaires et ne puis aller prendre
» des nouvelles de la mère de Madame Audouin. Faites bien mes salutations à cette
» pauvre dame. Je la plains beaucoup, et je voudrais pouvoir lui être utile. *Mais il
» y a un cœur sur lequel maintenant j'espère peu, et rien ne peut se faire sans lui.*

  » Recevez, Monsieur, etc.
» Signé : L. SIBOUR, curé, vic. gén. de Paris. »

Oui, oui, les sentiments de M. Dubost étaient changés avant ce voyage ; en voici la preuve écrite.

Madame Audouin s'était mise en route, le 12 septembre; elle traversait tout le continent européen, pour aller rejoindre en Orient M. Dubost aux lieux où il pouvait être exposé à des dangers qu'elle voulait partager. A peine était-elle partie, que de Balaclava arrivait à Paris un acte en bonne forme, par lequel on révoquait la procuration du 1er août, déposée par M. Dubost chez le notaire, en même temps qu'il écrivait à la malheureuse femme : « Con-» fiance, confiance ! c'est le mot qui doit tout guider, tout soutenir entre nous. » Cette révocation était rédigée, dès le 28 septembre, par acte dressé en présence de témoins à Balaclava :

« Je déclare révoquer par le présent tous les pouvoirs que j'ai conférés à M. Prus, » ancien ingénieur des ponts et chaussées, en vertu d'un acte passé le 1er août » dernier, en l'étude de M° Brun, notaire à Paris.
    » Fait à Balaclava (Crimée), le 28 septembre 1854.

        » Signé : Félix Dubost, chef de bataillon du génie , commandant
           » le génie de la 3° division de l'armée d'Orient.

      » Fait en présence des témoins soussignés :

          » Signé : Schmitz, capitaine du génie, attaché à la
           » 3° division de l'armée d'Orient.

          » Lebescond, capitaine commandant la 7°
           » compagnie du 1er bataillon du 3° régi-
           » ment du génie.

      » Pour copie conforme :
» Paris, le 10 octobre 1854.

          » Signé : Véronique, chef de bataillon du génie,
           » rue de Grenelle-St.-Germain, 104. »

Cet acte a été déposé le 20 octobre chez M° Brun, notaire à Paris. Le 24 du même mois, il était notifié par M° Brun à M. Prus, à son domicile à Paris, et c'est le 15 ou le 16 novembre que M. Prus reçut à Constantinople la communication qui lui était adressée.

Il fut ainsi révélé que, dès le mois de septembre, M. Dubost avait annulé tout ce qu'il avait fait le 1er août. On reconnut que le curé de Saint-Thomas-d'Aquin n'avait que trop raison quand il écrivait : « J'ai vu le père, mais ce » qui m'inquiète surtout, c'est que les sentiments du fils sont changés ! »

Les pouvoirs étaient révoqués, pour quels motifs? Il a quitté madame Audouin le 1er août avec toutes les protestations de tendresse, en donnant des prétextes inexplicables, en annonçant des projets qu'on ne peut pas comprendre, une destinée, une situation qui n'a pas de sens, qui ne peut être saisie par personne; il l'a quittée en jetant un autre trouble dans son âme par ce souvenir d'Alger et cette similitude de destinée qu'il semble lui annoncer. Mais enfin, quels reproches a-t-il à lui faire? Elle est souffrante, malade; elle prend à son insu la détermination d'aller le suivre en Orient. De quoi se plaint-il? que sait-il d'elle que sa noble conduite jusqu'au 7 juin, que sa confiance dans la bénédiction de la nuit de ce jour, que sa tristesse, que ses inquiétudes, que ses efforts pour ne pas se séparer de lui, que la douleur qu'il lui a causée le 1er août, jour où il est parti? Il révoque ses pouvoirs, pourquoi? Quels torts lui reprochera-t-il?

Ah! oui, on eût pu dire sans cette date de la révocation au 28 septembre, on eût pu dire peut-être : C'est l'arrivée à Constantinople en octobre et ce qui s'est passé en novembre qui a forcément entraîné le changement de résolution de M. Dubost.

On eût pu dire : C'est une femme exaltée avec laquelle on ne peut vivre, qui a toujours le poison ou le poignard à la main. Oui, dans son désespoir, mais après qu'elle a connu la révocation, la manifeste rupture d'engagements sacrés à ses yeux, elle s'emportait à des scènes qui n'attireront cependant pas votre sourire malgré ce qu'elles ont de romanesque, parce que vous savez quelle profonde indignation a dû pénétrer dans son âme; parce que, dans de pareilles situations, le cœur éperdu n'a plus de refuge que dans les résolutions extrêmes. Oui, le délire va lui faire faire tout à l'heure, en Crimée, des actes insensés. Mais ne dites pas que c'est là ce qui vous a fait changer de résolution, ce qui vous a fait rompre l'engagement sacré que vous aviez contracté. Ne dites pas que c'est parce qu'elle a voulu se poignarder que vous n'avez plus voulu contracter le mariage civil. Votre résolution était prise. Votre révocation de pouvoirs était signée et transmise au notaire, vous l'avez abandonnée comme la femme d'Alger, avant de savoir même qu'elle allait, en se rendant près de vous, tenter les derniers efforts.

Quels ont été ces derniers efforts? Ils vont être constatés par une longue correspondance. Son premier soin, en arrivant à Constantinople, est d'y réclamer la protection de l'archevêque. Elle y demeure, attendant la fin des opérations militaires. La révocation de pouvoirs lui est connue, après un mois de séjour; elle a été transmise à M. Prus le 15 ou le 16 novembre 1854; elle part le 20 pour la Crimée, toujours accompagnée par M. Prus. L'archevêque l'a confiée à M. l'abbé Ferrari; le colonel de Brancion monte sur le même bâtiment; elle aura un asile sûr sous la tente de l'aumônier. Là on fera venir M. Dubost; elle emploiera toutes les forces qu'une femme trouve dans son cœur, elle s'abandonnera même jusqu'au délire qui peut l'égarer; elle emploiera tout. Elle arrive en Crimée. On appelle M. Dubost; que dit-il? Rien. Sous la tente de l'aumônier, il ne laisse échapper que ces mots : *En venant ici, j'ai mis de côté toute ma vie passée.* A ces mots, elle a voulu se percer le cœur; elle est tombée dans les bras des officiers qui étaient présents à cette scène. Il a fallu trois semaines pour guérir cette profonde blessure, et, pendant tout ce temps, l'intérêt de tous était pour elle. Dans l'armée, dans tous les cœurs français, on sentait ce qu'il y avait de blâmable, de déplorable dans la conduite de M. Dubost. Sous cette impression générale, il promet de nouveau : Ce n'est pas ici, ce n'est pas sous les murs de Sébastopol, à Kamiesch, et d'ailleurs le terme n'est pas arrivé, que le mariage civil peut être contracté, célébré; retournez à Constantinople, je vous écrirai tous les jours; à chaque courrier vous aurez de mes nouvelles, et, le terme venu, j'obtiendrai la permission d'aller à Constantinople. — Elle retourne, avec une nouvelle confiance, à Constantinople, elle y séjourne; les mois s'écoulent, pas de nouvelles. Elle était retournée à Constantinople au mois de décembre; au mois de février, n'ayant pas reçu de lettres de M. Dubost, elle lui écrit. Je voulais lire cette lettre à l'audience,

parce que ces quatre pages sont l'histoire entière du cœur de madame Audouin,
de toutes ses appréhensions, de toutes ses douleurs, de toutes les souffrances,
de tous les désespoirs au travers desquels elle a passé. Mais je n'en ai pas
besoin ; elle sera mise sous vos yeux, vous la lirez (1).

De pareilles causes, messieurs, doivent être étudiées sérieusement par des
personnes sérieuses. Un tel examen peut seul redresser l'opinion publique, et
ramener l'estime là où peut-être le dédain et le mépris s'étaient portés,
où du moins s'adressaient des reproches de grande légèreté, de grande
frivolité. Une lecture fugitive ne suffit pas pour que le public qui nous
écoute ne se méprenne pas sur le caractère, sur le sens de la correspondance.
Vous lirez les lettres dans le silence du cabinet. Vous y verrez que, pour ramener M. Dubost à la fidèle exécution de ses engagements, pour obtenir de lui
qu'il efface la honte de cette répudiation non méritée, madame Audouin,
cédant aux mouvements les plus divers et les plus contraires les uns aux

---

(1) Nous donnons en note cette lettre sans laquelle la discussion ne serait pas
comprise :

« 20 février 1855.

» Félix, nous touchons à un moment suprême : l'assaut va se donner. Oh ! que n'êtes-
» vous venu à moi le 1ᵉʳ août ! A toutes les angoisses qui remplissent mon âme, je sens
» que je me serais sacrifiée mille fois plutôt que de consentir à votre départ. Hélas ! vous
» m'eussiez évité une agonie sans fin. Cet orgueil que vous m'avez tant reproché, cette
» fierté que le monde entier n'eût pu faire plier eussent été anéantis par la crainte de
» vous perdre, comme ils l'ont été depuis par mon douloureux martyre. La lutte m'a
» terrassée.

» Sans les terribles angoisses de la mère, qui craint que son fils ne vienne à rougir
» d'elle un jour, peut-être que la légitimité du lien qui nous unit, la paix de ma con-
» science et votre affection fussent parvenues à me faire accepter avec plus de résigna-
» tion la cruelle épreuve que m'infligeait l'opposition de votre famille ; peut-être aussi
» eussiez-vous dû lui faire connaître la proposition que je vous avais faite, afin de l'apai-
» ser, de vivre entièrement séparés l'un de l'autre ; l'engagement légal, que je n'hésitais
» pas à prendre, dût mon cœur en être brisé, d'être à tout jamais pour vous une étran-
» gère. Si j'ai murmuré contre elle dans les premiers moments de ma douleur ; si, forte
» de ma propre estime, de la vôtre, d'une vie irréprochable et de l'honorabilité de ma
» famille, je me suis révoltée contre l'injustice ; si, en songeant qu'en échange de
» cet amour légitime, que vous-même m'avez demandé, vous ne m'avez rendu que
» honte et malheur, j'ai pu vous faire d'amers reproches, oh ! je vous en demande
» bien humblement pardon. Pardon encore, Félix, pour ces accès de désespoir auxquels
» j'ai vainement cherché à me soustraire. Je regrette le moment de trouble qu'ils ont
» pu apporter dans votre vie. Puissent les tortures que j'ai endurées, que j'endure en-
» core et dont Dieu seul connaît la violence m'être comptées par lui comme supplice
» expiatoire ! Il sait tout ce que j'ai pu souffrir par l'outrage et la calomnie ; il connaît
» la pureté de mon âme et la fierté de mon cœur. Oh ! ce que j'ai supporté de
» douleur, d'autres ne pourraient l'endurer, même en rêve, ils en mourraient dans leur
» sommeil.

» Félix, je suis morte à tout... Adieu, bonheur ! Que ne puis-je dire aussi : Sou-
» venir, adieu ! J'ai été atteinte par un glaive si bien acéré que rien ne peut plus
» me rattacher à la vie. N'allez pas croire que je vous accuse... Non, je douterais plu-
» tôt de moi-même. Vous êtes mon mari, vous n'avez jamais pu consentir à donner
» votre acquiescement à une telle infamie, dût-elle vous conduire à un but désiré.
» Sur la créance que le monde accorde aux plus odieuses calomnies, je passerai pour
» une infâme créature qui aura joué une ignoble comédie pour obtenir de vous une
» réparation. Horreur ! une comédie ! Mais vous ai-je demandé quelque chose ? savais-je

autres, de son imagination et de son cœur, lui offre les concessions, les arrangements, les sacrifices les plus entiers. Oui, dans ses lettres, elle parle de se condamner à un oubli éternel, de s'enfermer dans un couvent, pourvu qu'en lui donnant son nom, il répare l'outrage qu'il lui a fait; qu'il la fasse sortir, aux yeux de son fils, de la situation déshonorante d'une cohabitation brisée et dans laquelle elle n'était entrée que sous la foi du sacrement. Qu'il la relève aux yeux de sa famille, de son fils, qu'il lui donne son nom, et elle vivra séparée; on prendra même un engagement civil pour constituer la séparation entre eux, mais qu'il lui donne son nom. Ailleurs elle lui demande pardon des chagrins qu'elle lui cause, des tourments qu'elle appelle sur lui, elle le conjure d'être indulgent pour ses faiblesses, de lui pardonner ses mouvements d'exaltation et le sang qu'elle a répandu dans la tente de l'aumônier en Crimée. Puis elle revient à Paris, ses douleurs sont au comble; elle a perdu sa mère; elle revient près de son fils, elle écrit alors : Tout est

----

» qu'un ministre de Dieu eût le pouvoir de nous unir dans un pareil moment, pour le temps
» comme pour l'éternité? Savais-je que ce lien pût être consacré après un si court veu-
» vage? Avais-je jamais entendu parler d'antécédents capables de diriger mes pas dans
» une aussi odieuse fourberie? N'est-ce pas spontanément que vous vous êtes jeté aux
» genoux du prêtre pour le supplier de nous unir? Félix, j'ai trop vécu. Oh! je me le suis
» dit bien des fois : je mourais heureuse alors. Une réparation! Mais il n'y avait nulle
» faute entre nous, nos relations étaient restées pures. Le monde, cette guerre de tous
» contre un seul, pouvait me trouver compromise par vos assiduités; mais notre juge à
» tous, devant lequel j'étais si près de paraître, m'eût donné la palme de la victoire et
» du martyre. J'avais déjà beaucoup souffert alors, car j'avais la triste prescience de
» l'avenir, et je voulais m'en affranchir; je voulais surtout vous soustraire aux luttes qui
» étaient déjà commencées avec votre famille.

» Rappelez-vous combien de fois, dans les premiers jours de notre union, vous m'avez
» répété ces paroles : « Oh! je suis heureux maintenant; c'est accompli, ma famille ne
» peut plus s'opposer. »

» Du fond de mon âme, Félix, je vous pardonne toutes les tortures auxquelles vous
» m'avez si injustement livrée et j'appelle sur vous les bénédictions du Tout-Puissant.
» Qu'il vous rende en joies les larmes que j'ai répandues; qu'il vous accorde le bonheur
» qu'il ne m'a pas donné et qu'il prolonge votre vie de tous les jours qui seront retranchés
» à la mienne; à moi seule la coupe des douleurs. Je le bénis du fond de mon âme : il a
» entendu ma prière, il vous rend en honneurs ce que je reçois en honte : vous venez
» d'être décoré de la croix d'officier.

» Venez à moi aussitôt après le siége, comme vous me l'avez promis : vous verrez que
» je puis m'élever maintenant à toute la hauteur d'abnégation nécessaire à votre bonheur.
» Vous avez fait vos preuves, vous pouvez retourner en France, près de ceux qui doivent
» être si heureux et si fiers de votre amour.

» Ceux qui me connaissent savent que ma douleur est à la hauteur de ma cruelle infor-
» tune; les autres la raillent sans doute. Oh! qu'ils seront vains leurs sarcasmes lors-
» qu'ils tomberont sur une pierre sans nom !

» Félix, cette date du 8 juin, je ne la maudis pas. Me refuserez-vous un mot
» maintenant?

» Claire AUDOUIN. »

. . . .

« Pour le monde, je suis la femme abandonnée, c'est-à-dire la femme flétrie par les
» plus odieuses calomnies; pour Dieu et pour vous, je suis sainte et martyre. Cette
» pensée me soutiendra encore dans les heures les plus difficiles. . . . .
» . . . . »

fini, je ne réclame plus rien de vous ; vous avez été subrogé-tuteur d'Édouard, vous avez promis d'être son père ; il y a deux ans vous avez promis que vous protégeriez sa jeunesse, que vous le guideriez, soyez le protecteur de mon fils ; écrivez-moi un seul mot. Elle finit l'une de ses lettres, c'est presque la dernière, datée de Paris, février 1856, en lui disant : Ne m'écrivez que ces mots : *Claire, après vous je veillerai sur votre enfant.*

Voilà tous les désespoirs, toutes les supplications, je dirai plus, toutes les contradictions qui se trouvent dans la correspondance.

Mon Dieu ! j'en conviendrai, dans cette abdication de la pensée qui la domine, dans cette abnégation de sa vie, cette femme se trompait elle-même. Elle n'avait qu'une pensée ; elle ne sollicitait pas seulement pour son fils, elle n'avait pas l'intention de confiner son existence dans un couvent ; tout cela n'est pas vrai, elle s'est trompée elle-même et ne mentait pas à M. Dubost : dans le fond de son cœur, il n'y avait que l'amour qu'il lui avait inspiré et qui la poussait à se rattacher à lui. Ne parlez pas des contradictions de sa correspondance, de la renonciation qu'elle aurait faite aux engagements pris par lui. Tout cela ce sont des mensonges de son âme envers elle-même ; elle ne voulait qu'une chose : Dubost, son mariage, son nom, la foi promise. Voilà ce qu'elle a toujours voulu, voilà la vérité.

Enfin, M. Dubost revient lui-même à Paris. J'abrége et je passe sur la lecture d'une multitude de lettres que vous lirez pour pénétrer plus avant dans la réalité qui déjà, je crois, est assez révélée, assez bien appréciée pour tous ceux qui m'ont écouté.

Aussitôt que M. Dubost est revenu de l'armée d'Orient, en 1856, la famille de madame Audouin est intervenue ; on s'est adressé de nouveau, pour faire entendre à M. Dubost la voix du devoir, au vénérable prêtre dont la protection incessante avait pendant deux ans soutenu madame Audouin, qu'il connaissait si bien, à travers toutes les péripéties qu'elle avait eues à traverser. Le digne ecclésiastique, dont la bienveillance était toujours la même, avait dit : « Oui, je verrai M. Dubost ; je lui ferai entendre la voix de l'honneur et du » devoir..... »

Madame Audouin voulut agir elle-même ; après avoir fait intervenir vainement ses amis (1), après avoir cherché par eux tous les moyens de décider enfin M. Dubost à lui donner son nom et à le rattacher par un lien légal à la situa-

______

(1) Prises au hasard dans une nombreuse correspondance, les lettres suivantes, adressées à M. Prus, feront connaître de quelle considération et de quel honorable intérêt madame Audouin n'a pas cessé d'être entourée :

« Paris, le 30 juillet 1854.

» Monsieur,

» Vous me dites que madame veuve Audouin désire causer avec moi de la perte qu'elle » vient de faire ; je vous attendrai tous deux demain ou après-demain, de midi à quatre » heures.

» La conduite de madame Audouin, pendant la longue maladie du commandant, a été » si dévouée, ses soins ont été si affectueux et sa tendresse si assidue, que tout le monde » ici en a été touché et édifié. Ceux qui ont été témoins de sa douleur au moment de la » triste nouvelle ne pourront jamais l'oublier.

» J'espère que Dieu lui a préparé, dans son jeune fils, une consolation que sa mère

tion qu'il avait sollicitée ou plutôt usurpée, dont il avait abusé et qu'il avait foulée aux pieds, depuis le 1er août 1854, elle veut encore tenter un dernier effort, un effort de femme désespérée.

Elle va voir M. Dubost ; elle le supplie, elle le conjure. Elle est offensée, elle est blessée ; un homme, en pareil cas, se serait dix fois battu et dix fois aurait demandé le sang de celui qui l'aurait outragé à ce point. La femme outragée, humiliée, ne s'était armée que contre elle-même, et, dans cette dernière scène de désespoir, M. Dubost, saisissant l'arme qui ne menace qu'elle, va la déposer à la Préfecture de police, oui, à la préfecture de police !! C'est là que madame Audouin, appelée à s'expliquer, promet qu'elle n'attentera plus à ses jours, qu'elle ne se rendra pas coupable d'un suicide ; à qui ? à M. Metettal, chez qui M. Dubost l'a fait venir pour qu'elle se justifie sur la possession d'une arme prohibée. Il est officier français, et il arrache à une femme l'arme qu'elle a dans les mains et la porte à la Préfecture de police ! Je ne veux pas dire ce qu'il faut penser de cet acte : l'honneur vous le dit assez.

M. Dubost avait fait intervenir son père, qui se montra indigné. Des annotations de sa main sur des lettres qui lui sont adressées par son fils, qu'il traite de la manière la plus rude, font connaître son caractère. Mais enfin, il est père. Je ne sais ce qu'il rêvait pour l'avenir de son fils ; quelles espérances il nourrissait pour la magnifique carrière qu'il le voulait voir parcourir. Pour qu'il répugnât à cette union, je ne peux admettre que des pensées d'ambition, de fortune ; mais je n'ai pas à pénétrer le fond des idées, des sentiments de M. Dubost le père. Ce que j'ai à dire, c'est qu'il s'est rencontré chez son fils, au moment de cette saisie de l'arme. M. Dubost père s'est alors livré, en présence de ce fils silencieux, aux injures les plus grossières, aux imputations les plus méprisantes contre madame Audouin, qui se retira, et adressa enfin à M. Dubost la lettre du 18 juillet :

» bien-aimée et ses vieux amis rendront plus prompte et plus puissante encore.

» Recevez, monsieur, mes respectueuses salutations, et veuillez offrir à madame Audouin » mon humble hommage et mes vives sympathies.

» Signé : l'abbé LE DREUILLE, aumônier en chef du Val-de-Grâce. »

« Monsieur,

» C'est avec un vif sentiment de tristesse que je viens d'apprendre, par madame G....., » l'affreux malheur qui atteint madame Audouin. J'étais bien loin de penser que cette » femme, si digne et si honorable, pût être aussi cruellement frappée dans tout ce qu'elle » a de plus cher au monde, son honneur ! J'aime et j'estime profondément madame Audouin, » et je comprends tout ce que cette nature si élevée a dû souffrir d'angoisses et de tor-» tures. Dites-lui, je vous prie, qu'elle a de bons amis à Arras, et que ma femme et ma » fille seraient heureuses, si elle venait passer quelque temps auprès d'elles.

» Veuillez, monsieur, agréer l'expression de mes sentiments les plus distingués.

» Signé : LESIRE, colonel de gendarmerie à Arras.

» 10 février 1856.

» Soyez assez bon, monsieur, pour nous donner l'adresse de madame Audouin, afin que » ma femme puisse lui écrire. »

Nota. — M. Lesire a été lieutenant-colonel dans un régiment où M. Audouin a servi pendant onze ans, avec le grade de capitaine, depuis son mariage.

« Monsieur,

» Votre silence pendant la scène affreuse que j'ai subie et que vous m'aviez pré-
» parée a été pour moi l'éclair de la vérité : je suis sortie de chez vous toute autre
» que je n'y étais entrée....

» Jusque-là, vous l'avez assez vu, je m'étais résignée avec un courage et une
» abnégation surnaturels, et, quoique vous me dussiez tout, à ne réclamer de vous,
» pendant la vie de vos parents, que l'entretien des relations les plus simples, celles
» que nécessitait votre titre de subrogé-tuteur de mon enfant et une certitude pour
» l'avenir de vous voir enfin suivre la loi de l'honneur et de la conscience. Lorsque
» cette dernière illusion ne m'a plus été permise, le désespoir, avec lequel je luttais
» heure à heure depuis deux ans, m'a de nouveau envahie tout entière.

» Bientôt après, en butte aux attaques les plus infâmes, révoltée des grossières
» injures et des absurdes calomnies dont j'ai été abreuvée, poussée à bout enfin,
» j'ai trouvé l'énergie nécessaire pour entrer dans la seule voie que vous m'ayez
» laissée de sauvegarder mon honneur et celui de mon fils . . . .

. . . .

» Avant toute signification légale, et quoique vos procédés ne le méritent guère,
» je crois devoir vous informer du parti que j'ai pris.

» Croyez, monsieur, à toute la répugnance que j'éprouve à donner au lien qui
» nous unit un si douloureux retentissement ; mais la femme que vous avez épou-
» sée a retrouvé toute sa fierté première. Elle rougit aujourd'hui du rôle infime
» auquel, par une abnégation surhumaine, elle s'était si péniblement résignée.
» Quoique bien faible et en face d'adversaires tout-puissants, qui ont déjà tout osé,
» elle ne craint pas d'affronter au grand jour les grossières injures, les absurdes
» calomnies et les effrayantes menaces qui lui ont été faites à huis clos. Elle doit à
» son fils, à sa famille et à elle-même de faire enfin éclater la vérité.

» Claire AUDOUIN. »

Le même jour, elle a recours à votre justice : la demande est formée, la
requête est présentée à M. le Président. C'est cette demande que vous avez à
juger.

Cette action judiciaire, dont vous connaissez les motifs, la cause impérieuse,
est-elle fondée, est-elle régulière et légale ? Y a-t-il dans l'ensemble de tous ces
faits, de ces actes, dans ce qui s'est passé le 8 juin (1), dans ce qui s'est passé
le 22 juin à la sacristie de Saint-Thomas-d'Aquin, dans les lettres de M. Dubost, dans l'acte passé chez le notaire, le 1ᵉʳ août ; dans la lettre au ministre
de la guerre, y a-t-il là un engagement certain, reconnu, avoué, et dont la
violation constitue un fait dommageable ? La cause qui vous est soumise n'est-
elle pas bien fondée sur les seules dispositions de l'article 1382 du Code civil :

« Tout fait quelconque de l'homme qui cause à autrui un dommage oblige celui
» par la faute duquel il est arrivé, à le réparer. »

En commençant cette plaidoirie, je vous disais : Il n'y a pas d'autre refuge
contre une telle injure ; on ne peut pas condamner à contracter mariage. Que

---

(1) Le sacrement de l'extrême-onction a été administré le 7 juin 1854, vers onze
heures et demie du soir, et le sacrement de mariage, un peu après minuit ; ce qui porte
la date de cette union au 8 juin.

faire pour restituer la dignité, l'honneur de cette femme, pour lui donner la réparation qui lui est due ? Le fait est-il coupable, dommageable? Dira-t-on qu'il n'en saurait être comme d'un fait qui porte un dommage matériel, qu'ici ce n'est qu'un préjudice moral ? Cette thèse a été soutenue par quelques auteurs. Je crois même que dans les énormes collections de décisions judiciaires, il s'en rencontrera une ou deux où l'on a dit qu'il n'y a que le dommage matériel qui soit réparable, la restitution des arrhes sous l'ancienne législation, de la corbeille ou des présents qui ont été faits, sous la nôtre. Oui, mais, messieurs, le plus grand nombre des auteurs et la jurisprudence constante, ancienne et nouvelle, disent qu'en pareille matière et en toute matière, le préjudice moral doit être réparé. Pourquoi le préjudice moral serait-il impuni?

On dit : dans les cas de violation d'une promesse de mariage, si l'on condamne à des dommages-intérêts, on ne laisse plus la liberté ; la menace de dommages-intérêts ne laissera plus la liberté nécessaire à la validité du consentement pour le mariage civil.

Ne vous y trompez pas, la liberté existe toujours, le consentement reste parfaitement libre. Mais de ce que vous avez la liberté de consentir ou de refuser le mariage après l'avoir promis, en résulte-t-il que le refus, que la rupture de la promesse, de l'engagement, ne soit pas un outrage passible de dommages-intérêts? Et qu'on ne vienne pas dire, ce que quelques-uns ont essayé de dire, qu'en pareille matière le dommage moral n'est pas passible de dommages-intérêts, parce que le dommage moral n'est pas appréciable. Tous les jours, vous l'appréciez. Dans les affaires de diffamation, d'injures, d'outrages, d'atteintes portées à la considération, n'appréciez-vous pas le dommage moral, ne déterminez-vous pas les dommages-intérêts comme réparation de ce préjudice moral? Mais c'est la base de toute la législation et de la seule législation que nous puissions avoir, car, il faut le répéter, là où il n'est pas possible que la justice ordonne un fait réparateur, le fait qui a été outrageant, blessant, qui a porté atteinte à la dignité de la personne, à sa considération, ce fait est réparé par des dommages-intérêts.

Le fait de ce procès est-il contestable dans sa nature? Est-ce que ce qui s'est passé n'équivaut pas au moins comme engagement à ce qu'étaient les fiançailles sous l'ancienne loi, à ce qu'est une promesse de mariage sous l'empire de la loi nouvelle? Dans l'acte du 8 juin, dans ce fait incontestable, reconnu, avoué, proclamé par M. Dubost lui-même, est-ce qu'il n'y pas au moins là ce qu'il y avait jadis dans le contrat des fiançailles, ce qu'il y a dans une promesse de mariage? Évidemment c'est l'engagement le plus étroit, le plus positif, le plus sacré, la promesse de mariage. Je n'irai pas me réfugier dans l'étude de M⁰ Brun pour rechercher, dans ses archives, l'acte par lequel la procuration a été donnée à M. Prus; non, c'est dans la cérémonie du 8 juin, c'est dans la bénédiction renouvelée le 22 juin à Saint-Thomas-d'Aquin, c'est là qu'est l'engagement de conscience et d'honneur. Cet engagement a-t-il été violé sur une cause qu'on puisse avouer? Vos prétextes, n'ai-je pas dit, en rapprochant les dates, qu'ils étaient faux, mal fondés, que votre refus est une injure imméritée ?

Vous nous dites que vous n'avez pas pu obtenir le consentement de votre père et de votre mère; que vous étiez menacé de leur malédiction; vous en avez parlé à toutes les époques pour jeter d'abord le trouble dans le cœur de madame Audouin et plus tard pour expliquer votre disparition du 1ᵉʳ août. Nous respectons l'autorité paternelle et la déférence d'un fils pour ses parents ; mais, en présence d'une opposition de la part des parents, est-ce que, quand de telles circonstances sont connues, quand les relations, les convenances réciproques sont aussi parfaitement établies qu'elles l'étaient dans cette cause, est-ce que le tribunal hésiterait à donner mainlevée de l'opposition paternelle ? Et avec vos quarante et quelques années, oui, oui, respectez jusqu'à ce qu'ils tombent les cheveux blancs de votre père, respectez sa vieillesse et son titre de père ; mais enfin sachez que ce n'est pas le seul de vos devoirs. Vous êtes homme, vous avez pris un engagement sacré, respectez-le ; si vous le rompez sans cause, vous vous rendez coupable d'un outrage, vous causez un grand préjudice moral.

Irai-je fouiller les auteurs cités par l'ancien droit ? D'Héricourt montrait que, quand le contrat des fiançailles était violé, le juge ecclésiastique prononçait des peines canoniques et renvoyait pour les dommages-intérêts devant le juge laïque, et que le juge laïque les accordait.

Citerai-je des arrêts ? Un homme de plus de trente ans se prétendait dégagé d'une promesse de mariage, parce qu'il n'avait pas le consentement de sa mère : le parlement l'a condamné.

Un conseiller au parlement de Paris, M. Megnon (d'Héricourt cite l'arrêt), qui avait plus de trente ans, disait : Mes parents ne veulent pas consentir à mon mariage ; en conséquence, je me dégage. Le parlement l'a condamné à 60,000 francs, parce qu'il faisait outrage à mademoiselle de Chabannes en refusant de l'épouser.

Depuis le Code civil, les auteurs ont recueilli un grand nombre d'arrêts ; j'ai pour moi l'autorité de ces arrêts, que j'ai lus avec soin. J'en pourrai citer plusieurs, rendus par la Cour de Nîmes en 1843, par la Cour de cassation, portant rejet d'un pourvoi le 17 août 1843, par la Cour de Toulouse pour refus d'exécuter le mariage en 1843, par la Cour de Colmar dans trois ou quatre causes semblables.

Luxe de citations et de science de droit inutile dans cette cause, qui se réduit à des questions très simples.

Un engagement a été pris, c'est un fait immense ; cet engagement a été violé de la manière la plus cruelle. Ordonner son exécution, c'est impossible. Le fait que les tribunaux ne peuvent pas ordonner comme un fait réparateur se répare, se résout par le seul pouvoir que vous ayez, et il n'y en a pas d'autre, par une condamnation à des dommages-intérêts, c'est-à-dire par une condamnation qui sera la réprobation de celui qui a manqué à la foi promise.

Si donc, dans cette cause, M. Dubost, malgré tous ses souvenirs, malgré ses engagements de conscience et d'honneur, si, connaissant bien madame Audouin comme il la connaît, l'ayant respectée durant l'existence de son premier mari dont elle était la sœur de charité plus que l'épouse, l'ayant respectée jusqu'au jour où c'est lui même qui s'est jeté aux pieds du prêtre, qui a demandé le mariage *in extremis*, qui a promis de le réaliser devant la loi civile, qui a passé les actes pour que cela fût ainsi, qui, pour entrer dans le cœur de cette femme, avait exprimé tour à tour des sentiments affectueux pour son ancien compagnon d'armes, tendres et paternels pour le fils de cette femme jeune et belle encore, s'il est insensible à tout cela, si de sa libre volonté il ne rompt pas avec les déterminations puériles, faibles, timides, injustes, cruelles, qu'il a prises, eh bien, laissez-lui sa liberté; qu'il fasse ainsi qu'il le veut aujourd'hui; mais, quand il aura rompu un engagement de cette nature, vous ne lui laisserez pas l'impunité, et, en pensant à la femme d'Alger, j'ai le droit de dire : Vous ne lui laisserez pas la forfanterie de ses déplorables triomphes.

Je persiste dans mes conclusions.

PLAIDOIRIE DE M° NOGENT SAINT-LAURENS.

Messieurs,

J'ai écouté avec recueillement la plaidoirie de mon illustre adversaire. J'ai remarqué d'abord la prudence et l'habileté de son exorde. Il a compris à merveille qu'une demande d'argent à propos de mariage rompu serait mal reçue par le monde. Aussi vous a-t-il dit que les dommages-intérêts étaient le seul moyen offert par la loi ; que c'était une arme qu'il maniait avec répugnance, et parce qu'il n'en avait pas d'autres ; cherchant à désintéresser sa cause, il a ajouté ces mots : « Les dommages-intérêts, on en fait ce qu'on veut. » Je crains bien que ces prudences de l'exorde ne soient des illusions généreuses qui n'aillent pas au delà du cœur et de l'imagination du défenseur.

Dans l'exorde, je trouve encore une idée contre laquelle je veux protester immédiatement. On a compris que la publicité donnée à certaines aventures n'était pas toujours très convenable, et alors, allant au-devant du reproche, on s'est écrié : Quand le désespoir est sans bornes, quand le cœur est ulcéré, on a besoin de se plaindre bien haut ; la publicité est un soulagement et une nécessité. Ce n'est pas mon avis ; je professe une opinion contraire : les douleurs véritables et sincères se recueillent en elles-mêmes ; elles vivent dans la solitude et regardent la publicité comme une profanation.

Aussi, je le déclare, ce procès me semble déplorable de la part de celle qui l'a introduit. J'avais le projet de qualifier en quelques mots la nature et le caractère de cette action qu'on a osé porter devant votre justice. J'y renonce quant à présent ; les choses graves que j'avais à dire ressortiront de l'énergie des faits eux-mêmes, et alors une appréciation sincère descendra de la conscience de tous ceux qui auront entendu ce triste récit.

Ma méthode sera simple ; j'exposerai en discutant, puis je résumerai. Mais, comme en discutant je veux montrer l'absence de tout principe légal qui puisse donner lieu à une action sérieuse, je demande la permission de dire un mot sur le droit. Le mariage est un acte civil et un sacrement. Le sacrement est subordonné par la loi à la justification préalable de l'acte civil. Le mariage est précédé d'une promesse. La promesse ne détermine pas une obligation légale, parce que, avant tout, le mariage doit être libre ; jusqu'au dernier moment, il doit être un acte de pleine liberté. Tous les jours des promesses de mariage ne sont pas tenues ; des mariages arrêtés sont rompus ; ordinairement ce sont des choses qui restent dans la vie intime et le secret des familles. Pourtant, s'il y a eu éclat, scandale, séduction, puis abandon coupable, il peut y avoir un préjudice, et comme conséquence, une action en dommages-intérêts. Ma prétention sera de vous montrer, au cours de la discussion, qu'il n'y a eu aucun éclat, aucun scandale venu de notre part, aucune mauvaise foi ; que l'abandon a été honorable et nécessaire.

Je raconte et je discute.

En février 1854, M. Félix Dubost, commandant du génie, faisait des démarches au ministère de la guerre, pour améliorer la position de M. Audouin, chef d'escadron en retraite. M. Audouin avait été admis au Val-de-Grâce, quoique en retraite, vers le mois d'octobre 1853 ; M. Dubost avait fait la connaissance de madame Audouin chez madame B..., veuve d'un général qu'il avait connu en Afrique.

Jetons un regard rapide sur ces deux personnes.

Madame Audouin, que mon adversaire, dans des entraînements oratoires, appelle une veuve jeune et belle encore, a quarante-trois ans ; elle est née le 15 décembre 1813, à Monteleone, dans les Calabres ; elle est fille d'un colonel au service de Naples ; son caractère sera connu par les faits.

M. F. Dubost est un élève distingué de l'École polytechnique. Il est né en 1813, comme madame Audouin. Au moment des premiers événements, il était commandant du génie, aide-de-camp du général Charon. C'est un homme de science et d'action ; il l'a prouvé au siége de Sébastopol, où il a gagné les épaulettes de lieutenant-colonel et la croix d'officier de la Légion d'honneur. Une correspondance communiquée par l'adversaire, et qui va du 23 février au 11 mars 1854, nous apprend qu'il n'existait entre madame Audouin et M. Dubost que des rapports de politesse, de courtoisie et d'amitié.

Le 26 mars 1854, M. Audouin est mort au Val-de-Grâce. La veuve se désole, et, comme elle est seule à Paris, M. Dubost offre et fait accepter ses services pour que cet ancien militaire soit honorablement enterré. Ce jour-là même arrive de Lons-le-Saulnier, porteur de compliments de la part du frère de M. Audouin, un M. Prus, dont nous parlerons plus tard. Peu après, madame Audouin prie M. Dubost d'accepter les fonctions de subrogé-tuteur de son fils. M. Dubost se défend, alléguant qu'il y a un oncle paternel, celui dont M. Prus apportait les compliments. On répond que cet oncle est impotent, chargé de famille, et qu'il habite un département éloigné. Dubost devient subrogé-tuteur. Rien de nouveau jusqu'au 18 mai 1854 : tout se borne à de simples visites ; on appelle cela des assiduités ; on semble dire qu'elle est compromise. S'il s'agissait d'une jeune femme inexpérimentée, d'une jeune fille que le hasard ou le malheur aurait séparée de sa famille... À la bonne heure !

Mais elle a quarante et un ans, de l'expérience, un grand fils ; si ces assiduités sont réelles, elles sont sans inconvénient. J'ai lu dans les pièces de la procédure signifiée par madame Audouin que M. Dubost fut invité à modérer ses visites. C'est inexact ; quand il y avait modération, ralentissement, on savait réchauffer, reconquérir l'assiduité avec ces jolies petites phrases, ces agaceries de style, ces mille riens que les femmes savent manier à merveille.

Écoutez cette lettre écrite par madame Audouin à M. Dubost, le 18 mai 1854 :

« C'est en tremblant que je viens vous avouer ma faiblesse, à vous l'homme fort
» et bien incapable certainement de comprendre qu'il y ait des heures de doute et
» d'abattement extrême. Hélas ! elles sonnent trop souvent pour la pauvre déshé-
» ritée des joies d'ici-bas. Son cœur si malade est plus ulcéré encore que d'habitude;
» car un amer et bien profond découragement l'envahit tout entier aujourd'hui.

» L'atonie où je suis plongée m'ôte tout mon courage, même celui d'aller cher-
» cher un refuge près de la consolatrice des affligés. A toutes vos nobles et belles
» qualités, vous joignez une source inépuisable d'indulgence. Puis-je y avoir encore
» recours? Ne tarira-t-elle pas pour l'ami des heures inoccupées ? »

Elle a signé : C. A.

Nous n'en sommes déjà plus à la prosaïque signature ; c'est le doux mystère, c'est le secret charmant des initiales. Hélas ! la conquête était déjà faite,
le cœur de l'homme était déjà courbé sous le joug féminin.

Les passions aiguës ne tardent pas à traverser cette intimité ; on se querelle,
on discute; elle est compromise, flétrie; elle éclate en sanglots, sa douleur
est bruyante; elle sait à propos calmer et irriter tour à tour une passion née
sous les agressions quotidiennes les plus habiles. Enfin le mot de mariage est
prononcé. Puis reparaissent les scrupules, les hésitations de M. Dubost.

Le 26 mai (M. Dubost le déclare et je le crois), il entre chez madame Audouin : elle a l'œil hagard, le visage livide! Il s'informe. Qu'est-il arrivé? A
travers les larmes, on lui avoue qu'on a pris du laudanum. Il se jette à ses genoux et parvient à obtenir qu'on boira de l'eau tiède. Le remède fut souverain.

Mais l'émotion la plus sincère avait envahi le cœur de M. Dubost, qui
s'épancha en promesses téméraires. Des promesses ne suffisent plus, il faut
des actes; les actes ne se feront pas attendre. Oui, il y a fascination, aveuglement. Il est pris!

Ainsi voilà déjà un empoisonnement; il aura sa conséquence utile. Chaque
catastrophe est un profit pour madame Audouin. Le profit de l'empoisonnement du 26 mai 1854 est la lettre du 28 mai, que M. Dubost adresse à madame C..., mère de madame Audouin, et dans laquelle il lui demande la main
de sa fille. Faisons une réflexion en passant : madame Audouin a connu cette
lettre; il est impossible qu'il en soit autrement. Comment a-t-elle permis
qu'elle fût écrite? C'est une grave inconvenance. Elle est veuve du 26 mars,
depuis deux mois et deux jours, et déjà elle songe à un nouvel hyménée ! Si
les convenances sont si peu respectées par elle, elle devrait au moins penser à
la loi et à l'article 228 du Code Napoléon, qui place un délai impératif de dix
mois révolus entre la dissolution d'un premier mariage et la célébration d'un
second.

Après avoir écrit à madame C..., mère de la demanderesse, Dubost fit des
ouvertures à sa famille; il rencontra des résistances. Pourquoi cette opposition? dit mon adversaire, elle est incompréhensible. Je la trouve toute simple
et très naturelle. On pensait qu'avec sa position le commandant Dubost pou-

vait trouver mieux qu'une femme de quarante ans, dont le caractère était excentrique, violent et dangereux.

Cette opposition n'avait du reste rien de définitif; mais le moindre obstacle irrite madame Audouin, et elle préfère la mort à l'incertitude. Il faut avouer qu'une pareille résolution a quelque chose de bizarre et d'excessif. Les actes de la procédure disent qu'elle tomba malade le 8 juin 1854. L'avocat, à cette audience, déclare qu'elle s'est empoisonnée. J'ajoute que le profit de cette deuxième catastrophe a été une certaine cérémonie sur laquelle nous nous expliquerons plus tard.

Résumons la journée du 8 juin. Le 7 au soir, M. Dubost avait rapporté à madame Audouin les résistances de sa famille; le 8, il reçoit au ministère de la guerre, où il se trouvait, la lettre suivante :

« 8 juin 1854 .

» J'ai compté toutes les minutes depuis votre départ, ami, vous ne pourrez donc
» pas dire que j'ai été sans force contre la souffrance. L'insomnie me tue : il faut
» que je dorme ; je vais manquer à la promesse que vous avez exigée de moi. Quoique
» bien persuadée qu'il se trouve au fond de votre cœur un pardon pour cette faute
» ce n'est pas sans avoir beaucoup combattu que je la commets, et puis même j'ai
» quelques angoisses. Si j'allais me tromper sur la dose et ne plus me réveiller!

» Oh! alors, ami, soyez triste, je le comprends ; mais soyez calme, soyez fort, pensez
» à tous ceux qui vous aiment et rappelez-vous tout ce qu'il y avait d'amour et de
» reconnaissance dans mon âme pour tout le bien que vous m'avez fait. Dites-vous
» que j'ai su vous donner la seule preuve irrécusable de ma vive et profonde affec-
» tion.

» Ami, ami, je crois à votre amour ; j'ai foi en vos promesses ; mais les luttes qui
» ont commencé et que vous auriez encore à soutenir avec votre famille portent
» l'effroi et le découragement dans mon cœur; mon orgueil, je puis encore en par-
» ler, n'est-ce pas? ne pourrait supporter les dédains, et quelles souffrances n'en-
» durerais-je pas en voyant quelquefois un nuage assombrir votre front !

» C'est à genoux, ami tant aimé, que j'implore votre pardon : ne me le refusez
» pas ; vous savez que j'en suis digne et qu'il est nécessaire à la paix que je vais
» goûter.

» Allons, ami, prenez (ici) le baiser bien tendre et bien pur que j'y dépose.

» Votre CLAIRE.

» Le portrait m'appartient, je veux l'emporter. »

A six heures, comme tous les jours, M. Dubost était attendu à dîner chez son père, rue Basse-du-Rempart. On s'inquiétait de son absence. Tout à coup M. Dubost père reçoit d'un commissionnaire qui n'avait pas attendu de réponse le billet suivant :

« 8 juin 1854, 6 heures du soir.

» Mon bon père,

» Je suis au lit d'une pauvre femme qui se meurt. Pardonnez-moi si, dans un
» pareil moment, je ne viens pas auprès de vous ; lorsque tout sera fini, je viendrai
» vous demander la force et la consolation dont j'aurai tant besoin.

» Ne dites rien à ma mère.

» La mourante reçoit en ce moment les secours de la religion. Ceux de l'art sont

» presque superflus. Cependant je n'ose croire que tout espoir soit perdu. C'est un
» empoisonnement par le laudanum. Que Dieu ait pitié de moi !

» Votre fils,

» Signé : F. Dubost. »

Peu après arrive un homme en blouse avec une voiture : c'est le concierge de la rue de Varennes, de la maison où demeure madame Audouin. Il est chargé d'emmener M. Dubost père, et l'emmène. Le père et le fils se rencontrent dans un petit salon voisin de la chambre à coucher où était la mourante. On cause, on réfléchit. « Comment, dit le père, un suicide, un empoisonnement pour la moindre contrariété d'amour ! mais c'est de l'extravagance, de la folie ! »

Nous ne nous étions pas trompés sur ce qu'il y a d'excessif et d'anormal dans le caractère de madame Audouin.

Il y avait là le vicaire et le sacristain de Saint-Thomas-d'Aquin. M. Dubost père avait remarqué les allées et les venues d'une servante qui avait apporté une table à jeu, des chandeliers. Il pensa que ce pouvait être pour l'extrême-onction. Quoi qu'il en soit, M. Dubost père ne s'est pas suffisamment attendri ; les espérances qu'on avait conçues sur lui avaient été déçues, car on ne l'introduisit pas près de la mourante ; il fut à peu près renvoyé par son fils, qui lui assura qu'il allait bientôt se retirer lui-même. Peu après le départ du père, le vicaire est renvoyé ; on va chercher le curé : c'était la dernière ressource.

M. Sibour, curé de Saint-Thomas-d'Aquin, connaissait madame Audouin ; elle s'était présentée à lui, elle avait eu l'art de toucher son cœur ; il avait placé son fils dans un séminaire, je crois.

Il arrive ; il trouve une femme mourante, les cheveux épars. C'est l'agonie. Les saintes huiles sont préparées, les ornements sacerdotaux sont déployés, l'extrême-onction commence... Sous la solennité du sacrement, devant cette femme qu'il croit morte, Dubost éperdu, hors de lui, s'agenouille en s'écriant : « Mon père, unissez-nous... » Un mariage ! comment ? mais où est le mariage civil ? Les articles 199 et 200 du Code pénal punissent de l'amende, puis de la détention, les ministres du culte qui procèdent au mariage religieux sans justification préalable d'un mariage civil.

Un mariage ! Mais où sont les témoins ? C'est *in extremis*. Mais où est la maladie mortelle, où est le médecin, où sont les relations antérieures à effacer, les enfants à légitimer ? Ce soir-là, devant un homme éperdu, la plus simple prudence exigeait un refus, un atermoiement. L'émotion emporta la prudence : on les unit *in extremis*. Le lendemain elle n'était pas morte.

Le moindre inconvénient de cette cérémonie singulière, c'est qu'elle a troublé toute une famille, c'est qu'elle a jeté dans la conscience de Félix Dubost cette idée fausse qu'il était engagé lorsqu'il ne l'était pas.

Pour sortir d'une position inquiétante et embarrassante, on a eu le tort d'abuser de cette cérémonie et de pousser violemment Dubost vers un mariage qui devait effacer toutes les imprudences... et tout cela au profit d'une femme dont les excentricités attestent qu'elle n'aurait pu rendre un mari heureux dans ce monde.

Arrêtons-nous et discutons. Quelle est la valeur de cette cérémonie ? L'Église comme la loi, exige des solennités qui sont essentielles au mariage. D'abord, il faut le consentement libre, légitime et mutuel. Ensuite, et depuis le concile de Trente, cela ne fait pas de doute, il faut la présence du curé et de deux témoins.

Le consentement n'était pas libre en présence d'un empoisonnement vrai ou simulé ; il n'y avait pas de témoins. Cette cérémonie n'est donc pas un mariage. Toutes les solennités, toutes les conditions exigées par la loi civile et par le droit canonique sont des garanties utiles et dont on ne saurait trop prescrire la majestueuse observation. Si l'Église s'affranchissait de ces règles, elle s'exposerait à donner des sanctions solennelles à toutes sortes d'aventures et d'intrigues.

On dit : C'est le mariage *in extremis*. Pas davantage. Je prends une vieille définition. Les mariages *in extremis* sont contractés à l'extrémité de la vie de l'une des parties, entre personnes qui avaient vécu antérieurement en mauvais commerce. Ainsi ce sont des relations antérieures à effacer, comme je l'ai dit, des enfants à légitimer. « On a pensé, dit Toullier, qu'il n'était pas juste de
» condamner au désespoir un père mourant dont le cœur déchiré par les re-
» mords veut, en quittant la vie, assurer l'état d'une compagne qui ne l'a
» jamais abandonné, ou celui d'une postérité innocente dont il prévoit la
» misère et les malheurs. »

Le motif, la raison du mariage *in extremis* est dans la réparation. Cette raison n'existait pas dans la soirée du 8 juin.

J'en demande bien pardon, mais il me reste un devoir prosaïque à remplir. L'empoisonnement était-il réel ou fictif ? C'est une question qu'il est impossible de ne pas poser au milieu des émotions qu'on a cherché à accumuler sur ce débat. Mon adversaire a dit : Une crise favorable se manifesta, il est inutile d'entrer dans les détails. Pardon, il faut entrer dans les détails ; sans cela nous laisserons des lacunes, nous ferons des omissions, nous n'aurons pas la vérité. La scène du 8 juin était-elle sincère ?

Parlons du poison. Elle en avait pris deux cuillerées à café : c'est la déclaration de Félix Dubost à son père le soir même ; il répétait ce que lui avait dit madame Audouin. Il faut 16 grammes de laudanum au moins pour compromettre la vie, et cela ne tiendrait pas dans deux cuillerées à café. Elle ne s'est donc pas trompée si, comme elle le craignait dans sa lettre du même jour, elle a pris ce qu'il fallait pour effrayer Dubost, mais non pas ce qu'il fallait pour mourir.

Parlons du motif. Jusque-là la famille Dubost a résisté, mais il n'y a rien de définitif ; d'ailleurs elle est veuve depuis deux mois et demi, elle a devant elle bien du temps pour conjurer ces résistances. Mourir sur ce simple refus qu'elle pourra vaincre, c'est impossible ; le motif est insuffisant, elle n'a pas résolu de mourir.

Parlons des effets du laudanum. Le laudanum produit le narcotisme, l'état comateux, c'est-à-dire un assoupissement profond, une léthargie absolue ; on ne voit ni n'entend plus rien. Eh bien ! le 8 juin, elle a tout entendu. Écoutez la lettre du 14 avril 1855, qu'elle a écrite à M. Dubost :

« Que vous cherchiez à repousser le désespoir du 26 novembre, j'y consens, s'il

» doit amener une ombre à votre front ; mais le souvenir du 8 juin, de ce dévoue-
» ment, de ce sacrifice dont vous êtes pur aux yeux de Dieu, ne vous sera jamais
» pénible. Je l'invoque, Félix, car il doit me défendre contre vous-même des accu-
» sations suggérées par la pensée de ces calomnies que vous répétiez et méprisiez
» alors. Reportez-vous à cet instant suprême où je répondis au ministre de Dieu,
» qui me disait de porter mes regards vers l'éternité : « Oh ! je meurs heureuse,
» mon père, je serai pleurée : il sait comment je l'aimais. »

Ainsi elle entendait, elle répondait, elle n'était pas en léthargie, et comme
l'ingestion remontait à plusieurs heures, et qu'elle en avait pris une dose insignifiante, j'ai bien peur que la scène du 8 juin ne soit pas sincère. L'égarement de Dubost continue. Peu après on obtient de lui qu'une autre cérémonie
soit accomplie.

Dans la sacristie, sans témoins, le même curé procède à une bénédiction
d'alliances. Quelle est la valeur de cette cérémonie ? J'ai consulté des ecclésiastiques : elle n'en a aucune. Étonnez-vous que cet homme se laisse ainsi
égarer ! Depuis la cérémonie du 8 juin pour réparer une imprudence, tout le
monde l'environne, le presse, le persécute ; aussi du 8 juin au 1er août, jour
de son départ, il n'a plus aucune liberté morale, il est capable de toutes les
faiblesses, il écrit : « Ma femme !...» «... Je suis ton mari !... »

Tout cela est dans la correspondance, mais nullement dans les faits. Il n'y
a eu ni bruit ni scandale. Personne ne sait rien. S'il y a du scandale dans
l'avenir, et ceci est capital, il viendra des excentricités, des fureurs italiennes
de madame Audouin, jamais du fait de M. Dubost. Tout le procès est là.

Ainsi voyez plutôt. Dans une articulation de faits qui nous a été signifiée,
j'ai lu cette phrase avec étonnement : « A partir du 8 juin, M. Dubost a pris
tous les droits d'époux. »

Il y a là un certain cynisme, car si la chose est vraie, madame Audouin a de
graves reproches à se faire. Comment ! elle est veuve depuis trois mois, la
cendre de son premier mari n'est pas encore refroidie, et après deux cérémonies qui n'ont aucune espèce de valeur, elle se livre ! Cela est contraire à
l'honnêteté, à la pudeur et à la loi. Heureusement pour elle qu'elle a écrit une
lettre contraire à cette articulation si inconvenante.

J'ai dit que tout le monde circonvenait ce malheureux Dubost. Voyez en
effet : M. Prus lui écrit, le 4 juillet 1854, qu'il lui a ménagé une entrevue
avec Mgr l'archevêque. Je n'ai rien à dire de cette entrevue, et je suis sûr
qu'il ne s'est rien passé là qui ne fût à la hauteur du caractère sacré, de la dignité dont est revêtu l'éminent prélat.

M. le curé de la Madeleine était allé voir le maréchal ministre de la guerre,
pour lui demander de laisser Dubost à Paris et de ne pas l'envoyer en Crimée.

Le 5 juillet, à la suite d'une entrevue avec le ministre, M. Sibour écrit à
madame Audouin une lettre où je remarque cette phrase :

« J'ai vu le maréchal, je lui ai conté l'histoire (l'*histoire* est une expression mal-
» heureuse) ; il a pris la chose moitié en riant : c'est un goguenard, etc. »

Madame Audouin lui remettait des notes où il y avait des dissertations sur
ce que devait faire un officier dans sa position, s'il était appelé à l'armée. Voici

une de ces notes, elle est sur papier rose encadré de noir : singulier assemblage de couleurs : c'est l'amour sous le crêpe du veuvage. Ainsi l'existence de Dubost était troublée, tendue ; il était circonvenu, brouillé avec sa famille ; madame Audouin le menaçait sans cesse d'un suicide. « J'étais, m'écrit-il, dans un cabanon avec une folle ; » et, par-dessus le marché, M. Prus avait sa confiance.

M. Prus est officier de la Légion d'honneur, ingénieur en chef des ponts et chaussées en retraite. Le jour de l'enterrement du mari, il arrive de Lous-le-Saulnier avec les compliments du beau-frère ; il assiste aux funérailles, fait une visite de condoléance et devient peu après l'ami *sublime*, comme l'appelle madame Audouin.

Un jour avant le 26 mai, dans une conversation légère, mais à coup sûr adroite, madame Audouin avait dit à Dubost : « Il me fait la cour, il me demande en mariage ; rassurez-vous, je lui ai dit que vous étiez agréé. »

Vous jugerez M. Prus par ses actes, mais dès à présent j'ai le droit de m'étonner de cette chevalerie espagnole. Au lieu d'attiser des paroxysmes et des folies, il eût pu remplir un devoir plus digne ; parler le langage de la religion et rendre à chacun sa tranquillité.

Nous touchons à l'incident du départ. Le 31 juillet, Dubost a écrit la plus tendre des lettres à madame Audouin ; le 1ᵉʳ août au matin, il a donné à M. Prus une procuration pour faire des actes respectueux, et pourtant le 1ᵉʳ août au soir il part pour la Suisse.

Voilà, s'écrient les adversaires, le manque de foi, la trahison et le parjure! Point du tout ; Dubost n'a pas cessé d'être de bonne foi. Écoutez ce qui va suivre : la famille de Dubost, comme ses amis, était convaincue qu'il était le jouet d'une intrigue. Le général Charon avait tenté de le ramener par la douceur sans rien obtenir. Le 1ᵉʳ août, M. Dubost père, ayant appris tout ce qui s'était passé depuis quelque temps, écrit à son fils une lettre affreuse. Dubost va chez son général, lui montre la lettre, en ajoutant : « Je n'ai plus qu'à me brûler la cervelle. » On le retient, on le garde à vue. Le commandant Deroulède, un de ses amis, l'entraîne, l'accompagne ; on le jette dans un wagon et on l'envoie à Bâle, chez M. Kratz, directeur des postes françaises, ancien ami de M. Dubost père. Avant de partir, le malheureux Dubost, toujours obsédé par l'idée du suicide de madame Audouin, a écrit deux lettres : l'une pour elle, l'autre pour M. Prus. Deroulède, sur la recommandation de son ami, et pour préparer madame Audouin, laisse chez le concierge de la rue de Varennes le billet qui a été lu : « Un grand malheur est arrivé dans la famille Dubost, etc. » Suivant les adversaires, ce billet a été recueilli par la femme de chambre, qui, pour épargner sa maîtresse, est allé d'abord chez M. Sibour. M. Sibour accourt avec la femme de chambre, et, sur son conseil, madame Audouin va chez M. Prus, rue de Clichy, 7. Il est neuf ou dix heures du soir. M. Prus monte en voiture avec madame Audouin, et l'on se dirige, le croiriez-vous ? rue Basse-du-Rempart, vers le domicile de M. Dubost père. M. Prus monte et sonne. C'est inouï. La porte s'ouvre ; M. Dubost est absent, Dieu merci. C'est une de ses filles qui a ouvert. Où est Félix ? demande M. Prus. On ferme la porte sans répondre. La pérégrination continue ; on va chez le commandant Deroulède, qui demeure dans un hôtel garni. Le commandant s'était douté d'une

démarche de ce genre, et il avait fait défendre sa porte La consigne est forcée;
on monte Madame Audouin pousse des cris. M. Deroulède ouvre sa porte
pour faire cesser le scandale. Saisi à bras-le-corps, il est obligé de lutter avec
madame Audouin pour l'empêcher d'envahir son domicile.

Ainsi Dubost est parti le 1er août, il le devait. Vous dites le contraire?
Quelle est donc votre morale et quels sont vos sentiments? Son père lui a écrit
une lettre et l'a brutalement outragé... Passer outre en ce moment, c'est
impossible. La puissance paternelle a ses droits, il faut les respecter; elle peut
avoir ses excès, il faut les subir en silence. La majorité a ses priviléges, et parmi
eux la faculté des actes respectueux. Mais le cœur a des obligations éternelles,
et ces priviléges sont de ceux dont personne ne doit conseiller l'usage. Ainsi,
dans le mariage, l'approbation de la famille est la situation normale ; mais
j'accorde des exceptions. Il y a des pères qui se trompent. Il y a des pères
qui s'opposent à l'union à laquelle est attaché le bonheur de leur fils. Dans ce
cas-là, l'union accomplie, il doit arriver tôt ou tard que l'aspect d'un bonheur
qu'on n'avait ni compris ni prévu fait redescendre le père dans les douces
intimités de la réconciliation.

Mais M. Dubost père ne se trompait pas. D'où venaient sa résistance, son
effroi, sa colère ? De ses rêves ambitieux qui auraient été déçus? Non; il a le
cœur trop bien placé. Il résistait parce qu'il comprenait que le bonheur de son
fils était impossible avec une femme extravagante, violente et folle. Oh! oui,
la fortune n'est rien, la beauté n'est rien, si tout cela doit aller se perdre dans
la discorde et les séparations de corps.

Le bonheur est tout, et pour le bonheur conjugal, il faut la bonté, qui est
la meilleure des fortunes. Que voyons-nous ici? Le poison d'abord, bientôt le
poignard , plus tard le pistolet, c'est-à dire l'exagération , la véhémence, le
paroxysme. Un mariage dans ces conditions, avec ces éléments, est une illusion
momentanée et un malheur éternel.

Donc le père a bien fait de résister : le fils a bien fait de résister... et puis,
voyez : ce n'est pas un abandon. Dans ses lettres du 1er août, écrites à M. Prus
et à madame Audouin, Félix Dubost s'écrie : « Avant de prendre une résolution extrême, il me faut quelques jours de calme et d'isolement absolu. »
Devant cette prière, vous allez attendre, c'est nécessaire, ce sera honorable
et ce sera digne : cinq mois à peine se sont écoulés depuis la mort de votre
mari M. Audouin. Non , l'on n'attendra pas; on va traquer ce malheureux
comme un nègre esclave échappé d'une habitation de l'Amérique du Sud.

Vous allez voir : Félix Dubost est à Bâle ; il est semblable à un homme qui
étouffait et qui aspire enfin un peu d'air ; à un homme qui, plongé dans les
ténèbres, aperçoit enfin un rayon de lumière. M Kratz, directeur des postes
françaises, lui a donné un asile; c'est un homme de tête et de raison que
M. Kratz Quel contraste avec M. Prus, comme l'un console de l'autre ! Il
ramène Dubost. il inspire ses résolutions, il le décide à écrire le 4 août au
ministre de la guerre pour lui demander du service en Crimée. Dubost est
sorti de sa prostration; le voilà redevenu soldat ; il va vers la guerre, il court
sous le drapeau de la France. Le véritable honneur le stimule ; le soi-disant
honneur dont il parlait dans son aveuglement, et qui l'entraînait vers madame
Audouin, n'était qu'un faux point d'honneur, comme celui qui fait qu'on s'ex-

pose dans un duel ridicule. L'honneur véritable ne doit rien à l'intrigue et à la folie.

Prus et madame Audouin le cherchent à Paris, tandis qu'il est à Bâle. Une chose, on le sait, agit puissamment sur lui : la crainte de la mort de madame Audouin. Il faut éveiller cette crainte. Le 5 août, on envoie rue Las-Cases, au domicile de Félix Dubost, une lettre écrite par le concierge de madame Audouin, par l'homme qui avait été chercher Dubost père dans la soirée du 8 juin.

Voici cette lettre :

« Monsieur, je vous préviens que Mme Audouin se meurt. Tout le monde est » dans la désolation. Arrivais donc vite, si vous ne voulais pas qu'il soit trop tard; » elle ne fait que demander après vous.

    » J'ai l'honneur, etc.   CHARLIER,
                 » concierge, rue de Varennes, 40. »

On espérait que cette lettre, tout émaillée de fautes d'orthographe, arriverait à mon client par l'intermédiaire de son concierge, qui sans doute était dans le secret de sa retraite.

Ainsi, le 5 août, elle se meurt : voilà qui est convenu. Le 6, Prus a découvert la résidence de Dubost, grâce à une intrigue que je vais vous raconter. Il adresse à Bâle une dépêche ainsi conçue : « Votre femme se meurt, accourez vite. » Ainsi, le 6, elle va toujours mourir, elle est morte. Le 8 août, elle adresse une lettre à sa mère. Voici cette lettre :

    « Chère et bonne mère,
» Je n'ai rien de nouveau à t'apprendre ; ma vie est toujours la même : Félix est » bon, et j'ai foi en lui; mais la famille est implacable. Depuis deux jours, j'ai ma » migraine, que tu connais ; elle n'a rien perdu de son intensité d'autrefois; aussi » je ne causerai pas plus longuement aujourd'hui. C'est afin que tu ne te tour- » mentes pas trop que je t'envoie ces lignes.

    » Je t'embrasse avec tout mon cœur.

                    » CLAIRE. »

Ah ! elle a sa migraine le 8, et le 5 et le 6 elle se meurt... Je croyais à la folie : la sincérité des paroxysmes me laissait indécis. Cet incident m'enlève mon hésitation : il y a là une intrigue évidente.

Mais comment la retraite de Dubost à Bâle a-t-elle été découverte? C'est une histoire instructive et curieuse; écoutez-la.

Les 2, 3, 4 et 5 août, une ligne d'espionnage environne la maison de la rue Las-Cases et celle de la rue Basse-du Rempart. Le 5 août, Dubost père, revenu à Paris, organise une contre-police. Par son ordre, Joseph, commissionnaire, né à Chamouny, va s'installer dans la rue de Varennes. Les croisées de madame Audouin sont hermétiquement fermées. La première personne qui paraît est un porteur d'eau ; on le fait causer, et on sait que madame est chez elle. La seconde personne qui arrive est une servante qui entre chez la crémière et achète quatre sous de lait ; évidemment madame n'est pas partie : elle va déjeuner.

Joseph entre chez la crémière, et, au moyen de son amabilité naturelle et d'une bouteille de vin payée à propos, il se fait inviter à dîner par la crémière, et reste en observation jusqu'à quatre heures. Vers quatre heures, un grand monsieur qui porte le ruban de la Légion d'honneur arrive, et il parle au concierge. Il repart sans monter. Joseph le suit rue du Bac, aux Tuileries, et jusqu'au café de Londres, rue Duphot. Le fidèle Argus va raconter le tout à M. Dubost le père. On l'envoie rue de Clichy, 7, au domicile de Prus : il apprend que Prus a dû partir le matin, et qu'il partira le lendemain. Dubost est effrayé : la retraite de son fils est découverte ! Le commandant Véronique, un camarade de Félix Dubost, accourt chez Dubost père et lui montre une dépêche qu'il a reçue de Bâle et qui est ainsi conçue : « Dites à M. Prus que M. Dubost est parti pour Francfort. »

M. Kratz, à Bâle, aura su que la retraite était découverte, et il a envoyé cette dépêche au commandant Véronique pour dépister les persécuteurs. Cette hypothèse que l'on faisait rue Basse-du-Rempart était la vérité. Pendant que ces choses s'accomplissaient, Joseph était retourné en observation rue de Varennes. Vers huit heures du soir, une voiture s'arrête à la porte du n° 40 ; un grand monsieur portant le ruban de la Légion d'honneur en descend avec une femme voilée. Ils entrent : la voiture stationne à la porte. Vers dix heures, les deux personnes descendent ; ils montent en voiture. La voiture part, Joseph la suit en courant, rencontre un fiacre vide rue du Bac, se jette dedans et s'arrête une demi-heure après à dix pas de la voiture partie de la rue de Varennes. On s'arrêtait rue de Clichy, 7, au domicile de Prus.

Les deux personnes montent ; un instant après la voiture est renvoyée... Joseph s'en va au bout d'une heure. Le concierge, interrogé le lendemain, a dit qu'on avait pu sortir, parce qu'il s'était couché, et qu'on avait demandé le cordon.

Nous arrivons au 7 août ; ce jour-là, de bonne heure, M. Dubost père apprend que Prus est parti pour la gare de Strasbourg. Plus de doute !... il sait où est Félix Dubost.

M. Dubost se rend chez le commandant Véronique, qui a reçu la dépêche du 6 dans laquelle on le prie de dire à Prus que F. Dubost est à Francfort. Arrive le commandant ; lui aussi a reçu, mais à la date du 5, une inexplicable dépêche du général Charon, qui est à Dijon. Cette dépêche est ainsi conçue : « Dubost est à Bâle, chez le directeur des postes françaises. » Le commandant Riffaut vient d'avoir l'explication de toutes ces énigmes par le général, directeur du service du génie. Le 5, un grand monsieur portant le ruban de la Légion d'honneur s'est présenté chez le général, qui ignorait la fuite de Dubost. « Un grand malheur, dit-il, est arrivé dans la famille Dubost ; il faut que le fils en soit informé, et, si le général voulait écrire par dépêche et demander au général Charon, à Dijon, l'adresse de Félix, il se chargerait, lui, le grand monsieur, de porter la dépêche. » Le général est sans défiance ; il écrit une dépêche au général Charon, et le grand monsieur la porte. Le général Charon, soupçonnant un piége, répond au commandant Riffaut le 5 : « Dubost est à Bâle. » Reste à savoir comment cette dépêche, adressée à M. Riffaut, a été surprise par M. Prus. Nous allons l'apprendre. Nous sommes au 7 août. Il est deux heures environ. M. Dubost père et M. Riffaut vont au ministère de l'intérieur, au bureau du télégraphe. « N'est-il pas arrivé une dépêche pour le commandant Riffaut? — Oui, le 5, répond un employé. — A-t-elle été communiquée à quelqu'un? — Non, cela ne se fait jamais; c'est impossible, » répond l'employé. Il protestait, lorsqu'un autre employé s'écrie du fond du bureau : « Oui, la dépêche a été lue; un grand monsieur portant le ruban de la Légion d'honneur a apporté une dépêche pour le général Charon; il est revenu trois fois s'informer si la réponse était arrivée. La troisième fois la réponse arrivait, je la lui ai lue. »

Ainsi avait été surprise par M. Prus la dépêche du général Charon envoyée à M. Riffaut. Ce dernier est furieux; l'employé est épouvanté; il sollicite et obtient son pardon. C'est alors que M. Prus a envoyé sa dépêche datée du 6 : « Votre femme se meurt, etc. » Et Kratz a répondu à M. Véronique : « Dubost est à Francfort. »

Le 7, M. Prus a quitté Paris. Mais la veille, M. Dubost partait pour Mulhouse. Sa lettre au maréchal, par laquelle il demandait du service en Crimée, a obtenu faveur. Le 16 août il s'embarque à Marseille, où il est arrivé en traversant Mulhouse, Besançon et Lyon. Le 16 août, il s'embarque; on l'apprend à Paris. Eh bien! on ira en Crimée. M. Prus nous apprend, dans une lettre adressée aux journaux, qu'on était porteur de recommandations les plus pressantes de membres du haut clergé de Paris.

Qu'est-ce à dire? Tout cela, je l'espère, est exagéré. On dirait, à lire M. Prus, qu'un véritable mouvement religieux s'est fait. En quoi la religion est-elle intéressée à précipiter le mariage? En quoi la religion est-elle atteinte, parce qu'un de ses ministres aura eu un moment d'émotion et d'oubli?

Il est certain pourtant que beaucoup de lettres ont été écrites à ce moment. Ainsi, à la date du 9 septembre, M. Sibour adressait à M. Prus la lettre dont mon honorable contradicteur a donné lecture au tribunal.

Arrivé en Crimée, Dubost a retrouvé sa raison. Il jette un regard de regret sur son passé, et, le 28 septembre 1854, il révoque par un acte fait à Balaclava la procuration remise au mois d'août à M. Prus.

Il se croit sauvé. Le 20 novembre 1854, ses persécuteurs sont à Constantinople. Ils sont arrivés mystérieusement par la voie de terre. O puissance des protections! On s'embarque pour la Crimée; on arrive devant Sébastopol.

Le 26 novembre, une scène est ménagée dans la tente de l'abbé Ferrari. On est allé chercher M. Dubost; il n'est averti de rien. On l'amène : il est en face de madame Audouin. Il reste froid, et alors la malheureuse entre dans un accès de folie furieuse; elle se frappe.

Ce fut un scandale connu de quelques personnes seulement; mais enfin ce fut un scandale. Je trouve l'appréciation de cet événement dans une lettre de M. de Genlis, aide de camp du maréchal, adressée le 29 novembre à M. Félix Dubost :

« Mon cher ami, je n'ai pu hier vous écrire et vous dire que l'avis du docteur
» Scrive avait été opposé au départ immédiat. Il a prescrit un repos absolu de
» quelques jours. Le général en chef voulait que ce départ eût lieu sur-le-champ;
» il a dû modifier sa décision devant celle de Scrive.

» Le général Bizot et le général Canrobert ont dit à M.... leur manière nette

» d'envisager la démarche insensée qu'il était venu faire en Crimée. Mais cela ne
» remédie en rien ..., etc., etc.

   » Continuez à bien servir comme vous le faites. Dans peu de jours, la personne
» dont la présence ici est inexplicable aura disparu en faisant route pour Constan-
» tinople.

   La scène du 26 novembre est sincère... Soit! Mais c'est de la fureur et de
la démence... C'est tout ce qu'il y a de plus opposé au bonheur dans le mariage

   Je plains madame Audouin, je plains davantage M. Dubost, car enfin il est
devant Sébastopol, il est dans ces tranchées noires, humides et sanglantes. Le
prêtre a charge d'âmes, l'officier aussi. M. Dubost commande le génie de la
3ᵉ division; il a besoin de tout son sang-froid, de tout son courage, et quand il
est là, sous le drapeau de la France, devant la mort, vous venez lui faire des
scènes de mélodrame, vous venez le démoraliser!

   Il s'agit bien d'une promesse de mariage! Le soldat au feu est sacré; l'au-
réole de la gloire et du péril luit sur son front... Arrière! Patience et résignation! Cet homme n'est plus à vous : il est à l'honneur, il est à la France!

   Ah! sans les consolations de ses amis, sous vos persécutions il eût perdu
courage, ou il se serait précipité dans cette témérité voisine du suicide qui est
l'inspiration des désespérés.

   Non, quand j'y songe, quand je vous vois, oubliant la cendre de votre premier mari, avant les dix mois révolus, troubler la mission du soldat, je ne sais
plus vous plaindre, et le blâme enveloppe ma commisération.

   M. Dubost a été vivement attaqué. On a habilement introduit dans la plaidoirie une histoire d'Alger : il y aurait là une femme, un enfant abandonné!...
N'exagérons rien, soyons vrais; il s'agit d'une aventure d'Afrique, d'une
femme de mœurs fâcheuses, d'une hardiesse très grande, comme on en trouve
dans les places de guerre où il y a une nombreuse garnison. Eh bien! oui, il
y a eu une liaison, et les conséquences de cette liaison, quelles qu'elles soient,
ont été réparées honorablement et consciencieusement.

   Vous parlez d'un enfant, vous allez bien loin. La loi défend ces recherches
et ces imputations de paternité. Elle le fait par une haute convenance, pour
ne pas jeter le scandale et le trouble dans les familles; elle le fait aussi, parce
qu'elle a deviné qu'il y a de ces paternités de hasard qu'il faut laisser à la con-
troverse des intéressés.

   Madame Audouin est donc à Constantinople. J'ai lu sa correspondance à
cette époque; elle part du 20 février 1855 et s'arrête au 26 novembre 1855.
Elle dit qu'elle cesse la lutte, qu'elle entre en religion, qu'elle va prendre le
voile. A la bonne heure, je retrouve la douce résignation d'une femme. Tout
cela devait durer peu de temps. En juillet 1856, tout le monde est à Paris.
Madame Audouin se présente chez M. Dubost, le 14 juillet, avec un pistolet
chargé, armé et amorcé, et quelques jours après elle introduit la demande sur
laquelle vous avez à vous prononcer. Ainsi cette femme a tout tenté pour arriver à son but : elle a eu recours au poison, au poignard, au pistolet; elle ne
recule pas aujourd'hui devant une action en dommages-intérêts.

   Vous repousserez la demande de madame Audouin.

Il n'y a au fond de tout cela qu'une promesse de mariage : autrefois ces promesses avaient une force légale qu'elles n'ont plus aujourd'hui. On procédait à une cérémonie qu'on appelait les fiançailles, *sponsalia ;* soumises à certaines formes, les fiançailles se contractaient dans les mêmes conditions que le mariage, sauf qu'elles pouvaient avoir lieu avant l'âge requis pour le mariage. Le but était de faciliter les entrevues entre les futurs époux, de leur permettre de se connaître. C'était une sorte d'épreuve légale contre les inconvénients des mariages irréfléchis et précipités. La promesse ainsi organisée était accompagnée d'arrhes et de présents. La rupture pour une cause honorable obligeait à la restitution des arrhes et des présents.

Aujourd'hui les fiançailles sont tombées en désuétude. La promesse de mariage n'a aucune valeur, et sa violation n'entraîne des dommages-intérêts qu'autant qu'il y a eu préjudice matériel ou moral.

Je pourrais, si je ne craignais de fatiguer inutilement votre attention, vous citer un grand nombre de jugements et d'arrêts dans ce sens.

Appliquant ces principes à la cause, M. Dubost, privé de la liberté de son consentement, a fait une promesse téméraire dans les circonstances que vous savez ; ensuite il a reculé devant la malédiction de son père. Quel préjudice a donc souffert madame Audouin ? Avant le 8 juin, les assiduités qu'elle a tolérées n'ont été en aucune façon compromettantes ; elles ont été suivies de deux cérémonies qui n'ont eu aucun retentissement, aucun éclat. M. Sibour le dit lui-même : la conscience seule a eu part à ce qui s'est passé ; le tribunal de la conscience est le seul qui puisse juger les faits. Il ne suffit pas de dire : Mais je suis perdue ; il faut prouver encore qu'on ne s'est pas perdu par sa faute. Or, si les faits ont acquis quelque notoriété, c'est à elle que madame Audouin doit s'en prendre Dans son articulation, la demanderesse prétend que, depuis la scène du 8 juin, elle a donné à M Dubost tous les droits de l'époux. Dans une lettre datée du mois de décembre 1854, elle dément ce fait. Quoi ! en public elle écrit des choses qui incriminent son honneur, et dans une correspondance particulière elle soutient qu'elle n'a jamais cessé d'être pure ! Voilà qui est étrange.

Encore une fois, je n'aperçois aucun préjudice qui soit le fait de M. Dubost ; tout le bruit qui s'est produit autour de ces aventures, c'est madame Audouin qui l'a provoqué. Elle doit porter la peine de sa témérité, et cette peine sera le rejet de sa demande.

RÉPLIQUE DE M° BERRYER.

J'espère être bref et répondre avec des documents irrécusables aux récits qui viennent de vous être faits sur le seul témoignage de quelques personnes intéressées dans le procès.

C'est après trois ans d'efforts pour ramener M. Dubost à l'exécution de ses engagements, après avoir essayé tous les moyens qu'une femme délicate, honnête et fière, pouvait employer pour arriver à le persuader, que madame

Audouin a introduit une instance judiciaire afin d'obtenir la réparation qui lui est due (1).

La première réflexion que je ferai sur la plaidoirie que vous venez d'entendre, c'est que voilà la vie de madame Audouin divisée en deux parts, et sous deux aspects bien différents. Elle a vécu quatorze ans mariée avec M. Audouin ; quelle a été sa conduite, son existence, son caractère ? Sa conduite est attestée par tout le monde ; elle l'est à moi par une autorité immense, par le propre frère de son défunt mari. Sa vie a été la vie d'une femme douce, soigneuse, s'immolant elle-même, se sacrifiant auprès d'un malade qui avait tous les droits à ses soins, parce qu'il était son mari. Sa vie de quatorze ans a été celle d'une femme sensée, modeste, dévouée. Et depuis qu'elle a connu M. Dubost, depuis qu'il a pris envers elle un engagement qu'il a foulé aux pieds,

---

(1) Elle lui écrivait au mois de novembre 1856, quelques jours avant l'ouverture des débats :

 « Monsieur,
 » Bien que je ne puisse guère m'attendre à vous voir apprécier la démarche que je
» fais auprès de vous, j'ai néanmoins la certitude que vous me connaissez assez pour
» comprendre qu'elle n'est dictée par aucune incertitude sur l'issue des débats qui vont
» s'ouvrir. Grâce à Dieu ! je crois encore à une justice ici-bas. Ma confiance dans la
» sainteté de ma cause égale la répugnance que j'ai toujours eue à mettre le public au
» courant de la douloureuse situation où m'a jetée votre passage dans ma vie.
 » L'impulsion qui m'est donnée vient d'une sphère plus élevée..... Mais une pensée
» toute chrétienne me dirige : je voudrais épargner une flétrissure au nom de l'homme
» que la religion m'a donné pour époux.
 » Sans détour comme je l'ai toujours été, je viens vous dire, mais à vous seulement.
» . . . .
» Je ne me suis animée d'aucun désir de vengeance. La pensée que je vous laisse le tour-
» ment de me respecter malgré vous, suffit à mon ressentiment. Je n'éprouve que le be-
» soin de sauvegarder mon honneur ; il est celui de mon fils ; il est celui d'une famille
» qui m'a adoptée. . . . , ...
» . . . .
 » Voyez vous-même si, en descendant dans votre conscience, vous pouvez me trouver un
» autre tort que celui de vous avoir donné l'affection légitime que vous m'avez demandée,
» celui enfin de ne pas vouloir profaner le lien qui nous unit. Ce n'est pas moi qui ai
» prié le prêtre de nous unir. . . . .
» . . . , ...
 » Non, je n'ai aucun sentiment de haine, pas même contre ceux qui ont tout osé
» contre moi, quoiqu'ils ne m'aient jamais vue. . . . .
» . . . .
 » Puisant toute ma force au point de vue chrétien ; car (devant Dieu, vous êtes et vous
» serez toujours mon mari, quels que soient les moyens que l'on veuille employer pour
» commettre un sacrilége), je viens vous dire : Si de nouvelles méditations, quoique tar-
» dives, vous faisant redouter le creuset de l'opinion publique, vous reportaient vers un
» sentiment d'honneur et d'humanité, soyez convaincu que je saurais être encore telle
» que vous m'avez connue ; c'est vous dire que mon abnégation ne cessera jamais d'être
» à la hauteur de ma juste fierté.
 » Veuillez, Monsieur, recevoir l'assurance que, s'il est des procédés qui ne peuvent
» s'oublier, il est aussi des liens d'une nature sacrée, dont le souvenir sera toujours assez
» puissant sur moi pour que, dans la sincérité de mon âme, j'aie la force d'offrir à Dieu
» le sacrifice de mon pardon.
             » Claire AUDOUIN. »

c'est une femme déréglée, au moins dans son imagination, une femme insensée, c'est une folle, même une espèce de furie qui court après un homme à travers l'Europe entière et veut absolument, après avoir usé des moyens les plus déplorables, des ruses les plus méprisables pour le séduire, le tromper, à son âge de quarante ans, lui arracher un consentement qu'il ne donne qu'à peine, ne s'appartenant plus à lui-même. Tableau imaginaire que l'on vous a fait du caractère des deux parties et de leur conduite.

Rentrons dans la vérité des faits sur la conduite de M. Dubost et sur ce qui s'est passé entre lui et madame Audouin.

D'abord, M. Dubost s'est officieusement présenté; c'est madame Audouin, dit-on, qui a voulu qu'il fût subrogé tuteur. — Je lis au contraire, dans la correspondance, que c'est lui qui l'a sollicité du conseil de famille et qui a annoncé la mère de madame Audouin qu'il était subrogé tuteur et qu'*il croyait que cette nomination ne déplairait pas à madame Audouin*. Il y a loin de là à dire qu'il a été prié par madame Audouin.

Il se rapproche d'elle à son veuvage, il veut lui inspirer des sentiments dont il se prétend lui-même ardemment animé; il se conduira noblement; en elle, il reconnaît une personne honnête, qui l'a toujours été dans cette lutte d'émotions qu'on avait jetées dans son âme, dans cette lutte de craintes qu'on jetait dans l'avenir, et dans la terreur qu'elle éprouvait de ne pouvoir pas surmonter elle-même les sentiments qu'on lui inspirait. Voilà, messieurs, la première période.

Ici on parle d'intrigue. On allègue un empoisonnement dont il n'y a pas de témoins, un premier empoisonnement par le laudanum. Et ce jour-là aussi madame Audouin aurait dit que M. Prus lui faisait la cour et que ce vieillard lui aurait demandé sa main. Mais est-ce possible, est-ce vraisemblable? Quant à la scène d'empoisonnement du 26 mai, je la nie absolument; jamais il n'en a été parlé, jamais il n'y a été fait allusion dans aucune partie des très nombreuses correspondances. Quant à M. Prus, qui a été signalé comme une espèce de rival, comme un vieillard amoureux qui sollicitait la main de madame Audouin, n'est-ce pas à M. Prus qu'au mois d'août vous donniez votre procuration pour qu'il présentât lui-même vos actes de soumission à vos père et mère? Est-ce vous qui l'avez choisi quand vous alliez chez le notaire nommer votre fondé de pouvoirs, non-seulement pour les actes respectueux, mais pour dresser le contrat de mariage, dont toutes les dispositions sont écrites dans la procuration du 1ᵉʳ août 1854? Ce n'est pas tout. En partant, vous écrivez à M. Prus. Et vous allez prétendre que vous ne comprenez pas la conduite de M. Prus! Mais je dirai d'abord que jusqu'à la révocation, qui n'a eu lieu qu'au mois de septembre, qu'il n'a connue lui que le 16 novembre 1854 à Constantinople, il a été votre fondé de pouvoirs, et d'une manière plus sérieuse par votre correspondance, par vos propres lettres, qu'il ne l'était encore par l'acte notarié. Si M. Prus est intervenu, s'il a montré du zèle, ne l'outragez pas, n'insultez pas ses cheveux blancs, c'est vous qui l'en avez conjuré, et en quels termes! Voici votre lettre du 1ᵉʳ août :

« Monsieur,
» Je fais appel à toute l'énergie de votre dévouement pour conjurer un nouveau
» péril qui nous menace.... »

C'en est assez pour expliquer la conduite de M. Prus.

Voyons la suite des faits et ce qu'on peut lui reprocher, à lui et à madame Audouin.

Pour la scène du 8 juin, l'empoisonnement est, dites-vous, une fiction ; madame Audouin ne voulait pas s'empoisonner, elle ne voulait que feindre la mort.

Eh ! mon Dieu, vous avez entre les mains une lettre qui ne devrait pas y être, que vous ne possédez que par la violation d'un secret, lettre dont vous vous êtes emparé pour vous en faire une arme peut-être selon l'occasion. Madame Audouin avait écrit à sa mère le 7 juin au matin ; madame Audouin annonçait sa mort à sa mère et sa résolution ; sa lettre était cachetée ; elle est encore entre vos mains, vous en avez rompu le cachet. Madame Audouin annonçait à sa mère que sa détermination de mourir était entière, et elle n'en donnait pas le motif. Vous tenez cette lettre ; pourquoi l'avez-vous ? Qui vous l'a confiée ? Vous étiez dans la chambre de la mourante ; elle avait laissé deux lettres avant de rendre le dernier soupir, l'une à votre adresse, l'autre à sa mère. Vous les avez prises toutes deux, vous les avez. De ce que dans la vôtre il y a cette espèce d'hésitation, cette crainte d'une femme qui, vous écrivant à vous, ne voulant pas vous dire que vous étiez la cause de sa mort, semble émettre un doute sur le résultat de sa résolution : *Si j'allais ne pas me réveiller,* et qui termine cette lettre en vous disant un dernier adieu, vous dites que c'est une comédie.

C'était encore une comédie quand, se perçant d'un poignard dans la tente de l'aumônier, en Crimée, on a cru qu'elle allait mourir, et qu'il a fallu plus de trois semaines avant de pouvoir la transporter de la tente de l'aumônier à Kamiesch ! Non, ce n'était pas encore une comédie. J'ai dit son honnêteté, sa situation, les sentiments, que vous lui aviez si violemment inspirés, les craintes que vous lui aviez données et ce que vous aviez rapporté de la malédiction de votre père ; puis vous la délaissiez ; tout cet avenir jeta le trouble dans son cœur, et elle a eu un accès de désespoir.

Que vous ayez envoyé chercher votre père pendant qu'elle était gisante, que ce soit le concierge de madame Audouin qui ait été envoyé, que vous ayez eu un dialogue avec votre père dans une pièce voisine et que vous ayez eu peur de lui, de ses reproches, toujours est-il que c'est vous qui, pendant que le prêtre était là, avez demandé la bénédiction nuptiale. La cérémonie a eu lieu à votre prière.

Quelle discussion engagez-vous ? Y a-t-il eu mariage ? Dans l'enceinte de nos tribunaux, et sous nos lois, est-ce que cette question peut être jugée ? Il ne s'agit pas de savoir si le mariage tel qu'il a été donné constitue canoniquement un mariage, si ce qui a suivi a établi, suivant l'Église, un lien que rien ne peut briser. Ce n'est pas la question que j'apporte ici. Je ne viens pas dire qu'ils sont mariés en droit, en présence de nos lois. Je dis que là vous avez donné une promesse, que vous avez pris un engagement, qu'en sollicitant la bénédiction du prêtre vous vous êtes lié d'honneur, si ce n'est pas religieusement. Et comment l'avez-vous entendu ? Vous avez écrit à madame Audouin : « Je suis votre mari !... » Au ministre de la guerre : « Vous savez que la conscience et l'honneur m'obligent à ratifier devant l'autorité... » — Si les cérémonies ont été insuffisantes, le tribunal n'a pas pouvoir d'examiner cette question, qui est du domaine canonique. Ce qu'il s'agit de savoir, c'est s'il y a eu engagement véritable, si ce qui a suivi n'a pas consacré cet engagement d'une manière formelle, en telle sorte que sa rupture est une offense, une atteinte portée à la considération de la personne. Je n'envisage ce qui s'est passé le 8 juin que comme une promesse qui a été réitérée, consacrée par vous. Malgré les terreurs que vous jetiez dans l'âme de cette femme, votre volonté a été libre, quand vous avez le premier conjuré le prêtre ; elle a été libre quand vous avez fait inscrire sur les anneaux la consécration de votre union, quand vous les avez fait bénir dans la sacristie de Saint-Thomas-d'Aquin. Voilà la ratification de la promesse.

Et quand vous donnez la procuration du 1er août, n'est-ce pas un engagement formel ? Du moment où l'on donne à un homme le pouvoir de consommer, de réaliser un mariage par les actes que la loi prescrit, il y a promesse réitérée.

Quand vous écrivez au ministre de la guerre, n'est-ce pas la déclaration publique de votre lien, de votre engagement, de votre promesse ?

Ce n'est donc rien autre chose qu'un engagement, une promesse, une parole donnée, un contrat qui a été formé et qui a été rompu. Vous êtes libre de le rompre. La liberté reste entière jusqu'au dernier jour, jusqu'au moment où l'on prononce les paroles légales de l'union devant l'officier municipal.

Mais si vous gardez la liberté de vous dédire, il faut voir dans quelles circonstances vous répudiez celle à qui vous aviez promis votre main, dans quelles circonstances vous vous dégagez de la promesse que vous aviez donnée. Voilà ce qu'il faut apprécier pour savoir si le déchirement de la promesse n'est pas un outrage et un préjudice moral que vous causez à la personne offensée.

Il n'y a pas eu de publicité !

Mais laquelle voulez-vous ? Qui n'a pas connu les faits ? Toute la famille de M. Dubost, toute celle de madame Audouin, et les officiers publics, et le ministre. Et quand, à Balaclava, vous révoquez votre procuration, en quels termes et devant qui cette révocation est-elle faite ? Trois officiers signent comme témoins, et n'est-ce pas là une publicité ? Voilà la situation où vous l'avez mise.

Quels motifs ? quelles raisons ?

Vous avez été forcé de quitter Paris ; vous avez été enlevé ; vos camarades, vos supérieurs, le général Charon vous ont obligé à vous séparer de cette femme ; tous ont fait des efforts auxquels vous avez obéi comme un enfant sans volonté, sans savoir où l'on vous menait. Et au contraire, les actes les plus inconcevables, les intrigues les plus scandaleuses presque ont eu lieu du côté de madame Audouin et de M. Prus, à qui vous l'aviez confiée ?

Entendons-nous sur ceci. Voici vos lettres.

Dans l'une de ces lettres, vous faites appel à toute l'énergie du dévouement de M. Prus pour qu'il assiste votre malheureuse Claire. Vous lui dites : « Ne devant plus partir... » et c'est le jour où on vous enlève. Puis : « Je pars sans savoir où je vais, j'ai besoin de la solitude. »

Que dites-vous à madame Audouin, tandis que vous faites plaider qu'on vous a emporté par l'autorité de votre général, sans que vous sussiez où vous alliez ?

« J'ai renoncé à l'inspection, j'ai quitté le service du général, je ne sais quelle destination j'aurai en France. »

Ainsi vous étiez libre. De même que vous aviez fait dans la matinée l'acte notarié et la lettre au ministre, de même, dans la journée, vous avez confié ces deux lettres au capitaine Deroulède.

Maintenant les démarches ont-elles été spontanées ? Le billet a-t-il été déposé à la porte de madame Audouin ? Était-ce un mensonge ? Oui, c'était une ruse. « Un malheur est arrivé dans la famille de Dubost ; il ne pourra pas venir ce soir. » — Je ne veux pas parler de vos habitudes, des relations qui ont eu lieu ; mais autant votre correspondance et votre langage étaient respectueux avant le 8 juin, autant, depuis ce jour, il est familier. Le 1er août, madame Audouin reçoit ce billet. Que fait-on d'extraordinaire ? On va à la maison de Dubost père pour savoir quel est ce malheur. —C'est un scandale, dit-on ; la sœur de Dubost s'est présentée : à cette jeune fille on a demandé où était Félix ; elle aurait fermé la porte, ce qui n'est pas exact. — Qu'est-ce qu'il y a d'in-convenant d'aller dans une maison où l'on dit qu'un malheur est arrivé pour s'informer de ce malheur ?

Il n'y a rien dans cette maison, tout y est calme ; on se transporte chez Dubost, puis chez son ami, qui ne veut donner aucune explication, mais qui convient d'avoir écrit le billet. Là, vous venez nous peindre une scène dans laquelle madame Audouin est une furie qui veut parcourir l'appartement de M. Deroulède, qui le prend corps à corps, qui a usé de violence contre lui.

Messieurs, rien de pareil. M. Deroulède avait une mission très difficile à remplir. Il devait dire : Félix est parti ! et ne donner aucune explication. Il a été très bref dans ses explications, mais a-t-on eu des torts envers lui ? Voici deux lettres de sa main. Le 1er août au soir il écrit à M. Prus :

« Je regrette ce qui s'est passé chez moi... »

Voilà le langage signé de M. Deroulède. Et le lendemain, il n'est pas satis-fait d'avoir écrit en ces termes, il écrit encore cette seconde lettre :

« Je veux vous renouveler, monsieur, les excuses que je vous ai faites hier..... »

Voilà la position de M. Deroulède. Il remet les deux lettres dans lesquelles M. Dubost ne se plaint pas comme un homme qu'on emporte par l'autorité de son général ; non, il écrit : J'ai quitté le général, j'ai renoncé à l'inspection, j'ai besoin de solitude, de repos ; je tremble devant la malédiction de mon père. Et il va à Bâle ; il n'est pas long à prendre sa détermination. C'était le 1er août ; le 3 il sollicite d'aller en Orient, on sollicite après lui.

On a parlé de je ne sais quel Joseph, certain homme de police qui, placé près de la maison de madame Audouin, a dit qu'on a été à droite, à gauche. Oui, on est allé partout où l'on pouvait savoir où était Dubost ; partout où ma-dame Audouin espérait faire parvenir ses plaintes, ses gémissements, ses re-grets, ses appels à l'honneur ; on a fait des démarches.

Quand un employé du télégraphe a dit devant M. Prus ; Il est à Bâle, voilà une dépêche télégraphique adressée à M. Riffaut ou au général Charon, M. Prus s'est étonné que cette réponse n'eût pas été adressée à la personne qui avait envoyé la question (1).

Après votre lettre du 31 juillet qui demandait tant de confiance, après les actes du 1ᵉʳ août, quand après ce départ inexplicable il a été connu de madame Audouin qu'il n'était pas possible de vous suivre, elle a fait des efforts de toutes parts. Et puis, quand on a dit qu'elle était mourante, quand le concierge a écrit au domicile de Dubost, poussé par je ne sais l'ordre de qui, ce n'était pas une intrigue : si c'avait été quelqu'un de la maison, on n'aurait pas dit au concierge d'écrire.

Mais, dans la maison de madame Audouin, vous voyez ses agitations et comment elle était exposée par les mots mêmes de votre lettre, par le souvenir de la femme d'Alger et de son enfant. Tout cela l'a jetée dans des terreurs à briser son corps, à la rendre malade, et c'est avec bonne foi, quand on a connu votre retraite, qu'on vous a écrit à Bâle : Elle est mourante !

Voilà la situation, voilà la vérité. Est-ce là une intrigue ? est-ce que ce n'est pas le mouvement le plus naturel du monde ?

Est-ce qu'une femme placée dans ces conditions ne doit pas être dans une agitation horrible ? Faut-il être pour cela une énergumène dont rien ne peut régler la raison ? Cette femme, qui a toujours été épouse vertueuse pendant quatorze années de compression et d'abnégation d'elle-même, cette femme a été emportée par le cœur ; elle a cédé trop vite et trop tôt, en ouvrant son cœur aux paroles perfides que vous lui jetiez et en se laissant émouvoir par vous. Elle vous a résisté jusqu'au moment où, en vertu d'un lien sacré, sollicité par vous aux pieds de son lit, elle a cru pouvoir vous consacrer l'amour que vous lui aviez inspiré. Son désespoir a été énorme.

Qu'avez-vous à lui reprocher ? Elle part le 12 septembre pour Varna ; elle

---

(1)   *Lettre de M. Prus à M. Véronique.*

« Paris, le 24 août 1854.

» Monsieur,

» M. Brun vient de me rendre compte de l'entretien que vous avez eu ensemble aujour-
» d'hui, et j'éprouve le besoin de rectifier immédiatement ce qui a été dit au sujet de
» deux dépêches télégraphiques :

» M. le général Mengin, vous ne l'ignorez pas, m'a autorisé à adresser une question,
» en son nom, à M. le général Charon. Je me suis ensuite présenté au bureau du télé-
» graphe, également de la part de M. Mengin, pour recevoir la réponse. L'employé n'a
» vu aucun inconvénient à la communiquer à la personne qui avait remis la demande. Il
» n'y a eu aucune surprise, et j'ai hâte de le constater. Toutes mes démarches ont été
» faites au grand jour, et j'ai à déplorer le mystère dont cette triste affaire a été
» environnée.

» J'avais accepté avec confiance le mandat que m'a donné M. Dubost, relativement à
» madame Audouin, dont la famille m'est connue depuis longtemps sous les rapports les
» plus favorables. J'étais loin de prévoir à quoi il m'engageait; mais ma responsabilité est
» devenue si grave, que je dois chercher par tous les moyens possibles à me mettre en
» communication avec M. Dubost pour lui exposer la situation dans laquelle se trouve cette
» dame. Envoyez, si vous le jugez à propos, rue de Varennes, 40, tel médecin que vous
» voudrez choisir, pour reconnaître son état, et que M. Dubost n'ait pas à reprocher plus
» tard à ses amis une catastrophe qui ternirait le reste de sa vie.

» Je suis, etc.

» Signé PRUS. »

va vous chercher aussitôt qu'elle sait que vous êtes là. En même temps qu'elle partait, vous signiez à Balaclava cette révocation de pouvoirs; elle apprend cela à Constantinople, au mois de novembre. Les sœurs hospitalières l'entouraient de soins; elle part accompagnée de M. l'abbé Ferrari et du brave colonel de Brancion, dont nous avons tant déploré la perte; c'est lui qui est allé vous chercher pour vous emmener dans la tente de l'aumônier, là où vous avez opposé tant de froideur.

Maintenant, faites arriver madame Audouin à travers l'Europe, au lieu de prendre la mer; qu'elle ait eu tort d'aller vous chercher en Crimée, ce n'est pas là ce qui vous a déterminé : avant, vous aviez tout rompu volontairement, spontanément.

Vous dites que vos yeux se sont ouverts. Le prêtre, que vous dites intéressé dans cette affaire, voulait que l'engagement fût réalisé devant l'autorité civile; il a fait appel à votre conscience, il a dit : « Il y a un devoir de conscience » qui domine tous les autres, quelque respectables qu'ils soient. » En vous peignant la situation, le prêtre vous dit qu'il est à souhaiter que tout se termine en Orient. Alors vous dites que c'est un scandale !

Messieurs, la position de madame Audouin en Crimée n'a pas été ce qu'on a dit : elle y a été respectée de tout le monde. Je ne sais ce que disaient les aides de camp; mais je sais ce qu'ont dit les généraux. Voici une lettre du colonel de Chappedelaine, celui qui a été chargé de vous porter les lettres :

« Madame,
» J'ai remis à M. Dubost les lettres dont vous m'avez chargé, et il m'a assuré » qu'il les lirait. J'ai eu avec lui une longue conversation sur tout ce qui vous inté-» resse. Il m'a assuré que la crainte seule de faire un chagrin extrême à ses parents » l'empêchait de faire ce que vous désirez. Il m'a parlé longuement des motifs qui » lui inspiraient cette crainte et des menaces de son père à ce sujet. Il ne vous » reproche que la démarche que vous avez faite pour venir le rejoindre, et dont » il exagère peut-être ce qu'elle peut avoir de compromettant pour lui.
» .... Il s'est vu souvent des mariages comme le vôtre, que des raisons graves » d'un ordre ou d'un autre forçaient de tenir secrets, de ne pas avouer devant le » monde, pour un temps et dans des circonstances données, sans qu'il en résultât » de déshonneur pour personne. Un autre temps viendra; les circonstances, vous » réussirez peut-être à les tourner en votre faveur.

» DE CHAPPEDELAINE. »

Quant aux officiers généraux, le général Bizot avait reçu du général R..., l'un de ses compagnons d'armes et beau-père de M. Prus, une lettre dans laquelle il était prié d'aider et d'assister ce dernier dans la mission dont il s'était chargé; voici en quels termes le général Bizot écrivit au général R... :

« C'est assurément un grand et beau dévouement que celui qui a conduit jus-» qu'ici M. Prus par une affreuse saison et une mer plus affreuse encore; il m'eût » été bien agréable de pouvoir lui venir en aide dans la mission épineuse qu'il avait » acceptée, et je lui aurais apporté de grand cœur le concours de mon intervention » si, par une fatalité que j'ai déplorée, je ne m'étais trouvé déjà chargé moi-même » d'une mission presque contraire, dans cette affaire dont on m'avait laissé ignorer » les détails, et investi de la confiance d'une famille qui, sans me connaître, s'était

» adressée à moi, par l'intermédiaire d'un ancien ami. Dans cette situation difficile
» j'ai dû, gardant par devers moi l'opinion que je m'étais faite des devoirs et des
» droits des parties intéressées, m'abstenir de toute démarche et de toute influence.
» Il m'en a coûté, mon général, de répondre si mal à votre recommandation ;
» mais j'aime à croire que M. Prus aura fait la part des circonstances qui m'impo-
» saient une réserve dont je n'aurais pu m'écarter, en tous cas, sans avoir prévenu
» la famille qui comptait sur mon appui...

» Général BIZOT. »

Voilà donc ce qui est vrai.

Ajoutons que quand cette femme, que l'on présente sous un aspect si ridicule et si peu respectable, a dû partir, le général Canrobert a offert à
M. Prus sa voiture pour la conduire du quartier général jusqu'à Kamiesch et
qu'elle a été accompagnée par M. Dubost.

Je vois, par cette lettre du général Bizot, que la famille Dubost avait été au-
devant de tout ; que, prévoyant qu'on agirait dans l'intérêt de cette femme
délaissée, on avait déjà préparé, disposé les esprits, en telle sorte que le général Bizot était chargé par une famille qui lui était inconnue d'éloigner ou de
repousser madame Audouin. Voilà pourquoi il n'a pu intervenir (1).

Le séjour en Crimée n'a été dans la cause le prétexte de rien Votre rupture, votre injure est antérieure à cela. Sans motif vous avez rompu l'engagement : c'est toute la cause.

Mais, dites-vous, madame Audouin a renoncé à se prévaloir de l'engagement de M. Dubost. Non, il n'en est pas ainsi : le 20 février elle lui écrit une
première lettre qui a été portée par le colonel de Chappedelaine ; elle lui dit qu'elle
renonce à tout, qu'elle veut vivre dans la retraite, qu'elle n'exige rien de lui.
Cela est faux. Que fait M. Dubost ? Après avoir réfléchi, car il a reçu cette
lettre le 1ᵉʳ mars et il n'y répond que le 26, il lui dit : « Chère et généreuse
» amie... »

Comment, vous avez plaidé avec force que M. Dubost avait été le jouet d'une
intrigue, d'une comédie qui a été jouée devant lui, et à laquelle, lui jeune
homme, ne sachant rien des choses du monde, il s'était laissé prendre jusqu'à
solliciter lui-même le mariage, mais que ses camarades lui ont dit que cette
femme insensée l'avait trompé par de belles apparences, par des simagrées ridicules et misérables ; qu'il était honteux de se croire engagé et que ça n'en
valait pas la peine, et que c'est ce qui l'a déterminé dès le mois de septembre
à rompre l'engagement, à révoquer la procuration.

Comment cela est-il vrai ? Comment aurait-il eu à cette époque l'opinion

---

(1) Extrait d'une lettre du général Bizot à M. Prus, en date du 28 novembre 1854,
deux jours après la scène de la tente de l'aumônier :

« . . . .
» J'aurai, j'espère, l'honneur de vous voir avant votre départ, Monsieur, et de vous
» exprimer encore combien il m'est pénible de ne pouvoir, en cette circonstance, entrer
» aussi complétement dans vos vues que vous l'eussiez désiré. . . . .
» . . . .
» Veuillez agréer, je vous prie, l'expression de mes sentiments de haute considération.

» BIZOT, général. »

que madame Audouin n'était qu'une misérable comédienne qui avait cherché à surprendre, à entraîner sa jeunesse, quand il lui dit dans la lettre dont je viens de parler, du 26 mars 1855 : Chère et généreuse amie?

Et de suite il s'empare de cette lettre de suppliante, de femme malheureuse, qui demande grâce, et il ajoute :

« Vous me faites un sacrifice dont je comprends la grandeur et le prix... »

Il écrit cela à la femme dont on lui a révélé les intrigues, les bassesses, les simagrées. Est-ce possible, et n'est-ce pas l'aveu que le système de Dubost n'est qu'un système de mensonge?

Elle répond avec cette vérité que je vous disais être au fond de son cœur. A travers toutes ces supplications qui se mêlaient dans ses lettres au désir d'obtenir enfin l'estime, la réparation qui lui était due et la consécration de l'engagement qui avait été pris envers elle, elle se relève quand il dit : Vous me rendez la liberté ! et le 31 mars, elle répond (elle ne met pas six semaines, elle) :

> « Félix,
> » Je vous ai écrit hier ; mais cela ne m'empêche pas de répondre de suite à votre
> » lettre du 26 mars que je reçois à l'instant.
> » Moi, vous rendre votre liberté ! Mais vous savez fort bien que nulle créature
> » sur terre n'a ce pouvoir. Le sacrement du mariage qui nous unit est un lien in-
> » dissoluble et tellement sacré, que je ne pourrais même dans un cloître en con-
> » tracter un autre par des vœux solennels. Je resterai toujours dans le postulat.
> » Quoique le bonheur que nous avions pu espérer soit à jamais détruit ; quoique
> » je sois prête, comme je vous l'ai écrit le 20 février, à me sacrifier à votre repos,
> » en renonçant à la lutte, votre honneur et votre conscience vous ordonneront tou-
> » jours de sanctionner par la loi civile l'alliance bénie par Dieu et consacrée par
> » l'Église. L'archevêque de Paris ne vous a-t-il pas dit que c'était pour vous le pre-
> » mier des devoirs, malgré les craintes que vous inspiraient les menaces de votre
> » famille ? Vous le méconnaissez ; je vous plains et désire que les remords ne vous
> » torturent jamais. »

Voilà ce qu'a été la correspondance.

Quand elle est revenue à Paris, on a dit que là encore elle avait feint d'être sous la menace de la mort.

C'est malheureusement vrai. Elle est atteinte d'un mal pour lequel elle a consulté les plus habiles de nos chirurgiens, de ce même mal qui a récemment amené la mort d'un homme que nous estimions tous. Elle est sous la menace d'une opération qui peut être mortelle. Le mal, elle le porte sur elle. Consultez maintenant les chirurgiens, et demandez-leur qui serait assez hardi pour porter le scalpel aux sources de la vie, pour chercher à soulager un mal de cette nature.

Est-ce encore une comédie? Oui, elle l'a dit en 1856, le jour où elle voulait risquer la vie ou la mort : Je ne vous demande qu'une chose, Félix, qu'un mot ; dites-moi : Après vous je protégerai votre fils !

C'est ce qui l'a déterminée. Couverte d'opprobres, épuisée dans ses efforts pour obtenir de la volonté de M. Dubost la ratification de l'engagement qu'il avait pris, elle s'est enfin décidée à recourir à des conseils, et je lui ai dit, encouragé que j'étais par les témoignages de sa famille et surtout par le témoignage du frère de son mari, voyant que c'était une femme abandonnée et qui avait une juste fierté d'elle-même, je lui ai dit de porter sa plainte devant les tribunaux ; que dans les serments qui avaient été échangés, bénis, sans examiner la valeur du lien canonique, les magistrats verraient un engagement réitéré par tous les actes libres et postérieurs de M. Dubost. Cet engagement a été violé sans cause, sans motif légitime ; le respect, la résistance des parents, ce n'en est pas un. Les exemples, dans la jurisprudence, sont nombreux où ce prétexte allégué n'a pas empêché de condamner à des dommages-intérêts celui qui romprait une promesse de mariage, sans donner un motif légitime. Les anciens comme les nouveaux, Pothier comme d'Héricourt, les Cours de Colmar, de Nîmes et autres, vous disent que la rupture d'une promesse de mariage sans motif est un outrage à la personne du sexe à qui cette promesse a été faite et que le préjudice moral que cause un tel outrage ne peut se réparer que par des dommages-intérêts. C'est la seule puissance de la justice ; c'est celle que nous invoquons ; c'est celle que vous exercerez en châtiant M. Dubost et en vengeant madame Audouin des outrages qu'elle a reçus.

RÉPLIQUE DE M° NOGENT SAINT-LAURENS.

Messieurs,

Il faut en finir, cette discussion doit avoir un terme. Ma réponse définitive sera courte, car, selon moi, la réplique de mon honorable adversaire n'a produit aucun argument nouveau. Oui, toute ma plaidoirie, toutes les idées qui la composent, tous les faits qui s'y rattachent sont restés debout.

La question du procès est celle-ci : Y a-t-il préjudice ?... Quel en est l'auteur ?... J'ai établi déjà que le préjudice ne pouvait venir que de la notoriété, et que madame Audouin seule, par des imprudences, par des excentricités, avait donné une certaine notoriété à des faits que M. Dubost avait tenus secrets. La conséquence de cette vérité fortement établie est qu'aucune responsabilité ne peut atteindre M. Dubost.

Si maintenant je jette un regard rapide sur la réplique de l'adversaire, que vais-je apercevoir ?... J'aperçois un éloge de madame Audouin, un éloge de M. Prus et des attaques contre M. Dubost. Tout cela avait été plaidé, et j'avais raison de dire que la réplique n'avait rien produit de nouveau.

Vous faites l'éloge de madame Audouin !... C'est votre droit, ou plutôt c'est votre illusion qui vous détermine à commettre encore une pareille imprudence. Madame Audouin, dites-vous, est douée d'un caractère doux, facile, charmant... ; elle a été dévouée à son premier mari, et pour preuve de la douceur de son caractère, vous lisez et relisez une lettre de son beau-frère, lettre écrite depuis que le procès est engagé ! Mon devoir est de suspecter une preuve aussi partiale. Quoi qu'il en soit, les faits sont là ; ils parlent plus haut que les lettres des parents ou des amis. Les faits ont une énergie que rien ne saurait détruire. Oui, à l'âge de quarante ans passés, madame Audouin a fait toutes les folies, a commis tous les scandales que l'on pardonnerait à peine à l'inexpérience, à la passion la plus ardente. Avant que la loi le lui permît, avant l'expiration de l'année depuis la mort de son mari, elle a voulu se faire épouser, et elle a tout mis en œuvre pour atteindre ce but. Elle a commencé par la séduction, elle a continué par la ruse, elle a fini par le désespoir tragique. Il n'y a rien là qui soit rassurant pour un mariage. Un instant elle a réussi, mais toutes ces manœuvres ont dû s'évanouir devant le réveil d'une raison troublée.

Vous parlez de la sincérité de sa douleur. Une douleur qui fait bruit et scandale, qui brave tout, qui s'étale devant les tribunaux, n'est pas une douleur sincère. La douleur est comme la charité : pour être vraie, elle a besoin d'ombre et de mystère. La douleur qui se montre est de l'hypocrisie, la charité qui se fait voir n'est que de la vanité !

Vous faites l'éloge de M. Prus, vous dites que je suis sévère pour ses cheveux blancs, vous dites qu'il mérite la confiance, et pour preuve vous apportez ma correspondance avec lui et vous ajoutez que je lui ai donné ma procuration. Oui, c'est vrai ; mais quand je faisais cela, j'étais aveuglé, et mon aveuglement ne peut servir à ce panégyrique. Il reste de la part de M. Prus une intervention singulière, blâmable, des excitations vers un résultat que les gens sensés doivent repousser avec énergie.

Vous attaquez enfin M. Dubost. Vos dernières paroles sont amères, violentes... Eh bien ! je vous le déclare une dernière fois : l'éloquence peut faire illusion un instant, mais la vérité est plus forte. M. Dubost a été faible, crédule ; il a été égaré par des artifices habiles... c'est tout ce que l'impartialité peut relever contre lui, et ce n'est pas grand'chose...

J'ai fini ; parler davantage serait un inutile souci. Le droit est pour nous, et le droit véritable ne saurait être en péril devant la justice !

RÉQUISITOIRE DE M. MOIGNON,

Substitut du Procureur impérial.

Messieurs,

Vous venez d'entendre plaider, avec un grand éclat de part et d'autre, un procès qui se résume en une question de dommages-intérêts.

Une promesse de mariage a été faite, la non-réalisation de cette promesse peut-elle donner lieu à une action en dommages-intérêts ? Nous avons à nous demander d'abord si la promesse de mariage équivaut aux fiançailles du droit canonique. Nous répondrons, en très peu de mots, que le droit canonique avait fait des fiançailles un véritable contrat, et que la violation d'un contrat donnant lieu à des dommages-intérêts, si l'un des fiancés venait à refuser de contracter mariage, il était nécessairement astreint à une réparation pécuniaire. La promesse de mariage n'est pas un contrat, elle ne saurait donc être

assimilée aux fiançailles. Dans le langage du monde, une confusion peut s'é-
tablir, mais nous parlons ici le langage de la loi, et nous ne saurions confondre
ce qui est essentiellement différent. En ne faisant pas de la promesse de mariage un contrat, nos législateurs ont voulu consacrer le grand principe de
la liberté du consentement dans le mariage. Cette liberté doit être absolue ;
elle ne l'est qu'à la condition que les promesses de mariage soient légalement
nulles. De là cette conséquence, que la non-réalisation de ces promesses ne
peut servir de base à une action en dommages-intérêts. Cependant, dit-on, une
réparation pécuniaire a été plus d'une fois ordonnée par les tribunaux à la
suite de la violation d'engagements de ce genre. Cela est vrai, mais les tribunaux n'ont accordé cette indemnité à la partie demanderesse qu'autant
qu'elle prouvait que le défaut de réalisation de la promesse de mariage lui avait
fait subir un préjudice matériel ou moral ; de sorte que ce qui était puni,
c'était non l'engagement violé, mais le dommage causé.

Et maintenant appliquons ces principes à la cause : madame Audouin a-t-
elle souffert un préjudice matériel ou un préjudice moral? De préjudice matériel, il n'en est pas allégué : c'est d'un préjudice moral qu'on demande la
réparation. Mais il ne suffit pas de prouver qu'il existe, il faut encore démontrer que c'est la partie contre laquelle on plaide qui l'a causé, et il est bien
évident que, si la prétendue a méconnu ses devoirs et les lois, que si, en un
mot, elle ne peut accuser qu'elle-même du dommage dont elle se plaint, sa
prétention ne saurait être accueillie.

Examinons les faits brièvement. Au mois de mars 1854, madame Audouin
perd son mari : elle est d'âge à connaître ses obligations d'épouse et de mère.
La loi lui prescrit de ne pas contracter une nouvelle union avant l'expiration
d'un délai de dix mois. Est-il besoin que la loi parle, et les usages que le
monde observe ne suffisent-ils pas? Madame Audouin ne se préoccupe ni des
lois, ni des convenances, parce que dans la société il s'est rencontré un homme
qui a son âge, qui s'est montré assidu, qui a parlé d'amour, nous le voulons,
mais contre lequel les bienséances et l'honneur de son fils devaient assez la défendre. C'est cependant pour l'honneur de son fils qu'à l'entendre elle plaide
aujourd'hui ; ne voit-elle pas qu'elle ne fait qu'attacher au nom de cet enfant
le souvenir d'une cause célèbre.

Madame Audouin avait une autre voie à suivre. Vous connaissez l'énergique
vigueur de son caractère. Elle a rêvé d'épouser M. Dubost, elle ne reculera
devant aucune extrémité : le poison, le poignard, les courses agitées à travers
l'Europe ne l'effrayeront pas. Messieurs, à quarante ans, une femme de cette
trempe résiste facilement aux manœuvres d'un officier..., appartînt-il à l'arme
du génie. Si elle succombe devant un simulacre de mariage, qu'elle ne s'en
prenne qu'à elle-même. Non, ce n'est pas cette simple promesse (car il n'y a
pas eu autre chose, et nous n'avons pas eu à requérir contre un véritable mariage religieux célébré malgré les prohibitions de la loi), ce n'est pas cette
simple promesse donnée la nuit à une femme que les spasmes de l'empoisonnement n'empêchent pas d'entendre tout ce qui se passe, ce n'est pas cela
qui va causer un préjudice à madame Audouin. Le préjudice, il résulte de ce
que madame Audouin s'est livrée à M. Dubost, nous le disons nettement et
franchement. Une femme, une veuve, une mère, pouvait-elle se croire auto-

risée à laisser prendre à un homme les droits d'époux, parce qu'elle s'était empoisonnée, parce qu'un saint prêtre, qui ne comprend pas bien ces orageuses passions, avait été le témoin d'une promesse, parce que des anneaux avaient été achetés, parce que dans une sacristie une cérémonie insignifiante s'était accomplie? Une honnête femme aurait dit : « Attendez que dix mois se soient écoulés, obtenez le consentement de vos parents ; ce qui s'est passé n'est quelque chose qu'aux yeux de Dieu et pour notre conscience. » Vous savez maintenant quel est l'auteur du préjudice. On vous a lu une lettre de la demanderesse qui est presque une sollicitation. Ce n'est pas M. Dubost qui a fait oublier à madame Audouin toutes les convenances.

Les autres événements sont connus du Tribunal. Ils sont inexplicables pour un cœur honnête. Dans le courant du mois de novembre, madame Audouin part pour la Crimée ; elle va demander la réalisation d'une promesse dont la loi ne permet pas encore l'accomplissement. Madame Audouin arrive sous les murs de Sébastopol ; mais ce n'est pas, comme tant de femmes dévouées, pour y soigner les blessés et les mourants ; c'est pour faire quitter la tranchée au colonel Dubost, c'est pour lui dire : « Souvenez-vous de la nuit du 8 juin. » Le devoir de madame Audouin était d'attendre auprès de son fils l'expiration du temps fixé par la loi. Encore une fois est-ce M. Dubost qu'elle peut accuser des scènes tragiques qui se sont passées en Crimée et du bruit qui s'est fait autour d'elle? Elle est de retour à Paris, et un jour elle va chez Dubost, un pistolet à la main, car elle a usé de toutes les armes. A qui le pistolet est-il destiné? A elle ou à lui? Nous l'ignorons ; mais vous savez sur qui doit retomber la responsabilité du préjudice moral que cet événement a pu faire éprouver à madame Audouin.

La publicité, ce n'est pas M. Dubost qui l'a appelée. Pour parler le langage d'officier qu'on a parlé ici, il a vu que madame Audouin était une de ces femmes qu'on peut avoir pour maîtresses et non pour épouses ; il a écouté les conseils de ses parents, de ses amis ; il a compris que le roman devait finir, non par le mariage, mais par la séparation et la fuite. Il a fui.

Mais, dit-on, il avait révoqué la procuration donnée à M. Prus avant le voyage de madame Audouin en Crimée. Il est vrai ; mais a-t-il dû changer d'opinion à son retour en France, lorsqu'il a vu la demanderesse entrer chez lui le pistolet au poing?

Messieurs, l'ancien droit admettait la rupture des fiançailles pour une cause honnête. Ne pas vouloir traîner après soi une femme exaltée, n'est-ce pas une cause honnête et raisonnable, et n'est-il pas permis à M. Dubost de dire : Je ne réalise pas ma promesse? Nous n'admettons pas qu'une femme puisse ainsi courir le monde et demander ensuite l'accomplissement d'une promesse de mariage. Madame Audouin ne réclame, dit-on, que le nom d'épouse ; au nom de la morale et de la société, nous ne voulons pas d'une union dans laquelle le nom seul doit entrer ; nous voulons dans un mariage deux cœurs qui s'aiment et s'aimeront toujours. Il ne faut pas que, violant ce qu'il y a de plus sacré dans le monde, on puisse se faire donner un nom en menaçant de demander 100,000 francs de dommages-intérêts.

JUGEMENT.

« Attendu que le principe de la liberté du mariage ne permet aux tribunaux d'accorder quelque valeur aux promesses non réalisées qu'autant que cette inexécution a causé un dommage matériel à la personne trompée;

» Que la veuve Audouin ne justifie d'aucun préjudice de cette nature, et que ses malheurs, quelque intérêt qu'ils puissent exciter, doivent être attribués à l'entraînement de passions communes aux deux parties,

» En ce qui touche l'existence même de la promesse :

» Attendu qu'il est allégué que, dans la nuit du 8 juin 1854, un prêtre, appelé à donner les secours de la religion à la veuve Audouin et se méprenant également sur le danger de la maladie et sur la nécessité d'une réparation religieuse, a cru pouvoir déférer à la prière du commandant Dubost et prononcer quelques-unes des paroles employées par l'Église pour la bénédiction des mariages ;

» Mais attendu que, si l'on prétend induire de ces faits regrettables la promesse par le commandant Dubost de réaliser son mariage, cette promesse serait nulle en ce qu'elle prendrait sa source dans l'erreur des parties, qui se croyaient à tort engagées l'une envers l'autre par les liens d'une union qu'il ne s'agissait plus que de revêtir de la forme légale,

» Par ces motifs,

» Déclare la veuve Audouin non recevable et mal fondée dans sa demande, l'en déboute et la condamne aux dépens. »

Au Directeur de la Tribune judiciaire.

Paris, 20 mars 1857.

« Monsieur,
» En prononçant mon nom dans les débats du procès engagé entre madame Audouin et M. Dubost, on m'a conféré le droit de répondre aux attaques dont il a
» été l'objet. Dans mes précédents rapports avec M. Dubost, mon âge, mon caractère, ma position, m'avaient attiré de sa part des marques de déférence. Je devais
» espérer qu'il en serait toujours de même ; mais son défenseur a jugé utile d'adopter
» un système opposé. En effet, la femme délaissée avait trouvé en moi un appui ;
» il fallait que cet appui fût miné. Je ne me laisserai pas entraîner sur ce terrain,
» car je ne veux pas sortir de mes habitudes de modération. Je me bornerai à donner
» quelques explications sur la part que j'ai réellement prise à cette triste affaire et
» sur les motifs qui m'ont fait agir. Puis-je espérer que vous voudrez bien les accueillir et les insérer à la suite de votre compte rendu ?
» Le 6 février 1854, je quittai Lons-le-Saulnier pour me rendre à Paris. Mon
» ami, M. Audouin, directeur des contributions indirectes, m'avait prié de visiter
» son frère, officier supérieur de cavalerie, qu'une maladie grave retenait à l'hôpital militaire du Val-de-Grâce. Il m'avait invité en même temps à témoigner

» toute sa sympathie à sa belle-sœur dont la vie, me disait-il, n'avait été qu'un
» acte de dévouement et d'abnégation.

» Le malade, atteint d'une paralysie, se trouvait privé de ses facultés mentales ;
» cependant sa femme passait les journées entières auprès de lui et ne le quittait
» un instant que pour aller au petit séminaire donner des répétitions à leur jeune
» fils, qu'une fièvre typhoïde avait retardé dans ses études. De tels soins altéraient
» visiblement sa santé. Je fus touché, comme toutes les personnes qui en étaient
» les témoins, de cette longue résignation, de ce courageux dévouement.

» Revenant au Val-de-Grâce le 25 mars, j'appris que le malade avait succombé
» dans la nuit. Je me rendis au domicile de la veuve, où je fus reçu par une dame
» de ses amies, qui m'engagea à assister le lendemain à la cérémonie funèbre.

» Le deuil était conduit par M. Dubost, que je voyais pour la première fois.
» S'apercevant que j'étais en proie à une vive émotion, il vint à moi. Je lui expli-
» quai que la cause en était dans la perte récente d'une femme tendrement aimée.
» Il me conseilla de me séparer du convoi ; ce que je fis aussitôt, et c'est à quelques
» jours de là seulement que son défenseur me représente comme faisant la cour à
» madame Audouin et la demandant en mariage. Cette douleur n'aurait-elle pas dû
» être respectée ?

» Le 29 mai, je retournai dans le Jura.

» Le désir de revoir une proche parente, en danger de mort, me rappela à Paris
» le 10 juillet. J'allai chez madame Audouin ; M. Dubost, qui était dans le salon,
» sortit bientôt. Alors elle me fit le récit, en présence de madame C..., sa mère,
» de tout ce qui s'était passé depuis mon départ ; elle me raconta notamment
» toutes les circonstances du mariage *in extremis*, dans la nuit du 7 au 8 juin, et
» de la bénédiction des alliances, à Saint-Thomas d'Aquin, où le curé les avait in-
» vités à venir, dans la matinée du 22, afin de bénir ces objets avec solennité.

» Elle me montra des lettres de M. Dubost, des mois de février et d'avril, con-
» statant que, loin de chercher à l'attirer et à le retenir, elle avait fait tous ses ef-
» forts pour détourner ses hommages d'un autre côté, le menaçant de ne plus le re-
» cevoir, s'il refusait de suivre ses conseils. Plus tard, la conversation séduisante de
» M. Dubost et ses manières distinguées finirent par charmer cette femme, qui
» avait toujours vécu éloignée du monde. Ensuite, placée en face d'une opposition
» violente, elle avait craint de devenir indigne d'elle-même, en acceptant la position
» qui lui était offerte ; elle avait voulu épargner à l'homme dont elle avait agréé
» la recherche le malheur de la malédiction paternelle, en lui donnant la plus
» grande preuve de son dévouement : elle avait voulu mourir ; mais, pour ménager
» sa sensibilité, elle avait préparé une lettre conçue de manière à ne le conduire
» que graduellement à la connaissance de son fatal projet.

» Les soins que réclamait son état de maladie, dans la soirée du 7 juin, lui avaient
» été donnés par le docteur Tanquerel des Planches, avec un zèle dont elle était
» fort reconnaissante. Les phases de cette maladie ont été formulées depuis, dans
» une note, par ce savant médecin.

» S'attachant à préciser les diverses circonstances du mariage, madame Audouin
» me dit que l'une des alliances avait été remise par le prêtre à M. Dubost et que
» celui-ci la lui avait passée au doigt, que la pièce de mariage avait été remise
» également par le prêtre à M. Dubost. Elle insista sur ce point, qu'à la sacristie
» comme à la maison, après avoir fait une allocution sur les devoirs réciproques
» d'époux et d'épouse, le curé avait ajouté : « Vous êtes époux, cette union est in-
» dissoluble ; rien ne peut maintenant délier sur la terre ce qui a été lié dans le
» ciel. » Enfin, elle me déclara qu'elle n'avait pas pensé un instant qu'il pût y avoir
» de différence entre ce mariage et celui qu'elle avait contracté avec son premier
» mari, quatorze ans auparavant.

» A la visite suivante, je rencontrai encore M. Dubost chez madame Audouin.
» Tous deux ensemble me prièrent de leur prêter mon concours, pour les aider à
» aplanir les difficultés qui s'élevaient devant eux. Comme il ne s'agissait plus que
» de la sanction d'un fait accompli, je leur promis mes bons offices ; mais je fis re-
» marquer que cette dame ne pouvait rester plus longtemps dans la fausse position
» où elle se trouvait, et je mis pour condition de mon concours le prompt accom-
» plissement des formalités exigées pour le mariage civil. Cette manière de voir fut
» partagée par M. le curé de Saint-Thomas d'Aquin et par monseigneur l'arche-
» vêque. C'est cependant à raison de ce conseil que la défense me reproche d'avoir
» attisé des paroxysmes et des folies.

» L'entrevue de M. Dubost avec monseigneur l'archevêque avait été demandée,
» en son nom, par M. Sibour. Ma mission a eu simplement pour objet de faire
» connaître le lieu et l'heure de l'audience. M. Dubost espérait que l'autorité de la
» parole du prélat pourrait exercer quelque influence sur l'esprit de ses parents.
« Deux devoirs, lui a-t-il été répondu, ne se contredisent jamais, ils se subordonnent ;
» vous vous devez à la femme que vous avez épousée. Prenez d'ailleurs toutes les
» précautions nécessaires pour prévenir les malheurs qui vous menacent. » Mon-
» seigneur l'archevêque avait manifesté en ma présence, la veille de cette entrevue,
» l'intention de visiter la famille Dubost ; mais il y avait renoncé, dans la crainte
» de ne pas réussir, et avait chargé M. l'abbé Sibour de voir le curé de la paroisse
» de la Madeleine, dans laquelle la rue Basse-du-Rempart se trouve comprise.

» Vers la même époque, j'ai fait, d'accord avec M. Dubost, une démarche auprès
» de M. le général Charon. Je demandais que le général choisît un autre aide de
» camp, fît donner à M. Dubost une destination hors de Paris et observât la neu-
» tralité dans le conflit concernant le mariage. Les deux premiers points ont été
» convenus, le troisième a été refusé. Le motif de ce refus n'avait rien de blessant
» pour la personne de madame Audouin.

» Quelques jours après, j'étais présenté à M. l'abbé Coquereau, aumônier en chef
» de la marine, par M. le curé Sibour, qui lui faisait part, devant moi, de la célé-
» bration du mariage *in extremis*.

» Le 1er août, dans la matinée, M. Dubost me conduisit chez Me Brun, notaire,
» par qui il avait fait préparer une procuration que je consentis à accepter.

» Il serait superflu d'allonger cette lettre par la répétition de faits déjà cités et
» non contestés ; ainsi, en ce qui concerne la soirée de ce même jour, je me borne-
» rai à faire remarquer que mademoiselle Dubost a dû être peu flattée de se voir
» imputer une impolitesse qu'elle n'a pas commise ; je dirai aussi que, dans son se-
» cond billet, M. Deroulède m'a prié d'offrir ses excuses à madame Audouin ; ce
» qui détruit radicalement l'accusation de violence portée contre elle.

» M. Dubost disparaît. Madame Audouin se regarde comme déshonorée par cet
» abandon. Après avoir fait un effort suprême pour s'armer de courage, elle tombe
» dans une prostration complète. Je m'efforce de calmer cette immense douleur.
» En retour de l'appel fait par M. Dubost à toute l'énergie de mon dévouement,
» je fais un appel à son cœur par une lettre du 3 août, déposée chez M. Deroulède.
» M. le curé Sibour me prête toute son assistance. Dans les recherches auxquelles
» nous nous sommes livrés, nous n'avons eu recours qu'à des moyens honorables.
» Toutes mes démarches, ainsi que je l'écrivais le 24 août à M. Véronique, ont été
» faites au grand jour, et j'ai à déplorer le mystère dont cette triste affaire a été
» environnée.

» Où sont donc les traces de la ligue d'espionnage qui aurait entouré la maison
» de la rue Las-Cases et celle de la rue Basse-du-Rempart, pendant les journées des
» 2, 3, 4 et 5 août ? La prudence ne conseillait-elle pas de ne plus reproduire la
» fable, déjà démentie, de la dame voilée, et autres de même nature, afin de laisser

» tomber dans l'oubli ce *post-scriptum* de la lettre de M. Sibour, du 9 septem-
» bre 1854 : « Les esprits ne paraissent pas vouloir s'apaiser ; mais l'irritation leur
» suggère des moyens indignes et des propos calomnieux qui vont au delà de tout. »

» Pourquoi n'a-t-on pas, selon mon invitation à M. Véronique, fait vérifier l'état
» de la malade par un médecin que la famille et les amis de M. Dubost auraient
» choisi ?

» Que signifient les accusations relatives aux dépêches télégraphiques, en pré-
» sence de cette même lettre, dont copie a été remise à M⁰ Brun, le 3 septembre
» suivant ? On a prétendu aussi, dans les débats, que je m'étais présenté, sans me
» faire connaître, à M. le général Mengin, directeur du service du génie au minis-
» tère de la guerre, et que je lui avais parlé d'un malheur qui serait arrivé dans la
» famille Dubost, reproduisant ainsi le texte reconnu inexact du billet anonyme.
» Au contraire, d'après une lettre de ce général, en date du 13 mars 1857, je me
» suis présenté à lui, comme étant le gendre de l'un de ses anciens amis, et lui ai
» dit qu'il était du plus grand intérêt pour M. Dubost que j'eusse son adresse, que
» c'était une question de vie ou de mort pour une personne que je n'ai pas jugé
» alors utile de nommer.

» Ma lettre du 24 août, à M. Véronique, et celle que j'ai écrite le lendemain à
» M. Dubost (1), avec l'attache de M. Sibour, expriment toute l'inquiétude qui nous
» assiégeait. Nous ne voulions rien négliger pour prévenir les effets du désespoir
» dont nous étions témoins. Nous pensions et je me surprends quelquefois encore à
» penser que M. Dubost, livré à lui-même et délivré de la pression qui a pesé sur
» ses résolutions jusqu'à ce jour, n'hésiterait pas à revenir à de bons et nobles sen-
» timents. Il avait promis à sa mère que le mariage civil ne se célébrerait pas à

---

(1)   *Lettre de M. Prus à M. Dubost.*

Paris, le 25 août 1854.

« Monsieur,

» Vous m'avez imposé une bien grave responsabilité en faisant appel à toute l'énergie
» de mon dévouement. Je n'y faillirai pas, quoi qu'il puisse m'en coûter, et je me dé-
» vouerai jusqu'au bout à la cause de la justice et du malheur, du faible contre le fort.

» Vous êtes à même d'apprécier les tortures auxquelles est livrée, depuis trois se-
» maines, une femme à qui vous n'avez qu'un reproche à faire : celui de trop vous aimer.

» . . . .

» Étant informé que M. Véronique devait vous écrire aujourd'hui, je lui ai recommandé
» instamment de vous faire connaître l'état déplorable de madame Audouin et d'envoyer
» même, s'il le jugeait à propos, un médecin de son choix pour constater cet état.   .   .

» . . . .

» Écrivez, je vous prie, sans délai, à M. le curé Sibour. Écrivez-moi une lettre osten-
» sible et une lettre confidentielle. Ajoutez surtout quelques lignes de consolation *pour*
» *une femme digne de tout votre respect et de toute votre affection* (selon votre lettre
» au maréchal), à qui vous devez bien des jours de bonheur, pour la dédommager de ce
» qu'elle souffre actuellement. En attendant, aidez-moi à la sauver, etc.

» Agréez, etc.

» Signé : PRUS. »

Post-scriptum de M. le curé Sibour :

« J'ai vu presque tous les jours madame A... depuis le départ de M. |D... Ce départ
» est pour moi inexplicable. Nous soutenons cette pauvre femme ; nous la défendons
» contre son désespoir ; mais si des nouvelles rassurantes de M. D... ne lui arrivent pas
» promptement, on ne peut plus répondre de rien.

» Signé : L. SIBOUR, curé. »

» Paris. D'autre part, il avait été convenu entre lui et moi que, s'il ne lui était pas
» possible d'emmener sa femme, je la conduirais auprès de lui, en quelque lieu
» qu'il fût envoyé, *fût-ce même à l'île de la Réunion ;* et comme le disait M. Sibour
» dans sa lettre du 9 septembre 1855 : « Si les choses devaient se compléter en
» Orient, cela n'en vaudrait peut-être que mieux. »

» Ces motifs nous décidèrent à entreprendre le voyage de Varna, lorsque nous
» sûmes que M. Dubost s'était embarqué pour cette destination. Nous partions,
» pleins de confiance, en pensant aux deux lettres qu'il avait laissées le 1er août.

» Au quartier général, en Crimée, madame Audouin a été entourée d'une res-
» pectueuse sympathie ; on comprenait que la crainte du déshonneur, ou mieux
» encore, le besoin de conserver ses droits au respect de tous, eût pu la porter à un
» nouvel acte de désespoir ; on savait que, dans l'entrevue du 26 novembre, M. Du-
» bost avait répondu à M. le colonel de Brancion : « Je n'ai rien à reprocher à ma-
» dame ; elle est parfaitement honorable sous tous les rapports. » Quant à moi, je
» me souviendrai toujours avec reconnaissance de l'accueil que j'ai reçu de M. le
» général en chef Canrobert ; de M. le général Bizot ; de M. le général Trochu,
» alors premier aide de camp du général en chef ; de M. le docteur Scrive, médecin
» en chef de l'armée ; de M. l'abbé Ferrari, aumônier en chef, adjoint, etc., etc.

» Si l'on n'avait pas produit le billet d'un aide de camp, qui a été mal
» informé, je n'ajouterais pas que M. le général Canrobert m'a fait l'honneur de
» m'inviter à sa table.

» Le départ du bâtiment sur lequel nous nous sommes embarqués pour retourner
» à Constantinople ayant été retardé de deux jours, M. Dubost est revenu faire ses
» derniers adieux à madame Audouin, en même temps que le général Bizot venait
» me faire les siens.

» Le 4 janvier 1855, j'ai quitté Constantinople, laissant madame Audouin y at-
» tendre l'exécution des derniers engagements pris à son égard par M. Dubost.
» Lorsqu'elle a été abandonnée de nouveau, je n'ai pu que lui offrir les consolations
» dont elle avait un si grand besoin. Depuis trois ans je me suis fait un devoir de
» lui servir de père, et je ne devais pas m'attendre à voir la défense s'efforcer de
» dénaturer de tels rapports. Mon but principal a été de conserver une existence
» compromise par un violent désespoir. J'en avais encore un autre, et la preuve se
» trouve dans ma lettre à M. Véronique ; je voulais en même temps aider M. Du-
» bost à sortir de la voie déplorable dans laquelle sa famille et ses amis l'avaient
» imprudemment engagé. Peut-être me rendra-t-il quelque jour la justice de re-
» connaître que j'avais mieux compris ses véritables, ses plus précieux intérêts ?
» Ce double but m'a fait accepter, à l'âge de 64 ans, les fatigues et les dangers du
» voyage de Crimée. Voilà l'œuvre dont j'ai tenté l'accomplissement, et je m'esti-
» merais heureux, si mes efforts m'avaient fait obtenir, outre la reconnaissance d'une
» famille, l'approbation et la sympathie de tous les gens de bien.

» Je suis, etc.

» PRUS,
» Ingénieur en chef, Directeur
» des ponts et chaussées, en retraite. »

PRÉSIDENCE DE M. BENOIT-CHAMPY.

Audience du 17 juin 1857.

LES HÉRITIERS DU PRINCE EUGÈNE

CONTRE

M. PERROTIN,

ÉDITEUR DES MÉMOIRES DU MARÉCHAL MARMONT, DUC DE RAGUSE.

Les Mémoires du maréchal duc de Raguse, que vient de publier
M. Perrotin, ont été composés par le maréchal dans les dernières
années de sa vie, et légués par lui à sa nièce madame de Damrémont.

Dans ces Mémoires, écrits du fond de l'exil et destinés à ne voir le
jour qu'après la mort de leur auteur, Marmont dirige contre la plupart de ses anciens compagnons d'armes de graves accusations, qui
ont soulevé des protestations très vives de la part des intéressés ou
de leurs familles.

L'ancien vice-roi d'Italie a eu sa part de ces attaques. Dans le
sixième volume (pages 22 à 29) Marmont fait peser sur lui la responsabilité des désastres qui ont terminé la campagne de France.

Suivant le maréchal, à la fin de l'année 1813 l'empereur, au moment de commencer sa dernière et immortelle campagne, envoya au
prince Eugène, alors campé sur les bords de l'Adige, l'ordre d'évacuer l'Italie et de rentrer en France avec son armée. Le prince devait
tromper les Autrichiens, leur dérober sa marche, faire sauter toutes
les places fortes à l'exception de Mantoue et d'Alexandrie, où il laisserait des garnisons italiennes; et repasser les Alpes; arrivé en
France, il aurait rallié sur son passage toutes les troupes qu'il aurait
rencontrées en Provence, à Lyon et en Franche-Comté, et rejoignant
l'empereur en Champagne, il serait tombé sur le flanc des coalisés à

la tête de 80,000 hommes. Le sort de la campagne eût été changé.

Mais le vice-roi d'Italie, uniquement préoccupé de sa situation personnelle, enivré de l'espoir chimérique de se faire une royauté en Italie et de survivre à la chute de l'Empire, aurait éludé les ordres formels qu'il avait reçus. Il aurait entretenu des négociations avec les puissances alliées, et, dans l'intérêt de son ambition, retenu inutilement dans les plaines de la Lombardie les troupes qui auraient pu sauver Paris.

Les amis et la famille du prince Eugène se sont émus de ces accusations dirigées contre l'homme dont l'histoire a fait le héros de la fidélité.

Deux anciens aides de camp du prince Eugène, M. le comte Tascher de la Pagerie, dans un article inséré au *Moniteur*; et M. le colonel Planat de la Faye dans une brochure qui a déjà eu deux éditions, se sont attachés à réfuter les assertions du duc de Raguse.

Tous deux ont affirmé, en produisant à l'appui de leur opinion des documents authentiques, que l'empereur ne s'est jamais définitivement arrêté à l'idée d'abandonner l'Italie ; les instructions qu'il avait adressées au vice-roi dans la prévision d'une évacuation de la Lombardie étaient conditionnelles et subordonnées à la conduite que tiendrait le roi de Naples. Dans le courant de l'hiver de 1814, après les premiers succès de la couronne de France, Murat étant encore indécis, l'empereur a prescrit au prince Eugène de ne pas céder, sans combattre, un pouce de terrain. Enfin, suivant M. de Tascher et M. Planat de la Faye, le chiffre des troupes françaises, qui seules auraient consenti à suivre le vice-roi dans sa retraite, était des plus minimes ; en admettant qu'il eût regagné les Alpes sans être suivi et inquiété par les Autrichiens, il n'aurait ramené en France qu'une poignée d'hommes, dont la présence sous les murs de Paris n'aurait pas balancé le déplorable effet moral qu'aurait produit la perte de l'Italie.

En dehors de cette polémique, soutenue par les anciens compagnons d'armes du vice-roi, les enfants du prince Eugène se sont adressés à la justice pour obtenir l'insertion, à la suite des Mémoires du duc de Raguse, de documents officiels qui contiennent la justification de la conduite de leur père.

Le prince Eugène en mourant, en 1824, avait laissé cinq enfants, issus de son mariage avec la princesse Auguste de Bavière.

Ses deux fils, qui avaient épousé, l'un la reine de Portugal, et l'autre une grande-duchesse de Russie, étaient morts au moment où ont paru les Mémoires du maréchal Marmont. Restaient trois filles : l'impératrice douairière de Brésil, la reine de Suède et la comtesse de Wurtemberg.

Celle-ci, instruite la première des accusations dirigées contre son père, prit l'initiative d'une instance dirigée contre l'éditeur des Mémoires du duc de Raguse. Mais le procès à peine commencé, la princesse mourut subitement. L'instance fut aussitôt reprise par ses enfants, auxquels se sont jointes la reine de Suède et l'impératrice du Brésil.

M⁹ Dufaure, assisté de M⁹ Jules David, avoué, se présente pour soutenir la demande des enfants et petits-enfants du prince Eugène ; M⁹ Marie, assisté de M⁹ Lavaux, avoué, défend les intérêts de M. Perrotin.

PLAIDOIRIE DE M⁹ DUFAURE.

Avocat des héritiers du prince Eugène.

Messieurs,

Le prince Eugène de Beauharnais, ancien vice-roi d'Italie, est mort en 1824, laissant cinq enfants : deux fils, dont l'un avait épousé la reine de Portugal, l'autre la grande-duchesse Marie, fille de l'empereur Nicolas, morts aujourd'hui tous les deux ; et trois filles : la princesse Joséphine, devenue reine de Suède ; la princesse Amélie, veuve de Pierre Iᵉʳ, empereur du Brésil ; la princesse Théodelinde, comtesse de Wurtemberg. La comtesse de Wurtemberg avait connu avant ses sœurs les Mémoires du duc de Raguse, où leur père est gravement offensé. Elle avait pris l'initiative des poursuites que nous soutenons maintenant devant vous. Depuis que ces poursuites ont commencé, elle est morte. L'action a été reprise par ses enfants, auxquels S. M. la reine de Suède et S. M. l'impératrice du Brésil se sont jointes, pour demander contre M. Perrotin réparation de l'outrage adressé à la mémoire du prince Eugène.

Les princesses, filles du prince Eugène, n'apportent dans la poursuite qu'elles exercent contre M. Perrotin aucun sentiment de colère ni de vengeance. Elles viennent accomplir simplement et sans passion un devoir impérieux et sacré. Dieu a voulu qu'elles dussent le jour à un père si noble et si grand que, même assises sur des trônes, elles acceptent toujours comme leur premier honneur d'être les filles d'Eugène de Beauharnais. De quel titre que la fortune les ait parées, il n'en est pas qui soit, pour elles, aussi glorieux que le nom de leur père, et lorsqu'il est attaqué, c'est leur plus cher patrimoine, c'est leur bien le plus précieux qu'elles viennent défendre, et elles ne peuvent avoir d'autre désir que celui de l'arracher aux atteintes de la calomnie et de lui faire rendre un hommage légitimement dû.

L'une de mes clientes, S. M. la reine de Suède, marque bien, par une lettre que j'ai entre les mains, la limite dans laquelle elle entend agir.

Elle écrivait le 27 février 1857 :

« Accusés et accusateurs ne sont plus ; le noble caractère du vice-roi, sa mo-
» dération, nous font une loi de ne le défendre qu'avec des armes dignes de sa mé-
» moire ; défendons-le, par les faits, par toutes les preuves qu'on pourra se pro-
» curer ; mais n'élevons pas sa conduite en injuriant celle d'autrui : il dédaignerait
» un pareil piédestal. »

Ce beau et digne langage doit me servir de règle dans les observations que je vous soumets. Lorsque j'ai à défendre le prince Eugène, et de quel crime ? d'avoir trahi la France, et contre quel accusateur ? contre le maréchal duc de Raguse, vous devinez si les récriminations me seraient faciles. Je négligerai cette ressource ; dans la publication dont je me plains, je ne relèverai que les calomnies et j'oublierai ce que fut le calomniateur.

Vous savez que M. le maréchal duc de Raguse a laissé des Mémoires qui sont devenus la propriété de madame de Damrémont, sa nièce, et qu'elle a vendus pour un prix considérable à M. Perrotin, qui en est l'éditeur. Les nombreuses réclamations publiées par les journaux nous ont déjà appris le caractère de cet ouvrage : on avait cru que le duc de Raguse, vivement attaqué par l'histoire contemporaine, n'avait laissé cette espèce de testament historique que pour se justifier. Mais, en le lisant, on s'est aperçu que son dessein avait été plus hardi. Il a voulu se glorifier et se grandir. Il a fait un poëme dont il est le héros. Il a cru que sa gloire ne serait complète que si elle était unique. Sa plume agressive et irritée s'est acharnée contre tous ses contemporains, et il n'en est pas un qu'il ne se soit efforcé de faire descendre du rang où l'opinion publique l'avait placé. Je ne sais pas si, après l'Empereur, il était un homme de l'ère impériale dont la renommée dût offusquer le duc de Raguse plus que le prince Eugène. Je ne veux pas dire qu'il fût supérieur aux autres lieutenants de Napoléon par le génie militaire. Je comprends que l'histoire, dans la part qu'elle fera à chacun, ne le mettra pas au même rang que les maréchaux Masséna et Gouvion Saint-Cyr, que le prince d'Eckmühl et le duc de Dalmatie.

Mais il y avait, comme le remarquait Napoléon à Sainte-Hélène, un équilibre entre toutes ses facultés, entre la beauté de son caractère et la distinction de ses talents, qui lui créait une grandeur à part. Il a suffi admirablement à toutes les missions qui lui ont été données, soit lorsqu'il recevait à Posen, des mains de Murat, la direction de la retraite de Russie, qu'il n'acceptait qu'en tremblant, et méritait de l'empereur cet éloge : « Nous avons tous fait des fautes dans cette funeste campagne, Eugène seul n'en a pas fait ; » soit lorsqu'il soutenait contre les Autrichiens, les Anglais et le roi de Naples, réunis sur les bords de l'Adige et du Mincio, sa mémorable campagne des derniers mois de 1813 et des premiers de 1814. » Certes, il se montrait alors l'égal en talent militaire de tous ceux qui combattaient avec lui.

Mais ce n'était pas là toute la gloire du prince Eugène. Il était remarqué, aimé, admiré pour la grâce, pour la modestie et la dignité de ses manières, la douceur héroïque de son caractère, le plus généreux courage et l'attachement le plus dévoué à son pays et à l'empereur Napoléon, qui l'avait adopté pour son fils. Il était prince impérial, vice-roi d'Italie. Marmont ne pouvait écrire neuf volumes sans faire effort pour ravir à celui-ci le prestige dont son nom est entouré.

On s'est demandé si, indépendamment de cette cause générale, les attaques du duc de Raguse n'auraient pas été dictées par quelque ressentiment particulier pour le prince Eugène. On a cité une lettre qui serait peut-être de nature à le faire croire. Cette lettre, adressée par le prince Eugène à Marmont, à la date du 28 mai 1808, est conçue en ces termes :

« Sa Majesté m'ordonne, monsieur le général en chef Marmont, de vous écrire » pour avoir des renseignements détaillés sur ce que sont devenus les fonds que » vous avez détournés de la solde des troupes italiennes et de la marine. La régu- » larité qui existe dans les finances, tant en France qu'en Italie, ne permet pas que » des sommes soient ainsi détournées de leur destination sans l'ordre du ministre. » Sa Majesté me prescrivant de lui faire un rapport à ce sujet, je désire que vous » me mettiez à même de remplir les ordres de Sa Majesté. »

Était-il resté dans le cœur du duc de Raguse quelque ressentiment de cette sommation que lui adressait le vice-roi d'Italie, ou n'a-t-il cédé qu'au dessein général de son œuvre, qui semble une véritable entreprise dirigée contre ses anciens compagnons d'armes ? Peu importe la cause. Nous avons à signaler au tribunal les indignes attaques que le duc de Raguse a consignées dans ses Mémoires contre le prince Eugène, et nous allons voir ensuite la réparation que les filles du prince Eugène demandent à la justice.

Dans le premier chapitre du sixième volume de ses Mémoires, le maréchal Marmont, rapportant le commencement de la campagne de France, de 1813 et de 1814, et l'invasion en France des armées coalisées, a vu l'empereur Napoléon à Vitry, et voici en quels termes il s'exprime :

« Aussitôt après l'arrivée de Napoléon à Vitry, je me rendis auprès de lui. Le » Moniteur avait annoncé la formation d'un camp à Châlons. Je lui parlai des ren- » forts que sans doute il nous amenait. Il me répondit : Aucun. Il n'y avait pas un » seul homme à Châlons. — Mais avec quoi allez-vous combattre ? — Nous allons » tenter la fortune avec ce que nous avons ; peut-être nous sera-t-elle favorable !

» C'était à ne pas se croire éveillé que d'entendre de pareilles choses ; et cepen- » dant il y eut un enchaînement de circonstances si extraordinaire, que la balance » a failli pencher en notre faveur. Il ajouta, au surplus, des détails importants » donnant du crédit à ses paroles, et quelques bases à ses espérances.

» Il avait donné l'ordre au prince Eugène d'évacuer l'Italie, après avoir fait un » armistice, ou bien trompé les Autrichiens, et fait sauter toutes les places, excepté » Mantoue, Alexandrie et Gênes. J'ai eu, dans les temps, quelque doute sur la vé- » rité de ces dispositions : mais elles m'ont été garanties et certifiées depuis par » l'officier porteur des ordres et des instructions, le lieutenant général d'An- » thouard, premier aide de camp du vice-roi. Il est entré avec moi dans des dé- » tails circonstanciés dont je dus rendre compte...

» Quand on pense à la résistance incroyable que nous avons opposée avec nos » débris, qui jamais en totalité n'ont formé 40,000 hommes, on peut supposer ce » qui serait advenu à l'arrivée subite d'un renfort pareil et par l'exécution d'un » semblable mouvement. »

Je m'arrête un moment, messieurs, et je montre au tribunal tout ce que contient d'inexact ce passage du duc de Raguse. Ainsi, voilà que l'Empereur aurait donné les ordres que je viens d'énumérer au vice-roi d'Italie, qu'il les lui aurait fait donner par le général d'Anthouard, et c'est du général d'Anthouard que le duc de Raguse aurait tenu ce fait. Je n'entrerai pas dans les détails, messieurs, et cela n'est pas nécessaire pour montrer combien tout est fabuleux dans les allégations du duc de Raguse. L'Empereur aurait donné l'ordre au vice-roi d'évacuer l'Italie en laissant des garnisons à Mantoue et dans quelques autres places fortes, et d'amener ses troupes au secours de celles qui combattaient en France ! Mais l'armée du prince Eugène n'avait jamais compté plus de 35,000 hommes dans cette campagne. Et comme elle était composée en grande partie d'Italiens, il est probable que les Italiens n'auraient pas abandonné leur pays pour venir en France. Ils seraient restés au delà des Alpes, et leur défection aurait réduit à un noyau insignifiant le secours attendu; mais les ennemis contre lesquels luttait le prince Eugène auraient été plus forts contre lui, s'il avait fui, que lorsqu'il résistait. Vous pressentez ce qu'il y a d'impossible dans ce que raconte le duc de Raguse. Je continue :

« ..... Eugène éluda les ordres de l'Empereur ; il fit cause à part ; il intrigua
» dans ses seuls intérêts. Il s'abandonna à l'étrange idée qu'il pouvait, comme roi
» d'Italie, survivre à l'Empire : il oubliait qu'une branche d'arbre ne peut vivre
» quand le tronc est coupé. Il a été la cause la plus efficace, après la cause domi-
» nante placée avant tout dans le caractère de Napoléon, la cause la plus efficace,
» dis-je, de la catastrophe. Et cependant la justice des hommes est si singulière,
» qu'on s'est obstiné à le représenter comme le héros de la fidélité. Je tiens à
» conscience d'établir ces faits, dont la vérité m'est parfaitement connue, et qui ne
» sont pas sans intérêt pour l'histoire.

» La désobéissance du prince Eugène aux ordres formels de Napoléon a eu de
» si funestes conséquences, et ses amis ont si habilement déguisé sa conduite, que
» l'historien sincère et véridique doit tenir à bien constater les faits tels qu'ils se
» sont passés. Non-seulement Eugène n'a rien exécuté de ce qui lui a été prescrit,
» mais il n'en eut jamais l'intention. Il s'est même occupé de se mettre dans l'im-
» possibilité d'obéir, ou au moins à créer des prétextes pour s'en dispenser.

» Eugène évacue Vérone, opère sa retraite lentement. Il est suivi par l'armée
» autrichienne avec mollesse, et sans que, de la part de celle-ci, il y ait aucun en-
» gagement : car le général autrichien, qui n'a pas soif de bataille, croit à une con-
» vention tacite d'évacuation, et, pour son compte, à une simple prise de posses-
» sion. Mais les choses se passant ainsi ne remplissent pas les intentions d'Eugène.
» Il ne peut faire valoir, pour rester, les obstacles que les Autrichiens mettent à
» son départ; leur conduite semble le favoriser. Aussi, tout à coup, il profite de
» leur sécurité pour les attaquer brusquement et d'une manière peu loyale. Il
» remporte sur eux un succès de peu d'importance, il espère ainsi jeter de la poudre
» aux yeux de Napoléon et égarer son jugement.

» Puis, après l'action de Valeggio, il reprend sa même impassibilité et reste
» étranger aux événements de la guerre de France, sur les résultats de laquelle il
» aurait pu avoir une si grande influence. La crise arrive, l'Empire croule, Eugène
» s'empresse de se déclarer souverain. Il publie une proclamation aux habitants
» du royaume d'Italie, où il leur annonce que désormais le seul devoir de sa vie
» sera de s'occuper de leur bonheur. Mais, à cette démarche ambitieuse les peuples
» répondent par une insurrection. Prina, ministre des finances, odieux pour sa

» dureté et ses exactions, est victime des fureurs du peuple. Eugène se réfugie à
» Mantoue, au milieu des troupes françaises, et échappe à un sort semblable. Sa
» vie politique est terminée. »

A la page 54, M. le duc de Raguse juge à propos d'ajouter encore un trait
aux calomnies que contiennent les trois pages que je viens de lire. Il revient
sur la conduite du prince Eugène, et il ajoute ceci :

« Le général d'Anthouard m'a raconté depuis que, se trouvant depuis quelque
» temps, après la Restauration, à Munich, et travaillant avec le prince dans son
» cabinet, à mettre en ordre ses papiers, il retrouva l'ordre écrit qu'il lui avait porté
» pour exécuter le mouvement dont je viens de parler. Il le lui montra et lui dit :
» — Croyez-vous, Monseigneur, qu'il soit bon de conserver ce papier? — Non,
» reprit Eugène, et il le jeta au feu. »

Vous voyez, messieurs, l'enchaînement des accusations. Le prince Eugène
aurait reçu l'ordre formel d'évacuer l'Italie ; il ne l'aurait pas exécuté. Il y a
plus : cet ordre dont il était porteur aurait été brûlé par le vice-roi, pour
qu'il ne demeurât aucune trace de sa désobéissance. L'accusation est donc
aussi grave que possible. Selon le premier passage cité plus haut, le prince
Eugène a été, après le caractère de l'Empereur toutefois, la cause principale
de la catastrophe, c'est-à-dire du succès définitif obtenu par les armées de
l'Europe coalisée contre nous. Dans le second passage, la haine de l'écrivain
contre Napoléon fait silence : c'est Eugène qui a été la cause de l'invasion.

Telle est l'accusation que le duc de Raguse formule contre lui, à l'aide des
faits et des raisonnements que vous venez d'entendre.

Ce n'est pas, messieurs, ce qu'a dit jusqu'ici l'histoire ; ce n'est pas au
prince Eugène, ni même au caractère de l'Empereur, qu'elle a attribué les
désastres de 1814. Si nous la consultons, nous trouverons bien d'autres
auteurs de cette grande catastrophe. Ce n'est pas ce que disait en particulier
l'homme le plus intéressé à juger ces événements : l'invasion, dans sa proclamation du golfe Juan, il l'attribuait à la trahison de quelques-uns de ses
maréchaux, qui avaient livré la France désarmée à ses ennemis. Et cependant
le duc de Raguse écrit que c'est le prince Eugène qui a tout perdu, qu'il a
désobéi aux ordres de l'Empereur, qu'il a fait bande à part, qu'il a intrigué
dans son seul intérêt, qu'il a voulu, comme roi d'Italie, survivre à l'Empire.

Ces accusations sont-elles vraies? Si elles sont fausses, ne sont-elles pas
d'odieuses diffamations? Les enfants du prince Eugène n'ont-ils pas le droit
de demander à l'éditeur, qui leur a donné de la publicité, la réparation qui
leur est due.

Telles sont les questions que j'ai à examiner.

Sur la première, le tribunal voit l'embarras que je vais éprouver pour
montrer que tout est faux dans l'accusation que je viens de lire tout entière.
Je suis obligé de toucher, et je m'effraye moi-même de mon ambition, à l'histoire des derniers mois de 1813 et du commencement de 1814 ; je suis obligé
de passer en revue les faits de cette époque, en tant qu'ils concernent le prince
Eugène, bien entendu ; ils peuvent seuls montrer sa fidélité à la France ou la
trahison qu'on lui reproche. Ce sont les faits de ma cause, après tout, je suis

obligé de les raconter, et je le ferai en mettant sous les yeux du tribunal des documents officiels sur lesquels aucun doute ne peut s'élever.

Au mois de mai 1813, après la bataille de Lutzen, l'Empereur détacha le prince Eugène de la grande armée, l'envoya en Italie avec mission de lever une armée de 100,000 hommes, de se mettre à la tête et de menacer les provinces méridionales de l'Autriche, afin de l'amener à une politique moins hostile à la France.

Il y avait dans ce projet de Napoléon, comme dans beaucoup de projets de cette époque, un peu d'illusion. Recruter 100,000 hommes dans les provinces épuisées de l'Italie, n'était pas chose facile, et malgré toute l'influence qu'il avait dans ce pays et tous les efforts qu'il se donna, le prince Eugène ne put réunir et ne réunit par miracle, comme tous les historiens le disent, qu'une armée de 35,000 hommes. Il avait en face de lui le général Hiller et le général de Bellegarde avec 80,000 Autrichiens; au midi il avait à redouter les dispositions douteuses du roi de Naples, commandant une armée de 40,000 hommes. Enfin, il eut encore contre lui une invasion anglaise de 8,000 hommes sur les côtes de la Toscane. La conduite du vice-roi, dans ces circonstances, fut héroïque : pendant plus de cinq mois, sur les rives de l'Adige, du Mincio et du Pô, il résista à des ennemis trois fois supérieurs en nombre.

Le maréchal Marmont, parlant de cette guerre, dit que le prince Eugène ne remporta que de légers avantages, et que s'il remporta un avantage plus décisif contre les Autrichiens, ce fut par une conduite déloyale. Jamais ses ennemis ne lui ont fait un tel reproche.

La bataille de Valeggio, à laquelle le maréchal Marmont fait allusion, et dans laquelle le prince Eugène, avec une poignée d'hommes, tua plus de 5,000 hommes aux Autrichiens, fut considérée comme un des plus beaux faits d'armes de cette époque; et c'est la première fois qu'on voit écrire, et de quelle main encore? de la main d'un maréchal de France, que cette victoire du prince Eugène fut déloyale.

Pendant que le vice-roi, pressé de tous côtés, opposait à des ennemis supérieurs en nombre la seule résistance possible, se repliant derrière l'Adige, le Mincio et le Pô, obligé de tenir tête à Bellegarde, aux Anglais et au roi de Naples, redoutant la descente d'une armée autrichienne par le mont Cenis, vous savez quels événements se passaient en France. Seul l'Empereur tenait tête à toutes les armées de l'Europe coalisées contre lui. Quel ordre donne-t-il à son fils adoptif?

Le 20 novembre 1813, le général d'Anthouard, premier aide de camp du vice-roi, qui se trouvait en France à côté de l'Empereur, écrit sous la dictée de Napoléon des instructions qu'il doit porter lui-même immédiatement au général de l'armée d'Italie. Ces instructions, dont j'épargnerai les nombreux détails militaires au tribunal, peuvent être suffisamment caractérisées par les quelques passages que je lui demande la permission de lire. Le général d'Anthouard en les envoyant, s'exprime ainsi :

« J'ai l'honneur d'adresser à V. A. L une copie des instructions que l'Empereur
» m'a dictées et que j'ai écrites à la volée. Je pense que V. A. est déjà au courant
» de tout cela, mais il y a des articles intéressants. J'ai écrit comme l'Empereur
» parlait.

» Il y a eu ensuite une conversation d'une heure. Il est déjà passé 5,000 con-
» scrits pour Alexandrie, et il y en a 7,000 passés de Piémont en France.

» Je n'ose m'exprimer sur ce que je pense des travaux militaires du mont Cenis;
» il faudra une division pour les garder si on les achève; mais je parie qu'il en
» sera pour ce point comme pour Peschiera.

» V. A. I. verra que je suis encore loin d'elle pour plusieurs jours. Je ne sais
» comment le prince Borghèse prendra ma mission; mais s'il la prend bien, je la
» ferai bien; s'il la prend mal, je ne pourrai la remplir en entier. L'Empereur m'a
» dit de lui rendre compte directement et en même temps m'a ajouté : « Tout ce
» que vous allez faire étant pour le vice-roi, vous le préviendrez de tout ce qui
» sera nécessaire. »

» Je prie V. A. I. de m'adresser ses ordres à Turin pour ces premiers jours; il
» est probable que je n'irai à Plaisance qu'après Casal, en passant par Milan.

» J'ai l'honneur d'être avec un profond respect, monseigneur,

» De Votre Altesse, le très humble et dévoué,

» Comte D'ANTHOUARD. »

Suivent les ordres et instructions dictés par l'Empereur, le 20 novembre 1813, à 11 heures du matin :

« D'Anthouard m'écrira du mont Cenis où en est la forteresse, si on peut l'ar-
» mer, si elle est à l'abri d'un coup de main, etc.

» Il verra le prince Borghèse qui doit avoir reçu la copie de l'*ordre que j'ai*
» *signé hier, ayant deux buts*, ou qui la lui fera voir.

» *Premier but.* — 1° L'envoi de 18,000 hommes de renfort à l'armée d'Italie
» sur la conscription de 120,000 hommes. Ces 18,000 hommes sont fournis
» aux six corps qui forment l'armée d'Italie, à raison de 700 hommes : total,
» 4,200 hommes. Plus, 800 hommes à prendre au dépôt du 156e pour le 92e; en
» tout, 5,000 hommes, et en 7,000 hommes qui font partie des régiments qui sont
» à l'armée d'Italie et dépôts au delà des Alpes. Enfin, en 600 hommes du dépôt
» du 156e régiment pour le 36e léger, 600 hommes pour le 133e, 600 hommes
» pour le 132e, etc. : total, 16,000 hommes.

» Ces 16,000 hommes sont destinés au 1er et au 2e bataillon de l'armée d'Italie;
» mais j'ai en outre une armée de réserve de 30,000 hommes par décret d'hier
» (19 novembre), et à prendre sur la levée des 300,000 hommes. Ces 30,000 hom-
» mes se lèveront en Provence, en Dauphiné, Lyonnais, et seront réunis à Alexan-
» drie à la fin de décembre. »

J'arrête ici l'attention du tribunal. Le tribunal voit que l'Empereur, le 20 novembre 1813, bien loin de demander que l'armée d'Italie vienne en France au secours de l'armée française, annonce, au contraire, au vice-roi qu'il va lui envoyer 18,000 hommes de renfort pour compléter l'armée d'Italie.

Il continuait :

« Ainsi donc, avant le 1er janvier, le vice-roi recevra 16,000 hommes des
» 120,000 hommes pour recruter les trois premiers bataillons des régiments, tout
» cela de l'ancienne France; il n'y aura ni Piémontais, ni Italiens, ni Belges; plus
» 30,000 hommes de l'armée de réserve : total, 46,000 hommes réunis d'ici au mois
» de février, tous vieux Français, et âgés de 23, 24, 25, 26, 27, 28, 29, 30, 31,
» 32 ans. »

Voilà pour l'infanterie.

L'Empereur passe à la cavalerie, et il ajoute :

« J'envoie à Milan tout ce qui appartient au 1ᵉʳ de hussards et 31ᵉ de chas-
» seurs ; je vais y envoyer deux bons régiments de dragons d'Espagne de
» 1,200 chevaux chacun. »
» J'ai ordonné que toutes les troupes italiennes de la grande armée se rendent à
» Milan ; il y a 4,000 hommes. Même ordre pour les mêmes qui sont en Aragon et
» en Espagne : il y a 6,000 hommes ; tout cela est en marche. J'ai ordonné à
» Grouchy de se rendre à l'armée d'Italie. Il est un peu susceptible, mais le vice-
» roi fera pour le mieux. Le vice-roi peut avoir grande confiance en Zucchi, j'en
» ai été très content. »

Ainsi, non-seulement l'Empereur dans ses instructions du 20 novembre
fortifie l'infanterie du prince Eugène, mais il s'occupe de fortifier sa cavalerie.
Il lui envoie des hussards et des chasseurs de France, et il donne ordre au
général Grouchy, qui était en Espagne, d'aller rejoindre l'armée d'Italie. Il
indique ensuite les opérations qui sont à faire :

« Le vice-roi ne doit pas quitter l'Adige sans une bataille ; il doit avoir de la
» confiance ; il a 40,000 hommes, il peut avoir 120 pièces de canon, il est sûr du
» succès. Quitter l'Adige sans se battre est un déshonneur ; il vaut mieux être
» battu.
» Dans tout ceci, j'ai fait abstraction du roi de Naples, car s'il est fidèle à moi,
» à la France et à l'honneur, il doit être avec 25,000 hommes sur le Pô ; alors
» beaucoup de dispositions sont changées. »

Voilà, messieurs, les instructions que le général d'Anthouard a été chargé de
porter au vice-roi, à la date du 20 novembre 1813 ; et non-seulement nous
avons les instructions, nous avons encore les lettres contemporaines qui montrent quelles étaient les idées de l'Empereur relativement à l'Italie. Nous
avons la lettre d'envoi du général d'Anthouard lui-même déjà citée.
Et puis, à la même époque (17 novembre 1813), l'Empereur écrit directement au vice-roi dans les termes suivants :

                              « Saint-Cloud, 17 novembre 1813.
          » Mon fils,
» Le général d'Anthouard arrive. Vous avez encore une belle armée, et si vous
» avez avec cela 100 pièces de canon, l'ennemi est incapable de vous forcer ; il ne
» s'agit que de gagner du temps. J'ai ici 600,000 hommes en mouvement ; j'en
» réunirai 100,000 en Italie. Je vais prendre des mesures pour porter tous vos
» cadres au grand complet de 900 hommes par bataillon. Faites-moi connaître si
» tous les régiments de l'armée d'Italie d'ancienne formation auraient de l'étoffe
» pour établir les 6ᵉˢ bataillons.
                              » Votre affectionné père,
                                   » NAPOLÉON.

» P. S. Vous trouverez ci-joint la note du départ des colonnes italiennes. »

Le tribunal voit encore par cette lettre que Napoléon, bien loin de vouloir
faire venir en France l'armée d'Italie, songeait à y réunir 100,000 hommes.

Nous opposons encore de lui deux lettres aux dates des 18 et 20 novembre 1813, ainsi conçues :

« Saint-Cloud, 18 novembre 1813.

» Mon fils,

» J'ai reçu votre lettre sur la situation des esprits en Italie. J'envoie à Gênes le
» prince d'Essling avec 3,000 hommes tirés de Toulon. Je vous ai envoyé aujour-
» d'hui un ordre pour la formation de plusieurs sixièmes bataillons. Vous y aurez
» vu que vous pouvez compter sur un renfort de 15 à 16,000 hommes, et qu'en
» outre 40,000 hommes seront réunis avant le 1ᵉʳ janvier à Turin et à Alexandrie.
» On fera encore de plus grands efforts. Dans ce moment, tout est ici en mouve-
» ment. Ne vous laissez point abattre par le mauvais esprit des Italiens. Il ne faut
» pas compter sur la reconnaissance des peuples.

» Le sort de l'Italie ne dépend pas des Italiens. J'ai déjà 600,000 hommes en
» mouvement. Je puis employer là-dessus 100,000 hommes pour l'Italie. De votre
» côté, remuez-vous aussi. Écrivez au prince Borghèse. Il me semble que la grande-
» duchesse et le général Miollis pourraient envoyer des colonnes dans le Rubicon.
» J'ai envoyé le duc d'Otrante à Naples pour éclairer le roi et l'engager à se porter
» sur le Pô. Si ce prince ne trahit pas ce qu'il doit à la France et à moi, sa marche
» pourra être d'un grand effet.

» Votre affectionné père,
» NAPOLÉON. »

« Saint-Cloud, 20 novembre 1813.

» Mon fils,

» Je viens de dicter au général d'Anthouard ce qu'il doit faire à Turin, Alexan-
» drie, Plaisance et Mantoue ; il vous fera connaître mes intentions.

» Il ne faut point quitter l'Adige sans livrer une grande bataille; les grandes ba-
» tailles se gagnent avec de l'artillerie; ayez beaucoup de pièces de 12. Étant à
» portée des places fortes, vous pourrez en avoir autant que vous voudrez. Vous
» n'avez plus rien à craindre d'une diversion sur les derrières, puisque l'artillerie
» ne passe nulle part. Mettez 200 hommes et six pièces de canon à Brescia, à la ci-
» tadelle. Ayez des barques armées qui vous rendent absolument maître du lac de
» Peschiera, du lac de Lugano, du lac Majeur et du lac de Côme. Faites construire
» de bonnes redoutes fraisées et palissadées sur le plateau de Rivoli, et qu'elles
» battent le chemin de Vérone, sur la rive gauche de l'Adige. Faites construire des
» ouvrages du côté de Montebello. (Ce dernier mot est effacé et remplacé de la main
» de l'Empereur par *la Couronne*.)

» Si vous êtes à temps, occupez les hauteurs de Caldiero et faites-y faire des re-
» doutes ; coupez les digues de l'Alpon et inondez le bas Adige. Enfin, la grande
» manœuvre serait d'attaquer l'ennemi en concertant les moyens de passer rapide-
» ment, et sans qu'il le sût, par Mestre. Cette manœuvre concertée en secret, et
» avec les grands moyens que vous avez, pourrait vous donner des avantages con-
» sidérables.

» Votre affectionné père,
» NAPOLÉON. »

Messieurs, je cite les lettres originales du général d'Anthouard, et de l'empereur Napoléon au prince Eugène, et les instructions que l'Empereur a envoyées au vice-roi. D'où viennent toutes ces pièces ? Il ne peut y avoir aucun doute sur leur parfaite authenticité. Vous avez vu, à la note de la page 55 des *Mémoires*, que ces instructions du 20 novembre avaient été brûlées subrepticement par le prince Eugène dans son cabinet de Munich. Il n'en est rien. Ces instructions, comme toutes les pièces que je viens de citer, comme la plupart de celles que j'aurai l'honneur de citer plus tard, sont déposées maintenant dans les archives de la grande-duchesse Marie, à Saint-Pétersbourg.

La grande-duchesse Marie avait épousé le second fils du prince Eugène, devenu prince de Leuchtemberg à la mort de son frère aîné.

Ce prince en se mariant avait emporté avec lui, à Saint-Pétersbourg, tous les écrits concernant la vie de son père. C'est ainsi que les pièces que je cite figurent dans les archives de la grande-duchesse; les documents originaux sont conformes aux copies imprimées, publiées par M. le colonel Planart de la Faye.

Le tribunal voit le caractère de cette note où le prince Eugène est inculpé d'avoir volontairement brûlé les instructions que le général d'Anthouard lui avait apportées le 20 novembre 1813,, tandis qu'elles sont déposées dans les archives de la princesse de Leuchtemberg, avec la plupart des autres pièces que nous aurons à indiquer; le reste est dans les mains de la reine de Suède. Voilà quels sont nos documents.

Vous avez vu d'ailleurs, par leur contenu, que le prince n'aurait eu aucune raison de les brûler.

Voilà les ordres que le vice-roi a reçus. Tous autres sont de l'invention du maréchal Marmont. Aussi, pour appuyer ses calomnies, a-t-il supposé que les ordres avaient été brûlés. Il les a si peu brûlés que, je le répète, ils sont encore dans les archives de la princesse Marie, grande-duchesse de Leuchtemberg, à Saint-Pétersbourg. Ils y sont en original, et c'est là, j'espère, un démenti énergique et sans réplique aux assertions odieuses du duc de Raguse.

M° MARIE. — Il parle dans les Mémoires de l'*ordre*, et non des instructions données au prince Eugène !

M° DUFAURE. — Il n'y a pas autre chose que les instructions; le général d'Anthouard n'a jamais eu d'autre mission.

L'anecdote calomnieuse que le duc de Raguse a ajoutée à la page 55, est d'autant plus mal inventée que jamais depuis 1814 le général d'Anthouard, qui avait embrassé chaudement le parti de la Restauration, ne mit les pieds à Munich, et que par conséquent jamais la conversation dont il est parlé n'a pu avoir lieu entre lui et le prince. Le fait est attesté par une déclaration émanée de la police de Munich que voici :

« La direction royale de police de Munich certifie sur demande :
» 1° Qu'il résulte des registres officiels des étrangers, des années 1814 à 1824,
» que le nom du général français d'Anthouard ne s'y trouve pas;
» 2° Que, d'après des déclarations faites par des personnes parfaitement dignes
» de foi qui, d'après leur emploi ou leur service dans la maison ducale de Leuch-
» temberg, auraient dû avoir connaissance du séjour du général susnommé pendant
» l'époque sus-indiquée, ce dernier n'a point demeuré dans le palais ducal de
» Leuchtemberg dans la période qui s'étend de l'année 1814 à 1824, ni, en géné-
» ral, nulle part à Munich.

» Munich le 14 avril 1857. »

Et ce n'est pas, messieurs, le seul document que nous ayons à cet égard. Des réclamations très vives ont été élevées dans le *Moniteur*, contre les calomnies du maréchal Marmont dirigées contre le prince Eugène, par un homme qui a été l'un de ses aides-de-camp, M. le comte Tascher de la Pagerie. Voici ce qu'on lit dans le numéro du 5 mars dernier. Ces articles ont été depuis publiés en brochure.

« D'abord, un mot sur la source des renseignements employés par le duc de
» Raguse. Je déclare que jamais le général d'Anthouard n'est venu trouver en Ba-
» vière le prince Eugène. La visite d'un ancien camarade à Munich, et, mieux en-
» core, son séjour auprès du prince, avec une position de confiance, ne me seraient
» pas restés inconnus. »

Ainsi, tout est mensonge dans cette note de la page 55 des Mémoires, où tout avait été calculé pour donner quelque créance aux calomnies que vous avez vues.

Depuis qu'il s'était rattaché à la Restauration, le général d'Anthouard n'a eu aucun rapport avec le prince Eugène : il ne l'a point vu ; il n'est pas allé à Munich, il n'a donc pu le voir jeter au feu les instructions que l'Empereur lui avait envoyées ; il n'a donc pu le déclarer au maréchal Marmont, et, d'ailleurs, je le répète, ces pièces existent et ont été retrouvées. Poursuivons.

Vous voyez que, jusqu'à l'époque de la mission du général d'Anthouard, il n'était nullement dans la pensée de l'Empereur d'évacuer l'Italie.

Le 3 décembre une nouvelle lettre est envoyée par l'Empereur au vice-roi d'Italie ; la voici :

L'Empereur au prince Eugène.

« Paris, 3 décembre 1813.

» Mon fils,

» J'ai accordé les décorations de la Légion d'honneur et de la Couronne de fer
» que vous m'avez demandées pour l'armée, dans votre lettre du 25 du mois
» dernier.

» Le roi de Naples me mande qu'il sera bientôt à Bologne avec 30,000 hommes.
» Cette nouvelle vous permettra de vous maintenir en communication avec Venise
» et vous donnera le temps d'attendre l'armée que je forme pour pouvoir reprendre
» le pays de Venise. Agissez avec le roi le mieux qu'il vous sera possible ; envoyez-
» lui un commissaire italien pour assurer la nourriture de ses troupes ; enfin faites-
» lui toutes les prévenances possibles pour en tirer le meilleur parti. C'est une
» grande consolation pour moi de n'avoir plus rien à craindre pour l'Italie.

» Je vous ai mandé que toutes les troupes italiennes qui étaient en Catalogne,
» en Aragon et à Bayonne sont actuellement en marche pour vous rejoindre.

» Votre affectionné père,

» NAPOLÉON. »

C'est le 17 janvier seulement, ne confondons pas les dates comme le fait le maréchal Marmont, que l'Empereur parle pour la première fois d'une éventualité dans laquelle il serait possible que l'Italie fût évacuée, et vous allez voir en quels termes il en parle :

L'Empereur au prince Eugène (lettre en chiffres, l'explication
se trouve avec la lettre).

« Paris, 17 janvier 1814.

» Mon fils, vous aurez su, par les différentes pièces qui ont été publiées, tous les
» efforts que j'ai déjà faits pour avoir la paix. J'ai depuis envoyé mon ministre des
» relations extérieures à leurs avant-postes ; ils ont différé à le recevoir, et cependant
» ils marchent toujours.

» Le duc d'Otrante vous aura mandé que le roi de Naples se met avec nos enne-
» mis ; aussitôt que vous en aurez la nouvelle officielle, il me semble important que
» vous gagniez les Alpes avec toute votre armée. Le cas échéant, vous laisseriez
» des Italiens pour la garnison de Mantoue et autres places, ayant soin d'amener
» l'argenterie et les effets précieux de la maison et les caisses.

» Votre père affectionné,

» NAPOLÉON. »

Je prie le tribunal de ne pas oublier les termes de cette lettre, ils sont
importants : voici le premier ordre dans lequel il soit question de l'évacuation
de l'Italie, et encore cette évacuation n'est-elle que conditionnelle : « lorsque
le roi de Naples se sera déclaré contre la France. » Et remarquez-le bien, ce
n'est même pas pour avoir le secours de l'armée du prince Eugène que cet
ordre conditionnel est donné, c'est uniquement par préoccupation de la sécurité du prince Eugène et de ses troupes. Enfin ce n'est pas par le général
d'Anthouard que ces instructions sont transmises au vice-roi d'Italie, mais
par une lettre directe et en chiffres, c'est-à-dire de la manière la plus confidentielle. Cette lettre du 17 janvier a pu, à cause de la difficulté des communications, ne parvenir que 7 ou 8 jours après, et dans l'intervalle le prince
Eugène en reçoit une du roi de Naples.

Vous vous rappelez que l'Empereur avait recommandé au prince Eugène
de ménager le roi de Naples, sur la conduite duquel il avait toujours des inquiétudes ; et celui-ci écrivait à son neveu le 21 janvier une longue lettre que je
n'aurais aucun plaisir à vous lire, dans laquelle, après avoir énuméré tous les
prétextes que sa trahison peut invoquer, il dit :

« Vous m'avez rendu justice en croyant que dans aucun cas je ne pourrais agir
» contre Votre Altesse Impériale avant de l'avoir prévenue ; je lui donne ici l'assu-
» rance que, si je me trouvais forcé à prendre un parti décisif, *je ne ferais aucun*
» *mouvement qui puisse menacer l'armée qu'elle commande sans l'en avoir*
» *préalablement informée.* »

Le 2 février, le roi de Naples adresse au vice-roi une nouvelle lettre ainsi
conçue :

« Monsieur et cher neveu ,

» J'ai reçu hier, sur la route d'Ancône, la lettre de V. A. I. Je vous réitère
» encore la promesse que vous avez reçue de ne point commencer les hostilités
» sans vous en avoir prévenu, et je fais des vœux bien sincères pour que la paix
» si nécessaire au monde vienne m'épargner la douleur d'en venir aux mains avec
» les troupes de V. A. I., avec mes compatriotes.

» Mais je ne puis prendre le même engagement pour les troupes du comte de
» Bellegarde, dont j'ignore entièrement les projets.

» Je vous prie d'ajouter foi à tout ce que j'ai dit à votre officier d'ordonnance sur
» les sentiments d'amitié que je vous conserve toujours. Je vous prie de présenter
» mes hommages à S. A. I. la vice-reine.

» Votre affectionné oncle,

» Signé, JOACHIM NAPOLÉON. »

« *Post scriptum* écrit de la main du roi. — Soyez assez bon, mon cher Eugène,
» pour me rappeler au souvenir de l'Empereur, et pour lui parler de ma douleur;
» je verse des larmes en vous écrivant ce peu de mots, je vous embrasse bien
» tendrement.   J. N. »

Voilà donc le prince Eugène recevant de l'Empereur l'ordre, si vous voulez,
d'abandonner l'Italie si le prince Murat se déclare officiellement contre la
France, tandis que ce dernier lui donne par deux fois l'assurance qu'il ne se
déclarera pas contre la France sans l'avoir préalablement averti. En présence
d'ordres et de déclarations semblables quel parti devait-il prendre? Il n'y en
avait pas d'autre que de continuer la guerre qu'il avait si vigoureusement
commencée contre les Autrichiens. Dans une lettre du 29 janvier 1814, il
expose en ces termes à l'Empereur la situation où il se trouve:

« Sire,

» Les mauvaises intentions du roi de Naples étant tout à fait déclarées, j'ai
» l'honneur d'informer Votre Majesté qu'il me devient impossible de conserver ma
» position sur l'Adige. Il n'a pas encore commencé les hostilités, il attend pour
» cela la ratification de son traité; mais ce traité est signé, et les vedettes napoli-
» taines sont placées sur le Pô et sur l'Enza, comme si l'attaque devait commencer
» d'un jour à l'autre. Votre Majesté voit donc que ma droite est déjà dépassée.
» Ainsi, dans trois ou quatre jours, je serai obligé de me porter sur le Mincio. Si
» les Napolitains font un mouvement rapide sur Plaisance, ce mouvement devant
» être combiné avec une attaque de front, je serai forcé d'abandonner le Mincio
» et de me retirer à Alexandrie. Je ne puis me dispenser de laisser 8,000 hommes
» à Mantoue, 3,000 à Peschiera et 2,000 à Legnago. Ainsi, des 36,000 hommes
» d'infanterie que j'ai maintenant, il ne m'en restera pas 25,000 quand je serai à
» Alexandrie, et je ne crois pas exagérer quand je dirai à Votre Majesté qu'environ
» la moitié de ces hommes est de Rome, de Toscane, de Gênes ou du Piémont,
» gens sur lesquels il est impossible de compter.
» Votre Majesté m'a ordonné de me retirer, en cas de besoin, sur les Alpes:
» j'ose la prier de vouloir bien préciser davantage cette instruction, dans le cas
» où je devrais repasser ces montagnes ou en défendre les passages. Depuis la
» Bocchetta jusqu'au mont Cenis, un grand nombre de routes traversent les Alpes,
» et si je devais en défendre tous les débouchés, je serais obligé de faire beaucoup
» de petits détachements, et je n'aurais plus d'armée. Il peut cependant entrer
» dans les vues de Votre Majesté que je me porte en France avec le peu de troupes
» que j'aurais conservées.
» Dans cette supposition, je préférerais suivre la route de Grenoble plutôt que
» celles qui conduisent à Nice; car, en me portant sur cette dernière ville, je m'é-
» loignerais davantage de Votre Majesté; je m'exposerais à trouver Nice et les
» passages qui y conduisent occupés par des troupes qui auraient pu débarquer
» dans ces parages; et d'ailleurs l'armée ennemie, qui m'aurait suivi, pourrait,

» en forçant le mont Cenis, qui est peu susceptible de résistance, arriver à Gre-
» noble en même temps que j'arriverais à Nice, et me couper bientôt toute commu-
» nication avec Votre Majesté. Je la supplie donc de me faire connaître le plus tôt
» possible ses ordres très précis, et elle peut être sûre que je les exécuterai ponc-
» tuellement.

» Signé, Eugène NAPOLÉON.

» Vérone, le 29 janvier 1814. »

Ce langage est celui d'un homme prudent et dévoué qui veut exécuter ponctuellement les ordres de l'Empereur et qui, craignant de ne pas bien les comprendre, demande des instructions précises.

Le 9 février suivant, le duc de Feltre, ministre de la guerre, lui écrit en ces termes :

« Monseigneur,

» L'Empereur me prescrit, par une lettre datée de Nogent-sur-Seine, le 8 de ce
» mois, de réitérer à Votre Altesse Impériale l'ordre que Sa Majesté lui a donné
» de se porter sur les Alpes, *aussitôt que le roi de Naples aura déclaré la guerre*
» *à la France.*

» D'après les intentions de Sa Majesté, Votre Altesse Impériale ne doit laisser
» aucune garnison dans les places de l'Italie, si ce n'est des troupes d'Italie,
» et elle doit de sa personne venir avec tout ce qui est Français sur Turin et Lyon,
» soit par Fenestrelles, soit par le mont Cenis. L'Empereur me charge de mander à
» Votre Altesse Impériale qu'aussitôt qu'elle sera en Savoie, elle sera rejointe par
» tout ce que nous avons à Lyon.

» J'ai l'honneur, etc.

» Le ministre de la guerre,
» DUC DE FELTRE. »

Puis, le même jour l'impératrice Joséphine, sur la demande de l'Empereur, écrit à son fils :

« Malmaison, 9 février 1814.

» Ne perds pas un instant, mon cher Eugène ; quels que soient les obstacles,
» redouble d'efforts pour remplir l'ordre que l'Empereur t'a donné. Il vient de
» m'écrire à ce sujet. Son intention est que tu te portes sur les Alpes, en laissant
» dans Mantoue et les places d'Italie, seulement les troupes d'Italie ; sa lettre finit
» par ces mots : « La France avant tout, la France a besoin de tous ses enfants ! »

» Viens donc, mon cher fils, accours ; jamais ton zèle n'aura mieux servi l'Em-
» pereur. Je puis t'assurer que chaque instant est précieux.

» Je sais que ta femme se disposait à quitter Milan ; dis-moi si je puis lui être
» utile ? Adieu, mon cher Eugène, je n'ai que le temps de t'embrasser et de te
» répéter d'arriver bien vite.

» JOSÉPHINE. »

L'impératrice Joséphine, on le voit, ne pose pas les mêmes conditions que l'Empereur ; mais le général en chef de l'armée d'Italie recevant la lettre de sa mère qui lui dit : « Exécute les ordres de l'Empereur, » et puis la lettre du duc de Feltre qui précise ces ordres, ne peut pas ne pas les suivre. Il faut voir ce qui se passait en Italie lorsque le ministre de la guerre écrivait au prince Eugène la lettre dont je viens de donner lecture. Eugène obtenait des succès éclatants, et le personnage sur lequel ces succès produisaient le plus d'effet, était le roi de Naples, qui penchait tour à tour pour la France et pour l'Autriche. Dans ces circonstances, le prince Eugène écrivait à sa femme, à la date du 11 février 1814 :

Le prince Eugène à la princesse Auguste.

« Goïto , 11 février 1814.

» Je t'annonce que le roi de Naples, aussitôt qu'il a su que j'avais gagné la » bataille du Mincio, m'a envoyé un officier pour me faire quelques ouvertures. » J'y envoie de suite Bataille pour l'entendre ; ce serait un beau résultat pour moi » si je pouvais obtenir qu'il se déclarât en notre faveur.

» EUGÈNE. »

Ainsi voici de nouvelles négociations qui donnent à Eugène l'espoir de voir le roi de Naples se rattacher à la cause de l'Empereur, et de l'aider à lutter contre les Autrichiens.

Le 14 février, nouvelle lettre d'Eugène à la princesse Auguste :

« L'ennemi paraît vouloir me tracasser par les montagnes de Brescia ; j'y envoie » cette nuit la garde royale ; j'attends avec impatience Bataille pour savoir ce que » fera le roi de Naples.

» Adieu , tranquillise-toi, je t'en conjure. »

Lorsque le prince Eugène reçut, le 9 février, les lettres de sa mère et du duc de Feltre, il était de nouveau en négociations avec le roi de Naples. Je dois dire qu'il fut blessé de voir que l'Empereur croyait nécessaire d'employer même l'intermédiaire de sa mère pour lui transmettre ses instructions. Il en témoigna son étonnement à l'Empereur lui-même dans la lettre suivante, datée du 18 février 1814 :

« Sire ,

» Une lettre que je reçois de l'impératrice Joséphine m'apprend que Votre » Majesté me reproche de n'avoir pas mis assez d'empressement à exécuter l'ordre » qu'elle m'a donné par sa lettre en chiffres, et qu'elle m'a fait réitérer le 9 de ce » mois par le duc de Feltre.

» Votre Majesté a semblé croire aussi que j'ai besoin d'être excité à me rappro » cher de la France, dans les circonstances actuelles , par d'autres motifs que mon » dévouement pour sa personne et mon amour pour ma patrie.

» Que Votre Majesté me le pardonne , mais je dois lui dire que je n'ai mérité ni » ses reproches ni le peu de confiance qu'elle montre dans des sentiments qui seront » toujours les plus puissants motifs de toutes mes actions.

» L'ordre de Votre Majesté portait expressément que, dans le cas où le roi de » Naples déclarerait la guerre à la France, je devais me retirer sur les Alpes. Cet » ordre n'était que conditionnel ; j'aurais été coupable si je l'eusse exécuté avant » que la condition qui devait en motiver l'exécution eût été remplie. Mais cepen » dant, je me suis mis aussitôt, par mon mouvement rétrograde sur le Mincio et » en m'échelonnant sur Plaisance, en mesure d'exécuter la retraite que Votre Ma » jesté me prescrivait, aussitôt que le roi de Naples, sortant de son indécision , se » serait enfin formellement déclaré contre nous.

» Jusqu'à présent, ses troupes n'ont commis aucune hostilité contre celles de
» Votre Majesté ; le roi s'est toujours refusé à coopérer activement au mouvement
» des Autrichiens; et, il y a deux jours encore, il m'a fait dire que son intention
» n'était point d'agir contre Votre Majesté, et il m'a donné en même temps à
» entendre qu'il ne faudrait qu'une circonstance heureuse pour qu'il se déclarât en
» faveur des drapeaux sous lesquels il a toujours combattu. Votre Majesté voit donc
» clairement qu'il ne m'a point été permis de croire que le moment d'exécuter son
» ordre conditionnel fût arrivé. »

Le même jour il écrit dans le même sens à l'impératrice Joséphine et lui
montre qu'il a fait tout ce qu'il était possible de faire, dans la situation qui
lui a été donnée.

En même temps, messieurs, que le prince Eugène se trouvait dans cette
situation, obligé de reculer devant les forces supérieures des Autrichiens,
menacé du débarquement des Anglais, inquiet des dispositions du roi de
Naples, et, cependant, espérant que quelques succès contre les Autrichiens
devaient les lui ramener, il jugea prudent d'envoyer à l'Empereur un de ses
aides de camp, pour prendre ses instructions confidentielles sur ce qu'il avait
à faire. Ce ne fut pas M. le général d'Anthouard qu'il choisit pour cette mission, ce fut M. le comte Tascher de la Pagerie, et c'est dans le récit qu'il en
a fait lui-même que je vais montrer au tribunal les sentiments que lui exprima
l'Empereur lorsqu'il se présenta de la part du vice-roi.

« Annoncé à Sa Majesté, écrit M. Tascher de la Pagerie, je fus immédiatement
» introduit. L'Empereur, qui m'avait placé auprès du prince Eugène, m'avait
» habitué aux sentiments et au paternel langage qu'il eut toujours pour les mem-
» bres de la famille de l'impératrice Joséphine. Il était absolument seul. Sa pre-
» mière parole, en me voyant entrer, fut celle-ci : «Quelles nouvelles m'apportes-tu
» d'Italie ? » Je lui annonçai le succès du vice-roi, et lui remis les dépêches dont
» j'étais porteur. Ce que je raconte, je ne le prends point dans mes souvenirs, les
» souvenirs nous trompent, mais dans le brouillon de mon rapport au vice-roi,
» que j'ai sous ma main et que je tiens à la disposition de tout homme de
» bonne foi. »

Voilà, messieurs, ce que déclare M. Tascher de la Pagerie, dans le rapport
qu'il fit au vice-roi sur les circonstances de cette visite ; il en avait gardé
le brouillon, parfaitement conforme, d'ailleurs, au texte officiel conservé à
Saint-Pétersbourg dans les archives de la grande-duchesse Marie de Leuchtemberg.

« L'Empereur fut fort content de ce qu'il apprenait ; il me demanda si « en pas-
» sant à Paris, si dans les villes et villages sur ma route, j'avais répandu la nou-
» velle de la victoire du vice-roi. » Sur ma réponse affirmative, il me dit : « Tu as
» bien fait. » Là-dessus il me commanda de lui faire connaître les détails que le
» prince n'avait pas eu le temps de lui donner sur les circonstances et la portée des
» succès obtenus par l'armée d'Italie, sur la position du prince et l'esprit des
» troupes italiennes. Je le satisfis.
» Son Altesse Impériale, ajoutai-je en terminant, a repris la ligne défensive du
» Mincio, dont la rive droite a été déblayée ; elle observe, dans cette position
» avantageuse, les deux armées austro-napolitaine et du maréchal de Bellegarde,

» et se prépare à faire face, autant qu'elle le pourra, à des forces trois ou quatre
» fois supérieures aux siennes. L'esprit de l'armée d'Italie est parfait, plein de
» bravoure et de dévouement. Les officiers et les soldats rivalisent pour le service
» de Votre Majesté. Le prince en reçoit, dans toutes les occasions, de touchants
» témoignages.

» L'Empereur parut fort satisfait ; il me demanda un rapport écrit de tout ce que
» je venais de lui dire, et m'ordonna d'aller me reposer et de ne pas quitter le
» quartier général.

« Demain ou après, ajouta l'Empereur en me congédiant, nous aurons une
» belle affaire, et tu verras que les soldats de la grande armée se battent aussi bien
» que ceux d'Italie... »

» Le lendemain matin, Sa Majesté me fit appeler. Je fus introduit dans son ca-
» binet. Elle me dit : « Tascher, tu vas partir de suite pour retourner en Italie ;
» tu ne t'arrêteras à Paris que pour voir ta femme, sans communiquer avec qui
» que ce soit. Tu diras à Eugène que j'ai été vainqueur à Champaubert et à Mont-
» mirail des meilleures troupes de la coalition ; que Schwartzenberg m'a fait de-
» mander, cette nuit, par un de ses aides de camp, un armistice ; mais je ne suis
» pas dupe, car c'est pour me leurrer et gagner du temps... » Sa Majesté ajouta :
« Tu diras à Eugène que je lui donne l'ordre de garder l'Italie le plus longtemps
» qu'il pourra, et de s'y défendre. Qu'il ne s'occupe pas de l'armée napolitaine,
» composée de mauvais soldats. En cas qu'il soit obligé de céder du terrain, de ne
» laisser dans les places qu'il sera forcé d'abandonner que juste le nombre de
» soldats italiens pour en faire le service ; de ne perdre du terrain que pied à pied,
» en le défendant ; et qu'enfin, s'il était serré de trop près, de réunir tous ses
» moyens, de se retirer sous les murs de Milan, d'y livrer bataille, et, s'il était
» vaincu, d'opérer sa retraite sur les Alpes comme il le pourrait ; ne céder le ter-
» rain qu'à la dernière extrémité. Dis à Eugène que je suis très content de lui ;
» qu'il témoigne ma satisfaction à l'armée d'Italie, et que, sur toute sa ligne, il
» fasse tirer une salve de cent coups de canon en réjouissance des victoires de
» Champaubert et de Montmirail. »

Voilà, messieurs, les instructions qu'à cette époque l'Empereur envoya au
prince Eugène, par M. le comte Tascher de la Pagerie. Ceci est d'accord avec
toutes les lettres contemporaines. En voici une de l'Empereur lui-même à la
date du 18 février 1814, dans laquelle le tribunal remarquera les expressions
suivantes (elle est écrite de Nangis) :

L'Empereur au prince Eugène.

« Nangis, 18 février 1814.

» **Mon fils,**

» J'ai reçu votre lettre du 9 février ; j'ai vu avec plaisir les avantages que vous
» avez obtenus ; s'ils avaient été un peu plus décisifs et que l'ennemi se fût plus
» compromis, nous aurions pu garder l'Italie. Tascher vous fera connaître l'état
» des choses ici ; j'ai détruit l'armée de Silésie, composée de Russes et de Prussiens :
» j'ai commencé hier à battre Schwartzenberg ; j'ai, dans ces quatre jours, fait 30
» à 40,000 prisonniers, pris une vingtaine de généraux, 5 à 600 officiers, 150 à
» 200 pièces de canon et une immense quantité de bagages ; je n'ai perdu presque
» personne ; la cavalerie ennemie est à bas, leurs chevaux sont morts de fatigue,
» ils sont beaucoup diminués ; d'ailleurs ils se sont trop étendus.

» Il est donc possible, si la fortune continue à nous sourire, que l'ennemi soit

» rejeté en grand désordre hors de nos frontières, et que nous puissions alors
» conserver l'Italie. Dans cette supposition, le roi de Naples changerait proba-
» blement de parti.

» Votre père affectionné,

» NAPOLÉON. »

Le 3 mars 1814, le ministre de la guerre écrivait à son tour au
vice-roi.

« J'ai reçu les lettres dont Votre Altesse Impériale m'a honoré sous les dates
» des 16, 18, 20 et 22 février, et j'ai eu soin d'en transmettre le contenu à l'Em-
» pereur. Sa Majesté y aura vu plusieurs choses satisfaisantes, mais elle n'a encore
» rien fait connaître à cet égard. Je dois croire que l'Empereur est disposé à laisser,
» en ce moment, l'armée d'Italie dans la position où elle se trouve; et que Sa
» Majesté se bornera à faire revenir les garnisons de la Toscane et des États-
» Romains, comme l'ordre en a été donné. Déjà la garnison de Livourne est
» repliée sur Gênes d'après les dispositions arrêtées par Madame la grande-duchesse,
» qui devait négocier aussi pour le retour des garnisons de Sienne, Montargentaro
» et des forts de Florence.
» Quant à l'armée d'Italie, il paraît que les succès remportés par Votre Altesse
» Impériale, joints à ceux que l'Empereur a obtenus de son côté, lui procureront
» les moyens de se maintenir dans sa position et d'attendre les événements.
» J'ai l'honneur, etc.

» Signé, duc de FELTRE. »

Vous voyez la suite de toute cette correspondance, et je la complète par la
lettre suivante de l'Empereur lui-même, écrite de Soissons, le 12 mars 1814 :

« Mon fils, je vous envoie copie d'une lettre fort extraordinaire que je reçois du
» roi de Naples. Lorsqu'on m'assassine, moi et la France, de pareils sentiments
» sont vraiment une chose inconcevable.
» Je reçois également la lettre que vous m'écrivez avec le projet de traité que
» le roi vous a envoyé. Vous sentez que cette idée est une folie. Cependant envoyez
» un agent auprès de ce traître extraordinaire, et faites un traité avec lui en mon
» nom. Ne touchez au Piémont ni à Gênes, et partagez le reste de l'Italie en
» deux royaumes. Que ce traité reste secret jusqu'à ce qu'on ait chassé les Autri-
» chiens du pays, et que vingt-quatre heures après sa signature le roi se déclare et
» tombe sur les Autrichiens. Vous pouvez tout faire en ce sens; rien ne doit être
» épargné dans la situation actuelle pour ajouter à nos efforts les efforts des Napo-
» litains. On fera ensuite ce que l'on voudra, car après une pareille ingratitude et
» dans de telles circonstances rien ne lie.
» Voulant l'embarrasser, j'ai donné ordre que le Pape fût envoyé par Plaisance
» et Parme aux avant-postes. J'ai fait écrire au Pape qu'ayant demandé, *comme*
» *évêque de Rome*, à retourner dans son diocèse, je le lui ai permis. Ayez donc soin
» de ne vous engager à rien relativement au Pape, soit à le reconnaître, comme à
» ne pas le reconnaître.

» Votre affectionné père,

» NAPOLÉON. »

Le tribunal voit comment l'Empereur avait voulu renforcer l'armée d'Italie
et donner au prince Eugène tous les moyens de remplir la mission qu'il lui

V. 6

avait confiée. Ce n'est que le 17 janvier, à la première nouvelle de la trahison possible du roi de Naples, qu'il écrit au prince Eugène : « Si Murat déclare la » guerre à la France, repassez les Alpes. » Deux jours après, il lui fait répéter les mêmes ordres par le Ministre de la guerre, qui, bien loin de lui prescrire d'évacuer l'Italie, lui ordonne de s'y maintenir et de garder les positions qu'il a prises.

A partir du 12 mars, Eugène ne reçoit plus d'ordres de l'Empereur. Les courriers sont interceptés, le vice-roi est enfermé dans Mantoue avec ses quatre enfants et son héroïque épouse sur le point d'accoucher. Il y tient jusqu'au 17 avril, c'est-à-dire jusqu'au jour où les traités, qui viennent d'être signés en France, rendent sa résistance impossible et lui font un devoir de capituler et d'abandonner l'Italie aux Autrichiens.

Voilà pour le premier point de l'accusation du duc de Raguse. Le tribunal peut voir sur ces documents officiels et incontestables si le prince Eugène a un moment, sur un point quelconque, désobéi aux ordres de Napoléon.

Mais, ajoute le duc de Raguse, le prince Eugène a intrigué pour lui-même, il a fait cause à part, il a voulu rester en Italie ; « il avait cru, dit-il dans son » style poétiquement calomniateur, qu'une branche pouvait vivre encore » lorsque le tronc de l'arbre était coupé. »

Messieurs, les faits que je viens de vous rappeler vous montrent que pas un seul moment le prince Eugène n'a songé à faire cause à part, à séparer sa cause de celle de l'Empereur ; que jusqu'à la dernière heure sa fidélité a été inébranlable, son dévouement absolu.

Que le tribunal me permette de mettre encore sous ses yeux quelques documents pour compléter le récit des faits que j'avais à lui exposer, et lui montrer à quel point est odieuse cette imputation, dirigée contre le prince Eugène, d'avoir dans son intérêt personnel déserté les intérêts de la France.

Aussitôt que le roi de Bavière, beau-père du prince Eugène, se fut déclaré contre nous, il écrivit à son gendre (8 octobre 1813) la lettre suivante :

« Nymphenbourg, le 8 octobre 1813.

» Mon bien-aimé fils,

» Vous connaissez mieux que personne, mon bien cher ami, la scrupuleuse » exactitude avec laquelle j'ai rempli mes engagements avec la France, quelque » pénibles et onéreux qu'ils aient été. Les désastres de la dernière campagne ont » surpassé tout ce qu'on pouvait craindre ; cependant la Bavière est parvenue à » lever une nouvelle armée, avec laquelle elle a tenu en échec jusqu'ici l'armée » autrichienne aux ordres du prince de Reuss.

» Cette mesure couvrait une partie de ma frontière, mais laissait à découvert » toute la ligne qui court le long de la Bohême, depuis Passau jusqu'à Egra, ainsi » que toute la frontière de la Franconie, du côté de la Saxe. J'ai attendu d'un » moment à l'autre que cette immense lacune du système défensif fût remplie, » mais mon attente a été vaine. Les princes voisins, comme le roi de Wurtemberg, » ont refusé tout secours, sous prétexte qu'ils avaient besoin de leurs forces pour » eux-mêmes. L'armée d'observation de Bavière a reçu une autre destination et n'a » jamais suivi aucune espèce de correspondance avec le général de Wrède.

» On a laissé le temps aux troupes légères ennemies d'occuper, sur les derrières » de l'armée, tout le pays entre la Saale et d'Elbe, d'y détruire divers corps français » et de se rendre redoutables à mes frontières, aux réserves de Benningsen, de

» gagner la Bohême, d'où elles sont à portée de se jeter, sans trouver d'obstacle ni
» de résistance, sur mes provinces en Franconie ou dans le Haut-Palatinat et de là
» sur le Danube, opération qui ne laisserait d'autre retraite à Wrède, de son
» propre aveu, que les gorges du Tyrol, et laisserait à découvert tout le reste de
» mes États.

» Je serais forcé de les quitter avec ma famille, dans un moment où il serait le
» plus dangereux d'en sortir. Dans une situation aussi critique, et presque déses-
» pérée, il ne m'est resté d'autre ressource que de me rendre aux instances vives,
» réitérées et pressantes des cours alliées de conclure avec elles un traité d'alliance.
» Je crois avoir remarqué à cette occasion, avec assez de certitude pour me croire
» fondé à vous le dire, que les Autrichiens ne seraient pas éloignés de se prêter du
» côté de l'Italie à un armistice sur le pied de la ligne du Tagliamento. C'est votre
» père, et non le roi, qui vous dit ceci, persuadé que vous saurez allier vos intérêts
» avec ce que vous devez à l'honneur et à vos devoirs.

» J'ai, comme bien vous pouvez croire, fait rendre le chiffre de l'armée au mi-
» nistre de France, sans en prendre copie. Je vous prie de même d'être persuadé
» que les malades qui sont dans mes hôpitaux seront traités à mes frais et renvoyés
» libres chez eux. Il en sera de même des individus français et italiens qui se trou-
» veraient en Bavière.

» J'espère, mon cher Eugène, que nous n'en serons pas moins attachés l'un à
» l'autre, et que je serai peut-être à même de vous prouver *par des faits* que ma
» tendre amitié pour vous est toujours la même ; elle durera autant que moi.

» Je vous embrasse un million de fois en idée.

» Votre bon frère,   MAX-JOSEPH.

» La reine vous embrasse. »

Je ne puis, messieurs, vous faire mieux connaître les sentiments du vice-
roi, qu'en vous donnant lecture de la réponse qu'il a faite à cette lettre :

« Gradisca, 15 octobre 1813.

» Mon bon père,

» Je reçois à l'instant votre lettre du 8 courant. Votre cœur sentira tout ce que
» le mien a dû souffrir en la lisant. Encore si je ne souffrais que pour moi ! mais
» je tremble pour la santé de ma pauvre Auguste, lorsqu'elle sera informée du
» parti que vous vous êtes cru obligé de prendre.

» Quant à moi, mon bon père, quel que soit le sort que le ciel me réserve, heu-
» reux ou malheureux, j'ose vous l'assurer, je serai toujours digne de vous appar-
» tenir ; je mériterai la conservation des sentiments d'estime et de tendresse dont
» vous m'avez donné tant de preuves.

» Vous me connaissez assez, j'en suis sûr, pour être convaincu que, dans cette
» pénible circonstance, je ne m'écarterai pas un instant de la ligne de l'honneur
» ni de mes devoirs ; je le sais, c'est en me conduisant ainsi que je suis certain de
» trouver toujours en vous pour moi, pour votre chère Auguste, pour vos petits-
» enfants, un père et un ami.

» Le hasard m'a offert une occasion de faire pressentir le général Hiller sur un
» arrangement tacite par lequel nous demeurerions, lui et moi, dans les positions
» que nous occupons, c'est-à-dire sur les deux rives de l'Isonzo ; je ne sais ce qu'il
» me répondra, mais vous le sentirez, je ne puis faire au delà.

» Si cette proposition est jugée insuffisante, si la fortune m'est à l'avenir aussi
» contraire qu'elle m'a été favorable jusqu'à présent, je regretterai toute ma vie
» qu'Auguste et ses enfants n'aient pas reçu de moi tout le bonheur que j'aurais

» voulu leur assurer; mais ma conscience sera pure, et je laisserai pour héritage à
» mes enfants une mémoire sans tache.

» Je ne sais, mon bon père, ce que votre nouvelle position vous rendra possible.
» Je ne vous recommande pas votre gendre, mais je croirais manquer à mes pre-
» miers devoirs si je ne vous disais pas: Sire, n'oubliez ni votre fille ni vos petits-
» enfants.

» Je suis, mon bon père, avec les sentiments de respect et de tendresse que vous
» me connaissez et que je vous ai voués pour la vie,

» Votre bien affectionné fils,
» EUGÈNE.

» Je présente mes hommages à la reine, j'embrasse frères et sœurs. »

Il ne suffirait pas de vous donner connaissance des sentiments du prince
Eugène, en apprenant la défection de son beau-père; il faut que je vous fasse
connaître également ceux de la vice-reine. Voici la lettre qu'elle écrivit, le
17 octobre, à son père le roi de Bavière, en apprenant qu'il s'était séparé de
la France :

» Milan, 17 octobre 1813.

　　　　» Mon bon père,

» Eugène vient de me communiquer l'affligeante nouvelle que vous êtes contre
» nous ! Vous devez comprendre ce que mon cœur éprouve ! Avoir d'autres intérêts
» que les vôtres, c'est affreux pour votre fille, qui vous a prouvé à quel point allait
» sa tendresse, sa soumission pour vous. Peut-être l'avez-vous oublié ; mais dans
» quelque situation que je me trouve, je ne regretterai jamais ce que j'ai fait ; ma
» conscience est sans reproche, et je supporterais avec plus de courage tous les
» malheurs qui s'offrent à mes yeux, si je n'avais pas quatre pauvres enfants, et
» bientôt un cinquième, auxquels je dois penser.

» C'est pour eux que je réclame vos bontés ; ce sont les enfants de votre Auguste,
» que vous paraissiez aimer autrefois. Vous vous trouverez dans la situation de
» demander un sort pour eux. Ces malheureux ! je dois presque regretter de leur
» avoir donné le jour ; ils n'ont rien au monde que la tendresse de leur père et
» de leur mère.

» Eugène, le meilleur des époux, ne s'afflige qu'à cause de nous. Il regrette
» même d'être mon mari, d'être leur père. C'est tout dire. Sa tendresse fait mon
» unique bonheur; jamais il ne perdra la mienne.

» Je le suivrai partout, bien sûre qu'il ne s'écartera jamais du chemin de la
» vertu et de l'honneur.

» Voici la dernière lettre que vous recevrez de votre fille ; mon devoir m'impose
» le silence comme il m'a prescrit de penser au sort de mes enfants.

» Encore une fois, je vous le recommande, ne les oubliez pas. Je compte sur
» votre tendresse paternelle que la politique n'a pas pu effacer de votre cœur, comme
» jamais rien ne me fera oublier le respect que vous doit, mon bon père, votre
» tendre fille,

» AUGUSTE. »

Quelques jours plus tard, à la date du 8 octobre 1813, la vice-reine se crut
encore obligée d'écrire à l'Empereur lui-même. Voici sa lettre :

La princesse Auguste à l'Empereur.

« La peur d'importuner Votre Majesté avec mes lettres m'a empêchée jusqu'à
» présent de lui écrire. Mais je croirais manquer à mes devoirs si, dans cette cir-

» constance, je ne renouvelais à Votre Majesté l'assurance de mon tendre attache-
» ment. Croyez que rien au monde ne me fera oublier mon devoir, et que vous
» pouvez compter sur mon entier dévouement comme sur celui d'Eugène. Il dé-
» fendra le royaume jusqu'au dernier moment ; de mon côté, je tâcherai de rani-
» mer les esprits faibles qui se laissent abattre dès qu'ils entendent parler de dan-
» gers. Si nous succombons, nous aurons au moins la consolation d'avoir toujours
» rempli notre devoir.

» Je vous recommande mes quatre enfants, et réclame pour eux, comme pour
» moi, la continuation de vos bontés, dont j'espère être digne.

» J'ai l'honneur d'être, avec l'attachement le plus vrai et un profond respect,

« Sire,   De V. M., la soumise et tendre fille,

» AUGUSTE. »

Voilà, messieurs, les sentiments qui animèrent le vice-roi et sa glorieuse
femme, apprenant que le roi de Bavière s'était séparé de la France, à laquelle
ils avaient voué toute leur vie, l'affection la plus ardente. Ces sentiments se
font encore connaître par d'autres lettres.

Le 28 octobre 1813, le prince Eugène reçoit un parlementaire que son
beau-père lui envoyait au nom des souverains alliés : c'était le prince de la
Tour-et-Taxis : et il fait connaître à l'Empereur, par une lettre du 22 novembre 1813, les détails très circonstanciés de cette entrevue et son résultat :

« Vérone, ce 22 novembre, à 11 heures du soir.

» Sire,

» J'ai l'honneur de rendre compte à Votre Majesté qu'il s'est présenté ce soir à
» nos avant-postes un major autrichien ayant des lettres à mon adresse, qu'il de-
» mandait à ne remettre qu'à moi. J'étais alors à cheval, visitant les postes de la *Val
» Pantena* ; je me suis porté sur la grande route, et j'ai vu avec surprise que ce
» major autrichien n'était autre que le prince de Taxis, aide de camp du roi de
» Bavière. Il m'a remis une lettre de mon beau-père, purement d'amitié, dans la-
» quelle il me priait d'entendre la personne qu'il m'envoyait. Je me suis promené
» environ une heure à hauteur de notre grand'garde ; et s'il m'est difficile de
» rendre à Votre Majesté toute notre conversation, je vais du moins tâcher de lui
» en faire connaître la substance :

» 1° Assurances d'estime et d'amitié du roi de Bavière ;

» 2° Assurances que les alliés consentaient à tout arrangement que je pourrais
» faire avec le roi pour assurer à ma famille un sort avantageux en Italie ;

» 3° Prière du roi de ne considérer dans cette démarche que le vif désir de voir
» assuré, dans ces circonstances, le sort de sa fille et de ses petits-enfants ;

» 4° Enfin, la proposition de me faire déclarer roi du pays qui serait convenu.

» Si Votre Majesté connaît bien mon cœur, elle peut d'avance savoir tout ce que
» j'ai répondu. Les phrases du moment étaient certes plus énergiques que tout ce
» que je pourrais actuellement répéter. »

Voici comment, dans une lettre du 12 mars 1814, l'Empereur, écrivant au
prince Eugène, appréciait sa conduite dans cette affaire :

L'Empereur au prince Eugène.

« Soissons, 12 mars 1814.

» Mon fils,

» Il est fâcheux pour le siècle où nous vivons que votre réponse au roi de Ba-
» vière vous ait valu l'estime de toute l'Europe. Quant à moi, je ne vous en ai pas

» fait compliment, parce que vous n'avez fait que votre devoir, et que c'est une
» chose simple. Toutefois vous en avez déjà la récompense, même dans l'opinion
» de l'ennemi, de qui le mépris, pour votre voisin, est au dernier degré.

» Votre affectionné père,

» NAPOLÉON. »

Je demande s'il est possible de trouver une justification plus éclatante et plus glorieuse que celle qui est écrite dans les termes de cette lettre où l'Empeur lui dit : « Vous avez rempli votre devoir. »

Le lendemain, 21 novembre, le prince Eugène écrivait à la princesse Auguste, sa femme, pour lui rendre compte de la démarche du prince de la Tour-et-Taxis :

« Vérone, le 23 novembre 1813.

» Je t'envoie, ma bonne Auguste, une lettre que j'ai reçue du roi par un officier
» parlementaire. Cet officier n'était autre que le prince Taxis. J'ai causé plus d'une
» heure avec lui, et je t'assure que je n'ai dit que ce que je devais. En deux mots,
» il m'a apporté la proposition, de la part de tous les alliés, pour me faire quitter
» la cause de l'Empereur, de me reconnaître comme roi d'Italie.

» J'ai répondu tout ce que toi-même tu aurais répondu, et il est parti ému et
» admirateur de ma manière de penser ; comme il a vu que je ne voulais entendre
» à rien qu'à un armistice, il m'a assuré que le roi l'obtiendrait d'autant plus que
« les alliés admiraient mon caractère et ma conduite. »

» C'est déjà une bien belle récompense que de commander ainsi l'estime à ses
» ennemis.

» Déchire le billet du roi, ne parle de rien de tout cela.

» Dans l'armée, on ne sait qu'il est venu un parlementaire que comme officier
» autrichien.

» Adieu, etc., etc. »

Et, enfin, à une date postérieure, il écrivait à la reine Hortense, sa sœur, pour lui rendre compte également de cette démarche du prince de la Tour-et-Taxis.

Le 17 janvier, il écrivait à la vice-reine, la princesse Auguste :

Le prince Eugène à la princesse Auguste.

« Vérone, le 17 janvier 1814.

» Il paraît, ma chère Auguste, qu'il sera impossible de s'entendre avec l'ennemi
» pour une suspension d'armes.

» Oh ! les vilaines gens, le croirais-tu ? ils ne consentent à traiter que sur la
» même question que m'avait déjà faite le prince Taxis. Aussi a-t-on de suite
» rompu le discours. Dans quel temps vivons-nous ! et comme on dégrade l'éclat
» du trône en exigeant pour y monter lâcheté, ingratitude et trahison. Va, je ne
» serai jamais roi.

» Adieu, ma bonne Auguste, etc.

» EUGÈNE. »

Ce langage, messieurs, peut-il laisser subsister le moindre doute sur la conduite du prince Eugène et de sa noble et digne compagne ? En présence de ces déclarations réitérées, pouvez-vous accorder la moindre confiance aux accusations dirigées contre lui par le maréchal duc de Raguse ? Pouvez-vous croire à la trahison qui lui est imputée ?

Non. Jusqu'à la dernière heure, jusqu'au moment où les traités conclus entre la France et les souverains étrangers l'ont obligé de quitter l'Italie, le prince Eugène est resté fidèle à la patrie, fidèle à l'homme qui l'avait adopté pour fils, fidèle à son devoir. Le duc de Raguse l'a calomnié, et rien ne peut justifier, rien ne peut excuser ces calomnies.

Quelle réparation les augustes filles du prince Eugène demandent-elles à l'éditeur des Mémoires du maréchal ? Elles n'exigent pas la suppression ou la rectification des passages dans lesquels la mémoire de leur père est outragée : elles se bornent à demander l'insertion de quelques documents officiels ; elles demandent que le lecteur impartial puisse trouver, à côté des passages dans lesquels l'accusation est formulée, les pièces authentiques qui en sont la réfutation. Voilà leur demande, pouvait-elle être plus modérée ?

Déjà, je m'empresse de le reconnaître, M. Perrotin nous a donné un commencement de satisfaction. A la suite du neuvième volume des Mémoires du duc de Raguse, il a inséré une petite note ainsi conçue : « Les deux documents qui suivent nous ont été adressés avec prière de les publier à la suite des *Mémoires* : l'un est destiné à faire connaître par des pièces officielles la part que le prince Eugène avait prise aux événements de 1814, l'autre a trait à M. le duc de Blacas. »

A la suite de cette note se trouvent les documents, un seul excepté, qui ont été publiés par le colonel Planat de la Faye.

Les héritiers du prince Eugène ont dit à M. Perrotin : « Ce que nous vous demandons diffère en quelques points de ce que vous consentez à nous accorder ; mais il s'agit d'un point si peu important pour vous, si intéressant pour nous, qu'en vérité nous ne pouvons pas comprendre que vous le refusiez. Vous avez inséré ces documents à la suite du neuvième volume; les diffamations dont nous nous plaignons sont insérées dans le sixième; nous vous demandons d'insérer ces documents dans le sixième volume, et non pas dans le neuvième. Nous voulons que la réparation soit à côté de la calomnie. » Depuis que la demande est formée, M. Perrotin a fait imprimer une deuxième édition du sixième volume ; il lui était facile de nous donner satisfaction ; il ne l'a pas fait.

Voilà notre première réclamation ; voici la seconde. Parmi les documents qu'il a insérés, M. Perrotin n'a pas fait figurer une lettre écrite au prince Eugène par le roi de Bavière, à la date du 11 avril 1814 :

Voici le texte de cette lettre :

Lettre du roi de Bavière au prince Eugène.

« Munich, le 11 avril 1814.

» Mon bien-aimé fils,

» Jusqu'ici je n'ai pu qu'approuver, mon cher ami, la loyauté de votre conduite ; » je dis plus, elle m'a rendu fier d'avoir un tel fils. Actuellement que tout a changé » de face, comme vous le verrez par l'imprimé ci-joint, vous pouvez quitter la » partie sans vous déshonorer. Vous le devez à votre femme et à vos enfants.

» Un courrier, qui m'est arrivé cette nuit, m'a apporté la nouvelle que Marmont
» a passé chez nous avec 6,000 hommes d'infanterie, 2,000 chevaux, toute vieille
» troupe, et vingt pièces de canon. Les maréchaux ont forcé l'Empereur, qui est
» à Fontainebleau, d'abdiquer, en lui déclarant que son armée ne voulait plus lui
» obéir. Il s'est décidé à condition que l'impératrice serait régente et le roi de Rome
» empereur ; Ney, Macdonald et Caulaincourt sont arrivés à Paris avec cette pro-
» position au nom de l'armée.

» On attendait l'arrivée de l'empereur d'Autriche pour leur donner une réponse ;
» elle sera, je crois, négative, vu qu'on s'est déjà trop prononcé pour les Bourbons.

» Les alliés vous veulent tous du bien, mon cher Eugène ; profitez de leur bonne
» volonté, et songez à votre famille.

» Une plus longue retenue serait impardonnable.

» Adieu, mon cher fils, je vous embrasse avec Auguste et vos enfants. La reine
» en fait autant.

» Votre bon père,
» MAX. JOSEPH.

Vous le voyez, messieurs, une phrase de cette lettre contient une accusation contre le duc de Raguse ; nous consentons, nos conclusions le constatent,
nous consentons à ce que M. Perrotin n'imprime pas cette phrase. Mais cette
concession faite, nous tenons à l'insertion d'un document qui prouve que la
loyauté et la fidélité du vice-roi sont restées inébranlables jusqu'au dernier
jour.

Nous demandons, en outre, qu'au bas de la page du sixième volume qui
contient les diffamations soit placé un renvoi pour indiquer que la réponse se
trouve à la fin du volume parmi les pièces justificatives, afin que le lecteur qui
aura lu les accusations odieuses que le maréchal a réunies contre le prince
Eugène, apprenne qu'il trouvera à la fin du volume des documents qui lui
permettent de contrôler la sincérité de ces accusations.

Nous demandons enfin qu'en tête des documents insérés figure une note,
aussi courte qu'on le voudra, mais digne, indiquant que l'insertion qui nous
est accordée est une reconnaissance de notre droit, la réparation qui nous était
due des outrages adressés à la mémoire de notre père.

Voilà toute notre demande ; nous n'exigeons rien de plus, et, je le répète,
quelque douleur qu'éprouvent les filles du vice-roi en lisant les trois ou quatre
pages que j'ai fait connaître au tribunal, elles ne veulent pas altérer l'œuvre
du duc de Raguse ; elles n'en demandent pas la suppression.

Tel est l'ensemble de nos réclamations ; avons-nous le droit de les faire ?
C'est la dernière question que j'ai à examiner. Pourra-t-on nous dire que les
enfants du prince Eugène n'ont aucune action à exercer, que les juges ne
peuvent pas écouter leur plainte, en un mot qu'ils sont non recevables dans
la procédure qu'ils ont intentée contre M. Perrotin ?

Messieurs, il faut rendre justice à nos lois : il faut leur savoir gré de
ce qu'elles n'ont pas cru qu'il n'y eût dans ce monde d'autre bien, d'autre
fortune que des terres et de l'argent, de ce qu'elles ont cru qu'il y avait une
autre propriété plus sacrée, celle de l'honneur qui, lorsqu'elle reçoit quelque
atteinte, a le droit de vous demander une réparation. Il faut encore savoir
gré à la législation française de vous avoir choisis, vous, pour être les appréciateurs de cette propriété et du droit qu'on a de la revendiquer.

Messieurs, cela est vrai, incontestable : pour tout ce qui concerne notre honneur, notre considération, lorsque elle est acquise par une longue vie de vertu, de dévouement, personne ne peut nous enlever le droit de les revendiquer contre la calomnie qui voudrait les noircir. Mais si ce n'est pas notre honneur personnel qui est attaqué, si c'est celui de l'auteur de nos jours ; si l'on attaque un nom que nous sommes fiers de porter, si l'on attaque une mémoire qui a toujours été le modèle sur lequel nous avons cherché à façonner notre vie, est-ce que nous n'aurons rien à dire, rien à faire? Serait-ce une société bien organisée que celle où nous entendrions répéter autour de nous les calomnies les plus noires, les plus indignes contre la mémoire de notre père sans nous en plaindre? Pour ma part, je ne saurais comprendre que la loi accordât sa protection à notre honneur et ne l'accordât pas à celui de nos pères. L'honneur des pères ! mais s'ils cherchent à se faire un nom, à l'illustrer, s'ils cherchent à acquérir de la gloire, c'est bien moins pour eux que par le désir de transmettre à leurs enfants cet héritage, le plus beau de tous. Les enfants ! si quelque chose les excite à la vertu, c'est précisément cet héritage qu'ils ont reçu de leur père, ce besoin de soutenir la dignité du nom qu'ils portent. Pourriez-vous dire que la mort du père brise cette chaîne; qu'il n'y a plus rien de commun entre le père et les enfants, que ces derniers peuvent bien prendre les propriétés, la succession matérielle, mais qu'ils ne peuvent prétendre à revendiquer la succession morale, immatérielle d'honneur et de bonne renommée qui est cent fois plus précieuse et plus digne d'envie? Je sais bien que, dans l'affaire de la marquise de Tourzel, la Cour de Paris a décidé que la plainte des enfants était recevable lorsque l'attaque dirigée contre le père était indirectement dirigée contre les enfants. Mais telle n'est pas la position des filles du prince Eugène. Ce ne sont pas elles que le duc de Raguse a songé à outrager, c'est leur auguste père. Elles avaient quelque droit d'en être étonnées, lorsqu'elles se rappelaient que dans leur enfance, à Munich en 1826, le duc de Raguse, entrant dans le salon de leur digne et noble mère, et voyant le portrait du prince Eugène, avait versé des larmes à son souvenir et s'était attendri sur sa fin prématurée. Voilà le souvenir qu'elles ont gardé, et assurément elles ont dû être étonnées quand elles ont vu le même duc de Raguse attaquer leur père, dans ses Mémoires. Mais enfin peu importe. Il n'est que trop vrai que, dans ses derniers jours, le duc de Raguse ayant conçu le détestable dessein d'abaisser tout ce qui se rapprochait de lui, tout ce qui avait un nom illustre à côté du sien, ne pouvait pas oublier le prince Eugène. C'est donc bien le prince Eugène qu'il a songé à attaquer, c'est bien sa mémoire qu'il a outragée. Et ses enfants ne pourraient pas répondre à cette attaque par une demande en réparation !

Cette question a été examinée, messieurs ; elle l'a été plusieurs fois : je ne veux pas, après avoir été si long, m'appesantir à cet égard ; permettez-moi cependant de signaler à votre attention les documents dans lesquels nous en trouvons la solution.

Il a paru, sur la question de responsabilité, un traité très remarquable d'un jeune magistrat, M. Sourdat. Le tribunal verra la discussion très approfondie à laquelle M. Sourdat s'est livré précisément sur la question que nous avons à examiner dans le procès actuel. Il recherche d'abord quel est en matière pénale le droit des héritiers qui prétendent que la mémoire de leur père a été attaquée. Il rappelle que d'après la doctrine de Mangin, de Dupin, de Garnier-Dubourgneuf et de Carnot, les héritiers peuvent poursuivre comme diffamatoires les injures adressées à la mémoire de leurs pères, et exprime une opinion contraire à la leur en ce sens qu'il n'admet pas l'action criminelle ; puis il ajoute :

« Faut-il en conclure que toute voie judiciaire lui est fermée ? N'est-il » aucun moyen d'arrêter la calomnie que l'on répand, de bonne foi peut-être, » sur la mémoire de son auteur et qui retombe sur lui ?... »

» Le principe de l'art. 1382 du Code civil est toujours debout. Les héritiers » s'adresseront aux tribunaux civils. Là ne s'agite qu'une seule question. Les » héritiers éprouvent-ils un préjudice réel de la diffamation dirigée contre leur » auteur... »

L'auteur se demande si le préjudice peut exister ; il répond avec l'autorité de M. Dupin : « L'injure en pareil cas ne leur (aux héritiers) devient-elle » pas personnelle ? Leur action est donc recevable. Qui pourrait se familia- » riser avec cette idée ? A peine un père de famille aurait fermé les yeux, sa » réputation deviendrait du domaine public ! On pourrait l'outrager, le déchi- » rer impunément ! Il serait permis d'insulter à sa cendre, à la douleur de » son vieux père, de sa femme, de ses jeunes enfants ! On pourrait dire du » soldat qu'il fut un lâche, du général qu'il fut un chef de brigands !... et » tout cela sans preuve aucune ! Que dis-je ! malgré la preuve du contraire, » offerte et rapportée par la famille en deuil ! Que la conduite du citoyen soit » jugée après sa mort, je le veux ; j'avouerai même qu'elle ne peut souvent » l'être qu'à cette époque. Mais dans ce jugement soyez équitable et ne calom- » niez pas...

» ... Des héritiers d'une personne décédée, qui se plaignent d'un préjudice » résultant pour eux d'attaques contre la mémoire de leur auteur, ont donc » incontestablement une action devant les tribunaux civils... »

La même question est examinée dans le *Répertoire général*, de Dalloz, aux mots : Instruction criminelle, n° 103.

« L'outrage dirigé contre une personne après qu'elle est décédée peut donner lieu à l'action civile.... »

La décision dont parle Dalloz est un arrêt de la cour de Paris, du 14 août 1839, en voici les termes :

« La Cour,

» Considérant que l'honneur et la considération du père de famille forment une des parties les plus importantes, etc. »

Mes clientes ont donc le droit de demander une réparation civile. Cette réparation qu'elles vous demandent, j'ai dit quelle doit être sa nature.

Quels arguments nous opposent les conclusions qui nous ont été signifiées, conclusions très longues dans l'exposé des faits, et très brèves dans leur dispositif? Je lis :

« Attendu que la vie publique des hommes qui ont joué un rôle sur la scène des nations appartient essentiellement à l'histoire, que les *Mémoires du duc de Raguse* ne contiennent que des appréciations de la vie publique du prince Eugène...... »

Voilà les motifs qu'on invoque contre la demande des princesses.

On commence par nous dire : « Vous portez atteinte aux droits de l'histoire ! »

A Dieu ne plaise, messieurs, que je songe à contester à aucun degré ni dans aucune mesure les droits de l'histoire. Les passions contemporaines sont si hardies, pour abaisser ou pour glorifier contre toute justice les hommes qui les flattent ou les bravent, qu'il est bon que ces hommes trouvent après leur mort des juges libres et impartiaux. Mais à une condition : c'est que l'histoire parlera comme un juge, et non comme un ennemi ; qu'elle ne dégénérera pas en pamphlet, et ne se montrera pas animée d'autant de passion que les contemporains.

Or, cette passion, n'est-elle pas précisément le caractère des Mémoires du duc de Raguse ? Il suffit de lire quelques pages de cet ouvrage pour y reconnaître un pamphlet violent contre tous ceux qui ont approché de son auteur, et, en particulier, contre tous ses anciens compagnons d'armes, même les plus illustres et les plus célèbres. Il faudrait lire le livre tout entier pour comprendre jusqu'où le maréchal a porté l'excès de l'orgueil personnel et du dénigrement à l'égard d'autrui.

A l'égard du prince Eugène, rappelez-vous tout ce que j'ai cité ; rappelez-vous tous ces faits que le duc de Raguse entasse à plaisir, tous ces faits inventés, démentis par tous les documents que le duc de Raguse a pu consulter ; rappelez-vous toutes les interprétations perfides données à la conduite la plus naturelle du monde ; rappelez-vous surtout le blâme jeté sur le succès de nos armes, et cet étrange reproche de déloyauté envers l'ennemi, dirigé contre le vice-roi d'Italie. Ne voyez-vous pas la main d'un ennemi dans toutes les lignes, dans tous les passages de ces Mémoires ?

Permettez-moi, messieurs, de rappeler le dernier passage par lequel il termine, et dont je n'ai pas parlé encore.

Il termine en disant que le prince Eugène songeait à se faire nommer vice-roi d'Italie, lorsque les Milanais se sont soulevés, ont envahi le sénat, ont mis à mort le comte de Prina, qui était, dit Marmont, un ministre détesté, et auraient menacé le prince Eugène de lui faire subir un pareil sort, s'il ne s'était enfui à Mantoue.

Tout est odieux dans ce récit du maréchal Marmont.

D'un côté, ce n'était pas le prince Eugène qui songeait à se faire nommer vice-roi ; il était enfermé dans Mantoue, avec sa femme, prête à accoucher, et ses quatre enfants.

Depuis longtemps déjà il se défendait dans cette ville contre les Autrichiens, qui l'assiégeaient. Donc il ne s'était pas enfui dans Mantoue pour éviter le sort du comte de Prina. Il ne concourait à rien de ce qui se passait à Milan.

Ce qui se passait à Milan à ce moment, le voici :

Les Milanais, apprenant que l'Empereur avait abdiqué à Fontainebleau, songèrent à garder pour vice-gouverneur, ou pour vice-roi, celui qui depuis 1805 faisait la prospérité de la Lombardie ; le sénat se réunit pour nommer des délégués qui devaient être envoyés à Paris, afin de faire entrer cette condition d'une vice-royauté de l'Italie dans les arrangements européens que prenaient les puissances coalisées et la France. Au milieu des délibérations du sénat, la populace de Milan ouvre les portes du palais, se précipite sur les sénateurs, les met en fuite... Je vais lire dans un écrivain contemporain le récit de ce qui s'est passé. Vous verrez que les faits ne permettaient pas au duc de Raguse de donner son approbation à ce qui est arrivé à cette époque.

Voici comment les faits sont racontés dans une histoire récente de M. Montanelli, histoire qui n'a, du reste, aucun rapport avec notre procès :

« ... Après la défaite de Napoléon dans les glaces de la Russie, où le royaume » d'Italie perdit une armée de vingt-sept mille hommes qui firent des prodiges de » valeur, le prince Eugène, à la tête d'une nouvelle armée, substituée comme par » enchantement à la première, campait sur la rive droite du Mincio ; les chefs du » parti français, espérant sauver cet État italien du naufrage de l'Empire, envoyè- » rent des députés aux rois réunis à Paris, avec mission de demander, au nom de » l'armée et du sénat, que le vice-roi fût autorisé à se couronner roi indépendant... » Mais le parti antifrançais vint jeter le trouble dans ce projet...

» On était au 20 avril de l'année 1814, journée sombre et pluvieuse et de déplo- » rable mémoire ! Le sénat du royaume délibérait sur la protestation des *miso-* » *galli* (c'était le parti antifrançais), qui, pour empêcher l'envoi à Paris des » députés chargés de demander la couronne en faveur du vice-roi, prétendaient » qu'une aussi grave résolution dépassait les limites de l'autorité du sénat, et qu'il » fallait porter la question devant les assemblées populaires entièrement recon- » stituées.

» L'émeute gronde aux portes du palais ; les vociférations de la foule troublent » la délibération ; au milieu des groupes séditieux on distingue la gigantesque sta- » ture du *misogallo* comte Frédéric Goufalonière.

» Le comte Verri, président du sénat, sort pour faire cesser le scandale ; il reçoit » d'une main inconnue un billet portant ces mots : « L'Espagne et l'Allemagne ont » secoué le joug français ; l'Italie doit en faire autant. » Se révolter contre le prince » Eugène en pareille extrémité, c'était, en vérité, tendre volontairement le cou au » joug de l'Autriche ! Du reste, il ne servit de rien aux sénateurs de céder lâche- » ment aux injonctions du parti antifrançais : cette multitude furieuse les chasse » violemment de leurs siéges ; puis se ruant vers la maison de Prina, elle com- » mence le plus horrible des forfaits.

» Prina, l'intègre ministre des finances du royaume d'Italie, fort de sa conscience » (il suffit de dire qu'il mourut pauvre), avait refusé, bien qu'averti, de se sous- » traire aux vengeances de la noblesse et de la populace. Envahi par la multitude, » il tente, mais trop tard, de se réfugier de son cabinet de travail dans son grenier. » Les émeutiers enfoncent les portes, le surprennent sur l'escalier, le saisissent et » le précipitent du haut du balcon dans la rue au milieu de la populace ivre de » fureur. Après un long martyre, le malheureux est laissé demi-mort devant la » porte de son palais. Un voisin saisi de pitié le recueille et le cache dans sa maison ; » mais à peine a-t-il repris connaissance, qu'il entend la canaille furieuse menaçant » de mettre le feu à la maison de son sauveur.

» Alors il se traîne à grand'peine vers la porte et s'écrie d'une voix brisée : « Assouvissez sur moi votre colère, et faites au moins que j'en sois la seule vic- » time ! » On ne le laisse pas achever ; on le traîne de nouveau à travers les rues, » en butte, pendant quatre longues heures, à tous les outrages.

» Couvert de boue, inondé de sang, tant qu'il eut un souffle de vie, il demandait » grâce les mains jointes, et l'on répondait à ses supplications par des injures, des » crachats au visage, des coups de parapluie, des coups de pied, des poignées d'im- » mondices ! Dans ces saturnales du parti antifrançais, la dernière heure sonnait » non-seulement pour le malheureux Prina, mais pour le royaume d'Italie. »

Voilà les faits auxquels M. le duc de Raguse fait allusion, dans lesquels il cherche un texte d'accusation contre le prince Eugène ; il n'a que des injures, des outrages à adresser au comte de Prina, ce ministre des finances intègre, estimé, respecté, victime des fureurs de la populace. C'est le comte de Prina qu'il outrage ; mais c'est sa haine contre le prince Eugène qui lui inspire ces injures.

Je n'ai pas à en dire davantage pour montrer que les Mémoires du duc de Raguse ne sont pas de l'histoire en ce qui touche le prince Eugène. C'est un pamphlet, une calomnie, une diffamation, et vous pouvez faire usage du droit d'appréciation que la Cour de Paris vous reconnaissait en 1839 dans l'affaire des héritiers de Casimir Perier ; vous pouvez faire usage de ce droit pour dire que l'on ne portera aucune atteinte aux droits de l'historien lorsqu'on déclarera qu'ils ne peuvent s'étendre jusqu'à renfermer dans des Mémoires posthumes des calomnies pareilles à celles que le duc de Raguse a consignées contre le prince Eugène.

Mais, dit-on, d'autres écrits ont formulé la même accusation : le général d'Anthouard, notamment, avait dit ce que Marmont dit dans ses mémoires ; pourquoi ne vous êtes-vous pas plaint ?

Il est vrai que le général d'Anthouard a été pour quelque chose dans l'œuvre du duc de Raguse. Le général d'Anthouard avait été premier aide de camp du vice-roi. Parmi les officiers qui entouraient le prince Eugène, il n'en est pas un qui ait été comblé de ses bienfaits comme le fut le général d'artillerie d'Anthouard. Le 18 avril 1814, lorsque le prince Eugène déclara qu'il abdiquait sa vice-royauté d'après les traités passés en France, le général d'Anthouard lui écrivit, et vous allez voir quels sentiments il professait pour lui à cette époque :

« ..... Monseigneur, c'est les yeux baignés de larmes que j'écris à Votre Altesse
» Impériale ; il est déchirant pour moi d'être réduit à demander à la quitter, après
» avoir depuis longtemps rêvé continuellement le bonheur de vivre auprès d'elle.
» Quelle terrible catastrophe change tous nos projets ! malheureuse France !
» quel sort lui est réservé ! Au moins, je crois que celui de Votre Altesse Impériale
» sera assuré telle qu'elle le mérite, et qu'elle jouira en paix de l'estime qu'elle a
» commandée, et de la conduite superbe qu'elle n'a cessé de tenir et qui sera dans
» tous les temps un modèle aux souverains, aux grands et aux particuliers. »

Veuillez vous rappeler cette lettre qu'écrivait le général d'Anthouard le 18 avril 1814, alors qu'il se séparait du vice-roi, dont il avait été jusque-là le premier aide de camp.

Le général d'Anthouard rentra en France ; il se rattacha fortement au gouvernement de la Restauration. Depuis, soit par la disposition que montrèrent quelques-uns des anciens généraux de l'Empire ralliés, au gouvernement nouveau, de se faire pardonner leur ancienne participation aux actes de l'Empire par l'exagération avec laquelle ils l'attaquaient, soit par suite des refus que le prince Eugène fut obligé de faire, sur des lettres que lui écrivait son intendant le baron d'Arnay pour lui demander des secours pécuniaires au profit du général d'Anthouard, ce dernier jugea à propos d'écrire en 1827, dans le *Spectateur militaire*, une note qui avait deux torts considérables : le premier, d'être anonyme, et, quand on attaque, il faut savoir déclarer son nom ; le second, de reposer sur des faits entièrement controuvés. Le maréchal Marmont, dans ses Mémoires, a emprunté à ce travail une partie des faits que j'ai rappelés tout à l'heure en lisant les passages que nous incriminons.

Cette note fut écrite dans le *Spectateur militaire* sous le voile de l'anonyme ; deux écrivains répondirent immédiatement pour la déclarer calomnieuse : l'un fut M. de Norvins, qui répondit dans le mois de mai 1827 ; l'autre fut le colonel Planat de Lafaye, qui fit paraître au mois d'août une réfutation dans le *Journal des sciences militaires*. La note du *Spectateur militaire* fut donc complétement démentie.

Si M. le duc de Raguse avait voulu faire de l'histoire, il aurait dû tenir quelque compte des démentis qui avaient été donnés, non pas d'une manière sommaire, mais avec les détails les plus circonstanciés, avec toutes les preuves à l'appui, soit dans le *Spectateur*, soit dans le *Journal des sciences militaires*. Il devait d'autant mieux le faire, que si le général d'Anthouard émettait des accusations qui ne reposaient sur rien, les écrivains qui lui répondaient se fondaient, au contraire, sur des documents incontestables. Par conséquent, ce n'était pas faire de l'histoire que de prendre le récit du général d'Anthouard sans tenir compte des réponses qui y avaient été faites.

Il y a plus. Le général d'Anthouard ne donne même pas à la conduite qu'il attribue au prince Eugène les interprétations que le duc de Raguse a données. Le général d'Anthouard dit, dans son récit mensonger, que le prince a hésité, qu'il a balancé ; mais il ne dit pas un mot de ce que le duc de Raguse a indignement ajouté, à savoir que le prince Eugène avait voulu se ménager une couronne avec l'assistance des ennemis de la France et séparer sa cause de celle de l'Empereur. C'est au duc de Raguse tout seul qu'appartient cette interprétation, de même que la note placée au bas de la page 55, note qui raconte un fait matériellement faux.

Nous n'avons pas poursuivi le général d'Anthouard ? Une note anonyme est écrite dans un journal ; des amis de la famille y répondent, la détruisent complétement ; on n'a pas cru nécessaire d'aller plus loin. Mais, lorsque la calomnie prend d'autres formes, quand elle revêt une autre autorité, quand elle se trouve sous la plume d'un maréchal de France, quand elle est accompagnée de toutes les interprétations qu'y a ajoutées le duc de Raguse, de tous les faits qu'il y a joints pour lui donner un corps, elle devient alors tellement importante, qu'il est impossible de garder le silence, surtout lorsque ces Mémoires se répandent, lorsqu'ils ont un succès qui est dû en petite part au nom de l'auteur, et, en grande part, aux attaques qu'il dirige contre ses contemporains.

Le tribunal comprendra très bien l'action que les filles du prince Eugène ont intentée. Elles ne demandent pas autre chose que ce que j'ai dit : une réparation qui ne nuira à personne, qui ne portera atteinte à la considération de personne, mais qui mettra la rectification à côté de l'erreur, qui ne détruira pas l'histoire, mais qui la complétera, qui la fera paraître dans toute sa sincérité, qui la fera sortir pure de documents officiels.

Voilà tout ce que mes clientes demandent. Elles ne comprennent pas la résistance que M. Perrotin et ceux qui sont derrière lui opposent à la demande

qu'elles ont faite; et le dernier souhait qu'elles forment c'est que jamais ni
M. Perrotin, ni ceux qui, au dehors du barreau, bien entendu, le dirigent,
n'éprouvent cette cruelle douleur de voir accabler d'injures le nom qu'ils
portent et une mémoire honorée qui aurait été le guide, la lumière, l'honneur
de toute leur vie.

PLAIDOIRIE DE M⁰ MARIE,

Défenseur de M. Perrotin.

Messieurs,

Si je voulais, dans cette cause, ne considérer que l'intérêt particulier qui
agite la famille du prince Eugène, il me semble que quelques observations
bien simples suffiraient pour faire justice de son action. Au point de vue du bon
sens comme au point de vue du droit, ce procès en lui-même me paraît
impossible, et le succès, malgré le talent de mon adversaire, me paraît plus
impossible encore. Mais, messieurs, à cet intérêt privé d'une famille couronnée
se rattache un intérêt général, plus grand, plus élevé, qui vous préoccupe, qui
me préoccupe avant tout : c'est l'intérêt de l'histoire. Vu sous cet aspect, ce
procès s'élève, et c'est ainsi qu'il mérite toute votre attention, toute l'attention
publique.

Si la prétention de nos adversaires était accueillie, je ne crains pas de le
dire, une de nos libertés, la meilleure de toutes, car elle tient tout à la fois au
passé, au présent, à l'avenir, serait essentiellement compromise. Je veux parler des droits de l'histoire en général, mais surtout des droits de l'histoire
contemporaine. Et, pensez-y bien ! en parlant ainsi je ne crois rien exagérer,
non rien ; car je ne considère pas comme conciliable le droit de l'histoire contemporaine avec ce droit d'insertion et de censure que revendique la famille
du prince Eugène. Mon adversaire lui-même ne s'y est pas trompé, son esprit
élevé ne pouvait pas s'y méprendre : il a été effrayé du but vers lequel il tendait, du résultat qu'il voulait obtenir; et, pour se faire illusion à lui-même, il
a fait une distinction théorique entre le pamphlet et l'histoire, distinction qu'au
point de vue général j'admets, que je considère comme raisonnable et vraie,
mais qui, dans la cause qui nous occupe, ne saurait trouver place, à moins que
vous ne donniez le nom de pamphlet à une œuvre considérable qui se fait
remarquer tout à la fois par la hauteur, l'impartialité des récits, des considérations et des appréciations. Ici pas d'équivoque; des vérités blessantes, j'en
conviens, ont pu être dites : c'était le droit de l'histoire de les dire, et si ces
vérités sont consciencieuses, il faut les accepter. Je le répète, pas d'équivoque ! C'est en face de l'histoire, et non d'un pamphlet, que la cause se trouve
placée. Je plaide pour l'histoire, et non pour des pamphlétaires et des calom-
niateurs ; et, à ce point de vue, je dis que ce n'est pas devant le tribunal
civil que le débat devait s'engager; qu'il n'y a qu'un tribunal vraiment compétent, le tribunal de l'opinion, la conscience publique.

Voilà mon sentiment sur ce procès considéré dans ses aspects généraux. J'ai
voulu le considérer d'abord ainsi, parce que, en effet, il m'a semblé que je

devais trouver dans ces aspects généraux un commencement de succès, et dans tous les cas assez de force pour amener ma victoire contre le talent de mon éminent adversaire.

Au reste, messieurs, il me semble que les adversaires eux-mêmes ont eu cette pensée et qu'en engageant le débat que vous avez à juger, ils ont bien moins voulu faire appel à un débat, à un succès judiciaire, qu'à la publicité que la solennité de votre audience devait donner, solennité qui devait être rehaussée encore par l'éclat de la reproduction d'une presse habile. C'était une justification historique qu'ils tentaient, ils voulaient l'obtenir par la publicité des débats.

Voilà quel a été leur but, leur but véritable, et j'en atteste la plaidoirie de mon adversaire, l'ampleur qu'il a donnée à la question historique, la sobriété avec laquelle il a traité la question juridique. Cette satisfaction qu'il cherchait, il l'a obtenue : la publicité vers laquelle il tendait ne lui a pas manqué.

La justification qu'on voulait faire a été tentée. Est-on arrivé au résultat qu'on cherchait, à la conviction, à la certitude ? Pouvait-on y parvenir ? C'est encore là une de ces questions qui m'ont beaucoup préoccupé. Quand j'ai commencé à étudier cette affaire, je me suis demandé, en effet, si j'avais autorité pour apprécier et juger la conduite d'Eugène. Je me suis demandé dans tous les cas si j'avais intérêt à le faire, et si je ne devais pas laisser à l'opinion publique le soin d'examiner les documents historiques, de les discuter et de prononcer. Je me suis demandé si mon devoir ne serait pas suffisamment rempli, lorsque j'aurais démontré au tribunal que M. le duc de Raguse, en écrivant son histoire, l'avait écrite consciencieusement, sur des rapports qu'il avait crus vrais, sur des témoignages qu'il avait crus certains, sur des souvenirs personnels dont la sincérité et l'exactitude ne présentaient pas un doute à ses yeux. Cela prouvé, me disais-je, il me semble que, même lorsque en ne s'inspirant que de la vérité cherchée loyalement il aurait rencontré l'erreur, l'erreur ne le rendrait justiciable que de l'opinion et non d'une juridiction comme la vôtre.

J'apporterai, messieurs, la plus entière bonne foi et beaucoup de modération dans l'examen de cette affaire. Il y a cependant un devoir que j'ai à remplir, que je viens remplir, et j'espère atteindre ce but sans compromettre en aucune façon le droit de l'histoire et ceux de l'avocat, son indépendance, votre juridiction et le haut caractère qui lui appartient. J'entre donc immédiatement dans l'examen de l'affaire, et j'y entre en dégageant d'abord le débat d'un fait qui, au premier abord, me paraît secondaire, mais qui cependant a son importance. M. Perrotin avait, selon moi, le droit absolu de se refuser aux étranges exigences de nos adversaires ; ce droit, il pouvait le maintenir avec une grande rigueur. Il n'en a rien fait cependant ; il en a usé au contraire avec discrétion, avec générosité même ; il a donné à ses adversaires, qui sollicitaient contre lui une réparation judiciaire, une satisfaction qu'il ne leur devait pas, et dont ils auraient dû se contenter, j'ai à cœur de constater cela.

Permettez-moi donc quelques détails intéressants sur ce point ; je serai d'ailleurs très bref.

C'est, messieurs, en 1856, que les Mémoires du duc de Raguse ont été publiés. Le duc de Raguse avait prescrit à ses héritiers, c'était sa dernière volonté, de ne les publier que cinq années après sa mort. Cette volonté devait être et a été respectée. Il est mort en 1852, et c'est, en effet, du 5 novembre 1856 au 27 février 1857 qu'ont paru les quatre premiers volumes. Les trois volumes qui restaient pour compléter l'œuvre n'ont été publiés qu'en février et en mars. Une deuxième édition dut être faite; elle l'a été, mais pour les quatre premiers volumes seulement. Le sixième volume a été déposé le 31 janvier 1857 et mis en vente le 2 février. C'est dans ce sixième volume que le duc de Raguse parle du prince Eugène.

Le récit de M. le duc de Raguse expose la conduite de ce prince, en Italie, à cette époque de 1814, si grande dans notre histoire par ses terribles et magnifiques péripéties. Ce récit a jeté dans la famille du prince Eugène, je ne dirai pas l'étonnement, mais une vive émotion; l'étonnement, en effet, n'était pas possible: les faits que le duc a appréciés dans ce sixième volume avaient été déjà appréciés par l'histoire; les jugements qu'il en a portés, d'autres historiens les avaient portés avant lui. Ces jugements n'étaient pas sans doute de nature à satisfaire le prince Eugène et sa famille, et cependant ils n'avaient excité cette fois aucune irritation se traduisant comme aujourd'hui par un procès; le prince Eugène lui-même les avait connus de son vivant, en 1821; il avait protesté, mais il s'en était tenu à une simple protestation, et il n'était pas tombé dans sa pensée de saisir un tribunal de l'appréciation d'un fait historique. C'est donc à sa famille seule qu'il appartient, quand son chef n'a rien dit, quand il n'a pas voulu demander une satisfaction judiciaire qu'il n'aurait pas obtenue, c'est à sa famille qu'appartient la responsabilité de ce procès qui, en définitive, doit se terminer et se terminera comme se terminent toutes les actions injustes et déraisonnables.

Les Mémoires du duc de Raguse devaient avoir un grand retentissement à raison du nom, de l'importance de l'œuvre, et surtout du témoignage que venait apporter sur un fait historique important un homme placé haut dans l'opinion; qu'ils aient produit une grande sensation, je le comprends.

Mais enfin, au premier moment, quelle a été la pensée de la famille? A-t-elle d'abord songé à s'adresser aux tribunaux? Non, cette pensée ne lui est venue que plus tard. Ce qui s'est passé, le voici.

M. Planat de la Faye, qui figure au procès actuel comme témoin, pour ainsi dire, est un ancien officier d'ordonnance de l'Empereur, confident de la famille du prince Eugène, dépositaire, non pas des originaux des documents qu'il produit, mais de simples copies, car les originaux sont, dit-on, dans les archives impériales de Russie (j'aurai un mot à dire à cet égard). M. Planat de la Faye donc protesta d'abord dans une lettre qu'il adressa aux journaux, lettre fort acerbe dans ses termes; les assertions de M. le duc de Raguse y étaient qualifiées par des expressions extrêmement violentes. C'étaient, disait-il, des assertions fausses, calomnieuses; en un mot, il avait fait un emprunt à tout ce que la langue française a de plus injurieux et de plus irritant pour protester contre les Mémoires du duc de Raguse.

Cette protestation lancée, M. Planat de la Faye se jette de nouveau dans la lice. Cette fois il paraît mieux armé qu'il ne l'était lors de sa protestation; il publie une brochure, celle que vous avez sous les yeux, dans laquelle il pro-

duit ces documents que j'ai signalés et à l'aide desquels mon adversaire a tenté, à votre dernière audience, de rétablir la réputation du prince Eugène, ou plutôt de justifier sa conduite en 1814.

Cette brochure fut publiée par M. Planat de la Faye avec toutes les conditions et surtout toutes les ressources de la publicité la plus large et la plus étendue. D'autres brochures dans lesquelles les faits furent encore discutés et appréciés furent lancées dans le monde. Puis après les brochures signées vinrent les brochures anonymes dans lesquelles, précisément parce qu'elles n'étaient pas signées, les auteurs se crurent autorisés à mettre la calomnie à la place de la discussion. Tout cela était dans le droit de la famille du prince Eugène. Quelque ardente que fût cette polémique, il fallait bien l'accepter : elle s'adressait à l'opinion publique qui, je le répète, est le véritable juge de la question. Interrogée, la conscience publique devait répondre. Quand l'accusation s'était produite dans les Mémoires du duc de Raguse, il était juste que la défense se produisît sous toutes les formes qu'il lui conviendrait de prendre ; encore une fois, à la conscience publique de s'éclairer et de juger. Tout se passait ainsi dans le domaine historique, la défense comme l'attaque ; à l'opinion générale de dire le dernier mot, tout était bien ainsi.

Voilà, messieurs, le terrain sur lequel s'engagea le premier débat. Je le rappelle, non pas que je veuille en tirer une fin de non-recevoir et dire à mes adversaires que, parce qu'ils se sont engagés dans une voie, ils ne peuvent plus en suivre une autre, et que la voie judiciaire doit leur être fermée : tout cela serait trop petit, trop mesquin dans une cause de cette importance ; mais enfin je dis que nos adversaires avaient, dans le principe, envisagé le débat comme nous l'envisageons nous-mêmes, qu'ils l'avaient apprécié comme il devait l'être, qu'ils avaient compris que là où il y avait un fait historique à débattre ce fait ne pouvait être débattu qu'historiquement ; c'était raisonnable, c'était juste.

Mais ils ne s'en sont pas tenus là. Ils ont pensé sans doute que la brochure de M. Planat de la Faye n'était pas assez puissante pour faire mettre de côté les Mémoires du duc de Raguse. C'est alors qu'ils ont songé à l'action judiciaire.

Des pourparlers amiables ont d'abord eu lieu ; vous comprenez qu'il devait en être ainsi. Mais, le 24 mars 1857, la famille de Leuchtenberg a voulu engager définitivement le débat. Elle l'a engagé par une sommation peu courtoise dans les formes, et par laquelle elle demandait, non pas la suppression des passages qu'elle prétendait offensants, mais seulement qu'on imprimât dans l'œuvre de M. de Raguse l'œuvre de M. Planat de la Faye. Il n'y eut pas de réponse à une pareille sommation, M. Perrotin garda le silence et fit bien. Alors assignation devant le tribunal, à la date du 28 mars. Certes, M. Perrotin, se renfermant dans les limites de son droit absolu et incontestable, pouvait attendre le débat sans crainte ; il était parfaitement fondé, selon moi, à refuser la satisfaction qui lui était demandée au nom de la famille du prince Eugène. Il ne le fit pas. L'ouvrage presque tout entier était déjà imprimé ; il ne restait plus à publier que le neuvième volume. Or, spontanément il imprima à la fin du neuvième volume, le dernier de l'ouvrage, la brochure tout entière de M. Planat de la Faye, moins une lettre du roi de Bavière au prince Eugène, insultante pour M. le duc de Raguse. Il fit plus : en tête de l'appendice, contenant tous les documents que M. Planat de la Faye avait cru devoir publier au nom de la famille du prince Eugène, il plaça cet avis :

« Les documents qui suivent nous ont été adressés avec prière de les publier à la suite des Mémoires : ils sont destinés à faire connaître, par des pièces officielles, la part que le prince Eugène a prise aux événements de 1814. »

Il semblait que tout devait être terminé, car la brochure est là tout entière, et si en effet de cette correspondance échangée entre le prince Eugène et Napoléon, entre la princesse Auguste et son mari, il résulte que le duc de Raguse s'est trompé, qu'il y a eu obéissance de la part du prince Eugène là où il a dit qu'il y avait eu désobéissance, que les ordres donnés ont été révoqués, que c'est en raison de leur révocation qu'ils n'ont pas été exécutés, si tout cela est dans la brochure, cela suffit pour qu'à l'instant même la désobéissance du prince Eugène disparaisse des Mémoires du duc de Raguse et pour que la glorification de ce prince soit complète.

Croiriez-vous, messieurs, qu'en présence de cette satisfaction, la plus entière qu'il fût possible de donner, des exigences nouvelles se sont cependant manifestées, et quelles exigences ! Il en a pourtant été ainsi, et d'abord, a-t-on dit, ce n'est pas à la suite du neuvième volume, c'est à la suite du sixième que le document doit être imprimé. Et cela ne suffit pas encore : il faut que dans le sixième volume, au bas même de la page où commence le récit incriminé, on donne une indication le rattachant par un renvoi à la brochure de M. Planat de la Faye. Prétention insensée, car le sixième volume est publié !

Encore si les exigences s'étaient bornées là, peut-être aurait-on pu y faire droit, non pas immédiatement, mais plus tard, lorsqu'une nouvelle édition aurait lieu ; mais non, on ne s'en tenait pas là, on voulait encore une notice, et voici la notice proposée :

« Le tome VII des *Mémoires du maréchal Marmont, duc de Raguse*, contient
» page... et suivantes, sur la conduite du prince Eugène en 1813 et 1814, des
» allégations complétement démenties par les documents suivants : Les originaux
» de toutes ces pièces sont conservés dans les archives de la famille ducale de
» Leuchtenberg. Les copies, faites presque en totalité de la main de S. A. R. ma-
» dame la duchesse de Leuchtenberg, veuve du prince Eugène, avaient été envoyées
» par elle dans les années 1836, 1837 et 1838, à M. Planat de la Faye, ancien offi-
» cier d'ordonnance de l'Empereur, et ont été récemment publiées par lui. Dans
» l'avant-propos de cette publication, M. Planat de la Faye ajoute :
» Après avoir lu ces documents, tout homme éclairé reconnaîtra la complète
» fausseté des assertions du maréchal Marmont et restera convaincu :
» Que le prince Eugène, loin d'intriguer dans un but intéressé, a constamment
» et sans hésitation repoussé les offres qui lui étaient faites ;
» Qu'il a scrupuleusement obéi aux ordres de l'Empereur ;
» Qu'il a rempli envers lui et envers la France tous les devoirs que lui imposaient
» la reconnaissance, l'amour de la patrie et la foi jurée ;
» Qu'enfin il s'est montré de tout temps digne de la devise qu'il s'était choisie :
» **Honneur et fidélité.** »

Et puis il y avait encore une note qu'il fallait mettre au bas du nº 10 :

« Ce sont les ordres et instructions qu'on prétend avoir été brûlés à Munich. »

Enfin il fallait, en outre, insérer cette autre note au bas du nº 17 :

« Le général Friaire, aide de camp du prince et écuyer, devait accompagner la
» princesse en cas de départ. »

Voilà l'ultimatum en face duquel on a osé placer M. Perrotin, en lui disant : Cela ou un procès ! Je vous le demande, messieurs, y avait-il au monde un homme d'honneur qui pût hésiter un instant ? Y avait-il une guerre si atroce qu'elle pût être, quelques dangers qu'elle pût amener, qui ne fût préférable à une telle capitulation ? Demander une telle insertion n'était-ce pas demander une lâcheté ? Comment ! vous voulez, dites-vous, des transactions, vous ne voulez pas intenter un procès, c'est à regret que vous l'intentez, et vous voulez forcer l'éditeur à dire que les assertions du maréchal Marmont sont complétement démenties par vos documents ? Vous voulez le forcer à donner à ces documents l'authenticité qui leur manque ! Vous n'avez en main que des copies ! Ces copies, dites-vous, vous ont été données par la famille de Leuchtenberg. Vous dites que ces copies sont sincères, vous les croyez telles ; soit, mais l'éditeur n'en sait rien : pourquoi donc appuierait-il vos assertions ou vos croyances ? Vous intentez une action judiciaire, restez au moins dans les conditions d'une action judiciaire. Se contente-t-on de copies en justice ? Non, on exige des originaux, des pièces contre lesquelles la dénégation ne soit pas possible. Quand les parties intéressées ne produisent que des copies, est-ce que le tribunal doit s'occuper de savoir, pour les admettre ou les repousser, s'il a à ses pieds des princes ou des têtes couronnées ? Est-ce que tout plaideur ne doit pas subir le niveau de la justice.

Vous parlez de lettres adressées par vous à l'empereur Napoléon : je voudrais bien savoir comment ces lettres, au lieu d'être déposées dans les archives de la France, sont dans vos mains. Comment ! vous auriez voulu que l'éditeur, par ses déclarations, donnât de l'authenticité à de pareils documents ; qu'il vînt dire au public : Ces documents, je les affirme, parce que j'en ai contrôlé la sincérité ; j'affirme que devant ces documents les Mémoires du duc de Raguse doivent disparaître ! Oui, oui, c'est là ce qu'on exigeait de l'éditeur : Condamnez les Mémoires du duc de Raguse, condamnez son honneur, dites qu'il est un diffamateur, ou subissez le procès. Voilà l'ultimatum.

Je dis que l'éditeur n'avait à hésiter ni au point de vue de la famille du duc, ni au point de vue de l'histoire : car vous le condamniez par cet ultimatum à affirmer des faits qu'il regarde comme faux, à dénaturer en un mot un fait historique. Ce procès, il devait le subir ; il l'a donc subi. Voilà comment et pourquoi, messieurs, nous sommes devant vous ; voilà comment et pourquoi nous sommes obligés aujourd'hui de discuter à cette audience.

J'arrive maintenant au débat.

Que demandent nos adversaires, quelle action intentent-ils ? Est-ce une action en calomnie ? Non, en droit, une telle action n'était pas possible ; ils le reconnaissent. Est-ce une action en suppression des Mémoires ? Non, une telle demande n'eût été possible que comme conséquence d'une action en calomnie. Que demandent-ils donc? Le voici : ils demandent qu'à la suite du sixième volume, et en tête des documents produits par M. Planat de la Faye, soit insérée une notice dont les termes seraient déterminés non plus par eux, mais par le tribunal : notice dont le but serait de glorifier la brochure, et de jeter le blâme sur le duc de Raguse. Et cette demande qui l'a formée? Ce n'est pas le prince Eugène, il est mort en 1824 : c'est la famille du prince Eugène. Voilà la question.

Cette question, je l'apprécie à un double point de vue : au point de vue, permettez-moi de le dire, du simple bon sens, et au point de vue du droit.

Au point de vue du bon sens, pour que la demande de la famille du prince Eugène pût être accueillie, il faudrait établir deux choses : d'abord que la vérité n'a pas été dite par le duc de Raguse, car si la vérité a été dite, il n'y a pas de puissance au monde qui puisse la détruire ; en second lieu, que le duc de Raguse, en ne disant pas la vérité volontairement, s'est fait intentionnellement le calomniateur de la mémoire du prince Eugène.

Cela ne suffirait pas encore. En admettant que le duc de Raguse n'ait pas dit la vérité, il faudrait encore que vous pussiez, vous, nous dire cette vérité que le duc de Raguse n'a pas dite. Il faudrait que vous pussiez nous la montrer, non pas douteuse, équivoque ; mais certaine, éclatante comme la lumière. A ces deux conditions je reconnais qu'en effet vous pourriez demander qu'on substituât la vérité à l'erreur, mais à ces deux conditions seulement.

Eh bien, voyons maintenant si ces deux conditions vous pourriez les remplir au point de vue du simple bon sens, et si, dans tous les cas, vous pourriez demander les rectifications que vous sollicitez. C'est bien, messieurs, la vérité que nous cherchons mon adversaire et moi ; c'est bien une vérité historique que nous discutons : c'est sur un des faits les plus insaisissables, les plus délicats qui soient au monde, que mon adversaire vient vous apporter son opinion et que j'ai la prétention de vous apporter la mienne.

C'est d'abord une chose étrange, messieurs, que cette discussion qui s'engage entre mon adversaire et moi, surtout sur une pareille question. J'interroge sa compétence et la mienne, et je lui demande s'il a autorité pour affirmer les faits qu'il affirme, et je me demande si j'ai autorité moi-même pour les contester. Comment! voilà près d'un demi-siècle que ces faits sont passés, que les acteurs qui y ont joué un rôle sont descendus dans la tombe; tous les témoins ont disparu, l'histoire a commencé pour tous : ce n'est même plus l'histoire contemporaine, c'est l'histoire pour la postérité; et c'est mon adversaire qui va prendre en main le poids d'une discussion semblable, et c'est moi qui vais lui répondre! Eh! qu'allons-nous faire? Nous allons discuter, nous allons raisonner en face de documents sans authenticité, en face de témoignages combattus par d'autres témoignages! Que dit la famille du prince? Que le duc de Raguse, que l'historien a obéi à ses passions! Et moi je lui réponds : Êtes-vous donc si purs de toute passion, si dégagés de tout intérêt, vous présentez-vous dans la lice en hommes impartiaux venant vraiment relever un fait historique dans l'intérêt de l'histoire, comme pourraient le faire des historiens étrangers, examinant avec impartialité les documents, les comparant, les contrôlant les uns par les autres, les appréciant, et faisant sortir de cet examen sévère et désintéressé une sentence que l'opinion publique ratifiera ou ne ratifiera pas, mais qui du moins émanera d'un juge sans parti pris? Non, vous n'êtes pas plus dégagés de passion que le duc de Raguse, et, d'un autre côté, vous avez, pour attaquer l'histoire, des intérêts plus pressants que ceux qu'il pouvait avoir. J'établirai bientôt que, de la colère, le duc de Raguse n'en avait pas, qu'il n'a jamais pu en avoir contre le prince, qu'il n'en a jamais eu. J'établirai aussi que vous, vous avez intérêt, un intérêt immense à contester des récits fâcheux pour la mémoire du prince Eugène, d'autant plus fâcheux qu'ils se sont produits non-seulement dans les Mémoires du duc de Raguse, mais dans d'autres livres, dans des brochures. C'est donc là, je le répète, une étrange position pour le défenseur qui attaque, comme pour le défenseur qui défend; et je m'en étonne d'autant plus, qu'à côté de cette première considération j'en trouve une seconde qui a quelque importance aussi.

Vous engagez le débat, c'est bien! Vous êtes assez compétent pour le faire, je le veux; vous êtes assez versé dans les faits historiques que vous avez à apprécier, je le veux encore; mais ces documents dont vous avez vu les copies vous paraissent-ils donc assez authentiques, non pas seulement pour engager la question, mais pour la résoudre? Et puis, devant quel tribunal vous présentez-vous? Est-ce que tout cet appareil judiciaire n'est qu'une illusion? Est-ce qu'en vérité c'est devant l'opinion publique que vous voulez plaider? Est-ce que vous ne voulez avoir en définitive que la conscience publique pour juge? Pourquoi ce débat alors?

Étrange situation encore! Vous vous adressez à un tribunal de France pour que ce tribunal juge où est la vérité, pour qu'il dise si elle est dans mon camp ou dans le vôtre, pour qu'il dise si M. le duc de Raguse a été de bonne foi, il pourrait examiner cela, mais s'il a exactement raconté, apprécié les faits, si, ayant reçu les paroles de l'empereur Napoléon, il les a bien traduites ou s'il a menti impudemment à la postérité pour laquelle il a écrit.

C'est ce que l'on vous demande à vous, messieurs, et c'est vous qui allez juger de telles thèses! Certes, personne plus que moi ne respecte votre justice élevée, personne plus que moi ne vous croit capables de bien apprécier des faits. Comme hommes, vous pouvez exprimer votre opinion; comme hommes, vous pouvez prendre part à ce jugement de la conscience publique, laquelle seule peut signaler les erreurs, rétablir la vérité; mais comme juges, permettez-moi de vous le dire, je ne puis reconnaître sur ce point, quel que soit mon respect pour votre tribunal, ni votre compétence ni votre autorité. Votre grande situation vous accompagne partout; nul ne peut, nul ne doit la diminuer. La mission qu'on veut vous imposer n'est-elle pas pleine de périls pour cette situation même. Comment! c'est au tribunal que nos adversaires viennent demander, quoi? de juger souverainement des faits politiques, militaires, diplomatiques; d'apprécier souverainement des hommes, des choses qui sont du domaine exclusif de l'histoire? On vient vous demander de décider par jugement si des ordres ont été donnés, si ces ordres donnés ont été révoqués, si l'on y a désobéi; de déterminer les conséquences de leur inexécution, si cette inexécution a été, sinon l'unique, au moins l'une des principales causes des désastres de 1814; quelles ont été les conséquences de la désobéissance sur ces désastres, sur qui en retombe la responsabilité! Voilà ce qu'on vous demande de juger.

Eh bien, je le dis en toute liberté de conscience, si comme hommes vous avez, comme tous les hommes, votre droit d'appréciation historique, comme juges on vous appelle à faire une chose insensée, déraisonnable, que vous ne pouvez pas accepter, que dans l'intérêt même de la justice vous n'accepterez pas

Où donc irions-nous avec un pareil système?

L'histoire ancienne ne blesse personne; elle a ce privilége de s'adresser à des morts, à des familles éteintes. Elle passe donc, non pas inaperçue sans doute; elle est discutée encore par des esprits chercheurs, élevés; elle est revue, critiquée; et, grâces à ce mouvement des intelligences, nous avons vu, notamment à notre époque, bien des erreurs corrigées. Tout cela est bien! Chercher, chercher toujours la vérité, c'est la mission de l'historien, mission grande devant laquelle on s'incline, on doit s'incliner quels qu'en soient les résultats, vérités ou erreurs.

Quant à l'histoire contemporaine, est-ce qu'elle n'aurait pas les mêmes franchises? Ah! j'entends! si elle est complaisante et fait l'éloge de tout le monde, bien, tout le monde est content et accueille avec grand plaisir les éloges qu'elle accorde; si elle est fausse et mensongère, on n'en tiendra pas compte quand plus tard on écrira l'histoire de l'époque; qu'importe, on la respecte. Si, au contraire, l'histoire contemporaine est vraie, si elle attaque la vanité de celui-ci, les intérêts de celui-là, les passions de tous; si elle discute les faits sans exagération, mais sans servilité, alors tout le monde résiste, et des protestations éclatent. Prenez garde, disait Tacite parlant de l'histoire contemporaine:

« Ceux qui écrivent l'histoire des temps anciens font peu de mécontents. Il n'im-
» porte à personne que vous prodiguiez des éloges aux armées de Rome ou à celles
» de Carthage; mais si vous parlez des personnes mortes sous Tibère, leur postérité
» existe!... »

Et en effet, messieurs, je le demande encore, où iriez-vous avec les jugements que l'intérêt ou la vanité sollicitent? Est-ce que, par hasard, vous donneriez la parole à tous les amours-propres blessés dans les mémoires contemporains? Songez-y! Quel est le poëte, quel est le guerrier, quel est le diplomate qui se trouvera bien jugé dans les mémoires contemporains s'il n'est pas placé au premier rang? quel est le misérable, quel est le criminel qui consentira à abaisser son front devant le jugement de l'histoire? quel est le traître qui ne cherchera pas à faire parade de sa fidélité, l'apostat qui n'essayera pas de justifier son apostasie; qui, après avoir traversé honteusement toutes les opinions et tous les règnes, ne viendra pas dire qu'il a fait tout cela par patriotisme, par amour du bien public? Voilà pour les individus; mais, que sera-ce si vous pensez aux hommes publics, aux corps constitués? Supposez que, remontant au commencement de ce siècle, un écrivain s'avise de demander compte au sénat impérial de son silence et de son obséquiosité, est-ce que toutes les familles sénatoriales ne se lèveraient pas pour demander réparation? Quand Chateaubriand écrivait contre la pairie ces pages brûlantes de mépris et d'indignation que nous avons tous lues, est-ce que les familles patriciennes n'auraient pas été tentées de se lever aussi pour demander réparation à la justice? Donnerez-vous la parole à ces intérêts et à ces passions, tous ces intérêts, toutes ces passions auront-ils le droit de se faire entendre, tous auront-ils le droit de protester et de vous prendre pour juges? Il le faudra bien, si la demande actuelle est accueillie. Mais alors il y a quelque chose de mieux à faire, oui, il y a une chose plus franche à dire et à faire : c'est de nier le droit de l'historien contemporain ; ce serait plus franc et plus honnête : car c'est, en effet, nier le droit de l'historien que de le forcer d'ajouter une œuvre à son œuvre.

Ces considérations premières ne sont encore que des considérations de bon sens; à elles seules, cependant, elles me paraissent devoir résoudre toute la difficulté. On vous dit qu'on veut substituer la vérité à l'erreur, mais où est la vérité? Les avocats ont-ils compétence pour discuter? Les juges ont-ils la compétence et l'autorité nécessaires pour juger? Les éléments indispensables pour apprécier un fait historique si délicat, si insaisissable de sa nature sont-ils sous les yeux? Non, non. La compétence manque aux juges comme aux avocats. A ce point de vue, il n'y a donc pas plus de polémique possible que de jugement possible. Je le dis, je le dirai sans cesse, la conscience publique, voilà le seul juge compétent, voilà ce que dit le bon sens. Je ne sais si je m'abuse, mais il me semble qu'à ce premier point de vue la cause est jugée.

Mais des considérations plus élevées se présentent à moi : je veux parler des droits de l'histoire, et quand je parle des droits de l'histoire, je ne parle pas seulement de l'histoire générale du passé, je parle encore de l'histoire contemporaine.

Quel est donc le droit de l'histoire? Quelle est son étendue, sa limite? pourrez-vous fixer cette étendue, cette limite?

Il y a une distinction qu'on a toujours faite, qui est juste et raisonnable : c'est la distinction entre l'homme privé et l'homme public. L'homme privé qui se renferme dans la vie du foyer, qui pense, qui agit pour lui, pour sa famille, pour ses intérêts particuliers, qui ne touche en rien et ne veut toucher en rien au gouvernement du monde, ne doit compte à personne qu'à lui-même et à Dieu de ses pensées et de ses actes. Il n'a pas à compter avec l'histoire, c'est tout simple. Qu'importe, en effet, à l'histoire ce qu'a pu penser et dire l'homme privé? L'histoire n'écrit que pour l'humanité; elle n'a rien à voir ni aux grandeurs, ni aux misères de la vie privée. C'est à peine si, en traversant le temps et les siècles, quelque vie illustre apparaît et se détache pour devenir le sujet d'une biographie édifiante ou d'une légende qui se transmettra d'âge en âge comme un bon exemple à suivre. Portraits de famille, bons à figurer dans un salon de famille, encore une fois. L'homme privé ne doit compte à personne de ses actes, et personne n'a le droit de les discuter.

Pour l'homme public, tout cela change. Du moment qu'il a quitté la vie privée, qu'il a manifesté la volonté de ne plus s'appartenir, il ne s'appartient plus. Avant la tombe, il appartient à ses contemporains, à la chronique, aux mémoires ; au delà de la tombe, à la postérité, à l'histoire. Il a voulu sortir de sa demeure, entrer dans le monde, vivre de la vie publique : le monde a le droit de le regarder, non pas seulement quand il est à la tête des affaires publiques, mais même quand, un instant fatigué, il vient demander à son foyer domestique un peu de repos, de soulagement, et même des consolations, car l'homme public est toujours homme public, même dans la vie privée ; et il est bon qu'il en soit ainsi. Il ne s'appartient plus, on a le droit de le suivre, de le surveiller partout... Dans le monastère de Saint-Just, comme sur le trône, Charles-Quint est toujours Charles-Quint. L'histoire ne s'y est pas trompée, et ses curiosités ne se sont pas arrêtées devant les secrets et les obscurités du cloître.

Pourquoi, en définitive, l'homme public doit-il ainsi compte de tous ses actes ? Parce qu'il s'est mêlé au gouvernement du monde, parce qu'en s'y mêlant par calcul, par dévouement ou par ambition, peu importe, il a pesé sur ce gouvernement, parce qu'il a pesé sur les destinées des gouvernés, et que ceux-ci ont le droit de savoir comment ces destinées ont été conduites. Voilà pourquoi l'homme public doit compte ; voilà pourquoi il appartient à l'histoire ; voilà quels sont les droits de l'histoire sur lui, et il est juste qu'il en soit ainsi. L'histoire est faite pour enseigner l'avenir en découvrant le passé, pour empêcher que des fautes commises une fois ne se commettent pas de nouveau dans les mêmes circonstances.

Mais, dit l'adversaire, si une vie honorable est calomniée, il faudra donc qu'elle reste immobile et impassible sous le coup du récit historique qui la calomnie ; elle n'aura donc aucun moyen de porter devant la justice ses réclamations ?

Entendons-nous. Quand je revendique les droits de l'histoire, je les revendique comme je revendique le droit en général. Je respecte le droit, je hais l'abus ; j'aime la liberté, je n'aime pas la licence. Toute puissance, à quelque hauteur qu'elle soit placée, a pour limite la raison, la conscience. Cette limite n'énerve pas les passions honnêtes, elle réfrène les passions mauvaises. Je ne confonds pas plus que mon honorable adversaire le droit de l'histoire avec la calomnie ; le pamphlet, qui n'a pour intention et pour but que de diffamer les hommes ou les actes, ne sera jamais à mes yeux une œuvre historique. Je veux dans l'historien une intention droite, un cœur loyal, un esprit sérieux ; quand je retrouve ces qualités dans son cœur, alors je ne comprends pas, je l'avoue, qu'on vienne lui demander compte, devant un tribunal, même des erreurs qu'il a pu commettre dans ses récits et dans ses appréciations. Si l'historien avait à redouter pour ses jugements les attaques des personnages qui posent devant lui, je ne crains pas de dire que la majesté de l'histoire serait rabaissée, sa force, son initiative, sa critique compromises. En perdant son audace, audace légitime, l'écrivain perdrait même son courage, et de grandes, d'utiles vérités seraient sacrifiées aux dangers d'une faillibilité dont l'intelligence la plus haute et la raison la plus sûre ne sont jamais exemptes.

Ainsi donc liberté ! indépendance ! protection dans la liberté et l'indépendance ! Que l'historien ait toute la franchise de ses allures ; qu'il ose parler, écrire, applaudir, condamner, glorifier ou flétrir : voilà, messieurs, ce que je demande ; voilà ce qui est juste et vrai. Que s'il agit méchamment, pour servir ses colères ou ses haines, alors il descend au rang des pamphlétaires ; alors je comprends les accusations et les poursuites ; seulement alors.

Ce que je dis pour l'histoire, je le dis pour les mémoires contemporains ; et, si je l'osais, je demanderais pour eux plus de franchises encore que pour l'histoire. Je sais que l'abus est ici bien près du droit ; que le joueur est, pour ainsi dire, en face du joueur ; que le peintre a, sous son regard, une nature vivante, passionnée, et qu'au milieu de ces passions qui l'environnent, le pressent, l'emportent, et auxquels il se mêle, il ne s'inspire pas toujours de la raison pure. Oui, je ne me fais pas illusion à cet égard ; mais qu'importe, le bien n'est-il donc pas à côté du mal ?

« Laissez faire, disait un critique du dernier siècle, La Harpe, car là (dans les Mémoires) sont tous les matériaux de l'histoire ; l'historien y trouve, à l'aide d'une critique désintéressée, impartiale, sévère, les vérités qu'il doit recueillir. »

« Je pense que l'histoire, pour être utile, ne saurait paraître trop tôt, » ajoutait Duclos.

Et d'Alembert : « L'histoire, à un certain éloignement, est bien difficile à écrire. Les acteurs ont péri, les témoins ont disparu, les notions sont éparses. »

Un grand maître en ce genre, Saint-Simon, parlait ainsi en faveur de l'histoire contemporaine, dans une lettre de Versailles à la date du 29 mars 1699 :

Lettre de Saint-Simon à M. de Rancé, abbé de la Trappe.

« Versailles, le 29 mars 1699.

» Je travaille à des espèces de Mémoires de ma vie..... Comme je m'y suis pro-
» posé une exacte vérité, aussi me suis-je lâché à la dire bonne ou mauvaise, toute
» telle qu'elle m'a semblé sur les uns et les autres, songeant à satisfaire mes incli-
» nations et passions en tout ce que la vérité m'a permis de dire, attendu que tra-
» vaillant pour moi et bien peu des miens pendant ma vie, et pour qui voudra
» après ma mort, je ne me suis arrêté à ménager personne par aucune considé-
» ration. »

Il ne se méprenait pas, lui, non plus, sur le danger qu'il y avait à écrire l'histoire contemporaine :

« Celui qui écrit l'histoire de son temps, qui ne s'attache qu'au vrai, qui ne
» ménage personne, se garde bien de la montrer. Que n'aurait-il point à craindre
» de tant de gens puissants, offensés en personne, ou dans leurs plus proches, par
» les vérités les plus certaines et en même temps les plus cruelles ! Il faudrait donc
» qu'un écrivain eût perdu le sens, pour laisser soupçonner seulement qu'il écrit.
» Son ouvrage doit mûrir sous la clef et les plus sûres serrures, passer ainsi à ses
» héritiers, qui feront sagement de laisser couler plus d'une génération ou deux et
» de ne laisser paraître l'ouvrage que lorsque le temps l'aura mis à l'abri des
» ressentiments. »

Et moi je partage ces idées. Oui, laissez le chroniqueur écrire avec liberté, pleine liberté ; laissez-le satisfaire ses *inclinations*, ses *passions* ; qu'il dise la vérité : tout est bien s'il la dit avec loyauté, avec sincérité, avec conscience, comme il la voit, comme il la sent. Je sais les dangers qui l'attendent ; on ne s'attaque pas impunément aux vanités des hommes, on ne blâme pas leur orgueil sans avoir à en souffrir, à plus forte raison si, sondant des plaies plus profondes, on dénonce des crimes, on flétrit des trahisons. Mais qu'importent ces dangers ! Pourquoi l'écrivain reculerait-il devant eux, quand, pour se dé-fendre, il a la vérité ? Pourquoi attendrait-il qu'il se soit endormi dans la tombe pour publier les vérités qu'il a saisies au milieu des hommes avec lesquels il a vécu et des temps qu'il a traversés? On l'accusera de passion! Soit ; il y a des passions nobles et grandes auxquelles il faut obéir. Ne condamnez pas de telles passions, messieurs, car elles sont rares.

Et puis, où donc est le péril? Doit-on donc tant de considérations et de respects à toutes ces individualités qui se soulèvent contre les libertés de l'histoire? Il semblerait, à entendre le bruit qu'elles font, que le monde ne roule que pour elles. Qu'est-ce donc après tout que tous ces amours-propres blessés, tous ces intérêts froissés, toutes ces vanités déçues, tous ces orgueils rabaissés? Rien, absolument rien dans le mouvement général de l'histoire; rien que des infiniment petits qui se confondent et se perdent dans la marche progressive des sociétés, comme dans la vaste création de Dieu se perd et disparaît chaque atome qui a pourtant, lui aussi, son rôle marqué dans la magnificence de l'œuvre.

Je ne sais si l'histoire a dit vrai quand, descendant au sein de la vie de ses héros, peuples ou rois, savants ou philosophes, poëtes ou guerriers, elle a raconté les vertus de ceux-ci, les vices de ceux-là, leurs crimes, leurs passions; mais qui s'en occupe? Est-ce à de tels détails que l'on s'attache quand on veut saisir la loi des temps passés, le mouvement philosophique de l'humanité, les leçons de l'avenir, les causes des grandeurs et des décadences des nations? C'est à grand'peine si, à travers les siècles écoulés, apparaissent quelques individualités exceptionnelles qui ont marqué, à leur époque, ou par l'éclat de leurs vertus, ou par les scandales de leurs vices ou de leurs crimes.

Résumons ceci : Liberté à l'histoire ; liberté aux mémoires contemporains ; liberté ne reconnaissant pour maîtres que la raison et la conscience.

Songez-y, messieurs! Si vous ouvrez l'enceinte judiciaire à tous les intérêts que l'histoire ou les chroniques ont flétris, des assises éternelles n'y suffiront pas. Remontez les siècles, voyez la Rome des empereurs en face de Tacite, moins grand encore par ses écrits que par ses haines vigoureuses, et demandez-vous si des condamnations prononcées alors contre le grand écrivain auraient relevé les puissants d'alors des flétrissures que la conscience publique a ratifiées.

Mettez en face de Saint-Simon les personnages de Louis XIV que l'illustre chroniqueur a poursuivis de ses dédains, de ses sarcasmes, de ses haines et de ses *vérités cruelles :* ouvrirez-vous encore la lice judiciaire à ces personnages qui ne manqueront pas de frapper aux portes, si, une seule fois, elles venaient à s'ouvrir ?

Non, non! encore une fois, la justice n'a rien à faire dans de tels débats ; j'ai beau approfondir cette question, je ne trouve que cette solution de raison et de bon sens.

Cependant sommes-nous en présence de principes juridiques qui viendraient donner un démenti aux principes généraux que j'ai résumés devant vous ? Non. L'adversaire a cité des arrêts, des opinions d'auteurs. Je ne veux pas m'occuper de cette question, car elle se trouve à l'instant résolue par la distinction fort sage qu'ont établie les arrêts et les auteurs entre les limites de l'histoire sincèrement écrite et les faits racontés méchamment et avec l'intention de nuire.

« Ainsi, dit Dalloz, en résumant cette doctrine :

« . . . .

» ... sauf aux tribunaux à apprécier si l'écrivain s'est renfermé dans les limites de
» l'histoire, ou si, au contraire, il a agi méchamment et avec l'intention de nuire. »

Dans l'arrêt de la Cour de Paris, en statuant sur la plainte des héritiers de
Casimir Périer, les principes sont encore posés :

« ... sauf aux juges saisis de la plainte à apprécier si l'écrivain s'est renfermé dans
» les limites de l'histoire, ou si, au contraire, il a agi méchamment et avec l'inten-
» tion de nuire. »

Ainsi le bon sens, le droit de l'histoire et la jurisprudence en pareille matière viennent à mon secours et nous disent que, s'il y a une histoire et non pas
un pamphlet, une œuvre de diffamation écrite méchamment, il n'y a pas lieu
de demander une réparation aux tribunaux.

Maintenant la question se pose ainsi :

Est-il vrai que le général Marmont ait dépassé les limites de l'histoire, qu'il
n'ait fait qu'un pamphlet, que son œuvre soit une œuvre méchante, une œuvre
de colère et de haine ? Interrogeons l'ouvrage.

Le duc de Raguse a joué un grand rôle dans l'histoire de cette époque ; il
a beaucoup vu et il a beaucoup fait. En 1792, à l'âge de 18 ans, il entre au
service, et dès ses premiers pas dans la carrière il rencontre Bonaparte, avec
lequel il se lie et qui l'honore de son amitié. Depuis 1792 jusqu'à 1814,
époque de cette fameuse campagne de France qui fut le dernier mot de l'épopée
impériale, Marmont est toujours sur le champ de bataille. C'est là qu'il con-
quiert ses honneurs et ses grades jusqu'au premier grade que l'honneur militaire puisse ambitionner. Il doit tous ses honneurs à ses services, rien à la
faveur, dit-il dans ses Mémoires :

« Pendant les dix ans du règne de l'Empire, j'ai passé six semaines à Paris, en
» voyages de quinze jours chacun : en 1804, lors du couronnement;en 1809, après la
» paix de Vienne ; en 1811, en allant prendre le commandement de l'armée de Por-
» tugal. »

C'est donc à l'armée, sous les drapeaux, dans toutes les batailles que la
France a livrées avec tant d'éclat, depuis Toulon jusqu'en 1814 ; c'est en traversant l'Égypte, l'Italie, l'Allemagne, le Portugal, l'Espagne, la Russie et
cette campagne de 1814 dans laquelle il commanda un simple corps d'armée de 6,000 hommes, restes de cinquante bataillons tués ou dispersés, que
le duc de Raguse a parcouru sa carrière et est arrivé aux honneurs suprêmes
qui l'ont couronnée.

Écrire l'histoire de sa vie, c'était donc pour le maréchal Marmont écrire
l'histoire de la République, de l'Empire et de la Restauration. C'est sur cette
grande scène, qui va de 1792 à 1830, qu'il a dû rencontrer et qu'il a rencontré
tous les personnages, grands ou petits, qui se sont trouvés successivement
placés à côté, au-dessus ou au-dessous de lui. C'est sur cette scène aussi
qu'il a rencontré toutes les ambitions grandes ou petites qui se sont agitées
pendant l'époque impériale. Ainsi placé, il devait se heurter contre les

orgueils immenses qui surgissent à toutes les époques historiques et qui ne manquaient pas apparemment au temps dans lequel il a vécu.

Écrire dans de pareilles conditions, pour de tels hommes, sur de tels faits, c'était un danger immense pour l'écrivain qui allait se trouver aux prises avec toutes ces ambitions qu'il pourrait heurter, toutes ces vanités qu'il pourrait flageller, tous ces amours-propres contre lesquels il aurait à s'élever. Marmont a vu le danger, il l'a connu. Il a eu un tort, il n'en a eu qu'un : c'est, après avoir écrit les Mémoires qu'il a eu le courage d'écrire, de faire comme Saint-Simon, de ne pas les publier pendant sa vie et de laisser à ses héritiers le soin de faire cette publication. J'imagine que beaucoup de passions qui se sont soulevées, auraient gardé le silence en face de l'homme qui aurait pu dire : Ce que j'ai dit, je l'ai vu ; les faits que je rapporte, je les rapporte avec impartialité, parce que je n'ai pas intérêt à les fausser !

C'est en 1828 que Marmont a commencé son œuvre, c'est en 1830 qu'il la complétée, alors que, retiré en Allemagne, loin des affaires, ayant terminé sa vie politique et militaire, il n'avait plus qu'à demander des distractions à la science qu'il avait beaucoup aimée, qui l'en avait récompensée, et à sa conscience des consolations qui ont pu calmer les derniers instants de sa vie.

Je viens de vous dire le caractère de l'écrivain et dans quelle situation il était placé ; je n'insiste pas.

Quels reproches adresse-t-on à l'œuvre du maréchal Marmont ? On dit que c'est une œuvre de rancune et d'orgueil, qu'il s'est complu à abaisser toutes les gloires pour mieux relever la sienne, à renverser toutes les statues pour que la sienne restât seule sur les champs de bataille qu'il avait parcourus.

A ceux qui qualifient ainsi cette œuvre, je prendrai la liberté de dire qu'ils ne l'ont pas lue ; ou, que s'ils l'ont lue, ils étaient tellement préoccupés de je ne sais quel intérêt, de je ne sais quelles passions, qu'ils n'en ont pas compris la portée. Il ne faut pas pénétrer bien avant en effet, dans cette histoire, pour voir que le duc de Raguse n'a rien fait de ce dont on l'accuse. Tous les noms véritablement grands, véritablement illustres, qui se sont élevés en France sous l'époque impériale sont restés grands et illustres dans ses Mémoires : Masséna, Lannes, Duroc, Desaix et tant d'autres ! Ouvrez les Mémoires du duc de Raguse, demandez-lui ce qu'il pense de ces hommes, de leurs actes, et vous verrez s'il manque sous son pinceau quelque chose aux glorifications dont les a couronnés la postérité. Je ne parle pas de l'Empereur, qui fut toujours pour Marmont un prodige, un éblouissement, et j'en vais donner une preuve saillante.

Dans ses Mémoires, écrits après ceux de Sainte-Hélène, quand l'Empereur avait été au moins fort injuste envers lui, savez-vous comment il termine ses récits sur 1814 ? Après avoir expliqué et apprécié les faits en s'appuyant sur des dates et des faits authentiques, voici le dernier cri qu'il jette :

« Je ne regrette qu'une chose : c'est de n'avoir pas suivi Napoléon à l'île-d'Elbe » après qu'il fut descendu du trône, n'importe quelles en eussent été pour moi les » conséquences. »

Suivez-le dès ses premières pages, lorsqu'il rencontre à la Fère Bonaparte, alors simple lieutenant d'artillerie comme lui-même ; traversez l'époque impériale ; interrogez le récit de toutes les batailles ; arrivez à 1814, époque à laquelle il peut saisir dans la pensée de l'Empereur beaucoup d'illusions, d'erreurs, qu'il apprécie sans doute comme elles doivent être appréciées : il voit toujours en lui le grand homme, c'est toujours pour lui un prodige, un éblouissement. Il n'est pas à genoux devant tout ce qui s'est dit et fait pendant quinze ans ; non, il examine, il juge. Quand il est devant l'ennemi, quand il se demande si un mouvement stratégique a été bien ou mal ordonné, quand, avec l'intelligence élevée qu'il a et la pratique de tant de champs de bataille parcourus, il recherche si des erreurs n'ont pas été commises, oui, il le fait en toute liberté. Quel est donc le juge plus compétent que lui pour prononcer sur ces choses ? Comment lui refuserait-on, à lui, le droit de juger, alors qu'on ne le refuse pas à des historiens qui n'ont jamais appartenu au métier des armes ? Oui, Marmont a fait cela avec indépendance, avec courage : à tous il a rendu justice : quand il a fallu blâmer, il a blâmé ; quand il a fallu louer, il a loué ; quand il a fallu condamner, il a condamné. C'était son droit ; j'ajoute que c'était son devoir d'historien.

On ne lui pardonne pas cela. Eh vraiment ! je le sais bien. Tout général qui a pris une part active à une bataille, veut avoir gagné la bataille à lui tout seul ; c'est tout simple, jamais il n'a commis de fautes, tous ses mouvements ont été bien ordonnés, et s'il a subi une défaite, il ne faut l'attribuer qu'au hasard, jamais à l'impéritie. On ne pardonnera pas à Marmont d'avoir dit la vérité à tous. On ne lui pardonnera pas notamment d'avoir dit, de l'affaire du pont d'Arcole, que c'était tout simplement une échauffourée, et d'avoir ainsi effacé le prestige qui s'attachait à ces enluminures qui décorent les cheminées de nos campagnes : il était si doux de voir le général Bonaparte, le drapeau à la main, Augereau à ses côtés, traversant le pont d'Arcole au milieu des balles, forçant l'ennemi et le mettant en pleine déroute. Non, on ne lui pardonnera pas d'avoir dit que tout cela n'est qu'une fable. Cependant il avait, lui aussi, intérêt à ce prodige ; il était là, à côté de Napoléon ; c'était le cas de prendre sa part d'amour-propre et d'orgueil. Que voulez-vous ? Cela n'était pas vrai, il l'a dit franchement, on ne le lui pardonnera pas.

Il a cru que toutes les campagnes de l'Empereur étaient assez admirables dans leur réalité, sans qu'il fût besoin d'y joindre encore des épisodes romanesques Il a laissé de côté le roman, mais il a maintenu la réalité historique assez grande et assez éclatante pour que l'orgueil national s'en contentât. Il a fait une belle et bonne œuvre ; la gloire militaire de l'Empire n'y perd rien ; les petites vanités seules y perdent, elles réclament : qu'importe ! il n'a renversé que de faux dieux.

Je le répète, lorsque nos adversaires viennent attaquer l'œuvre du maréchal Marmont, dire que c'est une œuvre d'orgueil et de rancune, j'ai le droit de leur répondre : Vous ne l'avez pas lue, ou vous l'avez lue sous l'empire d'une passion qui ne vous a pas permis de voir ce qu'il y avait de beau, de grand, d'exact, dans les vérités historiques que l'historien a fidèlement retracées.

Sans doute, et j'en conviens, le maréchal Marmont s'est fait la part belle ; mais je le lui pardonne. Je n'aime pas l'orgueil quand il ne s'appuie pas sur de grands actes ; mais à ces grands hommes, à ces grands guerriers dont l'Égypte a appris le nom et qui ont en vainqueurs parcouru toute l'Europe pendant quinze années, à ceux-là je pardonne un peu d'orgueil. Je pardonne surtout et avant tout à Marmont, parce qu'il n'avait pas seulement sa vie à raconter, mais parce qu'il avait encore sa vie à défendre. Comment l'aurait-il oublié? Quel est l'homme qui plus que lui a été accusé? Quelle est la bouche qui, en prononçant son nom, n'a pas prononcé le mot de trahison? N'ai-je pas eu moi-même cette pensée comme tout le monde? Je vivais aussi en 1814; n'ai-je pas cru, comme tout le monde, que Paris avait été livré par le maréchal Marmont? Qui n'a dit que l'Empire serait resté debout si la capitulation de Paris n'avait pas été faite, si l'Empereur avait eu le temps d'arriver, si avec son armée il s'était jeté sur les derrières de l'ennemi, l'avait pris entre deux feux et s'il avait pu ainsi le combattre et le vaincre? Oui, ç'a été l'opinion de notre jeunesse, l'opinion du monde entier peut-être.

L'accusation pesa mortellement sur l'âme du duc de Raguse. Cependant il n'a pas demandé une réparation à la justice de son pays; il aurait eu le droit de le faire. Non; il a pensé que ce n'était pas une réparation judiciaire qu'il lui fallait, mais une réparation historique, ayant seule quelque valeur devant la postérité. Il a protesté sans doute contre l'acte qu'on lui attribuait, mais simplement, et puis il a attendu que les passions se fussent amorties et que la vérité se fît jour.

La vérité s'est fait jour, les passions se sont effacées. Un écrivain éminent, qui n'est pas suspect, qui ne peut pas l'être, M. de Vaulabelle a, lui aussi, examiné cette époque. Il l'a fait avec une grande loyauté, ce dont je ne lui fais pas un mérite, mais avec une impartialité dont je le loue. Car pour être impartial il faut se combattre soi-même, résister aux passions qui vous emportent, aux sentiments qui vous séduisent; il y a donc du mérite à se livrer de tels combats et à en sortir victorieux. Or voici comment M. de Vaulabelle s'exprime sur la capitulation de Paris :

« La capitulation de Paris étonna, indigna la France. Le peuple ne put com» prendre comment Paris, capitale d'un grand empire, centre de toutes les res» sources d'un gouvernement, avec une population de 700,000 âmes, s'était rendu » après une lutte de quelques heures. Les nations ont leur jour d'injustice. Le gou» vernement de la régente avait été inepte et lâche, l'Empereur imprévoyant et » aveugle au delà de toute croyance. L'armée sous Paris s'était montrée héroïque. » Fait inouï! elle venait de tuer à l'ennemi plus de soldats qu'elle ne comptait de » combattants, et ce furent les chefs de cette armée qu'on accusa. Les nations ont » aussi leurs passions. La défaite même la plus honorable leur semble une honte » qu'elles ne peuvent accepter : être trahi va mieux à leur orgueil. La capitulation » signée par les aides de camp du duc de Raguse fut reprochée à ce maréchal » comme un acte d'infâme trahison.
» Joseph Bonaparte, Clarke, duc de Feltre, le général Hullin, voilà les seuls » noms sur lesquels doit éternellement peser le fatal souvenir de la première capi» tulation de Paris. Le maréchal Marmont était encore un des plus nobles soldats » de notre armée le 30 mars 1814. »

Voilà comment procède l'histoire, voilà comment elle revise les jugements portés par les passions ou par les intérêts; le calme revenu, reprenant le passé, interrogeant les documents, elle se demande si le jugement qui a été porté est conforme à la justice; et quand elle voit qu'il y a injustice, erreur ou calomnie, elle répare l'erreur et foule aux pieds la calomnie ; la vérité se fait jour et se trouve replacée sur le seul piédestal qui lui convienne, le piédestal de l'histoire. Puis, le jugement porté, la postérité l'accepte.

Aussi le duc de Raguse, dans ses *Mémoires*, ne revient-il que très accidentellement sur cette partie de sa vie. Il rappelle la protestation qu'il a faite d'abord ; il précise les faits, les dates ; il impose la responsabilité à qui elle appartient ; cette responsabilité pèse sur qui elle doit peser ; il rappelle ie jugement de M. de Vaulabelle ; puis, en jetant un dernier regard sur cette partie de son histoire, il se contente de faire entendre ce cri de douleur :

« Il est facile à un homme d'honneur de remplir son devoir quand il est tout
» tracé ; mais qu'il est cruel de vivre dans des temps où l'on peut et où l'on doit
» se demander : Où est le devoir ? Et ces temps, je les ai vus, ce sont ceux de mon
» époque ! Trois fois en ma vie j'ai été mis en présence de cette difficulté ! Heureux
» ceux qui vivent sous l'empire d'un gouvernement régulier, ou qui, placés dans une
» situation obscure, ont échappé à cette cruelle épreuve ! Qu'ils s'abstiennent de
» blâmer ; ils ne peuvent être juges d'un état de choses inconnu pour eux ! »

Cela dit, fermons cet épisode et revenons au procès.

Toutes ces grandes qualités que je viens de signaler dans l'œuvre du duc de Raguse, les aurait-il tout à coup oubliées lorsque, écrivant la campagne de 1814, il a rencontré sur son chemin le prince Eugène ?

Comment aurait-il pu en être ainsi ? Cette campagne de 1814 est de toutes les campagnes de l'Empire la plus funeste sans doute, mais aussi la plus glorieuse, la plus illustre, en raison du résultat qu'on voulait atteindre et des efforts qu'il a fallu faire pour y parvenir, efforts surhumains qui auraient sauvé l'Empire, si son salut avait dépendu du courage des armées qui le défendaient. En faisant ce récit d'une campagne à laquelle il a pris une part si active sur tous les champs de bataille, si Marmont avait eu une âme basse et étroite, mais elle se serait exaltée à ces grands spectacles ; et si son âme était élevée, elle aurait dû s'exalter encore. Non, non, on ne comprendrait pas comment la diffamation et la calomnie seraient venues se glisser tout à coup au milieu de ces magnifiques récits d'une campagne dont chaque mouvement est un prodige.

Eh bien, cependant, le guerrier historique ne sera-t-il qu'un calomniateur ? Personne ne le croira.

Il a été sévère ici comme toujours, oui, et il a eu raison de l'être, surtout à l'époque de 1814, et voici pourquoi. Je comprends que, dans les temps de gloire et de succès, on puisse se montrer généreux et facile, accorder à celui-ci ou à celui-là la gloire qu'il revendique souvent sans l'avoir méritée. Mais cela ne se comprend pas dans les temps de désastres, car alors toutes les responsabilités se mesurent et se pèsent : il ne faut pas être généreux alors, il faut être vrai. Le duc de Raguse a donc eu raison de demander compte à chacun de ses pensées, de ses sentiments, de ses actes, de ses hésitations. C'est ce qu'il a fait, et il avait encore le droit de le faire.

Voyons s'il le fait sincèrement et loyalement.

C'est dans le sixième volume de son œuvre que le maréchal parle du prince Eugène. La campagne de 1814 est ouverte. C'est, je l'ai déjà dit, le dernier effort du génie impérial, le dernier mot, mais sublime, de cette force qui va encore étonner le monde du bruit de sa chute après l'avoir fatigué de son despotisme.

Marmont vient de décrire la situation déplorable de l'armée, son ardeur, son dévouement, ses entreprises hardies, ses retraites habiles, son audace, mais aussi son impuissance. Un homme encore, un homme seulement parle toujours avec hauteur de ses projets de combat, de ses espérances de victoire : cet homme, c'est Napoléon !

Il arrive à Vitry le 26 janvier ; il n'a sous les ordres de Trévise, de Bellune, de la Moskowa, de Raguse, que des débris d'armées, restes de bataillons plus que décimés par la guerre, les fatigues, la désertion et pourtant, écoutez-le ! C'est Raguse qui parle :

« Aussitôt l'arrivée de Napoléon à Vitry, je me rendis près de lui. Le *Moniteur*
» avait annoncé la formation d'un camp à Châlons, je lui parlai des renforts que
» sans doute il nous amenait. Il me répondit : Aucun. Il n'y avait pas un seul
» homme à Châlons. — Mais avec quoi allez-vous combattre ? — Nous allons tenter la fortune avec ce que nous avons ; peut-être nous sera-t-elle favorable ?
» C'était à ne pas se croire éveillé que d'entendre de pareilles choses ; et cependant il y eut un enchaînement de circonstances si extraordinaire, que la balance
» a failli pencher en notre faveur. »

Oui, c'était à ne pas se croire éveillé au moment où il parlait ainsi, on pourrait le croire, en insensé de ses espérances.

Napoléon parle également de ses ressources. C'est ici que commence le récit pour le prince Eugène :

« Il ajoute au surplus des détails importants donnant crédit à ses paroles et
» quelques bases à ses espérances. Il avait donné l'ordre au prince Eugène d'évacuer l'Italie, après avoir fait un armistice ou bien trompé les Autrichiens, et fait
» sauter toutes les places, excepté Mantoue, Alexandrie et Gênes. J'ai eu dans le
» temps quelques doutes sur la vérité de ces dispositions ; mais elles m'ont été
» certifiées et garanties depuis par l'officier porteur des ordres et des instructions,
» le lieutenant général d'Anthouard, premier aide de camp du vice-roi. Il est entré
» avec moi dans des détails circonstanciés dont je devais rendre compte. »

Il y a, messieurs, dans ce passage, une expression qui, à elle seule, montre toute la bonne foi de Marmont :

« J'ai eu dans le temps quelque doute, » dit-il ; un calomniateur n'a jamais de doute ; il ne peut pas en avoir.

Arrêtons-nous un moment dans ce début :

Le maréchal Marmont parle de choses qu'il a entendues, que l'Empereur lui a dites, qu'il a recueillies. Il dit ses hésitations, ses doutes, car il a pu croire que l'Empereur en disant ces choses n'avait pour but que de relever le courage de ses soldats.

Puis son récit continue ; mais il reparle maintenant sur la foi du général d'Anthouard, aide de camp du vice-roi et qui en cette qualité lui aurait porté et l'ordre et les instructions.

Il raconte alors que l'ordre a été donné par l'Empereur, et porté par le général d'Anthouard aux forces italiennes de rentrer en France. Il dit quelles

V.   8

devaient être les conséquences de cette marche stratégique ; comment en se repliant sur la France le prince pouvait, chemin faisant, réunir un corps de 80,000 hommes. Puis il porte le jugement que voici :

« Quand on pense à la résistance incroyable que nous avons opposée avec ces » débris, qui jamais en totalité n'ont formé 40,000 hommes, on peut supposer » ce qui serait advenu à l'arrivée subite d'un renfort pareil et par l'exécution » d'un semblable mouvement. Eugène éluda les ordres de l'Empereur ; il fit cause » à part ; il intrigua dans ses seuls intérêts. Il s'abandonna à l'étrange idée qu'il » pouvait, comme roi d'Italie, survivre à l'Empire ; il oubliait qu'une branche ne » peut vivre quand le tronc qui l'a portée est coupé.

» Il a été la cause la plus efficace, après la cause dominante placée avant tout, dans » le caractère de Napoléon, la cause la plus efficace, dis-je, de la catastrophe ; et » cependant la justice des hommes est si singulière, qu'on s'est obstiné à le repré- » senter comme le héros de la fidélité ? Je tiens à conscience d'établir ces faits, » dont la vérité m'est parfaitement connue, et qui ne sont pas sans intérêt pour » l'histoire. »

Le jugement est sévère, oui, mais le maréchal ne s'arrête pas là. Il dit les avoir donnés ces ordres, il les précise, il donne les motifs de sa pensée. Il dit comment le mouvement devait s'opérer sur les Alpes ; il affirme, sur la foi du général d'Anthouard, que c'est le général d'Anthouard qui a porté les ordres et que ces ordres n'ont pas été exécutés ; que des lettres pressantes de l'Empereur, du ministre de la guerre, de Joséphine ont été adressées à Eugène pour accélérer le mouvement ; que ces ordres n'ont jamais été révoqués, que pourtant il n'y a eu, de la part du prince Eugène, ni exécution, ni commencement d'exécution : on devait faire sauter toutes les places, pas une place n'a sauté ; Eugène devait conclure un armistice avec le général autrichien, aucune négociation n'a été même tentée ; l'ordre était de masquer le mouvement sur la France, on l'a découvert, au contraire. Marmont cite les faits à l'appui. Tout prouve, dit-il, que l'ordre a été donné, tout prouve qu'il n'a pas été obéi, tout prouve qu'Eugène est resté en Italie, combattant inutilement et demeurant ainsi étranger à cette campagne de France où l'appelaient les ordres de l'Empereur.

Puis la crise arrive, l'Europe tombe, Eugène cherche à faire tomber sur sa tête cette couronne d'Italie par lui si longtemps rêvée.

Je ferai passer plus tard, sous vos yeux, sa proclamation à cette époque, et vous verrez quelle est son attitude, et si dans cette attitude même ne se trouveront pas d'éclatantes révélations.

Telle est l'analyse succincte du récit du maréchal. Je me borne à cette analyse, parce que le récit tout entier a déjà été lu ; mais vous le relirez, car c'est dans le récit tout entier que se trouve la preuve de la bonne foi de l'écrivain.

Eh bien, je le demande, après un récit ainsi présenté, peut-on dire, comme l'a prétendu l'adversaire, que c'est là une œuvre de haine et de colère ; que ce n'est pas pour écrire l'histoire que le duc de Raguse a parlé de l'armée d'Italie, mais qu'il a voulu calomnier le prince Eugène, qu'il a écrit dans ce but, dans ce but unique ? Ne trouve-t-on pas, au contraire, dans l'œuvre du maréchal, le langage sérieux, impartial de l'histoire, langage faillible peut-être, mais consciencieux assurément.

Ainsi quand il dit : L'Empereur m'a parlé de ses ressources, et parmi ses ressources il comptait l'armée du prince Eugène, manque-t-il à la vérité ? Qui oserait dire que l'Empereur n'a pas effectivement tenu ce langage ? Comment prouverait-on un tel démenti ?

Est-ce l'Empereur, au contraire, qui se faisait illusion et qui racontait à ses généraux réunis des choses qu'en réalité il n'aurait dû avoir ni dans la pensée ni dans le cœur ?

Marmont, qui doute un instant, aurait-il mieux fait de rester dans le doute, devant la parole de l'Empereur, parole calculée et trompeuse ?

Cela serait, qu'il y aurait loin de cette respectueuse crédulité à une insulte intentionnelle contre le prince.

Quand il parle des récits du général d'Anthouard, des lettres données, des instructions portées, est-ce encore une erreur de sa part ; ou, pour me prêter à l'hypothèse adverse, est-ce non pas une erreur, mais un mensonge ? Non, non, personne n'oserait dire que le maréchal ait ici rien inventé. Dans l'ouvrage du général d'Anthouard dont je parlerai bientôt vous trouverez, en effet, exactement racontés tous les faits que plus tard le duc de Raguse a reproduits.

D'ailleurs, sur les ordres donnés, n'y a-t-il pas la lettre en chiffres de l'Empereur, en date du 17 janvier, la lettre du ministre de la guerre du 9 février, la lettre de l'impératrice Joséphine ? Cette lettre lue à la dernière audience a-t-elle même été reproduite exactement ? J'en doute.

La lettre de l'Impératrice, à en juger par celle du prince Eugène qui y fait allusion, devait être fort pressante et même contenir sur les hésitations ou les retards du prince des reproches amers ; elle avait blessé Eugène, il s'en plaint avec vivacité, et celle que l'on a produite n'est qu'affectueuse. Eugène ne pouvait pas en être blessé. Il y en a donc une autre qui est restée dans l'ombre.

Quoi qu'il en soit, un fait reste : c'est l'ordre donné, c'est l'obéissance à cet ordre sollicitée, commandée par tous, même par l'Impératrice.

Le maréchal Marmont affirme qu'il n'y a pas eu de contre-ordre. Comment donc, en effet, et quand ce contre ordre aurait-il pu être donné ? Comment, l'Empereur aurait donné ordre à l'armée d'Italie de rentrer en France, il aurait donné cet ordre à la fin de 1813, alors que l'invasion n'avait pas commencé, et quand de victoire en victoire l'armée française, battant toujours en retraite, était arrivée presque sous les murs de Paris, vaincue malgré ses efforts, c'est dans ce moment que l'Empereur aurait donné contre-ordre au prince Eugène, qu'il lui aurait prescrit de se maintenir en Italie ! C'est ce qu'on veut nous faire croire ! Imposer une telle croyance, ce ne serait pas trop d'un contre-ordre écrit : où est-il ?...

Quand le duc de Raguse affirme que Napoléon voulait faire venir en France la princesse Auguste, projet sur l'exécution duquel il insiste, y a-t-il encore là une erreur ou un mensonge ? Les lettres produites par les adversaires eux-mêmes ne démontrent-elles pas que l'Empereur a donné cet ordre, qui n'a pas plus que le premier reçu obéissance.

Quand il parle des conséquences désastreuses de cette désobéissance, mentil encore ? Rappelez-vous les paroles de l'Empereur au duc de Raguse, ses espérances conçues, et demandez-vous ce qu'ont dû devenir ses espérances trahies. L'Empereur ne comptait-il pas sur le succès avec l'armée d'Italie ? Était-ce illusion, folie ? Illusion ! folie ! peut-être ! et pourtant qui sait ? J'aime, quant à moi, ces folies sublimes qui ne croient jamais à la défaite. Marmont l'a dit : « Il y eut un enchaînement de circonstances si extraordinaires, que la » balance a failli pencher en notre faveur. »

On nous parle, messieurs, de haine, de colère : ce serait sous le coup de ces tristes passions que le duc de Raguse aurait écrit son récit sur le prince Eugène. Pourquoi donc de la haine, pourquoi de la colère ? En 1808, je crois, le duc de Raguse se trouvait en Italie ; le prince Eugène y était aussi : il y eut, cela est vrai, quelques froissements entre ces deux hommes à propos d'une somme d'argent dont le maréchal aurait disposé pour l'employer à des fortifications ordonnées d'urgence par l'Empereur ; cela aurait mécontenté le prince Eugène, il aurait dénoncé ce fait à l'Empereur, et de là, dites-vous, la rancune, la haine, la colère du maréchal, bien mesquine et bien pauvre pour expliquer une calomnie odieuse ! Mais si petite qu'elle soit, cette cause y est-elle ?

Il est vrai qu'en 1808 Marmont était en Italie ; il y occupait une position très importante ; des travaux de fortifications, très considérables, avaient été ordonnés par l'Empereur. Mais, comme il arrivait assez souvent, les ordres de l'Empereur n'avaient pas été suivis d'ordonnancements de fonds suffisants pour faire exécuter ces fortifications. Le duc de Raguse, qui tenait bien plus, lui, à l'exécution des ordres de l'Empereur qu'à la destination spéciale de certains fonds, ordonna les travaux, et il appliqua à ces travaux des sommes qui avaient, j'en conviens, une autre destination. Tout ceci est très nettement expliqué dans les Mémoires du duc.

Qu'y a-t-il au fond de tout cela ? Une dissidence sur un fait indifférent, rien de plus. Et ce serait là la cause des rancunes et des colères du duc de Raguse ! On n'en articule pas, on ne peut pas en articuler d'autres ! Et en 1828, quand il méditait ses Mémoires, et dans le cours de 1830, quand il les écrivait, se rappelant ces dissidences qui datent de 1808, il se serait dit : On a discuté, je vais prendre ma revanche ; je présenterai, comme désobéissant à des ordres supérieurs dont l'exécution devait être salutaire au pays, l'homme qui m'a contrarié dans une application de fonds publics !...... Ce n'est pas sérieux.

Si cette cause vous manque, quelle est celle qui vous reste ? Est-ce que dans les champs de gloire que Marmont a parcourus le prince lui a quelquefois barré le passage ? Est-ce qu'il n'est pas placé aussi haut que le prince Eugène ? Est-ce que le bâton de maréchal de France, gagné comme il l'a gagné, ne vaut pas bien la couronne de la vice-royauté d'Italie, donnée par l'Empereur, nous verrons plus tard à quel prix ? Est-ce que, dans ces désastres de 1814, on en est encore à dégager sa responsabilité personnelle pour la reporter sur un autre ? Est-ce que la cause de la décadence et de la ruine de l'Empire n'est pas aujourd'hui connue ? Est-ce que nous en sommes encore à discuter sur les causes de la chute de l'Empire ? Est-ce que ces causes ne sont pas vivantes, éclatantes, dans les forces coalisées par la vengeance, dans l'épuisement des forces nationales, et puis encore, et surtout et avant tout, dans la colère, dans la haine des populations réveillées enfin contre un despotisme intolérable.

Sans doute et malgré son despotisme l'Empereur avait été longtemps l'idole des populations, qui se conduisent moins par l'intelligence que par le sentiment. Pourquoi? C'est que, despote au dedans, il y avait pourtant en lui comme un instinct démocratique qui le poussait à servir la démocratie même alors qu'il tendait le plus au pouvoir absolu. Oui, certes, il servait cette puissance lorsqu'il allait de capitales en capitales vaincre les rois de l'Europe, les abaisser à ses pieds et les ranger à sa suite aux fêtes de son couronnement. Qu'on ne s'y trompe pas, c'est pour cela qu'il trouvait des sympathies dans les masses; c'est pour cela qu'il était populaire; c'est pour cela qu'en 1814, dans les Cent jours, on le voyait accompagné de ce prestige magnifique qui l'a suivi jusqu'à Sainte-Hélène. Mais les intelligences ont aussi leur moment de triomphe, et il est arrivé un jour où le despotisme a tellement pesé sur elles, mais les gages donnés à la démocratie ont tellement disparu sous les fortes étreintes du despotisme, que la France s'est levée enfin, et que l'Empire a péri, bien moins encore par la puissance des forces coalisées que par la haine de la nation oppressée.

Voilà les causes que le duc de Raguse donne dans son livre : « La cause, » dit-il, dominante des désastres était dans le caractère de Napoléon. » A-t-il eu tort? Est-il un calomniateur? Oui, on l'a dit! on l'a dit! on a osé le dire en face des hommes qui ont vécu alors et qui vivent encore aujourd'hui! Oui, on a dit que l'Empereur avait été jusqu'au dernier jour soutenu, non pas seulement par l'amour du peuple, mais par la bourgeoisie !.... Et Raguse aurait faussé l'histoire pour avoir affirmé l'opinion contraire! Assez sur ces choses.

La famille de Leuchtenberg prétend que son chef a été calomnié. Encore une fois qu'elle me dise les causes qui auraient animé les passions de l'historien, s'il n'y en a pas, que reste-t-il? Il reste, en définitive, pour le duc de Raguse et pour ma défense, cette vérité que le duc de Raguse a suivie dans l'histoire de 1814 ; qu'il s'est montré là, comme toujours, véridique avant tout, loyal, impartial ; que son caractère est resté le même, jugeant les faits comme il les voyait, comme il les sentait, dans l'état de vérité où il les trouvait, et que jamais consciencieusement, loyalement, sciemment, il n'a voulu écrire une erreur dont il aurait pu sentir la portée, et à plus forte raison jamais une calomnie.

Vous allez voir, au reste, que ce que le maréchal a écrit, non-seulement il ne l'a pas inventé, mais que ce n'est pas même lui qui l'a écrit le premier. Les autres écrits ont précédé le sien, cela devait être : les événements de 1814 ont eu dans le monde un si grand retentissement, que les récits ont dû suivre les récits.

Voici M. de Montverau. M. de Montverau écrivait en 1821 ; le prince Eugène n'est mort qu'en 1824. C'est donc en face du prince, pour ainsi dire, qu'il va parler ; or, que dit-il?

« C'est ici le moment d'examiner si Napoléon, après la bataille de la Rothière,
» vers le 2 ou le 3 février, a donné ordre au prince vice-roi de venir le joindre
» par le Valais, avec les troupes françaises et les corps d'élite italiens de son armée;

» et si, rassuré par ses succès contre l'armée de Silésie et contre la grande armée,
» un ordre contraire fut donné par lui.

   » Dès le 18 janvier, l'Empereur avait ordonné que l'armée française d'Italie se
» rapprochât des Alpes. Le comité de défense s'occupa, le 22, des mesures qu'exi-
» gerait l'exécution de cet ordre. Il demanda des explications et fit quelques
» objections. L'artillerie, qui devait rester dans les places de la 27ᵉ et de la 28ᵉ divi-
» sion militaire, fut limitée aux pièces nécessaires pour armer leurs batteries. Le
» surplus fut dirigé sur la France par Turin et Fénestrelles. Il fut laissé des petites
» armes dans la citadelle d'Alexandrie pour les corps qui étaient en formation dans
» cette place. Le reste fut porté à Turin, à Fénestrelles, à Besançon et à
» Grenoble. »

Certes, les affirmations ne manquent point dans ce récit historique ; la conduite du prince y est appréciée avec une certaine vigueur d'expression. Les
ordres sont donnés ; sont-ils exécutés ? Non. L'armée d'Italie se porte-t-elle
sur la France ? Non. Le prince reste-t-il en Italie ? Oui. On ne dit pas qu'il
a voulu se faire couronner roi, cependant c'est un fait acquis à l'histoire.

A côté de ceci, Montgaillard pose la question d'une façon bien plus
nette encore :

«..... Le cabinet de Vienne, immuable dans sa politique, ambitionne des succès
» sans travaux, des conquêtes sans combats, des bénéfices sans risques, et son
» général n'avancera que sur les positions abandonnées, reculant toujours à la plus
» légère offensive des Français, quoiqu'il sache que l'armée active du prince
» Eugène Beauharnais est réduite à 28,000 combattants depuis que la désertion,
» se propageant dans les troupes italiennes, a obligé de les reléguer dans les places.
» Le cabinet de Vienne est, il est vrai, tranquille de ce côté depuis que le prince
» Eugène est entré en pourparlers d'arrangement avec lui. Dans l'état présent des
» choses, le prince pouvait exercer la plus grande influence sur l'issue de la
» guerre, puisqu'il commandait 28,000 Français aguerris. Si cette armée, traver-
» sant les Alpes, se fût jointe aux troupes du maréchal Augereau, dans le bassin
» du Rhône, elle eût opéré la plus complète, la plus heureuse diversion au moment
» où l'Empereur, vainqueur de Blücher, reprenait de l'ascendant. Mais le prince
» Eugène recevra (1815) à Vienne la récompense de son inaction militaire. »

Est-ce tout ? Non.

En 1827, le général d'Anthouard, l'aide de camp du prince Eugène, celui
qui a porté les ordres, celui qui devait pour ainsi dire en assurer l'exécution
par la fidélité de la remise de ces ordres et des instructions qui y étaient
jointes, le général d'Anthouard a écrit ce qui s'est passé en 1814 ; ses souvenirs étaient personnels, il avait joué un rôle très actif, très important, il en
devait compte à l'histoire ; il en a rendu compte dans le *Spectateur militaire*,
en 1827. Je ne lirai qu'une partie de son article :

« Le prince Borghèse, prévenu de ce mouvement, disposait tout pour les vivres
» et les transports. Les monts Cenis et Genèvre devaient être bien armés et appro-
» visionnés, ainsi que le fort de Fénestrelles, pour arrêter l'ennemi sur la frontière.
» Une garnison restait dans Mantoue, et une autre dans Alexandrie ; Venise, blo-
» quée par terre, était déjà pourvue. Napoléon voulait que l'on mît de préférence
» les troupes italiennes dans Mantoue et Alexandrie, parce qu'il craignait qu'en

» les ramenant en France dans ces circonstances, leur moral ne fût trop affecté de
» se voir loin de leurs familles, pendant que l'Italie serait occupée par les étran-
» gers. Napoléon ne conservait en Italie que Venise, Mantoue et Alexandrie, bien
» armées et bien approvisionnées. Il abandonnait les autres places. Cela me suffit,
» disait-il ; j'aurai ensuite l'Italie quand je voudrai. L'Italie est en France ; mais la
» France n'est pas en Italie, et c'est en France que tout se décidera.

» Aussitôt que la fin de l'armistice aurait été dénoncée par M. de Bellegarde, les
» troupes devaient forcer la marche pour dépasser le mont Cenis et le mont Ge-
» nèvre. La cavalerie légère, qui formait le rideau, attendait la démonstration d'at-
» taque des Autrichiens, et alors se retirait rapidement pour rejoindre l'infanterie.
» Il était probable que M. de Bellegarde porterait des troupes sur Peschiera et
» Mantoue, passerait le Mincio, et que, ne trouvant pas d'ennemis, il se dirigerait
» tout de suite sur Milan. Là il organiserait le gouvernement, ferait chanter le
» *Te Deum*, donnerait des ordres pour occuper tout le pays et poursuivre les
» Français...

» Mais toutes ces dispositions exigeaient plusieurs jours. L'armée française aurait
» gagné de l'avance. Forte de 30 à 35,000 hommes, avec un bon équipage de 100
» bouches à feu, elle aurait passé par Briançon et le mont Cenis pour déboucher
» sur Grenoble et sur Chambéry. Elle trouvait à Chambéry le général Desaix avec
» 5 à 6,000 hommes ; à Grenoble, le général Marchand avec une douzaine de
» mille hommes ; à Lyon, le maréchal Augereau avec environ 20,000 hommes.
» Ces 37,000 hommes, réunis à l'armée d'Italie, formaient 70,000 hommes com-
» battant sous les ordres du prince Eugène. Le général Desaix formait l'extrême
» droite. Avec quelques mille hommes, il se portait sur le Valais, y organisait des
» partisans et donnait des inquiétudes aux Autrichiens pour leurs derrières.

» L'armée, remontant par la Bourgogne ou la Franche-Comté, se dirigeait, sui-
» vant les circonstances, sur Langres ou sur Béfort. L'armée autrichienne, prise
» en flanc et à dos, devait se hâter de se replier sur la Suisse.

» Le vice-roi, arrivant sur les frontières de la Lorraine, était aussitôt rejoint par
» l'Empereur, qui faisait un mouvement sur Saint-Dizier. Alors, suivi de sa garde,
» Napoléon se mettait à la tête des troupes d'Italie, et dirigeait le reste de l'armée
» sur Paris pour couvrir la capitale ; ensuite il prenait dans la Lorraine 25,000
» hommes qui étaient organisés et se renforçait de troupes de l'Alsace. Pendant ces
» opérations, les Autrichiens étaient repoussés ; l'Empereur descendait le Rhin
» pour balayer tous les corps ennemis qui avaient pénétré en France, et les reje-
» tait vers l'intérieur pour en prendre le plus possible. Arrivé à ce point, le résultat
» de la guerre était décidé.

» L'empereur Napoléon, voulant rendre le prince Eugène libre de tous ses mou-
» vements pour la campagne de la fin de 1813 et 1814, lui prescrivit d'envoyer sa
» famille en France. La princesse Auguste avait à choisir de venir auprès de l'im-
» pératrice Joséphine, sa belle-mère, ou de l'impératrice Marie-Louise. L'Empe-
» reur proposa aussi à la princesse de se rendre à Montpellier ou à Marseille. Celle-
» ci, qui était en correspondance avec sa famille sur les événements présents et
» futurs, se refusa à toutes ces propositions. On prétexta qu'il fallait rester à Milan
» pour donner du courage aux Italiens, et ne quitter cette capitale que lorsqu'on y
» serait forcé.

» L'Empereur fut extrêmement contrarié de tous ces refus et de ce projet. Il
» voulait rendre le prince Eugène indépendant de toute affection de famille, pour le
» mettre à même de bien exécuter son plan de campagne. Peut-être même, voyant
» la conduite du roi de Naples, voulait-il mettre le prince Eugène à l'abri de l'in-
» fluence de sa femme ; mais quels qu'aient été ses motifs, tout son plan échoua...

» Napoléon, ayant compté sur le vice-roi plus que sur tous les autres, ne pouvait

» s'imaginer que ses ordres ne seraient pas exécutés. Lorsque, sur le champ de
» bataille de Montmirail, un aide de camp du prince Eugène porta le rapport du
» combat ou plutôt de l'échauffourée qui venait d'avoir lieu sur le Mincio, la pre-
» mière question de l'empereur fut : Où est Eugène ? quand arrivera-t-il ? — Le
» prince, dans sa dépêche, parlait de sa victoire et s'excusait de ne pas pouvoir
» quitter l'Italie. N'ayant plus la ligne de l'Adige, étant replié derrière le Mincio,
» presque enveloppé par les Autrichiens et les Napolitains, en nombre quadruple
» de ses troupes, il ne lui était plus possible de faire son mouvement sur la
» France, mais il était en mesure de défendre l'Italie.

» L'empereur vit bien, dès lors, qu'il ne pouvait plus compter sur la coopération
» de l'armée d'Eugène. S'il en devina le motif, il garda le silence, comme il l'avait
» gardé longtemps sur la défection de Joachim ; mais son plan de campagne fut
» manqué. La France, comme il l'avait dit, ne fut plus défendue en Italie, et l'Italie
» fut perdue en France.

» Il faut remarquer que le prince eut l'air de mettre à exécution le plan de
» campagne ; mais il était trop tard. Au lieu d'avoir profité du moment où, libre
» de ses mouvements, il était sur l'Adige, Eugène balança sur le parti à prendre.
» Retenu, d'un côté, par la famille de sa femme, puis poussé par l'honneur et la
» reconnaissance, il fut constamment dans l'hésitation...

» Lorsqu'il apprit par M. de Bellegarde l'abdication de Napoléon, il se démit
» du commandement de l'armée française, disant qu'il se devait à l'Italie. Il
» croyait y rester, mais il fut détrompé deux ou trois jours après par M. de Belle-
» garde. Il prit alors le parti de se rendre en Bavière avec sa famille. »

Je ne ferai plus qu'une citation ; je l'emprunte à la *Biographie universelle* :

« Eugène, dont toute la vie marque assez qu'il n'était pas sans ambition, pouvait
» bien croire qu'il avait d'autres intérêts que ceux de Napoléon. Des écrivains ont
» assuré que, si sa défection ne fut pas publique, c'est qu'elle n'eut pas le temps de
» l'être. Il marchanda longtemps, ajoute-t-on, sur des conditions, dont la première
» devait être le titre définitif de roi d'Italie, et il avait envoyé un agent au congrès
» de Châtillon pour traiter en son nom. Des pièces à l'appui de tous ces faits exis-
» tent, à ce que l'on assure. D'autres, au contraire, affirment que jusqu'au bout le
» prince Eugène, bien qu'il eût beaucoup à se plaindre de Napoléon, lui garda
» fidélité. Quoi qu'il en soit, on ne peut guère douter qu'après la déchéance de
» l'Empereur, le désir de la couronne d'Italie ne soit entré plus vif que jamais dans
» la pensée d'Eugène. »

Ces derniers écrits, j'en conviens, ne furent pas publiés du vivant du prince
Eugène ; mais en 1821 il y en eut un, et cela suffisait bien pour attirer une
réponse. Personne plus que le prince n'avait intérêt à défendre sa conduite
en Italie. Le maréchal Marmont n'a rien ajouté à tout ce qui avait été dit
avant lui ; il n'y a pas un fait dans ses Mémoires qui ne soit déjà enseigné dans
l'écrit du général d'Anthouard.

Voilà comment se justifient, au point de vue de la loyauté et de la fidélité
historique, les Mémoires du duc de Raguse.

Maintenant serai-je condamné, entrant dans la voie que mon adversaire a
ouverte, à discuter la brochure de M. Planat de la Faye, à étudier chacun des
faits qu'il avance, à discuter les autorités sur lesquelles il s'appuie, l'importance des pièces qu'il produit, leur caractère, leur authenticité ; dois-je faire
cela ? Je ne le crois pas.

Si je le faisais, j'aurais alors à me poser une première question sur le caractère du prince Eugène ; question grave et que je n'aborderai qu'avec répugnance. On a beaucoup parlé de sa douceur, de son dévouement au pays et à l'Empereur ; je ne conteste ni la douceur du prince, ni même, si vous voulez, son dévouement à l'Empereur. Mais quoi ! n'y a-t-il donc pas été décelé quelques traits de caractère que l'histoire a fait ressortir et que les adversaires paraissent avoir oubliés ? Est-ce qu'il n'y avait pas beaucoup de faiblesse et d'ambition dans cet homme ? Aux brochures que vous m'opposez je ne répondrai pas par les Mémoires du duc de Raguse ; le duc de Raguse n'a pas fait de portrait, il a écrit sur un fait historique, voilà tout. C'est donc en dehors de mon procès que j'irai, puisque j'y suis un peu contraint, chercher des autorités et des preuves ; et je les demanderai à des historiens que vous n'accuserez assurément ni de colère ni de jalousie :

« Le prince Eugène, dit Montgaillard, avait joui en France d'une grande popu-
» larité due principalement à l'affection que l'on portait à l'impératrice Joséphine,
» sa mère ; mais l'extrême inconvenance avec laquelle il se conduisit dans l'affaire
» du divorce de Napoléon et de Joséphine, lui fit perdre l'estime nationale. »

Voici encore ce que je lis dans la *Biographie des contemporains* :

« Ce fut alors que le prince Eugène fut appelé à une épreuve qui devait ébranler
» son courage. Il vint à Paris, non-seulement pour assister à la dissolution du
» mariage de Joséphine (sa mère !) avec Napoléon et aux pompes du nouvel
» hyménée, mais encore pour être l'exécuteur des volontés de l'Empereur. Chargé
» de notifier au sénat la déchéance de sa mère, il y développa les motifs qui déci-
» daient la démarche de Napoléon et en fit sentir l'importance sans laisser aperce-
» voir aucun des sentiments qui devaient l'agiter intérieurement. Était-ce indiffé-
» rence, ambition ? Voyait-il dans cette obéissance aveugle un moyen d'arriver
» plus sûrement au titre éminent qu'il entrevoyait en Italie ?
» Quoi qu'il en soit, sa conduite fut généralement blâmée à Paris. »

Et plus loin :

« On se souvient que c'est à la fin de 1807 qu'eut lieu le divorce de Napoléon
» et de Joséphine. Mandé à Paris à cette occasion, Eugène y fit preuve d'une sou-
» mission sans bornes à toutes les volontés de son père adoptif : c'est lui qui dut
» voir Joséphine pour la décider à un changement si fâcheux ; c'est lui qui, lorsque
» sa mère laissa échapper de ses mains l'acte de séparation qu'elle devait lire,
» acheva la lecture et développa devant le sénat conservateur l'importance des
» motifs auxquels obéissait en cet instant le chef de l'Empire. Enfin, le 1er avril
» suivant, il assista avec la vice-reine, sa femme, au mariage de Napoléon et de
» l'archiduchesse. On n'a pas besoin de dire que tant de soumission et d'obéissance
» ne fut approuvé ni en France ni en Italie. Nulle part on ne douta qu'Eugène eût
» alors l'espoir de voir bientôt sa vice-royauté faire place à une couronne. »

Et l'Empereur ne s'y trompait pas. Ainsi, en partant pour la campagne de Russie, quand il eut nommé l'impératrice régente, il voulut placer à côté

d'elle un homme d'autorité, qui pût diriger l'impératrice en toutes choses.
Cambacérès lui proposa le prince Eugène :

« Au nom du prince Eugène, dit M. Thiers, Napoléon, ordinairement si affec-
» tueux quand il s'agissait de ce prince, s'arrêta tout à coup avec l'apparence d'une
» réflexion inquiète et ombrageuse : Eugène, dit-il, est un excellent homme; mais
» il est bien jeune! Il faut se garder d'allumer une ambition excessive dans ce
» cœur si peu fait encore aux passions du monde. Qui sait ce que le temps pour-
» rait amener ? »

Ainsi, faiblesse, ambition, voilà des traits qui manquaient à l'esquisse des
adversaires et que j'ai dû restituer.

Eh bien ! laissons-le maintenant avec son caractère au milieu des événements de 1813 et de 1814. La coalition est formée ; l'invasion n'a pas commencé encore ; l'Empereur a de grandes espérances, de grandes illusions,
c'est pour lui la réalité ; il croit à son triomphe sur toutes les armées ennemies, et cette croyance il l'inspire ou du moins il tâche de l'inspirer à tout
ce qui l'entoure. Il croit, il veut qu'on croie à son étoile; bien que l'Empire
soit menacé, il n'est pas tombé encore. C'est à ce moment qu'arrive à Eugène
une lettre du roi de Bavière; quelle lettre ? Une sorte de manifeste prêchant
la trahison ; oui, partout des défections éclatent parmi les rois alliés que l'Empereur avait couronnés, qui l'encensaient hier, et qui aujourd'hui désertent
les drapeaux, même sous le feu des batailles ! Ici le roi de Bavière, là Murat.
Puis parmi ses amis, des fidélités douteuses, hésitantes; des consciences qui
s'abaissent ou se relèvent à mesure que leurs calculs ou leurs intérêts, leurs
espérances ou leurs doutes grandissent ou diminuent. Voilà dans quel milieu
se trouve le prince Eugène, vice-roi d'Italie, rêvant la royauté ; sollicité par
son beau-père, sollicité par sa femme, et au-dessus de ces influences, sollicité
par sa propre faiblesse et par son ambition. La lettre du roi, son beau-père,
fait luire à ses yeux l'amitié des puissances alliées, et les espérances ambitieuses
que cette amitié peut faire naître et réaliser. Que vont-ils faire ?

C'est à ce moment aussi que les ordres de l'Empereur arrivèrent. A-t-il
reçu des ordres ? Oui. En a-t-il reçu plusieurs ? Oui. Vous les connaissez déjà.
Permettez-moi pourtant de les confirmer encore par des documents graves,
et d'opposer, en ce point, correspondance à correspondance.

Le 8 février 1814, à 6 heures du soir, Napoléon écrit à Joseph :

« Mon frère, je viens d'écrire au ministre de la guerre relativement à l'évacua-
» tion de l'Italie.... »

Le même jour il écrit encore :

« Mon frère, faites remettre cette lettre en mains propres à l'impératrice José-
» phine. Je lui écris pour qu'elle écrive à Eugène. Vous lui direz qu'elle vous
» envoie sa lettre, que vous ferez partir par estafette. »

Le surlendemain Joseph répond à l'Empereur :

« Sire, j'ai reçu vos lettres du 9, de onze heures du matin et de deux heures de

» l'après-midi. La lettre de l'Impératrice est partie par l'estafette de ce matin ; elle
» est aussi pressante que possible, etc.... »

Voilà des ordres donnés, ordres pressants, en présence de l'invasion qui
s'avance sur le sol. Des batailles se livrent partout, on se bat avec une grande
ardeur, partout on risque sa vie. C'est dans ce moment que, songeant comme
dernière ressource à l'armée d'Italie, Napoléon écrit directement ; cela ne suffit
pas, il fait encore écrire par son frère, il demande à l'impératrice Joséphine
d'écrire. Et l'on veut vous faire croire qu'à mesure que la coalition avancera
sur Paris, qu'elle deviendra plus puissante, que l'Empereur aura plus besoin
des forces italiennes pour soutenir l'armée française, que c'est à ce moment
qu'il changera d'avis et qu'au lieu de défendre, selon son expression, l'Italie
en France, il voudra qu'on défende l'Italie en Italie, dût la France périr !
Non, non, cela n'est pas vrai. Quand des ordres si pressants, si précis, ont été
donnés, il n'est pas permis de dire qu'au dernier moment et quand ils étaient
plus nécessaires que jamais, ces ordres ont pourtant été révoqués.

Le duc de Raguse a dit qu'il y avait eu désobéissance. Oui, rien de plus.
Eugène a-t-il trahi, a-t-il voulu trahir, suivre l'exemple donné par Murat ?
A-t-il cru devoir obéir à son ambition ? Je n'en sais rien, je ne veux pas le
savoir. Mais a-t-il hésité un moment, un seul moment devant l'ordre donné ?
La lettre du roi de Bavière, impuissante à faire un traître, a-t-elle amené du
moins dans un esprit faible et ambitieux quelque doute, quelque hésitation ?
Ah ! je le dis avec franchise, je le crains.

Mais s'il a hésité, qu'est-ce donc, je le demande, que l'hésitation, ne fût-
elle que d'une heure, quand l'Empire est menacé, quand il ne peut se soutenir qu'à l'aide d'une activité prodigieuse dans ses élans et dans son énergie,
qu'est-ce donc quand de l'action dépend le salut ?

Vous parlez de sa fidélité à la France, et il a hésité quand la France était
en péril ; vous parlez de son dévouement à l'Empereur, et quand l'Empereur
a besoin de lui, il reste en Italie , et quand l'Empire sème de ses victoires
impuissantes les jours de sa décadence et se termine, il reste en Italie ! Le
dernier jour arrive, l'Empire n'est plus. Les troupes françaises quittent alors
l'armée du prince Eugène et rentrent en France. Que fait-il ? Une proclamation dans l'intérêt de sa royauté. Écoutez :

« En me séparant de vous, d'autres devoirs me restent à remplir.
» Un peuple bon, généreux et fidèle réclame le reste d'une existence qui lui est
» consacrée depuis près de dix ans. Je ne prétends plus disposer de moi-même,
» tant que je pourrai m'occuper de son bonheur, qui a été et sera l'ouvrage de
» toute ma vie.
» Soldats français, en restant au milieu de ce peuple, soyez certains que je
» n'oublierai jamais la confiance que vous m'avez témoignée au milieu des dan-
» gers, ainsi qu'au milieu des circonstances politiques les plus épineuses. Mon
» attachement et ma reconnaissance vous suivront partout, comme l'estime et
» l'affection du peuple italien.
» Donné en notre quartier général, à Mantoue, le 17 avril 1814.
» Signé : EUGÈNE. »

Voilà son dernier mot.

Ah ! je le demande encore, le prince qui parle ainsi est-il resté, comme on l'a soutenu, un exemple de dévouement et de fidélité? Ai-je besoin, moi, de prouver sa trahison ? L'hésitation ne suffit-elle pas ?

Résumons en quelques mots cette situation.

Je ne dirai pas au prince Eugène : Vous avez trahi comme le roi Murat a trahi : non ; mais vous avez eu dans le cœur une pensée mauvaise ; et cette pensée, la lettre du roi de Bavière l'a enfantée ou fécondée. Depuis longtemps vous rêviez la royauté d'Italie. Le roi de Rome, succombant avec son père, ne comptait plus parmi les royautés européennes. Le roi de Bavière vous promettait l'appui des alliés, et cet appui pouvait compter dans le partage à faire des royautés européennes. La princesse Auguste exerçait aussi son influence, et telle était cette influence, que l'Empereur voulait faire rentrer la princesse en France pour vous en affranchir. Vous avez cru à ces espérances, accepté ces influences.

Voilà ce qui s'est passé. Resté en Italie quand l'Empereur quittait la France, vous avez rêvé, demandé peut-être la couronne d'Italie ; puis un jour chassé de la Péninsule, vous êtes venu saluer Louis XVIII, et quand les Cent jours se sont levés sur le retour de l'Empereur, vous n'avez pas paru en France !

Les preuves morales abondent ; je les abandonne à l'appréciation de tous ceux qui comptent les preuves morales pour quelque chose.

J'ai fini, messieurs ; je ne veux pas insister davantage. Pour les besoins de ma cause, je n'avais à démontrer qu'une seule chose : c'est que le duc de Raguse avait dit la vérité ; c'est qu'il avait parlé loyalement, consciencieusement, sur des faits qui lui étaient connus, qui pouvaient être vérifiés. Y a-t-il eu erreur ? Je le désirerais de toutes mes forces ; il n'y a rien qui me plairait davantage que de voir surgir au moins un doute. Y a-t-il des certitudes d'un côté, des incertitudes de l'autre ? Il n'y a qu'une puissance au monde qui puisse le dire : c'est la conscience publique ; elle est votre juge, elle est le nôtre. Ce que je puis dire, c'est que les conclusions que les adversaires ont posées sont des conclusions sans prudence, que ce procès est un procès insensé ; il doit finir, il finira misérablement. Le bruit est ici fatal ; mieux valait mille fois le silence que de remettre en lumière des faits qui ne peuvent servir, qui ne serviront pas la mémoire que la famille de Leuchtenberg avait à défendre.

Audience du 3 juillet 1857.

RÉPLIQUE DE Me DUFAURE.

Messieurs,

En vous soumettant la réclamation des princesses, filles du prince Eugène, je m'étais demandé s'il ne leur serait pas opposé que, n'ayant pas été personnellement atteintes dans leur honneur par les écrits du duc de Raguse, elles n'avaient pas recueilli dans la succession de leur père, avec les autres biens qui leur étaient transmis, le droit de poursuivre l'outrage dont il avait été l'objet et de venger sa mémoire. Grâce au ciel, le bon sens élevé de mon adversaire a fait justice de cette objection que je ne craignais pas, mais que je devais prévoir : on n'a pu soutenir, en effet, que la loi, qui nous permet de réclamer devant vous la moindre parcelle des biens matériels qui ont appartenu à nos pères, nous interdirait la revendication de l'héritage cent fois plus précieux d'une grande renommée et d'un nom respecté.

A cette objection qu'il a mise de côté, M. Perrotin en a substitué d'autres ; il a cru trouver, dans les circonstances qui se sont passées entre la publication des Mémoires du maréchal Marmont et l'ouverture de ce procès, quelques raisons contre l'action de mes clientes. En effet, la publication de chacun des volumes a été suivie de réclamations vives et nombreuses, et, lorsque le sixième a paru, deux publications, l'une de M. le comte Tascher de la Pagerie, ancien aide de camp du prince Eugène, l'autre de M. Planat de la Faye, ancien officier d'ordonnance de l'Empereur qui plus tard a été honoré de la confiance du prince Eugène, ont paru, l'une dans le *Moniteur*, l'autre sous la forme d'une brochure. Tous deux ont cru devoir réclamer aux titres que j'ai dit. Et certes je rougirais de mon temps et je plaindrais mon pays, s'il pouvait s'élever des paroles de blâme contre l'empressement spontané de deux hommes qui ont été témoins d'une vie glorieuse, à réclamer contre les outrages posthumes dont on voudrait la flétrir.

On a dit qu'ils avaient agi comme nos représentants. Non, ils ont agi spontanément, en vertu des titres qu'ils avaient à le faire, et nullement parce que mes clientes les en avaient priés. Sans doute elles ont été profondément touchés de ces écrits inspirés par la reconnaissance et les plus respectueux souvenirs ; mais elles ne les avaient pas demandés, et aussitôt qu'elles ont connu et apprécié elles-mêmes la portée du sixième volume des Mémoires du duc de Raguse, elles ont très bien compris le devoir qu'elles avaient à remplir. Elles ont compris que, malgré leurs incontestables et très graves défauts, les Mémoires du duc de Raguse, à raison du rang que leur auteur a occupé et de la part qu'il a prise aux choses qu'il raconte, devaient trouver place plus tard dans les bibliothèques et exercer une certaine influence sur l'histoire des temps qu'il a esquissés. Elles ont très bien compris que des articles de journaux, que des brochures ne pourraient pas suivre ces Mémoires dans la fortune qui leur était réservée, et elles ont voulu une réfutation qui accompagnât les injures mêmes dont elles avaient à se plaindre. Leur action ne saurait donc être repoussée sous prétexte que MM. Tascher de la Pagerie et Planat de la Faye ont opposé deux réfutations aux Mémoires de M. le maréchal Marmont.

Mais, dit-on, les princesses ont été en pourparlers avec M. Perrotin ; elles ont cherché, par des démarches amiables, à obtenir les rectifications auxquelles elles ont droit.

Cela est vrai, et M. Perrotin a commencé par leur accorder une sorte de réparation. Il a inséré à la fin de son neuvième volume une grande partie des documents dont mes clientes demandaient l'insertion. Mais elles n'ont pas dû se contenter de l'insertion des documents à la fin d'un volume qui ne contenait pas l'outrage ; à la fin du volume le moins intéressant de l'œuvre, de celui dans lequel le maréchal Marmont raconte les voyages qu'il a faits à une époque où il ne prenait plus aucune part aux affaires publiques de la France ou de l'Europe. Elles ont craint, à bon droit, que la patience du lecteur ne pût aller du sixième au neuvième volume pour y trouver une rectification qui n'était pas annoncée. Elles ont voulu une insertion plus efficace : elles ont demandé que l'insertion fût faite à la fin du sixième volume, avec un renvoi au bas des pages diffamatoires. C'est ce que M. Perrotin a cru devoir refuser, et c'est, messieurs, ce qui nous amène devant vous. Le tribunal ne retrouvera certainement pas dans ces pourparlers préliminaires un motif pour repousser la demande que nous avons formée.

Il est vrai qu'après avoir trouvé une fin de non-recevoir dans ces démarches amiables, on a présenté, comme intolérables, les exigences de mes clientes. On a dit que M. Perrotin ne pouvait pas y condescendre sans lâcheté, sans déshonneur. Cela est-il vrai ? M. Perrotin se serait-il déshonoré en accordant à mes clientes ce qu'elles ont demandé par leur acte d'assignation ?

L'éditeur qui a publié les Mémoires du maréchal Marmont n'a pas écrit les diffamations dont nous nous plaignons, je m'empresse de le reconnaître, et c'est pour cela que nous ne requérons aucune peine contre lui. Il ne les a pas écrites, mais il les a mises au jour ; mais il les a publiées ; mais il a cherché à les répandre autant qu'il a pu ; mais il les répand par tous les moyens en son pouvoir ; mais il vante le caractère de leur auteur ; mais il proclame sa véracité ; mais sans être en aucune façon l'auteur de la calomnie, il en est quelque peu le complice. Je le demande, en quoi consiste l'honneur d'un éditeur ? Bien évidemment à ne répandre que la vérité sur les hommes et sur les choses. Or quand on lui demande de reproduire à côté d'assertions inexactes et calomnieuses, non pas des observations, des opinions, mais des documents officiels dans lesquels se rencontre la rectification des assertions qu'il a publiées, en quoi, je le demande, y aurait-il lâcheté à le faire ? En quoi M. Perrotin se fût-il déshonoré, s'il eût ajouté à son ouvrage des documents très précieux par eux-mêmes et qui auraient, dans l'esprit du lecteur attentif, substitué la vérité au mensonge et à la calomnie ? Reconnaissons donc que ces objections n'ont rien de sérieux.

On en a fait une autre qu'autorise, dit-on, la pratique constante de nos débats judiciaires. Tout au plus, a-t-on dit, pourrait-on forcer M. Perrotin à publier des documents originaux dont l'authenticité ne serait pas suspecte ; mais comment le forcer à publier des copies ?

Est-ce encore là une objection sérieuse ? Doute-t-on de la sincérité des copies que nous produisons ? M. Perrotin en doutait-il le jour où il les a publiées ? D'où vient donc cette susceptibilité à les insérer dans le sixième volume, qu'il n'a pas eue pour le neuvième ? Mais, nous l'avons dit, nous apportons les certificats les plus irrécusables que ces documents, qui sont à l'étranger, ont été sincèrement copiés. Ces certificats, les voici, en bonne forme, à la disposition du tribunal. Et puisqu'on a invoqué nos coutumes judiciaires, je les invoque à mon tour. Ne peut-il pas arriver tous les jours, comme il est arrivé dans la famille du prince Eugène, que des documents, qui étaient la propriété du père, deviennent à sa mort la propriété du fils ? Qu'y a-t-il de plus naturel que le fils, se mariant en Russie, les ait emportés avec lui, et qu'étant mort ils soient restés la propriété de sa veuve, la grande-duchesse Marie ? Et quand nous produisons des copies certifiées de ces documents, quel doute peut-il rester encore ? Si le tribunal en avait le moindre, la question est trop grave pour que nous reculions ; qu'il ordonne une vérification. La France a à Saint-Pétersbourg un ambassadeur ; le tribunal peut choisir dans le personnel de l'ambassade le délégué qu'il voudra ; il peut exiger la communication des pièces originales, les faire comparer avec les copies que nous avons, et voir si ces copies y sont conformes. Encore une fois nous ne reculons devant aucune investigation ; nous provoquons, au contraire, toutes celles qui peuvent éclairer la religion du tribunal et l'histoire. Laissons donc de côté désormais ces premières exceptions, sur lesquelles j'avais cependant à m'expliquer.

Notons une autre objection qui est plus sérieuse sans être plus juste. Elle ne s'applique pas seulement aux héritiers du prince Eugène, elle s'appliquerait au prince Eugène lui-même, s'il était vivant et s'il réclamait contre les Mémoires du duc de Raguse. On lui dirait à lui aussi que l'on revendique les droits de l'histoire et de la vérité à l'occasion des événements contemporains.

J'espère que le tribunal me rendra ce témoignage que, dans tout le cours de ma plaidoirie, je n'ai pas dit un mot qui tendît à compromettre cet intérêt supérieur et sacré ; je l'ai prié seulement de ne pas couvrir du respect dû à l'histoire les récits passionnés, les inventions injurieuses des colères contemporaines. La demande de mes clientes n'est exclusive que de cela, et j'ai montré qu'elles ne reculent pas devant la vérité, qu'elles ne demandent même pas la suppression d'un mot dans le récit du duc de Raguse, mais seulement, en présence des accusations que ce récit contient, l'insertion, non pas, je le répète, de discussions, de dissertations, mais de documents authentiques à l'aide desquels le lecteur attentif puisse être préservé des erreurs dans lesquelles l'entraîneraient les Mémoires du duc de Raguse. Elles ne craignent donc pas la vérité, tout au contraire, elles la demandent ; elles ne blessent ni les droits ni les intérêts de l'histoire.

Ai-je besoin de répondre à ces considérations générales qu'on a présentées et sur les droits de l'histoire, et sur la nécessité pour les hommes qui ont pris part aux affaires de leur pays, de se soumettre au jugement de leurs contemporains et de la postérité ? Non, je n'ai pas à y répondre, car tout ce qui a été dit à cet égard, je l'accepte ; à quelques expressions près que j'attribue à l'entraînement de la plaidoirie, je reconnais que tout ce qui a été dit est juste et vrai ; il n'y a pas, il ne peut pas y avoir divergence entre nous à cet égard.

Mon adversaire a dit encore : Si l'historien ne peut pas juger librement ceux dont il raconte les actes, si pour la moindre erreur il est exposé à être poursuivi, c'en est fait de son indépendance et de la grande mission qu'il a à remplir. Et il a ajouté immédiatement : Mais si l'historien n'a écrit qu'avec l'intention de nuire, s'il n'a parlé des faits que pour les travestir, des hommes que pour les flétrir, je ne l'excuse pas, je ne demande pas pour lui l'impunité, car j'aime la liberté et non la licence ; oh ! alors je reconnais que le citoyen diffamé a droit à une réparation. Eh bien ! voilà précisément ce que j'ai dit moi-même, je n'ai pas dit autre chose ; j'ai respecté, comme mon adversaire, le droit de l'historien, mais comme lui j'ai revendiqué les droits de l'honneur indignement outragé.

On a ajouté que l'homme public n'avait pas le droit de se plaindre; que, lancé dans le mouvement des affaires de son pays, il était condamné à subir les attaques, les jugements même sévères, de ses concitoyens.

Je ne conteste encore rien de ce qui a été dit à cet égard, j'accepte les nécessités de la vie publique. Mais que mon honorable confrère veuille bien y réfléchir. Vous avez été appelé par le suffrage de vos concitoyens à prendre part aux affaires publiques, au gouvernement de votre pays; votre nom est sorti de la foule des noms obscurs qui l'environnaient, votre vie n'a plus été renfermée dans le cercle des intérêts domestiques, elle s'est rattachée aux graves intérêts de la patrie. J'en conviens, l'histoire vous rencontrant sur son chemin, vous distinguant parmi tant d'autres, a le droit de vous juger même sévèrement; mais irez-vous plus loin? Et de ce que l'homme public a consacré à son pays tout son temps, toutes ses veilles, la liberté de sa personne, les joies de la famille, la paix du foyer domestique, en conclurez-vous qu'il doit également faire le sacrifice de sa renommée, de son honneur? Ah! messieurs, je plaindrais le pays où l'on ne pourrait être homme public qu'à la condition de tels sacrifices. Non, non, l'homme public pas plus que l'homme privé ne peut être impunément calomnié, flétri. Mais, dit-on, les Mémoires sont les matériaux avec lesquels l'histoire s'écrit. Cela est vrai, que chacun écrive ses mémoires, je ne m'y oppose pas. Mais nous avons assisté aux luttes passionnées de la vie publique : admettriez-vous que chacun de nous, que chacun de ceux que nous avons connus, pût écrire secrètement dans l'obscurité de son cabinet des mémoires dans lesquels il consignerait toutes les préventions qu'il a pu concevoir contre ses adversaires, toutes les accusations injustes des partis, toutes les suggestions de sa haine politique, déshonorant sans scrupule tous ceux qu'il a rencontrés sur le chemin de son intérêt ou de son ambition? Admettriez-vous qu'il pût recommander, à la piété malentendue de ceux qui hériteraient de lui, de ne pas changer un mot à toutes ces calomnies, et mourir ensuite content d'avoir assuré pour l'avenir sa vengeance, comme d'autres meurent heureux du bien qu'ils ont fait? Admettriez-vous enfin que contre ces accusations lâchement inédites dans l'ombre, qu'on aurait pris soin de ne publier que lorsqu'on aurait été caché à l'abri du tombeau, les victimes ne pussent réclamer? Non, non, ce n'est pas possible, et mon honorable adversaire a, à cet égard, les mêmes sentiments que moi. Toutes les fois qu'on écrit, histoire ou mémoire contient des calomnies, le droit de réclamation existe. Nous sommes d'accord là-dessus, nous ne pouvons pas ne pas l'être. Aussi n'ai-je pas été étonné que mon contradicteur résumant sa plaidoirie dans les termes de l'arrêt rendu par la Cour de Paris (Affaire des héritiers Périer) et puis dans l'article de M. Dalloz, conforme à cet arrêt, ait dit : Oui, les tribunaux sont juges, souverains appréciateurs de la question de savoir si, dans l'écrit qui leur est déféré, il y a eu l'impartialité de l'historien ou la passion de l'ennemi. Mais sans passion, sans mauvaise foi il peut y avoir eu légèreté à accueillir un fait inexact, et quand la partie lésée ne demande pas autre chose qu'une rectification au lieu d'une peine, il est évident que la rectification doit être accordée. Voilà les principes, ils ne sont pas douteux et, je le répète, je me félicite de l'accord qui existe entre mon adversaire et moi.

Après l'exposé de ces principes j'ai été très étonné d'entendre dire que la demande que nous avons formée, portant sur une question historique, n'était pas de votre compétence. On vous l'a dit : la question première du procès, c'est de savoir si le duc de Raguse a été ou n'a pas été vrai dans son récit au sujet du prince Eugène. Or, objecte-t-on, c'est là une question d'histoire : comment, nous avocats, serions-nous compétents pour la discuter et comment le tribunal le serait-il pour la juger ?

Vous convenez que si dans son récit M. le maréchal Marmont n'a pas dit vrai, que s'il a commis des erreurs volontaires ou non, j'ai droit à une réparation que la loi et la jurisprudence accordent, et vous ne voulez pas que le tribunal vérifie la question de fait avant de vérifier la question de droit ? Mais c'est violer la règle invariablement suivie dans tous les procès. J'en conviens, la plupart des histoires sur lesquelles reposent vos jugements sont des histoires très banales, très insignifiantes, très subalternes ; mais de ce que les faits que vous êtes appelés à apprécier ont un caractère plus élevé, s'ensuit-il que vous n'en soyez pas les juges ? Ne l'avez-vous pas été cent fois de faits, sinon plus importants, du moins plus difficiles à découvrir que ceux sur lesquels nous appelons votre appréciation ? Comment ! J'ai entendu devant vous discuter à qui appartenaient les noms de Clermont-Tonnerre et de Salignac-Fénelon, j'ai entendu mes honorables confrères remonter jusqu'aux xivᵉ et xvᵉ siècles pour savoir comment ces noms avaient été transmis : leur avez-vous dit qu'ils n'étaient pas compétents pour apprécier ces questions historiques et que vous, vous étiez incompétents pour les juger ? J'avais l'honneur, il y a quelques jours, de soutenir devant la Cour les intérêts de deux communes de la Champagne réclamant contre le domaine une portion considérable de forêts qu'elles prétendaient leur appartenir, et pour cela nous étions obligés de remonter au xᵉ siècle, d'apprécier des chartes que nous ne pouvions pas lire, mais que nous traduisaient très bien les savants élèves de l'École des chartes ; nous étions obligés de nous demander comment les habitants des campagnes s'étaient groupés en ces temps reculés autour des châteaux et des monastères, d'abord protégés, opprimés ensuite par leurs défenseurs, ensuite affranchis et placés sous la protection des rois de France, qui, dans les deux derniers siècles, les avaient opprimés à leur tour : nous étions obligés, en un mot, d'aborder les questions historiques les plus ardues. Mais de ce qu'un nuage les couvre encore presque toutes, la Cour s'est-elle déclarée incompétente pour les juger ? Non assurément, les arrêts les ont très nettement tranchées. Ce que je dis là, je le dirai de toutes les causes qui peuvent vous être soumises. Du moment où il peut y avoir un droit, vous devez examiner le fait ; quel qu'il soit, à quelque époque, à quelques hommes qu'il se rapporte, vous en êtes les juges, vous devez l'examiner et vous le pouvez mieux que personne.

On vous a parlé de l'opinion publique, de je ne sais quels lecteurs du *Moniteur*. Vous êtes des juges plus compétents, je ne parle pas seulement de vos lumières, mais de votre situation particulière : vous n'êtes pas des lecteurs inattentifs, vous pouvez apprécier la vérité par tous ses côtés. C'est pourquoi personne n'est plus compétent que vous pour apprécier tous les faits qui concernent les hommes ou les choses.

V   9

Vous le voyez, les considérations qu'on vous a présentées pour soutenir votre incompétence ne sont ni justes, ni sérieuses. Je n'admets pas que votre compétence se borne à étudier les faits sur lesquels se forment les demandes en séparations de corps, en nullités de testaments pour captation ; il est bien entendu que, toutes les fois qu'il y a un droit, il y a un fait à apprécier.

J'entre maintenant dans l'examen même des faits : le maréchal Marmont a-t-il raconté exactement ce qui s'est passé en 1814 entre l'Empereur et le prince Eugène ? J'ai à répondre d'abord à deux inductions préalables que M. Perrotin a invoquées pour justifier le maréchal Marmont, et qui sont tirées, l'une du caractère du maréchal Marmont, l'autre de la véracité de ses Mémoires. Son caractère ! On a fait, messieurs, du maréchal un personnage glorieux, un juge éminent en matière de fidélité et d'honneur, qui par conséquent avait le droit de se prononcer sur la conduite du prince Eugène de Beauharnais. Je l'ai déjà dit au tribunal, j'écarterai de ma réponse comme de ma plaidoirie tout ce qui pourrait ressembler à une représaille contre le duc de Raguse, je ne me permettrai rien à cet égard. Un mot cependant sur cette première induction prise du caractère du duc de Raguse.

J'ai été profondément étonné d'entendre mon honorable confrère faire devant vous amende honorable, pour ainsi dire, de l'opinion que, depuis 1814, il avait eue sur la conduite du maréchal Marmont. Pour moi, je crois qu'il se trompe aujourd'hui, et qu'il ne se trompait pas hier. Non, je crois que la conscience d'un grand peuple ne reste pas cinquante ans dans l'erreur sur des événements contemporains, et lorsque mon honorable confrère, pour justifier son retour, a cité l'*Histoire des deux Restaurations*, l'ouvrage d'un écrivain loyal, impartial, auquel je ne contesterai aucun des éloges qu'il lui a donnés, je veux dire M. Achille de Vaulabelle, mon Dieu ! J'ai à me plaindre seulement de ce qu'il n'a pas poursuivi un peu plus loin la lecture qu'il a entreprise ; s'il avait bien voulu suivre pendant quelques pages, il aurait vu que M. de Vaulabelle, en effet, parlant de la capitulation de Paris, en fait peser la responsabilité sur le roi Joseph, opinion très controversée, surtout depuis la dernière publication que M. Perrotin lui-même a faite des Mémoires du roi Joseph ; mais M. de Vaulabelle raconte ensuite qu'immédiatement après l'occupation de Paris, Marmont se retira avec ses troupes derrière la rivière d'Essonne ; que là, honoré de la confiance de Napoléon, il était à la tête de l'avant-garde de l'armée ; que, pendant qu'il occupait ce poste de confiance, il négociait et passait un traité avec le prince de Schwartzenberg ; qu'après cette négociation, il venait à Paris pendant l'armistice ; qu'après être entré à Paris et s'être mis en rapport avec les souverains alliés, son armée se porta à Versailles ; que, se croyant trahie et livrée à l'ennemi par ses généraux, elle se révolta ; qu'un de ses colonels se mit à sa tête ; que le maréchal Marmont alla calmer la révolte et rentra ensuite à Paris, où il fut accueilli par les alliés comme un triomphateur et mérita qu'un des témoins de cette journée dît de lui : « Il fut le héros du moment ! » Et puis l'historien qu'on a cité exprime ainsi son opinion sur le duc de Raguse : « Déplorable triomphe qui a fait maudire le nom de ce maréchal par tout un peuple, et qui laissera sur sa mémoire une tache éternelle ! » C'est M. de Vaulabelle qui a dit cela.

Ne me parlez donc plus de Marmont comme d'un juge compétent en matière de fidélité et d'honneur. Je n'en veux pas dire plus sur ce point ; passons au second, à la véracité générale des Mémoires publiés par M. Perrotin.

On a dit, dans la plaidoirie à laquelle je réponds, que probablement, puisque j'avais douté de leur véracité, je ne les avais pas lus.

Messieurs, je ne ferai pas la même objection à M. Perrotin : il est évident qu'il a lu les Mémoires qu'il a publiés ; mais certainement lorsqu'il a conçu l'opinion qu'il exprime sur leur véracité, il était plus occupé de la forme que du fond de ce livre.

On a dit, en effet, que le duc de Raguse n'avait jamais parlé, juste qu'il était, qu'avec admiration de la personne de l'Empereur et qu'avec des éloges infinis de la plupart des hommes marquants de son temps.

Messieurs, pour l'Empereur, je n'ai pas à le défendre, je ne suis pas chargé de sa défense. Si j'en étais chargé, j'aurais de grandes réserves à faire, tout en l'admirant sous quelques rapports. Mais qu'on me permette de remarquer à quel point on se trompe en venant dire au tribunal que le maréchal Marmont n'a jamais eu que des paroles d'admiration pour la mémoire de Napoléon. Cinq volumes de son ouvrage sont employés à le critiquer, à l'abaisser autant que possible ; et puis, dans le sixième volume où il se résume, voici en quels termes il lui fait ses adieux en 1814 :

« Il y a deux hommes en lui, au physique comme au moral :
» Le premier, maigre, sobre, d'une activité prodigieuse, etc., etc., suit un très vif
» éloge ; le second gras et lourd, sensuel et occupé de ses aises jusqu'à en faire une
» affaire capitale, insouciant et craignant la fatigue ; blasé sur tout, indifférent à tout,
» ne croyant à la vérité que lorsqu'elle se trouvait d'accord avec ses passions, ses
» intérêts ou ses caprices, d'un orgueil satanique et d'un grand mépris pour les
» hommes, comptant pour rien les intérêts de l'humanité, négligeant dans la conduite
» de la guerre les plus simples règles de la prudence, comptant sur la fortune, sur ce
» qu'il appelait *son étoile*, c'est-à-dire sur une protection toute divine ; sa sensi-
» bilité s'était émoussée sans le rendre méchant ; mais sa bonté n'était plus active,
» elle était toute passive. Son esprit était toujours le même, le plus vaste, le plus
» étendu, le plus profond, le plus productif qui fût jamais ; mais plus de volonté,
» plus de résolution, et une mobilité qui ressemblait à de la faiblesse. »

Vous voyez si c'est toujours avec admiration que le duc de Raguse parle de l'empereur Napoléon ; et quant à ses contemporains les plus illustres, je suis confondu que M. Perrotin fasse dire qu'il les a toujours honorés. Je ne dirai pas les mensonges qu'il invente ou les opinions qu'il exprime sur Gouvion Saint-Cyr, sur Suchet, duc d'Albuféra, ni sur le prince d'Eckmülh, si grands dans les récits de l'*Histoire du Consulat et de l'Empire*, sur ce prince d'Eckmülh qui n'était, au dire du maréchal Marmont, « qu'un esprit peu capable, sans instruction, sans volonté, un caractère féroce, un espion de Napoléon. » Voilà le portrait résumé en quelques mots que le duc de Raguse fait à peu près de tous les hommes qu'il a rencontrés dans le cours de sa carrière ; et l'on vient nous dire que les Mémoires de cet homme brillent par leur véracité ! Je sais bien que, dans le nombre des réclamations qui se sont élevées lors de la publication de ces Mémoires, il y en a qui peuvent avoir été dictées par le mécontentement injuste de ceux qu'il attaque ou par les susceptibilités mal justifiées de leurs familles, je ne puis pas le contester ; mais le lecteur le moins prévenu saisirait à chaque ligne des faits d'une fausseté manifeste, des contradictions flagrantes. Et enfin, pour tout résumer en un mot sur cette question de la véracité de M. le maréchal Marmont, permettez-moi de vous citer une autorité qui ne sera pas suspecte, j'espère, celle d'un écrivain qui n'avait aucun intérêt dans la question. Dans trois articles du *Moniteur*, un homme très éclairé, membre de la commission que le gouvernement a chargée de recueillir tous les documents relatifs à l'Empire, M. Rapetti, s'exprime ainsi sur cette véracité que M. Perrotin a vantée si mal à propos :

« Le duc de Raguse dit lui-même, au début de ses Mémoires, qu'il a commencé » à les écrire « lorsque déjà il se voyait aux portes de la vieillesse. » Une note » nous avertit qu'il faut se reporter ici à la date de 1828. Cette indication n'était » pas tout à fait nécessaire : en lisant ses Mémoires, on sent trop qu'ils ne traduisent » pas les impressions de la jeunesse. L'influence sous laquelle ils ont été » composés est bien celle des tristes jours, tristes surtout pour le duc de Raguse. » D'âpres jugements, de perfides louanges, d'amères représailles, des vengeances » universelles, une résignation sans sérénité, le parti pris implacable de l'orgueil, » un homme opposant sa conscience à l'arrêt de tout un temps, et cette conscience » se montrant elle-même pleine de malaise et de trouble, ce sont là les traits qui » trahissent à tout propos cet effort obstiné d'apologie personnelle, et qui, à tout » propos, en font ressortir de graves et d'involontaires aveux. Cet homme ne » raconte pas ; il combine des moyens de défense, et chemin faisant il satisfait ses » haines. »

Et un peu plus loin :

« On peut le dire sans courir le risque de paraître un détracteur, Marmont a » manqué de ce feu sacré de la morale qui fait à la fois les honnêtes gens et les » éminents politiques. S'il était nécessaire d'invoquer une preuve à l'appui d'une » allégation aussi modérée, nous nous bornerions à citer cette masse de méchantes » anecdotes à l'aide desquelles Marmont accumule l'outrage sur les noms les plus » illustres de l'ère impériale, les imputations d'incapacité, d'improbité, de lâcheté, » des imputations plus odieuses encore qui sont prodiguées par lui à tout » propos. On ferait aisément la liste des généraux qui, au dire de Marmont, » n'étaient ni lâches ni ineptes ; mais nous ne saurions entrer dans l'examen de » pareilles assertions, pas plus que nous ne voudrions démontrer la fausseté » d'autres assertions dont l'injure tente de monter plus haut encore. L'égoïsme, » la préoccupation perpétuelle de soi, l'infatuation de son propre mérite, ont fait » passer Marmont de l'envie, de la haine du mérite et de la fortune d'autrui, au » besoin de nier, d'éteindre, de souiller autour de lui toutes les gloires. »

Tel est, messieurs, le langage d'un écrivain modéré, désintéressé, impartial ; je n'ai rien à ajouter à ce que je viens de lire.

Je me suis expliqué sur les deux inductions générales à l'aide desquelles on avait voulu faire croire à la véracité de ce que dit M. le maréchal Marmont sur Eugène de Beauharnais ; j'arrive plus particulièrement aux passages qui concernent ce prince. Je ne voudrais pas, je m'en garderai bien, répéter ce que j'ai eu l'honneur de dire dans ma plaidoirie ; je ne viens donc que le résumer.

Des instructions avaient, en effet, été envoyées par Napoléon au prince Eugène. Elles avaient été dictées au général d'Anthouard le 20 novembre 1813, à onze heures du matin. Nous en rapportons la copie ; l'original, je le répète, de la main du général d'Anthouard, est déposé dans les archives de la princesse Marie, à Saint-Pétersbourg. Si le tribunal veut une nouvelle copie certifiée exacte de ces instructions écrites de la main du général d'Anthouard et dictées par l'empereur Napoléon, il peut très facilement se la procurer. Eh bien ! veuillez relire ces instructions, et vous verrez que, bien loin de songer à faire rentrer en France l'armée d'Italie, son unique préoccupation est de la fortifier par l'envoi de nouvelles troupes et de tracer au prince Eugène le plan de campagne qu'il doit suivre pour se défendre contre les Autrichiens. Tous ses ordres, toutes ses indications sont pour que le prince Eugène continue la guerre à outrance et se maintienne à tout prix en Italie.

A l'appui de ces instructions écrites de la main du premier aide de camp du vice-roi, nous produisons les lettres de Napoléon des 17, 18 et 20 novembre 1813, contemporaines des instructions elles-mêmes, dans lesquelles nous trouvons encore les mêmes idées, la même préoccupation : il s'agit toujours de fortifier l'armée d'Italie, de la porter à 100,000 hommes. Cette volonté de l'Empereur est exprimée partout, en même temps que les indications données au prince Eugène sur les opérations qu'il doit faire : il faut se battre sur l'Adige. Nulle part dans ces lettres, dans ces instructions dictées au général d'Anthouard, un mot ni d'armistice, ni de ces prétendus ordres de faire sauter les places fortes d'Italie, à l'exception de trois, et de se retirer sur les Alpes. Pas un mot non plus de cet étrange plan de campagne exposé dans les Mémoires du maréchal Marmont, mais dont on ne trouve aucune trace dans aucun écrit de l'Empereur, ni dans les Mémoires qu'il a dictés pendant qu'il était à Sainte-Hélène ; plan de campagne que je ne veux pas discuter assurément, mais qui ne peut avoir été sérieusement conçu, car il eût été absurde de dire au prince Eugène : Abandonnez la Lombardie aux Autrichiens sans y être obligé ; fuyez devant leurs 80,000 hommes ; débandez votre armée moitié française et moitié italienne ; en un mot, au lieu de résister aux Autrichiens, aux Anglais, à Murat, ne leur laisser que la peine de poursuivre un fugitif. Jamais, messieurs, ni dans les lettres, ni dans les ordres, ni dans les écrits de Napoléon, on n'a lu un tel plan de campagne.

Voilà pour ce qui s'est passé en novembre 1813 ; et je le répète, ce ne sont pas là des faits historiques difficiles à vérifier. J'attends qu'on me produise des lettres ou des ordres de l'empereur Napoléon contraires aux documents incontestables que je soumets au tribunal.

Je continue, et je conviens que deux mois après, le 17 janvier, l'Empereur parle pour la première fois à Eugène d'évacuer l'Italie au moment où il apprend la trahison du roi de Naples, et en quels termes ? Écoutez :

« Le duc d'Otrante vous aura mandé que le roi de Naples se met avec nos enne-
» mis ; aussitôt que vous en aurez la nouvelle officielle, il me semble important que

» vous gagniez les Alpes avec toute votre armée. Le cas échéant, vous laisserez des
» Italiens pour la garnison de Mantoue et autres places, ayant soin d'amener
» l'argenterie et les effets précieux de la maison, et les caisses. »

Voilà probablement l'ordre dont l'Empereur parle à Marmont le 26 janvier
à Vitry, au moment où commence le récit de Marmont. Mais cette lettre conçue dans ces termes : « Il me semble important que vous gagniez les Alpes, »
est accompagnée de cette condition que je conjure le tribunal de ne pas oublier : « Aussitôt que vous aurez la nouvelle officielle que le roi de Naples se
» met avec nos ennemis. »
Le 29 janvier, le vice-roi répond ·

« Les dispositions de Murat deviennent de plus en plus menaçantes. »

A la suite de cette lettre que nous avons encore produite au tribunal à la
dernière audience, le prince Eugène, ne se trouvant pas suffisamment éclairé
sur ce qu'il aurait à faire dans le cas où il viendrait à être obligé de passer les
Alpes, demandait des instructions plus précises :

« Votre Majesté m'a ordonné de me retirer, en cas de besoin, sur les Alpes ;
» j'ose la prier de vouloir bien préciser davantage cette instruction, dans le cas où
» je devrais repasser les montagnes ou en défendre les passages. »

Et enfin, à la date du 9 février 1814, le ministre de la guerre lui donne les
instructions précises qu'il avait demandées :

« Monseigneur,
» L'Empereur me prescrit, par une lettre datée de Nogent-sur-Seine le 8 de ce
» mois, de réitérer à Votre Altesse impériale l'ordre que Sa Majesté lui a donné de
» se porter sur les Alpes, *aussitôt que le roi de Naples aura déclaré la guerre à*
» *la France.*
» D'après les intentions de Sa Majesté, Votre Altesse impériale ne doit laisser
» aucune garnison dans les places de l'Italie, si ce n'est des troupes d'Italie, et elle
» doit de sa personne venir avec tout ce qui est Français sur Turin et Lyon, soit
» par Fénestrelles, soit par le mont Cenis. L'Empereur me charge de mander à
» Votre Altesse impériale qu'aussitôt qu'elle sera en Savoie, elle sera rejointe par
» tout ce que nous avons à Lyon.
» J'ai l'honneur, etc.   *Le ministre de la guerre,* DUC DE FELTRE. »

Voilà en effet qui est précis. L'Empereur lui ordonne de passer par Fénestrelles ou le mont Cenis, et l'informe qu'aussitôt qu'il sera en Savoie il recevra des renforts de Lyon ; mais toujours « aussitôt que le roi de Naples aura
» déclaré la guerre à la France. » La condition y est toujours, et sur cette
condition, je répète ce que j'ai dit, ce que tout le monde sait, ce que ne peuvent pas ignorer ceux du moins qui se sont occupés de l'histoire de l'Empire :
à savoir qu'il n'y aurait pas eu un des généraux, un des lieutenants dévoués à
l'Empereur qui eût osé abandonner l'Italie, à laquelle il tenait si fortement, tant
que la condition n'était pas remplie, et rentrer prématurément en France en

fuyant devant l'Autrichien. Ce que pas un de ses généraux n'aurait osé, le plus fidèle, le plus dévoué de tous, le prince Eugène l'aurait-il fait ?

Le même jour Joséphine lui écrit comme une femme, comme une mère peut écrire ; elle lui adresse des prières, mais non des instructions précises comme le ministre de la guerre ; Eugène reçoit cette lettre. Qui doit-il croire ? Le ministre a mis la condition que l'Empereur lui-même a mise à l'évacuation de l'Italie, la défection de Murat ; n'est-il pas évident qu'il doit attendre l'accomplissement de cette condition avant de laisser l'Italie et de rentrer en France ?

On a cité des lettres de l'Empereur au roi Joseph ; on n'en a pas cité une seule qui soit en désaccord avec les faits que je rappelle. Si je poursuis la lecture des Mémoires de ce prince, voici en effet la lettre que j'y lis à la page 64 :

« Mon frère, je viens d'écrire au ministre de la guerre relativement à l'évacua-
» tion de l'Italie... »

Je viens d'écrire au ministre de la guerre, relativement à l'évacuation de l'Italie ; voilà ce qu'il y a.

Et puis, le 8 février :

« Mon frère, faites remettre cette lettre en mains propres... »

Cela est vrai, l'Empereur avait écrit à Joseph et lui avait parlé de la lettre de Joséphine à Eugène. Vous voyez comment nos documents concordent avec ceux de M. Perrotin dans les Mémoires du roi Joseph, lesquels ne suppriment en rien le caractère conditionnel des ordres de Napoléon.

On vous a cité une autre lettre du ministre de la guerre, qui dit qu'il a fait partir la lettre de Joséphine. Cette lettre est pressante, nous l'avons dit nous-mêmes. Mais si M. Perrotin avait bien voulu lire un peu plus loin dans les Mémoires de Joseph qu'il nous oppose, il lui serait arrivé comme pour l'histoire de M. de Vaulabelle : il n'aurait pas été exposé à se méprendre sur les intentions de Napoléon. En effet, dix-sept jours après la lettre du ministre de la guerre, le 26 février, voici ce qu'écrivait l'Empereur :

« Mon frère, il paraît que les alliés n'ont pas encore ratifié le traité du roi de
» Naples. »

Par conséquent la guerre n'était pas encore déclarée par le roi de Naples.

« Je désire que vous expédiiez quelqu'un des vôtres qui se rende en toute diligence
» auprès du roi ; que vous lui écriviez avec franchise sur l'iniquité de sa conduite
» en lui offrant d'être son intermédiaire pour le faire revenir ; qu'il n'a que ce
» parti à prendre, *sans quoi il est perdu, soit par la France, soit par les alliés.* »

Prédiction qui s'est bien vérifiée !

« Je n'ai pas besoin de rappeler ici tout ce que vous pourrez dire. Les Anglais
» même ne le reconnaissent pas comme roi. Il est encore temps de sauver l'Italie
» et de replacer le vice-roi sur l'Adige. »

Le vice-roi s'était retiré sur le Mincio devant les forces autrichiennes.

« Écrivez aussi à la reine sur son ingratitude, que rien ne peut justifier, et qui
» révolte même les alliés. Écrivez-leur qu'une bataille n'ayant pas encore eu lieu
» entre les troupes françaises et napolitaines, tout peut encore s'arranger, mais
» qu'il n'y a pas un moment à perdre. Comme le sénateur Fouché est encore
» dans ces cantons, vous pouvez lui écrire de s'entremêler de ces affaires avec la
» personne que vous envoyez. »

Vous le voyez, messieurs, le 26 février, des négociations sont encore engagées avec le roi Murat ; il n'y a pas encore rupture avec la France ; le prince Eugène est toujours sous le coup des conditions qui lui ont été imposées, de tous
les ordres qui lui ont été donnés, et l'Empereur dit : « Il est encore temps de
» sauver l'Italie et de replacer le vice-roi sur l'Adige. » Le 26 février, l'Empereur n'a pas encore changé d'avis. Ceci se passait quelques jours après les
ordres dictés à M. Tascher de la Pagerie et les instructions que je vous ai
lues, ordres et instructions envoyés à l'époque au prince Eugène, et rappelés
depuis par M. Tascher de la Pagerie dans le *Moniteur*. Pourquoi soupçon-
nez-vous la sincérité de ces documents ? Comment ! Vous invoquerez contre
moi Montgaillard et Montvéran, et vous ne croirez pas l'aide de camp du
prince Eugène qui a eu des conversations avec l'Empereur, qui les rapporte
dans les termes que vous savez, qui les certifie par sa signature, qui déclare
avoir porté des instructions au prince Eugène et qui affirme, avec nous,
que les originaux de ces documents sont déposés dans les archives de la princesse Marie à Saint-Pétersbourg ? Ce que raconte M. Tascher de la Pagerie
n'est-il pas d'accord avec la lettre du 9 février, avec celle du 3 mars, avec celle
du 12 mars, avec toutes les lettres de l'Empereur que nous avons dans les
mains et desquelles il résulte que l'Empereur ne songeait pas le moins du
monde à abandonner l'Italie ?

Autre objection, et celle-ci est singulière. Ces lettres, nous dit-on, que
vous citez, comment sont-elles dans vos mains ? Elles ne vous appartiennent
pas ?—Je vous demande pardon, les enfants du prince Eugène les tiennent de
leur père, à qui elles avaient été adressées, et elles lui appartenaient à lui qui
les avait reçues, elles devaient couvrir sa responsabilité devant l'histoire, s'il
se trouvait, comme vous voyez qu'il se trouve, quelqu'un qui osât accuser sa
mémoire.

M⁰ MARIE. — Je ne vous ai pas parlé des lettres de l'Empereur, mais des
réponses qui lui avaient été faites ; d'ailleurs, ce sont surtout les instructions
et les lettres de l'Empereur qui sont mes titres.

M⁰ DUFAURE. — Ces réponses, dont il avait apparemment le droit de prendre
copie, doivent être au Dépôt de la guerre.

Dans tout ce que je viens de vous dire, messieurs, dans toutes les circonstances que je viens de rappeler, il n'y a pas eu de tort de la part
du prince Eugène, il n'y a pas eu désobéissance aux ordres de l'Empereur ;
au contraire, il y a toujours eu le respect le plus absolu à ces ordres. Je n'admets pas ce que mon confrère a voulu dire, en atténuant les paroles du duc
de Raguse, qu'il y avait eu hésitation de la part du prince Eugène. Le prince
Eugène n'a jamais montré la moindre hésitation ; il n'y a eu hésitation entre

la trahison et la fidélité que de la part du roi de Naples, qui ne se prononçait pas, qui écrivait les lettres les meilleures, les plus tendres, et disait au prince Eugène qu'il versait des larmes en lui écrivant. Oui, l'homme qui flotte, qui hésite, c'est Murat. Quant au prince Eugène, il y avait quelque chose qui le mettait à l'abri de l'hésitation : c'était le sentiment du devoir, du devoir plus fort chez lui que le dévouement même ; il n'y a pas manqué un seul moment. Dans tous les documents de l'époque, sans en excepter un seul, je trouve la preuve que le prince Eugène a ponctuellement exécuté les ordres de l'Empereur. Je la trouve notamment dans les instructions dictées par Napoléon au général d'Anthouard, dans les lettres de l'Empereur lui-même, dans celles du ministre de la guerre à diverses époques ; et toutes ces lettres, tous ces documents le prince Eugène, je le répète, avait le droit de les garder, car ils n'appartenaient pas aux archives de l'État, puisque c'est à lui qu'ils étaient adressés. Tout ce que je vous cite, tout ce qui constate les ordres donnés au vice-roi, tout ce qui justifie sa conduite, est émané de l'Empereur, ou du ministre de la guerre, ou de l'aide de camp auquel Napoléon dictait ses volontés. Encore une fois le prince Eugène avait le droit de les garder, et vous n'avez pas celui de me dire qu'ils devraient être déposés aux Archives nationales. Quant aux réponses du prince Eugène, ce n'est pas aux Archives nationales, c'est au Dépôt de la guerre qu'on les trouverait, si on jugeait utile de les lire. Je ne les ai pas, je le dis ; mais le tribunal peut aisément les trouver.

Enfin une brochure a été faite principalement pour répondre aux différentes accusations calomnieuses du duc de Raguse contre le roi Joseph. Là encore il est question d'Eugène, et l'auteur, qui n'est pas suspect, qui a consulté les documents du Dépôt de la guerre, prouve jusqu'à la dernière évidence que le prince Eugène n'a reçu que des ordres conditionnels auxquels il n'a pas manqué. Si le tribunal veut bien parcourir cette brochure, il y trouvera cinq lettres de l'Empereur au ministre de la guerre, et du prince Eugène lui-même soit à l'Empereur, soit au ministre de la guerre, qui toutes constatent que les ordres donnés n'étaient que des ordres conditionnels. Vous le voyez, de quelque côté que vous cherchiez la vérité, elle se présente claire, une, évidente pour qui ne s'obstine pas à fermer les yeux.

A tous ces documents qu'oppose-t-on ? Le tribunal remarquera que, dans l'habile plaidoirie prononcée pour M. Perrotin, on n'en a pas cité un seul ; mais qu'on a procédé sur cette question de fait, comme nous procédons sur une question de droit. On a cherché des autorités, on a demandé à quelques écrivains quelle était leur opinion sur le prince Eugène. Si j'avais voulu suivre la même méthode, j'aurais été obligé d'apporter ici toute une bibliothèque pour vous montrer que tous les écrivains du temps ont rendu hommage à la conduite du prince Eugène pendant la campagne de 1814, comme pendant tout le cours de sa vie. J'aime mieux m'en tenir aux documents que j'ai produits ; c'est là la véritable histoire, et c'est de celle-là que nous demandons à enrichir les Mémoires du duc de Raguse.

Que nous cite-t-on ? Sont-ce des témoignages de l'époque, comme ceux de MM. Tascher de la Pagerie et Planat de la Faye ? Non : c'est d'abord Montveran, écrivain estimable sans doute, qui a écrit en 1821, dont l'ouvrage est peu répandu et dans lequel je trouve le passage suivant. (P. 56, 57 et 58 du tome VII) :

« Il paraît assez généralement reconnu aujourd'hui que, lors du mouvement de » l'Empereur contre l'armée de Silésie, Napoléon donna l'ordre à un général dis- » tingué dans l'arme de l'artillerie de se rendre auprès du vice-roi. »

Vous savez de qui il est question, du général d'Anthouard qui, depuis qu'il a passé sous un autre drapeau et adoré d'autres dieux, n'a pas cessé de pour- suivre de ses invectives celui dont il avait été l'aide de camp et dont il avait reçu les bienfaits.

« Napoléon donna ordre à un général distingué dans l'arme de l'artillerie pour » lui faire préparer un mouvement de son armée sur les Alpes. »

Vous avez vu que cela n'est pas vrai et que les ordres donnés au général d'Anthouard sont tout différents.

« Il devait laisser les conscrits italiens, les blessés, les éclopés dans les places » et arriver à marches forcées par le Simplon, et au travers de la Suisse et du » Jura, sur Béfort et Vesoul, ou par le mont Cenis ou Genève sur Grenoble. Un » courrier, porteur d'ordres semblables et précis, donnés probablement le 6, le 7 ou » le 8 février, date de la dépêche de Napoléon au duc de Feltre, qui en annonçait » l'expédition, trouva le prince Eugène venant de gagner la bataille du Mincio et » de repousser des vallées du Bressan et des bords du lac de Garde les corps » détachés de la droite du feld-maréchal de Bellegarde. »

M. de Montvéran se trompe; il ne s'agissait pas d'ordres précis, mais d'or- dres conditionnels. Tout cela a été écrit sur des renseignements très in- complets.

« Le général Nogent établissait son pont sur le Pô et faisait son attaque sur le » petit corps du général Sénéroli. Le 19 février, le général Giflenga apprit à l'Em- » pereur à Montereau que le vice-roi avait gagné la bataille du Mincio. La situation » de l'armée d'Italie était meilleure, l'Empereur consentit à différer quelque » temps encore l'exécution du mouvement sur les Vosges. Un second courrier de » l'Empereur arriva dans les premiers jours de mars. Le vice-roi était autorisé à » proposer au comte de Bellegarde un armistice, et, pour l'obtenir, à lui céder » les places assez importantes d'Oropo et de Palma-Nova. Il devait ensuite masquer, » avec quelques troupes, le front de sa ligne de démarcation, et marcher en toute » hâte avec le reste de l'armée pour la France. « Ce n'est qu'en France, disait la » lettre de Napoléon, qu'on peut conserver l'Italie »

Où est-elle cette lettre attribuée à l'Empereur. Encore une inexactitude, il n'y a pas un ordre de l'Empereur qui ait dit cela?

« Le général Grenier faisait son expédition de Parme, et était rentré, le 3, sur » la rive gauche.
» Ce n'est donc que dans les dix premiers jours de mars que le vice-roi pouvait » opérer son mouvement; on ne connaît pour quel motif l'Empereur, qui donnait

» ordre au duc de Castiglione, le 25 février, de se porter sur Besançon et le Jura,
» aurait changé de plan relativement à l'armée du vice-roi. Il ne l'avait pas fait.
» Des invitations du ministre de la guerre pressèrent le vice-roi d'en commencer
» l'exécution ; mais ce mouvement n'eut pas lieu. »

Ce récit, inexact d'un bout à l'autre, se termine ainsi :

« Nous ne discutons pas le mérite de ce projet, et nous nous bornons à dire
» que, si cette expédition n'a point été faite, les causes en ont été indépendantes
» de la volonté de l'Empereur et sans doute de celle du vice-roi. »

Voilà le récit de Montvéran. Vous le voyez, tous les documents lui manquaient, il répétait des bruits répandus dans la société parisienne, à l'époque
où il écrivait. On a demandé pourquoi le prince Eugène n'avait pas réclamé,
protesté énergiquement contre ce récit. Mon Dieu ! probablement parce qu'il
n'a pas connu l'ouvrage dont le sujet principal était la situation de l'Angleterre,
et qui d'ailleurs dénotait une telle ignorance des faits, que ce n'était pas la
peine d'y répondre.

On a invoqué contre nous une autre autorité, l'*Histoire de France* de
Montgaillard. M. Perrotin, qui nous l'oppose, sait pourtant tout aussi bien que
nous ce que c'est que Montgaillard. Il y a eu deux Montgaillard, le comte et
l'abbé. Voici comment Quérard dans la *France littéraire* s'exprime sur eux :

« 1° Le comte Jean-Gabriel-Maurice-Rocques de Montgaillard, écrivain poli-
» tique qui s'est acquis une triste célébrité par ses intrigues en faveur des Bourbons
» et de Napoléon, qu'il trahissait tour à tour. »

Voilà pour un Montgaillard ; voici pour l'autre :

« 2° Guillaume-Honoré Rocques, connu sous le nom de l'abbé de Montgaillard,
» frère du précédent, autre intrigant politique qui, après avoir émigré, revint en
» France en 1793 pour se mêler de conspirations royalistes, et parvint à se faire
» employer dans l'administration militaire sous Napoléon... »

Tels sont les deux Montgaillard. Le second, l'abbé, a écrit en 1820 une
Revue chronologique de l'histoire de France, dans laquelle il parle du prince
Eugène en termes très convenables, et en particulier il rend hommage à sa
conduite et aux talents militaires qu'il déploya à la bataille du Mincio. Mais
en 1828 il publia sous un titre beaucoup plus ambitieux (*Histoire de France
depuis la fin du règne de Louis XIV jusqu'en 1825*) un nouvel ouvrage
qu'on a invoqué contre nous. Voici ce qu'en dit Quérard :

« En lisant ce volumineux libelle (Quérard pense aussi qu'on peut écrire un
» libelle en neuf volumes) maladroitement recouvert de formes historiques, il est
» aisé, disent la *Biographie universelle* et celle des *Contemporains*, de s'apercevoir,
» aux nombreuses contradictions qu'il renferme et à la différence de style qui se
» fait remarquer souvent d'une page à l'autre, que l'abbé de Montgaillard n'en est
» pas le seul auteur, et que, sauf quelques déclamations injurieuses dont il n'a
» fait que surcharger sa Revue chronologique, le reste du livre appartient à des

» continuateurs posthumes, qui ont spéculé sur sa réputation de causticité, de
» cynisme et de dévergondage, pour séduire la malignité publique.

» On a dit quelque part que le mystère dont s'enveloppaient les rédacteurs de cet
» ouvrage ferait le désespoir des Saumaises futurs. Nous ne chercherons pas à le
» soulever; un fait est constant: c'est que l'*Histoire de France* n'est que la *Revue*
» délayée par une Société d'auteurs anonymes. »

L'histoire de Montgaillard, que M. Perrotin invoque contre nous, n'est donc
qu'une de ces compilations éphémères que le tribunal a vu passer comme moi
dans les mains du public et puis disparaître complétement, une de ces compilations indigestes qui, sous le titre de *Mémoires d'une femme de qualité*, de
Mémoires d'une Contemporaine, n'ont d'autre but que de flétrir les renommées
les plus pures et de mettre en circulation toutes les calomnies, ou toutes les
anecdotes scandaleuses que l'intérêt, l'amour-propre blessé et la haine peuvent
avoir inventées.

Je ne vous dirai pas les calomnies contre le prince Eugène qui se trouvent
dans cette histoire de Montgaillard. Si vous avez le courage d'essayer de la
lire, quelques lignes vous donneront la mesure de la confiance qu'elle mérite.
Vous y verrez, en effet, que le vice-roi négociait avec le roi de Naples, les Autrichiens et les Anglais. Vous savez par la correspondance que, s'il a tenté des
négociations avec le roi de Naples, ces négociations lui étaient commandées,
ordonnées par l'Empereur. Vous y verrez qu'on l'accuse d'avoir excité à la révolte et à la désertion les troupes françaises qui étaient sous ses ordres. Pourquoi cette accusation? Parce que le 17 avril, après le traité de Fontainebleau,
lorsque les troupes françaises allaient rentrer en France, le prince Eugène
leur adressait dans une proclamation de touchants adieux. Écoutez, messieurs,
la réponse des chefs de corps à cette proclamation, et jugez si c'est ainsi qu'on
répond à un traître :

« Monseigneur, l'armée française, avant de se mettre en marche pour rentrer au
» sein de sa patrie, se fait un devoir de mettre aux pieds de Votre Altesse impé-
» riale les sentiments de reconnaissance et de respect dont elle est pénétrée envers
» votre auguste personne. L'armée d'Italie sera toujours fière de son chef; c'est
» pour elle un titre d'honneur que d'avoir servi sous Votre Altesse impériale,
» puissiez-vous jouir de l'honneur et de la gloire que vous ont acquis vos belles
» qualités! Tel est le vœu de toute l'armée, qui a connu ces qualités dans tant d'oc-
» casions et en conservera éternellement le souvenir.

> » Le lieutenant général comte GRENIER, les généraux de division
> » comte VERDIER, comte VIGNOLLE, baron MARCOGNET, comte
> » d'ANTHOUARD, baron FREISSINET, baron QUESNEL, baron
> » MERMET, baron de SAINT-LAURENT, le général du génie baron
> » DODE.

» Mantoue, le 17 avril 1814. »

Vous voyez, messieurs, ce que cet abbé de Montgaillard appelle une excita-
tion à la désertion des soldats français de l'armée d'Italie. Vous y trouvez plus
loin que le prince Eugène avait envoyé des plénipotentiaires au congrès de
Châtillon, pour y faire soutenir ses intérêts personnels. Si le tribunal veut bien

prendre la peine d'ouvrir le livre de M. le baron Fain sur 1814, où sont réunis les protocoles du congrès de Châtillon, il y verra que Caulaincourt, duc de Vicence, représentait seul et exclusivement l'Empereur à ce congrès, et que ce fut lui qui, au nom de l'Empereur, demanda que les puissances conservassent l'Italie au prince Eugène.

Voilà, messieurs, un échantillon des calomnies renfermées dans cette prétendue histoire de Montgaillard. Je vous demande si elle mérite de fixer un instant vos regards.

On a ensuite cité contre nous la *Biographie universelle*. La *Biographie universelle* contient un article remarquable sur le prince Eugène, et je ne conteste pas que, lorsqu'elle arrive à 1814, elle s'exprime ainsi :

« Eugène, dont toute la vie marque assez qu'il n'était pas sans ambition, pouvait
» bien croire qu'il avait d'autres intérêts que ceux de Napoléon. Des écrivains ont
» assuré que, si sa défection ne fut pas publique, c'est qu'elle n'eut pas le temps
» de l'être. Il marchanda longtemps, ajoute-t-on, sur des conditions dont la pre-
» mière devait être le titre définitif de roi d'Italie, et il avait envoyé un agent au
» congrès de Châtillon pour traiter en son nom. Des pièces à l'appui de tous ces
» faits existent, à ce qu'on assure ; d'autres, au contraire, affirment que jusqu'au
» bout le prince Eugène, bien qu'il eût beaucoup à se plaindre de Napoléon, lui
» garda fidélité. Quoi qu'il en soit, on ne peut guère douter qu'après la déchéance
» de l'Empereur, le désir de la couronne d'Italie ne soit entré plus vif que jamais
» dans la pensée d'Eugène. »

La *Biographie universelle* affirme-t-elle ? Non, elle dit : « Des écrivains ont assuré, » et cela est vrai ; un rédacteur anonyme du *Spectateur militaire* avait dit qu'Eugène n'avait pas obéi aux ordres de Napoléon. Elle ajoute : « D'autres, au contraire, affirment que jusqu'au bout le prince Eugène, » bien qu'il eût beaucoup à se plaindre de Napoléon, lui garda fidélité. » Entre deux opinions contradictoires, la *Biographie* fait ce que doit faire un historien impartial, ce qu'aurait dû faire le duc de Raguse ; elle les rapporte toutes deux, mais reste dans le doute.

La quatrième autorité de nos adversaires, c'est le récit du général d'Anthouard dans le *Spectateur militaire*. Je l'ai dit, ce récit repose sur des faits faux ; matériellement il suppose des instructions toutes contraires à celles qui ont été données, et que d'Anthouard lui-même a écrites sous la dictée de l'Empereur. Le général parle d'instructions brûlées, et ces instructions existent, et elles ne contiennent pas un mot de ce qui s'y trouverait, suivant d'Anthouard. Il n'y a pas une phrase du long article anonyme, qui est son œuvre, qui ne soit contraire à tous les documents que nous rapportons et qui sont écrits de sa main.

Je l'ai dit, aux passages des auteurs que l'on a cités je pourrais opposer des milliers de volumes émanés d'écrivains bien autrement compétents et qui rendent au vice-roi la justice qui lui est due ; mais, encore une fois, je veux que le tribunal s'inspire aux sources mêmes de l'histoire, je veux qu'il se prononce sur des ordres positifs, sur des documents officiels. Cette recherche historique, je ne la crois pas difficile, et j'ose espérer, messieurs, que vous n'hésiterez pas à la faire.

Voilà ce que j'avais à dire sur la première question.

Il y en a une seconde : celle de savoir dans quelle intention le duc de Raguse a écrit dans son sixième volume ce que nous y lisons contre le prince Eugène. A--t-il écrit avec l'impartialité de l'historien, ou avec la passion du pamphlétaire ? Je n'hésite pas à répondre que les Mémoires de Marmont n'ont pas le caractère de l'histoire. Le maréchal adopte avec empressement ce que lui dit le général d'Anthouard, quelque absurde que ce soit ; il sait que d'Anthouard a été réfuté, et il ne tient pas compte des réfutations. Est-ce agir en historien consciencieux ? Croyez-vous que, lorsque l'illustre auteur de l'*Histoire du Consulat et de l'Empire* examinera la conduite du prince Eugène, il se bornera à consulter Montgaillard, Montvéran et d'Anthouard sans remonter aux sources, sans étudier les documents officiels ? Non, il n'aurait pas la juste gloire qu'il a acquise, s'il écrivait ainsi l'histoire.

Marmont va même plus loin que les écrivains dont il répète les erreurs. Je lis chez lui ce qui ne se trouve nulle part. Écoutez :

« Eugène éluda les ordres de l'Empereur. Il fit cause à part ; il intrigua dans ses
» seuls intérêts ; il s'abandonna à l'étrange idée qu'il pouvait, comme roi d'Italie,
» survivre à l'Empereur. Il oubliait qu'une branche d'arbre ne peut vivre quand
» le tronc est coupé. Il a été la cause la plus efficace, après la cause dominante
» placée avant tout dans le caractère de Napoléon, la cause la plus efficace, dis-je,
» de la catastrophe ; et cependant la justice des hommes est si singulière, qu'on
» s'est obstiné à le représenter comme le héros de la fidélité. Je tiens à conscience
» d'établir ces faits, dont la vérité m'est parfaitement connue, et qui ne sont pas sans
» intérêt pour l'histoire. »

Eh bien ! ici le duc de Raguse dépasse d'Anthouard. Il accuse nettement le vice-roi de trahison, puis il ajoute :

« Non-seulement Eugène n'a rien exécuté de ce qui lui était prescrit, mais il
» n'en eut jamais l'intention. »

Ce ne sont pas seulement les faits qu'il accuse, il accuse les intentions : le vice-roi n'eut jamais l'intention d'obéir :

» Il s'est même occupé à se mettre dans l'impossibilité d'obéir, ou au moins à
» créer des prétextes pour s'en dispenser. De nouveaux documents tombés entre
» mes mains me donnent le moyen d'en apporter la preuve. »

Quels sont ces documents ? La lettre de Joséphine, qui partait en même temps que la lettre du ministre de la guerre du même jour et ne pouvait effacer la condition posée par l'Empereur lui-même ; la lettre de Joseph, conforme à celle du duc ministre de la guerre ; la lettre du 3 mars écrite par le duc de Feltre.

Voilà donc Raguse en possession de documents officiels qui lui permettent d'affirmer qu'il a une connaissance personnelle des faits qu'il reproche au prince Eugène. Il ne va pas pour ces faits se couvrir de l'autorité de d'An-

thouard, non ; il en a une connaissance personnelle par des documents officiels, et la lettre du ministre de la guerre à la date du 3 mars est un de ces
documents ; la voici cette lettre :

« J'ai reçu les lettres dont Votre Altesse impériale m'a honoré sous les dates
» des 17, 18, 20 et 22 février, et j'ai eu soin d'en transmettre le contenu à l'Em-
» pereur. Sa Majesté y aura vu plusieurs choses satisfaisantes, mais elle n'a encore
» rien fait connaître à cet égard. Je dois croire que l'Empereur est disposé à laisser
» en ce moment l'armée d'Italie dans la position où elle se trouve, et que Sa Ma-
» jesté se bornera à faire revenir les garnisons de la Toscane et des États-Romains,
» comme l'ordre en a été donné. Déjà la garnison de Livourne est repliée sur
» Gênes, d'après les dispositions arrêtées par madame la grande-duchesse, qui de-
» vait négocier aussi pour le retour des garnisons de Sienne, de Montargentaro et
» des forts de Florence.
   » Quant à l'armée d'Italie, il paraît que les succès remportés par Votre Altesse
» impériale, joints à ceux que l'Empereur a obtenus de son côté, lui procureront
» les moyens de se maintenir dans sa position et d'attendre les événements.
   » J'ai l'honneur, etc.
                                          » *Signé* duc de FELTRE. »

Vous ne l'avez pas oublié, messieurs, M. le maréchal Marmont a dit : « Je
suis sûr que le prince Eugène a désobéi aux ordres de l'Empereur ; j'en ai la
preuve dans une lettre du ministre de la guerre à la date du 3 mars. » C'est
là un point important, assurément. Et il ne donne pas cette lettre !.. Et il se
rencontre qu'elle contient tout le contraire de ce que veut faire supposer le
duc de Raguse !

« Quant à l'armée d'Italie, il paraît que les succès remportés par Votre Altesse
» impériale, joints à ceux que l'Empereur a obtenus de son côté, lui procureront les
» moyens *de se maintenir dans sa position et d'attendre les événements.* »

Après dirai-je ce mensonge, suit un récit composé de faits tous inexacts et
malveillants jusqu'à la bataille de Valeggio. Pour cette bataille il n'est pas un
des historiens qui l'ont écrite qui n'en fasse un titre de gloire pour le prince
Eugène. Je pourrais citer le général de Vaudoncourt, le commandant Koch ; je
pourrais en citer vingt autres, mais j'ai par hasard dans la main une lettre
que je ne peux pas ne pas lire au tribunal. Au bruit qu'a fait ce procès il s'est
éveillé sur tous les points de la France des sentiments de la sympathie la plus
honorable pour le prince Eugène ; des correspondances me sont venues de tous
côtés ; voici une lettre de Beaune que l'on m'adresse avec un autographe d'un
des compagnons d'armes du prince Eugène, du maréchal Suchet, qui écrivait
à l'intendant général de la Catalogne dans les termes suivants :

« Monsieur l'intendant général, je vous envoie une proclamation du prince Eu-
» gène ; vous y reconnaîtrez le caractère du chevalier français ; vous la lirez avec
» intérêt. Après avoir porté une armée derrière le Mincio, il fut instruit que 18,000
» Autrichiens le poursuivaient ; il prit alors le parti de passer de nouveau la
» rivière, de dérober sa marche à l'ennemi et de l'attaquer avec impétuosité. Il a
» tué ou blessé à l'ennemi 5 ou 6,000 hommes, fait 3,000 prisonniers, enlevé 100

» chevaux et les bagages du feld-maréchal Bellegarde. Cette victoire honore le prince
» et sa bonne armée.

» Je vous remercie, etc.

» Le maréchal duc d'ALBUFÉRA. »

Voilà le témoignage rendu au prince Eugène par Suchet ; voici en quels termes Marmont en parle :

« Eugène a attaqué les Autrichiens d'une manière peu loyale (le vice-roi a dé-
» robé sa marche à l'ennemi) ; il a remporté sur eux un succès de peu d'impor-
» tance : il a voulu jeter de la poudre aux yeux de Napoléon. »

Je vous le demande, messieurs, reconnaissez-vous à ces traits le caractère et l'impartialité de l'historien ou la passion de l'ennemi ?

Je vous avais parlé ensuite, et on ne m'a rien répondu à cet égard, de cette odieuse sympathie de Marmont pour les meurtriers du ministre Prina. Pas un mot de pitié pour la victime, et immédiatement après avoir raconté le meurtre de Prina, il ajoute : « Eugène se réfugie à Mantoue au milieu des troupes françaises, et échappe ainsi à un sort semblable. » Vous voyez le rôle qu'il fait jouer à Eugène : au milieu de l'émeute, quand il voit le meurtre de Prina, il se retire à Mantoue pour éviter un sort semblable. Tout cela est faux. L'insurrection avait lieu le 20 avril, et Eugène était renfermé dans Mantoue depuis le milieu de mars ; la vice-reine était venue l'y rejoindre le 29 ; elle y était accouchée le 14 avril, et il semble qu'Eugène se soit sauvé en fugitif au milieu des baïonnettes françaises ! Tel est le caractère des récits de Marmont.

A la page 54 du tome VI de ses Mémoires, il revient avec passion sur la prétendue trahison du prince Eugène :

« Eugène, dit-il, a désobéi ; il a contribué plus que qui que ce soit à cette cata-
» strophe. Rien ne peut l'excuser. »

Et puis il met en note ce fait faux, éminemment faux et impossible, qu'Eugène, ayant méconnu les instructions qui lui avaient été apportées par le général d'Anthouard, les aurait jetées au feu à Munich, en présence du général d'Anthouard, pour tromper l'histoire et soustraire la preuve de sa désobéissance aux ordres de l'Empereur. Le fait est faux de deux manières : d'abord, depuis la Restauration, le général d'Anthouard n'a pas mis le pied à Munich ; ensuite, et cette raison en vaut bien une autre, parce que, au moment où nous parlons, ces documents existent dans les archives de la princesse Marie à Saint-Pétersbourg. Tout est donc malveillant et hostile dans les récits du maréchal Marmont. Quand il n'aurait commis d'autre faute que de répéter sans examen ce que lui avait dit d'Anthouard, d'accepter des faits notoirement faux et de les insérer dans ses Mémoires, il serait inexcusable. Sans doute il se trouverait à l'abri d'une peine, mais son œuvre ne serait pas à l'abri d'une rectification comme celle que mes clientes ont demandée. Toute la question est de savoir s'il a dit la vérité ou s'il ne l'a pas dite, et je crois avoir surabondamment démontré qu'il ne l'a pas dite, qu'il est en contradiction avec tous les documents et tous les témoignages contemporains, et que n'ayant pas dit la vérité, il ne peut pas prétendre au titre d'historien, et reste ce qu'il est, un pamphlétaire.

M. Perrotin a cru devoir ajouter ses attaques personnelles à celles que Marmont s'était permis de hasarder contre le prince Eugène. Il s'est à son tour érigé en juge, il a déclaré que le prince Eugène avait bien quelques défauts, qu'il était faible et ambitieux. J'ai demandé à M. Perrotin de justifier ces deux accusations. A quelle époque et dans quelle circonstance le prince Eugène a-t-il été faible ? Vous avez cité la *Biographie universelle*, permettez-moi de vous y renvoyer à mon tour et de vous demander dans quelle circonstance le prince Eugène a montré de la faiblesse. Depuis l'époque où à quinze ans il entrait dans l'état-major du général Hoche, grand homme qui a exercé sur son caractère une influence décisive ; depuis l'époque où, sortant de l'état-major du général Hoche, il accompagnait Bonaparte en Égypte, prenez toute sa carrière politique et militaire, et montrez-moi le jour, l'heure, le moment où il a hésité, faibli, oublié son devoir, où il ne l'a pas scrupuleusement accompli.

Vous dites que le prince Eugène était un ambitieux ! Laissons de côté cette ambition naturelle d'un homme qui se sent, qui suivra ses destinées ; ce n'est pas d'une noble ardeur qu'il s'agit ici, mais de cette ambition désordonnée qui aurait pu le conduire à la trahison : Quelle preuve m'en apportez-vous ? Ah ! l'Empereur a dit de lui : « Eugène est un excellent homme, mais il est » bien jeune ; il faut se garder d'allumer une ambition excessive dans ce cœur » si peu fait encore aux passions du monde. » Mais vous n'y pensez pas ! Ces paroles ne prouvent pas que le prince Eugène était très ambitieux ; elles prouvent, au contraire, qu'il ne l'était pas du tout, puisque l'Empereur parlait, non d'éteindre, mais de ne pas allumer cette passion dans son cœur.

On continue, et M. Perrotin juge à propos de rappeler la conduite du prince Eugène à l'époque du divorce de sa mère. Singulier acte d'ambition que de prêter la main à un projet qui devait couper court précisément à toutes les espérances qu'aurait pu concevoir Eugène comme fils adoptif de Napoléon. Vous avez cité M. Thiers : veuillez l'ouvrir aux pages où il raconte cette scène touchante, vous y verrez ce qu'il dit, avec raison, que jamais événement ne fut plus dépourvu de passions vulgaires, et que de la part de l'Empereur comme de la part de toute la famille de Beauharnais, il n'y eut d'autre but que d'assurer la continuation de cette dynastie qui ne pouvait l'être que par un nouveau mariage de Napoléon. Le seul sentiment qui ait guidé la mère et les deux enfants, c'est le dévouement à l'Empereur, à ce qu'ils croyaient le salut de la France ; et vous appelez cela une preuve de l'ambition du prince Eugène !

Poursuivons. Il a songé au royaume d'Italie !

A quelle époque ? Est-ce pendant que Napoléon sur le trône se défendait ? Non, vous n'en trouverez pas une preuve, et c'est pour cela que nous prions M. Perrotin d'ajouter aux lettres qu'il a publiées celle du roi de Bavière, du 11 avril 1814, qui prouve d'une manière éclatante que jusqu'à cette époque le prince Eugène n'avait écouté aucun des conseils que son beau-père lui avait donnés, aucune des prières qu'il lui avait adressées.

Après le traité de Fontainebleau, Eugène a-t-il songé au royaume d'Italie ?

Je n'en sais rien. Supposez-le ; était-ce une ambition illégitime ? L'Empereur l'avait constamment demandé pour lui, il avait inséré un article dans le traité de Fontainebleau, pour que les alliés lui garantissent un établissement convenable hors de France.

Voilà un homme qui depuis neuf ans gouvernait le royaume d'Italie ; qui le gouvernait, nous raconte la *Biographie universelle*, en y introduisant toutes les améliorations intellectuelles, morales et matérielles compatibles avec le temps et les mœurs. Demandez-vous si ce prince que les Italiens et les Français, amis de l'Italie appelaient à la royauté aurait été si coupable de la désirer ! Demandez-vous si Napoléon se serait plaint d'avoir obtenu ce qu'il avait constamment demandé pour lui ! Et voilà pourtant ce qu'on appelle un homme ambitieux !

On dit encore. La princesse de Bavière, sa femme, et l'empereur Maximilien-Joseph, son beau-père, le sollicitaient au trône.

Voudriez-vous, monsieur Perrotin, me signaler les suggestions de la princesse Auguste, de celle que l'Empereur proclamait la plus vertueuse comme la plus belle des princesses de son temps ? J'ai donné lecture de la lettre par laquelle, au moment où son père, le roi de Bavière, rompait avec la France, elle lui déclarait qu'elle ne pouvait plus conserver de relations avec lui. Il est vrai que, près d'accoucher, elle aima mieux rester dans une ville assiégée que de venir en France où Napoléon l'appelait ; est-ce là une accusation sérieuse, et oseriez-vous la porter soit contre elle, soit contre son mari le prince Eugène ?

On rappelle qu'Eugène a rendu visite à Louis XVIII, en 1814 !

Singulier reproche ! Joséphine était mourante à la Malmaison , elle demandait son fils ; Eugène sollicite la permission d'assister à ses derniers moments. Il l'obtient du gouvernement français ; il rend à sa mère ce pieux et dernier devoir, et puis, avant de quitter la France où il ne fait qu'un séjour de très courte durée, il veut aller remercier le roi qui a bien voulu lui permettre de dire à sa mère un dernier adieu. Cela est vrai, il fut reçu avec honneur par Louis XVIII et par le duc d'Orléans, devenu depuis roi des Français. Voilà ce qui s'est passé, et M. Perrotin a fait de cela un sujet d'accusation contre le prince Eugène !

Où était-il en 1815, pendant les Cent-Jours ? me demande-t-on encore ?

Mais M. Perrotin le sait tout aussi bien que moi : pendant les Cent-Jours, il était surveillé, gardé à vue par les puissances étrangères, qui redoutaient son entrée en France. Cela est écrit partout, et M. Perrotin a lu comme moi ce passage des *Souvenirs contemporains* de M. Villemain :

« Telle était à cet égard l'illusion de l'Empereur ou plutôt son besoin de ne pas
» désespérer de la paix, et son envie de tout tenter pour l'obtenir,... qu'il faisait
» recommander au prince Eugène, qu'il supposait encore à Vienne, d'essayer per-
» sonnellement près d'Alexandre quelques ouvertures pacifiques en son nom, et à
» la faveur de l'accueil intime qui lui était ouvert, disait-il, en souvenir de lui.

» Mais alors même le prince Eugène, si justement estimé pour son loyal courage,
» et naguère admis dans la familiarité d'Alexandre, venait d'être éloigné de Vienne.
» Tenu pour suspect depuis le succès de Napoléon, il était sévèrement consigné
» dans une ville de guerre distante de la cour, et Napoléon pouvait s'apercevoir que
» les restes de l'éclat réfléchi par lui sur sa famille, et la réminiscence des hom-

» mages attachés à l'honneur de lui avoir appartenu étaient maintenant comptés
» pour bien peu dans cette région monarchique d'où lui-même était tombé, et dont
» il n'était plus que la malédiction et l'effroi. »

Voilà, messieurs, la réponse à ce dernier reproche que M. Perrotin avait
adressé à la mémoire du prince Eugène.

Et maintenant que j'ai tout passé en revue, et les attaques du duc de Raguse et les attaques de M. Perrotin, je vous répète ce que je vous ai déjà dit,
je demande, non pas une peine, non pas une suppression, mais une simple
rectification, et je la demande au nom de mes clientes, filles de celui qui a été
calomnié. J'aurais le droit de vous la demander aussi au nom sacré de la vérité,
et permettez-moi d'ajouter au nom de l'honneur national, car il est intéressé
à ce que nous ne laissions pas aussi facilement flétrir une des gloires les plus
pures que le XIXᵉ siècle nous ait données.

Messieurs, depuis le jour où j'ai eu l'honneur de plaider pour la première
fois devant vous, j'ai reçu de tous côtés des lettres qui me montrent combien cette mémoire du prince Eugène est encore vénérée en France. J'ai reçu
la copie d'une lettre très digne adressée autrefois à l'Empereur Alexandre,
que les journaux ont reproduite, que je n'ai pas lue au tribunal parce que je
n'en ai pas l'original, et ne puis dire où il se trouve. Mais dans le nombre de
celles qui m'ont été adressées, j'en choisis une qui vous montrera avec la dernière évidence comment le prince Eugène comprenait et servait les intérêts
de l'Empereur. Cette lettre dont je ne connais pas personnellement l'auteur,
est d'un vénérable pasteur de l'Ardèche, M. Brunnel; la voici :

« Aux Fonts (par Lavoulte, Ardèche), 27 juin 1857.

» Monsieur,

» Vous défendez le prince Eugène contre les accusations du duc de Raguse, et
» je crois devoir, dans l'intérêt de la vérité et d'une mémoire respectable, vous
» faire part du fait suivant, peut-être inconnu, et qui n'est pas sans importance.

» M. Lafont, chef de bataillon en retraite, lieutenant-colonel des Cent-Jours,
» ancien juge de paix d'Uzès, m'a raconté plusieurs fois qu'en 1814, peu de temps
» après la défection du roi de Naples, il avait été envoyé à deux reprises par le prince
» Eugène au quartier autrichien, auprès de Murat, pour faire appel à ses senti-
» ments, et lui proposer de se joindre à lui pour marcher sur Vienne, faire une
» diversion peut-être décisive et dégager l'Empereur.

» Il était difficile et périlleux, disait M. Lafont, de voir le roi de Naples, pourtant
» j'y parvins. La première fois, Murat consentit à recevoir la dépêche du vice-roi ;
» mais la seconde fois, il ne voulut rien entendre et menaça de me faire fusiller.

» Je pressais le commandant Lafont de donner ces détails à l'auteur de l'*Histoire
» du Consulat et de l'Empire*; mais je crois qu'il est mort sans en rien faire. En
» tout cas, cette action du prince Eugène me semble prouver qu'il n'hésitait pas
» alors dans son dévouement à l'Empereur. Je vous autorise, monsieur, à faire de
» cette lettre l'usage que bon vous semblera, et vous prie, etc.

» HENRI BRUNNEL, pasteur. »

Voilà, messieurs, le dernier témoignage que je voulais invoquer. Je vous l'ai
dit, je pourrais réclamer au nom de l'honneur national les rectifications que
je demande, je me borne à les réclamer au nom de mes clientes. Reines
ailleurs, elles sont suppliantes devant vous ! Leur droit me paraît incontestable, j'espère que le tribunal le consacrera par son jugement.

RÉPLIQUE DE Mᵉ MARIE.

Messieurs,

Je n'ai pas l'intention d'occuper longtemps les moments que vous voulez bien m'accorder encore. Plus j'avance dans ce procès, plus la discussion s'engage, plus je reste convaincu que le débat ne soulève qu'une question purement historique, question délicate, question complexe que la conscience publique peut seule souverainement apprécier et juger.

Mon honorable adversaire reçoit de toutes parts, dit-il, des documents pour défendre la mémoire du prince Eugène ; j'en reçois aussi de mon côté, sinon pour accuser, *je n'accuse pas*, du moins pour défendre. L'opinion publique se préoccupe donc de ce débat, elle a raison ; et je voudrais que devant elle seule l'histoire eût plaidé sa cause.

J'ai dit que je ne me croyais pas compétent pour accuser ; je ne crois pas me contredire ici en ajoutant, pour absoudre ; et vous, messieurs, que je ne vous croyais pas compétents pour juger. La réplique que vous venez d'entendre n'a sur ce point rien changé à mes idées ; ces idées, on les combat, je veux encore en soutenir la vérité. Je veux être bref, je le serai ; je ne sortirai pas des limites que je me suis tracées.

Je demande à mon honorable contradicteur la permission de répondre tout d'abord quelques mots aux observations préliminaires qu'il a présentées.

J'aurais pu rechercher si les héritiers du prince Eugène avaient droit et qualité pour intenter le procès ; si ce droit et cette qualité ne résidaient pas dans la personne seule du prince, et si le prince étant mort, cette qualité et ce droit n'avaient pas disparu avec lui. J'aurais pu me poser cette question au point de vue légal, et en faire sortir une infranchissable fin de non-recevoir ; je n'en ai rien voulu faire, la question est à mes yeux trop grande et trop élevée pour que je cherche à l'étouffer sous une fin de non-recevoir. Je n'ai voulu trouver dans cette circonstance, contre l'adversaire que je combats, qu'une objection morale, et c'est à ce titre, à ce titre seulement, que je l'ai relevée dans ma plaidoirie et que je la maintiens dans cette réplique.

En effet, je ne puis pas comprendre, quant à moi, comment cette lutte, si elle est juste, légitime, ne commence qu'aujourd'hui. S'il était question pour la première fois des événements de 1814 et du rôle que le prince Eugène a joué en Italie, je m'expliquerais cette situation. Mais quand depuis longtemps, et même du vivant du prince Eugène, en face de lui, tous les documents historiques reproduits aujourd'hui par le procès de Raguse ont été publiés, examinés, appréciés, jugés par des auteurs sérieux dans des ouvrages sérieux, quoi qu'on en dise ; quand les questions agitées dans les Mémoires ont été déjà agitées par Montveran, par tant d'autres, en 1827, en 1834 ; en un mot, dans le cours d'un demi-siècle ; que, pendant tout ce temps, le prince, sa famille aient laissé le champ libre à l'histoire, aux chroniques, et que tout à coup ils s'éveillent aujourd'hui et saisissent de leurs plaintes la justice et le pays ! j'ai le droit de m'en étonner, je m'en étonne. J'admire surtout que les héritiers du prince soient plus jaloux de son honneur et de sa gloire qu'il ne l'a été lui-même.

Et prenez bien garde ! Quand vous venez me dire à propos de l'ouvrage de Montveran, et pour expliquer un inexplicable silence, que le prince Eugène ne l'a pas connu, ou que s'il l'a connu, il a pu le mépriser, vous dites une chose qui n'est ni vraie, ni vraisemblable. Si bas que soit placé un écrivain, et certes je ne fais ici aucune allusion à l'historien dont je viens de prononcer le nom, quand il produit des accusations précises, quand ces accusations sont mensongères, et que pourtant il prétend les appuyer sur des faits, le silence n'est pas permis.

Je sais bien que devant la calomnie qui vient désoler sa vie, l'homme public a le droit de beaucoup dédaigner ; je sais qu'il peut souvent couvrir de son mépris et de son silence les accusations insensées que les passions politiques soulèvent contre lui. Le plus ordinairement ces accusations sont vagues et sans portée ; la source en est tellement impure, que les démentis et les justifications viennent d'eux-mêmes.

Mais quand une accusation prétend s'appuyer et s'appuie sur des faits précis ; quand, par exemple, comme il arrive dans la cause actuelle, on vient dire à un homme comme on le dit au prince Eugène, non pas seulement : « Vous avez désobéi ; » mais vous l'avez fait dans telle circonstance, dans tel but ; quand plusieurs écrivains s'accordent pour signaler comment des ordres lui ont été donnés ; comment, après les avoir reçus, il ne les a pas exécutés, et comment il a cherché à tirer parti de ses désobéissances ; quand de pareils faits ainsi formulés sont articulés par des historiens contre un prince, et que ce prince, qui pouvait relever l'accusation, combattre et confondre l'imposture, a cru prudent de garder le silence, je le dis encore une fois, je ne comprends pas que, plus soucieux de son honneur qu'il ne l'est lui-même, ses héritiers aillent relever le gant qu'ils n'ont pas osé relever pendant plus d'un demi-siècle.

Je réponds maintenant à une seconde observation préliminaire.

Je n'ai pas dit que la famille du prince Eugène, après la publication des Mémoires du duc de Raguse, ayant choisi la voie des brochures, la polémique par la presse, n'avait plus le droit d'entrer dans la voie judiciaire ; j'aurais pu, il est vrai, discuter encore le procès à ce point de vue, et assurément j'aurais trouvé dans la doctrine et dans la jurisprudence un invincible appui ; mais j'ai dédaigné cette fin de non-recevoir comme j'avais dédaigné la première, et par les mêmes motifs. C'est par son genre étrange que j'aborde ce procès et que je veux le gagner. J'ai dû dire cependant, et je maintiens que la pensée première de la famille du prince Eugène avait été conforme à la nôtre ; que, comme nous, elle avait admis aussi que la question à résoudre était une question d'histoire ; que l'histoire seule, et après elle la conscience publique, pouvaient apprécier et juger. Je constate encore qu'elle est, de premier mouvement, entrée dans cet ordre d'idées, quand elle a fait appel elle-même à l'histoire, quand elle a publié des brochures, produit des documents et discuté les faits.

Cette voie, dans mon opinion, était la seule vraie, la seule bonne. Je ne lui refuse pas, pour cela, le droit de suivre une autre voie, mais je persiste à dire que venant demander à la justice d'apprécier des faits historiques, de déclarer par sentence que le prince Eugène a été constamment fidèle à l'Empereur et à la France, c'est là une chose étrange et qui menace de jeter une grande perturbation dans un domaine jusqu'ici respecté dans ses franchises et dans ses libertés.

Et puis, dirai-je à nos adversaires : Que demandez-vous après tout ? Une satisfaction qui vous a déjà été spontanément accordée, largement accordée. Vous avez publié des documents, vous prétendez que dans ces documents se trouve la justification du prince Eugène. Eh bien! ces documents, nous les avons imprimés à la suite de notre 9e volume; que vous faut-il de plus?

A ce sujet, l'adversaire, détournant la question, vous a dit que dans toutes les démarches amiables ses clients s'étaient montrés pleins de réserve et de discrétion; qu'ils n'avaient demandé que l'insertion des documents imprimés dans la brochure de M. Planat, et que l'éditeur avait refusé cette satisfaction.

Non, non, ce ne sont pas là les exigences directes devant lesquelles l'éditeur a reculé, et la preuve c'est que ces documents sont insérés dans les Mémoires du duc de Raguse, et peuvent atténuer, si toutefois ils les atténuent, les récits de ce dernier et ses jugements.

Ce qu'on demandait c'était l'insertion d'une notice insensée et dégradante dans sa formule; c'était une insertion que j'aurais considérée comme une lâcheté, si elle avait été accordée, car elle affirmait que ces documents de la réclame étaient authentiques, qu'ils contenaient seuls la vérité historique, qu'ils relevaient l'honneur du prince Eugène, que sa fidélité un instant compromise, ou du moins attaquée, était ainsi justifiée. Elle voulait plus encore : elle voulait que l'éditeur du duc de Raguse, au nom pour ainsi dire du duc de Raguse lui-même, appréciât les lettres publiées comme M. Planat les appréciait lui-même; qu'en un mot il relevât d'une main le prince Eugène, et que de l'autre il abaissât et condamnât le duc de Raguse. C'est contre cette exigence que je me suis élevé quand j'ai dit qu'il y aurait eu lâcheté à s'y soumettre.

Voilà mon objection; en la reproduisant, vous l'avez dénaturée, vous avez trouvé commode de dire que l'éditeur refusait d'insérer dans les Mémoires des documents officiels. Non, il n'a pas reculé devant vos documents *officiels*, mais devant une déclaration qu'on n'aurait pas dû oser lui demander.

Des documents officiels! J'avais à cet égard exprimé un doute, et ce doute je le trouve bien profondément écrit au fond de ma conscience. J'ai lu avec beaucoup d'attention l'ouvrage publié par M. Planat de la Faye, j'en ai examiné de très près les documents; ils ont été, dit-il, copiés sur les originaux conservés à Saint-Pétersbourg, dans les archives de la princesse Marie.

Ces copies ont été mises dans ses mains pour défendre la mémoire du prince Eugène contre les appréciations sévères de l'histoire. Très bien! voilà des affirmations fort nettes; mais tout est-il dit ainsi? Si nous en étions, dirais-je, à discuter une question historique, quel serait, s'il vous plaît, mon droit? J'aurais le droit de critiquer, d'apprécier les documents qui me sont présentés, et si faisant, comme M. Thiers ne manquera pas, dites-vous, de faire, nous voulions en effet savoir ce que valent ces documents, nous irions soit aux archives nationales de France, soit même, si nous pouvions les aborder, aux archives de la princesse Marie de Russie, consulter les originaux. L'histoire sérieuse ne procède pas autrement, elle veut des pièces originales, authentiques : elle a raison. Que lui importe à elle de se trouver en face d'une famille qui vient défendre l'honneur de son nom ! Un plus grand intérêt la préoccupe, et dans cet intérêt elle ne veut point croire sur parole une famille dont les passions privées agissent seules. Vous avez des documents, dites-vous ? j'ai le droit de les voir, moi historien ; j'ai le droit, en restant sur le terrain de l'histoire, de pénétrer dans vos archives, de voir de mes yeux ce qu'elles contiennent, je ne me contente pas, je ne dois pas me contenter de simples copies. Je ne m'en contente pas... eh ! comment m'en contenterais-je !

Que vous ayez, dans vos archives de Russie, les lettres de l'Empereur Napoléon, à vous adressées, je le conçois ; mais ces magnifiques lettres qui auraient été écrites par le prince Eugène, par la princesse Auguste, à l'Empereur, et que dès lors l'Empereur aurait reçues, comment se fait-il que vous en ayez, dans les mains, les originaux ? Ne devraient-ils pas se trouver parmi les papiers de Napoléon, dans les archives de France ? Comment sont-ils revenus des mains de Napoléon dans les vôtres ? Comment ont-ils passé des archives de France dans les archives de Russie ? Si les originaux ne peuvent pas être, ne sont pas dans vos mains ; si vous n'avez que des brouillons et des copies, quelle foi voulez-vous que l'histoire attache à de tels documents ?

Toutes ces questions que j'aurais le droit de vous poser devant l'histoire, j'ai le droit de vous les poser à plus forte raison devant la justice. Comment ! vous voulez que nous discutions ces documents et ces pièces devant un tribunal, et vous me présentez des copies ! Et la raison proteste contre votre prétendue possession des originaux qui, en grande partie du moins, ne peuvent pas même être en vos mains ! Non, non, il n'en peut être ainsi. Communiquez-moi, non des copies mais des originaux, c'est mon droit de vous les demander, c'est votre devoir de me les remettre ; je veux les voir, les critiquer, au point de vue de l'histoire d'abord, et puis, ce qui est plus grave encore, comme défenseur d'un homme attaqué.

Voilà, messieurs, ce que je voulais vous dire sur ces observations préliminaires, je ne m'y étendrai pas davantage.

Sur le fond, mon adversaire vous a dit en commençant : Je ne demande pas qu'on insère une dissertation sur la question de savoir si le prince Eugène a désobéi ou n'a pas désobéi, je ne demande pas même la suppression des Mémoires ou de la partie des Mémoires dans laquelle le duc de Raguse attaque la conduite du prince Eugène ; je ne demande que l'insertion de documents officiels, et rien autre chose que l'insertion de documents officiels.

Si vous n'avez demandé que cela, si vous n'avez voulu que cela, encore une fois je ne comprends pas que vous me fassiez un procès, car ces documents officiels sont imprimés dans un des volumes des Mémoires ; vous voulez donc autre chose ; et encore bien que vous veniez dire au tribunal : Je ne demande qu'une chose très petite, vous voulez arriver à quelque chose de plus grand. Ce n'est pas seulement l'insertion des documents officiels qu'il vous faut, c'est l'insertion d'une nouvelle notice, et pour peu qu'elle ressemble à la première, je vous déclare nettement que cette insertion je ne vous l'accorde pas. Je ne vous l'accorde pas, parce que votre prétention est, en effet, sans fondement raisonnable au point de vue du droit et du bon sens. Voilà ce que j'ai plaidé, voilà ce que je maintiens.

Et maintenant êtes-vous mieux fondé lorsque vous venez parler contre ce que j'appelle, moi, les droits de l'histoire? Quoi! dites-vous, l'homme public devrait-il se taire si on le calomnie, si on le diffame, si l'on donne à toutes ses actions un mobile odieux, si l'on ternit, en un mot, si l'on détruit sa réputation? Faudra-t-il qu'il reste muet devant les insultes qu'un diffamateur aura méditées dans son cabinet, et qu'il ne jettera à sa victime qu'après qu'il sera descendu dans la tombe? Non, vous ai-je répondu, non, il n'en est pas, il n'en doit pas être ainsi. Je veux pour l'histoire la liberté la plus large, je ne la revendique ni pour le libelliste, ni pour le pamphlétaire; mais n'abusez pas de cette concession, c'est ici que le débat se resserre entre nous. Les Mémoires du duc de Raguse sont-ils un de ces pamphlets, un de ces libelles que vous condamnez et que je condamne? qui n'ont d'autre but que de détruire l'honneur d'un homme? Voilà la question, je la pose loyalement, discutons-la loyalement.

J'ai hâte d'aborder cet ordre d'idées; toutefois encore un mot d'une thèse qui, je l'avoue, me tient au cœur.

Dans ma première plaidoirie j'ai osé douter de votre compétence, j'en doute encore; mon adversaire s'en est étonné, presque indigné. Comment! s'est-il écrié, est-ce que tous les jours les tribunaux ne sont pas appelés à se prononcer sur des questions historiques? Il y a quelques mois, à peine, ne discutait-on pas ici, dans cette enceinte, la généalogie des Salignac-Fénelon et des Clermont-Tonnerre? Dernièrement ne plaidait-on pas devant la cour une question de propriété communale; pour la résoudre, cette question, il fallait remonter au Xe siècle, à l'organisation des communes, s'appuyer sur des chartes illisibles, mais que les savants élèves de l'école des Chartes traduisaient à merveille : la Cour s'est-elle donc déclarée incompétente? Non.

Équivoque et confusion! rien de plus.

Voyons! Quand il s'est agi de la propriété des noms de Fénelon et de Clermont-Tonnerre, on a pu faire sans doute des recherches très curieuses sur l'origine de ces grands noms, sur les causes de leur illustration; on a pu, en un mot, emprunter à l'histoire des documents précieux, et ces documents, éclairés par des bouches éloquentes, ont pu avoir et ont eu, je n'en doute pas, un grand intérêt pour le public et pour le tribunal. Mais qu'y avait-il au fond de tout cela? Une question de nom, une question de propriété; les dissertations historiques entraient communément dans les discussions, elles n'en formaient pas le fond.

Je comprends aussi qu'on parcoure le domaine de l'histoire quand il s'agit d'une propriété communale, que l'on remonte à son origine, qu'on la suive à travers les âges. Que vous ayez fait cela, et que vous ayez jeté ainsi de l'intérêt sur une question de propriété communale, soit; au fond, la question de propriété dominait, et, par conséquent, la compétence du tribunal ou de la Cour était éclatante. Mais croyez-vous que cette compétence aurait été aussi évidente, si, au lieu d'une propriété communale, vous aviez demandé au tribunal de décider comment les communes s'étaient formées, et comment la féodalité les avait protégées d'abord, ou opprimées; comment elles étaient parvenues à secouer le joug des seigneurs et à s'émanciper? Croyez-vous qu'un tribunal aurait pu trancher ces thèses délicates sur lesquelles de grands historiens n'ont pu jeter aussi qu'une lumière faible et douteuse. Ah! vraiment, si vous trouviez une autorité qui pût nous dire le dernier mot de ce passé encore enveloppé d'une nuit profonde, vous rendriez au monde un éminent service; mais ce dernier mot on l'attend encore. On a débattu, on débattra longtemps ces problèmes obscurs, la solution descendra-t-elle jamais d'un tribunal?

Vous le voyez, les détours ingénieux peuvent faire un instant illusion; mais si l'on va au fond des choses, qu'y trouve-t-on? Ce que j'ai déjà établi, ce que je maintiens, et je dis avec plus de confiance encore aujourd'hui que mon honorable contradicteur n'a pas autorité pour glorifier, que je n'ai pas autorité pour condamner, que vous n'avez pas compétence pour juger ce que la conscience publique seule peut juger et jugera.

Maintenant, revenons aux Mémoires.

A votre dernière audience, messieurs, j'ai essayé de vous donner une idée de cet ouvrage, non pas que j'eusse la prétention d'apprécier tous les faits qu'il contient; ces faits sont, pour la plupart, des faits militaires, et c'est sur ce point là encore plus que sur les autres que je déclinerais notre compétence et la vôtre: ce que je voulais, c'était de signaler à votre justice la pensée, l'intention du maréchal de Raguse quand il avait écrit ses Mémoires. En les parcourant, en les lisant, j'avais été frappé de la clarté du récit, de l'élévation des idées, de la beauté des tableaux, de l'éclat du style; j'avais rencontré dans ces pages des qualités brillantes qui recommandaient à l'attention publique tout à la fois l'écrivain et le guerrier; le caractère, la physionomie générale de l'ouvrage ne me permettaient pas de croire que le maréchal de Raguse eût voulu écrire, non une page de l'histoire contemporaine, mais une de ces apologies orgueilleuses dans lesquelles sa personnalité seule trouverait place.

Cette conviction qu'une lecture impartiale m'a donnée, je l'ai exprimée avec vivacité, et les réponses de l'adversaire ne l'ont point ébranlée.

Lisez, messieurs, et vous verrez que si le maréchal parle du rôle qu'il a joué, de son influence, de son activité, de ses triomphes, de sa gloire; en un mot, s'il se fait une belle part, il n'a pas disputé la gloire de ses frères d'armes, il a rendu justice aux grands hommes et aux grandes choses de son époque, et j'ai cité des noms, des noms magnifiques qu'il n'a pas ternis de ses critiques jalouses et injustes.

Me suis-je donc fait illusion? Le maréchal de Raguse n'est-il, comme on l'a dit, qu'un calomniateur qui aurait sacrifié tous ses anciens compagnons d'armes à ses haines et à ses colères? Ah! je le demande, où donc pourrait-on trouver, dans toute sa vie, rien qui pût justifier, autoriser même une semblable accusation.

Mon adversaire vous a dit: Je veux être, je serai très modéré en parlant du maréchal Raguse; je l'ai été dans ma plaidoirie, je le serai dans ma réplique. Si vous parlez ainsi quand vous êtes modéré, mon cher confrère, que diriez-vous donc si vous étiez violent? Que pouviez-vous donc dire contre le duc de Raguse que vous n'ayez dit? J'avais parlé de 1814; je m'étais demandé s'il était vrai qu'en 1814 le duc de Raguse eût trahi la France, et j'avais rappelé mes impressions premières et mes impressions mieux éclaircies. On m'a reproché cette conversion. Pour l'appuyer, j'avais cité un article du *National*, on m'a reproché de ne l'avoir pas cité en entier. J'ai tout lu, mais l'adversaire a jugé à propos de citer un autre écrit que celui que j'avais invoqué, et il s'est étonné de la différence qui pouvait exister entre ces deux citations : à qui la faute ? Au moins, a-t-il ajouté, vous ne contesterez pas que le maréchal Marmont a livré une partie de son armée.

Est-ce au nom du prince Eugène, et quand on se plaint d'avoir été calomniés, que l'on s'exprime ainsi ? Oui, l'accusation a été produite ; à la vérité, le maréchal n'a pas fait de procès pour la faire condamner, mais il a protesté contre elle, énergiquement protesté, et il n'a pas attendu cinquante ans pour le faire, il l'a fait immédiatement, en 1815 ; et à l'appui de sa protestation il a publié les lettres mêmes des généraux qui, pendant son absence, ont décidé le mouvement qu'on l'accuse d'avoir commandé.

Voici celle que lui écrivait, notamment, le général Bordesoulle, le 5 août 1814 :

> « Versailles, le 5 août 1814.

» M. le colonel Fabvier a dû dire à Votre Excellence les motifs qui nous ont
» engagés à exécuter le mouvement que nous étions convenus de suspendre jus-
» qu'au retour de MM. le prince de la Moskowa, des ducs de Tarente et de Vicence.
» Nous sommes arrivés à Versailles avec tout ce qui compose le sixième corps.
» Absolument tout nous a suivis et avec connaissance du parti que nous prenions,
» l'ayant fait connaître à la troupe avant de marcher. Maintenant, monseigneur, pour
» tranquilliser les officiers sur leur sort, il serait bien urgent que le gouvernement
» provisoire fît une adresse ou proclamation à ce corps, et qu'en lui faisant connaître
» sur quoi il peut compter, on lui fasse payer un mois de solde : sans cela il est à
» craindre qu'il ne se débande.

» MM. les officiers généraux sont tous avec nous, M. Lucotte excepté. Ce joli
» monsieur nous avait dénoncés à l'Empereur.

» J'ai l'honneur d'être, avec le plus profond respect, de Votre Excellence,
» Le très humble et dévoué serviteur,

» Comte BORDESOULLE. »

Défection de la part des généraux qui avaient ordre de se maintenir dans la situation où ils étaient ; voilà pour la défection du corps de Marmont.

A ce document on en a opposé d'autres : Bordesoulle, qui n'acceptait pas l'accusation, répondit à son tour, je le sais bien. Il chercha, lui aussi, à se dégager de toute responsabilité, mais il ne put anéantir la lettre que je viens de lire. Le conflit existe : où est le juge ? est-ce vous ? est-ce moi ? est-ce le tribunal ?

Mon adversaire a prétendu que si le M. le duc de Raguse avait parlé avec admiration de l'Empereur, il en avait aussi parlé avec dédain ; et pour le prouver, il est allé chercher à la fin du sixième volume un portrait de l'Empereur peint de main de maître par le maréchal, et dans lequel, en effet, la critique est à côté de l'éloge. Quoi de plus simple ! Le duc de Raguse est un admirateur de l'Empereur, mais il l'admire dans les beaux côtés, et les réserves qu'il a pu faire laissaient une part assez éclatante à ce héros pour que de justes critiques ne soient pas présentées ici comme des contradictions envieuses et jalouses.

Que dit-il d'ailleurs ? lisons :

« Il y a eu, dit-il, deux hommes dans l'Empereur au physique comme au
» moral.
» Le premier, maigre, sobre, d'une activité prodigieuse, insensible aux privations,
» comptant pour rien le bien-être et les jouissances matérielles, ne s'occupant que
» du succès de ses entreprises ; prévoyant, prudent, excepté dans le moment où la
» passion l'emportait ; sachant donner au hasard, mais lui enlevant tout ce que la
» prudence permet de prévoir ; résolu et tenace dans ses résolutions, connaissant
» les hommes et le moral qui joue un si grand rôle à la guerre ; bon, juste, suscep-
» tible d'affection véritable et généreux envers ses ennemis. »

Certes, si l'on avait quelque chose à reprocher ici, ce serait trop d'enthousiasme peut-être.

Bien, dit-on ; mais si vous admirez l'Empereur à la première époque, sous le consulat ou au commencement de l'empire, il y a un moment où vous changez, étrangement de langage ! Et vous vous en étonnez !

Écoutez ! Je ne veux rien dire ici de blessant, mais enfin entre vous et moi il y a cependant une opinion qui pourrait être commune : ainsi, si au lieu de ne suivre le héros que sur le champ de bataille, nous l'étudions à l'intérieur, tout sera-t-il admirable encore ? Là, sans doute, vous trouvez encore ses qualités administratives, mais ne flétririez-vous pas son despotisme ? Eh bien ! le duc de Raguse a divisé, lui aussi, cette grande individualité : il l'a examinée d'abord dans la première partie de sa vie, et alors il l'a admirée sans réserve à l'époque du consulat et au commencement de l'empire ; il l'a vue ensuite dans la seconde partie de sa magnifique existence, et alors il est arrivé à cette opinion partagée par bien d'autres, par vous, peut-être, comme par moi, comme par M. Thiers lui-même, qui a cependant donné beaucoup à l'éloge, trop peut-être, à savoir que Napoléon, bien que toujours grand, n'a été cependant dans ses dernières années que l'ombre de lui-même.

Et pourtant écoutez-le encore :

« Son esprit était toujours le même, le plus vaste, le plus étendu, le plus pro-
» fond, le plus productif qui fût jamais ; mais plus de volonté, plus de résolution,
» et une mobilité qui ressemblait à de la faiblesse.
» Le Napoléon que j'ai peint d'abord a brillé jusqu'à Tilsitt ; c'est l'époque de
» sa grandeur et l'apogée de son plus grand éclat ; l'autre lui a succédé, et le com-
» plément des aberrations de son orgueil a été la conséquence de son mariage avec
» Marie-Louise. »

Voilà le portrait dans son entier. Le duc de Raguse n'a rien négligé pour être fidèle. Après avoir peint les qualités grandes et sublimes de la figure qu'il avait sous les yeux, il en a fait saillir les rides et les aspérités. Puis, comparant la double vie du grand homme de l'époque impériale, il a dit : « Oui, l'Empereur a été grand jusqu'à Tilsitt ; c'est un homme devant lequel il faut s'incliner comme devant une grandeur surhumaine. » Après cela le grand homme ne disparaît pas tout d'un coup, mais il s'affaisse graduellement, il va en décadence jusqu'au moment où l'effort suprême, désespéré, de 1814, lui fait retrouver dans la spontanéité de sa grande intelligence affaiblie toute l'énergie, toute la grandeur de ses premières années. C'est ainsi qu'il vou le présente, et vous n'êtes pas contents d'un pareil portrait ?

Si, par hasard, dans le cours de son ouvrage, il rencontre d'autres généraux, il dira leurs erreurs, leurs fautes, leurs faiblesses, mais il dira aussi leurs qualités, leurs actions glorieuses. C'est donc à tort qu'on lui impute d'abaisser ses compagnons d'armes ; cela n'est ni exact, ni digne d'un esprit ordinairement aussi juste que celui de mon honorable adversaire.

Que si maintenant de ces considérations générales vous passez aux faits, si vous suivez les historiens sur les champs de bataille ou dans la politique, si vous leur demandez compte des actes qui se sont accomplis, si vous leur demandez les portraits des hommes de guerre de l'ère impériale, vous verrez que, comme le duc de Raguse, ils ont répandu sur eux tantôt des éloges, tantôt des flétrissures. Est-ce que dans l'histoire même que vous avez citée, vous ne trouverez pas un maréchal qui, s'abandonnant aux rêves de son ambition, livre une bataille et sacrifie une armée française ? Est-ce que vous ne trouvez pas dans l'historien ce fait sévèrement jugé ? Est-ce que vous n'y voyez pas que Napoléon, outré de l'ambition de ce maréchal (c'était une couronne qu'il avait voulu poser sur sa tête), avait eu un instant l'idée de le traduire en conseil de guerre pour lui demander compte du sang de ses soldats ?

Concluez-vous de cela que l'auteur de l'*Histoire du Consulat et de l'Empire* est un calomniateur, un diffamateur ? Admettez-vous que les héritiers du maréchal attaqué soient en droit de venir lui dire : Vous avez calomnié le maréchal en attribuant la bataille qu'il a livrée à un motif d'ambition personnelle ; nous allons faire un volume, et vous insérerez ce volume dans votre ouvrage, sinon vous serez traduit devant les tribunaux ? Messieurs, un pareil système serait intolérable. Non-seulement l'histoire contemporaine , mais l'histoire ancienne serait impossible devant de pareilles exigences, des vanités personnelles.

Le duc de Raguse a écrit sérieusement son histoire. S'est-il trompé ? S'il s'est trompé sciemment, volontairement et pour calomnier, pour détruire des réputations bien acquises, oui, vous avez raison, c'est un libelliste. Mais s'il s'est trompé involontairement, parce qu'il n'aurait pas eu, par exemple, les documents que vous produisez, ou que les ayant, il n'aurait pas eu le bonheur de les apprécier et de les juger comme vous, aucun blâme ne peut retomber sur lui ; l'histoire n'est pas justiciable des tribunaux pour une erreur involontaire. L'historien réfléchit avant d'écrire, il sait bien que c'est à la condition d'être vrai que son œuvre sera durable ; il sait bien que s'il veut avoir le droit de parler à l'avenir des faits du passé, c'est à la condition qu'il se rendra compte de tout, afin d'être exact, infaillible autant qu'il est possible à la faible humanité d'être infaillible en quelque chose. Mais quand il aura pris toutes les précautions qui dépendaient de lui pour dire la vérité, s'il rencontre l'erreur, vous ne pourrez pas venir lui dire : Cette erreur-là m'est désagréable, elle nuit à la réputation de mon auteur, et me nuit à moi-même, parce que la réputation de mon auteur rejaillit sur moi. Vous n'avez pas le droit de tenir ce langage ; vous pouvez corriger une erreur, il ne vous appartient pas de corriger l'histoire.

A une époque contemporaine traversée par des révolutions, et après de grands faits militaires et politiques, que chacun juge avec ses passions, son ambition ou ses colères, à une époque où tout le monde peut prendre la plume pour dire ce qu'il a vu, est-ce que vous n'avez pas des milliers de mémoires ; et dans ces mémoires, autant d'aperçus variés qu'il y a d'imaginations et d'intelligences en mouvement ? Est-ce que vous n'avez pas dans le récit des faits des variations telles qu'on ne sait pas si ce sont les mêmes faits que ces écrivains divers ont racontés, tant sont nombreuses les contradictions qu'on rencontre à chaque pas ?

En étudiant l'histoire de la révolution d'Angleterre, où tant de mémoires se sont produits, émanés de tant de grands hommes narrateurs après avoir été acteurs, j'ai remarqué que, suivant que les faits politiques ou historiques sont racontés par les vaincus de la veille, vainqueurs le lendemain, ils prennent une couleur toute différente ; le mensonge devient vérité, et la vérité mensonge : autant d'écrivains, autant d'appréciations. Cependant la vérité est une ; il fallait la chercher au milieu de tout ce dédale de contradictions ; elle a été cherchée et trouvée.

Un grand écrivain, M. Guizot, a repris tous ces mémoires ; il les a examinés, comparés, et des faits contradictoires souvent mensongers qui s'y rencontrent, il a tiré une histoire de la révolution d'Angleterre telle qu'on est émerveillé de voir comment la vérité a pu sortir de tant d'erreurs et de mensonges entassés. Il a su, au milieu des récits les plus opposés, et malgré ses opinions personnelles et ses propres passions qui pouvaient l'égarer, se tracer une route là où il ne paraissait pas y en avoir de possible, et il est parvenu à élever un monument à la vérité historique, à faire une admirable histoire de la révolution d'Angleterre. Ne vous préoccupez donc pas outre mesure des mémoires contemporains, surtout au lendemain d'une révolution. Quand vous lisez ceux de notre révolution dernière, et que vous voyez la vérité placée à côté du mensonge, vous êtes étourdis, anéantis ; car il est des mensonges qui sont tellement mensonges, qu'après avoir révolté, indigné, ils accablent, anéantissent.

Est-ce une raison pour empêcher de parler ? Non ; laissez parler, laissez écrire, laissez passer tous ces mémoires, un mémoire corrige l'autre ; et quand les temps seront redevenus calmes, quand on recherchera la vérité historique sans passion, la vérité historique se dégagera des faits mensongers qui la voilent aujourd'hui. Ne vous effrayez pas de ces mémoires contemporains ; laissez faire le temps, le temps corrigera tout.

J'ai dit comme dernière observation qu'il fallait prouver que le duc de Raguse avait voulu écrire et avait écrit un libelle diffamatoire ; que sans cela vous n'aviez droit à aucune réparation. J'ai cité Montverand, Montgaillard, la *Biographie universelle*, et d'Anthouard, qui a écrit dans le *Spectateur* ce qui s'était passé dans le royaume d'Italie ; tous ces mémoires ont jugé la conduite du prince Eugène, lors des événements de 1813 et de 1814. Eh bien ! il n'y a pas un mot dans les mémoires du duc de Raguse qui ne se retrouve aux sources que j'ai indiquées ; mais le duc de Raguse n'a puisé à aucune, il n'a consulté que ses souvenirs personnels, il n'a copié personne. Mon adversaire a prétendu que d'Anthouard avait été moins sévère que lui. Écoutez ce passage du *Spectateur militaire*, et jugez :

« Lorsque, sur le champ de bataille de Montmirail, un aide de camp du prince
» Eugène porta le rapport du combat ou plutôt de l'échauffourée qui venait d'avoir
» lieu sur le Mincio, la première question de l'Empereur fut : « Où est Eugène ?
» quand arrivera-t-il ? » Le prince, dans sa dépêche, parlait de sa victoire et s'ex-
» cusait de ne pouvoir quitter l'Italie. N'ayant plus la ligne de l'Adige, étant replié
» derrière le Mincio, presque enveloppé par les Autrichiens et les Napolitains, en
» nombre quadruple de ses troupes, il ne lui était plus possible de faire son mou-
» vement sur la France, mais il était en mesure de défendre l'Italie.

» L'Empereur vit bien dès lors qu'il ne pouvait plus compter sur la coopération
» de l'armée d'Eugène. S'il en devina le motif, il garda le silence, comme il l'avait
» gardé longtemps sur la défection de Joachim ; mais son plan de campagne fut
» manqué. La France, comme il l'avait dit, ne fut plus défendue en Italie, et l'Italie
» fut perdue en France. »

Si vous rapprochez ce jugement sévère de celui du duc de Raguse, vous y
trouvez cette différence que le duc de Raguse accuse le prince Eugène d'hésitation, et que d'Anthouard l'accuse formellement de trahison. Telle est
l'opinion de d'Anthouard, l'aide de camp du vice-roi d'Italie, qu'il a publiée
non pas hier, mais en 1827 ; et les documents que vous produisez aujourd'hui
sont de 1837.

Mᵉ DUFAURE. — Du tout ; de 1814.

Mᵉ MARIE. — D'Anthouard publiait son article en 1827, et vos documents
sont de 1836. Ne changeons pas les dates, s'il vous plaît, c'est le moyen de
ne pas changer les faits.

J'ai rappelé ce qu'ont écrit Montverand et Montgaillard ; je n'ai pas à discuter le caractère de ces écrivains, j'ai seulement à dire que ce que vous
appelez des calomnies a été publié de votre temps et que vous n'avez rien dit,
que votre famille n'a rien dit ; et cependant vous vous en étiez préoccupés,
vous saviez que dans le monde on s'en préoccupait ; vous saviez que la conduite
du prince Eugène était attaquée, et qu'elle n'était pas suffisamment défendue.
Si j'en crois les documents que vous produisez aujourd'hui, la veuve du vice-
roi d'Italie aurait demandé au prince de La Tour et Taxis ce qui s'était passé
en 1814 dans l'intérêt de la famille de Beauharnais, et le prince de La Tour
et Taxis lui aurait fait un rapport en 1836. Vos documents ne datent que
de cette époque. Est-ce vrai ? J'attends votre réponse. Quand vous discutez
devant un tribunal et que vous demandez une réparation judiciaire, j'aurais
le droit d'être curieux ; cependant je ne veux pas l'être, je ne demande rien,
parce qu'au fond tout cela m'inquiète assez peu.

Vous dites que le duc de Raguse aurait dû citer les documents que vous produisez. Il aurait fallu les connaître, et vous ne les avez publiés qu'après l'appa-
rition de ses Mémoires.

J'ai déclaré que je ne voulais pas discuter la brochure publiée dans l'intérêt
du vice-roi d'Italie ; que si je la discutais, mon regard porterait nécessairement sur le caractère de ce prince, à mon sens faible et ambitieux. On n'a
pas besoin de beaucoup de faits pour juger un homme. On trouve dans sa vie
non-seulement un ensemble de petits faits, mais quelques faits graves ; cela
suffit, parce que c'est quand les circonstances sont graves que si un caractère
est faible, il se montre faible, et que s'il est ambitieux, il se montre ambi-

tieux. Or, je n'ai besoin, je le dis avec douleur, mais j'ai le droit et le devoir de le dire, je n'ai besoin que de vous rappeler le divorce, pour montrer tout à la fois l'ambition et la faiblesse du prince Eugène. Un homme se trouve en face de sa mère, offensée, insultée ; il doit dans sa douleur se réfugier auprès de sa famille, pleurer avec elle, partager son chagrin ; c'est encore là un beau rôle à jouer. Est-ce là ce qu'a fait le prince Eugène ? Non. Il s'est mis du côté de l'offenseur contre l'offensée, il s'est incliné devant lui, abandonnant sa mère répudiée, flétrie ; cela ne peut s'expliquer que par une faiblesse déplorable ou par une ambition coupable. C'est ainsi que l'histoire montre et juge le vice-roi d'Italie. C'est ainsi que toutes les histoires le signaleront, car il ne peut pas se faire sur ce point deux opinions, il ne peut pas y avoir deux sentiments.

Quand je vous parlais de ses rêves pour la couronne d'Italie, et que j'annonçais ne pas vouloir discuter le fait, est-ce que vous croyez que s'il m'eût convenu d'aborder cette discussion, je n'aurais pas eu raison contre vous ? Que me parlez-vous des instructions données en novembre 1813 ? A cette époque, les instructions dictées au général d'Anthouard et portées par lui au prince Eugène avaient pour objet de se maintenir en Italie et de conserver cette conquête. Napoléon voulait renforcer l'armée dans ce but, cela est parfaitement vrai. Est-ce que ces instructions-là ont été brûlées ? Est-ce qu'on a dit quelque part qu'elles eussent été brûlées ? Mon adversaire m'a fait dire cela trois fois : je l'avais interrompu la première fois, je n'ai pas voulu l'interrompre davantage ; mais enfin que le tribunal veuille bien se reporter à ce que le général d'Anthouard raconte à la page 55 du *Spectateur militaire*, et il verra qu'il ne s'agit pas des instructions de novembre 1813, mais d'un ordre postérieurement envoyé. Ne confondons pas les dates. En novembre 1813, vous avez raison, l'Empereur n'est pas découragé, la France n'est pas encore envahie, l'Empereur espère qu'il pourra retrouver la partie belle. Il a cette illusion, si vous voulez, illusion que j'admire, moi, parce que j'aime que dans un grand danger, lorsque la France va périr, l'homme qui est à sa tête ne se décourage pas, qu'il conserve l'illusion, qui est encore une espérance, un gage de succès ; il la conserve : avec quelques débris de bataillons, il espère lutter avec succès et délivrer la patrie, moins peut-être dans l'intérêt de la France que dans l'intérêt de sa couronne ; mais telle est sa situation d'esprit.

Nous ne sommes donc plus en novembre 1813, nous sommes en février 1814 : les événements, comme le temps, ont marché ; les alliés sont en France, ils en ont franchi les frontières et menacent Paris, les batailles de Champaubert et de Montmirail ont été livrées. C'est alors que l'ordre de l'Empereur est parti et est arrivé au prince Eugène.

Vous me dites que cet ordre était conditionnel, et que la condition était celle-ci : « Si Murat trahit. »

Vous avez douté alors de sa trahison ? le prince Eugène en a douté ?

M⁰ DUFAURE. — L'Empereur en a douté !

M⁰ MARIE. — Eugène en a douté, lorsqu'il recevait des lettres comme celle-ci : « Soyez tranquille, je ne vous attaquerai pas sans vous avertir. » Non, non, celui qui a trahi l'Empereur, qui est entre les mains de l'ennemi, qui avant 1814 a stipulé pour sa couronne, qui s'est tourné contre son bienfaiteur, celui-là ne laissait plus de doute à la date du mois de février 1814 : sa trahison était patente.

M⁰ DUFAURE. — Non, puisque l'Empereur en doutait encore.

M⁰ MARIE. — L'Empereur en doutait, me dit mon adversaire ; voilà deux fois qu'il m'interrompt pour me dire cela. Eh bien ! soit, je vous l'accorde, puisque vous y tenez ; mais le 9 mars, en doutiez-vous, quand vous écriviez à la princesse Auguste : « Le roi de Naples a enfin levé le masque. » Vous avez été attaqué à Reggio le 8 mars. Mais est-ce cette attaque seule qui vous a dessillé les yeux et vous a fait dire que Murat ne trahissait pas moins au commencement qu'à la fin de mars ?

Et le 9 mars, qu'avez-vous fait ? Où est la révocation de l'ordre derrière laquelle vous vous retranchez ? Je dis que vous avez désobéi. Si je n'en ai pas la preuve matérielle, j'en ai la preuve morale. Je dis que quand l'Empereur vous a donné l'ordre de quitter l'Italie, de marcher sur la France pour prendre part à cette campagne de 1814 ; que, quand l'Empereur a lui-même déclaré que ce n'était qu'en France que l'Italie pouvait être sauvée, je dis que l'ordre n'a pas pu être révoqué. Voilà certes une raison morale qui détruirait votre preuve matérielle, si vous en aviez une ; mais vous n'en avez pas.

Je ne cherche pas à savoir si vous avez trahi comme Murat, je ne le pense pas ; mais je dis ce que je pense, vous avez hésité, et hésiter dans la conjoncture où vous étiez, c'était trahir. Lorsque l'Empereur, combattant en France et presque vaincu, jette un cri d'alarme, lui qui s'alarmait si peu, et va réclamer en Italie votre secours par ses lettres directes, par les lettres du ministre de la guerre, par la lettre de Joséphine ; lorsqu'il vous appelle et vous dit : « J'ai besoin de vous, » vous hésitez, vous ne faites pas un mouvement qui puisse manifester de votre part même l'intention d'obéir, pas un mouvement de retraite quelconque. Indiquez-m'en un seul, je m'en contenterai pour votre honneur ; mais rien, rien !

On dit : Il y a eu contre-ordre. Oui, dans la brochure de M. Tascher de la Pagerie, on rapporte une conversation que ce dernier aurait eue avec l'Empereur, à la date du 18 février, et dans laquelle Napoléon lui aurait dit que le prince Eugène devait rester en Italie. Cela n'est pas possible, voici pourquoi : C'est que le 19, le lendemain de cette conversation, l'Empereur écrit pour faire rentrer la princesse Auguste en France.

M⁰ DUFAURE. — Qu'est-ce que cela fait ?

M⁰ MARIE. — Cela fait que lorsque l'Empereur voulait faire rentrer la princesse Auguste en France, il n'ignorait pas les influences, les intrigues, les manœuvres qui s'agitaient autour du prince Eugène. Il savait bien que le prince Eugène était faible, et le passage du billet que je vous ai cité vous en donne la preuve. Il savait bien aussi que le roi de Bavière s'adressait à son gendre pour le faire passer dans le camp ennemi, comme il y était passé lui-même. Il y avait là des influences, et c'est pour les combattre que l'Empereur voulait les faire rentrer en France dans la personne de la princesse Auguste.

Savez-vous pourquoi le prince Eugène hésite et trahit ? Comment ai-je besoin de vous le dire ? Comment fermez-vous les yeux sur toutes ces choses ? Ne voyez-vous pas qu'il y avait une vice-royauté en Italie qu'il ambitionnait depuis longtemps ? Je ne puis pas expliquer autrement la conduite du prince

Eugène dans l'affaire du divorce. Il y avait une vice-royauté en Italie, sur laquelle il avait les yeux fixés. Il se disait : L'Empire penche, Napoléon peut tomber. S'il se relève, mes hésitations s'évanouiront dans l'enivrement du succès, ma fidélité ne sera pas soupçonnée; s'il tombe, j'aurai l'amitié des alliés, et l'amitié des alliés, c'est la vice-royauté d'Italie.

Ah! vous avez voulu me faire un reproche d'avoir donné lecture de la proclamation qu'il a publiée alors! Tenez, et ce sera mon dernier mot, je vous en avais épargné la phrase la plus déplorable, je ne l'avais pas mise à la charge de votre héros, c'était encore de ma part un acte de modération; mais puisque vous niez l'évidence, puisque la vérité ne peut pas vous apparaître, écoutez comment le vice-roi d'Italie parle dans cette proclamation à des soldats français :

« Soldats français !
» De longs malheurs ont pesé sur notre patrie; la France, cherchant un remède » à ses maux, s'est placée sous son antique égide... »

« La France, cherchant un remède à ses maux... » Il fallait bien en effet qu'elle se relevât, que l'Empire croulât, et qu'avec l'Empire cessassent tous ses désastres. Qu'est-ce que cela veut dire ?

Mᵉ Dufaure. — Oh! mais vous avez mêlé quelque chose !

Mᵉ Marie. — J'ai lu une phrase, puis je l'ai commentée. Je ne saurais faire ni concevoir des phrases pareilles.

Mᵉ Dufaure. — Alors on vous a donné une copie qui n'est pas exacte.

Mᵉ Marie. — Ma copie est parfaitement exacte. Écoutez encore, je lis toujours :

« ... la France, cherchant un remède à ses maux, s'est placée sous son antique » égide. Le sentiment de toutes ses souffrances s'efface déjà pour elle dans l'espoir » si nécessaire après tant d'agitation. »

Voilà comment s'explique cette ambition ; voilà comment s'expliquent toutes ces hésitations qui en face de l'ennemi s'appellent trahison.

Quand on a écrit de pareilles phrases, on ne fait pas de procès. Vous en avez fait un, l'éclat devait en être funeste pour vous, il le sera.

Mᵉ Dufaure. — Je vous prierai une autre fois de lire sans intercaler de commentaires dans vos lectures.

Mᵉ Marie. — Je n'ai pas intercalé de commentaires.

Mᵉ Dufaure. — Vous en avez intercalé, ou bien votre copie est infidèle.

Audience du 17 juillet 1857.

RÉQUISITOIRE DE M. EUGÈNE DESCOUSTURES,

Substitut du Procureur impérial.

Messieurs,

J'avais hâte de remplir un devoir dont cependant la grandeur ne m'avait jamais semblé plus imposante et le péril plus redoutable qu'en cette occasion, de venir enfin occuper dans ce débat solennel la place que la loi m'assigne.

Le tribunal, et, j'ose le croire, personne ici, ne se méprendra ni sur les motifs de mon empressement, ni sur le sens de ma pensée. Je n'ai pas besoin d'ajouter d'ailleurs que je prends la parole à l'heure précise où il convenait que ma tâche fût accomplie.

Lourde tâche, messieurs ! et pourquoi craindrais-je de dire qu'elle a long-temps effrayé ma faiblesse, lorsqu'à l'une de vos dernières audiences, vous avez vu deux des plus éminents avocats du barreau, deux orateurs dont l'ex-périence et le talent se sont fortifiés dans le maniement des hommes et des affaires, s'inquiéter au moment d'aborder cette grande cause, et se laisser aller à l'aveu trop modeste de leurs hésitations.

C'est qu'en effet jamais procès n'exigea plus impérieusement, pour être sainement jugé, le concours de vos lumières, et jamais il n'en fut de plus digne de vos méditations.

D'un côté l'histoire, cette « maîtresse de la vie humaine et de la politi-que, » suivant la belle définition de Bossuet, l'histoire affirme et revendique son droit de rechercher et de dire tout haut la vérité : vous êtes sollicités de protéger son indépendance, ses immunités, qui puisent leur origine dans l'im-prescriptible liberté des manifestations de l'intelligence, dans ce qu'elles ont de plus élevé, de plus humain, de plus essentiel peut-être à la vie morale des peuples; vous aurez donc à déterminer la limite de ses franchises et à régler l'exercice de ses droits.

De l'autre, des reines, des princesses, qui n'ont pas oublié qu'elles sont née Françaises, s'indignant de l'accusation portée contre leur père par un ancien compagnon d'armes, se révoltant contre cette pensée que le soupçon d'une trahison odieuse peut s'attacher à une mémoire vénérée et flétrir leur nom dans la postérité, viennent vous demander de leur rendre intacte et pure leur part de ce patrimoine de gloire et d'honneur qui est aussi le patrimoine de la France.

Voilà le procès, messieurs, et quels douloureux souvenirs il évoque ! Il sem-ble que les événements les plus tragiques peut-être de nos annales vont, pour ainsi dire, se dresser devant nous ; ces jours de deuil et de revers, non moins glorieux que les jours de la prospérité la plus inouïe, nous apparaissent dans leur sombre et sanglante majesté, comme s'ils ne s'étaient pas depuis longtemps évanouis dans le passé pour faire place à des grandeurs et à des prospérités nouvelles ; et nous nous reportons, malgré nous, vers le spectacle de ces ter-ribles catastrophes où la France elle-même faillit s'engloutir avec sa fortune.

En telle sorte, messieurs, qu'en agitant ces graves intérêts qui se débattent devant vous, le magistrat n'a pas seulement à se préoccuper, dans sa conscience, des difficultés qu'il doit vaincre, des solutions qu'il doit rechercher et vous soumettre, mais qu'il lui faut encore lutter contre les émotions patriotiques que font naître tant et de si amers souvenirs dans le cœur du citoyen.

Ces émotions, il faut les réprimer. Il faut nous efforcer de nous élever vers cette sphère sereine où les passions, même les plus nobles, n'atteignent pas, et où la raison seule est souveraine.

C'est là le but auquel je tends, et c'est à une discussion calme, scrupuleuse et de bonne foi que j'ose vous convier, car c'est la seule qui convienne à l'austérité de votre justice.

Un mot seulement pour en fixer le point de départ.

Vous savez avec quelle curiosité avide ont été lus les *Mémoires du maréchal duc de Raguse*. Le nom de l'auteur, les faits considérables dans la politique et dans la guerre auxquels il avait pris part, les accusations qui ont pesé sur sa vie, terminée dans l'exil, ses longs malheurs, enfin tout légitimait et expliquait cette curiosité.

Mais ce fut avec un étonnement profond, j'ai le droit de le dire, et avec un sentiment d'incrédulité partagé par tous, que la génération actuelle apprit, par les révélations du sixième volume, que le prince Eugène, que le vice-roi d'Italie avait, en 1814, trahi, soit par une faiblesse, soit par une ambition également indignes, la cause de la France et de son bienfaiteur.

Bien peu d'hommes ont survécu aux tempêtes qui ont agité les premières années de ce siècle si fertile en bouleversements. Cependant quelques-uns existent encore, et parmi eux des voix généreuses se sont élevées pour protester contre les assertions si graves et si inattendues du maréchal.

Mais il n'appartenait qu'aux descendants, aux héritiers du prince Eugène, de remplir le devoir qui amène aujourd'hui ses filles devant le tribunal, et de vous demander la réparation de la calomnie qui a tenté de ternir la mémoire de leur père, et dont elles repoussent les souillures.

Il est permis de contester, sinon leur droit, au moins l'exercice de ce droit comme elles l'entendent ; mais je ne crois pas qu'il soit possible de méconnaître tout ce qu'il y a d'honnête et de loyal dans cet appel fait à l'opinion, dans cet hommage rendu à la magistrature de notre pays, dans ce sentiment de piété filiale qui a dicté la conduite de la reine de Suède, de l'impératrice du Brésil et de la comtesse de Wurtenberg, et pour mon compte, je l'honore en elles comme je l'honorerais dans un simple particulier.

Or, quel genre de réparation demandent-elles ?

Elles veulent qu'à côté du mensonge vous placiez la vérité ; qu'en face des assertions sans preuves du maréchal de Raguse, vous mettiez les documents nombreux, authentiques, irrésistibles, qui démontrent l'erreur fatale dans laquelle il est tombé ; elles veulent que le lecteur soit prévenu par une indication certaine de l'existence et de la publication de ces documents ; et enfin, que leur insertion dans le sixième volume soit précédée d'une notice explicative qui en détermine le sens et la portée.

Telles sont leurs prétentions.

Voyons quelles objections leur oppose M. Perrotin, l'éditeur des Mémoires.

Il soutient d'abord qu'une partie de la demande est sans objet, car il a bénévolement inséré dans le neuvième volume les pièces qui lui ont été communiquées, sauf l'une d'elles qui, dans son opinion, est de nature à porter atteinte à l'honneur du maréchal Marmont. Il soutient surtout que l'action dirigée contre lui n'est pas recevable ; car elle aurait pour résultat la violation, dans la personne de l'auteur, des droits de l'historien, et pour conséquence extrême, l'impossibilité pour tout écrivain impartial d'écrire l'histoire contemporaine ; au fond, il affirme que le maréchal a dit la vérité.

Je ne parle pas plus que les avocats des autres fins de non-recevoir qui auraient pu être proposées. Comme eux, je les crois indignes de ce débat, et je les en écarte ; protectrices ailleurs, les formes et les fins de non-recevoir n'ont que faire là où se discutent des questions d'honneur et de loyauté. Je vais donc droit à la question principale, importante, difficile surtout, parmi celles qu'a soulevées M. Perrotin, à la question des droits de l'historien.

Messieurs, en principe, je ne sache pas qu'aucune voix osât s'élever pour contester à l'historien contemporain le droit de fouiller dans la vie de l'homme public, et qui a cet insigne honneur de prendre part aux affaires de son pays ; de scruter dans ses actes, dans ses paroles, le secret de sa conscience, les mobiles mystérieux qui l'ont guidé dans sa vie publique ; de le juger en un mot, et de lui infliger toutes les sévérités du blâme, si c'est le blâme qu'il a mérité.

Grâce à Dieu, nous ne sommes pas destinés à voir ces temps misérables qu'a flétris la plume vengeresse de Tacite ; ces temps où, dit-il, « la nécessité » de flatter dégoûtait d'écrire, et où la crainte de haines récentes forçait d'alté- » rer la vérité. »

L'histoire contemporaine est comme un legs sacré que les générations qui se succèdent se transmettent pieusement les unes aux autres. Les pères revivent ainsi dans leurs enfants par la tradition. Elle est comme la conscience des nations, toujours vivante à travers les âges, et, à ce titre, elle est inviolable comme la conscience individuelle.

Voilà le principe, et s'il n'est écrit nulle part dans la législation, il est écrit partout dans nos mœurs, dans nos habitudes ; il est l'un des éléments de notre civilisation.

Est-ce à dire que de pareils droits n'imposent pas de grands devoirs ?

Je n'ai pas à discuter ici une thèse littéraire ou philosophique, et je n'envisage la question qu'à un seul point de vue, le point de vue juridique.

Eh bien ! je dis que sous ce rapport une seule obligation peut être imposée à l'historien sérieux :

C'est la bonne foi.

Il ne faut pas que sa sincérité puisse être suspectée ; il ne faut pas qu'il se fasse l'instrument aveugle ou malhonnête d'une passion mauvaise, d'une rancune, d'une vengeance. Il faut, en un mot, qu'il ait respecté lui-même, pour qu'elle soit respectée par les autres, la mission qu'il s'est donnée.

Et qu'on ne s'y trompe pas, il y a dans la loi une sanction à l'accomplissement de ce devoir. La loi du 17 mai 1819 protége les citoyens contre l'abus coupable que l'écrivain pourrait faire de son droit ; et comme il est toujours admis à faire, contre le fonctionnaire, contre l'homme public, la preuve des faits qu'il aurait avancés, il s'ensuit que rien ne saurait l'entraver dans ses travaux, rien ne saurait faire obstacle à la manifestation de la vérité.

Ainsi, par conséquent, se concilient les priviléges qui appartiennent à l'historien sérieux et de bonne foi, et la protection que la loi doit aux citoyens, aux familles, pour la conservation de leur honneur et de leur réputation.

Que s'il s'agit de faits dont la date remonte à quelques années et dont les auteurs sont morts ; que si l'écrivain se trouve en face de leurs enfants, au lieu de les avoir eux-mêmes pour adversaires, eh bien ! il faut en convenir, ces héritiers de la gloire ou de l'infamie de leur père ne trouveraient peut-être pas dans la loi écrite le germe d'une action personnelle contre le calomnia- teur ; mais ils la trouveraient au besoin dans la loi naturelle, dans les règles d'éternelle justice, dans la morale, dans la conscience publique, et sur ce point il me semble qu'on doit admettre sans réserve les principes de l'arrêt de la Cour de Paris, rendu à la date du 14 août 1839.

« Considérant, dit cet arrêt, que l'honneur et la considération du père de » famille forment une des parties les plus importantes du patrimoine de ses en- » fants ; qu'ainsi l'atteinte portée à cet honneur et à cette considération pouvant » retomber sur eux et leur mère comme partie lésée, ils ont, au terme de l'ar- » ticle 5 de la loi du 26 mai 1819, une action en réparation du préjudice qu'ils » peuvent en éprouver ; sauf aux juges saisis de la plainte à apprécier si l'écri- » vain s'est renfermé dans les limites de l'historien, ou si, au contraire, il a agi » méchamment et dans l'intention de nuire. »

Voilà les principes posés. Ils sont simples ; ils laissent beaucoup à l'apprécia- tion du juge ; mais qui oserait s'en plaindre ?

Pour ma part, je les trouve salutaires et protecteurs des droits et des inté- rêts de tous.

Veuillez remarquer les dernières et caractéristiques expressions de cet arrêt :

« Ou si, au contraire, il a agi méchamment, etc. »

On y découvre les germes de la distinction qui doit être la règle de votre décision en pareille matière.

Cette distinction, c'est celle qui existe entre l'historien sérieux, convaincu, de bonne foi, qui s'est entouré de documents, qui a étudié, recherché, qui n'avance aucun fait qu'il n'ait contrôlé lui-même ; et le pamphlétaire dont la plume vénale et corrompue n'hésite jamais devant le mensonge et la diffa- mation.

Le premier échappe à votre juridiction ; la justice ne lui demande compte ni de ses jugements, ni de ses sympathies, ni de ses erreurs, car nul n'est coupable pour n'être pas infaillible.

Le second, il est voué à toutes vos sévérités et au mépris public, qui ne l'épargne jamais.

Ici une objection s'élève : elle est tirée des dispositions de l'article 1382 du Code Napoléon. On dit : « Quiconque nuit, même involontairement, doit » réparer le dommage qu'il a causé. » Or, qu'importe la bonne foi de l'écrivain, si les assertions, même les plus sincères, ont porté atteinte à la réputation d'un honnête homme !

Je ne crois pas que cette objection soit fondée ; elle n'a certes pas touché la Cour de Paris, lorsque cette Cour a rendu l'arrêt de 1839. Mais je réponds, non pas que l'article 1382 s'applique au dommage matériel, et non au dommage moral, ce serait une réponse banale ; mais que les garanties des citoyens en matière de diffamation, de calomnie, d'outrages, sont dans les lois spéciales et non dans la loi commune ; je réponds qu'il y a là non des droits opposés et con- traires, mais des droits de natures diverses, dont la conciliation est possible, et que si la bonne foi de l'historien, sa loyauté, sa sincérité ne le mettent pas à l'abri de toute poursuite et de toute pénalité, alors il faut renoncer à écrire l'histoire contemporaine. J'ajoute qu'il y a une raison prise dans un ordre d'idées plus élevé. C'est que tout homme public appartient par là même à la publicité, publicité réglée, mesurée, suivant la loi ; c'est que c'est là la condi- tion essentielle de la vie politique, telle que l'ont faite nos institutions, et que, d'ailleurs, je ne saurais trop le répéter, la loi a pourvu aux nécessités de la répression des écarts de l'écrivain.

Je ne crois donc pas que le tribunal s'arrête à cette objection, et je me résume. Les principes que je crois avoir établis peuvent se formuler ainsi :

Les droits de l'historien, son indépendance, sont incontestables ; ils ne sont limités, aux yeux de la loi, que par l'obligation qui lui est imposée d'être de bonne foi, et par l'obligation d'en fournir la preuve. L'action pour la réparation du préjudice causé par l'écrivain appartient aux héritiers de l'offensé comme à l'offensé lui-même. Enfin, les tribunaux sont les appréciateurs souverains de la sincérité, de la bonne foi de l'écrivain et du mérite de la réclamation dont il est l'objet.

Appliquons maintenant ces principes aux faits de la cause, et demandons-nous si les allégations du maréchal de Raguse sont l'expression de la vérité touchant la conduite du prince Eugène en 1813 et 1814.

Et, dans le cas contraire, si le maréchal a agi méchamment et dans l'intention de nuire.

Là sont réellement les difficultés du procès, là nous sommes au cœur de la question. Je vais rappeler des faits douloureux, des événements qui ont cruellement blessé le légitime orgueil de la nation ; mais je puise mon courage dans cette pensée que je rencontrerai dans le cours de mon récit assez de souvenirs de gloire pour nous consoler de nos malheurs.

Le tribunal comprend qu'il est nécessaire que je lui donne une lecture nouvelle des passages qui contiennent l'accusation portée par Marmont contre le prince Eugène.

M. l'avocat impérial, après avoir donné lecture de cette partie des Mémoires, continue en ces termes :

Il y a dans ce passage deux parties bien distinctes : le fait est le jugement porté par l'écrivain. Le fait, c'est l'ordre d'évacuer l'Italie ; il ne repose que sur la seule autorité du général d'Anthouard. Or, excepté M. de Montvéran, tous les historiens plus ou moins dignes de ce nom que l'on a cités ont puisé à la même source, qui est l'article du *Spectateur militaire*. Ainsi Montgaillard, dont vous savez d'ailleurs ce qu'il faut penser, s'est inspiré de cet écrit, et le *Spectateur militaire*, c'est le général d'Anthouard lui-même caché sous le voile de l'anonyme. En 1854, un auteur que l'on n'a pas cité, tant il est connu, M. Bégin, renouvelle la même calomnie en s'appuyant sur la même autorité.

On le voit, cette accusation reproduite avec légèreté par tant d'écrivains, ce fait qui a pris de si grandes proportions sous leur plume, et qu'un historien beaucoup plus compétent, beaucoup plus haut placé dans l'estime publique, M. de Vaulabelle, a dédaignée, cette diffamation répétée par tant de bouches et sous tant de formes différentes, n'a qu'un seul auteur, M. d'Anthouard,

La première question à résoudre est donc naturellement celle-ci : Est-il vrai que le général d'Anthouard ait porté un ordre, et que cet ordre enjoignît impérieusement au prince Eugène d'évacuer l'Italie ? Eh bien ! je dis, j'affirme, je suis en mesure de prouver que les instructions publiées par ce général ne sont pas celles qu'il a écrites sous la dictée de l'Empereur ; que c'est là un document apocryphe, un plan fait après coup sur des événements connus, une assertion mensongère, qui depuis quarante ans a trompé deux générations d'écrivains. Les véritables instructions, ce sont celles qu'a publiées M. Planat de la Faye; elles commandent une défense énergique de l'Italie, bien loin d'en prescrire l'évacuation.

Voyons la date d'abord. Le général d'Anthouard prétend qu'il aurait écrit, le 13 novembre 1813, sous la dictée de l'Empereur, les instructions adressées à Eugène ; c'est là une première erreur que je puis rectifier, grâce à des documents authentiques que j'ai vérifiés aux Archives impériales. La date vraie est fixée par une lettre de l'Empereur au vice-roi d'Italie; elle est du 20 novembre 1813.

Voici les premières lignes de cette lettre :

« Mon fils,
» Je viens de dicter au général d'Anthouard ce qu'il doit faire à Turin, Alexandrie, Plaisance et Mantoue ; il vous fera connaître mes intentions. »

Ainsi, les souvenirs du général d'Anthouard ne sont pas fidèles : c'est le 20 novembre seulement que les instructions ont été dictées par Napoléon.

Ce n'est pas tout : il n'y a pas de concordance, j'aurai à le démontrer, entre le plan de campagne indiqué par le général d'Anthouard et celui que nous révèle la correspondance de l'Empereur ; tandis que cette correspondance est tout à fait en harmonie avec les ordres dont l'original existe dans les archives de la famille de Leuchtenberg. Deux détails suffiront à l'établir.

Le premier est celui-ci :

« Il ne faut point quitter l'Adige sans livrer une grande bataille. »

Telles sont les expressions de la lettre dont je viens de citer un fragment.

« Le vice-roi ne doit pas quitter l'Adige sans une bataille. » Ainsi commencent les instructions au paragraphe relatif aux opérations militaires, instructions dont la rédaction a, cela est évident, précédé de quelques minutes la lettre du 20 novembre.

Quant au second, le tribunal en appréciera l'importance ; je lis dans les instructions :

« Un régiment croate de 1300 hommes et 600 chevaux est à Lyon ; je donne » ordre à Corbineau de faire mettre pied à terre et d'envoyer cette canaille sur la » Loire, et de donner 300 chevaux à chacun des régiments : 1er hussards et 31e des » chasseurs. »

Or, messieurs, ce que n'aurait pu savoir le rédacteur de ces instructions si elles étaient supposées, et ce qui est la vérité, c'est que l'ordre dont il s'agit a été réellement donné au général Corbineau : je l'ai vu et lu ; il est aux Archives, et par conséquent il en faut conclure que le texte produit par M. Planat de la Faye est bien le texte officiel des instructions, puisque nous retrouvons partout la trace des indications qui s'y rencontrent.

Je recommande encore à l'attention du tribunal la correspondance qui prouve que tous les ordres donnés à d'autres personnages ont pour but la réalisation du même plan, notamment les dépêches adressées au prince Borghèse.

L'original des instructions n'a donc pas été brûlé à Munich, comme on l'a dit, et comme M. d'Anthouard l'a cru; elles existent encore, j'en apporte une nouvelle preuve au tribunal : elle résulte d'un document qui n'a pas encore été présenté au tribunal et qui émane du conseiller d'État dirigeant les affaires de la tutelle des enfants de Mme la grande-duchesse Marie Nicolaevna. L'authenticité de cette pièce est garantie par la signature du premier secrétaire de l'ambassade de France à Saint-Pétersbourg. En voici la teneur :

« Saint-Pétersbourg, le 4 avril 1857.

» Je soussigné, chargé de collationner et de comparer les documents cités dans » la brochure de M. Playat de la Faye (*Le prince Eugène en 1814, réponse au ma-* » *réchal Marmont*) avec les pièces originales existant dans les archives de feu » S. A. R. le prince Eugène, duc de Leuchtenberg, transportées dernièrement de » Munich à Saint-Pétersbourg, déclare entièrement conformes au texte desdits ori- » ginaux les documents portant les numéros suivants :

» I, II, III, IV, VI, VII, VIII, IX, X, XI, XII, XIV, XV, XIX, XXI, XXII, » XXIII, XXIV, XXV, XXVI, XXVIII, XXIX, XXXIII.

» Quant aux autres documents appartenant tous à la correspondance du prince » Eugène avec la princesse Auguste, sa femme, ils n'ont pu être l'objet d'une sem- » blable vérification de la part du soussigné, cette correspondance ne se trouvant » pas actuellement à Saint-Pétersbourg.

» En foi de quoi, le présent certificat a été délivré à M. Planat de la Faye, ancien » officier d'ordonnance de l'Empereur Napoléon.

» *Le conseiller d'État, secrétaire de S. A. I. madame la grande-duchesse* » *Marie Nicolaevna, et dirigeant les affaires de la commission de tutelle.*

» E. MUSSARD.

» Je soussigné, premier secrétaire de l'ambassade de France en Russie, certifie » la signature ci-dessus de M. Mussard.

» CH. BAUDIN. »

» Pétersbourg, 15 avril 1857.

Les instructions envoyées par l'Empereur au vice-roi d'Italie portent le n° 10 dans la brochure de M. Planat de la Faye. Il résulte donc du certificat que je viens de lire que la copie transcrite dans cette brochure est conforme à l'original déposé dans les archives de la famille de Leuchtenberg à Saint-Pétersbourg.

Et maintenant, quels sont les titres du général d'Anthouard à la confiance qu'on lui accorde? Est-ce un témoin irréprochable? Pourquoi la note déposée par lui furtivement, dit-on, au ministère de la guerre et reproduite textuellement par le *Spectateur militaire*, ne donne-t-elle pas le texte des instructions? C'est peut-être que M. d'Anthouard n'en avait pas gardé la copie; c'est qu'il s'en rapportait à sa mémoire... Qui m'assure de la fidélité de ses souvenirs? Qui me prouve qu'il n'a pas substitué des instructions de fantaisie aux instructions vraies? Et puis était-il impartial? n'était-il pas au contraire un ennemi obéissant à un sentiment de vengeance? Les choses en sont arrivés à ce point qu'il faut tout dire. Oui, le général d'Anthouard était un ennemi, un détracteur systématique du prince Eugène. La veuve du vice-roi ne s'y trompait pas. Écoutez ce qu'elle écrivait le 10 octobre 1836, dans une lettre qui est toute de sa main, et dont la date prouve suffisamment qu'elle n'a pas été faite pour les besoins de la cause :

« Je suis indignée des calomnies du g... d'A...; mais elles ne m'étonnent pas;
» car il s'est conduit avec bien de l'ingratitude envers le prince auquel il devait
» tant, et ne m'a jamais pardonné que je n'aie pas été la dupe de ses in-
» trigues (1). »

De sérieuses mésintelligences, en effet, s'étaient élevées bien avant que le général eût quitté le service du vice-roi d'Italie : il faut en chercher la cause dans des ambitions déçues, des espérances trompées, toutes choses dont il est inutile d'entretenir le tribunal. Plus tard, elles se sont compliquées de questions pénibles dont la trace se retrouve dans les pièces que je puis lire, car elles ont été publiées.

------

(1) Nous avons pensé qu'il serait agréable à nos lecteurs de trouver ici le texte entier de cette réponse de la vice-reine à M. le colonel Planat de la Faye, dont la lettre était ainsi conçue :

Lettre de M. Planat à madame la duchesse de Leuchtenberg, veuve du prince Eugène.

« Paris, 5 octobre 1836.

» Madame,
» Le colonel Koch, mon ancien camarade, officier d'état-major de beaucoup de mérite,
» a publié, en 1816, une histoire de la campagne de 1814, ouvrage justement estimé, mais
» qui offre de nombreuses lacunes, surtout en ce qui concerne les opérations du prince
» Eugène en Italie. Cela s'explique par l'époque de la publication trop rapprochée des
» événements pour avoir permis à l'auteur de consulter tous les documents qui lui étaient
» nécessaires.
» Cet officier supérieur se propose aujourd'hui de publier une nouvelle édition de son
» ouvrage, entièrement refondue et aussi complète que possible. Il m'a lu plusieurs pas-
» sages d'un manuscrit relatif aux affaires d'Italie, dans lequel la conduite du prince, et
» ses rapports avec l'Empereur, étaient présentés sous le jour le plus faux et le plus propre
» à faire suspecter sa bonne foi. J'ai fait tout ce qui était en mon pouvoir pour désabuser le
» colonel Koch, et lui ai communiqué toutes les notes que j'ai prises à Munich sur cette
» époque si intéressante de la vie du prince ; mais les documents officiels me manquent, et
» ceux qu'il a trouvés au ministère de la guerre sont incomplets. Cependant, comme ils ne
» justifient en rien les assertions du manuscrit qu'il m'a communiqué, je l'ai pressé de
» me faire savoir à quelle source elles étaient puisées.
» Il s'en est défendu longtemps ; mais enfin il m'a confié que le général d'Anthouard,
» persistant dans son inconcevable système de calomnie, avait déposé dans les archives
» de la guerre un Mémoire sur les affaires d'Italie en 1814.
» Ce Mémoire, *qui est tenu très secret*, lui a été confié pour deux heures par le garde
» des archives. D'après les extraits qu'il m'en a lus, le général d'Anthouard y établit que
» le prince Eugène, de concert avec Votre Altesse Royale, trahissait l'Empereur et s'en-
» tendait avec les souverains alliés, qui l'en ont récompensé en lui conservant sa fortune.
» Mais comme tout cela est bâti sur des faits et sur des dates *évidemment faux*, il s'agit
» de rétablir la vérité des uns et des autres d'une manière irrécusable.
» Tel est le but de la note ci-jointe que j'ai l'honneur de remettre à Votre Altesse Royale.
» Le colonel Koch, qui est un parfait homme et qui ne recherche que la vérité dans l'ex-
» posé des faits qu'il présente, attendra la décision de Votre Altesse Royale avant de rédi-
» ger la partie de son ouvrage qui traite des opérations du prince Eugène.
» Quelle que soit cette décision, je crois avoir jeté assez de doute dans son esprit sur la

Le 3 novembre 1823, le prince Eugène écrivait au baron Darnay :

« ... Quant à la demande du général d'Anthouard, vous connaissez vous-même
» trop bien mes affaires pour ne pas savoir qu'il m'est impossible de satisfaire à son
» désir. Je me garderai bien d'ajouter que vous savez aussi bien que moi qu'il s'en
» faut *de beaucoup* que j'aie eu à me louer de la conduite de ce général, lors et
» depuis que nous sommes séparés... »

Vous apprécierez cette circonstance, vous vous demanderez si l'homme à
qui s'adressait cette lettre peut fournir à l'histoire un témoignage bien désintéressé, et vous verrez si ce n'est pas là le mobile de cette accusation suspecte
qui poursuit depuis trente ans la mémoire du prince Eugène.

Voilà les faits : ce sont de petits faits peut-être au point de vue de la critique historique; l'histoire envisagée de haut ne s'en préoccuperait peut-être
pas. Mais ce sont des faits considérables ici, devant le tribunal, quand il s'agit
d'établir le degré de certitude que présentent des documents, quand il s'agit
de peser la valeur morale des témoignages, et quand on sait, comme vous ne
le savez que trop, quelles misérables causes déterminent souvent les actions
humaines, quelles honteuses et mesquines passions peuvent germer dans le
cœur humain.

Je conclus : La version du général d'Anthouard est isolée, sans authenticité; elle n'a que sa parole pour garantie, et je vous ai montré si elle est sincère; pour moi, cette version est inacceptable.

Au contraire, le document produit par les filles du prince Eugène est ap-

---

» véracité des témoignages du général d'Anthouard, pour être persuadé qu'il n'admettra
» rien dans son ouvrage qui soit injurieux à la mémoire du prince. Malheureusement, le
» général d'Anthouard ne s'est pas borné au dépôt *clandestin* de ce Mémoire, qui un
» jour sera un document historique, il poursuit dans les salons du grand monde son
» œuvre de dénigrement et de calomnie.
 » Je suis avec respect, de Votre Altesse Royale, etc.
» Signé : PLANAT DE LA FAYE. »

*Lettre de la duchesse de Leuchtenberg, veuve du prince Eugène, adressée à
M. Planat de la Faye.*

« Ismanning, ce 10 octobre 1836.

 » Monsieur Planat de la Faye, je viens de recevoir votre lettre du 5, et me hâte de
» vous remercier de la nouvelle preuve d'attachement que vous donnez à la mémoire de
» feu le prince Eugène, en me prévenant de la fausse et outrageante opinion qu'on a donnée
» au colonel Koch, sur sa conduite dans la dernière campagne, qui était si glorieuse et si
» belle dans ses plus petits détails. Il est vrai qu'il n'a fait que son devoir en agissant
» comme il a agi; mais comme peu de personnes sont restées fidèles comme lui, et ont
» conservé cette réputation sans tache qui fait toute la gloire de sa famille, il est permis à
» sa veuve d'en être fière et de réclamer contre une si horrible injustice. Je suis indignée
» des calomnies du général D...., mais elles ne m'étonnent pas, car il s'est conduit
» avec bien de l'ingratitude envers le prince auquel il devait tant, et ne m'a jamais par-
» donné de n'avoir pas été la dupe de ses intrigues, ni au prince de lui avoir fait défendre
» pendant un mois l'entrée de mon salon. Cela a blessé son amour-propre, et de là cette
» haine qui ne respecte pas même sa mort.
 » Je suis à la campagne en ce moment, et je compte y rester aussi longtemps que le

puyé sur les preuves les plus irrécusables d'authenticité ; il est conforme, dans son ensemble et dans ses détails, aux correspondances, aux faits extérieurs ; il est donc le seul vrai, et je veux le répéter, dussé-je aller jusqu'à la satiété, il est certain qu'il n'ordonnait pas l'évacuation de l'Italie.

Par conséquent, toutes les hypothèses construites sur le document émané du général d'Anthouard disparaissent, et la prétendue trahison et les faiblesses du prince Eugène, tout cela devient une fable ridicule qu'un historien sérieux ne prendrait même pas la peine de discuter.

Sur ce point je n'ai plus rien à dire, et je passe à des preuves d'un autre ordre ; elles me paraissent bien plus convaincantes, bien plus décisives encore. J'ajoute qu'elles sont puisées aux sources les plus pures, car elles ressortent de de l'examen que j'ai fait moi-même des pièces officielles déposées aux Archives impériales.

Je crois, messieurs, que c'est en toutes matières, surtout dans les matières historiques, s'exposer à de graves erreurs que d'isoler les faits et de ne pas les examiner un à un dans leurs rapports avec les autres événements au milieu desquels ils se sont développés, et qui leur servent de cadre, presque toujours aussi d'explication. Par exemple, dans le débat actuel, ne pas tenir compte des vues générales de l'Empereur, et l'on peut les retrouver dans les actes officiels et dans sa correspondance, ne pas tenir compte de ses intentions générales, de l'ensemble des faits qui tous ont porté sa forte empreinte, c'est risquer de ne pas arriver à une notion nette des choses, à une perception exacte des volontés, et de leur attribuer une fausse signification. De là, tant de jugements erronés.

Or, voyez les faits :

Nous sommes en novembre 1813, après la rupture du congrès de Prague,

---

» beau temps le permettra. J'irai pourtant à Munich cette semaine pour m'occuper d'une
» première recherche, et je vous enverrai le plutôt possible copie des pièces les plus
» essentielles. Quant aux autres, elles me paraissent si nombreuses, qu'il serait peut-être
» impossible de les envoyer toutes ; mais sur des demandes spéciales de vous on pourra
» sûrement vous adresser des analyses qui répondront à tout. Voyez si vous jugez que
» cela suffira.

» Dites au colonel Koch, quoique je n'aie pas le plaisir de le connaître, que s'il y avait
» eu à rougir de la conduite du prince Eugène au moment où la fortune abandonnait
» l'empereur Napoléon, je n'aurais pas eu la force de survivre à tous, les malheurs dont
» j'ai été frappée ; force que j'ai puisée dans la CERTITUDE qu'il avait agi avec honneur et
» fidélité. Dites-lui aussi que j'ai le cœur français comme il l'avait jusqu'à son dernier
» soupir, et que si je n'ose réclamer l'amour et l'attachement des Français, j'ose au moins
» réclamer leur *justice* et celle des hommes de bien. C'est pour cela que je compte sur
» lui, et qu'il ne dira que la vérité, que je ne crains pas.

» Si vous saviez comme je suis émue en écrivant ces lignes ; il me semble que toutes
» les plaies de mon cœur saignent de nouveau. Cette belle réputation, qui est notre tré—
» sor, a été de même respectée par les ennemis, et c'est un Français, un ancien aide de
» camp du prince, qui a le courage de dire des mensonges pour le noircir. C'est affreux !..
» Si j'avais été intrigante, comme le général d'Anthouard le dit, j'aurais pu procurer à ma
» famille une autre existence que celle qu'elle a ici ; mais ma conduite n'a jamais varié ;
» elle a été digne de la veuve du prince Eugène.

» Recevez, monsieur Planat de la Faye, avec la nouvelle assurance de ma gratitude,
» celle de mes bons sentiments. »

                              » AUGUSTE AMÉLIE. »

après les batailles de Dresde et Leipsick. Des conférences vont s'ouvrir ou sont déjà ouvertes à Manheim ; les hostilités sont momentanément suspendues ; mais, toutes les prévisions l'attestent, la guerre va recommencer plus ardente que jamais : le territoire est menacé ; toutefois, la prodigieuse activité de l'Empereur s'occupe d'en préparer la défense. Sa pensée, j'espère vous le montrer, a passé par trois phases bien distinctes, et elle a subi trois modifications assez tranchées pour qu'il soit facile de les saisir, quant à la conservation de l'Italie. Elle a, et cela était inévitable, subi le contre-coup des événements, elle a dû osciller avec eux. Napoléon ne croyait pas à la possibilité d'une invasion avant 1814 ; à cette époque tout devait être prêt pour la plus énergique résistance. Contrairement à cette prévision, les alliés passèrent la frontière dans la nuit du 31 décembre 1813 au 1er janvier 1814. Mais comment un événement qui déconcertait toutes les prévisions en janvier pouvait-il exercer une influence quelconque sur les résolutions formées par l'Empereur au mois de novembre précédent? Cela ne se concevrait pas : or, je dis que sa volonté inébranlable au mois de novembre, à l'époque où se placent, suivant M. d'Anthouard, les précédentes instructions et le plan général qui s'y rattache ayant pour objet l'évacuation de l'Italie, je dis que sa volonté positivement exprimée était précisément de la conserver.

Il ne faut pas qu'il y ait de doute sur ce point : je n'entends ni discuter ni interpréter, et c'est la pensée de Napoléon lui-même que je vais faire connaître au tribunal.

Je détache de sa correspondance de novembre 1813 avec les principaux agents de sa puissance en Italie les fragments que voici :

Au duc de Lodi.

« Saint-Cloud, 16 novembre 1813.

» ... Je m'occupe de l'Italie ; je vais réunir à Turin une armée de 100,000 hommes,
» et quelque chose qui arrive, le royaume peut compter que je ne l'abandonnerai
» point. Des circonstances imprévues ont rendu critique le moment actuel ; mais
» tout est en train de se réparer. »

Au ministre de la guerre.

« Saint-Cloud, 17 novembre 1813.

» ... En Italie, je vais avoir besoin de 40,000 hommes... Par ces dispositions,
» l'Italie recevra 58,000 hommes..., et, comme indépendamment des places, elle
» a 40,000 hommes sous les armes.... cela portera mes forces au delà des Alpes à
» un nombre très considérable. »

A la princesse Élisa.

« Saint-Cloud, 18 novembre 1813.

» ... Faites connaître en Italie qu'on ne doit avoir rien à craindre et que je
» n'abandonnerai pas ce pays. »

Du même jour, une autre dépêche où l'Empereur parle des forces qu'il réunit en Italie.

Je signale encore au tribunal une lettre inédite que je retrouve dans la masse des documents et qui est précisément adressée au prince Eugène :

                                   « Saint-Cloud, le 18 novembre 1813.

» Mon fils,

» Écrivez à la grande-duchesse et au général Miollis que, quand même vous » seriez obligé d'abandonner l'Adige, ils doivent rester où ils sont... Votre position » sur le Mincio garde Parme... »

Ces quelques lignes exigent un commentaire. Si vous avez gardé le souvenir des ordres donnés par l'Empereur au prince Eugène, vous y avez vu exprimée cette pensée qu'il ne fallait abandonner la ligne de l'Adige qu'après une grande bataille, et qu'au cas où elle serait perdue, il faudrait se replier sur le Mincio.

Eh bien ! cette pensée que les instructions que j'ai sous les yeux, et que toute personne sensée tiendra pour vraies, ont exprimée deux jours plus tard, le 20 novembre, vous en voyez non-seulement le germe, mais, pour ainsi dire, le développement dans la lettre du 18 ; nouvelle preuve de l'exactitude et de la sincérité matérielles de la publication faite par les soins de M. Planat de la Faye, et l'impossibilité où nous sommes d'admettre la version du général d'Anthouard.

Enfin, et pour clore cette série de documents, dont la signification est si précieuse, dont les conséquences aboutissent si impérieusement au but que je me propose d'atteindre, je lis dans une lettre du 2 janvier 1814, adressée au ministre de la guerre, ce qui suit :

« Tous les conscrits qui sont déjà partis de leurs dépôts pour se rendre en Italie, » vous les laisserez continuer leur route. »

J'aurais pu multiplier à l'infini ces citations ; car la pensée toujours une, toujours identique de l'Empereur, quant à la conservation de l'Italie, s'est manifestée sous les formes les plus diverses, soit qu'il ait formellement exprimé son intention, soit qu'il ait indiqué les moyens à employer pour la réaliser. Les dépêches se multiplient au prince Borghèse, au général Miollis, au ministre de la guerre, au prince Eugène : il faut hâter le départ des conscrits ; il faut pourvoir à leur équipement, à la concentration des munitions, à l'instruction des nouveaux soldats, à leur incorporation régulière dans les régiments qui sont en Italie. Or, sans prétendre à la moindre habileté administrative et militaire, mais en raisonnant avec le vulgaire bon sens, est-il possible d'imaginer et de comprendre que l'Empereur ait conçu à la fois ces deux pensées contradictoires, d'envoyer, pour y commencer leur éducation et pour y revêtir l'uniforme, des conscrits français en Italie, et en même temps d'ordonner l'évacuation de la péninsule ?

Il semble donc prouvé que rien n'était plus éloigné à cette époque des idées de l'Empereur, soit au point de vue de la politique générale, soit au point de vue plus restreint des opérations stratégiques, que de rappeler à lui l'armée d'Italie et d'abandonner sans retour un territoire devenu français.

Mais nous touchons à la seconde phase des pensées et des résolutions de Napoléon : après le 1er janvier 1814, les armées alliées foulent déjà notre sol, la lutte a commencé ; et alors le danger parut assez imminent à l'Empereur pour qu'il songeât à rappeler auprès de lui des forces qui pouvaient être utilement employées. C'est à cette époque, à la date précise du 17 janvier 1814, que se placent les instructions qui ont été adressées dans ce but au prince Eugène. Le fait hors de doute est celui-ci, que l'ordre a été donné. Cet ordre est ainsi conçu :

« Mon fils, vous aurez su, par les différentes pièces qui ont été publiées, tous les
» efforts que j'ai déjà faits pour avoir la paix. J'ai depuis envoyé mon ministre des
» relations extérieures à leurs avant-postes ; ils ont différé à le recevoir, et cepen-
» dant ils marchent toujours.
» Le duc d'Otrante vous aura mandé que le roi de Naples se met avec nos enne-
» mis ; aussitôt que vous en aurez la nouvelle officielle, il me semble important
» que vous gagniez les Alpes avec toute votre armée. Le cas échéant, vous laisserez
» des Italiens pour la garnison de Mantoue et autres places, ayant soin d'amener
» l'argenterie et les effets précieux de la maison et les caisses.
» Votre père affectionné,

» NAPOLÉON. »

Je ne veux faire qu'une seule réflexion sur ce que je viens de lire, et elle est bien simple. Si, à la date du 17 janvier 1814, nous rencontrons, sous la plume de Napoléon, l'ordre, non pas d'évacuer l'Italie, mais de gagner les Alpes, il en faut nécessairement conclure que l'ordre général et absolu d'abandonner l'Italie n'avait pas été donné au mois de novembre précédent, et que par conséquent le plan de campagne qu'il lui est attribué par le général d'Anthouard, il ne l'a jamais conçu.

Passons à un autre document dont la gravité ne saurait vous échapper.

J'aurai bientôt l'occasion de prouver que l'ordre a été conditionnel. Je lis d'abord quelques passages d'une lettre, à la date du 29 janvier 1814, du prince Eugène à l'Empereur :

« Sire,
» Les mauvaises intentions du roi de Naples étant tout à fait déclarées, j'ai
» l'honneur d'informer Votre Majesté qu'il me devient impossible de conserver ma
» position sur l'Adige. Il n'a pas encore commencé les hostilités, il attend pour
» cela la ratification de son traité.
» Votre Majesté m'a ordonné de me retirer, en cas de besoin, sur les Alpes ;
» j'ose la prier de vouloir bien préciser davantage cette instruction, dans le cas où
» je devrais repasser ces montagnes ou en défendre les passages. Depuis la Bocchetta
» jusqu'au mont Cenis, un grand nombre de routes traversent les Alpes, et si je
» devais en défendre tous les débouchés, je serais obligé de faire beaucoup de
» petits détachements, et je n'aurais plus d'armée. »

Voilà qui est grave, en ce sens que le prince Eugène sollicite de l'Empereur un ordre précis : c'est qu'il est clair qu'il ne l'avait pas déjà reçu ; et les termes de cette dépêche sont d'autant plus concluants, qu'ils impliquent forcément l'idée que l'Empereur savait très bien lui-même que ses injonctions n'avaient jamais été que conditionnelles.

Quelles sont les raisons pour lesquelles l'Empereur voulait que l'Italie fût défendue ? L'histoire le dit, et le jour n'est pas éloigné où cela sera établi avec une autorité que je n'ai pas. Le maréchal de Bellegarde commandait en face du prince Eugène une armée de 80,000 Autrichiens. Réduit à ses propres forces, le vice-roi était hors d'état de résister ; alors dans son mouvement de retraite, il attirait l'ennemi à sa suite, et son opération n'avait d'autre résultat que d'appeler une nouvelle armée sur notre territoire déjà envahi par tant de côtés.

Si, au contraire, les prévisions de l'Empereur se réalisaient, si ses ordres étaient exécutés, si le roi de Naples restait fidèle, si enfin il occupait la ligne du Pô avec 25,000 Napolitains comme il s'y était engagé, alors l'armée autrichienne était contenue et l'Italie conservée. Cette coopération du roi de Naples était si bien prévue par l'Empereur, elle entrait si bien dans le plan d'ensemble que les correspondances nous révèlent, que nous trouvons, dans les dépêches, les ordres donnés pour le libre passage des troupes napolitaines à travers les départements français d'Italie. Le prince Borghèse avait reçu des instructions à cet effet.

Tel est le secret bien simple et fort peu mystérieux des ordres conditionnels donnés au vice-roi d'Italie.

Les incertitudes bien connues, les embarras diplomatiques du roi de Naples, au sujet du traité qui l'a lié quelques jours après avec la Cour d'Autriche, expliquent alors bien naturellement, et sans qu'on ait besoin de recourir à cette étrange hypothèse d'une trahison, non pas les hésitations, mais les retards du prince Eugène : le vice-roi attendait évidemment la réalisation de la condition que Napoléon lui avait imposée. Les efforts qu'il a faits pour s'assurer des intentions du roi Murat et même, jusqu'à un certain point, du jour précis où il pourrait être attaqué par les Napolitains ; ces efforts, dis-je, se traduisent dans la correspondance échangée entre lui et ce prince, et se reflètent dans les dépêches adressées par le vice-roi à l'Empereur lui-même. Je ne relis pas les lettres, vous les avez sous les yeux.

On a beaucoup discuté sur le point de savoir si réellement l'ordre du 17 janvier était ou non conditionnel ; je crois que la discussion était inutile, car cet ordre était conçu en termes nets et précis. Mais je vais vous faire voir la pensée de l'Empereur exprimée dans un document destiné à passer sous les yeux d'une autre personne que le prince Eugène, à savoir, le duc de Feltre, ministre de la guerre. Ce document est du 8 février 1814, l'original est aux Archives ; en voici la teneur.

« J'ai donné ordre au vice-roi, aussitôt que le roi de Naples aurait déclaré la » guerre, de se porter sur les Alpes. Réitérez-lui cet ordre par le télégraphe, par » estafette, etc...

» Vous lui ferez connaître qu'il ne doit laisser aucune garnison dans les villes, » dans les places d'Italie, si ce n'est des troupes d'Italie, et qu'avec tout ce qui est » Français, il doit venir sur Turin et Lyon...; qu'aussitôt qu'il sera en Savoie, il sera » rejoint par tout ce que nous avons à Lyon... »

Ceci a été écrit après la deuxième bataille de Brienne ou de la Rothière, ce combat de géants où 40,000 Français avaient contenu 160,000 hommes des armées coalisées. La victoire était restée indécise, mais déjà l'inquiétude commençait à pénétrer dans l'âme du grand capitaine : c'est là le point culminant de cette deuxième phase de ses résolutions. Après l'invasion, il voulait qu'Eugène gagnât les Alpes ; après le 2 février, il voulait qu'il accourût en France, et cependant, vous le voyez, l'exécution de sa volonté était toujours subordonnée à l'attitude du roi de Naples. La lettre du 8 février au duc de Feltre ne saurait, en vérité, laisser aucun doute sur ce point.

Pourquoi le prince Eugène n'a-t-il pas sur-le-champ obéi aux prescriptions de l'Empereur, aux invitations si pressantes de l'impératrice Joséphine, aux sollicitations du duc de Feltre? Vous le savez. C'est que, précisément à l'heure où il était l'objet de ces démarches si actives, qui devaient exercer sur lui une si puissante influence, les événements étaient plus forts que lui; c'est qu'il livrait et gagnait cette bataille du Mincio qui lui valut des félicitations de son père adoptif, et vous savez que les explications fournies par lui à ce sujet ont été acceptées par l'Empereur lui-même. Je n'en veux d'autre preuve que la lettre du 12 mars 1814, adressée par lui au vice-roi en réponse aux plaintes touchantes que celui-ci lui adressait, dès le 18 février 1814, sur les insinuations dont il croyait avoir été l'objet.

« Mon fils, je reçois une lettre de vous et une de la vice-reine, qui sont de l'ex-
» travagance ; il faut que vous ayez perdu la tête : c'est par dignité et honneur que
» j'ai désiré que la vice-reine vînt faire ses couches à Paris, et je la connais trop
» susceptible pour penser qu'elle puisse se résoudre à se trouver dans cet état au
» milieu des Autrichiens. Sur la demande de la reine Hortense, j'aurais pu vous en
» écrire plus tôt ; mais alors Paris était menacé. Du moment que cette ville ne l'est
» plus, il n'y aurait rien de plus simple aujourd'hui que de venir faire ses couches
» au milieu de sa famille et dans le lieu où il y a le moindre sujet d'inquiétude. Il
» faut que vous soyez fou pour supposer que tout ceci se rapporte à la politique.
» Je ne change jamais ni de style ni de ton, et je vous ai écrit comme je vous ai
» toujours écrit.
» Il est fâcheux pour le siècle où nous vivons que votre réponse au roi de Ba-
» vière vous ait valu l'estime de toute l'Europe. Quant à moi, je ne vous en ai pas
» fait compliment, parce que vous n'avez fait que votre devoir, et que c'est une
» chose simple. Toutefois, vous en avez déjà la récompense, même dans l'opinion
» de l'ennemi, de qui le mépris pour votre voisin est au dernier degré.
» Je vous écris une lettre en chiffres pour vous faire connaître mes intentions.
» Votre affectionné père,

» NAPOLÉON. »

Douze mars 1814!... Cette date est précieuse : c'est l'époque où, suivant M. d'Anthouard, et suivant le maréchal Marmont, le vice-roi, par ambition ou par faiblesse, aurait refusé de se conformer aux injonctions qu'il avait reçues, et les conséquences de son refus s'étaient déjà produites. A ce moment, en effet, désobéir, c'était trahir. Or, l'Empereur a si peu pensé qu'on lui avait désobéi, si peu soupçonné la trahison, qu'il écrivait la lettre affectueuse et pleine de sentiments tendres que je viens de lire.

Et remarquez qu'elle ne contient aucun ordre nouveau de retour. La raison de ce changement dans ses idées est dans les faits.

Que s'était-il passé dans l'intervalle du 17 janvier au 19 février? Le voici :

Depuis la bataille de la Rothière, la fortune, jusque-là indécise, avait semblé sourire au génie de l'Empereur, et dans cette course haletante après les armées alliées, il avait rencontré trois champs de bataille et trois victoires : le 10 février, à Champaubert ; le 11, à Montmirail ; le 14, à Vauxchamps. Il devait croire que la face des choses avait changé : les alliés le crurent aussi, et la correspondance de M. de Caulaincourt, datée de Châtillon, l'atteste. Après le 2 février, Napoléon avait donné carte blanche à M. de Caulaincourt ; après les victoires de Champaubert, de Montmirail et de Vauxchamps, il la retire. Vous connaissez, elle a été publiée, la dépêche du 17 :

« ... Je vous ai donné carte blanche pour sauver Paris et éviter une bataille qui » était la dernière espérance de la nation... Mais mon intention est que vous ne » signiez rien sans mon ordre, parce que seul je connais ma position... »

Eh bien ! je suis heureux d'en faire connaître une autre qui n'a pas, que je sache, été publiée :

« *A M. le duc de Vicence.*

» Surville, le 19 février 1814, près Montereau.

» Monsieur le duc de Vicence, je vois, par vos lettres du 17 que m'apporte le » sieur de Rumigny, et dont j'avais reçu le duplicata douze heures auparavant par » les avant-postes, que vous êtes dans une position et, pour ainsi dire, dans une » zone qui vous empêche de connaître la véritable situation de mes affaires. Tout » est faux dans tout ce qu'on vous dit : les Autrichiens ont été battus en Italie, et, » bien loin d'être à Meaux, je serai bientôt à Châtillon.

» Dans cette situation, je dois vous réitérer mes ordres de ne rien faire sans » m'avoir rendu compte et sans que je vous aie fait connaître mes sentiments. Je » vous considère comme en chartre privée, ne sachant rien de mes affaires et influencé » par des impostures. Aussitôt que je serai à Troyes, je rends grâces au ciel d'avoir » cette note, car il n'y a pas un Français dont elle ne fasse bouillir le sang d'indi- » gnation. C'est pour cela que je veux faire moi-même mon ultimatum. Je préfé- » rerais cent fois la perte de Paris au déshonneur et à l'assassinat de la France.

» Je suis mécontent que vous n'ayez pas fait connaître, dans une note, que la » France, pour être aussi forte qu'elle l'était en 1788, doit avoir des limites natu- » relles en compensation de la Pologne, de la destruction de la république de » Venise, de la sécularisation du clergé d'Allemagne et des grandes acquisitions » faites par les Anglais en Asie. Dites que vous attendez les ordres de votre gouver- » nement et qu'il est simple qu'on vous les fasse attendre, puisqu'on force vos » courriers à faire des détours de soixante-douze heures et qu'il vous en manque » déjà trois.

» En représailles, j'ai ordonné l'arrestation des courriers anglais. Je suis si ému » de l'infâme projet que vous m'envoyez, que je me crois déjà déshonoré rien que » de m'être mis dans le cas qu'on vous le propose. Je vous ferai connaître de » Troyes ou de Châtillon mes intentions, mais je crois que j'aurais mieux aimé » même perdre Paris que de vous voir faire de telles propositions au peuple fran- » çais. Vous parlez toujours des Bourbons ; je préférerais voir les Bourbons en

V.   12

» France avec des conditions raisonnables, aux infâmes propositions que vous
» m'envoyez... »

J'ai voulu lire presque en entier cette lettre où éclate en si magnifiques
accents la patriotique indignation de l'Empereur, parce qu'elle montre à quels
sacrifices il était préparé ; combien il avait encore l'intime conviction de sa
force et de sa puissance. Ses espérances sont ranimées, il prévoit de nouveaux
succès, et c'est là le secret des nouveaux ordres donnés au prince Eugène.
Nous touchons en effet à la troisième phase qu'a subie cette volonté si énergique et si flexible à la fois.

À la même date que cette dépêche, le même jour partait pour l'Italie le
comte Tascher, encore vivant aujourd'hui, et qui affirme qu'il portait le
contre-ordre.

Je ne vois pas pourquoi on contesterait le témoignage de M. Tascher,
quand on croit à la sincérité du général d'Anthouard. Est-ce à cause de sa
parenté ? C'est un homme d'honneur pourtant, et parvenu à un âge où l'on ne
ment guère ni au monde ni à sa conscience.

Mais prenez garde, son témoignage n'est pas isolé, il n'est pas fait pour les
besoins de la cause : il y a quarante-trois ans que M. Tascher a écrit et
adressé au prince Eugène le rapport où se trouve consigné ce contre-ordre ;
et ce rapport, parfaitement officiel, figure dans les archives de la famille de
Leuchtenberg ; il se trouve parmi les pièces dont l'identité a été vérifiée et
constatée par l'acte semi-diplomatique que j'ai rapporté et qui est revêtu
de la signature de M. Charles Baudin.

Veut-on plus encore ? Il a été publié récemment une brochure due à la
plume d'un officier supérieur qui a eu à sa disposition tous les documents relatifs aux événements de cette époque ; or, voici que j'y trouve la lettre par laquelle le prince Eugène donne avis au ministre de la guerre de la réception du
contre-ordre que vient de lui transmettre M. de Tascher. N'est-ce pas là la
plus irrécusable de toutes les preuves, et n'est-il pas évident que si le vice-
roi d'Italie écrit au ministre de la guerre qu'il a reçu de lui un contre-ordre,
c'est qu'en effet ce contre-ordre lui a été donné ? car nécessairement le duc
de Feltre a communiqué cet avis à Napoléon.

Enfin je vois dans la même publication, que l'Empereur a écrit au duc de
Feltre, le 1er mars, cette phrase que j'extrais de sa dépêche, dont l'original est
aux Archives, et dont je rectifie une expression que j'ai notée moi-même :

« Le vice-roi a suffisamment de troupes : après les succès que j'ai obtenus, le
» roi de Naples ne bougera pas. »

Est-ce assez clair ? Ne voyez-vous pas ici se produire les préoccupations de
l'Empereur, et ne voyez-vous pas aussi que, dans sa pensée, les mêmes
causes doivent déterminer les mêmes résolutions et les mêmes effets ?

Est-ce assez ? Non. M. de Tascher parle dans son rapport des instructions
verbales qu'il emportait du bivouac impérial pour le maréchal Augereau. Ah !
nous avons là un moyen de contrôle. Ces instructions ont-elles été données
au maréchal ? Eh bien ! oui, je les ai, les voici :

C'est d'abord une lettre au ministre de la guerre :

« Château de Surville, 19 février.

» Donnez ordre au duc de Castiglione de sortir de Lyon et de réunir toutes ses
» troupes pour marcher sur Genève et sur le canton de Vaud ; donnez le même
» ordre au général Marchand et au général Desaix...
» ... Dites au duc de Castiglione d'oublier ses cinquante-six ans et de se souvenir
» des beaux jours de Castiglione... »

C'est enfin une dépêche au maréchal lui-même. Je n'en veux lire ici qu'un fragment :

« Nogent-sur-Seine, 21 février 1814.

» ... La patrie est menacée et en danger ; elle ne peut être sauvée que par l'au-
» dace et la bonne volonté, et non par de vaines temporisations ; vous devez avoir
» un noyau de plus de 6,000 hommes de troupes d'élite ; je n'en ai pas tant, et
» j'ai pourtant détruit trois armées, fait 40,000 prisonniers, pris 200 pièces de
» canon et sauvé trois fois la capitale. L'ennemi fuit de tous côtés sur Troyes.
» Soyez le premier aux balles. Il n'est plus question d'agir comme dans les der-
» niers temps, mais il faut reprendre ses bottes et sa résolution de 93. — Quand
» les Français verront votre panache aux avant-postes, et qu'ils vous verront vous
» exposer le premier aux coups de fusil, vous en ferez ce que vous voudrez... »

Je l'avoue, messieurs, je n'ai pu lire les quelques lignes qui précèdent sans une profonde émotion. Ah ! nous comprenons maintenant les miracles de cette héroïque campagne de 1814 ; nous comprenons comment les conscrits de la levée de 1813, pourquoi tous ces paysans, tous ces ouvriers auxquels l'Empereur, dans une autre lettre, rend un si touchant hommage, accouraient sans peur aux batailles : ils le suivaient, parce qu'il représentait vraiment la nationalité française en péril, parce qu'ils sentaient que l'âme de la France était en lui. On a parlé de lassitude, de découragement, d'affaissement moral, soit. Mais en présence du danger de la patrie, tous les cœurs ne furent pas frappés de ces lâches défaillances : j'en atteste le souvenir du glorieux défen-seur d'Anvers ; j'en atteste le souvenir de tous ces hommes qui sacrifièrent leur vie pour la défense du sol sacré, et auxquels je puis appliquer ce mot de l'historien de l'antiquité, qui est un si magnifique éloge : *Invicti cecidere!* Ils sont morts, mais ils n'ont pas été vaincus !

Je reviens. Que voulais-je prouver ? que les ordres donnés au maréchal Augereau étaient bien ceux que M. de Tascher affirme aujourd'hui lui avoir été portés, et qu'ils sont exclusifs de l'idée de l'évacuation. Le post-scriptum de la lettre adressée au maréchal suffit à cette preuve.

« *P. S.* Réunissez tout ce qui est à Grenoble et dans la 7ᵉ division, et tâchez
» d'entrer dans la ville de Vaud. »

Ainsi ces troupes qui, dans le plan primitif de l'Empereur, devaient être ralliées par le prince Eugène à son retour en France, elles reçoivent une autre destination et sont employées à opérer en Suisse. N'est-ce pas là la démonstration la plus invincible de l'existence du contre-ordre ? Et il me semble que nous sommes bien loin des instructions et des plans imaginés par le général d'Anthouard.

Vous réfléchirez, messieurs, sur cet ensemble de faits, de documents si précis, si concordants, si homogènes ; je n'insiste pas ; mais, pour mon compte, je ne puis croire qu'il n'y ait pas là assez de preuves pour déterminer les convictions les plus rebelles, et vous penserez sans doute comme moi que la renommée du prince Eugène est sortie pure et victorieuse de l'épreuve qu'elle a subie.

Mais, à côté de la question qui se résout par les textes, par les dates, par les rapprochements, par les inductions, il y a aussi, et surtout dans une affaire de ce genre, une question de sentiment. Qu'un ordre ait été mal compris, mal exécuté, c'est là ce qui arrive tous les jours, et cela ne prouve pas la trahison ; mais quand il s'agit de pénétrer le mobile des actions d'un homme, d'en rechercher la cause, de sonder ses intentions, ce ne sont pas seulement les faits extérieurs qu'il faut interroger, c'est la conscience.

En fut-il jamais une plus pure que celle du prince Eugène ? Vous vous rappelez la démarche faite auprès de lui par le prince de la Tour et Taxis ; elle avait pour objet de le détourner de ses devoirs et de le rattacher à la coalition ; et je n'ai pas besoin de dire que ces propositions furent repoussées avec indignation. Le prince de la Tour et Taxis l'affirme. On suspecte ses affirmations. Encore un homme plein d'honneur, un vieillard respecté, qu'il faudra déshonorer sans doute au profit des *Mémoires du maréchal de Raguse !* On a dit aussi à cette occasion que la relation de son entrevue avec le vice-roi, écrite par le prince de la Tour et Taxis, était d'une date récente et qu'on avait le droit d'être curieux.

Je puis satisfaire une curiosité que je trouve légitime ; c'est en faisant passer sous les yeux du tribunal, non pas le texte original de M. de la Tour et Taxis, mais la copie qui en a été prise par la princesse Auguste-Amélie elle-même, et qui fut adressée par elle, revêtue de toutes les formalités matérielles propres à en assurer l'authenticité, à M. Planat de la Faye, le 15 novembre 1836 ; et la duchesse de Leuchtenberg, vous le savez, est morte en 1849.

Mais il y a mieux : c'est le prince Eugène lui-même qui dénonce à l'Empereur l'étrange tentative qu'il a méprisée ; c'est lui qui écrit au roi de Bavière, son beau-père, cette noble lettre qui arracha des cris d'admiration à l'Europe entière ; et enfin, si j'avais besoin de chercher une indication plus précise, s'il était nécessaire d'avoir recours à un élément plus décisif de démonstration, je le demanderais à cette lettre du roi de Bavière, que M. Perrotin a refusé d'imprimer. J'en extrais ces quelques passages :

« Munich, le 11 avril 1814.

» Mon bien-aimé fils,

» Jusqu'ici je n'ai pu qu'approuver, mon cher ami, la loyauté de votre conduite ;
» je dis plus, elle m'a rendu fier d'avoir un tel fils. Actuellement que tout a changé
» de face, comme vous le verrez par l'imprimé ci-joint, vous pouvez quitter la
» partie sans vous déshonorer. Vous le devez à votre femme et à vos enfants...

» Les alliés vous veulent tous du bien, mon cher Eugène, profitez de leur bonne
» volonté, et songez à votre famille.

» Une plus longue retenue serait impardonnable.

» Adieu, mon cher fils, je vous embrasse avec Auguste et vos enfants. La reine
» en fait autant.

» Votre bon père,

» MAX. JOSEPH. »

Voilà qui peut se passer de commentaires. Il est vraisemblable, en effet, que le roi de Bavière aurait été dans la confidence des désirs, des faiblesses, des espérances de son gendre, qu'il n'eût pas été le dernier à connaître les effets de cette trahison si habilement ménagée, et, dans ce cas, il n'aurait pas eu sans doute à stimuler la tiédeur du prince Eugène pour ses propres intérêts et pour ceux de sa famille.

J'avoue que je ne puis pas me résigner à laisser ma démonstration incomplète sous ce rapport, et qu'il m'est impossible de ne pas répondre aux assertions des *Mémoires du duc de Raguse* touchant les intrigues du prince Eugène au congrès de Châtillon.

Ma réponse sera, je crois, catégorique.

J'ai là, sous la main, la publication faite en Angleterre, peu connue en France, de la partie de la correspondance de lord Castlereagh, le plénipotentiaire anglais au congrès de Châtillon ; j'en dois la communication à la bienveillance de l'homme illustre que l'on a appelé récemment l'historien national. J'ai eu à ma disposition, et j'ai pu les compulser, toutes les pièces qui constituent la correspondance de l'Empereur et du duc de Vicence, avec les documents diplomatiques qui s'y rattachent.

Or, je déclare que ni lord Castlereagh ni le duc de Vicence n'ont signalé aucun fait, aucun indice se référant aux sourdes menées que l'on prête si gratuitement au prince Eugène. Comment admettre que ces démarches occultes qu'on lui attribue eussent pu être faites auprès des plénipotentiaires étrangers réunis à Châtillon, sans que M. de Caulaincourt, parfaitement informé d'ailleurs, en eût connaissance, et sans qu'il en eût immédiatement prévenu l'Empereur ?

Le nom d'Eugène a été prononcé deux fois au congrès : la première fois dans le protocole du 22 février, lorsque, sous la forme dubitative, M. le duc de Vicence a posé cette question :

« ... Enfin, si les droits du vice-roi, comme héritier du royaume d'Italie, étaient
» reconnus pour le cas où le roi d'Italie renoncerait à la couronne de ce royaume.. »

La seconde fois, le 15 mars 1814 (remarquez la date), lorsque fut présentée la contre-note rédigée par l'Empereur, vous vous le rappelez, en réponse à l'insolente proposition qui avait excité sa colère. Or, l'un de ses premiers soins est de stipuler les intérêts du prince Eugène, dans l'article 4 ainsi conçu :

« S. M. l'Empereur des Français, comme roi d'Italie, renonce à la couronne
» d'Italie en faveur de son héritier délégué, le prince Eugène Napoléon, et de ses
» descendants à perpétuité. »

Croyez-vous maintenant que le prince Eugène, objet de tant de sollicitude au mois de mars 1814, ait été, quelques semaines auparavant, le traître que vous dénoncent le général d'Anthouard et le maréchal de Raguse? Croyez-vous que la trahison, même déguisée sous les dehors d'une habile incertitude, eût échappé à l'œil clairvoyant de Napoléon? Et si tant de témoignages ne suffisent pas, ne sera-ce pas assez de celui de l'Empereur lui-même?

Il me reste à envisager l'autre face du procès.

Peut-on considérer les *Mémoires du maréchal de Marmont* comme un pamphlet; en d'autres termes, le duc de Raguse a-t-il agi méchamment et avec intention de nuire? Je ne le crois pas, et je vais indiquer la solution de cette question difficile. Remarquez d'abord que je n'ai rien prouvé ou que j'ai prouvé que le général d'Anthouard est le premier, l'unique auteur de la calomnie déférée à votre justice. Quel a donc été le tort du maréchal? D'accepter une version propagée par M. d'Anthouard dans plusieurs publications, et reproduite après lui par plusieurs auteurs? Non. Son tort a été de n'en pas vérifier l'exactitude. Il a donc commis un acte de légèreté, blâmable sans doute, mais qui enfin n'est pas l'indice certain d'une pensée méchante, et il ne me semblerait pas juste de faire supporter par l'éditeur Perrotin, dont la bonne foi n'est pas douteuse, la peine des légèretés du maréchal.

Et puis il faut bien distinguer aussi entre l'historien proprement dit et l'auteur des *Mémoires*. Le premier fait une œuvre impersonnelle : elle peut bien, dans une certaine mesure, porter l'empreinte de ses passions ou de ses sympathies, mais enfin il n'y introduit pas son existence individuelle, et il ne mêle pas les événements de sa vie aux événements qu'il raconte. L'impartialité, la rectitude du jugement, la sincérité des assertions lui sont plus faciles. Le second, au contraire, livre à la publicité sa personnalité tout entière; il faut bien le reconnaître, ce n'est pas l'amour seul de la vérité ou l'intérêt de l'histoire qui le guide; et souvent il n'écoute que la voix de son amour-propre. Comment exiger de lui pour les choses qui le touchent, pour les fautes qu'il veut excuser, cette impartialité absolue qui est le devoir de l'historien?

N'oubliez pas que le maréchal Marmont écrivait à une époque où il errait en Europe et sous le poids du double anathème de ces deux dates, 1814 et 1830; c'est là son excuse, vous l'apprécierez, et peut-être serait-il bien sévère que M. Perrotin fût victime d'actes qu'il n'a pas commis, et qui n'auraient pas appelé sur le maréchal, s'il eût vécu, les rigueurs de la justice.

L'histoire réserve d'autres châtiments au maréchal Marmont. Il a voulu faire, en forme d'antithèse, et vous les connaissez, deux portraits de Napoléon : le Napoléon de 1804 et le Napoléon de 1812. On ne les a pas trouvés ressemblants.

L'Empereur aussi, a fait le portrait de son ancien aide de camp; le voici tel que je le trouve dans une dépêche adressée au duc de Feltre, le 4 mars 1814 :

« ... Vous m'envoyez des lettres de Marmont, qui ne signifient rien. Il est tou-
» jours méconnu de tout le monde; il a tout fait, tout conseillé. Il est fâcheux
» qu'avec quelque talent, il ne puisse pas se débarrasser de cette sottise, ou du
» moins se contenir de manière que cela ne lui échappe que rarement... »

Ce jugement sera celui de la postérité, et quand elle mettra dans la balance la loyale parole d'Eugène et la parole passionnée de Marmont, je prévois à coup sûr laquelle des deux l'emportera.

Mais vous, messieurs, qui savez quels impérieux devoirs vous avez à remplir, si vous n'oubliez jamais que vous êtes les protecteurs des intérêts individuels, vous n'oubliez pas non plus que vous êtes les gardiens des grands principes de notre droit, et vous saurez aussi concilier la dignité et la liberté de l'histoire avec les pieuses exigences de la famille du prince Eugène. Pour moi, je m'estimerai heureux si, n'ayant pas failli à la défense des droits de l'historien, j'ai réussi à venger une noble mémoire de la plus injuste et la plus mensongère des accusations.

JUGEMENT.

« Le Tribunal,

Ouï en leurs conclusions et plaidoiries, Dufaure, avocat, assisté de David, avoué de S. A. le duc de Wurtenberg et de S. M. la reine de Suède et de Norwége, et de S. A. l'impératrice douairière du Brésil, duchesse de Bragance ; et Marie, avocat, assisté de Lavaux, avoué de Perrotin, ensemble en ses conclusions, M. Descoustures Eugène, substitut du procureur impérial, après en avoir délibéré conformément à la loi, jugeant en premier ressort ; donne acte de la reprise d'instance de S. A. le duc de Wurtenberg au nom de ses enfants mineurs ; reçoit S. M. la reine de Suède et de Norwége, et S. M. l'impératrice douairière du Brésil, duchesse de Bragance, parties intervenantes, et statuant au fond :

» Attendu que, dans différents passages du tome sixième des *Mémoires du maréchal de Marmont*, duc de Raguse, il est énoncé que le prince Eugène de Beauharnais aurait, en 1813, reçu de l'empereur Napoléon l'ordre d'évacuer l'Italie et de ramener ses troupes en France ; qu'il aurait désobéi dans un but d'ambition personnelle, et contribué ainsi, plus qu'aucun autre, à la catastrophe de 1814 ;

» Attendu que l'inexactitude de cette assertion est démontrée jusqu'à l'évidence par les pièces soumises au tribunal telles qu'elles ont été recueillies par les soins de Planat de la Faye, pièces dont l'authenticité ne saurait être contestée ; qu'elles établissent que si la correspondance de l'empereur Napoléon a prévu le cas où le prince Eugène devrait se retirer sur les Alpes, jamais il n'a été donné l'ordre d'évacuer l'Italie et de ramener les troupes en France ;

» Que les instructions et les ordres de l'Empereur ont été religieusement suivis et exécutés par le prince, qui, loin de sacrifier les intérêts de la France à son ambition, a repoussé toutes les avances qui avaient pour objet de séparer sa cause de celle de sa patrie ; que l'Empereur a reconnu lui-même la fidélité du prince jusque dans les derniers jours de la lutte, et qu'ainsi toute la conduite du prince Eugène a donné la preuve constante de sa loyauté et de son dévouement ;

» Attendu que l'honneur des pères étant le plus précieux patrimoine des familles, on ne saurait dénier aux enfants du prince Eugène le droit d'établir judiciairement la fausseté des accusations dont il a été l'objet ;

» Attendu que c'est à tort que Perrotin a prétendu que l'action formée contre lui ne reposerait sur aucune base légale ;

» Qu'en effet, les lois spéciales qui ont pour objet de régler les peines applicables aux délits de diffamation et d'injures commis par la voie de la presse n'ont point enlevé aux parties diffamées, ou à leurs représentants, l'action civile résultant du principe général consacré par l'article 1382 du Code Napoléon qui oblige l'auteur de la faute à réparer le préjudice qu'il a causé ;

» Que cet article, à la différence des lois sur la presse, ne soumet pas seulement le demandeur à établir le préjudice résultant de la diffamation ; qu'il l'oblige en outre à constater la fausseté du fait allégué, ce qui constitue la faute sans laquelle il n'y aurait pas d'action ; mais que par cette condition elle-même la poursuite, loin de nuire aux intérêts de l'histoire, lui fournit les moyens d'établir la vérité sans laquelle l'histoire ne mérite plus son nom ;

» Que c'est dans l'intérêt de cette vérité qu'on reconnaît à l'histoire le droit de formuler librement son appréciation sur les hommes et sur les événements, mais que les franchises et les immunités de l'histoire ne sauraient faire perdre de vue cet objet principal, et qu'elles ne peuvent autoriser l'écrivain à avancer témérairement des faits controuvés, en contradiction avec les témoignages les plus graves, et à baser sur ces assertions inexactes des jugements qui portent atteinte à la considération des personnes auxquelles ces faits sont imputés ;

» Attendu qu'il est constant que, dans les passages reprochés de ses Mémoires, le duc de Raguse s'est écarté de ces limites et a manqué aux devoirs de l'historien ;

» Attendu que Perrotin, en éditant les Mémoires du maréchal, s'est rendu responsable de la faute de leur auteur ;

» Attendu quant à la réparation, que la seule qui soit demandée est la manifestation de la vérité ;

» Que Perrotin lui-même a apprécié la modération de la demande et la gravité des preuves produites, puisqu'il en a déjà publié une partie dans la suite de l'ouvrage ; mais que, d'une part, cette insertion a été incomplète, que, d'autre part, ce n'est que dans le neuvième volume qu'il a placé la rectification des inexactitudes contenues dans le sixième ;

» Qu'enfin Perrotin ayant annoncé que cette insertion n'était due qu'à sa propre volonté, les enfants du prince Eugène de Beauharnais ont accompli leur devoir en portant leur protestation devant les tribunaux, afin qu'elle fût aussi publique que la réparation.

» Par ces motifs :

» Ordonne que Perrotin sera tenu d'insérer à la suite de tous les exemplaires étant à sa disposition du sixième volume des Mémoires du duc de Raguse, ainsi que dans toutes les autres éditions de cet ouvrage qui seraient ultérieurement publiées, les trente-trois documents recueillis par Planat de la Faye, sans autre retranchement que celui de la partie de la phrase du second alinéa de la lettre du roi de Bavière datée du 14 avril 1814 où il est dit : « Marmont est passé chez nous, » cette phrase pouvant être remplacée par des points ;

» Dit que cette insertion sera précédée de la notice ci-après :

« En exécution d'un jugement du tribunal civil de la Seine, en date du vingt-

» quatre juillet mil huit cent cinquante-sept, nous insérons les documents
» produits par la famille du prince Eugène de Beauharnais, et qui sont de
» nature à rectifier les allégations émanées du duc de Raguse sur la conduite
» du prince Eugène dans les années 1813 et 1814 ; »

» Sinon et faute par Perrotin d'exécuter le présent jugement dans le mois
de ce jour, autorise les demandeurs à faire saisir tous exemplaires qui ne por-
teraient pas les rectifications et insertions sus-ordonnées.

» Et condamne Perrotin aux dépens. »

COUR D'ASSISES DE L'EURE

PRÉSIDENCE DE M. VANIER.

Audience du 14 décembre 1857.

AFFAIRE DE JEUFOSSE.

Accusation d'assassinat contre le garde Crépel, et de complicité d'assassinat contre madame de Jeufosse et ses deux fils, Ernest et Albert de Jeufosse.

Mᵉ Berryer, assisté de Mᵉ Bagot, bâtonnier de l'ordre des avocats
d'Évreux, de Mᵉ Cadillan, avocat du barreau de Paris, et de Mᵉ Prieur,
avoué, est chargé de la défense de madame de Jeufosse ; Mᵉ Deschamps, du barreau de Rouen, de la défense de Crépel, d'Ernest et
d'Albert de Jeufosse ; Mᵉ Cresson, du barreau de Paris, assisté de
Mᵉ Alaboissette, avoué, est l'organe de la partie civile, représentée
par madame veuve Guillot et par M. Paul Guillot.

Le 12 juin 1857, à dix heures du soir, un coup de feu retentissait dans le parc de Jeufosse, et un homme tombait mortellement
frappé. L'auteur de ce coup de feu était Crépel, garde de madame
de Jeufosse. La victime, qui expirait après une demi-heure d'agonie,
était M. Émile Guillot, propriétaire à Aubevoye, près de Gaillon.

Le château de Jeufosse est à trois kilomètres d'Aubevoye, où ré-
sidait M. Émile Guillot, avec sa femme et ses deux jeunes enfans. La
famille Guillot avait été intimement liée avec la famille de Jeufosse,
qui se composait de madame veuve de Jeufosse, de ses fils Ernest et
Albert, et de mademoiselle Blanche de Jeufosse, sa fille. Comment
ces relations intimes se terminent-elles par la mort d'Émile Guillot ?
C'est ce que l'acte d'accusation va nous apprendre.

ACTE D'ACCUSATION.

« Le procureur général près la cour impériale de Rouen expose que cette cour, chambre des mises en accusation, par arrêt, en date du 25 septembre 1857, a renvoyé devant la cour d'assises de l'Eure, pour y être jugés, conformément à la loi, les nommés :

» 1° Jean-Baptiste Leufroy-Crépel, âgé de quarante-trois ans, garde particulier des propriétés de la dame de Jeufosse, né à Saint-Aubin-sur-Gaillon, demeurant à Saint-Aubin-sur-Gaillon, arrondissement de Louviers ;

» 2° Elisabeth-Augustine de Beauvais, veuve de Jeufosse, née à Sainte-Croix-sur-Buchy, arrondissement de Rouen, propriétaire, âgée de quarante-sept ans, demeurant au château de Jeufosse, à Saint-Aubin-sur-Gaillon ;

» 3° Alfred-Amédée-Ernest Delaniepce de Jeufosse, né à Saint-Aubin-sur-Gaillon, âgé d'environ vingt-cinq ans, propriétaire, demeurant à Paris, rue Papillon, 18 ;

» 4° Albert-Ladislas Delaniepce de Jeufosse, aussi né à Saint-Aubin-sur-Gaillon, propriétaire, âgé de vingt-trois ans, demeurant aussi à Paris, rue Papillon, 18.

» Et que de l'instruction résultent les faits suivants :

» Le 12 juin dernier, vers dix heures et demie du soir, un coup de feu retentissait dans le parc du château de Jeufosse, et un homme tombait mourant, le corps percé par huit chevrotines.

» L'auteur de cet homicide était le nommé Crépel, garde particulier de madame de Jeufosse ; la victime, Émile Guillot, propriétaire, demeurant à Aubevoye.

» Crépel, posté au guet près d'un sapin garni de branches allongées et d'un feuillage épais, qui permettait de voir sans être vu, avait aperçu Guillot se dirigeant de son côté. Il le reconnut parfaitement, lui laissa déposer un billet entre deux briques placées au pied de l'arbre et ne lui adressa pas une parole. Tout semblait donc fini ; mais lorsque Guillot, en se retirant, allait disparaître derrière un massif de verdure, à vingt-six mètres du point où se trouvait Crépel, celui-ci le mit en joue en criant : « Halte-là ! » puis, lâchant la détente, il ajouta : « Tu es mort ! »

» Immédiatement, une porte dérobée donnant dans l'appartement de madame de Jeufosse s'ouvrit, le garde entra, et, après une conversation assez prolongée avec sa maîtresse, il regagna sa maison, située à quelque distance.

» Guillot, malgré ses cris de douleur, demeurait abandonné dans les convulsions de l'agonie ; mais près du lieu où il était tombé se trouvait un témoin qui a tout entendu. Son domestique, Désiré Gros, l'avait accompagné jusqu'au mur du parc et était resté en dehors ; il saisit parfaitement ces mots : « Ah ! mon ami Gros, viens à mon secours, je suis mort ! » Cet appel lui fit surmonter la peur qui s'était emparée de lui, et la crainte qu'on ne lui fît partager le sort de son maître ; il essaya de pénétrer dans le parc, fit le tour des murs et parvint à entrer par une porte dite des Rotoirs, qui n'était pas fermée. Après avoir frappé à la cuisine sans obtenir de réponse, bien qu'il s'y trouvât deux servantes, il appela le cocher Constant Maïny, et, pendant que celui-ci allumait une lampe, il courut vers l'endroit d'où partaient les gémis-sements. Malheureusement tout secours était inutile ; Guillot se roulait dans la poussière. Désiré essaya, mais en vain, de le relever, il ne put que recueil-lir ses dernières paroles : « Ce sont des lâches, disait-il, je ne suis pourtant pas méchant ; c'est Crépel, le garde, qui m'a tué ; tu peux le dire… Tu de-manderas pardon pour moi à ma femme et à mes enfants… tu diras adieu à mes amis… »

» Une demi-heure après, Guillot expirait sans qu'on eût songé à envoyer chercher un médecin, ni un prêtre, et sans qu'aucune des personnes du châ-teau eût paru s'occuper de lui. Le lendemain, les magistrats trouvaient son corps à l'endroit même, dans l'état et dans la position où la mort l'avait saisi.

» Il n'y avait plus qu'à rechercher les motifs qui avaient armé Crépel. Voici les faits qu'a révélés l'information judiciaire :

» Depuis longtemps la famille Delaniepce habite le hameau de Jeufosse, dans la commune de Saint-Aubin. Son chef, ancien officier de cavalerie, est décédé il y a dix ans environ, laissant à sa veuve, Élisabeth de Beauvais, trois enfans, deux fils et une fille : Ernest de Jeufosse, âgé de vingt-quatre ans ; Albert, qui en a vingt-deux, et Blanche, qui est entrée dans sa dix-neuvième année.

» Madame de Jeufosse n'avait conservé auprès d'elle que sa fille, à laquelle, en 1856, elle donna, en qualité d'institutrice ou plutôt de compagne, une demoiselle Laurence Thouzery, âgée de vingt ans.

» Quant aux fils, ne s'accommodant pas de la vie de campagne, ils se fixèrent à Paris et y menèrent une existence ruineuse. Ils se jetèrent dans d'aventu-reuses entreprises et compromirent leur patrimoine dans des opérations de bourse. La situation devint telle, qu'il fallut pourvoir l'aîné d'un conseil judi-ciaire.

» A côté de la maison de Jeufosse, Émile Guillot, marié depuis dix ans envi-ron, habitait à Aubevoye avec sa femme et ses enfants. Riche de 20 à 25,000 fr. de rente, il faisait de sa fortune un libéral usage ; ayant du cœur, de la probité, du dévouement, il s'était concilié dans le pays une affection véritable. Malheureusement, il avait une légèreté de mœurs, une indiscrétion de langage et un laisser-aller de conduite qui n'étaient un mystère pour per-sonne.

» Telle était la situation de ces deux familles, lorsqu'en 1855, la visite d'un ami commun établit entre elles quelques rapports de voisinage. Des visites, on en vint bientôt aux dîners et à une entière intimité ; Guillot ne tarda pas à être un camarade pour les fils de Jeufosse qu'il appelait à ses parties de chasse et de plaisir, et qui même trouvèrent sa bourse ouverte à leurs em-prunts. Dans le courant de l'année 1856, les deux familles ne s'étaient pas réunies moins de cent six fois.

» Les amis de madame de Jeufosse eurent lieu de s'étonner en la voyant ac-cueillir chez elle, avec une facilité si grande, un homme jeune et entrepre-nant, dont toutes les habitudes auraient dû éveiller sa méfiance ; mais il sem-blait que madame de Jeufosse eût pris le parti de ne rien voir de ce qui se passait sous ses yeux et de ne rien croire de ce qui lui était rapporté.

» Laurence Thouzery, dès son arrivée au château, avait été en butte à la poursuite d'Émile Guillot.

» Madame de Jeufosse, avertie, ne prit aucune mesure de prudence, et continua ses relations avec la famille Guillot, au moment même où elles devenaient plus dangereuses.

» En effet, vers le milieu de 1856, Émile Guillot cessa de s'adresser à l'institutrice pour s'occuper de mademoiselle Blanche de Jeufosse. Faisant de la musique avec elle et passant ainsi des heures entières à ses côtés, il ne lui épargna pas les propos de galanterie.

» Blanche de Jeufosse eut le tort de ne pas en avertir sa mère et de n'en faire confidence à personne. A dater de ce moment, elle devint rêveuse, distraite et agitée, elle d'ordinaire calme et réservée jusqu'à la froideur, et Laurence Thouzery remarqua que, souvent le soir, avant la fin du dîner, elle prenait un prétexte pour quitter la table et aller dans le parc.

» Madame de Jeufosse devait forcément 'apercevoir d'un pareil changement d'habitude chez sa fille; elle fut d'ailleurs à la fois avertie de tout par Laurence. Ce qui se dit et se passa entre elles n'a pu être précisé; mais l'institutrice ne dissimulait pas sa haine contre Guillot, et l'irritation de la mère arriva presque soudain à l'extrême. Au mois de janvier 1857, toutes relations cessèrent entre les deux familles.

» Émile Guillot, vivement affecté de cette rupture, adopta un système de conduite singulier jusqu'à l'extravagance. Il affecta d'aller sonner du cor dans les bois qui dominent le parc de Jeufosse. On eût dit que quelqu'un du château l'avertissait des sorties et des voyages de la famille, car, plus d'une fois, on le vit suivre la même route et se trouver, à plusieurs reprises, sur son passage. Enfin, l'on acquit la certitude que le soir, entre neuf et dix heures, il s'introduisait dans le parc. Il était loin, d'ailleurs, de faire mystère de ces visites nocturnes; il en parlait à tous et partout, et se faisait presque toujours accompagner par son domestique. Les gens du château l'avaient aperçu et reconnu, mais ils attachaient à ce manége si peu d'importance qu'une fois, entre autres, ils se dirigèrent vers Guillot qui, se prêtant à ce seul but de poursuite, courait de buisson en buisson et répondait par des cris d'appel aux domestiques qui l'interpellaient par son nom.

» L'exaspération de madame de Jeufosse était grande; mais, plus jalouse d'assouvir sa haine contre Guillot que de faire cesser ses folles entreprises, elle avait pris à tâche de fermer l'oreille à la voix de la raison et du bon sens.

» Le garde Crépel l'avait engagée à avertir la gendarmerie et l'autorité; plusieurs de ses amis, un de ses parents, ses fils mêmes la supplièrent de congédier l'institutrice qu'on croyait encore être l'objet des poursuites de Guillot. Elle refusa d'écouter ces sages avis. La violence de ces sentimens se traduisit bientôt par des actes. Un jour, devant tous ses domestiques réunis, elle porta la main sur un fusil en s'écriant: « N'y en aura-t-il donc pas un d'entre vous qui aura assez de cœur pour me débarrasser d'un tel homme ! » Elle s'adressa plus particulièrement à Crépel, lui ordonna de faire bonne garde, et à plusieurs reprises, elle lui dit : « Tirez, n'ayez pas peur; quand même vous tueriez, il ne peut rien vous arriver; j'ai le droit de faire tirer dans ma propriété. »

» Ses deux fils ne tardèrent pas à partager les sentiments de leur mère et à s'associer à ses desseins.

» Ernest de Jeufosse écrivait, le 17 mars 1857, à Émile Guillot, une lettre qui a été interceptée par madame Guillot, et dans laquelle on trouve ce passage : « J'apprends qu'il y a à Jeufosse des revenants et des loups-garous... Je vous préviens que j'ai donné des ordres pour qu'on leur tire dessus, promettant une récompense honnête à qui les toucherait. »

» Et, en effet, Ernest de Jeufosse avait adressé au garde Crépel une lettre qui n'a pas été conservée, mais sur les termes et sur le sens de laquelle sont à peu près d'accord celui qui l'a écrite et celui qui l'a reçue : « J'entends dire qu'on rôde pendant la nuit autour du château ; c'est une lâcheté de ta part de ne pas empêcher cela. Il faut tirer un bon coup de fusil sur celui qui fait cela ; si j'y étais, je le ferais ; tu dois me remplacer. »

» Enfin, le 19 mai dernier, une entrevue avait été convenue entre Émile Guillot et Ernest de Jeufosse. Elle fut fixée chez M. Odoard du Hazey, parent de ce dernier, et elle devait avoir lieu en présence de M. Tripet, ami commun des deux familles. Ernest de Jeufosse, avant de s'y rendre, avait déjeuné chez M. Huet, ancien notaire à Gaillon ; il en était sorti dans un état voisin de l'ivresse. Plusieurs fois dans la route, il était tombé de cheval, et il arriva les vêtements en désordre. Dans cet état, il ne sut pas se contenir et laissa échapper ce propos : « S'il s'agit de Laurence, ce sera un duel ; mais s'il s'agit de ma sœur, ce sera un assassinat ! » Paroles imprudentes et significatives, contre lesquelles M. Odoard du Hazey protesta à l'instant même : « On se bat en duel, dit-il, mon ami, mais on n'assassine personne ! »

» Albert de Jeufosse, de son côté, ne restait pas inactif ; ayant passé quelques jours au château, dans le courant du mois d'avril, il avait fait lui-même le guet pendant plusieurs nuits ; puis, en partant, il dit à Crépel : « Veille bien, n'aie aucun ménagement, fais ce que j'aurais fait moi-même, donne un coup de fusil à celui que tu verras !... »

» La famille entière de Jeufosse, à l'exception de la jeune fille, tout en prenant le soin de ne courir aucun risque et de se soustraire à tout danger personnel, était donc résolument décidée à faire tuer Émile Guillot.

» Pour lui, il continuait à s'introduire dans le parc et à déposer des billets. Madame de Jeufosse le savait ; elle prétend même qu'elle seule en a eu connaissance, qu'elle s'emparait de ces billets, qu'elle les détruisait et qu'ils restaient sans réponse.

» Dans les premiers jours du mois de juin, son irritation était arrivée à son comble, et, pour agir de nouveau et avec plus de puissance sur l'esprit de son garde, elle n'hésita pas à inventer et à affirmer un fait dont l'instruction a démontré l'inexactitude. Elle lui dit qu'on s'introduisait dans ses appartements et qu'on y mettait le désordre ; puis elle ajouta : « Vous ne veillez pas assez bien ; vous ne vous rappelez pas les promesses que vous avez faites à M. de Jeufosse ; vous ne soutenez ni le nom de M. de Jeufosse, ni celui de mes enfants ; il faut agir et faire cesser cela à tout prix. » Et, pour faire disparaître tout scrupule et toute hésitation, elle termina en lui donnant cette assurance mensongère : « Ne craignez rien ; le procureur impérial et le juge d'instruction ont dit qu'on pouvait tirer sur ceux qui agissent ainsi, et qu'alors même qu'on les tuerait, on ne serait pas inquiété. »

» La surveillance de Crépel devint alors incessante. Tous les soirs, armé de son fusil, il veillait sous les cépées voisines de la chambre de madame de Jeufosse, assis sur un fauteuil du jardin, à quelques mètres de l'arbre au pied duquel Guillot apportait les billets.

» Madame de Jeufosse, d'ailleurs, ne négligea rien pour entretenir et activer son zèle. Vers le 6 juin, elle lui disait : « On vient toujours ; j'en ai la preuve dans ma chambre. »

» Le 8, elle lui déclara qu'elle avait encore trouvé quelque chose ; qu'il fallait absolument faire cesser tout cela ; qu'il passerait les nuits ; qu'il se reposerait de jour et qu'elle se tiendrait à côté de lui pour le seconder.

» Le 9, elle ne se coucha que fort tard, et ne ferma la porte de sa chambre qu'après une heure du matin.

» Le 10, elle fit le guet avec Crépel.

» Le 11, elle arrivait la première au poste.

» Le lendemain 12, elle lui fit promettre d'être exact, ajoutant qu'elle ne viendrait pas, dans la crainte que les domestiques ne s'aperçussent de quelque chose.

» Crépel obéit. Il était seul près des cépées, mais il savait que sa maîtresse veillait ; aussi, après avoir frappé à mort le malheureux Guillot, il n'hésita pas ni sur ce qu'il avait à faire, ni sur la direction qu'il devait suivre : il alla droit à la chambre de madame de Jeufosse, dont la porte, on le sait, était encore ouverte.

» L'homicide accompli sur la personne d'Émile Guillot a donc été volontaire et commandé. Dans son premier interrogatoire, Crépel avait essayé de soutenir qu'il n'y avait là qu'un malheureux accident et le résultat d'une erreur ; à l'en croire, il voulait seulement toucher Guillot, afin de lui donner une leçon ; mais il s'était trompé en pressant la détente du canon de droite qui contenait les chevrotines, au lieu de presser celle du canon de gauche chargé à plomb.

» Ce système, invraisemblable de la part d'un garde habitué à manier une arme à feu, devient insoutenable en présence de la déclaration de Crépel lui-même, qui avoue que les deux coups étaient armés à l'avance. Il faut ajouter, d'ailleurs, que le plomb dont se composait la charge gauche, et qui a été saisi par la justice, est de la grosseur connue sous la qualification de plomb n° 4. Or, des projectiles de cette nature, atteignant un homme éloigné de vingt-six mètres seulement, auraient causé sa mort avec non moins de certitude que des chevrotines.

» L'intention meurtrière de Crépel était, du reste, conforme à la volonté de ceux qui avaient résolu et concerté la perte d'Émile Guillot. Cette volonté était dès longtemps annoncée, et Crépel, lui-même, l'avait pour ainsi dire notifiée à la victime lorsque, à l'instant où il exécutait les instructions reçues, il s'écriait : « Halte-là, tu es mort ! » Cette volonté enfin était encore attestée et confirmée par le langage que tenaient, le lendemain du crime, Albert de Jeufosse, madame de Jeufosse et Crépel.

» En présence des domestiques assemblés, et en face des magistrats, au moment où Crépel, arrêté, allait partir, Albert de Jeufosse, ne pouvant se contenir, disait avec une grande animation : « Il reste peu de bons domestiques ; voyez ce qui leur arrive quand ils font leur devoir ; j'en eusse pourtant fait tout autant à sa place. » Madame de Jeufosse, comprenant la nécessité d'obtenir le silence de son garde, lui disait de son côté : « Adieu, mon pauvre Crépel ; courage, on ne vous abandonnera pas ! » Mais Crépel répondait : « Oui, oui, adieu... courage, c'est bon à dire... Voilà ce que c'est de bien servir ! On vous dit : Tuez, tuez ! qu'il n'y a rien à craindre ; qu'on avait consulté le procureur impérial et le juge d'instruction ; et maintenant, voilà où j'en suis !... On m'emmène et vous restez ! »

» En résumé, le fait matériel de l'homicide et le fait moral de la volonté se trouvent hors de doute. La désignation préalable de la victime, la double circonstance de préméditation et de guet-apens, la complicité par instruction, promesses, abus d'autorité, ne sont pas moins certaines.

» Le garde, connu par la dureté de son caractère et la brutalité de ses habitudes, a été un instrument coupable. Il a été provoqué, encouragé et affermi par ceux qui ont conçu le crime.

» Quels qu'aient pu être les torts de Guillot, et avec quelque rigueur qu'on veuille les apprécier, il n'y a, en faveur des accusés, aucune excuse légale. Il n'y avait pour eux ni nécessité de défense, ni motif légitime de repousser une attaque nocturne.

» Ils ont dédaigné de demander à l'autorité une protection qui ne leur aurait pas manqué. Au lieu d'arrêter les démarches d'Émile Guillot par des moyens légitimes et de sauvegarder leur honneur en s'efforçant de tout couvrir du plus profond silence, ils ont mieux aimé armer le bras d'un serviteur et faire assassiner un homme dans leur parc, à quelques pas de leur château. C'est une vengeance qu'ils ont voulu exercer, et elle a été impitoyable. La justice leur demande compte aujourd'hui du sang répandu.

» En conséquence, les nommés Crépel, veuve de Jeufosse, Ernest Delaniepce de Jeufosse et Albert Delaniepce de Jeufosse, sont accusés d'avoir :

» Le nommé Crépel, à Saint-Aubin-sur-Gaillon, le 12 juin 1857, volontairement commis un homicide sur la personne d'Émile Guillot, et d'avoir commis cet homicide volontairement : 1° avec préméditation ; 2° avec guet-apens ;

» 2° La nommée Élisabeth-Augustine de Beauvais, veuve de Jeufosse, d'avoir, avec connaissance, aidé ou assisté le nommé Crépel dans les faits qui ont préparé, facilité ou consommé l'homicide volontaire ci-dessus spécifié ; d'avoir, par dons, promesses, menaces, abus d'autorité ou de pouvoir, machinations ou artifices coupables, provoqué ledit Crépel à commettre cet homicide volontaire ; de lui avoir donné des instructions pour le commettre, et enfin de lui avoir fourni les moyens qui ont servi à cette action criminelle, sachant qu'ils devaient y servir ;

» Les nommés Amédée-Louis-Ernest de Jeufosse et Albert-Ladislas de Jeufosse d'avoir, par dons, promesses, menaces et abus d'autorité ou de pouvoir, machinations ou artifices coupables, provoqué le nommé Crépel à commettre l'homicide volontaire ci-dessus spécifié, et lui avoir donné des instructions pour le commettre ;

» Crime et complicité du crime prévus par les art. 295, 296, 297, 298, 302 59 et 60 du Code pénal, emportant peine afflictive et infamante.

» Fait au parquet de la cour impériale de Rouen, le 26 novembre 1857.

» Le procureur général, MASSOT. »

L'accusation a fait assigner cinquante-trois témoins à charge, au premier rang desquels figure Désiré Gros, domestique de M. Guillot, qui a assisté aux derniers moments de son maître. Il déclare qu'il a vainement réclamé du secours auprès des gens du château. Il soutient que Crépel a crié : « Halte-là ! » qu'il a fait feu, et qu'après son coup de feu il a ajouté : « Tu es mort ! »

Deux témoins font connaître les causes de la rupture qui a éclaté entre la famille de Jeufosse et la famille Guillot : ce sont M. Odoard du Hazey, ancien officier, et M. Tripet, ancien notaire. Ils affirment que Guillot leur avait donné sa parole d'honneur qu'il ne s'introduirait plus la nuit dans le parc de Jeufosse. Il aurait même dit à M. Odoard du Hazey : « Vous prétendez que c'est moi qui m'introduis dans le parc ; eh bien ! que l'on tire sur ce rôdeur nocturne, et l'on verra bien si c'est moi. » M. Tripet, ami commun des deux familles, qui a eu la triste mission d'annoncer à madame Guillot la mort de son mari, et qui a fait recouvrir le cadavre d'un drap, déclare qu'il a conservé la plus grande estime pour madame Guillot, mais que, ses sentiments à l'égard de Guillot se sont singulièrement modifiés du jour où il a connu les propos qu'il avait tenus au cercle de Gaillon contre l'honneur de mademoiselle Laurence Thouzery et de mademoiselle Blanche de Jeufosse.

M. Miquel, receveur de l'enregistrement à Gaillon, a entendu une partie des propos tenus au cercle de cette ville. Sa propre femme a été l'objet des poursuites de Guillot, et, en apprenant la mort de ce dernier, il s'est écrié : « Voilà un coup de fusil, qui rend grand service à la société et à madame Guillot. »

M. Criquebœuf, coiffeur à Gaillon, et le garde forestier Caron, ont reçu de Guillot les confidences les plus intimes, sur ses prétendues relations avec mademoiselle Blanche de Jeufosse. Quelques-unes de ces confidences sont exprimées en termes tels que la plume se refuse à les écrire.

La défense avait appelé vingt témoins à décharge. Elle n'en a fait entendre que sept, qui ont déposé avec chaleur de la moralité des accusés et de la pureté de mademoiselle Blanche de Jeufosse.

En résumé, il résulte des débats oraux, que rien n'établit même ce qu'on a appelé les mille imprudences de Blanche de Jeufosse ; qu'il n'existe contre elle que les propos de Guillot, et les moyens qu'il a employés pour lui faire parvenir des billets.

Quant à Guillot, à part sa légèreté de mœurs, que rien ne peut excuser, et une incroyable intempérance de langue, c'était dans les relations privées un homme d'un caractère doux et serviable.

PLAIDOIRIE DE Mᶜ CRESSON.

Messieurs,

Quand je suis entré pour la première fois dans cette enceinte, j'étais ému d'un profond sentiment de pitié. Malgré le deuil qui m'entourait, malgré les mouvements que ce deuil excitait dans mon cœur, je pensais à cette femme, à ces jeunes gens tombés des hauteurs de la société sur les bancs de la cour d'assises, et je souffrais de la douleur que ces fils éprouveraient en écoutant les sanglots de leur mère. Un instant même j'espérai n'avoir point à mêler ma voix à celle de l'accusation. Suivant moi, l'image d'Émile Guillot se dresserait devant les consciences inquiètes des accusés, elle provoquerait, avec leurs larmes, l'expression de regrets véritables, et alors, au nom de leur père, au nom de son mari, les enfants, la veuve de la victime pourraient, sinon pardonner, du moins se taire.

Je m'étais trompé. Il n'y avait sur ces bancs que des accusés ordinaires; l'orgueil les avait conduits au crime; l'orgueil les animait et les soutenait encore. Comme dans la nuit du 12 juin, ils auraient hésité à faire porter, à leur ancien ami, le verre d'eau qu'il demandait dans les douleurs d'une longue agonie; comme dans l'instruction, ils se préparaient à déshonorer la mémoire de celui qu'ils ont assassiné. Je me suis tourné alors vers cette jeune femme, qui vient remplir ici un devoir d'épouse chrétienne et de mère; je me suis rappelé ces enfants qui pourraient un jour me demander compte du mandat que leur tuteur m'a confié, et je me suis trouvé plein de force; j'ai oublié quels étaient mes illustres adversaires, et leurs talents oratoires; j'ai oublié mon impuissance; je me suis senti capable de vous demander justice, en me disant que la vérité saurait triompher de l'éloquence.

Je viens soutenir et prouver devant vous que Crépel a assassiné Guillot, que la dame de Jeufosse, Ernest et Albert de Jeufosse, ont été les complices de ce crime, qu'ils l'ont conçu, prémédité, organisé; je viens aussi défendre la mémoire de celui qui fut leur victime.

Cette double tâche m'est imposée par un audacieux système de défense; car, d'une part, après avoir mis à prix le sang d'Émile Guillot, après avoir fourni les armes qui devaient le frapper, après avoir eux-mêmes durant les nuits, en sondant les ténèbres, guetté leur proie; après l'avoir mortellement frappée, après avoir écouté de loin le râle du blessé, sans en prendre pitié, sans lui porter secours, ils viennent défier votre raison, soutenir qu'ils sont innocents, qu'ils n'ont pas voulu tuer.

Et, d'autre part, ils osent dire : Émile Guillot était un homme sans foi, un misérable dont la mort était juste; pour se venger de la rupture de ses relations avec madame de Jeufosse, n'a-t-il pas voulu déshonorer Blanche, sa fille? C'est pour donner vraisemblance à des confidences mensongères qu'il venait dans le parc de Jeufosse.

J'accepte la lutte sur ce terrain que je n'ai pas choisi, et je laisse à mes adversaires la responsabilité des conséquences de la preuve qu'ils m'imposent.

Les faits douloureux de ce procès peuvent se diviser en deux parties : ceux qui ont décidé le crime, ceux qui s'appliquent au crime même. Occupons-nous des premiers.

La terre d'Aubevoie est située au milieu du village dont elle porte le nom, dans un des riches vallons de la Normandie, à la droite du château de Gaillon, qui domine la contrée. Elle était habitée pendant toute l'année par ses propriétaires Émile Guillot, sa femme et leurs enfants, deux fils, dont l'aîné n'a pas dix ans.

A deux ou trois kilomètres d'Aubevoie, à la gauche de Gaillon, dans un arc d'une certaine étendue, se déploie le château de Jeufosse, qui emprunte aussi son nom au hameau voisin. Ce domaine appartient à madame de Jeufosse et à ses enfants, Ernest, Albert et Blanche de Jeufosse. Ernest et Albert ont leur domicile à Paris; mais ces jeunes hommes venaient quelquefois visiter leur mère et leur sœur qui, depuis plusieurs années, entourées et servies par de nombreux domestiques, vivaient dans leur terre, en compagnie d'une demoiselle Laurence Thouzery, institutrice de vingt ans, chargée de compléter les leçons que Blanche de Jeufosse avait reçues dans un pensionnat.

En 1853, une partie de chasse mit en relations Émile Guillot, Ernest et Albert de Jeufosse. Tous trois étaient jeunes (Émile Guillot n'avait pas trente ans quand il a été assassiné), tous trois aimaient et cherchaient le plaisir avec ardeur. La liaison fut bientôt faite et devint une intimité.

Albert de Jeufosse, plus que son frère, fut l'ami d'Émile Guillot. Souvent, poursuivi par des besoins d'argent, il puisait à discrétion dans la bourse du cher et bon Émile. A Aubevoie on trouvait un asile quand la fatigue ou le plaisir faisaient oublier le chemin de Jeufosse, et Guillot ne sut jamais refuser à la moindre prière de prêter chevaux et voitures, indispensables pour de secrets et nocturnes voyages.

Cette intimité avait été d'ailleurs singulièrement favorisée par la tendre amitié qui s'était établie entre les dames de Jeufosse et madame Guillot. Elle fut telle, entre les deux familles, qu'on se voyait chaque jour. Un journal fort régulier, tenu dans la maison Guillot, prouve que durant l'année 1856 on a partagé à Aubevoie et à Jeufosse cent six repas.

Cette existence en commun était un véritable danger pour le bonheur et le repos de tous, et madame de Jeufosse, en la cherchant, commettait une grave imprudence. La société qu'elle avait donnée jusque-là à sa fille et à la jeune institutrice, devenue son amie, était triste et sombre; des vieillards et des prêtres connaissaient seuls le salon de son château, et cependant cette compagnie respectable avait pu déjà remarquer la légèreté coquette de celle qu'on montrait comme un modèle à Blanche de Jeufosse... Que deviendraient ces dispositions fâcheuses au contact d'Émile Guillot ?

Émile avait trente ans, il était bien de sa personne et savait plaire. Excellent père, il adorait ses jeunes fils et, depuis dix ans, il avait eu chaque jour l'occasion de bénir le Ciel et d'apprendre à respecter la femme qui avait reçu son amour légitime.

Je ne veux pas être accusé de faire de Guillot un portrait de fantaisie. Vous avez entendu les témoins dont je résume seulement les déclarations, en gardant leurs expressions elles-mêmes : il était bon, gai, aimable, obligeant, généreux, bienveillant, plein de cœur, brave jusqu'à la témérité, et d'une loyauté à toute épreuve. Tous ont dit aussi que, malgré ses légèretés, il aimait éperdument sa femme ; mais qu'il avait l'activité dévorante d'un homme du midi, qu'il poussait toutes choses à l'excès et que, dans ses fautes, il était d'une extravagance sans borne.

Un tel homme, avec ses qualités et même par ses défauts, devait séduire l'imagination et le cœur des deux jeunes filles avec lesquelles il passait sa vie. Laurence Thouzery le remarqua la première, et les intrigues commencèrent avec les plaisanteries. Ces intrigues furent bientôt découvertes par les domestiques des deux maisons et par les deux familles.

Ainsi, à Aubevoie, Gros suivait chaque jour, en servant à table, les signes éloquents échangés par Laurence et son maître. Un soir notamment, au moment du départ des dames de Jeufosse, en éclairant le marchepied de la voiture, il surprenait une tendre et secrète pression de la main, qui donnait un adieu à Émile.

Ainsi, à Jeufosse, au mois de mai 1856, le garde Crépel, averti par la conversation des domestiques, épiait et constatait, dans la chapelle du château, le manége de Laurence et de Guillot. Le lendemain, il adressait des reproches à la jeune femme ; elle s'éloignait sans l'écouter, sans répondre.

Même encore et peu de jours après, dans un dîner auquel assistait M. du Hazey, ce parent dévoué de la famille de Jeufosse, Laurence par ses imprudences livrait à plusieurs le secret de son intimité. M. du Hazey alors dénonçait, par une plaisanterie publique, les œillades de la jeune institutrice : « Je rajeunis donc, s'écriait-il au milieu du repas, car à moi aussi l'on fait de l'œil. »

Cependant, dès le mois de juillet 1856, Laurence Thouzery n'était plus l'objet sérieux des attentions d'Émile Guillot. S'il feignit longtemps encore de s'occuper de cette jeune femme, c'est qu'il cachait, sous les soins qu'il lui rendait, l'amour coupable que lui avait inspiré Blanche de Jeufosse.

Blanche de Jeufosse a dix-neuf ans. Elle possède une douce et naïve physionomie, son caractère est aimable et caressant. Dès les premiers moments de leur liaison, elle sut inspirer à madame Guillot une tendresse de sœur, de mère, et tel que, par un testament de 1856, la jeune femme avait légué à la jeune fille ceux de ses bijoux qu'elle aimait le mieux. Cette affection était si puissante qu'après l'assassinat de son mari, devant le juge d'instruction, madame Guillot disait : « Blanche est une jeune personne d'une exquise délicatesse, d'un cœur excellent, et je le crois encore aujourd'hui. »

Vous le voyez, c'est sans colère, sans parti pris que madame Guillot descend dans les obscurités de ce procès, avec les convictions puisées dans l'instruction. Soyez assurés qu'avec elle nous voudrions sauver l'honneur de Blanche de Jeufosse.

Cependant, depuis 1855, Blanche de Jeufosse vivait avec Laurence Thouzery, dont vous connaissez l'humeur légère, et tout au moins les deux jeunes filles manquaient de réserve. Anquetin les a vues souvent dans l'église de Gaillon oublier la prière, et fixer hardiment et lui-même et les autres jeunes gens.

Blanche de Jeufosse se trouvait donc dans ces conditions morales, quand chaque jour Émile Guillot la voyait, lui parlait librement, quand presque chaque jour, durant de longues heures, il faisait de la musique seul avec elle.

Une déplorable familiarité cachait la naissance de légèretés funestes.

Ces légèretés ont été niées. On essayera de les nier encore, mais, avant toute discussion ; des faits qui sont ici à leur date, et qui appartiennent à l'exposé de cette affaire, ne laissent point de place au doute.

Ainsi, dans les mois de novembre et de décembre, l'intimité entre les deux familles était entière, aucun nuage ne l'avait obscurcie, cependant à ce moment déjà Guillot faisait de longues visites dans le parc de Jeufosse avec mystère, suivi par son domestique ; il traversait sans effort et sans difficulté l'une ou l'autre des énormes brèches du mur de clôture, ou se glissait au milieu des barres de bois disjointes et brisées d'une ancienne barrière. Gros l'attendait caché dans les champs voisins ; il attendait longtemps. Nous allons savoir par un autre fait qui recevait ces visites.

Laurence Thouzery a dit en effet, au mois de novembre : « J'ai eu la crainte que mon élève n'eût commis l'imprudence de répondre aux avances de Guillot. » Après les dîners, elle était inquiète, préoccupée ; elle descendait seule dans le parc. « Je l'entendis un soir causer dans une chambre qui n'était pas éclairée. A mon entrée Blanche était seule et m'a avoué, sur ma question, avoir causé avec quelqu'un. » Le témoin ajoute que mademoiselle de Jeufosse paraissait mécontente de son observation.

Enfin, dans le mois de novembre, Guillot a dit à Blanche, dans le salon de sa mère, qu'il la trouvait jolie, qu'il l'aimait. Mademoiselle de Jeufosse déclare, avoue ces circonstances. Elle avoue que dans ce mois de novembre Guillot, seul avec elle, le soir, dans un corridor, a voulu l'embrasser, qu'elle n'en a rien dit à sa mère.

Tous ces faits, empruntés à l'instruction, établissent jusqu'à l'évidence le secret qui existait entre Émile Guillot et Blanche de Jeufosse ; ils étaient certainement ignorés au moment des fêtes de Noël de 1856, car Guillot conduisit ces dames avec sa femme à la messe de minuit. Au retour, il se plaignit du froid, donna à son domestique le soin de conduire ses chevaux et vint s'asseoir dans l'intérieur de la calèche, à côté de la jeune fille. Peu de jours après, une invitation à dîner était, pour la première fois, refusée ; un cadeau de madame Guillot, adressé à sa jeune amie, était renvoyé, et madame Guillot, qui demandait une explication, apprenait de madame de Jeufosse que son mari avait tenu, au cercle de Gaillon, des propos fâcheux sur le compte de ces demoiselles ; que ces propos avaient été colportés, et qu'il fallait, à son grand regret, renoncer à de douces habitudes.

Guillot nia avec énergie les dires qu'on lui prêtait. Il s'indignait surtout de ce que le nom de Blanche était prononcé. Il accusa le témoin Huet d'avoir voulu envenimer les choses dans un intérêt facile à deviner. Suivant lui, Huet cherchait à plaire à mademoiselle Laurence, et, en réalité, ce notaire de Gaillon, après avoir surpris, dans des confidences intimes, les vivacités de langage fort ordinaires d'Émile, sur le compte de l'institutrice, les lui avait reportées, et avec elle en avait parlé à madame de Jeufosse, en y mêlant le nom de sa fille.

Guillot écrivit même à madame de Jeufosse une lettre, dans laquelle il disait : « Des attaques dont je suis l'objet vous ont été communiquées par mademoiselle votre fille. Puis-je espérer, madame, que cette lettre sera connue d'elle ? Je l'attends de votre équité. »

Les protestations et les prières de Guillot ne changèrent rien à la détermination prise, et la rupture fut définitive dans les premiers jours de janvier.

Cependant Émile Guillot, obéissant aux sentiments exaltés qui animaient son cœur, tout plein de celle qu'il avait approchée chaque jour et qu'il ne pouvait plus voir publiquement, chercha, par tous les moyens en son pouvoir, l'occasion de lui faire savoir que sa pensée ne la quittait pas, l'occasion surtout de la rencontrer. C'est encore un fait digne de remarque, que Guillot était merveilleusement averti de tous les mouvements des dames de Jeufosse. Il se trouvait partout sur leur passage, dans leurs promenades à Gaillon, à Évreux, à Paris même. Nous aurons à rechercher plus tard si Guillot avait corrompu la fidélité d'un domestique, comme l'a dit madame de Jeufosse ; disons tout de suite cependant qu'un domestique n'aurait pu donner les indications complètes qui arrivaient à Émile.

Cependant madame de Jeufosse s'irritait singulièrement de ces poursuites ; dans l'insistance de Guillot, elle ne voulait voir que des insultes, et sa politesse même devenait à ses yeux une ironie. Elle se plaignit à M. Odoard du Hazey, qui eut avec Émile une longue conférence. M. du Hazey assure que dans la conversation il essaya de provoquer la colère dans cette âme impétueuse et fière ; il ne put y parvenir. Guillot convenait de l'existence de certains faits et répondait à toutes les observations en demandant à parler à madame de Jeufosse. M. du Hazey ajoute qu'il le crut fou ; mais sans aucun doute il se trompe quand il affirme qu'il adressa à Guillot sur sa conduite certaines observations insultantes ; si ces observations avaient été faites avec cette intention, M. du Hazey n'eût pas pris l'engagement de demander et d'obtenir une entrevue à laquelle Émile attachait une grande importance, puisque peu de jours après il écrivait à M. du Hazey dans les termes suivants :

« Monsieur,

» Vous devez me trouver bien importun, en vérité, mais vous avez paru mettre » tant d'empressement obligeant dans l'affaire de Jeufosse, que je compte sur votre » indulgence.

» J'arrive tout de suite au but. Avez-vous vu madame de Jeufosse ? et quelles » sont les nouvelles explications, et enfin quel résultat obtenu ?

» Je serais allé moi-même prendre des renseignements au Hazey, mais j'attends » quelqu'un à déjeuner, et il faut que j'aille ensuite aux Andelys voir mon fils, etc. »

Cependant, cette entrevue tant désirée n'eut pas lieu, et de nouvelles observations furent faites à raison de certaines visites qui se multiplièrent autour du parc. On avait trouvé sur la neige quelques mots qui cherchaient à être latins ou italiens. « *Diva Laurentia mea, sequior tortentibus.* » Émile Guillot, qui ne mentait jamais, qui venait de convenir de tous les faits qui ne compromettaient pas Blanche de Jeufosse, Émile Guillot affirma sur l'honneur qu'il était étranger à ces déclarations burlesques. Il les attribuait à cet élève en latinité qui assistait le curé de Saint-Aubin dans les offices, et qu'on renvoya bientôt à cause des distractions que lui inspiraient les regards de l'institutrice. On a dit à cette époque, de cet individu, qu'il manquait de vocation, et il ne soutenait pas le contraire. Il ajoutait même en souriant, dit l'instruction, « que mademoiselle Laurence était aussi maligne que M. le curé. »

Depuis le mois de janvier, la rupture était complète entre Aubevoye et Jeufosse, et cependant une certaine intelligence existait encore entre Blanche de Jeufosse et Émile Guillot. C'est au mois de janvier et au mois de mars qu'Augustin et Rigade saisissaient dans l'église de Gaillon les indices de leurs relations. Émile, caché dans l'église, simulait une toux légère ; aussitôt Blanche de Jeufosse levait les yeux, semblait le chercher et lui parler avec de longs regards.

Dans le courant, du mois de mars 1857, madame Guillot reçut, à l'adresse de son mari absent une lettre dont l'écriture lui révéla l'auteur ; elle l'ouvrit et lut :

M. de Jeufosse à M. Émile Guillot :

« J'apprends, un peu tard, qu'il y a à Jeufosse des revenants et des loups-garous.
» Comme j'ai ce genre de bêtes en horreur, surtout parce qu'ils sont lâches, sui-
» vant moi, en s'adressant à des femmes seules, je vous préviens que j'ai donné
» des ordres pour qu'on leur tire dessus, promettant une récompense honnête à
» celui qui les toucherait.
» J'ajouterai que lorsque j'ai affaire personnellement à ces drôles, comme vous
» en connaissez un, j'éprouve un certain plaisir à leur tirer les oreilles à l'occasion,
» s'ils ne se tiennent pas tranquilles.
» Veuillez faire votre profit du présent avertissement, pour lequel je vous dis-
» pense de toute réponse écrite.

E. de la N. de JEUFOSSE.

Cette lettre était bien signée par Ernest de Jeufosse, le fils aîné de la famille ; ce jeune homme pourvu d'un conseil judiciaire, que son cousin appelle dans ses lettres le Pacha.

Madame Guillot s'épouvanta. Si cette insulte tombait entre les mains de son mari, c'était pour lui ou pour celui qui l'avait conçue un arrêt de mort. Elle trouvait d'ailleurs une menace d'assassinat dans ces mots : « J'ai donné l'ordre qu'on lui tire dessus, promettant une récompense honnête à celui qui le toucherait. » Sans hésiter alors, avant le retour de son mari, elle court au château de Jeufosse. « Émile n'a pas vu cette lettre, dit-elle à la mère d'Ernest, il faut que je la lui donne si elle n'est pas rétractée. — Tout cela me fatigue et m'ennuie, répondit M. de Jeufosse, je ne veux plus m'en mêler ; mais gardez-la, ne la donnez pas. » Au moment du départ de madame Guillot, qui refusait d'accepter cette transaction honteuse pour son mari, madame de Jeufosse lui frappait légèrement le bras en disant : « Pauvre femme ! si je l'avais voulu, depuis longtemps vous seriez veuve ! » Cette parole est niée par madame de Jeufosse. Madame Guillot l'affirme. Gardons-la comme une allégation.

Plus effrayée encore, madame Guillot retourna chez elle, et ne pouvant se décider, malheureusement peut-être, à jeter son mari dans les hasards d'un duel, elle écrit à Paris à son beau-frère, M. Guillot, pour lui demander conseil et appui.

« Chose affreuse ! disent ses lettres de l'époque, chose affreuse ! Je n'ai jamais
» trouvé Émile plus gai et plus joyeux que depuis hier, et il ne sait rien ; cette
» gaieté me fait un mal affreux. »

Et encore :

« Que de peine il faut prendre pour ne pas éveiller les soupçons d'Émile ! »

M. Paul Guillot répondit aussitôt à la lettre d'Ernest de Jeufosse dans les
termes suivants :

« Paris, 18 mars 1857.

» Monsieur Ernest de Jeufosse,

» Monsieur, un hasard, heureux pour tous, a empêché mon frère de recevoir
» votre lettre, et l'a fait tomber entre mes mains.

» J'ai peine à croire qu'elle émane d'un homme bien né, et qu'on doit croire
» bien élevé.

» Quelle est la raison, quel est le sentiment violent qui vous a aveuglé et entraîné
» à un acte dont, de sang-froid, vous avez dû rougir ?

» Quels que soient les torts de mon frère — vous voyez que je suis généreux —
» quels que soient ses torts vis-à-vis de votre famille ou de vous-même, et ce n'est
» pas ici le cas, ils ne vous donnaient pas le droit de lui écrire une lettre aussi im-
» pertinente que de mauvais goût.

» Je ne suis pas noble de naissance, Monsieur, mais je crois posséder une no-
» blesse de sentiments qui vaut bien toute autre noblesse, fût-elle blasonnée et re-
» montant aux croisades.

» Si je me croyais insulté dans mon honneur, et je ne sache pas que vous soyez
» insulté dans le vôtre, Monsieur, j'irais loyalement, directement au grand jour,
» demander des explications à celui dont je croirais avoir à me plaindre, et je
» n'emploierais pas de misérables subterfuges ; à plus forte raison si mon honneur
» n'était pas en cause.

» Votre père, Monsieur, dont la loyauté et le courage étaient vertus proverbiales
» dans le pays, eût agi de même ; il ne lui serait pas venu à l'idée de tirer les
» oreilles à ceux dont il croyait avoir à se plaindre ; ces gentillesses ne sont plus de
» notre siècle, Dieu merci.

» Votre lettre, Monsieur, contient des menaces qui sont pour moi la preuve d'une
» préméditation de guet-apens et de meurtre qui vous rendrait justiciable de la
» cour d'assises.

» Je vous préviens donc que, quoi qu'il arrive à mon frère, je vous l'imputerai,
» et que je déposerai votre lettre au parquet du procureur impérial, qui cherchera
» la cause de cette violence et saura la flétrir.

» J'ai l'honneur de vous saluer.   » Signé : Paul GUILLOT. »

Cette lettre était adressée au château de Jeufosse, où M. Paul Guillot devait
croire celui à qui il répondait. Puis il apprenait son erreur, et il écrivait de
nouveau :

« Paris, 20 mars 1857.

» Monsieur Ernest de Jeufosse,

» Vous avez écrit à mon frère, Monsieur, une lettre que je ne qualifierai plus, et
» qui fort heureusement pour tous, ne lui est pas parvenue.

» C'est moi qui me suis chargé d'y répondre. Mais, ignorant votre absence de

» Normandie, je vous ai adressé une lettre au château de Jeufosse, vous habitez
» Paris, me dit-on à l'instant ; je fais rechercher votre adresse pour vous en pré-
» venir, afin que vous la fassiez réclamer, si bon vous semble.
» J'ai l'honneur de vous saluer.

» Signé : Paul GUILLOT. »

M. du Hazey est le parent de la famille de Jeufosse. Je ne veux pas me
plaindre de sa déposition. Qui le blâmerait de défendre les siens ? Je veux me
borner à vous montrer sa correspondance avec Paul Guillot et son cousin
Ernest de Jeufosse, pour vous faire apprécier exactement les faits qu'il a ex-
pliqués. Il écrivit d'abord à Paul Guillot une lettre dans laquelle on lit :

« Monsieur votre frère a de bien grands torts dans cette malheureuse affaire, il
» les avoue, mais il est poussé par une fatalité qu'il ne peut maîtriser ; je le crois
» épris avec violence de l'institutrice de madame de Jeufosse. C'est peut-être une
» excuse, car la passion ne raisonne pas ; mais ce n'est pas une raison pour insulter
» une mère de famille et brouiller tout un pays. Les conséquences de tout cela peu-
» vent être fort graves. La lettre d'Ernest est ridicule et déplacée dans les formes,
» mais le sentiment qui l'a dictée est louable. Tout en lui disant que Monsieur vo-
» tre frère n'a pas reçu sa lettre, je lui reprochais le style et l'inconvenance de ses
» expressions. Il m'a répondu une lettre fort sage, que j'aurai l'honneur de vous
» montrer. Un fils qui défend sa mère contre des insultes extravagantes a toujours
» le bon droit de son côté.
» Quant à moi, les relations que j'ai pu avoir avec Monsieur votre frère, quand
» je me suis interposé pour faire cesser les insultes que je ne pouvais laisser con-
» tinuer, ont été fort convenables ; M. Émile m'a fait une promesse ; il n'y a pas
» manqué, je lui en sais gré, et il a dû faire un grand effort sur lui-même, car il
» était presque fou et ne raisonnait plus.
» Maintenant il est plus calme, et pour conserver ce calme il a recours à des
» distractions exagérées qui peuvent d'un jour à l'autre ne plus lui convenir, pous-
» sant tout à l'extrême, comme il en a l'habitude. Qui peut prévoir s'il pourra per-
» sister dans ses bonnes intentions ? »

Cette lettre convenable décida Paul Guillot à accepter une conférence ; il
écrivit le 24 mars 1857 :

« Monsieur,
» J'ai reçu à temps la dépêche télégraphique que vous m'avez envoyée, et votre
» lettre du 23 courant qui est venu jeter sur cette affaire un jour que personne
» encore ne m'avait fait entrevoir.
» Jusqu'alors, en effet, je n'avais été en présence que d'une lettre de votre cou-
» sin, qu'après vous il ne m'appartient plus de qualifier aujourd'hui, et des
» moyens à employer pour la cacher à mon frère, qui ne la connaîtra jamais, je
» l'espère ; mais j'ignorais que mon frère eût été assez inconsidéré pour mêler ma-
» dame de Jeufosse à ces intrigues. Sa respectabilité, du reste, la couvre trop pour
» qu'elle puisse en recevoir la moindre atteinte. Voilà pourquoi je blâme fort mon
» frère.
» Ma belle-sœur, en m'écrivant sous le coup du chagrin qu'elle ressentait, comme
» femme et comme épouse, n'avait qu'une préoccupation qui absorbait toute autre ;
» c'était que le silence que gardait son mari sur la lettre de M. Ernest, ne fût at-
» tribué à une lâcheté, et en me l'envoyant, elle m'en expliquait à la hâte les
» causes : coquetterie d'une part, ardeur de l'autre.
» Votre lettre, Monsieur, dont je vous remercie sincèrement, et qui est empreinte

» d'une modération que devraient imiter nos deux étourdis, vient me faire con-
» naître le danger réel. Mon influence sur mon frère n'est pas celle que devrait
» avoir un aîné de quinze ans; mille causes ont pu jusqu'alors en paralyser l'ef-
» ficacité; mais cependant Émile a du bon sens, de la droiture; il est esclave de
» sa parole, qualités qui offrent de la ressource et dont j'espère tirer parti.

» En présence de vos explications, Monsieur, je trouve inutile un rendez-vous
» sur un terrain neutre; c'est à Gaillon, chez vous ou chez mon frère (j'attache
» peu d'importance à ce fait) que le rendez-vous doit avoir lieu, soit de vous à
» moi, soit en présence d'Émile.

» Mon intention serait d'aller à Gaillon jeudi ou vendredi prochain, et d'aller
» vous voir aussitôt arrivé.

» Agréez, Monsieur, mes salutations empressées.   » Signé : Paul GUILLOT. »

Dans l'entrevue qui eut lieu, après un premier retard, au château du Hazey, on brûla la lettre d'Ernest de Jeufosse et la réponse de Paul Guillot, sous la condition qu'Ernest de Jeufosse serait averti que son insulte n'était pas arrivée à Émile. Le soir, M. du Hazey rendait à M. Paul Guillot, chez son frère, à Aubevoye, la visite qu'il avait reçue, et l'on eut soin, par des sujets de conversation très divers, d'éloigner toute allusion à l'objet du voyage de Paul Guillot, et surtout à son résultat.

Peu de jours avant, M. du Hazey avait écrit à Ernest de Jeufosse :

« 20 mars 1857.

» Une des choses qu'il faut éviter dans la vie, mon cher Ernest, c'est le ridicule,
» et tu as écrit au Guillot une lettre des plus entachées de ce défaut.

» Tu as, dis-tu, donné l'ordre de tirer sur les loups-garous, puis tu veux tirer les
» oreilles, c'est très joli, mais c'est...; et puis c'est encore de la moutarde au dessert.
» Dans la circonstance présente il eût été plus convenable de venir soi-même s'en-
» quérir des faits et puis prendre un parti, mais non les juger sur un rapport plus
» ou moins aventureux, et tu donnes tes ordres; crois-moi, mon cher cousin, quand
» il s'agit d'une affaire qui pourrait ne pas porter atteinte à la considération d'une
» famille, mais être mal interprétée par de mauvaises langues, il faut jouer serré
» et mettre tout le bon droit de son côté; tu l'avais, et par ta lettre ridicule tu n'as
» pas su le garder. Voilà pour le côté moral dont tu riras en disant : Ma vieille
» bête de cousin ! Mais, mon cher, ta vieille bête de cousin a vécu pendant vingt
» ans au milieu du monde; et trêve de morale, voici les faits :

» Le Guillot a tenu des propos sur mademoiselle Laurence, ces propos ont été
» rapportés à ta mère; de là rupture avec les Guillot. Le Guillot, pour se venger,
» a été jouer du cor de chasse sur les hauteurs de Jeufosse, puis a suivi une fois
» madame de Jeufosse, Blanche et mademoiselle Laurence qui allaient aux Andelys.
» Sur ces entrefaites je suis allé chez ta mère, elle m'a tout raconté; je lui ai pro-
» mis que cela ne recommencerait pas, et cela n'a pas recommencé; voilà où en
» étaient les choses lors de l'arrivée de ta lettre. Quant aux visites nocturnes, elles
» ont cessé; j'avais prié ta mère de me prévenir si elles continuaient, et sois bien
» tranquille, mon fusil aurait fait sérieuse justice du promeneur. Il est à présumer
» que c'était le Guillot qui était le visiteur nocturne, mais cela n'est pas prouvé;
» j'avais cependant averti le susdit de mes intentions positives à l'égard de ces
» promenades.

» Vois-tu, mon cher Ernest, avec un fou, lorsqu'il s'agit de choses aussi graves,
» il faut être prudent, car un pareil insensé est capable de tout, même de dire
» qu'il avait des rendez-vous; on tuerait l'homme en duel, soit, mais le mot reste.

» Je me suis chargé de cette affaire, et je t'assure que sans trop de vanité elle
» pourrait être dans de plus mauvaises mains.

» J'ai dit au Guillot : « Si vous continuez, vous aurez affaire à Ernest, puis à nous
» tous, et vous ne doutez pas que nous vous tuerons, et je vous promets que si vous
» m'y forcez je préviendrai la famille. » Il m'a répondu : « Ça m'est égal d'être tué. »
» Alors je l'ai prévenu que préalablement nous lui donnerions une volée qui le met-
» trait six mois dans son lit. Même réponse : « Ça m'est égal. » Il a cependant fini
» par me promettre qu'il ne continuerait pas, et depuis trois semaines les choses
» en étaient là lors de ta lettre.

» Heureusement le Guillot n'a pas reçu ta lettre ; c'est sa femme qui l'a déca-
» chetée et apportée à ta mère qui l'a gardée et brûlée, je crois ; elle était inutile.
» — Si plus tard, sous un autre prétexte, tu veux chercher dispute au Guillot soit,
» — mais dans ce moment garde ta rancune, et sois bien persuadé que si le Guillot
» recommençait la moindre insulte, je te préviendrais, je t'en donne ma parole
» d'honneur. En attendant, apprends avec profit soit l'épée, soit le sabre, car
» vois-tu, mon cher, *il ne s'agit pas de se faire tuer, mais de se venger* ; mais
» pour le moment il n'y a rien à faire, et c'est moi qui te prie de te confier à moi
» pour que les torts ne soient pas de notre côté. Rassure-toi, je serai bon gardien
» de l'honneur de notre famille.

» Le Guillot m'a répété vingt fois qu'il ne voulait pas insulter madame de Jeu-
» fosse, ni aucun membre de la famille ; mais il est amoureux fou de mademoi-
» selle Laurence, et voudrait forcer ta mère à la renvoyer pour la poursuivre à
» Paris. Ta mère ne renverra pas mademoiselle Laurence, et le Guillot se calmera
» ou on le calmera ; mais patience, *et pas de lettres qui seraient lues devant les tri-
» bunaux et qui donneraient une idée peu avantageuse de leur auteur.* Ta mère
» va à Paris, ne la rends pas plus malheureuse, elle l'est déjà bien assez. Parle-lui
» peu de cette affaire. Si un incident survient je te le ferai connaître.

» Adieu *Pacha*.   » Ton affectionné cousin.

» L. ODOARD.

» Amitiés *au grand boursificateur Albert.* »

Ernest de Jeufosse ne désirait pas bien vivement dire en face à Émile
Guillot ce qu'il avait osé lui écrire, car l'occasion s'en présenta bientôt sans
qu'il la saisît.

Au débarcadère du chemin de fer de Gaillon, Ernest de Jeufosse, en compagnie de son frère Albert, rencontra Émile Guillot ; celui-ci le salua, peut-
être par habitude. Ernest de Jeufosse ne lui rendit pas son salut ; tout aussitôt
Émile Guillot lui frappa sur l'épaule, en lui adressant une observation sur son
impolitesse. Ernest de Jeufosse alors, qui devait tirer les oreilles à ce drôle,
s'éloigna sans explication, et celui-ci, qui venait de prendre des leçons de
son ami Galchaire « *quoique la chose fût assez inutile* avec le *Guillot,* ce
sagouin, » se contenta d'aller se plaindre à M. du Hazey, qui demanda à
Émile une entrevue par une lettre (18 mai 1857), polie comme toujours.

Émile déclara en la recevant qu'il n'avait rien à dire à Ernest ; qu'il ne
voulait rien entendre ; mais ensuite, sur l'intervention de M. Tripet, qui lui
fit promettre, par serment, de tout accepter et de tout souffrir silencieuse-
ment, en réparation de ses torts passés, il ne se refusa plus au rendez-vous, et
il écrivit à M. du Hazey.

« M. de Jeufosse ayant cessé d'entretenir des relations avec moi depuis plusieurs
» mois, je ne sais ce que M. Ernest peut avoir à me communiquer. Cependant, pour

» continuer toute la bonne volonté que j'ai mise à vous satisfaire en cette affaire, je
» serai demain au Hazey à 2 heures de l'après midi.
   » 18 mai 1857. »

Ernest de Jeufosse, qui avait prié M. du Hazey de demander une entrevue,
qui devait, dans cette entrevue, discuter des questions d'honneur, Ernest de
Jeufosse arriva à l'heure dite. Mais il était dans un état voisin de l'ivresse.

Il avait déjeuné chez le témoin Huet, son ami, et, très bon cavalier, il était
venu à cheval au Hazey. Mais son état était tel qu'il n'avait pu se tenir en
selle. Plusieurs fois il avait été renversé sur la route, et il était couvert de
boue. La conversation s'établit donc entre Émile, M. Odoard du Hazey et
Tripet. Ces messieurs demandèrent à Guillot d'engager sa parole de ne plus
retourner dans le parc de Jeufosse, Guillot la donna et se retira, en protestant
avec passion contre les termes infâmes d'une lettre anonyme, qu'en face on
n'osait pas lui attribuer.

C'est dans cette entrevue, et au moment de la séparation, que se place une
parole dont vous avez compris l'importance. M. du Hazey venait de dire : « Si
tout n'est pas terminé entre vous, il ne reste plus qu'à vous mettre l'épée à
la main ; » mais Émile, continuant son système d'éloigner les soupçons de
Blanche de Jeufosse, avait répondu : « Votre famille n'est pas, après tout,
engagée dans ces débats, tout le monde aime et respecte mademoiselle Blanche. »
Sur ce mot, Ernest de Jeufosse prit la parole et s'écria : « Oh ! ce serait une
question brûlante, ce ne serait plus un duel, ce serait un assassinat. »

M. Odoard l'interrompit aussitôt : « Oh ! répliqua-t-il à son tour, mon ami,
on se bat en duel, mais on n'assassine personne. »

M. Odoard du Hazey a bien compris la portée de cette parole dans sa déposition ; il ne l'a rappelée que sur la question du magistrat instructeur, et il
prenait soin d'ajouter que l'état d'ivresse d'Ernest avait effacé sa raison.

Mais vainement il fait des efforts, le mot reste avec la pensée, et vous re-
tiendrez que, le 18 mai, comme dans sa lettre du 15 mars, Ernest de Jeufosse menaçait de frapper Guillot. La pensée d'un assassinat n'épouvantait pas
sa conscience. Un autre fait considérable se rattache à cette entrevue : en
effet, on s'y était armé contre Émile Guillot d'une lettre anonyme. Mais s'il
n'avait pas existé d'entente entre Blanche de Jeufosse et lui, on aurait eu,
dans les mains, une preuve certaine à opposer à des dénégations.

En effet, dès le 17 mai, la veille de l'entrevue, il avait jeté, dans la voiture
de Blanche, un billet qu'un témoin a vu ramasser par cette jeune fille, et il
est certain qu'elle ne l'avait pas remis à sa mère, puisque celle-ci ne confiait
à ses parents, dans cette occasion si grave, qu'une lettre anonyme dont Guillot
pouvait contester et contestait avec indignation l'origine.

Malgré ces scènes, Émile Guillot vivait sans craindre l'assassinat, non plus
que le duel. A sa femme, aux amis des deux familles qui lui parlaient de cette
affaire, il témoignait seulement une vive irritation contre l'institutrice Laurence. C'était, suivant lui, après lui avoir donné les marques d'une ardente
passion, que cette jeune fille, blessée peut-être par des soins qui ne s'adressaient plus à elle, avait provoqué, en même temps que le témoin Huet, la
rupture avec la famille de Jeufosse. Il fallait qu'on la renvoyât, et tout se cal-
merait bientôt.

On lui disait alors que le renvoi de l'institutrice était décidé, et, en haussant les épaules, il déclarait que madame de Jeufosse ne voulait pas, ne pouvait pas renvoyer Laurence. M. Tripet avait été étonné de ce propos, il en avait demandé les raisons, et Guillot avait refusé de les indiquer. Revenu à la charge, avec l'espérance de profiter de la faiblesse de son caractère pour les obtenir dans une heure d'abandon, le témoin Tripet n'avait pas été plus heureux. Il avait d'ailleurs remarqué l'exactitude de la remarque d'Émile Guillot, car, vainement et comme ami, il avait demandé à madame de Jeufosse l'éloignement de l'institutrice ; vainement Odoard, après lui, avait annoncé qu'il n'entrerait plus au château avant le départ d'une fille qui compromettait son élève ; vainement Ernest de Jeufosse lui-même avait écrit pour fixer un délai à la décision de sa mère, tout avait été inutile, et, malgré tant d'efforts, madame de Jeufosse avait gardé près d'elle Laurence Thouzery.

Guillot, devant lequel ces faits étaient racontés, se contenta de répéter : « Ne vous l'avais-je pas dit ? » puis il resta impénétrable malgré les questions dont on l'assiégeait.

Un fait singulier à retenir, est celui-ci : Tripet rapportait devant la dame Dutfoy la prédiction de Guillot sur la résistance de madame de Jeufosse, et son refus d'en donner des raisons. Cette dame dit alors : « Eh bien ! s'il garde le silence, c'est un honnête homme, » et les personnes qui entendirent cette exclamation déclarent, qu'à leurs yeux, madame Dutfoy savait les motifs qui expliquaient la conduite de madame de Jeufosse.

Je disais que Guillot vivait sans crainte du duel non plus que de l'assassinat ; cependant son caractère changeait. Aujourd'hui léger, bavard, incompréhensible, le lendemain, amer et sombre, il passait rapidement de la joie folle à la tristesse.

Sa femme écrivait à cette époque :

« Émile n'est pas, pour mon jugement, en santé ordinaire. »

Ailleurs encore :

« La santé d'Émile change ; il ne peut tenir en place, il ne dort pas, il est dans » un état de fièvre incroyable... »

M. du Hazey lui-même écrivait en parlant de lui :

« Il est poussé par une fatalité qu'il ne peut maîtriser ; je le crois épris de l'insti» tutrice, c'est peut-être une excuse, car la passion ne raisonne pas... »

Et encore :

« Émile m'a fait une promesse, il n'y a pas manqué, je lui en sais gré, et il a dû » faire un grand effort sur lui-même, car il était presque fou. »

Enfin :

« Maintenant il est plus calme, mais pour conserver ce calme il a recours à des » distractions exagérées qui peuvent d'un jour à l'autre ne plus lui convenir, pous» sant tout à l'extrémité, comme il en a l'habitude. »

Il est évident qu'une grande passion souvent contrariée dominait Émile Guillot. N'était-il pas ému jusqu'aux larmes en parlant de Blanche de Jeufosse !

N'oublions pas, d'autre part, que madame Guillot écrivait aussi à ce moment :

« La situation se complique ; madame de Jeufosse, par une bêtise inouïe, s'a-
» charne à mêler sa fille à tous les cancans qui l'avaient respectée jusqu'alors.

» Elle perdra sa fille, la malheureuse ; si elle persiste elle fera égorger ces mes-
» sieurs.

» Vengeance de femme montée et vindicative. Où allons-nous ? C'est effrayant !

» Je prie Paul d'envoyer ici Ernest pour quelque temps ; il surveillera son oncle,
» nous saurons plus ce qu'il fait ; je le prie d'arranger un voyage pour son frère. »

J'en ai fini avec le récit des causes de l'assassinat, et j'ai besoin de m'arrê-
ter ici seulement pour faire remarquer que je n'entends pas approuver la conduite et les actes d'Émile Guillot. Ils étaient blâmables sans doute, et la famille les a blâmés avec énergie ; elle a la douleur de les blâmer encore. Mais faut-il les juger avec trop de sévérité comme la défense voudra le faire ? Faut-il y voir la conduite d'un infâme qui cherche une vengeance, ou l'attitude d'un fou dont les passions extravagantes devaient inspirer la pitié ? Je ne pense pas qu'il y ait d'hésitation possible sur ces appréciations.

Pendant que ces faits se passaient, qu'ils excitaient contre Guillot la colère de la famille de Jeufosse, on préparait, pour se débarrasser de sa poursuite, un moyen bien terrible et bien nouveau. Dès le mois de janvier, alors que le 22 janvier on était encore dans des termes affectueux, la famille de Jeufosse donnait des ordres pour frapper Émile Guillot, pour tirer sur lui. C'est au mois de janvier que Corbeau a reçu la promesse de 50 francs s'il frappait Émile Guillot ; c'est au mois de janvier qu'il racontait le fait aux divers témoins qui nous l'ont rapporté. Un peu plus tard, les domestiques avaient été réunis ; madame de Jeufosse leur avait montré un fusil et avait dit : « Qui de vous me débarrassera de cet homme ? » Plus tard encore, on s'était adressé à de nouveaux domestiques ; mais les domestiques jouaient avec Émile Guillot. Vous vous rappelez les scènes burlesques qu'on vous a racontées. Les domestiques, cachés dans les charmilles, criaient le nom d'Émile, et celui-ci à son tour, caché dans les buissons, leur répondait avec l'écho. Vous savez aussi qu'à une certaine époque, au mois de mai, je crois, le nommé Constant avait dit au sieur Olivier, venu au château pour panser un cheval, que la veille il avait fait la chasse *au Guillot*, que s'il l'avait rencontré il l'aurait *démoli* en lui mettant le canon de son arme sur la poitrine.

Déjà, d'ailleurs, Ernest de Jeufosse avait écrit à Crépel.

Crépel a été élevé dans la maison de Jeufosse dont il était le garde particulier ; c'est, suivant l'expression de l'instruction, un caractère emporté et brutal. On savait dans le pays que plusieurs fois il avait mis en joue des gens ho-
norables que sa passion pour la chasse lui montrait comme des ennemis, parce qu'ils étaient des chasseurs, et l'on vous a répété qu'il n'aimait pas Guillot ; il enviait son bonheur et son adresse ! Le malheureux Émile n'avait pu, par ses longues bontés et ses nombreux présents, adoucir cet homme farouche.

Ernest de Jeufosse avait écrit à Crépel, je le répète ; il lui avait dit :

« J'entends dire qu'on rôde la nuit autour du château ; c'est une lâcheté de ta
» part de ne pas empêcher cela ; il faut tirer un coup de fusil sur celui qui fait
» cela. Si j'y étais je le ferais, tu dois me remplacer. »

A Jeufosse, il lui donna l'exemple avec son frère Albert ; un fusil à la main,
ils avaient tour à tour parcouru les jardins et imposé des veilles armées aux
domestiques.

Émile Guillot, après l'entrevue du mois de mai, reprit ses anciennes habitudes. Gros suivait son maître qui, le soir, avant dix heures, entrait dans le
parc pour en sortir quelques minutes après. Sept fois au moins il lui a vu
porter des billets cachetés qu'il déposait entre deux pierres sous un arbre, à
quatre mètres de l'habitation. Ces pierres avaient été apportées d'Aubevoye.

A ce moment aussi, madame de Jeufosse, exaspérée, se décidait à réaliser
la menace faite en mars à madame Guillot ; elle prépara tout pour la mort
d'Émile.

Une scène servit à frapper l'esprit de Crépel à qui elle s'adressait de nouveau.

Une chambre élevée à 3 mètres 90 centimètres du sol, inabordable par l'extérieur, d'un abord difficile, impossible à un étranger par l'intérieur ; une
chambre fut mise dans un certain désordre, des chaises furent déplacées, un
peu de terre de bruyère fut répandue sur le parquet, deux oreillers furent
foulés. Le lendemain, madame de Jeufosse feignit de croire qu'on avait pénétré dans sa maison. Elle ferma les portes à clef après avoir dit qu'on avait ma-
culé de boue le portrait de son mari, et s'adressant à son garde, elle lui dit :

« Vous ne veillez pas assez bien, Crépel, vous ne vous rappelez pas les promesses que vous avez faites à M. de Jeufosse ; vous ne soutenez ni le nom
de M. de Jeufosse ni celui de mes enfants ; il faut agir et faire cesser cela à
tout prix. »

Puis encore :

« Ne craignez rien ; le procureur impérial et le juge d'instruction ont dit
qu'on pouvait tirer sur ceux qui agissaient ainsi, et qu'alors même qu'on les
tuerait on ne serait pas inquiété. J'ai le droit de faire tirer dans ma maison. »

Laurence-Thouzery ajouta même :

« Tuez toutes les bêtes que vous savez ; vous savez bien toutes les bêtes
noires. »

Dès lors, Crépel veilla chaque nuit et se reposa le jour. Il ne vit rien d'a-
bord. Alors madame de Jeufosse le pressa. Dans les premiers jours du mois de
juin, elle lui répétait : « On vient toujours ; j'en ai la preuve dans ma
chambre. »

Le 8 juin, elle lui dit : « J'ai trouvé encore quelque chose ; que craignez-
vous ? je veillerai avec vous. »

Le 9 juin, elle veilla fort tard ; elle ne ferma qu'à une heure du matin la
porte de sa chambre.

Le 10, elle vint s'asseoir à côté de Crépel. Il était caché dans l'ombre d'un massif et de la maison. L'arbre sous lequel les billets étaient déposés par Guillot se trouvait devant lui dans la lumière, à quelques mètres seulement. Madame de Jeufosse avait appuyé son fauteuil le long d'un mur, près des lieux d'aisances, pour être mieux cachée.

Le 11, elle vint encore assister Crépel ; elle était au guet avant lui. Ce soir, un domestique, le nommé Constant, rentra tard du cabaret ; il avait ses bottes à la main. Sa maîtresse craignit d'être surprise et le dit à Crépel, qui l'invita à rentrer.

Enfin, la soirée du 12 arriva.

Ce soir encore, Émile Guillot apportait un billet cacheté. En route, il disait à Gros : « On ne me répond pas ; je n'y retournerai plus. » Puis se reprenant : « C'est aujourd'hui vendredi ; on le prendra certainement. » Il entra dans le parc par la barrière de bois ; la soirée était magnifique. Gros attendait son maître de l'autre côté du château, quand, après quelques instants, il entendit les mots « Halte-là ! » retentir dans le silence, puis un coup de feu, puis ces mots encore ; « Tu es mort ! » Un silence effrayant, troublé par le retentissement de quelques pas alourdis, se fit alors, et bientôt le témoin Gros entendit de faibles gémissements et ces cris affaiblis: « A moi, mon ami Gros, je suis mort ! »

Gros, épouvanté, craint d'être fusillé à son tour. Il fait le tour de la propriété et vient frapper à la porte de Constant en demandant secours ; ce domestique feint de s'éveiller. Il heurte alors à la cuisine où travaillaient deux servantes ; personne ne bouge. Il s'élance enfin vers son maître dont les gémissements l'appelaient. Le malheureux, percé de huit blessures, se roulait dans la poussière, au milieu d'horribles douleurs. Gros le prend dans ses bras ; il est tout sanglant. « Oh ! les lâches ! » murmura-t-il ; puis: « Je ne suis cependant pas méchant ; c'est Crépel qui m'a tué ; tu peux le dire. » Pensant alors à tous ceux qu'il aimait et qu'il ne devait plus revoir, il se fait embrasser. « Tu diras adieu à mes amis, » murmure-t-il. Enfin, après quelques instants encore, élevant son âme à Dieu et se confessant à lui des fautes de sa vie, il répétait : « Tu demanderas pardon pour moi à ma femme et à mes enfants. » La douleur ne lui arrachait plus que des cris inarticulés ; une soif ardente le dévorait. « De l'eau, criait Gros ; par pitié de l'eau ! » Après plusieurs minutes de cris inutiles, une servante s'approcha enfin ; elle portait un verre d'eau. Elle dit tout bas : « Monsieur Emile, me reconnaissez-vous ? » Le malheureux fit un signe de tête ; il était mort.

Cette agonie avait duré trois quarts d'heure ; quelques domestiques, pendant ce temps, s'étaient approchés , mais tous à distance ; ils s'étaient éloignés.

Gros, après la mort de son maître, sort du château, et à quelques pas il rencontre un médecin, M. Kuhn ; il l'entraîne auprès du corps de Guillot.

Quant à Crépel, après son crime, au moment même où il venait de tirer son coup de feu, il avait entendu remuer la contre-porte de la chambre de sa maîtresse ; il avait fait un pas, il se trouvait en sa présence : « Vous avez tiré, lui dit-elle ; avez-vous attrapé ? — Je n'en sais rien, aurait répondu Crépel ; il ne faisait pas assez clair. » Durant ce temps, Guillot criait et râlait ; son domestique l'avait entendu ; il frappait aux volets de la cuisine. « Ah ! mon Dieu ! aurait dit madame de Jeufosse, le voilà qui revient. — Il n'y a pas de danger, » aurait répondu Crépel.

Puis on serait entré dans la chambre où Blanche, couchée, se soulevait en disant : « Tu as tiré ; l'as-tu attrapé ? Tu ne dois pas l'avoir attrapé. — Tant mieux, aurait dit Crépel, car je m'aperçois que je l'ai tiré à chevrotines. » Puis Laurence, elle tremblante du moins, épouvantée, arrive ; elle fuyait sa chambre d'où elle entendait des plaintes et des gémissements. Crépel s'éloigne alors, entre dans la chambre d'Albert et s'assied sur son lit jusqu'au moment où les cris ayant cessé il se retire dans sa maison, emmené par son père qui disait à Gros : « Tu mériterais qu'il t'en fasse autant. »

Ajoutons à ce récit fait dans l'instruction cette autre circonstance, expliquée à l'audience, que Crépel, sur l'ordre de madame de Jeufosse, et malgré son prétendu trouble, alla chercher le billet que Guillot avait apporté et déposé avant sa mort.

La justice fut prévenue par le médecin Kuhn et se présenta à quatre heures du matin. On dut faire, dans l'allée du parc où il avait été abandonné, l'autopsie du corps. Madame de Jeufosse était tranquille ; elle cherchait à justifier le fait sans le déplorer. Son fils Albert, qui, peu de jours avant, s'était décidé à renvoyer, par les mains de Huet, la somme de 300 francs qu'il devait à l'ancien ami, son fils Albert avait l'attitude arrogante ; il disait que Crépel était un brave, un fidèle serviteur. « Eh quoi, vous allez l'arrêter ; il n'en reste plus du tout. Voyez ce qui leur arrive quand ils font leur devoir. J'en aurais fait autant à sa place. »

M. Odoard du Hazey demandait à être interrogé comme témoin.

Enfin quand, après la signature des procès-verbaux, les gendarmes recevaient l'ordre d'emmener Crépel, celui-ci se retourna vers madame de Jeufosse, qui lui criait : « Mon pauvre Crépel, courage, on ne vous abandonnnra pas. » Et alors, élevant la voix à son tour avec un profond désespoir : « Oui, adieu, courage ! c'est bien aisé à dire. On vous dit : Tirez, tuez ; on dit qu'il n'y a rien à craindre, qu'on a consulté le procureur impérial, le juge d'instruction. Eh bien ! voilà où j'en suis, et vous vous restez. »

Un moment de profond silence et de stupeur succéda à ces paroles. Madame de Jeufosse se retourna alors et comme frappée d'un souvenir. « Eh mais, M. du Hazey, n'a-t-il pas dit qu'il avait consulté le procureur impérial ? Puis s'adressant de nouveau à Crépel : « Mais courage, tout n'est pas perdu. » Et Albert l'interrompant ajouta : « Mère, mère, j'irai demain lui porter ce qu'il lui faut. »

Le 15 juin, à la suite des aveux de Crépel, une descente était faite à Jeufosse et dans la cabane de Crépel. A Jeufosse, on trouva un seul billet que madame de Jeufosse prétend être celui déposé par Guillot la nuit de sa mort. On soutient n'en avoir vu que trois. Mais on trouva dans les carniers d'Ernest des chevrotines.

Chez Crépel, il y avait un fusil ; il était chargé de plomb n° 4. On ne trouva pas de chevrotines, mais on découvrit beaucoup de petit plomb des plus faibles calibres.

Pendant ces scènes sanglantes et dramatiques, madame de Jeufosse est restée dure et insensible. Comme elle avait vu emporter le cadavre de Guillot, elle entendit au moment de son arrestation les cris de sa fille et de sa compagne. Elle ne versa pas une larme, n'exprima pas un regret. Une insulte au sentiment public, une insulte à la justice fut son adieu au château de Jeufosse. « Oh ! s'écria-t-elle, la pression de la populace ! »

Je viens de vous rapporter les faits du procès dans leur scrupuleuse vérité. J'ai laissé de côté ce qui m'a paru contestable en le réservant pour la discussion. Elle doit porter sur deux parties différentes : la première comprend la preuve de la culpabilité des accusés; la seconde aura pour but de justifier Guillot des honteuses scènes qu'on lui prête.

Tous les faits qui constituent la préméditation et le guet-apens, ainsi que la complicité dans ces deux circonstances, sont acceptés. Dès lors, la première partie de cette discussion ne peut s'engager sur ces accessoires.

Mais l'accusation et la plainte, victorieuses sur ce point, sont vivement attaquées sur la question du fait principal. Crépel, madame de Jeufosse et ses fils soutiennent ensemble qu'ils n'ont pas voulu tuer Guillot; ils ajoutent qu'ils ne savaient pas que c'était Guillot qui allait être frappé ; ils ont été jusqu'à prétendre qu'ils avaient le droit de tuer l'homme qui s'introduisait la nuit dans leur parc.

Vous n'aurez pas à vous occuper de cette dernière question. L'un de nos adversaires l'a posée dans un Mémoire adressé à la chambre des mises en accusation qui l'a tranchée souverainement.

Mᵉ BERRYER. — Je ne connais pas le Mémoire de la défense.

M. L'AVOCAT GÉNÉRAL. — J'ai discuté moi-même l'affaire devant la chambre des mises en accusation, et l'on m'a remis un Mémoire signé Lemasson, avoué, et Mᵉ Deschamps, avocat. Cela est si vrai que le Mémoire visé par l'arrêt de la chambre des mises en accusation fait partie de l'arrêt de renvoi.

Mᵉ DESCHAMPS. — Je n'ai ni fait ni pu faire de Mémoire.

M. L'AVOCAT GÉNÉRAL. — Le voilà pourtant signé : Mᵉ Deschamps.

Mᵉ DESCHAMPS. — Comment aurais-je fait un Mémoire? Je n'ai pu, malgré tous mes efforts, obtenir communication du dossier.

Mᵉ CRESSON. — Sous ce rapport, la position de la partie civile a été exactement la même que celle de la défense.

M. LE PRÉSIDENT, à Mᵉ Deschamps. — Reconnaissez-vous avoir signé le Mémoire ?

Mᵉ DESCHAMPS. — En aucune façon; je n'ai pas fait de Mémoire, et je n'en ai pas signé. L'avoué de la famille a pu donner une note, c'est possible; quant à moi, je le répète, je n'ai pas fait de Mémoire et je n'en ai pas signé.

M. L'AVOCAT GÉNÉRAL. — La note m'a été remise par Mᵉ Lemasson, et il y a au bas : Mᵉ Deschamps.

Mᵉ BERRYER. — On ne signe pas : Mᵉ Deschamps.

Mᵉ DESCHAMPS. — Je m'explique qu'en mon absence l'avoué, qui savait que j'étais le conseil de la famille, ait fait une note au bas de laquelle il ait mis mon nom.

M. L'AVOCAT GÉNÉRAL. — Il ne s'agit pas d'une note.

Mᵉ DESCHAMPS. — Si M. l'avocat-général veut insister, je suis prêt à lui répondre.

M. L'AVOCAT GÉNÉRAL. — Je sais que Me Deschamps est toujours prêt à répondre ; mais je tiens à constater ce fait : que Me Lemasson, avoué à la cour, qui plusieurs fois est venu au nom de la famille de Jeufosse dont il était le mandataire, a apporté au parquet, et qu'il a tenu à le remettre lui-même aux magistrats, ce Mémoire qu'il m'a dit lui-même émaner de Me Deschamps.

M. LE PRÉSIDENT. — Cela paraît d'autant moins contestable que le Mémoire est reproduit en entier dans l'arrêt de renvoi.

Me DESCHAMPS. — Je me suis étonné parce que j'avais le droit de m'étonner qu'on insistât avec tant d'animation sur un incident d'une si mince importance. J'ai fait tous mes efforts pour obtenir de défendre madame de Jeufosse devant la chambre des mises en accusation. On a mieux aimé lui faire subir à elle et à sa famille les tortures de cette audience ; elle n'a pas pu obtenir de parler aux magistrats avant de parler au jury. Par une exception unique dans ma carrière d'avocat, qui compte déjà depuis plus de vingt-cinq ans, je n'ai pu obtenir la communication du dossier. Ai-je besoin de dire que, dans cette situation, je n'aurais pas voulu faire un Mémoire sur une instruction que j'ignorais ? De Mémoire point, et de signature de ma part pas davantage.

M. LE PRÉSIDENT. — La signature au bas d'un Mémoire indique que le signataire l'a lu s'il ne l'a pas rédigé.

Me DESCHAMPS. — La *signature*, mais non pas le nom.

Me CRESSON. — Ces faits sont parfaitement étrangers à la partie civile. La chambre des mises en accusation a tranché la question qu'on lui posait. On a dit et soutenu devant elle, en présentant un arrêt rendu dans une espèce différente en ce sens, que l'individu dont il s'agissait était un malfaiteur de la pire espèce ; on a dit et soutenu que madame de Jeufosse était dans son droit en faisant tirer dans son parc sur un individu qui s'y introduisait. La cour de Rouen a décidé, au contraire, que la présence de Guillot dans le parc de Jeufosse n'avait pas ce caractère d'agression qu'on prétendait y trouver et n'imposait pas la nécessité de la défense armée. La question a donc été tranchée d'une manière définitive, souveraine ; elle a aujourd'hui la force de la chose jugée. Dès lors, ce moyen est insoutenable, et nous devons le rejeter.

Voudra-t-on employer le deuxième argument ? Il consiste à prétendre que l'on ignorait le nom, les intentions de la personne qui s'introduisait dans le parc de Jeufosse. Je ne le pense pas ; un pareil moyen n'est pas digne du talent de mes adversaires.

En effet, tout le monde, dans la maison de Jeufosse, connaissait Guillot et savait qu'il s'introduisait dans le parc. Après les débats, un doute ne peut subsister sur ce point. Les domestiques avaient plaisanté avec Guillot. Crépel lui avait montré son fusil. Il avait dit à un témoin qu'il l'avait déjà mis en joue. Madame de Jeufosse, dans la journée du 12 juin, l'avait nominativement désigné à son garde. Vainement on ajoute : Guillot avait engagé sa parole d'honneur de ne pas retourner dans le parc ; nous devions donc croire que ce n'était pas lui. Vous saviez que Guillot ne pourrait pas tenir son engagement ; qu'entraîné par sa passion fatale, il devait y manquer. Prouvons que madame de Jeufosse savait qu'il n'avait pas eu le courage de tenir sa promesse, et que c'était bien Émile Guillot qu'elle attendait. Le 6 juin, elle disait à Crépel : « J'ai dans ma chambre la preuve qu'on vient encore. » Quelle était cette preuve ? Un billet. Ce billet, elle l'avait trouvé par hasard derrière ces pierres apportées d'Aubevoye et cachées dans les branches d'un pin. Elle avait lu les précédents, et, comme elle connaissait l'écriture d'Émile, elle savait qui avait écrits. Elle savait que Guillot attendait une réponse, que pour l'obtenir il écrirait d'autres billets et qu'il les apporterait à cette même place. C'est par ce motif qu'elle avait choisi le poste obscur où se cachait Crépel, et qu'appuyée dans son fauteuil, contre un mur de lieux d'aisances, tout entière à sa haine et à sa vengeance, elle attendait Émile Guillot. C'est pour ce motif qu'après l'assassinat elle et sa fille Blanche disaient à Crépel : « L'as-tu attrapé ? Tu ne l'as pas attrapé ? » C'est parce qu'elle le connaissait, c'est parce que Crépel, avant de le tuer, l'avait reconnu dans la nuit, aux mouvements, à la taille, aux traits du visage, qu'elles n'ont pas eu besoin de savoir quel homme était mortellement blessé.

Ce serait insulter votre raison que d'insister davantage. On ne soutiendra pas le mensonge produit par Crépel. Il reste prouvé que tous les accusés attendaient Guillot pour le tuer, qu'ils l'ont frappé après l'avoir reconnu.

Le premier moyen sérieux de défense, que l'on vous présentera avec une rare vigueur, est-il plus discutable ? Je rappelle qu'il consiste à prétendre que l'on n'a pas voulu le tuer. — « Nous voulions lui envoyer une *cinglée* de plomb. »

Une cinglée de plomb ! Qu'est-ce que cela ? Dans quel titre féodal a-t-on trouvé le droit d'envoyer du plomb au voisin qui déplaît ? Tirer une arme à feu, un fusil de chasse, même chargé de petits plombs sur son ennemi et venir dire : « Je n'ai pas voulu tuer ! » Ignorez-vous que le plomb chassé par l'arme à feu peut être mortel quand il frappe ?

Qui donc d'ailleurs vous a donné l'exemple d'administrer des cinglées de plomb ? Personne. Je me trompe. Il y a quelques années, un propriétaire, un noble, celui-là plein de cœur, s'irritait de ce que l'on volait les fruits de son verger. Il veille, il surprend le maraudeur ; indigné de son audace, il tire sur lui, et un enfant tombe frappé de menu plomb au pied de l'arbre dans lequel il se cachait. Le lendemain, dans son désespoir, l'auteur de ce malheur oubliait Dieu et se brûlait la cervelle. Est-ce l'exemple que vous suivrez ?

D'ailleurs, comment le fusil de Crépel était-il chargé ? De chevrotines et de plomb n° 4. Crépel avait bien senti qu'il était impossible de soutenir qu'avec de pareils projectiles on avait voulu donner une leçon. Aussi mentait-il en prétendant d'abord qu'il s'était trompé et qu'il avait tiré un canon pour l'autre, et en déclarant que l'un était chargé de menu plomb, et que l'autre avait été chargé de chevrotines pour une chasse au renard.

Je répète que le fusil du garde était chargé de projectiles dont la force égale devait donner la mort, et que ses deux coups étaient armés.

Et puis, le jour de l'assassinat, Constant a raconté à Olivier, devant la foule assemblée, quand et comment le fusil avait été chargé. C'est la veille que Crépel avait armé les deux canons de chevrotines, et sans doute il venait de les recevoir avec cette destination spéciale, car on a vainement fouillé sa maison, on n'a trouvé de projectiles de cette nature qu'au château de Jeufosse. Au moment fatal, il est vrai, un des canons portait du plomb n° 4, mais c'est parce que le garde avait en chassant tiré un de ses coups de feu. Immédiatement après, il avait remplacé par une charge aussi redoutable celle qu'il avait perdue.

Mais Crépel insiste. « Je me suis trompé, dit-il, au lieu de tirer mon canon gauche, j'ai obéi à l'habitude de tirer mon canon droit, et c'est ainsi que Guillot a été frappé de chevrotines. » J'ai fait remarquer que l'un ou l'autre coup, à la distance de 15 mètres, était mortel ; j'ajoute que l'habitude de Crépel est certaine, qu'il tire ordinairement d'abord le canon droit de son arme.

Eh bien ! ce fait produit par lui est une nouvelle preuve de sa volonté de tuer. La veille, en effet, les deux canons de son fusil étaient chargés, l'un de gros plomb, l'autre de chevrotines. Pourquoi en ce moment emploie-t-il son canon gauche ? pourquoi n'obéit-il point à son habitude ? Évidemment, une réflexion a jailli dans son esprit ; les chevrotines ont une destination ; il doit garder le coup le plus sûr pour remplir les ordres de ses maîtres et frapper mortellement Émile Guillot.

Je pourrais, en vous rappelant les termes de l'instruction, prouver que madame de Jeufosse a pu seule organiser, le 29 mai, le désordre apparent d'une pièce de son château et en tirer la conséquence que, dès ce moment, elle préparait une explication de sa conduite et de la volonté qu'elle avait eue de tuer Guillot ; mais je n'ai pas besoin de chercher plus longtemps, dans ces faits, une réponse au système de la défense, je n'ai qu'à ouvrir l'instruction pour montrer jusqu'à l'évidence que la volonté de tuer était dans l'esprit de tous.

Ernest de Jeufosse d'abord annonçait, dans sa lettre du 15 mars, la récompense promise à qui frapperait. Dans l'entrevue du 18 mai, il prononçait ce mot assassinat qui révélait sa pensée. Albert de Jeufosse tenait ce même langage : « Veille et tire sans crainte. »

Madame de Jeufosse disait en mars à madame Guillot : « Si je voulais, depuis longtemps vous seriez veuve. » Elle répétait à Crépel plusieurs fois : « Tu peux tuer, je suis chez moi. » Elle le trompait en lui assurant qu'elle avait consulté le juge d'instruction. Que lui disait-elle le soir quand jusqu'à une heure du matin elle épiait avec lui l'arrivée d'Émile ? Sans doute, ce qu'elle avait dit à Corbeau : « Tu recevras une récompense de 50 francs si tu frappes. » Non. Pourquoi donc se cachait-elle ? pourquoi ne voulait-elle pas être aperçue par ses domestiques ? Sa conscience lui criait : « Tu vas tuer Émile Guillot. » Et elle ne voulait pas être compromise.

Crépel enfin a dit : « Si j'avais voulu tuer, j'aurais tiré Émile Guillot quand il était à quatre mètres de moi, près de l'arbre. J'ai attendu qu'il fût éloigné. » L'instruction lui a répondu par la bouche du brigadier de gendarmerie. Ce témoin déclare que Crépel a choisi la place où il voulait frapper, et que la situation des lieux et la position des blessures ne laissaient pas un doute sur l'intention d'atteindre en pleine poitrine l'homme qui fuyait. Oui, il a eu le temps de calculer les conséquences de son action. Il fallait tuer un homme, un homme dont il avait la veille serré la main, un homme qui lui avait donné la poudre dont son fusil était chargé. Ces paroles : « Halte-là ! tu es mort ! » séparées par une seconde et l'éclat d'un coup de feu, vous disent que l'hésitation et la lutte n'ont pas été longues dans l'intelligence de cette farouche et redoutable nature.

Cependant, admettons votre système. Vous avez voulu châtier Émile Guillot, mais vous n'avez pas voulu le tuer. Pour que l'avertissement fût sérieux, vous avez chargé votre arme avec des chevrotines, mais vous n'avez pas voulu le tuer. Vous avez cherché des assassins, mais ce n'était pas pour le tuer. Vous leur avez dit que vous vouliez la mort de votre ennemi, mais sans vouloir le tuer ! Soit, j'accepte votre prétention ; vous vouliez le blesser légèrement. Mais alors, vous Crépel, vous femme de Jeufosse, vous avez couru à l'homme qui venait de tomber. Vous avez hésité d'abord, soit. Mais quand vous avez entendu des prières implorant un secours ; quand Laurence est venue, tremblante, épouvantée, vous demander asile contre les cris et les gémissements, vous avez couru au blessé ? Vous avez hésité encore, je le veux bien. Mais quand Crépel s'est aperçu qu'il avait tiré par mégarde avec des projectiles qui portent la mort, vous avez été épouvantés. Cette fois, vous vous êtes levés tous ensemble, vous avez couru tous auprès de cet homme, vous avez relevé sa tête, essuyé ses blessures, vous lui avez dit : Malheureux ! dans quel abîme vous nous avez plongés ! Nous vous pardonnons, voulez-vous nous pardonner aussi ? Si vous n'avez pas voulu tuer, vous avez fait cela !

Eh bien, non, vous avez laissé le moribond sans secours, le cadavre sans abri sur la terre froide et dans son sang répandu. Qu'on cherche, qu'on demande à la haine et à la vengeance leurs souvenirs les plus cruels !

Un ennemi tend la main à son ennemi vaincu ; le duelliste est aux pieds de son adversaire tombé : il n'y a que les assassins qui fuient devant les blessures qu'ils ont faites.

J'ai résolu et prouvé, je crois, contre les accusés les deux questions qu'ils ont soulevées : de savoir s'ils connaissaient celui qu'ils frappaient, et de savoir s'ils voulaient blesser ou tuer. Je n'ai plus à m'occuper que du dernier moyen qui reste à la défense. C'est la seconde partie de la discussion que j'aborde.

Je ne viens pas chercher, je le répète, à excuser la conduite d'Émile Guillot.

Elle est inexcusable. Ni moi ni sa famille n'entendons la défendre. Mais enfin c'est un devoir pour sa veuve d'arracher sa mémoire à l'infamie ; il faut que je prenne son nom et que je le rende à ses enfants, à ses fils, qui ne doivent pas avoir à en rougir un jour. Le débat est placé sur ce terrain ; j'irai jusqu'au bout. D'ailleurs, si nous condamnons nous-mêmes les faits déplorables qui ont amené le crime dont nous demandons justice, est-ce à dire pour cela que nous acceptions toutes les insinuations qui ont été apportées devant vous ?

La première de ces insinuations est celle de lâcheté. Guillot aurait été provoqué et n'aurait pas voulu se battre. Il aurait engagé son honneur à ne plus venir dans le parc, et sans cause, sans motif, il aurait violé l'engagement d'honneur qu'il aurait pris.

Messieurs, pour excuser de grandes fautes, il faut de grandes passions, et Guillot avait de grandes passions. Guillot, comme l'ont reconnu tous les témoins qui vivaient dans son intimité, était incapable d'une lâcheté, et jusqu'au fait qui s'est passé dans la famille de Jeufosse, jamais aucun reproche ne lui avait été adressé. On disait de lui qu'il était courageux jusqu'à la témérité : on disait de lui, et on l'a répété devant vous, qu'il était d'une loyauté à toute épreuve. Eh bien, a-t-il en réalité commis une lâcheté, et a-t-il refusé de se battre ? Il n'a jamais été provoqué. On lui a demandé des explications, et il a eu le tort d'en donner qui étaient contraires à la vérité. Il a eu le tort plus grave d'engager ce que tout le monde respecte, l'honneur. Mais, Messieurs, il obéissait à un sentiment dont il n'était pas le maître, et que les témoins eux-mêmes ont caractérisé. M. Odoard du Hazey vous a dit : « Il était amoureux fou. » Le témoin a ajouté : « De l'institutrice. » Eh bien, c'était une erreur ; ce n'est pas de l'institutrice, c'était de mademoiselle Blanche de Jeufosse. Pour arriver à se retrouver tous les jours dans les conditions où il avait vécu longtemps avec cette jeune fille, il a accepté toutes les conditions qu'on lui a imposées. Et puis, comme lâcheté on ne pouvait reprocher à Guillot que ce qui s'était passé dans l'entrevue avec Ernest de Jeufosse chez M. Odoard du Hazey. Or, il n'y avait pas grand courage à avoir puisque tout se passait entre M. du Hazey et M. Tripet. D'un autre côté, on ne lui demandait pas raison, et il ne connaissait pas la lettre qui lui avait été écrite. On lui demandait : « Allez-vous dans le parc de Jeufosse ? » Et il répondait : « Je ne vais pas dans le parc de Jeufosse. » S'il parlait de l'institutrice, c'est qu'il voulait à tout prix cacher à la famille de Jeufosse que c'était Blanche qui le conduisait au parc de Jeufosse.

Enfin, il résulte de la correspondance et des débats que, croyant sa femme insultée par un propos attribué à M. Huet, il s'était adressé à son frère par dépêche télégraphique, et qu'il l'avait chargé de demander des explications et une réparation d'honneur. Ainsi, au point de vue de la lâcheté, rien de sérieux à dire contre Guillot. Le tort d'avoir donné sa parole sur un fait et de ne pas l'avoir tenue est aussi expliqué. Dans l'espoir d'une réunion prochaine, il voulait cacher à la famille de Jeufosse le véritable mobile de sa conduite.

Il y a un autre fait que nous repoussons de toutes les forces de notre conscience, c'est le fait de la lettre anonyme. Il est certain que quand la lettre fut apportée par M. Tripet dans la conférence qui eut lieu avec M. du Hazey, Guillot la lut tout entière, et il est certain aussi que son attitude fut celle qu'il a toujours manifestée. Guillot se plaisait à chercher et à signaler dans les lettres les fautes d'orthographe, et s'il en a signalé une dans cette lettre, c'est qu'elle a frappé ses yeux. Vous dites que la faute d'orthographe était volontaire, qu'il l'a signalée pour essayer de détourner les soupçons, et que la lettre était de lui. Non, la lettre n'était pas de lui ; il a protesté contre elle de toute la force de son indignation, devant sa femme, devant ses amis, devant ceux qui la lui imputaient. Et d'ailleurs, si vous prétendez que la lettre était de lui, pourquoi ne l'avez-vous pas produite ? où donc est-elle ? Comparons les écritures, ou disons avec Émile Guillot qu'elle avait été écrite par celui qui voyait avec regret la paix se faire entre les deux familles.

Un troisième fait, qui serait encore une lâcheté, n'est pas plus sérieux. Guillot, dit-on, se serait introduit le 29 mai dans la maison de madame de Jeufosse ; il aurait pénétré dans l'appartement de son mari, et, n'osant s'adresser à sa femme, à ses fils, il se serait adressé à ce qu'ils avaient de plus cher, au cœur, au souvenir du père et du mari. Je nie le fait ; vous n'avez aucune espèce de preuve, ni même un commencement de preuve. C'était en plein jour ; les domestiques étaient répandus dans le château. Si Émile Guillot était venu à Jeufosse, vous l'eussiez rencontré et vous produiriez des témoins. Émile Guillot d'abord se gardait d'aller au château de Jeufosse dans le jour. Ensuite, dans l'instruction, on a reconnu que les maculations faites au portrait étaient insignifiantes ; qu'elles se trouvaient sur le cadre ; qu'il n'y en avait aucune trace sur le tableau. Parlerez-vous de cette quantité de terre qu'un témoin a évaluée à la moitié d'un dé à coudre ? Mais si vous ne faites pas la preuve contre moi, je la fais contre vous ; j'ai la constatation des lieux, et, d'après cette constatation, il est matériellement impossible d'arriver du dehors dans la chambre où se trouvait ce portrait. Les habitués du château eux-mêmes pénétraient avec difficulté jusque dans cette pièce.

Ces trois faits écartés, de quoi ai-je à m'occuper ? Ai-je à m'expliquer sur la conduite de Guillot comme mari ? Je suis le seul dans cette enceinte qui aie le droit et le devoir de me taire sur ses mœurs. Comme père, il était le meilleur des pères, il adorait ses enfants. Son dernier mot a été pour eux : « Tu demanderas pardon à ma femme et à mes enfants. »

Comme citoyen, il était aimé, considéré partout. Le jour de ses funérailles, les habitants de Gaillon, d'Aubevoye, se pressaient autour de son cercueil ; l'église et la place étaient trop petites pour contenir les amis qui le pleuraient. Tous savaient qu'Émile Guillot avait été un homme généreux ; il avait des défauts sans doute, mais on disait avec raison que ses vices étaient plutôt dans son organisation que dans son cœur.

J'aborde la partie la plus difficile de ma tâche.

Émile Guillot a-t-il fait des confidences avec la volonté de compromettre mademoiselle Blanche de Jeufosse, dans le but de se venger de sa mère ? Je le déclare, ce serait une infamie contre laquelle des enfants, même orphelins, n'auraient pas le droit de défendre la mémoire de leur père. Heureusement, je vous apporte une réponse éclatante. Vous vous rappelez que les confidences ont commencé en juin 1856, que les visites datent de novembre 1856 et, qu'à ce moment, il n'existait entre Guillot et la famille de Jeufosse aucun sujet de colère, aucun motif de vengeance. Ce n'est donc pas par esprit de vengeance qu'il aurait fait des confidences pouvant compromettre Blanche de Jeufosse. Il a fait des confidences, soit ; ces confidences ont été fausses ou vraies : fausses, elles sont coupables ; exactes, elles ne le sont pas moins. Cela est évident. Un homme d'honneur n'a pas le droit de se vanter des faveurs d'une femme. Mais il faut vous rappeler la nature, le caractère de l'homme : on vous l'a dit, il était extravagant et fou ; il poussait toutes choses à l'excès. Mais au moins ces confidences étaient-elles vraies ? Elles étaient exagérées, je le crois. Je crois qu'il n'y a eu, de la part des deux jeunes filles à l'égard d'Émile Guillot, que des imprudences et des légèretés. Mais il y a eu des imprudences, il y a eu des légèretés. Ah ! soyez sûrs que ni moi ni cette jeune femme ne voulons toucher à l'honneur de Blanche de Jeufosse et de Laurence Thouzery ! Au contraire, si nous n'avions pas le devoir de rendre aux enfants de Guillot un nom honorable, nous voudrions, malgré le crime dont on s'est rendu coupable, ne leur imputer aucune faute ; mais comment ne pas blâmer leur légèreté ! Cette légèreté en quoi a-t-elle consisté ? Elles ont encouragé les entreprises de Guillot. La coquetterie de Laurence Thouzery est évidente, reconnue, acceptée par tous, avouée par la famille elle-même. Gros, M. du Hazey, M. Tripet ont vu Laurence échanger des coups d'œil et des signes d'intelligence avec Guillot, devant eux elle lui serrait la main. Elle a poussé l'imprudence plus loin. Crépel vous a dit que Guillot s'était livré sur cette jeune personne à des attouchements, et qu'elle ne paraissait pas vouloir se défendre. Ma preuve n'est-elle pas faite ainsi? J'ajoute qu'il en a été de même pour Blanche de Jeufosse : elle a commis aussi des légèretés. Vous savez l'empire qu'un homme audacieux exerce sur une jeune femme. Émile Guillot a évidemment parlé d'amour à Blanche de Jeufosse. Comment les faits se sont-ils passés? Faut-il croire à toutes les confidences? Je fais la part de l'exagération des récits, mais il est certain qu'il y a eu des familiarités. C'est un fait que Guillot vivait dans l'intimité de Blanche de Jeufosse, qu'il touchait du piano avec elle, qu'un jour madame Baron, les voyant ainsi à côté l'un de l'autre, fit cette observation : « Mais enfin, mon enfant, on ne reste pas seule avec un homme de l'âge de M. Guillot. » Maintenant quelle a été l'importance de ces légèretés? Quels faits doivent être relevés dans ces récits, dans ces prétendues confidences? Émile Guillot n'a jamais parlé de Blanche de Jeufosse que dans des termes respectueux, affectueux. Cependant Blanche de Jeufosse, vers le mois de novembre, écoutait Guillot dans le salon de sa mère, il lui disait qu'elle était jolie, qu'il l'aimait ; il a essayé de l'embrasser. Elle n'a rien dit à sa mère, ce sont là des légèretés. Enfin, Émile voyait les choses avec les yeux de sa folle passion. Blanche ne parlait pas, ne se plaignait pas ; il rêvait, il croyait qu'elle devait lui céder. Allons d'ailleurs plus loin dans les preuves de la vérité d'une partie des confidences, c'est-à-dire de l'existence des légèretés qui ont encouragé Guillot. Au mois de novembre, après le dîner, Blanche de Jeufosse descendait dans le parc ; elle paraissait inquiète, préoccupée ; mademoiselle Thouzery l'atteste. A cette époque, le témoin surprenait une conversation dans une chambre, le soir, sans lumière, et il était évident pour Laurence, au moment où elle déposait, que Blanche de Jeufosse avait parlé à quelqu'un. Il est certain aussi qu'elle n'a donné aucune explication, dans son premier interrogatoire, sur ce prétendu monologue de Blanche, se plaignant de ce qu'on aurait laissé la fenêtre ouverte. C'est plus tard qu'on a imaginé ce système, et il faut, au contraire, remarquer avec soin que Laurence a signalé le mécontentement, l'humeur de Blanche, en écoutant ses observations.

Le fait était si grave pour elle qu'elle en a parlé au témoin Huet, que plus tard elle en a parlé à madame de Jeufosse.

Enfin, le témoin Anquetin, après la rupture, a vu, dans l'église de Gaillon, une véritable correspondance entre Blanche de Jeufosse et Émile Guillot. Blanche se retournait, semblait le chercher et lui parler avec de longs regards. Ajoutons que, le 17 mai 1857, Blanche de Jeufosse, dans sa voiture, recevait en souriant un billet qu'Émile lui jetait, et il est certain que ce billet n'a pas été remis le même jour à sa mère. Il y avait donc des légèretés de la part de Blanche de Jeufosse. De là viennent les confidences et les exagérations de ces confidences. Je n'entends pas aller plus loin dans la justification des entreprises d'Émile Guillot ; je voudrais ne pas compromettre l'honneur de ces jeunes filles : elles ont été imprudentes, elles ont excité des désirs coupables, mais leur faute unique est là en même temps qu'une certaine justification de la conduite de Guillot. Il reste, dans tous les cas, certain que Guillot n'a pas fait des confidences mensongères dans un but de vengeance. N'oubliez pas que les premiers récits remontent en juillet 1856 ; qu'au mois de novembre il allait secrètement à Jeufosse. C'est en janvier 1857 seulement que la rupture éclatait. Permettez-moi, pour finir, de me demander quels étaient les moyens qui restaient à madame de Jeufosse pour se défendre des entreprises d'Émile Guillot. Madame de Jeufosse aurait trouvé un abri dans les actes les plus simples de la vie, elle pouvait s'éloigner de Jeufosse pendant quelque temps. Ne croyait-elle pas devoir quitter son château pour sauver l'honneur de sa fille ? Elle pouvait s'adresser aux magistrats, elle aurait trouvé auprès d'eux un appui certain. Madame de Jeufosse va m'arrêter et me dire : « C'eût été exciter le scandale. » Le scandale pour demander protection à la loi, à des magistrats discrets et protecteurs des familles ! Est-ce que par hasard vous avez craint, dans d'autres circonstances, de porter votre nom au Tribunal ? Allons donc ! Quand il s'est agi de conserver votre fortune, quand vous avez vu votre fils Ernest compromettre son patrimoine, vous avez sollicité sans hésitation l'intervention de la justice. Vous avez coupé court aux actes déréglés de sa vie, en lui faisant nommer un conseil judiciaire. Quand il s'agissait de sa fortune, vous avez demandé, sur des choses indifférentes, la protection des magistrats, de manière même à exciter l'attention publique. C'est ainsi que, pour ne pas payer des créanciers, vous avez publié ses relations et ses amours avec telle ou telle fille de bas étage. Alors vous n'avez pas craint le scandale. Direz-vous qu'il s'agissait de l'honneur de votre fille ? Mais les magistrats sont des pères de famille, et ils savent, quand il le faut, accorder la protection de la justice aux citoyens, sans provoquer la curiosité ou la malignité publiques. Vous auriez trouvé près d'eux un secours, un appui ; vous n'avez pas demandé ce secours, cet appui. Pourquoi ne les avez-vous pas voulus ? Parce qu'il existait entre vous et Guillot un secret. Lequel ? Nous ne le savons pas. Ce secret que Guillot possédait, qu'il a gardé, c'est celui que madame Dutfoy connaissait avec lui, c'est celui que M. Tripet a voulu et n'a pu découvrir. Mais laissons ce secret, contre lequel vous protestez, que m'importe ! Madame de Jeufosse est honnête femme, soit ! je le veux bien. Mais elle est coupable de haine. La colère et la passion l'ont armée contre Guillot. Elle a voulu se venger de lui : Elle a armé le bras de Crépel et fait assassiner Guillot.

J'ai fini, Messieurs ; maintenant vous allez entendre une défense aussi éloquente qu'habile. Tout ce que l'intelligence et le cœur peuvent dicter à l'homme, tout ce que l'art oratoire, représenté par les maîtres les plus puissants et les plus habiles, peut enfanter de merveilles, vous l'entendrez. On ira chercher dans vos âmes les mouvements les plus secrets, et nos adversaires montreront à vos yeux étonnés un tableau nouveau.

Les fils de Jeufosse, on vous les présentera comme de jeunes hommes ardents et légers, à la jeunesse desquels il faut pardonner ; demandez-vous alors si vos fils, pour venger leurs sœurs, ne trouveraient que l'assassinat. On vous demandera si cette mère n'avait pas le devoir de défendre l'honneur de sa fille ; cherchez dans vos consciences : elles vous répondront qu'on peut défendre sa fille sans assassiner, et quand vous irez délibérer sur le sort de ces coupables, n'oubliez pas que l'asile de la société et de la civilisation s'appelle la loi, et que la vengeance, par ses mains, des injures personnelles, reste toujours un crime.

Audience du 17 décembre 1857.

PLAIDOIRIE DE M° BERRYER.

Messieurs,

Madame de Jeufosse n'est poursuivie par l'accusation que comme complice, mais elle se présente devant vous comme auteur principal du fait que vous allez juger. Elle veut que ma voix s'élève la première, bien moins pour la justifier que pour couvrir de sa responsabilité personnelle tous les accusés. Si un bras s'est armé, si un coup a été porté, c'est par elle, c'est par son ordre, c'est pour défendre la paix de son foyer, l'inviolabilité de son domicile; c'est pour maintenir l'honneur du nom que son respectacle mari lui a confié ; c'est pour protéger ce qu'elle a de plus cher au monde, l'honneur de sa fille. Oui, c'est par elle, c'est par son ordre qu'un serviteur dévoué et obéissant a porté le coup que le hasard seul a rendu mortel. Et ces fils, s'ils ont excité la vigilance et le zèle des gardiens du château de Jeufosse ; ces fils, n'ont été inspirés que par leur affection pour leur mère ; c'est le repos, c'est la dignité de leur mère qu'ils ont voulu faire défendre, c'est elle qu'ils ont ordonné de protéger. C'est donc à elle que remonte tout l'événement, c'est elle qui, s'il y avait un coupable, serait coupable, et seule coupable ; cette responsabilité pour tous, elle l'accepte, elle la réclame. Vous serez bientôt convaincus, Messieurs, que si cette responsabilité est douloureuse, puisque un événement funeste a eu lieu, elle ne saurait être coupable devant la loi et devant votre justice, dès que vous allez mieux connaître l'enchaînement de tous les faits de cette grande cause.

Il faut vous dire à cette heure à quelles désespérantes et lâches attaques madame de Jeufosse a été en butte ; quelle longue et cruelle lutte elle a soutenue : lutte de tous les sentiments honnêtes, lutte de la tendresse maternelle, lutte de la dignité d'une mère de famille contre des tentatives perverses, contre des persécutions impures, contre la séduction, contre les poisons dont un homme voulut flétrir son domicile pur et la chasteté de sa fille. Pour vous montrer ce qu'à été cette lutte, je ne reprendrai pas dans les débats ce qu'ils vous ont présenté de dégoûtant; je ne chercherai pas à ajouter à l'opinion que vous devez avoir du sieur Guillot, de son caractère, de ses mœurs, de sa nature dépravée. Je suis en face de sa veuve, je respecte sa présence dans cette enceinte ; son mari est tombé sous un coup meurtrier ; elle demande raison de cette mort à ceux qui ont dirigé le coup : elle remplit un devoir, sa conduite est pieuse, je la respecte, et ne veux repousser ses plaintes que par le récit des douleurs de madame de Jeufosse. Vous dire dans quelles alarmes, dans quel trouble, de quelle vie pénible, désolante, a vécu près d'un an cette mère assiégée dans sa retraite, menacée dans ce qu'elle a de plus cher au monde, c'est vous démontrer qu'elle s'est vue réduite à la nécessité, que dis-je, qu'elle a été dans le droit, qu'il a été son devoir de défendre sa maison, son enfant, son honneur.

La nécessité était impérieuse, le droit et le devoir ne sauraient être méconnus. Je vais, aussi rapidement que je pourrai, entrer dans l'examen des faits. Vous m'aiderez à abréger ma tâche, vous qui avez apporté une attentiou si scrupuleuse à toutes les audiences ; vous qui avez entendu la lecture de toutes les pièces et les déclarations de tous les témoins : je n'ai qu'à recueillir vos souvenirs, pour rectifier ce qui vient d'être dit au nom de la partie civile.

Mère de trois enfants, et veuve depuis plusieurs années, madame de Jeufosse avait une existence paisible et retirée. D'anciens liens d'amitié l'avaient unie à une dame Poncet ; celle-ci fut obligée par la modicité de sa fortune à chercher un asile modeste, et désira se rapprocher des lieux que madame de Jeufosse habitait. Elle trouva la demeure qui lui convenait, aux portes de Gaillon, dans une des dépendances de la propriété de M. et de madame Guillot. Cette amitié qui unissait madame de Jeufosse et madame Poncet, multiplia entre elles les occasions de se voir. Dans ces fréquentes visites, madame de Jeufosse rencontra souvent M. et madame Guillot. Des relations de politesse s'établirent naturellement avec ce ménage voisin ; au commencement de 1855, elles devinrent beaucoup plus intimes. Mademoiselle Blanche de Jeufosse grandissait, elle atteignait sa dix-septième année ; sa mère venait de lui donner une jeune compagne, la demoiselle Laurence Thouzery. Laurence Thouzery est la fille d'un homme pauvre, parfaitement honorable, qui avait été ami de feu M. de Jeufosse, qui lui avait rendu des services, et lui avait prodigué des soins ; il l'avait assisté jusqu'à ses dernières heures et avait reçu son dernier soupir. Mademoiselle Thouzery était une jeune fille intéressante, bien élevée par son père, malgré son peu de fortune, et qui venait d'obtenir un brevet d'institutrice. Ce fut alors que madame de Jeufosse l'appela près d'elle ; c'était au commencement de 1856. Laurence avait à peine vingt ans, son âge et son caractère devaient adoucir pour Blanche la gravité de la maison maternelle. Ces deux jeunes filles se complaisaient entre elles et jouissaient aussi des relations de voisinage établies avec madame Guillot. Aux agréments de sa personne, madame Guillot unissait de la simplicité dans ses manières, une bonne grâce empressée, et tenait dans le monde une conduite irréprochable.

La gaieté qui lui est naturelle et le peu distance d'âge qui la séparait de mademoiselle Blanche et de mademoiselle Laurence, leur rendaient sa société charmante, et madame de Jeufosse put sourire sans défiance aux jeux et aux relations amicales qui se multiplièrent entre cette jeune femme qui n'avait pas trente ans, et les deux jeunes filles, objets chéris de sa tendresse et de ses soins vigilants.

Mais bientôt une pensée perverse vint pénétrer au milieu de ces habitudes de bon voisinage. M. Guillot tenta d'abuser des innocentes familiarités qui, dans sa propre maison et sous les regards de madame de Jeufosse, rapprochaient de sa femme et mademoiselle Blanche et Laurence Thouzery. Ici je n'ai nul besoin de représenter le tableau de la vie entière de M. Guillot, et je ne veux pas jeter sur sa tombe l'expression de mépris qu'un témoin respectable n'a pu retenir à cette audience. Laissant donc de côté tous les antécédents, pour ne rappeler que les faits principaux constatés dans les débats, qu'il vous souvienne, Messieurs, de ce qui se passa au mois de mai 1856.

Madame de Jeufosse, qui a des habitudes religieuses, célébrait chaque année dans sa chapelle le mois de Marie, par des chants suivis de la prière du soir. La famille Guillot assistait presque tous les jours à cette retraite du soir. Ce fut dans une de ces réunions que le garde Crépel s'aperçut (n'allons pas employer des termes qui seraient équivoques) que Guillot s'approchait de mademoiselle Laurence d'une manière inconvenante, qu'il cherchait à la toucher par sa robe, qu'il allait même jusqu'à lui serrer le bras. Que voulez-vous que fasse une jeune personne, quand un homme s'approche indiscrètement d'elle ? Va-t-elle faire du bruit, de l'éclat, du scandale dans une chapelle ? Non, Laurence reste immobile, mais elle change de place le lendemain. Madame Dutfoy a remarqué aussi l'affectation de Guillot à s'approcher de mademoiselle Laurence, et M. Dutfoy, qui est un homme respectable, déclare qu'il a vu mademoiselle Laurence repousser, autant qu'elle le pouvait, les tentatives de Guillot. Le garde Crépel reproche à Guillot sa conduite : « Votre contenance, lui dit-il, n'est pas bonne, vous attaquez cette jeune fille jusque dans la chapelle. Vous faites une chose indigne de vous, homme marié et père de famille. » Guillot répond dans des termes orduriers que je ne veux pas reproduire : « Si je pouvais !... si je pouvais !... »

Madame de Jeufosse ne tarda pas à être informée de ce que l'on peut appeler au moins les indiscrétions de Guillot auprès de mademoiselle Laurence. Crépel, M. et madame Dutfoy, d'autres personnes encore l'en avaient avertie. Elle recommanda à cette jeune fille la plus grande retenue.

M. Huet, étant au cercle, et nous marchons dans le cours de l'année 1856, avait entendu dire que Guillot s'était vanté, à plusieurs personnes, d'avoir (il faut trancher le mot) obtenu les faveurs de mademoiselle Laurence. Désormais j'aurai peu à prononcer ce nom, qu'il me soit permis de dire que mademoiselle Laurence a tenu une conduite irréprochable ; qu'elle a résisté sans éclat, sans bruit, sans scandale, mais avec réserve, décence et sévérité aux convoitises de Guillot. Cela est reconnu.

L'homme débauché qui avait cherché à séduire cette jeune fille, reporta, dit-on, alors ses désirs, ses convoitises sur mademoiselle Blanche de Jeufosse ; c'est ce qui est déclaré dans l'acte d'accusation. Mais pour suivre l'ordre des faits, il faut rappeler ce qui s'est passé dans le dernier mois de cette année 1856.

A la fin de novembre ou au commencement de décembre, M. Tripet se disposait à aller passer l'hiver dans le Midi. Guillot, très empressé, veut l'accompagner au chemin de fer. On passe devant la maison de M. Huet, qui avait révélé à madame de Jeufosse ce qui s'était dit dans le cercle sur le compte de cette pauvre Laurence, et Guillot s'écrie : « Farceur de notaire ! sans lui, j'aurais eu mademoiselle Laurence. » M. Tripet ne manqua pas de lui faire des observations, mais elles furent inutiles, comme toutes l'ont été toujours.

Vers la fin de 1856, à une époque qu'il n'est pas bien facile de préciser, Guillot essaie auprès de Blanche de Jeufosse les tentatives coupables qu'il avait faites auprès de Laurence Thouzery.

Blanche est abordée par lui dans une rencontre ; il cherche à l'embrasser en passant dans un corridor ; il lui dit qu'il l'aime, qu'il ne pense qu'à elle. Blanche rapporte à sa mère le langage que lui a tenu Guillot. Mademoiselle Laurence Thouzery, pudique pour elle-même, ne l'était pas moins pour sa jeune compagne. Un soir, entendant la voix de Blanche dans une chambre à côté de celle de sa mère, elle entre précipitamment et la voit seule. Vous parliez à quelqu'un ? « Non (Blanche s'offense), je ne parlais à personne. » Laurence rend compte de ce fait à madame de Jeufosse, après l'avoir raconté à madame Huet, je crois. La voilà préoccupée de tous les mouvements de Blanche ; elle la trouve agitée, inquiète ; elle observe ses moindres mouvements. C'en était assez pour la prudente madame de Jeufosse. Dans ces entrefaites, madame Dutfoy vient lui dire : « Il faut, mon amie, après ce qui s'est passé au cercle de Gaillon, que vous rompiez toutes relations avec la famille Guillot ; ces relations, trop compromettantes pour Laurence, le seront bientôt pour vous. »

A quelques jours de là, la famille de Jeufosse était invitée à dîner chez madame Guillot. Malgré l'attachement et le respect qu'elle avait pour cette jeune femme, madame de Jeufosse dut refuser. Elle fit écrire par Blanche cette lettre qui, quoiqu'on en dise, ne réservait rien :

    « Bonne dame,

» Ma mère me charge de vous dire qu'elle est très fâchée de ne pas avoir été à
» la maison hier, quand vous êtes venue lui faire visite ; elle ne peut aujourd'hui
» accepter votre aimable invitation. Il y a des époques dans l'année qui sont plus
» difficiles à passer les unes que les autres, le jour de l'an est un de ces jours. Il lui
» manque des membres de sa famille, mes frères ne sont pas venus, cela l'attriste
» beaucoup ; elle vous prie donc de ne pas compter sur elle et vous remercie de
» votre aimable invitation.

» De plus, elle monte aux Rotoirs, près de cette bonne dame Huet, qui a sa mère
» on ne peut plus mal.

» Veuillez recevoir, ainsi que mademoiselle Barrault, nos souhaits de bonne
» année, et embrasser pour nous Paul et René.

        » Votre affectionnée ,   » B. DE JEUFOSSE.

    » Le 1er janvier 1857. »

Deux ou trois jours après, M. Odoard du Hazey recevait à dîner M. et madame Guillot. Il avait invité d'autres personnes, parmi lesquelles se trouvaient madame de Jeufosse, sa fille et l'institutrice. A ce dîner, M. Guillot se plaint de ne pas trouver chez mademoiselle Blanche l'accueil amical qu'il en recevait habituellement, et mademoiselle Blanche lui dit : « Vous savez quels propos ont été tenus par vous au cercle. » Guillot, blessé de cette réserve, de cette froideur extrêmes, en parle à sa femme. Dès le lendemain, 5 janvier, madame Guillot vient à Jeufosse et demande des explications. Madame de Jeufosse les lui donne. Elle a connu par madame Huet les propos relatifs à Laurence ; mais quelque chagrin, quelque douleur qu'elle ait de voir le nom de Blanche déjà mêlé à certaines paroles indiscrètes (et vous avez vu à quel point elles étaient indiscrètes) sur le compte de sa jeune compagne, elle ne parle pas de sa fille, elle ne parle que de la gouvernante. Elle s'en explique avec madame Guillot, elle apprend à madame Guillot les propos tenus par son mari à l'égard de l'institutrice. Madame Guillot répond : « Ce n'est pas possible, mon mari n'a pas tenu de pareils propos ; il serait un lâche s'il les avait tenus. »

Le lendemain de cette conversation, madame de Jeufosse, en femme expérimentée et prudente, en femme qui sait le monde, dit à madame Guillot : « Mon amie, il faut cesser de nous voir pour le moment, nous verrons plus tard ; mais il faut faire tomber les bruits qui courent si malheureusement. » Averti par sa femme de cette résolution de rupture imposée par madame de Jeufosse, M. Guillot écrit à cette dernière la lettre suivante :

« Madame.

» D'après l'explication provoquée par madame Barrault et sa fille, il résulte
» pour moi ceci, c'est que, malgré vos affirmations que les faits racontés contre
» moi sont faux, votre opinion sur ce point ne m'est pas favorable.

» Vous êtes, madame, jalouse de l'honneur de mademoiselle Blanche, je suis
» jaloux du mien et j'ajouterai aussi de celui de mademoiselle votre fille ; car, en
» vous demandant hier que vous voulussiez bien faire connaître la source où vous
» avez puisé ces tristes renseignements (ils n'étaient que trop exacts !), c'était faci-
» liter un éclaircissement. Vous l'avez refusé, pensant que plus on donnerait de
» suite à l'affaire, plus il y aurait de bruit, et, par contre, plus les personnes inté-
» ressées se trouveraient exposées au profit des méchants.

» C'est aussi mon avis, et je ne chercherais nullement à éclaircir ces noirceurs,
» si j'étais certain que je conserve votre amitié et votre estime, ainsi que celle de
» mademoiselle Blanche, choses auxquelles j'attache la plus grande importance ;
» plus j'y tiens et plus je ferai pour les conserver ; ainsi des éclaircissements me
» paraissent nécessaires, et une prière de votre part seule m'empêchera d'instruire
» Ernest et Albert de ce qui se passe. Je compte trouver près d'eux l'appui que
» je mérite, et loin de craindre en eux des adversaires, j'y vois des amis qui me
» conserveraient l'estime que d'autres paraissent vouloir me refuser, car que pour-
» rais-je avoir dit en plein cercle sur l'honneur de mademoiselle Blanche que tout
» le monde aime et estime comme elle le mérite, et sur le compte de laquelle,
» quoique n'étant pas de sa famille, je ne permettrais aucun mot déplacé en ma
» présence ?

» Maintenant, disons tout : peut-être, en effet, quelques propos ont-ils été tenus
» par ces braves gens de Gaillon, et encore j'en doute malgré toutes les allégations
» mensongères de votre rapporteur, mais pourquoi les mettre sur mon compte et
» les appliquer à votre maison ?

» Permettez-moi aussi un conseil : vous désirez, et je suis à vos ordres, que nos
» relations soient pour quelque temps moins suivies, afin, dites-vous, de laisser
» tomber tous les prétendus bruits. Je dis prétendus, car je n'y crois pas ; ce moyen,
» selon moi, est le pire de tous, car les langues ne manqueraient pas de dire alors :
» Ils ont rompu, donc il y a du vrai dans tout cela.

» Les attaques dont je suis l'objet vous ont été communiquées par mademoiselle

» votre fille. Puis-je espérer, madame, que cette lettre sera connue d'elle ? je l'attends
» de votre équité.

» Je vous prie, madame, de recevoir mes hommages respectueux.

» GUILLOT.

» Aubevoye, 6 janvier 1857. »

Il parle d'estime et d'amitié ! Ce n'étaient pas là les sentiments qu'avait
exprimés madame de Jeufosse à son égard. Quoiqu'il en soit, madame de Jeufosse garda le silence sur cette lettre, qui n'amena aucune explication vis-à-vis
de Guillot. La rupture était donc complète.

Dès ce jour, Messieurs, dès le 7 ou le 8 janvier, qu'arrive-t-il ? Ce qu'on a
appelé dans l'acte d'accusation un système de conduite singulier de la part de
Guillot, ce que quelques témoins ont appelé des scènes extravagantes. Le fait
est que tous les moyens de compromettre madame de Jeufosse et sa maison,
tous les moyens de la signaler au public, sont employés par Guillot. Il affecte
de venir sonner du cor, à différentes heures du jour, au-dessus du parc ; il
affecte, partout où passent ces dames, de couper leur chemin, de traverser
devant elles, de passer, de repasser. Cette affectation est remarquée de tout
le monde. Il fait plus, il pénètre dans l'intérieur, il franchit la clôture.... Et
ici, qu'on n'équivoque pas sur les mots ; un mur peut avoir quelque brèche,
une barrière un barreau brisé au milieu, ce n'en est pas moins un endroit
clos ; une simple haie serait encore une clôture défendant l'accès d'une propriété sacrée, d'un domicile inviolable. Guillot franchit cette clôture, cette
barrière, pour pénétrer dans le parc. Qu'y vient-il faire ? Des scènes inconcevables. Est-ce un homme épris qui veut, sans que personne de la maison
s'en aperçoive, approcher d'une jeune fille qui aurait consenti à l'aller trouver
au lieu indiqué ? il aura soin de s'envelopper de mystère. Telle n'est pas la
conduite de Guillot. C'est du bruit qu'il lui faut, c'est de l'éclat ; il veut que
tous les domestiques sachent qu'il y a un homme dans le parc, et que cet
homme c'est lui. En un mot, son attitude est tout ce qu'il y a de plus compromettant pour la famille. Un jour, ce sont de petits coups frappés sur les
carreaux ; un autre jour, de la poussière répandue sur le parquet ; dans un
autre moment, il soulève la fenêtre, écarte les rideaux pour voir ce qui se
passe dans l'intérieur de la maison ; il se livre enfin à tous les actes extérieurs
qui peuvent faire du bruit, signaler sa présence, révéler à tout le monde qu'il
est là. Il laisse ses traces sur la neige ; il fuit en donnant du cor ; on l'appelle,
il répond, on reconnaît sa voix, il se sauve par-dessus les murs ; tout indique
chez lui la volonté de signaler sa présence, de la faire constater. Il simule une
sorte de jeu, il feint d'être poursuivi et de fuir pour que tout le monde le
voie ou l'entende. Et puis son domestique l'accompagne ; car il s'arrange de
façon qu'il y ait là toujours un homme, tantôt Anquetin, tantôt un autre, afin
de faire croire qu'il a des rendez-vous secrets.

Ce n'est pas là la conduite de l'homme vraiment et criminellement (il était
marié depuis dix ans) épris d'une jeune fille, venant pour profiter des imprudences du jeune âge et jouir dans le mystère de ce qu'il a arraché à l'innocence. Non, non, ce n'est pas à l'entraînement de la passion qu'il cède ; c'est
du bruit, c'est du scandale qu'il lui faut. Et l'on ne voudrait pas qu'une si
odieuse conduite eût déterminé chez madame de Jeufosse la résolution de faire

respecter sa maison, d'user du droit le plus sacré ! Nous avons la liberté d'empêcher qu'on entre dans notre jardin, dans notre enclos pour y voler quelques
fruits, nous avons le droit de faire protéger nos récoltes, nos espaliers, les
choses de la moindre valeur, et nous n'aurions pas celui d'empêcher un malfaiteur de pénétrer la nuit dans notre domicile !

Que fait madame de Jeufosse ? Ce n'est pas par des étrangers à la maison
que vous avez su comment elle s'était fait garder, c'est par les déclarations de
ses serviteurs. C'est Constant, c'est Corbeau le jardinier, c'est Crépel qui seuls
vous ont appris comment les ordres étaient donnés par madame de Jeufosse.
Le droit de les donner ne peut donc pas être mis en doute. Du dehors, il n'est
personne qui puisse venir dire : « Madame de Jeufosse a parlé de telle et telle
manière. » Les gens de la maison seuls peuvent nous éclairer à cet égard. Or,
rappelez-vous la déclaration de Corbeau, faite au moment même, immédiatement après le fatal événement. Il explique comment, dans le mois de janvier,
madame de Jeufosse a ordonné à ses gens de surveiller, d'arrêter, s'il était
possible, celui qui troublait ainsi le repos de sa maison. « Plusieurs d'entre
nous, a-t-il dit, ont rempli cette mission. Je l'ai remplie jusqu'à onze heures
du soir le 7 janvier, j'étais armé d'un fusil, mais il m'était expressément défendu
d'en faire usage. »

Un autre témoin affirme que madame de Jeufosse avait dit à cette époque :
« Prenez garde ! le fusil de Crépel est chargé.... En tous cas, mettez-y du sel. »
Guillot continue ses obsessions ; elles durent presque tout le mois de janvier.
Pendant ce temps, chacun fait la garde. On le voit, on court après lui, et il
constate lui-même sa présence en répondant par son nom aux cris de ceux qui
le poursuivent. Les choses durent ainsi jusque vers le milieu de février.

Au mois de janvier, je dois le dire, malgré cette surveillance de tout le
monde, du jardinier, du garde, du cocher, madame de Jeufosse toujours
inquiète apprend que ses deux fils sont arrivés à Vernon pour les funérailles
de leur oncle, Lemarchand, et les fait prier de venir à Jeufosse. L'un, Ernest,
est obligé de retourner à Paris ; l'autre, Albert, se rend auprès de sa mère. Sa
mère lui parle de ses obsessions, des visites nocturnes, de la difficulté où
elle est de protéger sa maison. Albert reste plusieurs jours avec elle et fait lui-
même la garde, puis il retourne à Paris. A Paris, quelque temps après, à
l'occasion d'un déjeuner où un de leurs cousins racontait aux deux de Jeufosse
ce qui se disait de si chagrinant à Gaillon, Albert fait des révélations à Ernest.
C'est alors que ne sachant pas que le nom de sa sœur fût compromis, mais
fatigué de voir la situation de sa mère troublée, ce dernier écrivit au garde la
lettre dont on vous a parlé.

Cependant, madame de Jeufosse est dans une situation intolérable pour une
mère : elle voit sa maison menacée, assiégée, le nom de sa fille compromis,
ainsi que celui de la jeune personne qu'elle recueillait, car c'était autant pour
assurer à Laurence un asile, que pour donner une compagne à Blanche, qu'elle
avait appelé cette jeune fille ; accomplissant un acte de reconnaissance et de
bienfaisance tout à la fois. Elle n'ose s'expliquer vis-à-vis de personne ; elle a
presque imposé silence aux amis qui lui ont fait connaître les bruits du cercle
de Gaillon. Elle attend sous la garde de ses serviteurs et de ses fils la fin des
obsessions dont elle est l'objet.

Dans ces entrefaites, M. du Hazey reçoit une lettre de M. Tripet, lui exprimant le chagrin que lui cause la rupture des deux familles, lui rapportant en même temps l'indigne propos que Guillot lui avait tenu, au moment où il l'accompagnait au chemin de fer, et le priant de prendre le rôle de conciliateur. Aussitôt qu'il est instruit de cette brouille dont personne ne l'avait entretenu, M. du Hazey, dans l'ignorance complète de la véritable situation des choses, fait une courte visite chez Guillot qu'il ne rencontre pas.

Il parle à madame Guillot, et lui dit qu'il voudrait s'expliquer avec son mari, qu'il est nécessaire de mettre fin à une rupture qui ne saurait être sérieuse, qu'il faut se rapprocher, se réconcilier. C'est dans cette circonstance que M. Odoard du Hazey rapporte le propos de M. Tripet, et que madame Guillot répond (elle l'a nié à cette audience) que son mari serait un lâche s'il avait tenu un pareil langage. Le lendemain du jour où M. Édouard du Hazey a fait des efforts de réconciliation auprès de madame Guillot, il veut faire les mêmes tentatives auprès de madame de Jeufosse. Les deux jeunes personnes sont présentes lorsqu'il arrive ; mais vers 10 heures elles se retirent, et c'est alors que cette malheureuse mère soulage son cœur en avouant à M. Odoard ce qu'elle n'osait dire à personne ; elle lui rend compte du trouble porté dans sa maison, de cette rumeur publique dans laquelle son nom et celui de mademoiselle Laurence sont si malheureusement mêlés. Je dois le dire, même à cette époque, madame de Jeufosse ne peut encore arracher à son cœur le nom de sa fille, elle ne parle que de Laurence ; mais c'est assez dire quelle est compromise par ce qui se dit à Gaillon de cette dernière.

Le lendemain M. Odoard va chez Guillot. Guillot était absent et M. Odoard allait partir, lorsqu'il arrive. On entre en explications ; Guillot assure qu'on le calomnie, qu'il ne va pas dans le parc de Jeufosse ; mais il reconnaît que c'est lui qui donne du cor ; que c'est lui qui cherche à se montrer à la suite de ces dames, à les croiser, à les narguer. Il promet qu'il ne fera plus rien de semblable. Il engage sa parole d'honneur vis-à-vis de M. Odoard, tout en niant qu'il soit l'auteur des invasions nocturnes dans le parc de madame de Jeufosse. M. Odoard du Hazey, après cette conversation qui fut longue, vient en rapporter les détails à madame de Jeufosse et la rassurer. « Soyez tranquille, lui dit-il, quand vous m'avez ouvert votre cœur, quand vous m'avez parlé de vos chagrins et du trouble apporté à votre repos, je vous ai dit que ce trouble je le ferais finir. J'ai vu M. Guillot, il m'a donné sa parole d'honneur que tout cela allait cesser, vous n'en entendrez plus parler. »

Grâce à la confiance que madame de Jeufosse avait en M. Odoard du Hazey, grâce à la parole qu'avait reçue M. Odoard du Hazey (parole qui ne fut pas longtemps gardée), le silence se rétablit dans le parc de Jeufosse, et vers la fin de février, les visites nocturnes cessèrent complétement. Mais un jour arriva, au mois de mars, où l'un des fils de madame de Jeufosse fut averti par un de ses parents que tout ce tapage autour de Jeufosse venait de Guillot. Ernest écrit aussitôt à Guillot (cet homme qui, dit-on, ne mentait jamais) que malgré ses dénégations formelles, et les serments qu'il a prêtés à M. Odoard, il était évidemment l'auteur de tout le trouble apporté dans la maison de Jeufosse. Ce jeune homme indigné, sans savoir cependant autre chose, écrit à Guillot la lettre dont on vous a donné lecture et dans laquelle il dit : « J'apprends qu'il y a des loups-garous ou des revenants, mais j'ai donné des ordres pour qu'on tire dessus. » Je me borne à citer cette phrase, vous connaissez les termes de la lettre.

Elle tombe entre les mains de madame Guillot. Madame Guillot, avec une grande sagesse, une grande prudence, comprenant que c'est une véritable provocation en duel, retient la lettre au lieu de la remettre à son mari. On dit, et je le crois, que son mari ne l'a jamais vue ; inutile d'engager une discussion sur ce point. Guillot, grâce à sa femme, n'a pas connu la lettre que le jeune Jeufosse lui a adressée, je le veux bien ; madame Guillot la communique à son beau-frère, M. Paul Guillot. Ce dernier, en la recevant, en écrit une immédiatement à M. Ernest de Jeufosse, conçue dans des termes très vifs et non moins blessants que ceux dont s'était servi Ernest de Jeufosse vis-à-vis d'Émile Guillot. Voici ce que madame Guillot avait écrit à son beau-frère le 18 mars, en lui envoyant la lettre d'Ernest de Jeufosse.

» 18 mars 1857.

» En reconnaissant mon écriture, Paul, vous allez vite comprendre qu'il faut une
» affaire bien grave pour me décider à vous écrire, j'arrive promptement au but.

» Il y a un an environ, Émile vit presque tous les jours chez madame de Jeufosse,
» où nous allions intimement, l'institutrice de sa fille, jolie fille, très coquette ; il
» lui fit la cour, et pendant six ou huit mois, personne ne parla trop haut de ce
» petit manége. Pour une raison que j'ignore, la demoiselle, il y a environ deux
» mois, devint plus facile, puis finit par se plaindre à madame de Jeufosse ; des can-
» cans de domestique vinrent se joindre à cela. Bref, après plusieurs explications
» avec madame de Jeufosse, on ne se vit plus ; il courut dans tout le pays qu'un
» homme allait tous les soirs à Jeufosse dans les jardins, jouait le revenant, et tout
» le monde, madame de Jeufosse surtout, resta persuadée que ce personnage mysté-
» rieux était votre frère ; je commence par vous dire, moi, que je ne le crois pas.

» Mais ce qui est malheureusement vrai, c'est qu'Émile eut le tort de suivre ces
» dames, de se trouver toujours sur leur chemin ; enfin, il fit tant et si bien que,
» depuis deux mois, cette affaire qui peut devenir des plus malheureuses est la
» fable de tout le pays.

» Aujourd'hui arrive ce à quoi je m'attendais depuis longtemps.

» La Providence a voulu que cette lettre fut remise à moi au lieu de l'être à votre
» frère, je ne vous en adresse que la copie par prudence, je crois ; lisez et jugez : que
» dois-je faire ? Si je la remets à son adresse, une rencontre est inévitable. Je suis
» allée aujourd'hui trouver madame de Jeufosse, je lui ai donné connaissance de
» la lettre ; au bout du compte cela doit la toucher de près aussi. J'ai trouvé une
» femme des plus montées qui a fini par me dire : « Chère dame, votre mari s'est
» conduit comme un p........, il en arrivera ce que Dieu voudra. »

» Avant de remettre la lettre à Émile, votre avis prompt, je vous prie. Émile
» ignore toutes ces démarches ; j'ai donc confiance que vous voudrez bien faire
» mettre l'adresse de votre réponse par une main étrangère et à l'adresse de ma
» tante ; je compte sur votre délicatesse pour ne pas me mettre en avant vis-à-vis
» de votre frère, qui m'en voudrait peut-être, puisqu'il n'a pas encore jugé conve-
» nable de vous instruire de cette grave affaire.

» Vous voyez que votre avis m'est des plus nécessaires, car ai-je le droit de faire

» passer votre frère pour un lâche, ou faut-il subir les conséquences de cette pro-
» vocation ?

» Ajoutez à cela que la tête d'Émile est très montée.

» AIMÉE GUILLOT. »

Ce frère d'Émile, Paul Guillot, écrit donc à Ernest une lettre qu'il lui adresse sous la date du 18 mars et qui, je n'ai pas besoin de vous le rappeler, est fort vive. Paul Guillot se plaint beaucoup de l'insolence de celle qu'Ernest a adressée à son frère. La lettre de Paul parvient au château de Jeufosse ; Ernest est absent, il est à Paris ; c'est de Paris qu'il a écrit. Madame de Jeufosse ouvre la lettre. Elle a connaissance aussi, par la visite que lui fait madame Guillot, de celle que son propre fils a écrite à Émile Guillot. Elle est dans des inquiétudes mortelles. Ces lettres servent du moins à constater que madame de Jeufosse n'a pas cherché à exagérer la triste position où elle est ; elle sait que, par la faute de Guillot, la maison de Jeufosse est devenue la fable du pays. C'est là ce qui est rapporté par toutes les lettres, par celle de madame Guillot elle-même.

Que fait madame de Jeufosse ? Elle court chez M. Odoard et lui communique la lettre de Paul Guillot qu'elle a interceptée. M. Odoard pense qu'une réunion est nécessaire ; en conséquence, on écrit à M. Paul Guillot et on l'invite à se trouver à un rendez-vous. Le rendez-vous est pris pour le 19 mars. Le 19 mars, en effet, une explication a lieu, M. Odoard est un homme sage, prudent. Paul Guillot est aussi un homme sage et prudent. Ils conviennent qu'il faut mettre un terme à ce qui se passe ; qu'il faut que le jeune de Jeufosse sache que sa lettre n'est pas parvenue à Émile Guillot ; qu'Ernest Guillot en ignore l'existence, et d'une autre part, que la lettre très blessante écrite par Paul Guillot soit détruite.. Ces lettres sont détruites d'un commun accord ; elles sont brûlées. Je suis étonné qu'après une transaction pareille, dictée par mesure de prudence ou par tout autre motif, ces lettres brûlées puissent reparaître et que ceux-là mêmes qui en demandaient la destruction, en aient apporté ici une copie. Le procédé ne m'a pas paru parfaitement honorable.

Quoi qu'il en soit, le soir même, à la suite de cette conférence, M. Odoard du Hazey se rend chez M. Émile Guillot. Il y trouve plusieurs personnes réunies. Bien entendu, il ne parle pas de ce qui avait été l'objet de sa conversation avec M. Paul Guillot. Il n'en dit rien, puisqu'il voulait laisser ignorer à Émile Guillot l'existence de la lettre d'Ernest de Jeufosse. Mais il parle à Émile de sa conduite, de ses démarches, de ce qu'il a fait, de ses torts inexplicables, intolérables, et là pour la deuxième fois Émile Guillot lui promet qu'il ne s'occupera plus de Jeufosse, qu'il n'y retournera pas, qu'il laissera ces malheureuses femmes en paix ; il en fait le serment devant sa propre femme. C'est ce que M. Odoard a déclaré d'une manière très affirmative, en ajoutant qu'il n'avait d'autre but en se rendant chez Guillot que de faire ces observations et d'arriver à cette certitude. C'est alors pour la seconde fois que madame de Jeufosse est rassurée par M. du Hazey qui lui dit que tout est fini.

Que cette situation pour une mère est cruelle ! elle ne parle pas de sa fille, elle ne parle encore que de Laurence, mais elle sait que le nom de sa fille est compromis, engagé dans les conversations indiscrètes des habitués du cercle de Gaillon. Pour avoir une satisfaction, pour mettre un terme aux persécutions dont elle est l'objet, elle ne voit pas d'autre moyen à prendre que de se confier à un ami, à un parent qui deux fois a obtenu l'assurance que tout allait cesser. Un duel aurait pu avoir lieu... Ah! messieurs, je ne sais pas dans quel sentiment, dans quelle pensée on parlait tout à l'heure de fils, de frères qui auraient autrement procédé, qui auraient provoqué en duel! Ces fils, ces frères, cette mère, mettez-vous à leur place! Quand il s'agit de l'honneur d'une sœur, d'une fille, provoquer en duel, faire un éclat, en faire connaître sa cause, annoncer à tout le monde que l'honneur de cette sœur, de cette fille a été compromis, mettre en suspicion que cette jeune fille a été outragée! Placerez-vous une mère dans la situation horrible, pour protéger sa sécurité et sauvegarder l'honneur de sa fille, d'exciter à un combat à mort qui?... ses propres fils! Voilà la position de madame de Jeufosse : il faut que je perde l'honneur de ma fille, ou que je livre le sang de mes deux enfants! Non, non! ce n'est pas possible! Du silence, faire oublier, tel est, s'il en est un, le remède possible à tant de maux. Madame de Jeufosse apprend une seconde fois qu'il y a une parole d'honneur de Guillot que rien ne se renouvellera, et elle espère!

Nous voici au mois de mai. C'était la fête de mademoiselle Blanche.... je me trompe, c'était l'époque à laquelle madame de Jeufosse commençait habituellement la célébration du mois de Marie. Le 1er mai, on trouve trois pots déposés dans la nuit sur les marches de la chapelle. Qui a pénétré dans le parc? qui les a apportés?... On l'ignore, et c'est par Guillot lui-même, qui l'a déclaré à ses amis, que nous savons que c'est lui. Mais pour madame de Jeufosse, si troublée par les visites nocturnes, par les escalades qui avaient précédé; pour madame de Jeufosse vainement rassurée, ou à peine rassurée par les deux engagements pris par Émile Guillot vis-à-vis de M. Odoard, l'arrivée de ces pots de fleurs renouvelle toutes ses inquiétudes. Un fait plus grave a lieu. Madame de Jeufosse va à Gaillon; elle descend de la voiture avec madame Dutfoy, si je ne me trompe, et y laisse Blanche seule; l'institutrice est sur le devant à côté du cocher. Un témoin a déclaré que Guillot a passé et repassé, et qu'en passant il a jeté un billet dans la voiture. On n'est pas d'accord pour savoir s'il y avait deux personnes dans la voiture ou s'il n'y en avait qu'une seule. Un témoin dit que c'est Laurence qui a ramassé le billet, un autre que c'est Blanche. Quoi qu'il en soit, voilà une nouvelle obsession. Au même moment une lettre anonyme arrive chez madame de Jeufosse; elle est conçue dans les termes les plus dégoûtants. Madame de Jeufosse montre cette lettre à son fils Ernest. Faut-il qu'Ernest l'adresse au parquet et implore la protection des magistrats, des tribunaux, qu'il aille solliciter une information judiciaire, qu'il aille provoquer l'affreux malheur qu'a cette famille aujourd'hui d'être mise en spectacle, au milieu d'un concours immense et de cette nuée d'écrivains qui recueillent, pour les porter au bout du monde, les moindre détails de ce déplorable procès? Faut-il engager des poursuites pour sauvegarder l'honneur de cette jeune fille, déposer la lettre au parquet et faire procéder à une instruction judiciaire? Ah! il n'est pas besoin d'être mère pour connaître son devoir dans une si cruelle conjoncture! Quelle est la mère qui aurait voulu exposer le nom de sa fille à de semblables perquisitions? Non, c'est encore avec prudence, avec un sentiment maternel bien vrai que madame de Jeufosse dit à son fils : « Porte la lettre à M. Odoard du Hazey, qu'elle soit examinée. »

M. Tripet et M. Odoard du Hazey se réunissent. Ils ont la lettre dans les mains. De qui émane-t-elle? La question n'est point agitée aujourd'hui. Mais MM. Odoard et Tripet la montrent à Guillot, qu'ils ont invité à venir. Guillot, à qui ils avaient demandé une explication, avait répondu que toutes relations ayant cessé entre sa famille et celle de Jeufosse, il ne croyait pas une explication nécessaire; que cependant il se rendrait au rendez-vous proposé par M. Odoard. Il s'y est rendu avec empressement. Ernest de Jeufosse assiste à l'entretien. Tout se passe avec calme. Le calme avait été recommandé par la mère à cet impétueux jeune homme, dont l'ardeur était une crainte perpétuelle pour elle; à ce point que quand elle faisait quelque confidence à Albert, elle lui disait : « N'en parle pas à ton frère, il est trop vif, il ferait quelque éclat. » M. Odoard et M. Tripet montrent la lettre à Émile Guillot. Émile Guillot nie en être l'auteur; mais à son attitude, à sa contenance, pendant qu'il en prend lecture, à ses exclamations, on juge qu'elle est de lui. Ce n'est qu'une opinion, mais elle est si forte que, pour moi, elle équivaut à un fait. La véracité de M. Tripet ne peut être mise en doute; il a suffi de l'entendre. Pour ma part, je déclare que je n'ai jamais, en justice, entendu de déposition faite avec plus de dignité, de loyauté; jamais je n'ai vu un homme aux prises avec la vérité et le sentiment d'attachement qu'il a pour des amis, tenir avec plus d'équité la balance plus égale, et dire plus franchement toute sa pensée, brisant dans son cœur une affection presque paternelle pour la partie civile, mais sentant aussi dans son cœur ce sentiment d'honneur qui fait que devant la justice, un homme loyal jamais, jamais ne trahit en quoi que ce soit la vérité. M. Tripet a donné ce magnifique et rare exemple devant vous, de rester fidèle tout à la fois et à ses affections et à la vérité. (Mouvement.)

Il ne se trompait donc pas en attribuant la lettre à Émile Guillot.

Émile Guillot cherche à se défendre. Mais dans la conversation on lui dit : « Peu importe; les obsessions ne cessent pas : n'y aurait-il pas moyen de rendre la tranquillité à ces pauvres femmes? » On ne parlait que de Laurence, et vous avez vu qu'à une époque voisine, M. Odoard disait : « Je suis certain que Guillot n'a calomnié que Laurence. » Hélas! le cœur maternel de madame de Jeufosse ne s'y trompait pas. Quand on lui disait que dans les calomnies qui se répandaient contre le château de Jeufosse, il n'était encore question que de Laurence, elle prévoyait bien que le nom de Blanche y serait bientôt mêlé.

Guillot, dans cette entrevue du 19 mai, affirme sur l'honneur, devant M. Odoard et M. Tripet, que ce n'est pas lui qui a mis les pots de fleurs sur les marches de la chapelle de Jeufosse. Il s'en défend de toute manière. Il jure que ce n'est pas lui, et que, dans tous les cas, il n'y remettra jamais les pieds. Il en prend l'engagement solennel, et ce serment fait, il ajoute cette parole, qui est bien grave dans la cause : « Si l'on veut savoir qui va dans le parc, eh bien ! qu'on tire sur le visiteur nocturne, et l'on verra bien si c'est moi. » Voilà le serment, l'engagement, jusqu'au défi porté au droit qu'avait madame de Jeufosse de défendre sa maison, l'inviolabilité de son foyer. Voilà le défi porté, ne l'oubliez pas ; c'est là tout le procès. Et pendant qu'il jurait devant MM. Odoard et Tripet, il faisait ces fausses, ces horribles confidences que vous savez à ses camarades de chasse, à ses compagnons de plaisir ; il les faisait à ce jeune homme de vingt ans et à ce coiffeur, qu'il avait pour confident ; il les faisait à toute la ville de Gaillon, à ceux qu'il connaissait, et à ceux qu'il ne connaissait pas.

Mais enfin il a pris un engagement, l'honneur est engagé pour la troisième fois, le défi est porté, la provocation : « Qu'on tire, ce n'est pas moi qui ai mis le pied dans le parc de Jeufosse. »

M. Odoard du Hazey ne se contente pas de ce serment. Il rencontre dans ce moment-là même le juge d'instruction, il lui dit : « Mais enfin, monsieur, si je suis dans mon parc, et si l'on en franchit l'enceinte, si on l'escalade, est-ce que je n'ai pas le droit de tirer sur celui qui s'introduit ainsi la nuit dans mon domicile ? » Le juge d'instruction lui répond affirmativement. Le fait ne peut être douteux, car il est constaté dans l'instruction en termes ménagés sans doute, mais non équivoques. Voici comment s'exprime ce magistrat dans l'instruction :

« *D.* — N'avez-vous dit à madame de Jeufosse que vous aviez mis à la connais-
» sance du procureur impérial et du juge d'instruction, la conduite infâme de
» M. Guillot, et que ces magistrats vous auraient répondu qu'on pouvait tirer sur
» lui ?

» *R.* — Non, monsieur, je vais vous dire ce que j'ai pu dire à cette occasion à
» madame de Jeufosse.

» Je vous ai rencontré un jour, en compagnie de mon frère ; vous vous le rappe-
» lez, sans doute, dans la conversation je vous ai demandé s'il était permis de tirer
» sur un malfaiteur qui s'introduisait la nuit dans un enclos, dans un parc, en
» escaladant les murs : autant que je puis me le rappeler, vous m'avez répondu
» que la loi le permettait, et c'est là ce que j'ai rapporté à madame de Jeufosse.

» *D.* — Il est regrettable qu'au lieu de me poser ainsi la question d'une manière
» générale, vous ne m'ayez pas fait connaître les faits que vous connaissiez alors ; il
» est probable que la connaissance de ces faits, ainsi donnée à un magistrat, eût em-
» pêché ce qui est arrivé. Si je vous ai tenu le propos dont vous venez de me par-
» ler, je n'ai fait que vous rappeler un principe écrit dans la loi, et dont on ne peut
» user qu'avec la plus grande circonspection et dans le cas de périls imminents
» pour les personnes ou pour les choses. Je dois vous dire, du reste, que, consulté
» sur ce point, bien des fois déjà, je n'ai jamais donné un pareil conseil.

« *R.* — Je crois que vous m'avez répondu ainsi, ou du moins j'ai été de bonne
» foi, lorsque j'ai parlé à madame de Jeufosse. »

Je le répète, messieurs, le juge d'instruction, à qui l'on rappelle l'avis légal qu'il a donné, est obligé d'en convenir. Seulement il regrette qu'au lieu de lui poser la question générale, on ne la lui ait posée qu'avec les circonstances particulières de l'événement du 12 juin.

Quoi qu'il en soit, M. Odoard revient vers madame de Jeufosse et lui dit : « Nous avons un nouvel engagement, une parole itérative. — Mais, monsieur, je suis sûre qu'on s'est encore introduit dans le parc et que c'est M. Guillot ! — Non, n'en croyez rien ; ce ne peut être M. Guillot, il m'a donné sa parole d'honneur ; il m'a invité à faire tirer sur le visiteur nocturne. Et en effet, ma cousine, vous le pouvez ; c'est un droit qui appartient à tout le monde, de faire respecter sa propriété et de frapper ceux qui nuitamment y pénètrent par escalade ; voilà ce que m'a dit le juge d'instruction. »

Que fait madame de Jeufosse ? Les obsessions étaient de plus en plus fréquentes. Ce n'était plus seulement un billet jeté par hasard dans la voiture, c'étaient tous les jours des billets apportés dans le parc. Elle réunit ses serviteurs ; elle rappelle à Crépel un souvenir que Crépel a produit devant vous avec effusion de cœur, qu'au moment de sa mort M. de Jeufosse lui avait recommandé la garde de ses enfants et de ses propriétés ; elle lui dit : « Mais, Crépel, vous manquez à la mémoire de M. de Jeufosse ; je suis assiégée, je suis assaillie. » Et elle ne va pas dire à Crépel qu'il s'agit d'un intérêt bien autrement grand que celui de sa propriété ; elle ne va pas lui dire qu'il s'agit d'une chose bien plus chère, bien plus précieuse pour elle ; elle lui dit : « Faites bonne garde, ne craignez pas, vous pouvez tirer si un homme s'introduit de nuit chez moi. Faites bonne garde, tâchez de le saisir. » Tel est son langage, et il me faudrait bien peu de mots pour arriver à démontrer devant vous que ce qu'elle dit est son droit, son droit légitime.

La garde se fait dans le parc ; elle se fait le 10, le 11. Le 12 au soir, madame de Jeufosse étant dans son appartement, un coup de fusil part. Au bruit de l'arme à feu, effrayée, elle va vers sa porte, elle l'ouvre, et Crépel arrive ému, tremblant. Au même moment, on entend des pas ; Crépel ou madame de Jeufosse, je ne sais lequel, mais enfin entre eux il y a du bruit, on marche ; puis on se retire : voilà le premier moment de trouble. Bientôt tout est agité dans la maison ; les servantes ont entendu le coup de fusil. Laurence arrive, enveloppée dans un manteau, et dit à madame de Jeufosse : « Madame, j'entends des gémissements. » Que fait madame de Jeufosse ? Elle court avec sa fille et Laurence ; elle frappe à la porte de Constant. « Constant, levez-vous ! » Les domestiques sortent, Constant entre le premier dans le parc, les servantes vont sur ses pas, on éveille le jardinier, le vieux Crépel, tout le monde est sur pied.

Eh ! messieurs, que vient-on nous dire ? Qu'il fallait aller... qu'il fallait que madame de Jeufosse allât sur le lieu même ; qu'elle fît amener dans sa maison, devant sa fille, devant l'autre jeune fille, l'homme qui était tombé blessé ! Est-ce que c'était possible ? Est-ce qu'on peut ici, après six mois et dans le calme d'une audience, se rendre compte d'une situation pareille ? Voyez, récapitulez se refoulant à l'instant dans la pensée, dans le cœur de madame de Jeufosse, toutes les terreurs, toutes les alarmes, toutes les inquiétudes, toutes les précautions qu'elle a prises pour ménager l'honneur de sa fille, pour faire respecter sa demeure. Tant de soins ! tant de peines ! et voilà un homme qui entre et qui est frappé ! Mais c'est à perdre la tête. Représentez-vous cette malheureuse femme entre sa fille agitée, entre Laurence anéantie, entre le garde ému, effrayé lui-même d'avoir porté un coup de fusil à un homme dans un moment où cet homme allait lui échapper. Les domestiques sortent à droite, à gauche ; celui-ci allant chercher le médecin, celui-là la gendarmerie. Ils reviennent, pourquoi ? Ils ont rencontré Gros ; le père Crépel lui dit : « On est allé chercher le médecin, on est allé chercher la gendarmerie. — Le médecin est inutile, répond Gros, la gendarmerie, je vais la prévenir moi-même. » On fait courir après les gens qui sont en route, on leur crie : « Revenez, Gros y va, revenez à la maison. » On avait besoin de secours à la maison, et ce n'était pas seulement l'homme qui avait été frappé dans le parc auprès duquel ni madame de Jeufosse, ni sa fille, ni Laurence ne pouvaient aller, et qu'on ne pouvait pas introduire tout sanglant... Au nom du ciel ! que peut-on faire de plus dans ces vingt-cinq minutes qui s'écoulent entre le coup et la mort ? Vous voulez que cette pauvre femme réfléchisse, calcule, délibère au milieu de ce trouble, de cette agitation, de ce désespoir, où l'homme le plus résolu aurait perdu la tête ! Vous voulez qu'elle réveille tous ces bruits, toutes ces rumeurs que la malveillance va grossir et travestir en recherchant les causes du funeste événement ! Vous voulez qu'elle fasse revivre tous ces propos, toutes ces calomnies que sa prudence a cherché à étouffer, à ensevelir ? Vains efforts que tout cela ! Il y a un mort chez moi, il y a un homme qui a été frappé !... Que voulez-vous qu'elle fasse dans ce désordre sans exemple, tenant sa fille d'un côté, sa pupille de l'autre, allant, venant, s'arrêtant, ne sachant que résoudre, que devenir ?

Enfin, minuit sonne ; M. Tripet arrive, la trouve plongée dans cet abîme de douleur, tremblant devant les conséquences que l'événement peut avoir pour sa jeune fille, dont elle a voulu sauver l'honneur. « Mon ami, lui dit-elle, chargez-vous de tout, je n'ai plus la tête à moi. Soyez le maître ici, pourvoyez à tout... » Et on viendra reprocher à cette femme de n'avoir rien fait ! Au nom du ciel ! que veut-on exiger d'elle ? On ne veut pas, je suppose, accuser une âme aussi agitée, aussi troublée, aussi désolée que l'âme de madame de Jeufosse, d'avoir manqué de sensibilité dans cet instant cruel où le présent l'accable, où l'avenir l'épouvante par les conséquences horribles qu'il peut avoir. Vous avez entendu les domestiques déclarant qu'on avait envoyé chercher la gendarmerie et le médecin. La déposition de Many ne peut pas être mise en doute : « Madame nous donna l'ordre d'aller chercher la gendarmerie. — « M. Guillot n'est pas mort, nous criait-elle, il faut aller chercher le médecin. » Que pouvait-elle faire qu'elle n'ait fait ?

Voilà la nuit du 12 au 13 juin ; voilà comment s'est accompli l'événement. Voyons maintenant s'il est vrai que madame de Jeufosse ait à répondre devant la justice, devant la conscience des hommes, devant vous qu'elle ne connaît pas ; ou si elle peut justifier sa conduite, s'il n'est pas vrai que tout ce qu'elle a fait elle le devait faire, qu'elle était sous une loi impérieuse : garder le silence le plus possible pour ménager sa fille, pour que son nom ne retentît pas au milieu de détails déplorables, étouffer le bruit, effacer les traces de cette situation si malheureusement créée par Guillot ; se protéger, en un mot.

C'était là ce qu'elle avait à faire. Sa protection légitime, sacrée, elle avait le droit d'y pourvoir ; sa protection légitime a amené un grand malheur, mais n'est-il pas vrai que ce malheur a été provoqué par la victime elle-même ? Mais n'est-il pas vrai que si madame de Jeufosse est arrivée à la nécessité de se faire défendre, de se faire garder par les serviteurs attachés à sa maison, elle avait les craintes les plus légitimes, l'intérêt le plus sacré à mettre à l'abri ? Peut-on élever un doute à cet égard ? Les faits ne sont-ils pas constants ? Après la rumeur publique, avons-nous besoin de faire raconter par les habitués du Cercle de Gaillon le langage tenu par Guillot ? Vous l'avez entendu ce langage !

Vous avez entendu la déclaration de tous ces hommes : Anquetin, Rigade père et fils, Carlier, Caron, Étienne, Lefebvre-Duruflé, Bertha. Voilà des hommes qui vous ont dit que dans leurs parties de chasse, Guillot leur avait fait des révélations mensongères ; qu'il était entré dans les détails les plus obscènes sur ce qui se passait entre lui et les jeunes filles de Jeufosse. Tous sont venus vous déclarer les moindres circonstances que sa criminelle imagination avait inventées ; tous sont ici des témoins de la cruelle position où était madame de Jeufosse, tous sont ici des témoins du péril qui la menaçait, tous sont ici des témoins de l'honneur qu'elle avait à défendre.

On parle au nom de Guillot d'affection, de passion, d'entraînement par amour pour mademoiselle Blanche de Jeufosse... Ah ! mon cœur est donc bien loin de celui des autres hommes... (je suis sûr que le vôtre est rapproché du mien !) Quoi ! vous éprouviez un sentiment vrai, une affection ardente pour une jeune fille qui vous faisait oublier par son charme, par sa grâce, par sa faiblesse même les soins et le tendre intérêt que vous portait une épouse jeune, belle, gracieuse, agréable ; vous aviez cette passion dans le cœur, vous étiez amoureux, en un mot, et vous alliez à tout venant, sur les places publiques, dans les champs, dans les bois, parler d'elle dans les termes les plus irrespectueux, les plus blâmables aux premiers venus, à ceux que vous ne connaissiez même pas, qui se trouvaient sur les chemins, dans la forêt où vous poussiez vos chiens ; vous alliez leur raconter les détails infâmes d'un libertinage à outrance !... Vous verrez la procédure, messieurs, je ne peux pas, je ne veux pas vous dire les termes dont se servait cet homme. Non, l'art obscène des plus vils débauchés n'a pas de secrets honteux, infâmes, exécrables que Guillot n'attribuât à ces pauvres jeunes filles.

Est-ce là le langage de celui qui aurait eu dans le cœur quelque respect, quelque affection, qui aurait voulu autre chose que parler, se vanter, provoquer de détestables éloges à sa lubricité ? S'il avait eu quelque chose dans le cœur, est-ce qu'il aurait ainsi parlé à tous et à chacun, dans sa position sociale, aux gardes, aux cultivateurs, aux propriétaires, à tout le monde, à des amis, à des inconnus, aux hommes jeunes et vieux, aux hommes de tous les âges ? il se vantait à tous, compromettant vis-à-vis de tous ces malheureuses jeunes personnes. Dans quelle pensée ? Dans quel but ? Était-ce par dépit de n'être plus reçu chez madame de Jeufosse ? Je ne sais, mais c'est là ce qu'il a fait. Encore une fois, est-ce la conduite, l'attitude de quelqu'un qui obéit à un sentiment vrai ? A-t-il le moindre respect, le moindre attachement, la moindre estime ? respect, estime, attachement qui se conservent même au milieu de l'égarement des passions, même quand on s'abandonne à tous les écarts de sa lubricité, dans toutes les situations coupables ; même quand une femme qui n'est pas libre se livre à un homme qui ne l'est pas, même alors la passion ne va pas se jeter à travers champs, dans les plaines, dans les forêts, même alors on est ménager du secret, du mystère des tendresses... Non, non, il n'y avait aucun sentiment chez Guillot, aucune âme, rien dans son cœur.

Tout était donc faux, faux, faux dans le récit qu'il faisait, dans les détails qu'il donnait à cet ami de vingt ans, à cet autre de trente ans. Quand il affirmait que Blanche de Jeufosse acceptait des rendez-vous et lui disait :

« Lorsqu'on sera endormi, je descendrai ; » qu'elle sortait de sa chambre et allait le trouver dans le parc, il mentait, c'était impossible ; madame de Jeufosse était la dernière personne qui dormît dans sa maison, la fille de madame de Jeufosse couchait dans la chambre de sa mère ; elle était couchée aux heures où l'on prétend qu'elle serait venue pieds nus dans le parc ; madame de Jeufosse était jusqu'à 2 heures du matin à travailler dans sa chambre, à côté du lit de sa fille. C'était donc un infâme mensonge ! Il mentait, il flétrissait, il déshonorait, il attachait à plaisir une réputation de débauche au nom de Blanche, et cet homme aurait eu quelque sentiment dans le cœur ? Non, non, il n'en avait aucun ! N'avons-nous pas entendu un témoin disant que Guillot avait poursuivi sa femme d'une manière inconvenante, d'une manière qui avait justement excité son irritation ? Que voulait Guillot ? Se vanter. Est-ce que nous n'avons pas la preuve, dans des lettres adressées par la poste sous des initiales, qu'il entretenait une correspondance avec une femme mariée, qui lui écrivait suivant lui dans les termes les plus passionnés ? Tout est donc faux dans ses récits, faux parce qu'il l'a dit, faux par la raison même qu'il l'a dit, faux par les gens auxquels il l'a dit, faux pour le détail, faux pour le tout, faux parce qu'il avait d'autres relations, faux parce qu'il avait d'autres aventures, d'autres femmes qui pouvaient céder à sa lubricité, dans ce même moment. Tout est faux ! Il n'avait aucun amour, aucune passion, il n'avait que les calculs de la débauche ou un sentiment, je ne sais lequel, qui lui avait fait jurer de compromettre la maison de madame de Jeufosse. Ce sentiment-là, il l'a exprimé à la femme Criquebœuf.

LE TÉMOIN CRIQUEBŒUF. — Pardon, monsieur ! (Murmures.)

Me BERRYER. — Celui qui m'interrompt est, je crois, le complaisant à qui la directrice des postes était autorisée à remettre les lettres d'amour adressées à Guillot, qui arrivaient sous des initiales ; et cet homme, si compromis par un rôle, vient donner un démenti à sa femme ! Sa femme a déposé devant la justice, sa déposition est là ; ce dont elle a déposé, elle l'avait dit à madame Dutfoy ; madame Dutfoy l'a répété à la malheureuse madame de Jeufosse, en lui faisant connaître l'horrible propos de Guillot : « Arrive que pourra, j'aurai mademoiselle de Jeufosse d'une manière ou d'une autre, ou du moins je la déshonorerai, elle et sa famille. » Je ne sais quel était son plan, quel calcul de débauche était entré dans son âme, mais je maintiens que cet homme n'avait aucun sentiment d'affection, aucun sentiment d'amour, aucune passion, que tout était chez lui calcul.

Comment vient-il à ces prétendus rendez-vous ? Vous le savez, avec un homme qu'il laisse hors du parc à quelques pas seulement pour qu'on atteste qu'il est entré dans le parc. Voilà le caractère essentiel de Guillot et qui prouve que tout a été mensonge dans son prétendu amour, dans sa prétendue passion. Où donc est la moindre trace d'une compromission de la part de mademoiselle Blanche ? Guillot avait apporté des lettres ; il les a retrouvées à la même place. Il les a montrées à son digne confident Criquebœuf, mais il les lui a montrées cachetées ; elles n'avaient donc pas été prises.

Pourtant on a prétendu que bien que laissées à la même place, elles avaient été probablement décachetées et lues. Est-ce vraisemblable cela ? Je vous demande qui croira qu'une jeune fille pour qui des billets sont mystérieusement déposés au pied d'un arbre, a pu les décacheter, les lire et puis les remettre à la même place? Et si malheureusement elle a été séduite, si elle peut soupçonner que ces billets révéleront son secret, croyez-vous en vérité qu'elle viendra les replacer au lieu où elle les a trouvés, ne les ayant décachetés que pour que tout le monde puisse les lire, sa mère, sa gouvernante, les serviteurs? Mais ce serait le comble de l'absurde! Il est évident que si des billets ont été déposés par Guillot, ils n'ont pas été reçus par Blanche de Jeufosse.

Et qui nous persuadera, d'un autre côté, qu'une pauvre jeune fille, entraînée, obéissant à son âme, aux impressions de 18 ou de 19 ans, sous la séduction d'un homme; qui nous persuadera que, jouissant de ces premières illusions, de ce premier trouble, de ces premières émotions de son cœur, elle reçoive tant de lettres et ne réponde pas une fois? Est-ce possible? Non, non, ce n'est pas possible, c'est plus fort que la nature. Il n'y a pas une jeune fille au monde qui, ayant reçu de telles communications, de telles correspondances, les ayant lues, goûtées, les possédant au fond de son cœur, parce que là où est le sentiment qui la domine, là est sa passion, sa pensée, son trésor; il n'y a pas une jeune fille au monde qui ayant reçu de telles correspondances, dans de telles conditions, n'y ait répondu. Produit-on un mot de Blanche de Jeufosse? Non! elle n'a jamais écrit, elle n'a jamais répondu, donc elle n'a jamais été prendre les billets de Guillot, qu'on a retrouvés à la même place.

Et que l'accusation, débusquée de son dernier refuge, ne vienne pas dire : « Il n'y a eu de la part de Blanche que des imprudences, des légèretés. » Non, il n'y a pas même eu cela. Que, dans des visites intimes à madame Guillot, jeune encore, l'innocence d'une fille de son âge l'ait excitée, au milieu des jeux de société auxquels malheureusement assistait Guillot, à des légèretés apparentes, je ne sais lesquelles, à des sourires, à des regards, à je ne sais quoi, tout cela est possible; mais qu'elle se soit laissé aller à quoi que ce soit qui ait autorisé Guillot à répandre les infamies qu'il a été divulguer à tous les passants, je dis que cela n'est pas vrai, et que, sur ce point, la défense dégénérerait en calomnie. (Mouvement.)

Madame de Jeufosse me pardonnera d'aller plus avant. Qu'importe à la cause que Guillot ait été écouté? Qu'importe que Blanche lui ait répondu, qu'elle ait cédé à ses séductions, à ses détestables caresses? Qu'importe à la cause? Tout cela est faux assurément, mais cela serait vrai, en quoi, je vous le demande, la position de madame de Jeufosse serait-elle changée? Mais si elle a pu craindre, si elle a pu croire un moment que ces venues nocturnes de Guillot fussent d'autant plus dangereuses que sa fille avait eu la faiblesse d'une condescendance, est-ce qu'elle n'était, pas par cela même, dans une nécessité plus impérieuse de défendre sa maison?

Madame de Jeufosse (avec énergie). — Non, monsieur, il n'y a jamais eu de condescendance de la part de ma fille.

Mᵉ Berryer. — Mais pardonnez-moi, madame de Jeufosse, je veux supposer ce qui n'est pas, la complicité de votre fille, quoique bien convaincu que jamais elle n'a existé..... (Sensation profonde.)

Est-ce que dans cette hypothèse impossible, qui révolte cette pauvre mère, le devoir de madame de Jeufosse est moins urgent? Est-ce que le droit de se défendre n'est pas plus impérieux? Est-ce que si sa fille est ébranlée de la sorte, elle ne doit pas observer ses démarches avec plus de soin, de tendresse, de vigilance, de sévérité?

Oui, il est faux qu'il y ait eu une liaison d'amour entre elle et Guillot; mais il restera vrai, lors-même qu'il y aurait eu, non pas des légèretés et des imprudences, mais séduction, mais condescendance de la part de la jeune fille, que la mère était dans une nécessité plus urgente encore de se défendre. Ne cherchez donc pas à ternir la réputation de cette pauvre enfant, en parlant de légèretés et d'imprudences qui n'ont pas existé, pour essayer de justifier la conduite de Guillot; cette justification est impossible. Rendons donc hommage à la vérité. Blanche de Jeufosse est restée pure et digne de tous les respects, c'est cette pureté, cette virginité demeurée entière que madame de Jeufosse a voulu protéger, elle en avait le droit, ce droit personne n'a osé le mettre en doute.

Quelque chose de bien plus extraordinaire nous a été dit aujourd'hui. La question est jugée, il y a chose jugée. Un arrêt de la chambre des mises en accusation nous a traduits en cour d'assises pour déclarer que l'événement de la nuit du 12 juin n'était pas un cas de légitime défense. C'est l'opinion de la chambre des mises en accusation!

Chose jugée en matière criminelle! chose jugée en cour d'assises! chose jugée en présence des jurés! Mais la loi est donc bien impuissante, puisqu'elle dit aux jurés : « Devant Dieu et devant les hommes, sur votre honneur et votre conscience, n'interrogeant que votre propre conviction, n'écoutant qu'elle, vous répondrez. » Les jurés ne sont donc plus libres; ils puisent donc leur droit ailleurs que dans leur conscience et dans leur conviction? (Mouvement.)

Ce système est inouï, je ne l'ai jamais vu soutenir. Vous élevez une fin de non-recevoir à juger par la cour d'assises : « Un tel est-il coupable parce qu'il a commis une action criminelle, parce qu'il a fait quelque chose contre la loi? » Il faut répondre à cette question. Quand les jurés déclarent qu'un homme est coupable, ils ne peuvent pas dire seulement que cet homme a fait matériellement telle chose, mais qu'il l'a faite criminellement, sans droit, contre toute justice. Or, le droit, c'est le droit de la protection; il est dans toutes nos lois. Faut-il vous lire les articles du Code pénal? Je n'en ai pas besoin, il me suffit de les citer et de vous y renvoyer. Reportez-vous donc à l'art. 321, et vous y verrez que le meurtre est excusable quand il a lieu, sur un homme s'introduisant dans un enclos, dans un lieu habité, par escalade ou par effraction. Que dit l'art. 324 : « Il n'y a ni crime ni délit quand on est placé dans un cas de légitime défense. » Que dit l'art. 329 du même Code : « La défense légitime, c'est la résistance à l'escalade de nuit dans l'intérieur d'une habitation. » Ainsi il est hors de doute qu'on est excusable d'avoir repoussé par le meurtre une escalade nocturne. Quelle distinction voulez-vous faire? Il faut que celui qui s'introduit ainsi soit un malfaiteur, et le malfaiteur, d'après vous, c'est l'homme qui viendra tous les jours, toutes les nuits, ravager les cultures de votre potager, les fruits de vos arbres; le malfaiteur ce sera celui qui pénétrera dans votre maison, qui prendra vos meubles, votre or, votre argent! C'est celui-là seul qui sera malfaiteur!..... Oh! n'abaissons pas ainsi la pensée, le génie du législateur! Il y a des trésors bien autrement chers, bien autrement précieux, et que l'on défend avec plus de zèle, plus d'énergie que les biens matériels ! Il n'y a pas un de vous, dans son habitation isolée, qui, s'il voyait un voleur s'introduire dans son clos et venir lui ravir ce qui est matériel, ses fruits, ne fît veiller, ne fît garder et ne donnât ordre de tirer sur le maraudeur, surtout quand il l'aurait averti, et que le maraudeur saurait qu'on est décidé à faire feu sur lui ; surtout quand il l'aurait provoqué lui-même, quand il aurait dit : « Ce n'est pas moi qui vais chez vous ; voulez-vous en avoir la preuve ? Tirez sur celui qui viendra. » Dans ce cas, vous n'hésiteriez pas à défendre votre propriété, vos fruits. Hésiteriez-vous davantage à défendre l'honneur de vos femmes, l'honneur de vos filles ? Est-ce qu'il n'y aurait que les attentats contre l'honneur qui seraient impunis ? Arrière donc la liste des crimes et des délits prévus dans nos Codes ! Est-ce qu'il n'y est pas écrit que si le mari surprend sa femme en adultère, il peut la tuer ainsi que son complice, sans commettre ni crime ni délit ? Mais cela est écrit dans toutes les législations du monde !

Vous, hommes, ne montez pas jusqu'au cœur d'une mère, demeurez dans ce que la pensée d'un homme a d'austère, je vous le demande. Vous êtes époux, vous êtes pères aussi, et pères, attacheriez-vous moins de chaleur et moins de zèle à ce besoin de protection et de défense de l'honneur de vos filles, que de l'honneur de vos femmes ? Croyez-vous que si instruits qu'un commerce adultère se pratique chez vous, et que l'ayant prévenu, ou sans le prévenir, vous faites feu sur celui qui s'introduit ainsi nuitamment dans votre domicile pour souiller le lit conjugal, et vous apporter un nouvel outrage, il se trouvera en France un tribunal qui vous condamne ? Non, mille fois non ! C'est notre droit, notre devoir de protéger notre honneur à nous, et l'honneur de nos femmes et de nos filles. A plus forte raison était-ce le droit de la femme isolée, de madame de Jeufosse, dont les fils étaient absents. C'était un devoir, un devoir sacré pour elle de protéger l'honneur de sa fille si étrangement attaqué ; l'honneur de sa fille engagé jusqu'au scandale dans toute une ville, dans tout un département, à ce point qu'elle était devenue la fable de la contrée, suivant le mot de l'adversaire. Ce droit-là, qui est un devoir, elle ne peut pas le méconnaître ; et si jamais la défense du domicile est commandée, c'est contre le séducteur nocturne, contre celui qui vient franchir un mur, une clôture, ne fût-ce qu'une simple haie, pour porter le déshonneur et la honte dans une famille.

Ne parlons donc pas de vengeance, madame de Jeufosse n'a rien fait que puisse être imputé à un excès de colère ; elle a eu au contraire une longanimité, une prudence sans égale. Rappelez-vous ses confidences et ses prières à madame Guillot, dès le mois de janvier, pour faire cesser les obsessions de Guillot auprès de l'institutrice. Rappelez-vous son recours à MM. Odoard du Hazey et Tripet ; la mission qu'ils avaient d'étouffer dans quelques conversations ce secret si cuisant pour elle, qu'elle ne le révélait pas entier, ne parlant que de Laurence. Voilà ses précautions, ses ménagements, et puis chez elle une simple garde. N'abusez pas des mots : « Est-ce qu'on ne me débarrassera pas de cet homme, » ne voulait pas dire « est-ce qu'on ne le tuera pas ? » Ils voulaient dire : « J'ai besoin d'être délivrée de ses obsessions. » Et en effet elle invoque des arbitres, des intermédiaires. Elle dit : « Il faut que ceci ait une fin. » Les jeunes gens veulent provoquer Guillot en duel, la mère ne veut ni duel, ni sang, qui renouvelleraient la compromission de sa fille. Cependant, il faut une fin. On a cru l'obtenir par un engagement d'honneur ; un défi a été porté par Guillot, et il est arrivé que le coup est parti de la main du garde au moment où Guillot allait échapper, après avoir pour la troisième fois violé sa parole.

Il y a une victime, je la plains. Je plains surtout la vie qui a précédé sa mort et qui a été la provocation volontaire de l'événement qui a mis fin à ses jours. Je la plains, mais il y a d'autres victimes à plaindre, des victimes vivantes et dont le malheur est bien plus digne de nous émouvoir, tous tant que nous sommes. Oui, je plains madame Guillot ; je la crois femme d'honneur ; elle a eu une conduite respectable ; c'était une personne agréable dans le monde ; on goûtait le charme de sa société, et les mères de famille étaient sans inquiétude quand elles savaient leurs jeunes filles auprès d'elle. Oui, elle est à plaindre ; veuve ayant des enfants, qui n'ont plus de père ! Elle va traverser comme madame de Jeufosse toutes les douleurs du veuvage, toutes ses vicissitudes ; elle a une fille, elle comprendra que pour sa fille il n'y a pas de moyen de protection assez puissant, assez rassurant pour le cœur d'une mère que le malheur a isolée, et privée d'un mari qui aurait dû être son protecteur. Je plains cette victime si digne d'un meilleur sort !

Mais celle-ci (set ournant vers madame de Jeufosse) est bien plus à plaindre, messieurs. De quelque façon qu'elle sorte de cette enceinte, quelque favorable que soit votre verdict...; car vous êtes des hommes de cœur, des hommes de bon sens, des hommes qui n'abdiquerez pas le droit le plus sacré de la nature ; il est impossible que de votre part il n'y ait pas une déclaration qui mette madame de Jeufosse en liberté.... Quelque favorable que soit votre verdict, demandez-vous ce que va être la vie de cette mère de famille, quand le scandale de votre audience se sera répandu. En vain vous aurez déclaré qu'elle a fait son devoir de mère, qu'elle a défendu comme elle devait le défendre l'honneur de sa fille. C'est un malheur et un malheur affreux, que le coup qui a arrêté Guillot, et porté par une hémorrhagie la mort dans son sein. Eh bien, quand vous aurez dit qu'elle a usé de son droit, car c'est là ce qu'il faut que vous disiez pour votre sécurité à tous ; c'est votre sécurité qu'il faut que vous fassiez respecter en acquittant madame de Jeufosse ; c'est son acquittement qui sortira de votre délibération ; même quand vous aurez déclaré qu'elle a usé de son droit, que deviendra la position de cette mère de famille ? Elle sera en proie aux plus malicieuses interprétations. Et à quelle situation la légèreté, la curiosité, la malignité publique, ne vont-elles pas livrer Blanche de Jeufosse, quand tous ces hommes de la presse que je vous signalais il y a un instant, auront publié jusqu'aux moindres détails de ce procès ? Avec une conviction intime, avec une foi d'honnête homme, avec le cœur d'un homme qui n'a pas été lui-même étranger aux passions, plus je vais au fond de cette affaire, plus je suis pénétré de l'innocence de mademoiselle Blanche de Jeufosse, mais ma voix n'est pas assez puissante pour porter partout cette conviction. Vous la comprenez vous qui avez assisté à tous ces débats, vous êtes convaincus de l'innocence de la mère et de la pureté de la fille, mais au loin les discussions s'élèveront, les interprétations auront leur cours ; on ne verra que ceci : il y a eu mort violente. Hélas! hélas! messieurs, la vie tout entière de madame de Jeufosse est compromise; c'est une douleur à jamais incurable pour elle, telle est là sa triste destinée. Oui, elle est victime, victime plus que le mort, victime plus encore que la veuve que je n'ai pas cessé de plaindre et à qui je souhaite que soient épargnées les douleurs de madame de Jeufosse! (Madame de Jeufosse et madame Guillot fondent en larmes.)

Des applaudissements et des bravos frénétiques couvrent ces dernières paroles.

M. LE PRÉSIDENT. Ces démonstrations sont inconvenantes, quel que soit le talent de l'orateur et quelque plaisir que nous ayons à l'entendre. A l'avenir, si elles se renouvelaient, nous serions forcé de prendre des mesures sévères.

M. L'AVOCAT GÉNÉRAL. Nous ne regrettons pas les applaudissements partis du fond de la salle, mais ce que nous venons d'entendre sur des bancs plus rapprochés de nous (les bancs du barreau). Sous l'empire de l'émotion qui nous a saisi nous-même, nous ne voulons rien ajouter de plus.

———

Audience du 18 décembre 1857.

PLAIDOIRIE DE M⁰ DESCHAMPS.

Messieurs de la Cour, Messieurs les jurés,

La grande cause de madame de Jeufosse est plaidée, la déclaration solennelle de la mère de famille s'est fait entendre. Elle a déclaré, et vos cœurs, messieurs, l'ont compris, qu'elle prenait tout sous sa responsabilité; cette parole couvre le garde et ses fils. La grande thèse de l'inviolabilité du domicile a aussi été entendue, et je suis le seul ici auquel il n'appartient pas de dire avec quelle puissance de vérité elle a été soutenue. Dans cette situation, si je n'écoutais que mon sentiment personnel, je serais bien disposé à me réduire au silence. Mais ici chacun a un devoir à remplir. Le mien est modeste. Il s'agit, non plus d'apprécier les faits généraux du procès, vous les connaissez, mais d'en sonder avec détail les circonstances particulières, en faisant la part des trois accusés dont la défense m'est spécialement confiée.

Cependant, messieurs, quelque modeste que soit ce rôle, il m'est impossible, depuis le commencement de ces débats, de me soustraire à une pensée générale qui certainement vous a préoccupés. Habituellement, on est amené sur ce banc par des passions honteuses. Chacun porte la peine de ses passions dans ce monde. Guillot a porté cruellement la sienne; mais vous savez la peine de quelles passions il a eu à subir. Ici, messieurs, et lorsque je me tourne vers le banc des accusés, je n'y vois comme mobile du crime qui leur est imputé que des passions honnêtes. L'un, le premier, qui l'a guidé? C'est le dévouement au devoir, c'est le souvenir du maître, c'est le respect de sa maison, c'est l'attachement à sa veuve; car ce serviteur fidèle avait compris son rôle, et il s'élevait comme malgré lui jusqu'à la hauteur d'un véritable protecteur.

A côté de lui sont deux fils soucieux de l'honneur de la maison, pleins de sollicitude pour la tranquillité maternelle, veillant de près comme de loin sur cette maison où ils sont nés, et à qui il appartient de la faire respecter. Se pourrait-il que derrière de pareils mobiles il y eût un fait qu'il fallût réprimer par des peines infamantes ? Non : et la justification particulière qui va résulter de l'examen rapide des faits vous prouvera bientôt que cette impression générale qui plane sur la cause est aussi le dernier mot du procès.

On a voulu, dans le système de l'accusation, que madame de Jeufosse, l'accusée principale par le fait, n'ait cédé qu'à un sentiment de haine et de vengeance contre lequel sa vie tout entière proteste. Dans ce système de vengeance et de haine, il fallait à madame de Jeufosse un instrument brutal. L'accusation n'a pu manquer de le trouver ; et vous l'avez entendue, dans l'acte d'accusation qui nous amène devant vous, proclamer que cet instrument a été le garde Crépel, « connu par la dureté de son cœur et la brutalité de ses habitudes. » Voilà ce que l'acte d'accusation vous a dit. C'était une nécessité. Sans cette dureté de caractère et cette brutalité du garde, il n'y avait plus d'accusation. Étudions donc cette question de moralité, car ici elle ne joue pas un rôle accessoire, mais principal. Ces habitudes de brutalité cruelle pourraient seules expliquer comment le garde aurait été un instrument de vengeance, comment le garde aurait voulu tuer, comment le garde enfin aurait tué sans céder à aucune nécessité de défense légitime. Voyons donc quelle est la vérité sur ces habitudes que l'acte d'accusation prétend révéler contre lui.

Vous avez entendu les témoins ; ai-je besoin d'insister longuement pour vous prouver que cette qualification est injuste, et qu'à la place de brutalité, de violence et de dureté, il faut écrire mansuétude, douceur et bonté ? C'est une position délicate que celle de garde. Le ministère public sait bien de quelle protection il faut qu'on entoure ces serviteurs dévoués, si souvent exposés au feu des braconniers. Le ministère public sait bien de quelle sévérité il faut que le parquet use souvent pour protéger les gardes, objet de tant de haines, d'inimitiés, et il n'est pas difficile lorsqu'on a parcouru, comme Crépel, vingt ans d'une situation si périlleuse, de trouver autour de soi, au jour où l'accusation vous accable, ces haines qui se réveillent et qui viennent déclarer à la justice qu'il y avait brutalité dans le caractère et rigueur dans les habitudes. Quand on a eu l'occasion de poursuivre cinquante, soixante, cent braconniers, que sais-je ? dans une carrière de vingt années, il n'est pas difficile de ramasser des témoignages qui viennent parler de brutalité, de violence. Cependant la situation de Crépel sur ce point était tellement inattaquable, qu'on a été réduit à aller, dans cette longue période, ramasser devant vous trois prétendus faits de brutalité, l'un remontant à douze années, l'autre à neuf, et le troisième ayant été l'objet d'un procès-verbal dressé par le garde contre un délinquant qui vient aujourd'hui essayer à cette audience d'inutiles représailles. Vais-je faire l'honneur à ces faits de les regarder en détail ? Vais-je vous dire que pour celui qui remonterait à douze ans, sur trois témoins, un seul est venu dire qu'il avait vu qu'on le couchait en joue la nuit, à onze heures du soir, et que les deux autres ont démenti le fait ? L'un de ces trois témoins vous a dit : « Voulant fuir, j'étais tombé ; le garde me dit : Retirez-vous, ce n'est pas ici votre place. » Si j'avais connu ces témoins, je le aurais appelés à décharge pour prouver la mansuétude de Crépel. Trois personnes qu'on rencontre à onze heures du soir avec leur fusil, et qui à cette heure ont avoué qu'elles ne rentraient pas chez elles, mais qu'elles en sortaient, devaient être légitimement suspectes aux yeux d'un garde, et cependant Crépel se contente de leur donner cet avertissement : « Retirez-vous, ce n'est pas ici votre place. » Ces gens auraient-ils le droit de se plaindre de la brutalité du garde ? Je ne voudrais pas me traîner sur ces misères ; mais vous me parlez d'un braconnier, de celui du fait qui remonte à neuf ans, et qui ne sait pas bien si c'est lui ou son chien qu'on aurait couché en joue.

Je ne voudrais pas m'arrêter non plus à ce Berthon, qui, surpris en flagrant délit, a proféré contre le garde des injures si grossières qu'il n'est pas possible de lire à votre audience ce procès-verbal qui les constate. Il faut seulement que vous sachiez que cet homme a reconnu la vérité du procès-verbal en payant une indemnité pour éteindre ce procès-verbal, et, après ce fait qui le condamne, ne craint pas de tenter devant vous une accusation contre Crépel, tant il a besoin d'assouvir sa haine. L'acte d'accusation n'a donc pas dit vrai ; Crépel n'est pas l'homme brutal et violent qu'il fallait au ministère public pour construire son accusation.

Je pourrais m'arrêter là sur le caractère de Crépel ; je n'aurais aucune preuve à faire. Cependant, messieurs, souvenez-vous des témoignages directs que vous avez entendus sur ce point. L'un, c'est le maire de Saint-Aubin, témoin de l'accusation, vous disant que c'est un homme droit, honnête et doux. Vous avez entendu Prosper-Étienne, autre témoin à charge, qui porte de Crépel le même témoignage, et enfin trois témoins appelés à la requête de Crépel viennent déclarer qu'ils le connaissent depuis dix ans, que c'est l'homme le plus doux, le moins capable de « faire du mal à qui que ce soit, » pour employer leur langage ; et ce caractère il l'a conservé au milieu des rigueurs d'un ministère qui naturellement peuvent exciter quelquefois à l'irritation, à la colère ; mais Crépel, calme et digne, Crépel a toujours su résister à de tels entraînements.

Il est un témoignage que je regrette de n'avoir pas pu faire entendre devant vous ; c'est celui du respectable doyen de notre barreau, de M° Taillet, dont le nom est sans doute parvenu à l'oreille de plusieurs d'entre vous. M. Taillet était propriétaire dans la commune de Gaillon ; M° Taillet, qui malheureusement au commencement de ce procès a été enlevé à sa famille et au barreau, connaissait Crépel depuis son enfance, et, dans la dernière visite dont il m'honora (je ne croyais pas que ce fût la dernière !), il venait me demander de dire au jury ce qu'il aurait dit lui-même sur la moralité de Crépel. Dans une confidence de famille, il avait adressé à son gendre, à un honorable magistrat de la Cour de Rouen, son appréciation sur le garde Crépel. C'est un témoignage écrit qui vaut mieux peut-être que celui de l'audience, car il est donné sans but arrêté, je pourrais dire sans préméditation, dans les épanchements d'une correspondance de famille. Voici en quels termes il écrivait à M. Homberger, conseiller à la Cour de Rouen :

« Quant au garde, voilà vingt ans qu'il en remplit les fonctions dans cette maison, » et quoiqu'il surveillât avec activité une terre giboyeuse, qu'il fût dès lors peu » aimé des braconniers dont foisonne le bourg, jamais une plainte ne s'est élevée » contre lui, et c'est un concert unanime de louanges de son honneur et de sa pro-

<table><tr><td>V.</td><td></td><td>16</td></tr></table>

» bité. Estimé comme père de famille, il avait fiancé peu de jours avant l'événe-
» ment sa fille unique et chérie. Elle allait se marier ; était-ce en ce moment qu'il
» aurait pu avoir des idées de donner la mort ? »

Voilà les dernières paroles qu'a tracées la main de M. Taillet sur le garde
Crépel. En présence d'un document si grave, vous me dispenserez de la fatigue de vous lire les certificats de tous les habitants de la commune. Ils passeront sous vos yeux.

Désormais nous connaissons Crépel, et, si je ne m'abuse, vous apercevez déjà l'invraisemblance de l'accusation lorsqu'elle était réduite à donner une brutalité d'emprunt à l'homme que madame de Jeufosse aurait employé comme l'instrument coupable de sa haine et de sa vengeance. Mais suivons dans leurs détails mêmes les faits qui se rattachent directement à lui.

Dès l'origine, son rôle s'ennoblit. Le premier pas qu'il fait dans les faits du procès est un acte d'honneur. Lui, père de famille, vous le savez, voit, au mois de mars 1856, des rapprochements indiscrets de la part de Guillot, lorsque dans la chapelle, au mois de Marie, il cherche à coudoyer mademoiselle Laurence. Alors, de la bouche de cet homme, qui n'est pas seulement un serviteur intime, mais qui comprend qu'il a une protection morale à étendre sur cette maison privée de son chef, sortent des conseils utiles ; il dit à mademoiselle Laurence : « Prenez garde ! M. Guillot a mauvaise réputation. » Et la jeune fille, qu'une sage réserve sauvegardait déjà, fait son profit du conseil.

Puis à la première occasion, il se retourne vers le séducteur, et lui, l'homme simple, lui le serviteur, lui le petit propriétaire, car il l'est aussi, quoique bien loin de la situation de Guillot, il ne craint pas de dire à cet homme, en ce moment bien au-dessous de lui par le cœur : « Comment ! vous êtes admis dans une maison honnête, vous y recevez l'hospitalité, et vous ne craignez pas de chercher à souiller cette hospitalité par des tentatives coupables ? » Vous savez la réponse de Guillot, que j'ai tenu à faire préciser en termes textuels, malgré le dégoût que m'inspiraient de telles expressions. Vous savez la réponse cynique de Guillot à l'homme honnête qui donnait un avertissement utile. Quel était, je vous prie, à ce moment, le plus grand des deux, du riche oisif et débauché ou du garde honnête et fidèle ?

C'est ainsi que le garde Crépel est entré dans les faits du procès. On a voulu enlever à sa conduite son caractère d'honneur et d'honnêteté profonde ; il faut le lui restituer. Pour cela, il faut le suivre aux trois époques qui ont suivi : en janvier, en mars, Ernest, qui prévenu des obsessions nocturnes d'un rôdeur encore inconnu, le charge de faire respecter le château de Jeufosse ; et enfin, en mai ou au commencement de juin, lorsque les poursuites de Guillot se renouvelant, malgré ses promesses, madame de Jeufosse lui rappelle que, ne voulant rien dire à ses enfants, c'est sur lui qu'elle doit compter pour protéger sa maison.

Dans tous ces faits, messieurs, dans toute la conduite, dans l'ensemble du caractère de Crépel, un élément remarquable qu'il faut saisir, c'est sa profonde sincérité. On ne peut accuser Crépel à l'aide de preuves étrangères à lui-même. Jamais un témoin ne s'est placé entre lui et madame de Jeufosse.

Ce que sait l'accusation, elle le doit à Crépel. Mais Crépel est un homme véridique.

Quand nous aurons occasion de contrôler ses déclarations avec leur témoignage, nous les trouverons empreintes de la plus complète franchise. Que vous dit-il? Au mois de janvier, il avait aperçu, par la cessation des rapports de Guillot avec la famille de Jeufosse, qu'il devait y avoir refroidissement. Il avait fait d'abord ses conjectures silencieuses. Guillot, si assidu avant le 6 janvier, n'avait pas fait partie des chasses du mois de janvier postérieures à cette époque. Il avait deviné la rupture. Bientôt sa maîtresse s'adresse à lui; elle lui parle de sentiments qu'il n'était pas nécessaire de réveiller dans son cœur. Elle lui parle de M. de Jeufosse mourant, des recommandations qu'il lui avait adressées en lui retraçant la situation de sa femme et de sa fille. Voilà la première scène du mois de janvier.

Crépel déclare que madame de Jeufosse lui dit alors de donner, par une cinglée de plomb ou de sel, une leçon au visiteur nocturne dont les obsessions étaient déjà menaçantes.

A-t-elle cherché à séduire Crépel par une récompense promise? Non. Vous avez entendu ces propos indiscrets de Corbeau, qui avoue un mensonge dont le but est facile à deviner lorsqu'il disait le soir à une femme qu'il devait épouser, mais qu'il a délaissée pour en épouser une autre, qu'il était forcé de la quitter parce qu'il y avait 50 francs à gagner à la garde du château de Jeufosse. Vous avez apprécié tous ces propos sans valeur sortis de la bouche d'un homme trop souvent atteint d'ébriété. A-t-il été dit quelque part que Crépel ait cédé à l'appât d'une récompense promise? Non. Toujours et partout on agira sur Crépel avec des mobiles honnêtes, avec des sentiments que son cœur comprend, jamais par la cupidité. Voilà pour le mois de janvier.

Au mois de février, Crépel reçoit une lettre. Ernest de Jeufosse, déjà prévenu des obsessions qui entourent le château, rappelle au garde qu'il doit faire protéger la propriété de sa famille. Mais vous savez que cette lettre arrive au moment où les poursuites avaient cessé, après la première réunion de M. du Hazey et de M. Paul Guillot dans laquelle Émile Guillot avait promis, une première fois, de ne pas renouveler ses promenades nocturnes; ce qu'il a fait pendant quelque temps. Cette lettre, qui avait fait pleurer le garde, parce qu'il y avait un mot, le mot de lâcheté, qui avait blessé son vieil honneur, cette lettre, Crépel l'avait brûlée; personne n'en savait l'existence. L'accusation en doit à Crépel la révélation spontanée, et vous avez là, messieurs, un premier et grand exemple de la véracité de ses déclarations. Qui aurait deviné, entre Ernest de Jeufosse et le garde, qu'il y avait eu, au mois de mars, trois mois avant la catastrophe, une lettre que Crépel n'avait montrée à qui que ce soit, et qu'il avait jetée au feu le jour même où il l'avait reçue? Personne. Eh bien! à l'occasion des termes de cette lettre, nous trouvons encore une preuve de la sincérité de Crépel. Suivant Ernest, il y avait un *post-scriptum* dans lequel il lui disait que, s'il avait un doute sur le droit de tirer sur ceux qui la nuit envahissent une propriété close, il pouvait consulter le commissaire de police. Ernest l'affirme; il l'a déclaré au juge d'instruction, à une époque où il croyait que Crépel avait conservé la lettre. Eh bien! Crépel est plus ami encore de la vérité que de son intérêt et de l'intérêt de son jeune maître. Il a déclaré qu'il ne croyait pas que le *post-scriptum* existât, non pas qu'il ne s'en souvenait pas, mais que dans son sentiment ce *post-scriptum* n'existait pas. L'attitude de Crépel, en présence de l'affirmation d'Ernest, n'est-elle pas à la fois une preuve de sa véracité et de l'indépendance de son esprit?

Enfin, nous arrivons à la fin de mai et au commencement de juin, lorsque les bruits publics parvenus à l'oreille de Crépel, lorsque les dernières confidences de madame de Jeufosse qui craignait de s'avouer à elle-même quel était l'objet des persécutions actuelles de Guillot, nécessitaient des actes de protection plus efficaces. Il y a, messieurs, à cette époque, une date remarquable et qui se puise dans les faits dont vous avez vu les traces dans la lettre de M. Taillet. Crépel, le 6 juin, au moment où il passait une partie des nuits à veiller, peu de jours avant l'événement, signait le contrat de sa fille, car je viens de le dire, Crépel a une certaine aisance; il mariait sa fille à un honnête garçon de la commune qui était en rapport de fortune avec lui. C'est à ce moment, lorsque le mariage de sa fille se prépare, lorsque les fiançailles ont lieu et doivent être suivies bientôt de la célébration du mariage, que Crépel est appelé plus activement à faire respecter l'honneur de la maison de madame de Jeufosse.

Depuis les premiers jours de juin jusqu'au 12, il fait une garde incessante, car, malgré les promesses faites qui auraient permis de douter que Guillot fût le visiteur nocturne, chaque soir, pour ainsi dire, des billets étaient apportés au château. Il fallait donc redoubler de surveillance pour protéger le château d'une manière efficace. Crépel veilla donc assidûment depuis le 6 jusqu'au 12 juin. En veillant, en protégeant madame de Jeufosse et sa fille, il exécutait la promesse qu'il avait faite à M. de Jeufosse mourant. Dans quelle situation d'esprit est-il, le 12 juin, lorsqu'il est placé dans ce que l'acte d'accusation appelle sa cachette, et qui est tout simplement le dessous d'un arbre sous lequel il s'abrite? Lui, dont la fille trouvait dans un mariage accompli suivant ses vœux la récompense d'une réputation intacte, n'était-il pas bien placé pour comprendre que le foyer doit être protégé contre toute tentative coupable quel qu'en soit le but? Ne devait-il pas s'associer aux idées de madame de Jeufosse? Est-ce que ces sentiments n'appartiennent qu'aux situations élevées? Est-ce qu'on ne les retrouve pas à la chaumière comme au château? Est-ce que les cœurs droits et honnêtes ne sont pas partout les mêmes? Pouvait-il plus que madame de Jeufosse avoir des idées de vengeance ou de haine?

Mais on dit : « Son fusil était chargé d'un côté avec des chevrotines, donc il voulait tuer. » Son fusil était chargé d'avance et ne l'avait pas été à dessein. Vous savez mieux que moi, messieurs, comment se fait la chasse au renard dans ces contrées. On charge à chevrotines. Que ce soit contraire aux règles ordinaires de la chasse, comme on l'a prétendu, c'est une question inutile à examiner. Très peu expert en pareille matière, et n'ayant pas les connaissances personnelles pour résoudre cette question d'art, je préfère la décider à l'aide des témoignages. Deux témoins, et des plus spéciaux, attestent que c'est l'usage du pays : on chasse le renard avec des fusils chargés à chevrotines. La chasse avait eu lieu le 29 mai. Crépel n'avait pas immédiatement déchargé son fusil, car ce jour-là il n'avait pas eu occasion de tirer. Un de ses coups avait été déchargé dans le parc sur un émouchet, et depuis il avait rechargé avec du plomb numéro 4. Mais on oppose un témoignage.

Martha, un des témoins de l'accusation, prétend que la veille de l'événement il a vu Crépel charger ses deux coups avec des chevrotines. Messieurs, il y a là une nouvelle preuve, — et ce procès en fourmille, — du danger des témoignages humains quand la passion les dicte. Martha est cet homme à qui Crépel avait reproché quelques jours auparavant une condamnation à quelques jours de prison ; Martha, au moment où l'on va arrêter le garde, où les haines soulevées contre lui vont s'assouvir, au moment où l'homme qui a été armé d'un fusil pour garder la propriété va être traduit en justice, Martha dit : « Ce fameux Crépel, qui me faisait un crime d'une condamnation à huit jours de prison, le voilà pris à son tour. Il vient de dire qu'il avait un coup chargé à plomb et qu'il avait tiré l'autre par erreur ; mais il a chargé avant-hier son fusil *devant nous* et il a chargé ses deux coups à chevrotines. » Heureusement, il y a mille moyens de combattre l'erreur ou le mensonge. Martha dépose d'abord sous le coup d'une passion qui parle dans ces paroles : « *Ce fameux Crépel,* » et puis il ajoute : « Il a chargé son fusil *devant nous.* » Devant nous qui ? On l'interpelle, il ne peut indiquer personne, pas un témoin. Et enfin Martha quand on lui demande de préciser exactement le jour où il aurait vu charger le fusil, se donne un démenti lui-même en disant : « C'est le jour qu'on sortait les orangers. » Ai-je besoin de discussion pour vous dire que cette année, avec les chaleurs tropicales que nous avons éprouvées, on n'a pas attendu le 12 du mois de juin pour sortir les orangers, que, comme l'a dit Crépel, on les a sortis en mai, c'est-à-dire avant la chasse au renard ?

D'ailleurs, la preuve que les deux coups n'étaient pas chargés de chevrotines, c'est que celui qui restait ne contenait que du plomb nº 4. Cette circonstance décisive n'arrête pas l'accusation, elle dit : « Il aura chargé après l'événement pour faire croire que les deux coups n'étaient pas chargés à chevrotines. » Après l'événement Crépel était peu capable de combiner des moyens de défense ; il tombe anéanti sur le lit d'Albert, et lorsque jetant les yeux sur son fusil et s'apercevant de sa méprise il s'écrie : « Oh mon Dieu ! j'ai tiré le coup de chevrotine ! » Si Crépel avait voulu se préparer un moyen de défense, il aurait déchargé le second coup dans lequel il y aurait eu des chevrotines pour les remplacer par de la menuise. Il a été constaté qu'il avait chez lui du plomb nº 8. S'il avait voulu dissimuler, ce n'est pas le plomb nº 4 qu'il aurait choisi, c'est le plomb nº 8. Tout vient donc renverser le témoignage isolé de Martha. Il ne faut pas le discuter plus longtemps ; il reste établi par les faits, par les dates et plus encore par les lumières de la raison, que le coup qui a été conservé était le coup chargé, et qu'alors que Crépel surveillait dans l'intérieur du parc, il n'avait qu'un coup de chevrotines, et l'autre de plomb nº 4. Mais on ne veut pas reconnaître la méprise qu'il a déplorée.

« Le fusil était armé, dit-on, les deux coups étaient préparés ! » Ceci ne mérite pas une discussion sérieuse. Comment ! le gardien qui est dans un parc à onze heures du soir, sachant qu'il y a une introduction nocturne, introduction qui peut être dangereuse, soit pour les propriétés, soit pour les personnes, sachant que celui qu'on soupçonne le plus est un homme prévenu à l'avance, et qui vient sciemment braver les coups de fusil, qui les appelle, qui les provoque, n'aura pas le droit de craindre, à supposer que cet homme n'oppose quelque résistance, et il s'exposera à être désarmé après le premier coup !

Il n'aura pas le droit de supposer qu'une arme aussi sera entre les mains de ce visiteur extravagant et exalté qui dit à ses amis : « Venez avec moi jusqu'aux confins du parc, parce qu'il faudra peut-être m'emmener. » Comment ! il prévoit qu'un coup peut l'atteindre, et pour se défendre il n'aura pas un fusil, lui, chasseur ! Et vous voulez que le garde, lui, veillant toute la nuit, n'ait pas en face de tant d'incertitudes et de suppositions permises ses deux coups armés à l'avance ? Il faudrait n'avoir jamais manié un fusil pour dire qu'il n'a dû armer qu'un seul coup. Voilà donc sa situation de garde, voilà la disposition matérielle de son arme. Voyons les phases de l'événement.

Vers onze heures, au milieu d'une nuit très obscure, un témoin, le docteur Kuhn, vous a dit qu'après le lever de la lune (et elle se levait vers minuit) l'obscurité était encore très profonde. Le commissaire de police de Gaillon a ajouté que dans cette soirée, cherchant une maison où il devait se rendre, il l'avait dépassée sans la reconnaître. Eh bien ! vers onze heures du soir, au milieu de cette obscurité profonde, s'avance du côté d'un bosquet, à la gauche du château, un homme qui va déposer quelque chose au pied du sapin dont les branches touchent presque aux fenêtres de la maison. Le visiteur se baisse pour déposer son billet à 10 mètres du garde. Il est isolé, en vue, le garde l'a au bout du canon de son fusil, il ne tire pas... Et l'accusation soutient qu'il a voulu tuer ! L'homme qui s'est baissé se relève ; le garde crie, car j'affirme qu'il a crié trois fois comme il l'a déclaré, il crie tant que l'homme fuit, car il voulait l'arrêter : « Halte-là, arrêtez ! » Ce n'est pas pendant 26 mètres de parcours qu'il n'aurait pu crier qu'une fois. Il a crié tout le temps nécessaire à Guillot pour franchir cet espace. A-t-il crié : « Halte-là, *tu es mort !* » après le coup parti, comme on le prétend ? Non, il a crié avant : « Halte-là, ou tu es mort, » et c'est lorsque l'homme disparaissait sous les ombrages d'un massif que, par un mouvement instinctif, et pour ainsi dire involontaire, visant l'homme auquel il a crié en vain de s'arrêter, il a tiré.

Mettez-vous à sa place : voilà dix jours consécutifs de garde nocturne, s'il ne tire pas, il est certain que ce visiteur acharné va disparaître et recommencera le lendemain ; il n'a pas voulu le tuer lorsqu'il était sous le sapin où le coup eût été sûr, mais il veut l'arrêter au moment où il va être caché pour lui, et ce que sa voix n'a pu faire, son fusil le fera à l'aide d'une cinglée dans les jambes. Mais tout cela, je le répète, ce n'est pas de la réflexion, c'est de l'instinct. Croyez-vous, en effet, qu'il y ait à ce moment une réflexion possible qui permette au garde de calculer exactement la conséquence de son coup ? Non, en ce moment son doigt se trouve sur la détente qu'il va presser ; il est dominé par une idée générale de protéger la maison dont la garde lui est confiée, et par la certitude de voir le lendemain recommencer les visites qui, depuis six mois inquiètent et troublent cette maison. C'est ainsi que le coup part sans préméditation des résultats.

Après le coup, se place, entre madame de Jeufosse et le garde, une scène entrecoupée qui n'a eu aucun témoin, et dont il est difficile de préciser les détails. Bientôt mademoiselle Laurence survient effrayée ; elle a entendu des gémissements ; c'est alors que le garde portant les yeux sur son arme s'apercevant que le coup qu'il a tiré est le coup droit, s'écrie, comme vous le savez déjà : « Ah ! mon Dieu ! je l'ai peut-être blessé. » Puis, quand on vient lui apprendre le triste résultat de son coup de feu, il ne peut résister à l'émotion qui le domine, et cet homme, qui aurait voulu tuer, qui se serait associé à une idée de vengeance, tombe anéanti sur le lit d'Albert.

Au milieu de toutes ces circonstances, il en est une qu'il faut étudier en détail, parce que, en même temps qu'elle justifie la nécessité, pour le garde, d'une protection efficace, elle démontre une fois de plus la véracité de ses déclarations. Suivant Crépel, il y avait deux personnes dans le parc, et lorsqu'il a eu tiré et qu'il a entendu des pas précipités, il a pu dire à madame de Jeufosse, qui croyait au retour de celui sur lequel le coup avait été dirigé : « Non, il ne revient pas, car le bruit des pas vient de l'autre côté ; c'est une autre personne qui s'avance. » Si Gros, l'acolyte de Guillot, qui l'avait élevé jusqu'à la confidence de ses amours, si Gros était dans le parc, ces pas étaient les siens. Bien que ce ne soit pas là la question à résoudre ; car, que Guillot soit entré seul ou qu'il soit entré avec son domestique, il ne s'était pas moins placé dans une de ces situations qui légitimaient contre lui l'usage d'une arme à feu. Mais ne fût-ce que pour la véracité du témoignage de Crépel, je veux que vos consciences soient convaincues qu'il dit vrai ; oui, il était persuadé, et avec raison, que Gros était là dans le parc. Vous savez le récit de ce dernier. Lorsqu'il entend les premiers cris de son maître, il parcourt la ceinture énorme des murs du parc, et arrive à une porte située à une extrémité tout opposée. Il trouve cette porte ouverte ; il entre ; il va frapper à la cuisine ; on ne lui répond pas, et il va frapper à la fenêtre du cocher. D'après ce récit, Gros prétend être resté à l'extérieur du parc. Cette version est-elle vraie ? Non. Crépel évidemment dit la vérité, quand il attribue à Gros les pas qu'il entend presque immédiatement après le coup ; Gros, au contraire, en impose quand il dit avoir parcouru l'espace qu'il indique pour venir au secours de son maître qui l'appelle de ses gémissements. Ma conscience comme la vôtre proteste contre une pareille déclaration.

Comment ! il y a un mur qu'on fait plus démantelé qu'il ne l'est, mais dans lequel il y a en réalité des parties qui ne laissent pas une élévation de plus d'un mètre au-dessus de laquelle on peut passer la tête, c'est Gros lui-même qui le dit ; il existe de ces abaissements partiels du mur tout près de l'endroit où serait Gros, et d'où il dit avoir entendu son maître, si bien qu'il a recueilli tous les mots qu'il a prononcés. Il y a, suivant lui, de vingt-cinq à trente mètres à parcourir pour aller à son secours (il y en a cent cinquante, mais qu'importe !), et il ne va pas, lui, jeune, alerte, agile, sauter ce mur si facile à franchir ! Non, il va contourner l'enceinte des murs du parc et parcourir plus de cinq cents mètres, en y comprenant le trajet intérieur dans le parc, pour arriver jusqu'à son maître expirant. Cet homme dévoué, ce serviteur qu'on appelle pour protéger son maître, lorsque son maître frappé l'appelle, lorsqu'il recueille si pieusement les paroles qu'il prononce, il va parcourir tranquillement un demi-kilomètre au lieu de franchir une hauteur d'un mètre tout au plus pour venir au secours d'un maître expirant ? C'est impossible.

Il y a une autre contradiction. Il a frappé à la fenêtre du cocher en face de la grille du château, cela n'est admissible, pour qui connaît la disposition des lieux, que s'il avait franchi le mur. S'il fût entré par la porte des Rotoirs, au lieu de frapper à la fenêtre du cocher qui fait face à la grille, il eût inévitablement frappé à la fenêtre de sa chambre placée à côté de la cuisine, mais il n'est pas vrai qu'il soit entré par la porte des Rotoirs, car cette porte est fermée. A qui fera-t-on croire que dans une maison où l'on veille, où l'on se garde contre des attaques nocturnes, on laisse ouverte une des portes principales ?

En est-ce assez pour juger toutes les versions de Gros? Gros n'a pas dit vrai ; il ne parle de cette longue course autour du parc que pour établir qu'il n'était pas entré avec Guillot. Il n'a pas dit vrai, parce qu'il n'a pu entrer par la porte des Rotoirs ; il n'a pas dit vrai, parce qu'il aurait frappé à la porte de la cuisine au lieu de frapper à la fenêtre du cocher du côté de la cuisine et non à celle qui regarde la grille, s'il eût suivi la route qu'il indique. Contrôlons d'abord ces preuves matérielles à l'aide des vraisemblances morales. Pourquoi Gros serait-il resté à l'extérieur du parc? Quelquefois Guillot venait avec sa voiture ou son cheval, et alors Gros tenait la bride en dehors des murs d'enceinte ; mais le 12 juin il est venu à pied ; la voiture a été laissée a Gaillon, et cependant il s'est fait accompagner par Gros. A quoi Gros pouvait-il lui servir? Sa présence n'avait aucune utilité si Gros n'était un garde du corps. Guillot a été prévenu qu'on pouvait tirer sur lui. Il avait engagé lui-même à tirer sur le visiteur. Guillot vient sans voiture et avec un domestique. Pourquoi prend-il un domestique, si ce n'est pour le secourir au besoin? Pour que le secours fût efficace, il fallait que Gros fût presque à ses côtés. Crépel dit donc vrai quand il dit que sur le coup Gros était accouru.

D'ailleurs, nous avons une preuve certaine au procès que Gros n'est pas un témoin sincère. N'est-ce pas lui qui, après avoir dit à M. Tripet dans la nuit de l'événement : « Est-ce qu'il faudra parler de mademoiselle Blanche de Jeufosse? » n'a pas craint de venir devant vous, sous la foi du serment, dire : que jamais il n'avait entendu parler par son maître de mademoiselle Blanche de Jeufosse. Le mensonge de ce témoignage est donc évident sur les circonstances les plus capitales du procès. Comment aurait-il dit la vérité sur ses accessoires? Encore une fois, Crépel a dit vrai : il y avait deux hommes dans le parc. Un seul suffit à la défense, mais en réalité, il y en avait deux, et ce fait viendrait surabondamment justifier Crépel d'avoir armé ses deux coups.

Qu'a fait Crépel après sa rentrée, après le premier moment d'accablement dont j'ai parlé? Il est allé, sur le conseil de madame de Jeufosse, demander à une personne honorable, amie de la maison, ce qu'il y avait à faire, et j'entendais rapporter hier les paroles de cette personne honorablement placée dans le département de l'Eure, qui lui dit dès le premier moment: « Dites la vérité, » et Crépel n'a jamais failli à ce conseil, — conseil que l'honnêteté donne et que l'habilité consacre ; car heureusement, le plus souvent ces qualités se confondent. Oui, messieurs, on est bien fort, bien puissant, quand on dit la vérité. Lorsqu'on doit, dans le cours d'une volumineuse instruction être interrogé souvent, à différentes reprises ; lorsqu'il faut subir tant de fois cette rude épreuve de l'interrogatoire, on n'est fort qu'à la condition de dire la vérité.

Si l'on s'en écarte, on a beau chercher à couvrir le faux par des réticences ou des équivoques, il n'est pas possible qu'il ne se trouve pas un interstice dans lequel se vienne glisser la vérité qui déjoue en un instant toutes les combinaisons du mensonge.

Hier, dans une circonstance qui entoure un débat d'une véritable solennité, vous avez eu une souveraine et dernière preuve de la véracité de Crépel. La partie civile usant d'un stratagème permis pour obtenir la vérité, a demandé que Crépel sortît et que madame de Jeufosse fût interrogée en l'absence de son garde sur la question de savoir qui avait relevé le billet déposé au pied du sapin, et à quel moment il avait été relevé. Jamais depuis six mois que dure l'instruction, cette question n'avait été posée ; il y avait de l'habileté dans la démarche de la partie civile, car la réponse, même dans deux bouches véridiques, pouvait présenter quelque incertitude due à l'éloignement des faits, au trouble de la scène du 12 juin, et qu'on aurait bien facilement transformée en mensonge. Si le malheur avait voulu que Crépel, en rentrant, eût fait une déclaration qui ne fût pas complétement d'accord avec celle de madame de Jeufosse, vos consciences auraient été ébranlées ; mais ils sont sortis triomphants l'un et l'autre de cette épreuve de Dieu et sans autre appui que la simplicité et la vérité de leurs déclarations. Madame de Jeufosse a dit : « C'est Crépel qui est allé chercher le billet une demi-heure ou trois quarts d'heure après, et me l'a apporté. » Crépel aurait pu être tenté de nier qu'il fût allé le chercher lui-même, son intérêt aurait pu l'y porter ; car il avait fallu passer alors non loin du cadavre de la victime, il ne savait pas sur quel fait on avait interrogé madame de Jeufosse ; ni ce qu'elle avait pu répondre ; mais Crépel n'a pas hésité, il a dit : « C'est moi qui ai été chercher la lettre une demi-heure après. » Ainsi, la vérité se fait jour à chacune des déclarations de Crépel, et jamais brillé d'une manière plus vive.

Dès le lendemain il est arrêté ; on l'interroge. Ce qu'il a dit à ce moment il l'a redit depuis. Les formules ont pu varier, le fond est resté le même. Dès le lendemain, à six heures du matin, il a dit : « Si j'avais voulu tuer j'aurais tiré plus tôt et de plus près ; je n'ai pas voulu tuer ; j'ai tiré mon coup droit au lieu de mon coup gauche, je le déplore, mais j'étais ému, sous l'empire du souvenir de M. de Jeufosse et de la nécessité de défendre la maison de sa veuve et de sa jeune fille. » Voilà sa première déclaration ; celles qui l'ont suivie sont de tous points conformes.

Irai-je discuter ce procès-verbal non signé par les accusés, où l'on voit Crépel disant avec désespoir au moment où il part : « C'est cela, on vous dit : « Allez, tuez, on a consulté le procureur impérial ; puis après on reste à la maison, et le serviteur est mis en prison. » Messieurs, j'écarte d'un mot ce procès-verbal : les paroles prêtées à Crépel n'ont pu être exactement recueillies, car elles sont en contradiction avec ce qu'il disait et signait à l'instant dans son premier interrogatoire. La loi accorde à l'accusé une protection qui lui est nécessaire. Quand on veut tirer contre lui d'un procès-verbal une conséquence qui peut amener le châtiment le plus terrible, la loi veut, — et la loi est sage, ne cherchons pas à être plus sage qu'elle, — qu'on demande à l'accusé : « Est-ce là ce que vous avez dit ? » et il signe. Ici cette précaution n'a pas été prise, et il en résulte une complète incertitude sur les paroles mêmes qu'il a prononcées. Suivant la déclaration du juge de paix à votre audience, ces paroles sont peut-être celles-ci : « On vous dit : *tirez, tuez même* S'IL LE FAUT ? » S'il le faut ! voilà déjà un bien grave correctif, et nous nous rapprochons de la vérité. S'il a prononcé ce mot « tuez, » il n'a pas pu le prononcer autrement qu'avec cette addition « *s'il le faut,* » c'est-à-dire si l'on vous attaque, s'il le faut pour la protection de la maison, pour la défense légitime du domicile. Voilà le danger qu'il y a à rapporter un mot qu'on croit avoir entendu , et en le dépouillant de l'explication qui lui enlève toute gravité.

Maintenant les faits sont constatés, et vous avez à vous demander ce qu'a voulu faire le garde, quel mobile l'a dirigé. Ce qu'il a voulu faire ? Vous le demanderez aux témoignages recueillis et à ses propres déclarations, dont l'exactitude a été constatée dans tout le cours des débats, et vous direz que tout indique, que tout prouve jusqu'à l'évidence qu'il n'avait pas la pensée de tuer.

Il suffirait d'ailleurs, pour en être convaincu, d'une simple observation sur les faits matériels. La direction du coup n'est-elle pas en rapport avec sa déclaration du premier jour, qu'il ne voulait pas tuer, mais donner un avertissement ? C'est là un élément à ajouter encore à ceux que vous connaissez. La direction du coup est indiquée dans le procès-verbal des experts choisis par l'instructeur, auquel nous avons joint le résultat des expériences faites depuis par un homme spécial. Le témoignage des experts médecins a constaté avec beaucoup de raison, que pour connaître la véritable direction d'un coup de fusil on ne pouvait pas procéder par moyenne et dire : « Il y a tant de grains de plomb, ils ont atteint telle ou telle partie du corps ; déterminons d'après cette base le point central de la blessure. » Il y a dans un coup de fusil beaucoup de plombs écartés, et ici c'est une chevrotine écartée qui seule a causé la mort de Guillot ; les autres qui ont atteint les cuisses, les jambes et même le mollet, n'auraient occasionné que des blessures faciles à guérir. Écoutez ce qu'ils disent à ce sujet dans leur rapport :

« Nous concluons : 1° Les blessures de M. Guillot sont toutes des blessures par » armes à feu ; elles ont été faites par 7 ou 8 chevrotines d'un égal volume et pesant » chacune de 160 à 200 centigrammes.

» Au moment où M. Guillot a été frappé, il présentait le côté gauche et un peu » le dos.

» La ligne parcourue par les chevrotines a été horizontale.

» 2° La mort a été le résultat d'une hémorrhagie interne, et celle-ci a été produite par la chevrotine qui, pénétrant dans le ventre, a labouré le rein gauche » et ouvert les vaisseaux sanguins.

» 3° Les autres blessures, soit isolément, soit réunies n'auraient pas été mor-» telles. »

Ainsi, les huit chevrotines étudiées sur le corps de Guillot donnent cette solution que les blessures qu'elles ont faites n'auraient pas entraîné la mort, qu'une seule s'est égarée et que celle-là seule a frappé mortellement. Sur le vu de ce procès-verbal, M. Gastine Renette, arquebusier ordinaire de l'Empereur, a fait des expériences dont il constate ainsi le résultat :

« D'après la demande qui nous a été faite d'émettre notre opinion sur les effets

» d'un coup de fusil chargé avec des chevrotines, voici les résultats que des expé-
» riences nous ont fournis :

» Un fusil d'un calibre ordinaire chargé avec trois grammes et demi de poudre
» et vingt-cinq chevrotines n° 4 ou de six millimètres de diamètre, pesant ensemble
» trente-sept grammes, à vingt-six mètres a produit les effets suivants :

» D'un premier coup, vingt-deux chevrotines se sont réparties autour du point
» de mire dans un rayon de trente-cinq à quarante centimètres, soit un diamètre
» de soixante-quinze centimètres, deux autres sont allées frapper à gauche à
» soixante-cinq centimètres, et une troisième à cinquante-cinq centimètres en ligne
» verticale au-dessus du point central.

» Deuxième coup. Même résultat pour l'ensemble du plomb, un écart à gauche
» de soixante centimètres, un en ligne verticale de soixante centimètres.

» Quatre autres coups tirés successivement ont produit des effets analogues, tou-
» jours il y a eu des projectiles s'écartant en ligne supérieure comme dans tous les
» sens de quarante-cinq, cinquante, soixante, et même jusqu'à soixante-quinze
» centimètres.

» D'après ces expériences et le rapport des médecins, en date du 13 juin 1857,
» dont la copie nous a été soumise, *notre conviction* est que le garde a dû *tirer*
» *dans les jambes.*

» Il n'est pas présumable qu'à vingt-six mètres un plomb n° 4 isolé puisse
» occasionner la mort.

» D'après notre expérience personnelle, et le grand nombre de tireurs que nous
» voyons journellement à notre tir aux pigeons où il se tire souvent quatre à cinq
» cents coups de fusil en un jour, nous pouvons affirmer que sur cent tireurs, un
» ou deux peut-être tireront le coup gauche le premier. A ces exceptions nou
» pouvons ajouter les personnes qui ont l'habitude d'épauler à gauche et qui, en
» général, tirent le coup gauche le premier.

» Gastine Renette.
« Chevalier de la Légion d'honneur. »

Quelque grave que soit l'autorité de l'homme spécial que je viens d'invoquer, j'aime encore mieux invoquer votre raison et votre expérience. Sur
8 chevrotines chassées par la poudre, une seule s'écarte et donne la mort. Il y a
là une preuve certaine que Crépel ne voulait pas la mort de Guillot; car vous
vantez l'habileté de Crépel et la sûreté de ses coups. S'il eût voulu tuer, la
direction de son coup eût été tout autre.

Mais ce qu'il voulait faire, et même plus que ce qu'il voulait faire, en avait-
il le droit? Ici, messieurs, ne craignez pas que je revienne sur la thèse qui a
pour but de rechercher si la nuit on peut défendre son domicile même avec
des armes. Je ne veux ajouter à cette thèse si puissamment établie, il y a un
instant par Mᵉ Berryer, je ne veux m'arrêter qu'à un seul fait. Oserait-on
nier qu'il n'y ait eu de la part de Guillot escalade ou effraction, pour pénétrer
dans une propriété close, et conservée close par la volonté du propriétaire?
N'y aurait-il pas escalade ou effraction parce qu'on n'aurait pas franchi le mur
ou parce que le mur avait des brèches, ou parce qu'on aurait trouvé à une
grille je ne sais quel barreau démoli? Subtilités que tout cela : il y a violation
du domicile toutes les fois qu'on viole la clôture du domicile, quel que soit
l'état de cette clôture. En vérité, cette grande thèse du respect dû au domicile, est-elle une question de réparation locative? Comment! parce qu'il y

aura une brèche dans le mur, parce qu'un barreau sera ébranlé à la barrière, votre propriété, votre maison cesseront d'être inviolables ! La loi doit recevoir une interprétation plus élevée ; le domicile d'un citoyen inviolable le jour, est sacré la nuit. Guillot était donc sans excuse de pénétrer avec escalade dans une maison habitée et dans un enclos fermé. Je voudrais bien voir sur ce banc un malfaiteur surpris dans le parc de Jeufosse pour avoir voulu commettre le moindre vol ; je voudrais bien entendre dire au ministère public qu'il n'y a pas eu escalade, parce que le parc n'était pas suffisamment clos ; je voudrais bien entendre les amertumes de l'accusation s'élever avec raison contre le système de la défense qui oserait soutenir qu'il n'y a pas eu escalade parce que le mur n'est pas haut, parce qu'on peut franchir trois mètres sans grand effort. Le ministère public répondrait avec l'autorité de la raison et du bon sens, que du moment où il y a une clôture, il faut la respecter ; que toutes les fois qu'il y a effort de l'homme pour passer au delà de la barrière que la vigilance du propriétaire a placée, il y a escalade.

Aussi, pour se tirer de l'énorme difficulté de cette situation, n'a-t-on pas imaginé de faire, contre toute vraisemblance, passer Guillot par une barrière dont un barreau aurait été démoli, non pas dans la partie inférieure, mais dans la partie supérieure, ce qui aurait encore nécessité l'escalade. Ce n'est pas tout, vous oubliez que cette barrière donne sur un herbage, et que l'herbage lui-même est entouré d'un barrage en bois au-dessus duquel il aurait fallu passer d'abord Ce n'est pas sérieux. Le garde qui n'a pas voulu tuer, comme il le dit dans sa défense, et il dit vrai, le garde aurait pu vouloir se servir de son arme d'une manière plus dangereuse.

Il avait le droit de faire respecter le domicile de son maître, son nom, sa fonction l'indiquent, elle consiste à *garder* la propriété. Il est là, armé d'un fusil qu'il a le droit de porter, précisément parce qu'il est le défenseur de la propriété : peut-il y avoir un doute sur la certitude de son droit ?

Dirons-nous un mot en ce qui le concerne de la question intentionnelle ? Quel a été le mobile de l'action qu'on lui impute ? La haine ? De la haine de la part de Crépel contre Guillot ! Guillot lui avait donné une livre de poudre ; on a relevé cette misère ! Il lui avait donné cette livre de poudre en échange d'une peau de renard : il est vrai que ce n'était pas un cadeau, mais un payement. Quoi qu'il en soit, ce fait prouve qu'entre le garde et Guillot les relations étaient bonnes.

A cette occasion, répondrai-je à ce rapprochement de haut style entre la poudre donnée à une époque inconnue et la poudre qu'on a pu trouver dans le fusil de Crépel ; à cette concordance mystérieuse avec la poudre donnée autrefois, et la poudre employée le 12 juin ? Nous réservons ces effets de langage pour le mélodrame ou pour la chaire de rhétorique du lycée de Troyes (1) ; cela n'est pas digne de cette audience.

Mais enfin le garde qui l'a poussé ? A-t-il cédé à un sentiment de haine, de vengeance ? Non. Il a, à cette époque du 12 juin, d'autres idées ; il est sur

---

(1) Un frère de madame Guillot, qui a déposé avec une certaine emphase qu'on a remarquée, est professeur de rhétorique au lycée de Troyes.

le point de marier sa fille.... Va-t-il mettre un crime entre lui et le bonheur de sa famille?... Les fiançailles n'ont pas pu être suivies de la célébration du mariage ; mais le fiancé est ici, qui n'attend que votre verdict, car il sait qu'il épouserait la fille d'un honnête homme.

Qui donc a dirigé Crépel? Est-ce la cupidité? Pas davantage. La situation de Crépel est aisée et le met au-dessus de toute crainte pour le présent et pour l'avenir. Ce qui l'a fait agir, c'est le mobile le plus incontestablement respectable de tous, le sentiment du devoir. Quand même dans les actes dictés par ce sentiment il aurait dépassé le but, vous n'auriez pas à punir en lui un coupable cédant à une pensée criminelle, et vous ne pourriez par cette seule raison prononcer contre lui une condamnation. Crépel avait et devait avoir confiance dans la parole de madame de Jeufosse, qui lui affirmait, — et le fait était vrai,—qu'on avait consulté le procureur impérial. Madame de Jeufosse lui a dit de veiller ; il a veillé. Il l'a fait, persuadé qu'on a le droit, la nuit surtout, d'empêcher qu'on s'introduise dans une propriété close ; de s'opposer par la force à toutes introductions nocturnes ; à plus forte raison quand elles sont un système d'incessantes persécutions. Crépel a pour lui le souvenir du maître, l'ordre de sa maîtresse, la certitude du droit; voilà sa position. Une condamnation contre lui est impossible. Il y a eu une victime, sans doute ; mais vous aurez à choisir, messieurs, entre l'imprudent débauché qui n'a été retenu par rien, ni par le respect de l'hospitalité, ni par la présence de l'enfant qu'il avait vue grandir sous ses yeux, et le serviteur honorable qui ne s'est armé que pour la protection la plus sainte. Oui, il y a une victime et un bras qui a frappé; mais entre le garde fidèle qui a exécuté un ordre dans le cercle de ses fonctions, et l'extravagant qui a trouvé la mort parce qu'il a foulé aux pieds tous ses devoirs d'ami, d'époux, de père de famille, nos sympathies ne peuvent pas être douteuses. Si le hasard a écarté un plomb meurtrier, Crépel n'en sera pas responsable devant votre justice, parce qu'il n'en est pas responsable devant vos consciences.

Dois-je défendre les fils de madame de Jeufosse? Si je ne consultais encore ici que mon impression personnelle, je m'arrêterais. Cependant il faut que je poursuive ma tâche jusqu'au bout, et bien peu de mots devront suffire, car si le doute existe dans votre esprit (et je ne le crois pas), il ne saurait être de longue durée. Les fils de Jeufosse, suivant l'acte d'accusation, étaient des jeunes gens de plaisir, menant à Paris une existence ruineuse, ayant je ne sais quel passé fouillé avec je ne sais quelle complaisance. Messieurs, j'ai bien des fois gémi de la triste situation qu'on fait aux accusés devant la cour d'assises, en les obligeant à révéler les particularités de leur vie tout entière, même dans les points les plus étrangers à l'accusation, mais jamais je n'avais vu incriminer ainsi des faits attachés à la fragilité du jeune âge. Quand on conduit sa vie dans les sentiers ordinaires, et qu'on devient à trente ans, à quarante ans, un homme sérieux, comme c'est l'usage, nul n'attache la moindre importance à ces peccadiles de la vie de vingt ans; mais si un malheur comme celui-ci vous jette sur ces bancs, il faut que tout soit fouillé, ramassé, envenimé. On vient dire aux jurés que deux jeunes gens, dont l'un a vingt-deux ans, l'autre vingt-quatre ans, n'ont pas eu toute la sagesse des hommes mûrs. Celui-là a saisi avec trop de vivacité l'occasion des plaisirs que lui offrait la capitale ; celui-ci est devenu la dupe de ces gens qui fourmillent sur le pavé de Paris, et il s'est laissé entraîner à des spéculations hasardeuses. Je n'ai dû dire un mot de ces faits que parce que l'acte d'accusation les relève, mais je ne veux pas insister sur ce point : à mes yeux, c'est une inconvenance et une inutilité. Voyons les faits qui se lient au procès.

Ernest d'abord, qu'est-ce qu'on lui reproche ? Trois choses. Il a écrit au garde cette lettre de février, dont le garde a eu la loyauté de déclarer l'existence au juge d'instruction, quoiqu'elle eût été brûlée ; premier fait. Il a écrit le 15 mars cette lettre à Guillot, que celui-ci n'a pas reçue, où il parle de revenants et de loups-garous ; deuxième fait. Enfin il a été présent à la conférence du 12 mai entre M. Odoard du Hazey et M. Tripet, et là il a prononcé une parole qu'on accuse ; troisième reproche. Voilà le thème de l'accusation.

La lettre au garde, lorsque Ernest l'a écrite, il n'avait rien su de précis, il ne soupçonnait pas que Guillot fût pour quelque chose dans ce qui se passait à Jeufosse. Sa mère, dans un sentiment que vous comprenez, n'avait pas voulu qu'Ernest, qu'elle savait vif et emporté (chacun apporte en ce monde les inconvénients du caractère que Dieu lui a donné), connût, même à la fin de janvier, ou au commencement de février les premières tentatives de Guillot. Il l'apprend à Paris par des ouï-dire, par des rumeurs vagues, et il comprend seulement ceci, qu'il y a un malfaiteur, un rôdeur qui inquiète souvent pendant la nuit le parc de Jeufosse. Alors vient la première lettre par lui écrite au garde, qui a été brûlée, mais dont les termes sont à peu près convenus, et qui n'est pas le moins du monde spéciale au fait qui concernait Guillot. Elle s'applique à un malfaiteur, à un rôdeur quelconque, évidemment inconnu à l'auteur de la lettre, et il n'y est pas plus question de menaces contre les personnes que contre les propriétés. Rien, un malfaiteur, un rôdeur, voilà tout ce que dit Ernest, voilà tout ce qu'il sait. Il faut user contre lui du fusil. C'est l'application du droit de protection que tout propriétaire a droit d'exercer ou de faire exercer par ses gardes.

D'ailleurs, cette lettre est complétement indifférente aux résultats du procès. Le garde l'a reçue à une époque où les poursuites avaient cessé ; c'est au moment de la première entrevue entre M. Odard et M. Paul Guillot : vous savez que du mois de mars au mois d'avril le château est momentanément redevenu tranquille. Ce n'est qu'au mois de mai que les poursuites ont recommencé. Cette lettre n'a donc eu ni pu avoir aucun effet ; elle ne peut incriminer en quoi que ce soit la conduite d'Ernest de Jeufosse. — Voilà pour le premier point.

Le 15 mars, Ernest qui ne savait rien par sa mère, apprend quelque chose par des demi-confidences échappées à son frère, vis-à-vis duquel, à cause de son calme, on était moins réservé. Il apprend que ce rôdeur nocturne est Guillot. Bien entendu, il ne soupçonne pas le moins du monde que ses étranges visites aient pour but de compromettre l'honneur de sa sœur. Mais il n'en croit pas moins que la jeune institutrice qu'elle a recueillie doit être protégée contre d'imprudentes tentatives ; c'est alors qu'il écrit la lettre que vous savez, et dont il n'est pas inutile de rappeler ici les termes :

« J'apprends un peu tard qu'il y a des revenants et des loups-garous à Jeufosse.
» Comme j'ai ce genre de bêtes en horreur, surtout parce qu'elles sont lâches, sui-
» vant moi, en s'adressant à des femmes seules, je vous préviens que j'ai donné
» des ordres pour qu'on leur tire dessus, promettant une récompense honnête à
» celui qui les toucherait. J'ajouterai que lorsque j'ai affaire personnellement à des
» drôles comme vous en connaissez un, j'éprouve un certain plaisir à leur tirer
» les oreilles à l'occasion, s'ils ne se tiennent pas tranquilles.

» Veuillez faire votre profit du présent avertissement pour lequel je **vous dispense**
» de toute réponse écrite.

« Signé : ERNEST DE LA NIEPCE DE JEUFOSSE. »

A mon sens, tout le monde a été sévère pour cette lettre. Moi, je comprends très bien qu'un jeune homme de vingt-quatre ans, qui ne croit sans
doute pas l'honneur de son nom en danger, mais qui s'irrite de visites nocturnes qui sont au moins une cause perpétuelle d'inquiétude et de trouble
pour la maison de sa mère, ait voulu donner une leçon sévère à leur auteur.
Ainsi s'explique sa lettre des loups-garous et des revenants auxquels on doit
tirer les oreilles. Qu'a-t-elle produit cette lettre ? Elle a été interceptée, elle
n'est pas arrivée à Emile Guillot. Paul Guillot qui l'avait lue en avait écrit une
non moins vive à Ernest, et s'il y avait une menace plus que piquante dans la
lettre du 15 mars, il y avait une réponse du même genre de la part de Paul
Guillot. Ces lettres, qui pouvaient amener une rencontre, furent, au contraire, suivies d'un rapprochement, grâce aux soins prudents de M. Odoard.
Ce rapprochement a enlevé à la lettre du 15 mars toute espèce de gravité ; cette lettre, pas plus que celle de janvier, n'a pu avoir d'influence sur
les faits qui se sont produits en juin, et qu'Ernest a d'ailleurs complétement
ignorés.

Comment, en effet, se termina le débat auquel cette lettre se rattache ? —
Le voici : M. Odoard lui fit d'abord à cette occasion quelques reproches ; il
lui écrivait le 20 mars 1857 :

« Une chose qu'il faut éviter dans la vie, mon cher Ernest, c'est le ridicule, et
» tu as écrit au Guillot une lettre des plus entachées de ce défaut.

» Tu as dit que tu donnes l'ordre de tirer sur les loups-garous, puis tu veux
» tirer les oreilles ; c'est très joli, mais c'est de la moutarde au dessert. Dans la
» circonstance présente il eût été plus convenable de venir toi-même t'enquérir
» des faits, et puis prendre un parti ; mais non, tu juges sur un rapport plus ou
» moins aventureux et tu donnes des ordres ; crois-moi, cher cousin, quand il
» s'agit d'une affaire qui ne pourrait pas porter atteinte à la considération d'une
» famille, mais être mal interprétée par de mauvaises langues, il faut jouer serré
» et mettre tout le bon droit de son côté ; tu l'avais, et par ta lettre ridicule tu n'as
» pas su le garder. Voilà pour le côté moral dont tu riras en disant : Ma vieille bête
» de cousin ! Mais, mon cher, ta vieille bête de cousin a vécu pendant vingt ans au
» milieu du monde ; et trêve de morale, voici les faits :

» Le Guillot a tenu des propos sur mademoiselle Laurence ; ces propos ont été
» rapportés à ta mère, de là rupture avec les Guillot ; le Guillot pour se venger
» a été jouer du cor de chasse sur les hauteurs de Jeufosse, puis a suivi une fois
» madame de Jeufosse, Blanche et mademoiselle Laurence qui allaient aux Andelys.
» Sur ces entrefaites je suis allé chez ta mère ; elle m'a tout raconté ; je lui ai **promis**

» que cela ne recommencerait pas et cela n'a pas recommencé. Voilà où en étaient
» les choses lors de l'arrivée de ta lettre. Quant aux visites nocturnes, elles ont
» aussi cessé ; j'avais prié ta mère de me prévenir si elles continuaient, et sois bien
» tranquille, mon fusil aurait fait sérieuse justice du promeneur ; il est à présumer
» que c'était le Guillot qui était le visiteur nocturne, mais cela n'est pas prouvé ;
» j'avais cependant averti le susdit de nos intentions positives à l'égard de ces pro-
» menades. Vois-tu, mon cher Ernest, avec un fou, quand il s'agit de choses aussi
» graves, il faut être prudent, car un pareil insensé est capable de tout, même de
» dire qu'il avait des rendez-vous ; on tuerait l'homme en duel, soit, mais le mot
» reste ; je me suis chargé de cette affaire, et je t'assure que sans trop de vanité,
» elle pourrait être dans de plus mauvaises mains.

» J'ai dit au Guillot : « Si vous continuez vous aurez affaire à Ernest, et puis à
» nous tous et vous ne doutez pas que nous vous tuerons, et je vous promets que
» si vous m'y forcez je préviendrai la famille. » Il m'a répondu : « Ça m'est égal
» d'être tué. » Alors je l'ai prévenu que préalablement nous lui donnerions une
» volée qui le mettrait six mois dans son lit ; même réponse : « Ça m'est égal. » Il a
» cependant fini par me promettre qu'il ne continuerait pas, et depuis trois
» semaines les choses en étaient là lors de ta lettre.

» Heureusement le Guillot n'a pas reçu ta lettre, c'est sa femme qui l'a déca-
» chetée et apportée à ta mère qui l'a gardée et brûlée, je crois ; elle était inutile.
» Si plus tard, sous un autre prétexte, tu veux chercher dispute au Guillot, soit ;
» mais dans ce moment garde ta rancune et sois bien persuadé que si le Guillot
» recommençait la moindre insulte je te préviendrais, je t'en donne ma parole d'hon-
» neur ; en attendant, apprends avec profit, soit l'épée, soit le sabre, etc. Car vois-
» tu, mon cher, il ne s'agit pas de se faire tuer, mais de se venger ; mais pour le
» moment il n'y a rien à faire, et c'est moi qui te prie de te confier à moi pour
» que les torts ne soient pas de notre côté. Rassure-toi, je serai bon gardien de
» l'honneur de notre famille.

» Le Guillot m'a répété vingt fois qu'il ne voulait pas insulter madame de Jeu-
» fosse ni aucun membre de sa famille ; mais il est amoureux fou de mademoiselle
» Laurence et voudrait forcer ta mère à la renvoyer pour la poursuivre à Paris. Ta
» mère ne renverra pas mademoiselle Laurence, et le Guillot se calmera ou on le
» calmera, mais patience et pas de lettres qui seraient lues devant les tribunaux,
» et qui donneraient une idée peu avantageuse de leur auteur. Ta mère va à Paris,
» ne la rends pas plus malheureuse, elle l'est bien assez. Parle-lui peu de cette
» affaire. Si un incident survient je te le ferai connaître. »

Immédiatement Ernest répondit :

« Ridicule tant que vous voudrez, mon cher Léonce, mais je voudrais bien vous
» voir avec ma mère qui prend ses domestiques pour confidents avant ses fils ;
» apprendre que cela dure depuis des mois, que l'on écrit des noms sur la
» neige, etc., etc. ; le tout par Ferdinand qui paraissait furieux de tout cela, et savoir
» qu'on est la fable d'un pays, cela ferait monter la moutarde au plus calme,
» attendu qu'elle n'avait rien pour lui de flatteur. Du reste, mon cher cousin, si
» j'avais su que vous vous occupiez de l'affaire, je n'aurais pas eu de soupçons et
» j'aurais dormi sur les deux oreilles, mais laissez-moi vous dire que cela durait
» depuis des mois lorsque vous avez été prévenu par ma mère.

» Ma lettre est arrivée trop tard, soit ; est-ce ma faute à moi si l'on ne m'a pas
» prévenu plus tôt, pouvais-je compter sur la vérité de la bouche de ma mère quand
» je savais qu'elle m'avait laissé à la maison pendant trois jours sans me prévenir
» de ce qui se passait ?

» En tout cas, mon bon cousin, on va retourner voir son ami Gâtechair, bien
» que je n'en voie pas la nécessité envers Guillot ; merci de tout ce que vous avez
» fait pour nous. On ne peut pas vous voir, si ce n'est quand on a besoin de vous,
» et vous ne venez jamais voir les gens que pour leur rendre service. »

M. Odoard écrivit alors à M. Paul Guillot :

« Monsieur votre frère a de bien grands torts dans cette malheureuse affaire, il
» les avoue, mais il est poussé par une fatalité qu'il ne peut maîtriser ; je le crois
» épris avec violence de l'institutrice de madame de Jeufosse, c'est peut-être une
» excuse, car la passion ne raisonne pas, mais ce n'est pas une raison pour insulter
» une mère de famille et brouiller tout un pays, les conséquences de tout cela peu-
» vent-être fort graves ; la lettre d'Ernest est ridicule et déplacée dans les formes,
» mais le sentiment qui l'a dictée est louable. Tout en lui disant que monsieur votre
» frère n'avait pas reçu sa lettre, je lui reprochais le style et l'inconvenance de ses
» expressions ; il m'a répondu une lettre fort sage que j'aurai l'honneur de vous
» montrer. Un fils qui défend sa mère contre des insultes extravagantes, quel que
» soit le ridicule de ses expressions, a encore le bon droit de son côté. »

Vous savez que toute cette correspondance se termina par une entrevue où
tout fut pacifié par l'entremise de M. Léonce Odoard et du frère de Guillot.
Les deux lettres d'Ernest et de Paul Guillot, monuments écrits d'une irritation
qu'on voulait apaiser, furent brûlées séance tenante. — On voulait effacer jusqu'aux traces de ce triste débat, — et cependant la lettre d'Ernest reparaît
devant vous. — On a brûlé l'original, mais en même temps on gardait une
copie qu'on dit visée et légalisée par des amis pour en prouver la fidélité.
Messieurs, je ne crains pas de le dire, pour moi, pour tous les hommes
loyaux, cette lettre n'est pas au procès. Il faut avoir cette force de choisir,
pour juger une cause, les arguments que la conscience peut avouer. Eh bien !
fût-elle coupable, cette lettre, elle ne l'est pas, lorsqu'il a été juré entre deux
hommes d'honneur qu'elle disparaîtrait. Quand on l'a brûlée, la faire réappa-
raître en copie, c'est manquer à la foi jurée ; même pour le besoin d'une accusation, il ne se peut pas qu'on puisse venir dire à la justice qu'on a gardé la
copie d'une pièce qu'on a pris l'engagement de détruire. N'est-ce pas, en effet,
une dérision ? A quoi servirait la destruction d'une lettre si, plus tard, on pouvait
en reproduire les termes. Certes, à mes yeux, Ernest n'est pas coupable pour
l'avoir écrite. Quand il ne savait pas même qu'il pouvait s'agir de sa sœur, elle
n'a aucun lien avec les faits du mois de juin, en un mot, avec l'accusation actuelle. Mais y eût-il un mot qu'on pût incriminer, au nom de la conscience
publique, de la loyauté, de tout ce qui forme pour les cœurs bien placés le
code de l'honneur, je vous demanderais de l'oublier.
Je n'ai plus qu'un fait à examiner. Le 18 mai, Ernest est venu à Jeufosse
et là, ce n'est pas une lettre, c'est un mot qu'on lui reproche. Sa mère, malgré
ses réticences, fut enfin obligée de lui ouvrir en partie son cœur, vous savez
sous le coup de quelle impression. On venait de recevoir une lettre anonyme ;
une lettre infâme, tellement infâme qu'elle n'a pas pu être lue à votre audience. On y qualifiait la maison de Jeufosse dans des termes que je ne puis
pas dire, que je traduis le plus honnêtement qu'il m'est possible par ceux-ci :
« Décidément Jeufosse est donc une maison de prostitution. » Cette lettre

arrive au château de Jeufosse, la mère indignée ne peut résister alors à dire à son fils aîné une partie de la vérité. Un rendez-vous est pris entre M. Tripet, M. Odoard, Émile Guillot et Ernest, car il faut savoir si une pauvre femme sera à jamais exposée à des poursuites audacieuses pendant la nuit et à d'infâmes lettres sans nom d'auteur pendant le jour. Ernest se rend à ce rendez-vous, convaincu toujours qu'il ne s'agit que de mademoiselle Laurence, quand un mot est prononcé, qui un instant appelle l'attention sur une possibilité qu'il repousse, celle qu'il pourrait s'agir de sa sœur ; et alors tout en écartant cette idée, mais en présence de la lettre qu'il a sous les yeux, laquelle qualifie comme je viens de le dire la maison de sa mère, il se révolte de la simple possibilité que le nom de sa sœur fût mêlé à ces infamies, et il va s'écrier en parlant de leur auteur présumé : « Je le tuerai comme un chien ! » Mais il se retient et emploie une autre formule parce qu'on a prescrit dans cette réunion d'être parlementaire. Eh bien ! je le dis : tout homme portant un cœur et une poitrine aurait pensé comme lui ; et son seul tort est d'avoir mis un autre mot à la place de celui qui était sur ses lèvres.

Après cette entrevue, qui se termine par des engagements solennels de la part de Guillot, Ernest n'a plus écrit un mot, plus reçu de confidences de personnes, ni de sa mère, ni du garde, ni de qui que ce soit ; le funeste événement de la nuit du 12 est survenu pendant son absence sans qu'il pût même le prévoir. Et savez-vous où est le mot du procès en ce qui touche Ernest, et ce qu'il faudrait dire pour le condamner ? Il faudrait dire que quand il accepte, le 18 mai (ne croyant pas même qu'il s'agit de sa sœur), la parole de Guillot que tout est fini ; quand il est parti dans cette sécurité, quand il doit croire qu'une parole d'honneur sera respectée, quand il doit penser que désormais le parc de Jeufosse est libre de toute attaque, il sera condamné parce que Guillot aura violé sa parole, parce que en son absence, quand il est en toute sécurité à Paris, qu'il ne sait rien, qu'on ne lui dit rien, il y a eu quelqu'un qui a foulé aux pieds la promesse la plus solennelle, qui est allé chercher un coup de feu qu'il se savait exposé à recevoir ; créer contre Ernest une si étrange responsabilité, ce serait le renversement de la raison. Je n'ai même jamais compris pourquoi Ernest et Albert étaient sur les bancs de la cour d'assises. Ma conscience me crie qu'une condamnation est impossible contre de tels accusés.

Quant à Albert, tout le monde est d'accord sur son caractère : c'est un jeune homme doux, calme et inoffensif, et c'est lui qui aurait armé le bras d'un assassin ! Oh ! mais il a été bien plus coupable, lui, car il avait été l'objet des libéralités de Guillot qui lui avait ouvert sa bourse. Guillot a prêté à un jeune homme de ses amis une somme de 300 fr., qui lui a été rendue en capital et intérêts, et il faut que ceci soit relevé dans l'acte d'accusation comme constituant à la fois un emprunt et une ingratitude de la part d'Albert !

Cherchons s'il existe des éléments plus sérieux.

Au commencement de mai, Albert s'est trouvé à Jeufosse. Il était là lors de la scène des pots de fleurs, apportés sur le perron, pendant le mois de Marie.

A cette occasion il a écrit une lettre, datée du 5 mai ; cette lettre est toute sa défense ; car il a écrit ce qu'il pensait alors. En la forme rien n'est plus convenable, et au fond il serait difficile d'y voir une menace de mort. Voici cette lettre :

« Paris, le 5 mai 1857.

» Mon cher cousin :

» Je suis parti de la maison sans avoir le temps de vous jeter deux mots à la » poste. Voici ce qui s'est passé pendant mon séjour à Jeufosse ; d'abord, comme je » vous l'ai dit, il est venu se promener deux ou trois fois devant la grille, mais ce » n'est pas là le plus grave. Dans la soirée ou dans la nuit du jeudi au vendredi, » 1ᵉʳ mai, il a été apporté à la porte de la chapelle trois pots de fleurs qu'on a été » tout étonné de trouver là. Ma mère prétend qu'on a vu la carriole du sagouin » dans le village de Jeufosse. Tant que j'ai été à la maison j'ai veillé, et je n'ai » pas cru devoir vous en avertir puisque j'étais là. Vous voyez qu'il n'est pas » encore aussi sage que vous le pensiez.

» Si notre présence était indispensable, vous savez que nous comptons sur vous » pour nous en avertir.

» En attendant, veuillez agréer, etc.

Signé : « A. DE JEUFOSSE. »

Voilà tout ce qu'il a écrit. Maintenant qu'a-t-il fait ? Lorsque il était à Jeufosse au mois de mai, les persécutions de Guillot recommencent. Pendant le jour on vient sonner du cor, pendant la nuit on fait des visites nocturnes, et Albert a veillé, on ajoutait hier : « avec un fusil. » Le fusil est de l'invention de la partie civile. Puis il retourne à Paris, et il écrit à M. Odoard en partant : « S'il y a quelque chose de nouveau, prévenez-moi. » M. Odoard l'a-t-il prévenu ? Non. Est-il revenu le 12 juin ? Non ; et il sera responsable et complice de l'événement qu'il a ignoré ! Voilà pourtant tout ce qu'on reproche à Albert ; et c'est pour cela qu'il lui a fallu subir six mois de détention préventive et l'épreuve de ce débat public ; voilà tout, car je n'ai pas à défendre Albert des paroles qu'on lui reproche après l'événement, lorsque sous l'impression de sentiments trop honorables, et voyant le garde arrêté, il s'écrie que c'est lui qui aurait dû faire ce que Crépel avait fait. Aurait-on préféré qu'il laissât partir Crépel froidement et sèchement en disant : « On arrête le bras, on épargne au contraire la tête. » Non ! Albert s'écrie : « Mon pauvre Crépel, j'aurais voulu être à ta place ! »

Ces paroles je ne les défends pas, je les réclame ; elles honorent celui qui les a prononcées, elles montrent l'honnêteté de ces jeunes gens qui ne s'enveloppaient pas dans l'irresponsabilité de leur absence au moment de la catastrophe. Il y a plus, j'ai entendu leur adresser un autre reproche, et un reproche contraire ; ils auraient dû, disait-on en dehors de cette audience, ils auraient dû être là, ce n'est pas le garde qui aurait dû veiller sur la maison. Les paroles prononcées par Albert prouvent qu'ils l'entendaient ainsi ; mais on oublie ce qu'ils avaient écrit à M. Odoard : « S'il y a quelque chose de nouveau ou de grave prévenez-nous, » et ils ne sont restés à Paris que sur cette promesse formelle : « S'il y a quelque chose de nouveau et de grave je vous préviendrai. » On ne les a prévenus ni l'un ni l'autre, et ils n'ont jamais pu croire avant le 12 juin qu'il s'agissait de leur sœur. Vous savez que les mesures qu'ils ont prescrites, que les ordres qu'ils ont donnés ne portaient que sur une surveillance générale : protéger la maison en elle-même.

Quant à leur sœur, ils ne l'ont pas crue un instant compromise; sans cela, il est certain que Crépel ne serait pas sur ce banc, et cependant quelle étrange contradiction, quoiqu'ils soient restés étrangers aux faits du 12 juin! ils ne sont pas moins là depuis six jours, devant vous, obligés de répondre à une accusation capitale! Mais si l'accusation qui les y amène est sans base, ils auront, en la subissant, trouvé au moins la triste satisfaction de pouvoir escorter leur mère, afin qu'elle ne restât pas isolée. Je crois connaître assez bien leur cœur pour affirmer que restés étrangers à l'accusation, que placés ici sur le banc des témoins, ils auraient encore plus souffert. Tout à l'heure, lorsque vous, qui avez à dire le dernier mot de ce procès, aurez rendu l'un de ces verdicts souverains qui sont l'expression de la conscience publique, lorsque jugeant les actions de l'humanité avec des sentiments humains, vous aurez prononcé cet arrêt solennel qui va imposer silence aux mauvaises passions et rassurer les consciences honnêtes un instant ébranlées, ces jeunes gens qui ont soutenu leur mère pour l'aider à monter sur le banc de la cour d'assises, en descendront avec elle, en recevant de vous le bienfait d'une heureuse mais bien tardive réparation.

RÉQUISITOIRE DE M. L'AVOCAT GÉNÉRAL JOLIBOIS.

Messieurs les jurés,

Le ministère public vient se faire entendre bien tard dans ce débat. Au moment où je viens m'adresser froidement à vous, vous avez subi toutes les influences légitimes; vous avez entendu la voix émue du défenseur de la partie civile, parlant au nom d'une veuve respectée et de jeunes enfants devenus orphelins; vous avez subi hier les irrésistibles entraînements du prince de la parole; vous venez de subir les séductions d'une logique vigoureuse.

Le ministère public, cependant, est satisfait de sa situation; il lui convenait d'arriver au moment où il se lève pour dire son mot dans cette grave accusation, et, je le répète, pour le dire froidement et continuer le rôle qu'il s'est imposé depuis le jour où un crime s'est accompli. Oui, au milieu des rumeurs qui se sont élevées de toutes parts, au milieu des appréciations diverses, des mensonges qui se sont produits dans un sens comme dans l'autre, le ministère public est resté impénétrable avec l'instruction qui lui appartenait, et, usant d'un droit, dont il use rarement parce qu'il est strict et rigoureux, je le reconnais, il avait voulu que cette instruction ne fût connue que le jour où la justice aurait à prononcer. Mais quand l'heure est arrivée, que du moins on lui rende cette justice qu'il a été impartial, et je ne veux d'autre preuve que celle que me donnait hier mon illustre adversaire, quand il renonçait à l'audition des témoins à décharge. Oui, l'instruction a été conduite, la liste des témoins a été dressée, de telle sorte que la lutte fût parfaitement égale, et que de part et d'autre on pût y puiser les armes loyales qu'il convient d'employer entre hommes d'honneur qui ne partagent pas le même avis.

Je viens donc à mon tour sans exagération, mais sans faiblesse, vous dire ce que je crois être la vérité dans ce procès ; et permettez-moi de vous le dire, je crois me placer à la hauteur où vous a placés vous-mêmes le solennel serment que vous avez prêté, de vous rappeler les intérêts des accusés, sans doute, mais de vous rappeler aussi celui de la société, qui n'est pas moins légitime et respectable.

Voyons donc quelle est l'accusation, si pour elle il n'y a rien a dire, si en ce moment, comme on l'a tant répété, votre verdict est formé, l'absolution proclamée. Non. Examinons bien le fait unique que vous avez à considérer, car l'accusation est dans cette forte position que le fait meurtrier sur lequel elle s'appuie n'est pas contesté et ne peut pas l'être. On veut bien d'une part prétendre qu'on n'a pas eu l'intention de tuer, mais bientôt malgré soi, par la force des choses, et cette force puissante de la vérité, comme on le disait éloquemment tout à l'heure, on revient au système vrai et on dit : « Oui, j'ai tué, mais j'avais le droit de tuer. »

Examinons.

Le 12 juin, que s'est-il passé ? Il y avait dans le parc de Jeufosse, non pas contre le mur du parc, non pas faisant bonne garde pour empêcher une escalade, mais il y avait assis sur un fauteuil de jardin auprès d'un sapin, à quelque distance du château, le garde Crépel. Vers dix heures ou dix heures et demie du soir, un homme se présente ; cet homme était-il connu de lui ? Était-ce un malfaiteur vulgaire ? Pouvait-il en avoir peur ? Non, il l'a déclaré lui-même. Toute la maison savait que Guillot venait dans le parc. « Moi-même j'en ai été informé, et ce jour-là spécialement, j'ai parfaitement (je cite textuellement ses paroles) reconnu Guillot s'avançant vers moi, et puis se baissant. » Alors peut-il avoir une crainte pour lui, pour sa sûreté personnelle ? Non, Guillot se baisse, il est presque par terre, il saisit deux briques qui sont placées à l'avance, entre ces deux briques il remet un billet ; il va se relever. Je m'arrête.

Je demande à tous les hommes sensés, à tous les hommes de bon sens, ce qu'aurait dû faire le garde, s'il n'avait pas voulu tirer sur cet homme, s'il n'avait pas voulu le tuer.

Eh quoi ! il était là à quelques pas de lui, Crépel était assis sur un fauteuil, l'homme se baissait, il l'avait reconnu, c'était Guillot, ce n'était pas un malfaiteur venant s'attaquer aux personnes ; il n'a que le bras à étendre, il va le saisir, le prendre sans difficulté, sans embarras. Voulez-vous qu'il ait peur ? Oh ! alors qu'il prenne son fusil, qu'il lui mette le bout du canon sur la poitrine et lui dise : « Si tu bouges, tu es mort. » Non, il ne fait pas cela, il ne dit pas un mot, il laisse l'action s'accomplir. L'homme se relève, et quand il est à 26 mètres, quand il va se dérober derrière un massif de verdure, on le tire ; on le tire par derrière, quand il n'y a plus de danger, et cet homme tombe alors percé de huit chevrotines, il tombe pour ne plus se relever.

Voilà le fait matériel dans toute sa vérité, permettez-moi de le dire, dans toute sa simplicité ! C'est ce fait encore une fois qu'il faut apprécier. Il faut distribuer à chacun de ces quatre accusés la part de responsabilité qui leur incombe, et voir s'ils ne doivent pas ;compte à la justice du sang répandu par le bras de l'un, par les ordres et les instructions des autres.

Crépel avait-il l'intention de tuer ? C'est la première question à examiner.

Un fait matériel ne suffit pas en pareille matière ; il faut regarder quelle est l'intention, et la scruter avec soin.

Déjà le premier récit que je viens de rappeler vous indique quelle était cette intention. Mais il y a d'autres faits qui ne trompent pas ceux-là, ce sont des constatations ; ce ne sont pas seulement des témoignages, ce sont des faits sur lesquels on est d'accord, et sur lesquels on n'a jamais varié.

Ce fusil armé des deux coups, n'est-il pas un argument bien grave ? Tenait-il à un sentiment de lâcheté, comme on le disait tout à l'heure sans examen ? Encore une fois, n'oublions pas la vérité des choses, n'abandonnons pas une partie de la discussion pour ne nous souvenir que de celle qui est favorable.

On savait donc que c'était Guillot qui venait ; pas de doute sur ce point ; le fait est acquis et reconnu par Crépel. Lorsque la discussion s'ouvrira tout à l'heure, il ne pourra pas être contesté, c'est la déclaration de Crépel lui-même que je citerai, et je prendrai à dessein celle qu'il a faite au mois de septembre dans l'instruction supplémentaire, qui résume tout ce qu'il a dit. Je prendrai cette déclaration à témoin, parce que je l'ai entendue moi-même et que j'ai dû l'écrire.

Eh bien ! il disait : « Le jour de l'événement, après l'avoir reconnu auprès de l'arbre, je n'ai tiré sur lui que parce qu'il n'a pas voulu s'arrêter. » Ainsi, comme vous le voyez, il n'y avait aucun doute pour lui, il reconnaissait bien Guillot, il savait que c'était Guillot qui venait dans le parc de Jeufosse. Eh bien ! je lui demande alors pourquoi il a placé à côté de lui son fusil armé des deux coups. C'est une première preuve que j'élève contre lui ; mais, à côté de cette circonstance, il en est une seconde, plus forte encore que le fait d'avoir armé ses deux coups non pas, encore une fois, pour un malfaiteur inconnu, mais pour Guillot. Il a dit qu'il ne voulait que le blesser, l'arrêter, le *cingler*, suivant l'expression d'un témoin. Il est garde, il a l'habitude des armes à feu, il l'a dit lui-même à cette audience : « Malheureusement, je suis trop sûr de mon coup. » Eh bien ! il sait de quoi son fusil est chargé, il prendra les précautions vulgaires ; quand il voudra blesser un homme il désarmera le coup où se trouvent des chevrotines ; il ne le fait pas, ses deux coups sont armés. Et cet homme qui était de sang-froid, qui ne courait aucun danger, quand il tire, il ne tire pas du côté où se trouve le plomb, mais du côté où se trouvent les chevrotines. Et d'ailleurs, peu importe de quel côté il va tirer, la mort est tout aussi certaine, puisque de l'autre côté il a du plomb n° 4. Je reconnais avec la défense que le fusil n'a pas été rechargé, qu'il n'y a pas eu substitution après la mort de Guillot. L'argument qu'elle a fait je me l'étais fait moi-même, et je l'avais dit à Crépel dans l'interrogatoire que je rappelais tout à l'heure. Non, il n'a pas substitué du plomb aux chevrotines. S'il eût voulu faire une substitution il eût rechargé avec de la menuise ou de la cendrée, comme on voudra l'appeler, puisqu'il en avait à sa disposition. Mais ce qui est certain, c'est que le fusil était là, armé des deux coups, et que Crépel tirant sur Guillot a pressé la détente du coup qui contenait des chevrotines, et que d'ailleurs il reste ce raisonnement : c'est qu'avec du plomb n° 4, à 26 mètres de distance, on aurait tué avec non moins de certitude, parce que, comme disent les chasseurs, le coup aurait fourni davantage. Un premier fait qu'il faut retenir, ne pas oublier, c'est le fait matériel qui ne peut pas, lui, donner lieu à des incertitudes, ni au moindre doute.

A côté de ce fait matériel, il y a un fait moral qui a la même gravité, la même importance et qui ne peut pas tromper davantage. Comment ! voilà un homme qui n'a voulu que blesser, qui a tiré un coup de feu, lui qui a le coup d'œil si sûr, lui dont la main est si adroite, il a tiré à 26 mètres sur un homme qu'il voit tous les jours et qu'il avait parfaitement reconnu, et il n'a voulu que blesser ! Vous avez parlé d'un mouvement instinctif ; mais le mouvement instinctif le plus vulgaire lui disait d'aller vers cet homme, de voir ce qui était arrivé, de se pencher vers lui..... Et tenez, Crépel l'a compris le premier, car cet homme qui, je le reconnais, n'a presque jamais varié dans l'instruction, a senti la nécessité d'une explication, et vous vous rappelez la fable que pour la première fois il a racontée à cette audience. Il a compris qu'il ferait dire à ses juges, quand il prétendrait qu'il n'avait voulu que blesser, pourquoi il n'était pas allé vers Guillot, pourquoi il ne l'avait pas secouru. Il a compris qu'on lui demanderait : « Comment se fait-il que vous qui avez l'habitude de garder la nuit, qui aviez encore un coup à votre disposition, au lieu d'être allé vers l'homme que vous aviez étendu par terre, vous êtes allé chez madame de Jeufosse, qui veillait encore ? » Et alors il a fourni cette explication, je le répète, pour la première fois, cet homme qui a du courage, qui est bon garde, comme je l'ai dit, s'est accusé de lâcheté ; il a prétendu qu'il avait vu quelque chose briller dans la main de Guillot et qu'il avait eu peur que ce ne fût un fusil. Il fait un mensonge, il se calomnie quand il dit cela. Il avait vu Guillot auprès de lui, il l'avait regardé de toutes manières, il l'avait reconnu, et il n'est pas allé vers lui parce que c'était un parti pris, parce qu'il ne voulait pas y aller. Il est entré chez madame de Jeufosse, parce qu'il savait que son coup était mortel.

Il y est entré, messieurs, et il va vous dire ce qui s'y est passé. Est-ce que vous n'êtes pas saisis avec moi d'une réflexion qui m'accable depuis le commencement de ces débats ? Mais si Gros n'était pas venu, mais si Guillot était tombé mort sur le coup, s'il avait expiré à l'instant même, si Laurence Thouzery n'avait pas entendu ces gémissements qui l'effrayaient, que serait devenu ce cadavre ? Comment aurait-on fait, où l'aurait-on porté ? où l'aurait-on mis ? Que se serait-il dit dans la chambre de madame de Jeufosse ?

« Il y a là à quelques pas de moi un cadavre qui me gêne, » le mot a été dit. Ne l'aurait-on pas porté dehors, et quand la justice aurait demandé des explications, on aurait pu répondre alors : « Nous ne savons pas où il a été tué dans ses courses de nuit. » Cela, messieurs, devait être, si, comme dans toutes les affaires criminelles, il ne s'était pas produit un de ces événements qu'on appelle providentiels ; c'est que Guillot était accompagné, c'est qu'il y avait en dehors du parc un témoin qui avait tout vu, tout entendu et qui a tout raconté. Mais, dès à présent, constatons bien qu'elle a été l'intention de l'accusé Crépel. Son intention a été de tuer, de donner la mort ; les faits matériels, les faits moraux viennent le démontrer.

Maintenant, j'ai dit que je serais impartial. Oui, il est vrai, il a fait cela sans espoir d'une récompense, il a fait cela par une obéissance exagérée. Il a eu tort d'obéir dans ces circonstances, et un témoin que vous avez entendu, le témoin Dubois, confronté avec Corbeau, avait raison de lui dire : « Mais si madame de Jeufosse te conseillait d'aller te jeter à l'eau, est-ce que tu le ferais ? » C'est là sa défense, son atténuation ; je veux la lui laisser tout entière, mais je veux en même temps lui laisser sa part de responsabilité.

Quant à madame de Jeufosse, sa part de responsabilité, je n'ai pas à en parler. On a dit hier : « On l'accuse d'être complice, je déclare qu'elle est l'auteur principal ; elle est la tête qui a conçu le fait, Crépel n'a été que le bras qui a exécuté. » Sur elle j'aurai donc peu à dire sur ce point. Mais l'instruction fournit d'autres faits sur lesquels la preuve est complète et que je dois rappeler en quelques mots : c'est que dans cette maison de Jeufosse, où les habitudes extravagantes, inconcevables de Gulilot étaient connues, on parlait de sa mort à tout moment. C'était chose entendue, c'était chose arrêtée, et un jour madame de Jeufosse, oubliant les habitudes de son sexe et celles que devaient lui donner aussi ses pratiques de piété, mettant la main sur un fusil, disait devant ses domestiques assemblés : « Qui donc me débarrassera de cet homme ? » Une autre fois, elle promettait ou faisait promettre une somme de 50 francs. Je ne veux pas insister sur ce point ; mais vous vous rappelez le témoignage de Corbeau, d'autant plus expressif que le mensonge était écrit sur sa figure par ce que, en présence du quadruple démenti qui lui était donné, il était obligé de laisser échapper une partie de la vérité. Dans cette maison, où tout le monde parlait du soin qu'il fallait prendre pour se débarrasser de Guillot, on promettait une récompense, et Corbeau, battu sur ce point, était obligé au moins d'essayer une explication : « Mais ce n'est pas madame de Jeufosse, c'est Laurence qui est venue un jour à la cuisine et a promis une récompense de la part de madame de Jeufosse. » En présence de qui ce propos avait-il été tenu ? Il a indiqué immédiatement la femme Senet qui a servi chez madame de Jeufosse et la femme Senet a répondu : « Oui, cela est vrai, j'ai entendu Laurence tenir ce propos, » Il est vrai que Laurence a nié, mais elle a nié aussi le propos que Crépel lui a imputé, et dans lequel il a persisté jusqu'au bout, quand il a raconté qu'un jour se joignant aux recommandations de madame de Jeufosse, elle avait ajouté : « Oui, oui, Crépel, faites bonne garde, tuez toutes les bêtes noires. » Vous savez, en effet, messieurs, quelle personne on désignait sous le nom de bête noire, quand des instructions étaient données à Crépel.

Je les résume par les dernières explications de cet accusé, quand il disait en septembre dernier : « Je reconnais que je n'aurais pas tiré, si l'on ne m'avait pas donné l'ordre de le faire. Madame de Jeufosse m'avait dit plusieurs fois : «Tirez, » n'ayez pas peur, quand même vous tueriez, il ne pourrait rien vous arriver ; j'ai » le droit de faire tirer dans ma propriété. » Ainsi cela est certain, Crépel lui-même l'a avoué dans son interrogatoire, et, comme je le disais tout à l'heure, il n'a jamais varié, il n'a jamais menti. Ainsi donc, la part de responsabilité de madame de Jeufosse est bien indiquée dans ce débat, elle est bien comprise de vous, et je passe immédiatement à ce que j'ai à dire sur Ernest de Jeufosse.

Pour lui, vous savez ce qu'on disait, il y a un instant, son bilan n'est pas riche. Dans l'accusation il y a trois faits qui lui sont imputés : une lettre écrite au garde Crépel, une lettre écrite à Émile Guillot, qui ne lui est pas parvenue, et enfin le propos tenu par lui dans la fameuse entrevue chez M. Odoard du Hazey, le 9 mai dernier.

La lettre au garde. Oh! on n'avait pas Guillot en vue, on ne savait pas qu'il s'agît de lui. Cette lettre est du mois de janvier et il s'agissait d'un rôdeur inconnu.

Comment! on voudrait faire croire une pareille chose, mais il ne faut que rappeler ici les termes de cette lettre sur lesquels on est d'accord, comme on l'a dit dans l'acte d'accusation, de la part de celui qui l'a écrite comme de celui qui l'a reçue. Est-ce que c'était pour un rôdeur ordinaire qui serait venu voler quelques fruits, quelques branches d'arbres, qu'Ernest de Jeufosse se serait donné la peine d'écrire au garde, comme il l'a fait? Écoutez ce qu'il lui dit :

« J'entends dire qu'on rôde la nuit autour du château ; c'est une lâcheté de ta » part de ne pas empêcher cela ; il faut tirer un coup de fusil sur celui qui fait cela. » Si j'y étais je le ferais, tu dois me remplacer. »

Il n'y a pas à se tromper sur les termes de cette lettre. La défense disait tout à l'heure que si Crépel l'avait détruite, c'est que son orgueil avait été blessé par ce mot de lâcheté qui s'y trouve. On ne fera croire à personne que quand toute la famille savait qu'on s'introduisait dans le parc et qu'Ernest écrivait cette lettre pour piquer l'amour-propre de son garde, c'était pour un infime maraudeur qu'il écrivait : « C'est une lâcheté de ta part de ne pas empêcher cela.... si j'y étais je le ferais, tu dois me remplacer. » Non, c'était pour Guillot.

Voilà une première instruction énergique, et qu'un autre fait va corroborer davantage ; je veux parler de cette lettre adressée à Émile Guillot et interceptée par sa femme. Avant d'en parler, messieurs, et quoique cela ne soit pas dans mon rôle, mais tenant à être juste envers tout le monde, qu'il me soit permis de dire que, de la part des défenseurs des accusés, on a été bien sévère sur la production de cette lettre. On a parlé de loyauté à laquelle on aurait manqué, de procédés peu honorables. Oui, dans la vie privée ordinaire, il en serait ainsi. Mais quand M. Paul Guillot portait au rendez-vous de M. Odoard cette lettre, savait-il ce qui arriverait ? savait-il même que la conférence aboutirait à ceci que cette lettre serait brûlée ? Non, il ne le savait pas, et lui le frère aîné, âgé de quinze ans de plus qu'Émile Guillot, exerçant sur lui une surveillance paternelle, il devait dire : « Mais on menace mon frère, il s'agira peut-être d'une affaire sérieuse. » Et remarquez qu'il avait compris toute la gravité de cette menace, car il avait écrit : « Je la déposerai au procureur impérial. » Et puis les faits se pressent, on discute, on arrive à de pénibles appréciations, et enfin il est convenu que les lettres seront détruites. Il donne l'original de cette lettre ; elle est effectivement détruite avec celle qu'il avait envoyée lui-même et qui n'était pas arrivée non plus à son adresse. Il avait tout fait, il avait fait son devoir et il l'avait fait avec loyauté ; car en même temps qu'il remettait la copie de la lettre, il remettait aussi la copie de celle qu'il avait écrite et sur laquelle on a discuté. Prenons donc l'argument et ne nous croyons pas manquant de loyauté pour nous en servir comme il convient en pareille matière.

Cette lettre, quelle était-elle ? c'était une menace énergique à Émile Guillot. On annonçait, c'était dans les habitudes de la maison, la mort de Guillot ; on avait promis une récompense honnête à celui qui toucherait ce revenant, ce loup-garou que vous savez. Je répète ici que les menaces étaient énergiques, que M. Paul Guillot ne s'était pas trompé, et qu'il pensait à remettre cette lettre au ministère public. Il y avait tout à craindre de la part d'un homme qui faisait de telles recommandations à son garde, qui recommandait de tirer sur Émile Guillot en annonçant qu'une récompense honnête était promise à celui qui le toucherait.

Un troisième fait sur lequel on a donné, il y a un instant, une explication, mais à votre audience, et pour la première fois, est un propos qui a conservé toute sa gravité dans l'instruction, et qui le conservera jusqu'au dernier moment, c'est le propos tenu chez M. Odoard du Hazey. Rappelons-nous bien la scène, et quels étaient les personnages. C'était M. Tripet, sur l'honorabilité duquel je n'ai plus rien à dire, après ce qu'on a dit hier ; c'était M. Odoard, M. Ernest de Jeufosse, puis Émile Guillot, à qui on avait permis d'assister aux explications qui auraient lieu, mais à la condition de ne pas dire un mot sans en avoir reçu l'autorisation, et de montrer la plus grande réserve. Dans quelle condition y arrivait Ernest de Jeufosse ? Il avait dîné à Gaillon chez l'ancien notaire, et vous savez que, dans le voyage qu'il avait fait à cheval, il était tombé plusieurs fois. Bref, il était dans un état d'exaltation que tout le monde a constaté. Cet état d'exaltation explique le propos, mais il ne le fait pas disparaître. Ernest manque à la prudence et laisse échapper la vérité. Il dit ce qui se trouve alors dans son cœur. Il prononce une parole étrange, incroyable, inexpliquée. Il faut reprendre ce propos dans son entier.

On parle de la maison de Jeufosse. Deux noms sont prononcés : celui de l'institutrice et celui de Blanche. « S'il s'agit de l'institutrice, dit Ernest, ce » sera un duel ; s'il s'agit de ma sœur, ce sera un assassinat. » Le mot a été prononcé, et tout à l'heure, avec une habileté qui, Dieu merci ! est souvent de la loyauté, on vous a expliqué ce propos. Il venait à Ernest de Jeufosse, vous a-t-on dit, une grosse injure à la bouche, et alors, pour adoucir l'expression, il a trouvé le mot d'assassinat. Non, il n'était pas dans une situation physique ni morale à faire une pareille réflexion ; il a dit toute sa pensée : le duel d'un côté, l'assassinat de l'autre, et le jour où il parle d'assassinat, c'est le 19 mai. N'oubliez pas cela, et dans un débat comme celui-ci, au lieu d'éparpiller les faits, faisons-en un faisceau pour présenter au jury la cause telle qu'elle doit lui être présentée. N'est-ce pas quelque chose de grave qu'un propos comme celui-là ? Je ne veux pas invoquer d'autre autorité que celle de M. Odoard du Hazey, qui n'est pas suspecte, qui est blessé de ce propos, qui proteste à l'instant, et qui dit à ce jeune homme, qui est son parent : « On n'assassine » personne, mon ami ; on se bat au besoin. »

Ainsi le propos a toute sa signification, toute sa portée, et il en a bien plus encore quand on se rappelle qu'il a été tenu le 19 mai, et que quelques jours après, moins d'un mois après, Guillot tombait assassiné. Voilà son bilan, messieurs, et, pour ce bilan, vous ne donnerez pas à Ernest de Jeufosse un *satisfecit*.

Quant à Albert.... Oh ! Albert, pourquoi est-il assis sur les bancs de la cour d'assises, ce jeune homme si doux de caractère, presque insignifiant ? On ne lui a fait grâce de rien. L'acte d'accusation a été impitoyable. On a rappelé une circonstance singulière pour démontrer son ingratitude ; on a dit qu'il avait emprunté de l'argent à Émile Guillot et qu'il avait donné des instructions pour le faire assassiner. Non, messieurs, il faut lire l'acte d'accusation comme il est ; il y a toujours du danger, vous le savez mieux que moi, à ne prendre qu'une partie d'un ouvrage. L'acte d'accusation n'a pas voulu faire ce rapprochement, qui serait par trop mélodramatique ; M⁰ Deschamps a eu raison de le dire, l'acte d'accusation a voulu indiquer les relations qui existaient entre ces jeunes gens et Émile Guillot. Je rétablis le passage :

« .... Des visites on passa aux dîners, et bientôt une entière intimité s'établit. » Des rapports de camaraderie eurent lieu entre M. Guillot et les fils de Jeufosse, » qui trouvèrent sa bourse ouverte à leurs emprunts. »

Vous le voyez, ce fait a été raconté, comme d'autres, par ses camarades de plaisir, et parmi les moins incriminants pour Albert de Jeufosse. Si j'ai cru devoir rendre à cette partie des débats sa véritable physionomie, ce n'est pas pour aggraver la position du prévenu, ce n'est pas pour cela qu'Albert de Jeufosse est sur le banc de la cour d'assises ; il y est parce que sa conduite a été significative au point de vue criminel, et qu'après avoir gardé lui-même, il a donné des instructions à Crépel, des instructions que vous vous rappelez, et qui ont été formulées par Crépel lui-même. Au moment où il quittait le château de Jeufosse, au mois d'avril, peu de temps avant l'assassinat, après avoir gardé lui-même encore une fois, il disait à Crépel : « Veille bien ; donne un coup de fusil à celui que tu verras. » Il ne s'agissait pas d'un malfaiteur, je le répète, on savait que le visiteur nocturne était Guillot, et la meilleure preuve que j'en puisse donner, c'est qu'Albert de Jeufosse avait gardé lui-même, et que pour un voleur de bas étage il ne se serait pas donné cette peine ; il l'aurait laissée tout entière à son garde.

Ainsi, voilà sa part dans l'imputation, la part qui lui est faite par l'accusation, la part qui a été constatée par Crépel lui-même après le crime. D'ailleurs, vous savez quelle a été sa tenue, elle a été plus qu'un aveu ; on s'en faisait une arme tout à l'heure au nom de la défense. Vous prendrez le fait tel qu'il est, vous l'examinerez, vous apporterez dans cet examen le sentiment avec lequel les choses doivent être envisagées.

Au moment où on arrêtait Crépel, Albert disait hautement : « Voilà ce que c'est, il reste peu de bons domestiques, celui-là on va l'emmener, l'incarcérer. Eh bien ! moi, à sa place, j'en aurais fait tout autant. »

Voilà ce qui est constaté, messieurs, et c'est constaté dans un procès-verbal. Mais comme ce procès-verbal n'est pas signé par les accusés, on veut le rejeter du débat ; on fait la guerre à l'instruction conduite par un honorable magistrat, et on vous dit : « En matière criminelle, vous ne devez croire que ce que les accusés ont signé. » Erreur, messieurs, qui conduirait le plus souvent à voiler cette vérité que nous devons tous rechercher, et qui, lorsque dans un moment d'oubli ou d'exaspération, sous le coup d'un sentiment que je ne veux pas définir, s'échappe significative des lèvres d'un accusé, ne pourrait pas être constatée. Le magistrat n'aurait pas le droit de la retenir, l'accusé refusant de signer, parce qu'il aurait compris plus tard le tort qu'il aurait eu de se compromettre, et ses aveux seraient considérés comme non avenus. Vous qui êtes accusé, on vous croirait, et on ne croirait pas des hommes d'honneur, des magistrats qui constateraient la vérité. Il n'y aurait donc que le procès-verbal ? je dirais encore que les faits sont acquis, et que ce procès-verbal il faut l'admettre en entier, et opposer à l'accusé tout ce qu'il a dit. Vous vous rappelez ces paroles significatives tombées des lèvres de Crépel, alors qu'il était dans toute la réalité de sa situation. Oui, au moment où il allait marier sa fille, il était désespéré de quitter sa famille, d'abandonner la maison de ses maîtres, qu'il aimait, je le reconnais et je le proclame, pour venir en prison. Oui, il devait se désoler, s'arracher les cheveux, et la vérité alors, la vérité s'échappait sans déguisement de ses lèvres. Ah ! dites, osez dire que le magistrat ne l'a pas entendu s'écrier : « Voilà ce que c'est que de faire son devoir. On vous dit : tirez, tuez ; qu'on a consulté le procureur impérial, le juge d'instruction ; on m'emmène moi, et vous vous restez. » Non, tenez, il suffit de lire ces paroles, on ne les invente pas. Et je ne veux pas parler de la déclaration du capitaine de gendarmerie, ni de celle de ce magistrat en cheveux blancs, du juge de paix Champion, qui ont confirmé ici, sous la foi du serment, les faits constatés par le procès-verbal de magistrats respectables. Retirez le mot *tuez* pour y mettre le mot *tirez*, cela me suffit. Un garde à qui l'on dit : Tirez avec des chevrotines ; un garde qui ne manque jamais son coup ; tirez, cela veut dire tuez. Mais je ne fais pas même cette concession, parce qu'elle ne doit pas être faite, parce que le procès-verbal est là, et qu'il est l'expression de la vérité.

Je fais, je le répète, la part de chacun. Madame de Jeufosse a été bien généreuse, elle a tout pris sur sa responsabilité. Je comprends qu'il puisse en être ainsi pour Crépel ; pour lui on peut dire : « Il a obéi, je lui ai commandé ; je le couvre de ma responsabilité tout entière. » Mais pour les fils il n'en peut être de même, car les fils n'ont pas su qu'il s'agissait de leur sœur ; ils n'ont pas su qu'elle était compromise, leur mère ne leur a rien confié ; on le disait pour eux, il faut le retenir au débat. C'est un bon sentiment, car s'ils l'avaient su, j'aime à n'en pas douter, ils seraient venus pour la défendre : ils seraient venus à Jeufosse ; ils auraient veillé, ils auraient fait leur devoir, mais s'ils ne l'ont pas su, par cela seul leur responsabilité reste entière. Ils ont donné un ordre dans un seul but de faire tirer sur celui qui rôdait dans le parc, et non sur celui qu'ils savaient vouloir s'adresser à leur sœur.

Mais il est des faits si bien établis, si bien constatés, qu'il est inutile de chercher à élever des doutes. Quel est le système de défense qui y a été opposé ? Ce n'est pas un système de défense, c'est un système d'attaque. On a oublié la situation dans laquelle on se trouvait, on s'est moins défendu qu'on n'a attaqué Émile Guillot. Ce n'est qu'un malheur qui est arrivé ! Il y a une victime, pleurons sur elle, si on veut, mais c'est à elle seule qu'il faut imputer le malheur. Il y avait de la part de Guillot un système de compromission organisée. Il a compromis à plaisir ; il a raconté à tout le monde les faveurs qu'il n'avait pas obtenues, à Anquetin, ce jeune homme de vingt ans, à Régade, ce jeune sous-officier, à ce domestique, à ce garde-chasse, à Criquebœuf, bref, à tout le monde dans Gaillon ; c'était un système organisé. Alors on vous disait hier avec cette éloquence qui nous émeut tous, que nous admirons tous, dans la conduite de cet homme, dans l'ensemble comme dans tous les détails, il n'y a pas eu un sentiment vrai, et l'orateur s'animant et se prenant à témoin, ajoutait : « Croyez-en un homme qui n'a pas été étranger aux passions ! » Non, non, ne parlons pas de cet homme dont les passions s'élèvent à la hauteur du génie, prenons nos exemples dans la vie ordinaire, quoique aussi bas que vous voudrez. Tombons avec Émile Guillot, prenons ses bizarreries, et ne prenons pas ces nobles instincts que font les plus nobles natures. Émile Guillot était un extravagant. Est-ce que quand il était passionné, il l'était comme ces hommes d'élite? Il sentait à sa manière, d'une manière ordurière, pour ne pas me servir d'autres expressions, mais il sentait; et, l'oisiveté se mêlant à ses mauvais penchants, il avait pour confidents les hommes avec lesquels il vivait. Il poussait, dites-vous, ses chiens dans les bois. Eh! sans doute; il n'avait que des gardes autour de lui, il parlait à des gardes; c'étaient ses confidents habituels. Pour moi, je ne veux qu'une preuve que cela n'a pas été un système organisé, et je ne veux pas qu'il y ait de réticence dans mes paroles. La preuve qu'il n'a pas voulu compromettre à plaisir, ce sont les propos mêmes qu'il a tenus, c'est le billet qu'il a écrit, et qui a été sous vos yeux. Cet homme, avec son langage grossier, aurait voulu compromettre Blanche de Jeufosse, et n'aurait parlé que de ces préliminaires d'amour que vous savez! Il aurait voulu perdre dans le pays la réputation d'une jeune fille qui doit rester intacte, et il n'aurait parlé que de « cette petite créature qui lui a donné sa foi! » Non, il aurait dit à tous ceux qui l'ont entendu : « Elle m'a appartenu, je l'ai possédée, elle s'est livrée à moi; ses dernières faveurs, je les ai savourées, » et il l'aurait dit dans un autre langage encore que celui que j'emploie dans ce moment! Voilà ce qu'il aurait dit. Mais avec la réserve de ses paroles, avec la déclaration des témoins qui disent, que même quand il parlait de Blanche, il était respectueux jusqu'à un certain point, nous avons la preuve qu'il a pu être accusé d'une certaine imprudence, mais qu'il n'avait pas de système organisé, qu'il n'a pas voulu calomnier à plaisir.

Il a trahi son serment, dit-on, cela est vrai; mais c'est là encore un argument qui peut se retourner contre vous. Il était loyal d'habitude. Tous les témoins l'ont dit et s'il a trahi son serment, ce n'a pas été pour calomnier à plaisir, pour compromettre à dessein, c'est parce qu'il y avait chez lui une brûlante passion.

Mais il a été plus loin, il a voulu tromper la famille, à tel point qu'un jour il a dit : « Je vous donne ma parole d'honneur que je ne vais pas dans le parc. Voulez-vous vous en assurer? Faites tirer sur celui qui s'y introduit. »

Quelle conséquence tirer de là? c'est qu'il était véritablement passionné, car cet homme courait un véritable danger; il se proposait lui-même comme but aux coups de fusil que lui lancerait une main habile et il n'hésitait pas à aller dans le parc, à y porter des billets. En restant dans la vérité des faits, comme je le disais en commençant, apprécions les choses sans exagération mais sans faiblesse.

Il y a eu des imprudences; il faut que le ministère public le dise dans l'intérêt de madame de Jeufosse elle-même. Oui, par un sentiment incompréhensible, on sait qu'Émile Guillot, cet homme marié qui a des enfants, cet homme, dont la femme était l'intime amie de Blanche de Jeufosse, cet homme a osé dire à Blanche de Jeufosse qu'il l'aimait, qu'il la trouvait jolie, qu'il pensait à elle le jour et la nuit, et passant dans un corridor, il a voulu l'embrasser. Il a voulu faire à cette jeune fille ce que j'indique, et elle n'en a pas parlé à sa mère, elle a réservé cela. On a dit que c'était une réserve calculée. Non, pour une fille dans cette situation, qui est dans sa maison, dans son salon, sous la protection de sa mère, il ne peut y avoir de ces réserves calculées. Jeune et innocente comme elle était, c'est un sentiment que je ne comprends pas qui lui a fait apporter cette réserve. Elle aurait dû se plaindre, pas à l'instant même si vous voulez, mais le lendemain matin, elle aurait dû se confier à sa mère en rougissant. Elle ne l'a pas fait, et cet aveu de Guillot pourtant avait fait impression sur elle. Il faut prendre les faits comme ils sont racontés. Interrogeons Laurence Thouzery : elle répond à l'instant même qu'elle s'est aperçue bientôt que Blanche, d'ordinaire froide et réservée, devenait de plus en plus réservée et discrète, qu'elle répondait à peine aux paroles qu'on lui adressait, que vers le soir, à la fin du dîner, elle allait dans le jardin.

Aujourd'hui on a voulu enlever à ces faits leur signification, leur véritable portée par les explications qu'on a données. Mais il y a des démarches qui les caractérisent. Laurence Thouzery, qui a plus d'expérience que Blanche de Jeufosse, ne s'y est pas méprise ; elle a compris que la situation était grave, qu'il fallait prendre des mesures énergiques. Elle l'a si bien compris, qu'elle, l'institutrice, placée par madame de Jeufosse à côté de sa fille, elle n'a pas osé en parler sans intermédiaire à madame de Jeufosse ; elle a été trouver madame Huet, et madame Huet a trouvé la chose si grave, elle, l'intime de la maison, qu'elle n'a pas voulu en parler à madame de Jeufosse ; elle en a parlé à son mari et son mari, qui a trop parlé dans toutes ces affaires, a compris, lui aussi, que la situation était sérieuse et grave, si sérieuse et si grave qu'il a recommandé à sa femme de ne pas se mêler de ces choses.

Ainsi donc il y a eu imprudence de la part de Blanche de Jeufosse, et si je dis ceci, c'est pour ajouter qu'il n'y a eu rien de plus que ces imprudences trop chèrement payées.

C'est là la véritable situation des choses ; c'est là ce qu'il faut envisager de sang-froid, en condamnant Émile Guillot sans réserve, mais en examinant si la punition n'a pas été trop forte. La défense de madame de Jeufosse se produisant sur ce point a été ce qu'elle devait être, entraînante et pathétique. On a invoqué pour elle ce qu'il y a de plus sacré au monde, les droits d'une mère, et les droits d'une mère sont inséparables de ses devoirs. On avait raison, mais il faut bien que je dise à quelles conditions une mère a le droit de pousser les choses à l'excès. C'est à la condition qu'elle n'aura rien à se reprocher, qu'avant d'arriver à répandre le sang, elle pourra, faisant un retour sur elle-même, se dire : « J'ai gardé saintement ma fille. Il était impossible de la soustraire au poison. » Madame de Jeufosse peut-elle faire ce retour ? Elle a commis de grandes imprudences. Elle a placé à côté de sa fille une institutrice trop jeune. On vous en parlait hier, on l'a défendue, on a rappelé sa pudeur ; c'est par un bon sentiment qu'elle a été appelée dans cette famille. Laissez-moi vous le dire, quand c'est une mère qui agit, il y a quelque chose au-dessus de ces sentiments qui sont presque des sentiments de chevalerie. Une mère, quand il s'agit de sa fille, ne doit pas écouter autre chose que son intérêt. Et cependant, non-seulement madame de Jeufosse s'est laissée entraîner, mais elle a résisté à tout le monde. Parents, amis, fils, tous l'ont priée, suppliée de renvoyer Laurence Thouzery ; elle ne l'a pas voulu, et autour de Laurence Thouzery se sont amassés ces propos qui ont été grossissant et qui, plus tard, se sont adressés à Blanche de Jeufosse. Je veux, messieurs, sur ce point, vous rappeler une déclaration, acceptée de tous, celle de l'honorable M. Tripet :

« Nous causâmes de tout ce qui s'était passé, et je lui dis : Vous vous seriez
» épargné bien des tracas si vous aviez voulu suivre mes conseils. — En quoi
» faisant ? — En renvoyant mademoiselle Laurence... »

Et ce témoin si respectable, je suis d'accord sur ce point avec la défense,
ajoutait :

« Je lui ai dit toutes les légèretés, toutes les inconséquences que j'avais remar-
» quées ; je lui ai dit que je m'étais aperçu que souvent *elle faisait l'œil*, lui expli-
» quant ce que cela signifiait. Madame de Jeufosse reconnut avec moi que Laurence
» était légère, mais qu'elle était sûre de sa sagesse ; qu'elle verrait plus tard, qu'elle
» avait des motifs pour la garder. »

C'était une première faute, et une faute grave, qu'une résistance à de pareils
conseils donnés par un pareil homme, avec le respect dû à ses cheveux blancs
et sa qualité de vieillard. Non, elle n'a rien voulu entendre, et sous le prétexte
que Laurence était vertueuse, elle s'est obstinée à laisser à côté de sa fille une
institutrice légère et inconséquente qu'elle avait appelée elle-même. C'est la
moins grave de ses fautes et de ses imprudences.

Il y en a une qui saisit l'esprit de toutes les mères de famille : c'est d'a-
voir accueilli Guillot, comme elle l'a accueilli ; c'est de lui avoir permis de
s'asseoir à côté de sa fille ; c'est de lui avoir permis de s'installer au piano, à
côté de ces jeunes filles ; ç'a été de les rapprocher de lui. Pourquoi était-ce
une faute et une imprudence ? Parce que Guillot était connu dans le pays, parce
que sa réputation n'était un mystère pour personne et que madame Dutfoy
(je veux prendre encore un témoin ami de la famille) lui disait, comme elle l'a
dit dans l'instruction : « J'ai fait tous mes efforts pour faire chasser Guillot
de cette maison ; je ne voulais pas le recevoir chez moi. » Madame Dutfoy
qui n'a pas de jeune fille, ne voulait pas à son âge recevoir Guillot ; madame
de Jeufosse a commis la faute de le recevoir. Aussi hier, messieurs, il me
semblait qu'on dépassait le but quand on vous disait : « Guillot ! il est venu
verser son venin et son poison sur Blanche de Jeufosse. » Ah ! qu'on me permette de le dire, sa mère avait approché le vase de bien près. (Mouvements en
sens divers.)

Ce sont là des fautes et des imprudences. Oui, c'est ainsi que sentent toutes
les mères de famille, tous ceux qui ont eu des enfants, tous ceux à qui la Providence a envoyé des filles. Une fille ! mais c'est l'amie la plus intime pour
une mère ; c'est une autre soi-même, ce sont deux cœurs qui battent du même
mouvement ! Une mère qui a une fille de seize ans, n'a pas d'institutrice, il
n'y a personne pour la remplacer ; elle doit la couvrir de ses ailes, elle doit
étendre ses bras sur elle ; il faut qu'elle l'observe sans cesse, qu'elle l'ait sans
cesse sous ses yeux ; quand on n'agit pas ainsi on commet une imprudence.
Une mère qui a une fille ne la laisse pas aller à la prière à Saint-Aubin, pour
être conduite chez elle par un jeune homme, qui apprend le latin chez un
curé de campagne et qui écrit sur la neige :

Diva Laurentia mea, sequior tortentibus.

Une mère ne commet pas de telle imprudence ; pour arriver à une extrémité telle que la mort d'un homme s'ensuive, il faut n'avoir rien à se reprocher. J'aime à croire que ce n'est pas en ce moment pour la première fois que le regret et le remords sont entrés dans l'âme de madame de Jeufosse.

Mais enfin, dira-t-on, c'est un sentiment maternel exagéré; que voulez-vous qu'elle fît dans cette situation où l'avait placée Guillot? Il la poursuivait sans cesse, il la coupait sur la route, elle ne pouvait pas se détacher de lui : N'aviez-vous pas d'autre moyen avant d'arriver à celui qui a été employé? Le plus naturel, celui de toutes les mères de famille, c'était de faire un voyage, de vous absenter.

On a eu raison de dire qu'il ne fallait pas recourir au duel; que ce n'était pas un moyen chrétien, mais un moyen de faire du bruit auprès d'une jeune fille. Si on ne voulait pas s'éloigner, c'était de s'adresser aux tribunaux; et les tribunaux n'auraient pas été envahis par cette nuée d'écrivains, dont on a parlé, qui répandent dans l'Europe entière les procès scandaleux. Ces écrivains n'auraient pas rendu compte d'un procès comme le vôtre; en pareille matière, la publicité n'est pas possible; s'ils l'avaient fait, ils auraient été condamnés comme diffamateurs; ils auraient été flétris justement; ils auraient été flétris par une condamnation qui aurait été énergique.

Voilà ce qu'il fallait faire avant tout; ce qui était indiqué par le simple bon sens, par la raison la plus vulgaire : c'était de s'adresser à ceux dont on était entouré, à M. Odoard du Hazey, par exemple.

Une entrevue avait eu lieu chez lui, le 19 mai. On y avait parlé d'une lettre anonyme, plus ou moins problématique, comme devant être imputée à Guillot; mais on avait, ce jour-là, une arme bien plus redoutable, si on avait voulu; on avait le billet que, le 17 mai, Guillot avait jeté dans la voiture et qui était adressé à Blanche de Jeufosse. Blanche l'avait remis à sa mère, sa mère le vit, je veux bien le croire, je le crois. Eh bien! il y avait là une réunion de famille, il y avait là M. Odoard, M. Tripet. On était armé d'une lettre anonyme dans une main, dans l'autre du billet dont l'auteur était présent; et on ne se sert pas de cette dernière arme, on ne dit rien! Faute, imprudence, imprudence coupable!

On avait des protecteurs naturels dans sa famille; on en avait d'autres en dehors de sa famille. On avait la loi, les magistrats. Mais il ne fallait pas venir poser aux magistrats une question comme celle qu'on a posée, celle de savoir si on pouvait tirer sur un homme qui escalade les murs d'un parc. On pouvait bien se confier à un membre du parquet et, sous le secret, lui dire ce qui se passait, lui demander sa protection; assurément la protection n'eût pas manqué; on n'a rien fait de cela.

Il y avait encore un moyen, que j'indique par forme d'exemple, et qui était bien naturel. Je comprends, si l'on veut, jusqu'à un certain point, que l'orgueil maternel de madame de Jeufosse eût souffert de ces confidences faites à un homme, mais il y avait là tout près d'elle une femme qui devait tout naturellement la comprendre. Avec les billets qu'elle avait saisis dans le parc, c'était d'aller trouver madame Guillot, cette femme qu'on entoure ici de tant de respect; et alors la mère, qui avait à se plaindre d'intolérables obsessions, et l'épouse, qui recevait de légitimes outrages, se seraient entendues pour faire cesser les démarches de Guillot. C'était une chose toute naturelle.

Ce qu'il fallait faire surtout, c'était, après avoir pris le premier billet dans le parc, de n'y pas laisser les deux briques comme une poste toujours ouverte pour en apporter d'autres. Il fallait au moins, en faisant disparaître ce moyen de communication, indiquer à cet homme que les billets n'arrivaient pas à destination. Non, madame de Jeufosse a cru être sage et prudente en les prenant sans rien dire, en laissant les deux briques, en faisant croire à Guillot que les billets arrivaient à la personne à laquelle ils étaient adressés.

Tous ces moyens que j'indique encore une fois, par forme d'exemple seulement, valaient mieux que celui qu'on a employé. L'honneur d'une fille, Messieurs, ne se défend pas avec un coup de fusil, et madame de Jeufosse peut se dire aujourd'hui qu'en faisant tirer son garde, du même coup elle a tué Émile Guillot et peut-être la réputation de sa fille. (Légère rumeur au fond de l'auditoire.) C'était le dernier moyen à employer, et celui-là a donné à un témoin que vous avez entendu l'occasion de faire une observation pleine de bon sens et vulgaire à force d'être vraie : le docteur Khune qui a vu madame de Jeufosse immédiatement après l'événement. Elle ne parlait pas de cet homme qui était mort, elle ne parlait que des torts qu'il avait eus de son vivant, et le docteur Khune lui dit, dans cette nuit du 12 juin : « Mais, madame, pour éviter le scandale, vous avez employé le pire des moyens. »

Qu'on ne s'y méprenne pas, de tous ceux qu'on pouvait employer, on a en effet choisi le plus détestable parce que c'était appeler l'attention, parce que c'était aller au-devant d'un procès, parce que c'était appeler cette nuée d'écrivains et produire ce scandale qu'on redoute. On a fait précisément ce que doit éviter toujours une femme, surtout une mère de famille. Vous voyez quelle faute a été commise, et si madame de Jeufosse peut dire : « Mon devoir de mère me commandait d'agir comme j'ai agi. »

Mais l'on va plus loin, et on dit : « madame de Jeufosse n'a fait que ce qu'elle devait faire, son devoir était absolu, elle pouvait tuer Émile Guillot, comme elle l'a tué. » On admet par hypothèse, pour le besoin de la discussion, l'intention criminelle de tuer, et l'on dit : « on n'a fait qu'user de son droit, il faut qu'un acquittement intervienne. »

Examinons.

La première hypothèse qu'on a posée, a été de d'assimiler le fait que vous avez à juger à ce qui se passe dans un adultère. Quoi, vous a-t-on dit, le mari a le droit de tuer l'amant de sa femme, et une mère n'aurait pas le droit de tuer celui qui vient déshonorer sa fille.

D'abord le mari en droit, en fait et en morale, n'a pas le droit de tuer l'amant de sa femme; c'est un crime qui est excusable, mais qui entraîne encore une responsabilité après lui. Et puis vous oubliez la différence des situations. Le mari est excusable, ce n'est pas seulement parce qu'il est mari, parce qu'il est outragé dans son honneur d'époux; c'est parce que la loi a supposé que dans le moment où il saisit l'amant de sa femme en flagrant délit, un homme ne peut plus être maître de lui, car, ne l'oubliez pas, pour que le crime soit même excusable, il faut qu'il y ait spontanéité, que l'amant ait été saisi en flagrant délit. Est-ce qu'il y a assimilation entre cette spontanéité, ce flagrant délit et l'acte de cette femme qui va elle-même seconder son garde en se plaçant à côté de lui ? Non, il y a préméditation, et la préméditation exclut, dans le fait qui vous est déféré, la colère qui excuserait le crime. Vous savez combien de nuits on a veillé, et j'ajouterai que quand bien même on pourrait, jusqu'à un certain point, maintenir cette assimilation, il faudrait forcément reconnaître au moins que pour Émile Guillot, le châtiment a été disproportionné avec l'outrage. Le mari tue l'amant de sa femme, au moment où il est déshonoré par lui; mais madame de Jeufosse, qu'est ce qu'elle a à reprocher à Émile Guillot? A l'heure qu'il est, elle proteste, et elle a raison. Je crois qu'elle est dans la vérité, encore une fois je tiens à le redire, non, sa fille n'a pas été déshonorée, il n'y a eu de sa part que des imprudences et d'audacieux mensonges de la part de Guillot. Est-ce que l'honneur de sa fille courait des risques? Elle était dans la maison, sous la protection de sa mère. Est-ce qu'enfin, il allait s'attaquer à elle de façon à la perdre? Non, il venait pour apporter un billet. Au lieu des moyens que j'indiquais tout à l'heure, on aurait tiré sur lui et on l'aurait fait avec droit! cela n'est pas possible.

On s'appuie sur le droit de la légitime défense; ce n'est pas seulement une excuse qu'on invoque, c'est une justification qu'on présente. Il n'y aurait eu ni crime ni délit, parce qu'on était en état de la légitime défense. Il y aurait eu violation de domicile, escalade; cet homme serait venu dans une propriété close qui ne lui appartenait pas, dans laquelle il avait donné sa parole d'honneur qu'il ne viendrait plus; et en vertu de la loi, du principe de la loi naturelle surtout, on aurait eu le droit de le tuer.

Je vais, Messieurs, examiner cette question. Je ne dirai pas qu'elle a été résolue d'une façon définitive par la chambre des mises en accusation, j'ai trop de respect pour le jury, pour ne pas m'empresser de reconnaître que la question lui appartient tout entière. Mais qu'on me permette au moins d'invoquer l'arrêt qui a été rendu comme quelque chose de grave. Les faits ont été appréciés par des magistrats qui avaient toutes les pièces sous les yeux, qui n'étaient pas émus par le réquisitoire ou par la plaidoirie de la partie civile, et qui froidement les appréciant, ont déclaré qu'il n'y avait pas eu cas de légitime défense.

Mais, je le répète, j'examinerai la question en me plaçant au point de vue de la défense elle-même. Non, je n'abaisserai pas l'argument jusqu'à dire qu'il n'y a pas eu escalade, parce qu'il y aurait eu une brèche plus ou moins grande, une barrière plus ou moins brisée. Non, je ne veux pas me réserver ces amertumes dont on parlait tout à l'heure, le ministère public n'a jamais d'amertume. Je dis qu'il y a eu violation du domicile, qu'on est entré à tort dans le parc. Mais était-on dans le cas de légitime défense? On vous a cité la loi, on vous l'a citée de mémoire, permettez-moi d'en mettre sous vos yeux les termes textuels. L'article 329 du Code pénal est ainsi conçu :

« ART. 329. Sont compris dans les cas de nécessité actuelle de défense les deux
» cas suivants : Si l'homicide a été commis, si les blessures ont été faites, ou si les
» coups ont été portés en repoussant pendant la nuit l'escalade ou l'effraction des
» clôtures, murs ou entrée d'une maison ou d'un appartement habité ou de leurs
» dépendances. »

Voilà la loi dans ses termes les plus généraux. La défense aurait dû répondre en outre à un argument que je ne veux pas lui faire, qu'il n'est pas dans mes habitudes de faire. J'aime à reconnaître avec elle qu'on peut repousser l'escalade non-seulement contre ceux qui viennent s'attaquer aux choses matérielles, mais à ses biens plus précieux. Oui, si pour exercer un pénible ministère, il fallait faire abnégation de ses sentiments [d'honneur, je déchirerais ma robe et condamnerais ma langue à un éternel silence. Je reconnais qu'on peut repousser l'escalade, quand il s'agit de sauvegarder son honneur plus encore que quand il s'agit de quelques biens matériels. Mais ne forçons pas la loi, examinons-la bien dans son ensemble, pesons-en bien les termes pour en saisir l'esprit, pour comprendre, comme on le disait, le génie du législateur.

On ne permet pas, à notre époque de civilisation, de tuer un homme sans les motifs les plus graves, il faut que l'on coure un véritable danger ; il faut que l'escalade soit menaçante. La loi n'a pas dit, et elle s'est exprimée ainsi avec dessein : « Tout homme qui a escaladé pourra être tué ! » La loi a dit : « On pourra tuer pour repousser l'escalade. »

Eh bien, je le demande, est-ce qu'il s'agissait de repousser l'escalade ? Est-ce que vous aviez quelque chose à craindre d'Émile Guillot ? Vous saviez que c'était lui qui venait ; vous saviez pourquoi, pour déposer un billet. Il ne s'attaquait pas plus directement à l'honneur de votre fille, et vous ne pouviez pas vous armer de cet article de la loi pour dire : « J'étais dans mon droit. » Vous repoussiez l'escalade...? Mais Guillot était-il sur le mur ? Non, il était dans le parc, il quittait le sapin. Et d'ailleurs est-ce que Crépel montait la garde ? Il était assis sur un fauteuil de jardin. Il voulait si peu repousser l'escalade, qu'il attendait Guillot, qu'il le laisse venir à ses pieds, qu'il le regarde, et le reconnaît. Et vous dites qu'il a voulu repousser l'escalade, que madame de Jeufosse n'a donné des instructions que dans le but de repousser l'escalade ? Mais vous oubliez les faits matériels qui donnent un démenti à tout votre système, qui n'étant pas fondé sur la loi ne l'est pas non plus sur la réalité. Si madame de Jeufosse n'avait voulu que faire repousser l'escalade, si avant tout elle n'avait pas voulu punir, tuer Émile Guillot, est-ce que madame de Jeufosse se serait donné la peine de monter la garde à côté de Crépel ? est-ce qu'elle aurait été là pour le seconder au besoin, ou tout au moins pour lui donner du courage ? Mais Crépel est un garde intelligent, qui connaît son devoir et qui savait mieux que madame de Jeufosse qu'elle aurait eu le droit de tuer un homme au moment où il escaladait le mur, à une condition, qu'il aurait su que c'était un malfaiteur venant voler, ou ravir l'honneur de la maison. Mais attendre pour le tuer un homme qu'on connaît, l'attendre assis sur un fauteuil, est-ce que ce serait légal ? Non, ce n'est pas possible ; et si une telle loi existait, il faudrait l'abroger.

Aussi la Cour de Rouen, après avoir examiné les faits, après avoir mis en présence des arrêts qui avaient proclamé le droit de légitime défense, quand il y avait escalade, a-t-elle dit : « On n'a pas été dans ce cas, on n'a pas voulu repousser l'escalade, on attendait un homme qu'on connaissait, on l'a attendu loin du mur, et ce n'est pas pour l'empêcher d'entrer qu'on l'a attendu, ce n'est pas même pour le blesser que le garde Crépel a pressé la détente de son fusil, c'est pour le tuer. Vous n'avez donc pas le droit d'invoquer l'argument légal, il ne vous est pas permis de dire : « J'ai tué avec droit. »

Messieurs les jurés, j'ai parcouru toutes les phases de cette accusation, un acquittement interviendra-t-il ? Bien des fois la défense a dit qu'il ne fallait pas en douter ; bien des fois, aussi, on a fait le parallèle entre l'honorabilité d'Émile Guillot et celle de la famille de Jeufosse, en faisant pencher la balance en faveur de cette dernière ; et si je n'étais pas rassuré par votre calme, par votre indépendance, par les hautes lumières de votre raison, je tremblerais pour la société. Mais je suis rassuré par la sûreté de vos consciences ; je sais que vous vous dites : « Non, il ne sera pas vrai de dire qu'on aura le droit de tuer, parce qu'après la mort on ira scalper le cadavre et que la somme des vices l'emportant sur celle des qualités, la mort a été justement et légalement infligée. » Non, dans notre temps, dans notre pays, personne n'a le droit d'armer le bras d'un serviteur et de faire tomber une victime dans les fossés de son château : cela au moins ne sera pas dit par vous. Mais en vous soumettant ces réflexions, je ne veux pas qu'on se méprenne sur mes intentions.

Laissez-moi, Messieurs, vous le dire, l'accusation ne poursuit pas la famille de Jeufosse pour obtenir seulement la punition des coupables : madame de Jeufosse acquittée trouverait encore son châtiment dans ses regrets et dans ses remords ; ses fils rendus à la liberté entendraient longtemps encore la voix de Guillot mourant dire : « Ce sont des lâches, ils m'ont assassiné ! »

J'aspire à un but plus élevé : Il ne faut pas que la cause de la société soit trahie, il ne faut pas que des accusés placés dans une situation exceptionnelle aient pu se mettre au-dessus de la loi et disposer sans nécessité de la vie d'un de leurs semblables. Au-dessus de toutes les considérations invoquées par la défense, il en est une qui domine toutes les autres, c'est l'inviolabilité de la vie humaine.

M. LE PRÉSIDENT. — Nous prévenons la défense que l'intention de la Cour est de poser, comme résultant des débats, la question de coups et blessures ayant occasionné la mort sans intention de la donner. (Vive agitation.)

Me BERRYER. — Je prie la Cour de vouloir bien suspendre l'audience pendant quelques instants.

(Il serait difficile de décrire l'émotion qui règne dans la salle pendant la suspension de l'audience.)

A la reprise, Mes Berryer et Deschamps demandent la permission de répliquer.

RÉPLIQUE DE Me DESCHAMPS.

Les moments nous pressent ; l'heure de la décision approche et je ne veux répondre que quelques mots à M. l'avocat général.

En ce qui concerne Crépel, nous avons fait un grand pas, messieurs ; la brutalité, la violence de ce garde, il n'en est plus question, pas un mot à cet égard dans le réquisitoire. Cette circonstance décisive qui expliquait comment madame de Jeufosse avait armé la main d'un homme bien propre a exécuter ses desseins a complétement disparu, c'est la base de l'accusation qui s'écroule. On ne nous a pas non plus constaté dans le réquisitoire que Crépel ait presque toujours dit vrai, on l'a même avoué. Mais on a soutenu qu'il y avait une sorte d'illogisme de notre part à dire d'abord qu'il n'avait pas voulu tuer Guillot, et ensuite qu'il avait le droit de le faire.

Il n'y a rien d'illogique dans ceci, et l'interrogatoire de Crépel en est à la fois l'exemple et la preuve. Lorsqu'il a paru devant le magistrat interrogateur, on a semblé vouloir lui faire comprendre qu'il y avait intérêt pour lui à se présenter comme un instrument aveugle, reportant tout exclusivement sur la pensée qui avait armé son bras. Voici comment débute le juge d'instruction :

« Je vous engage, dans votre intérêt, à faire connaître toute la vérité. Mettez de
» côté tout ménagement à l'égard de personnes étrangères ; songez avant tout à
» l'avenir de votre femme et de vos enfants. C'est cette pensée qui doit dominer
» chez vous toute considération. »

Ces considérations, si capables qu'elles fussent de le porter à ne voir que son intérêt personnel, ne l'ont pas fait dévier un instant de la voie de la vérité. Voici comment il a répondu. Ce sont ses paroles que je reproduis devant la Cour.

« Madame de Jeufosse me disait : Vous ne vous rappelez pas toutes les promesses
» que vous avez faites à M. de Jeufosse, vous ne soutenez ni le nom de M. de Jeu-
» fosse ni celui de ses enfants. Ne craignez rien ; M. Odoard est allé au parquet
» consulter le procureur impérial, qui lui a dit qu'on pouvait tirer sur ceux qui
» agissaient ainsi, et que, lors même qu'on les tuerait, on ne serait pas inquiété. »

Voilà la situation : nous n'avons jamais soutenu autre chose. La vérité du fait est qu'il a dirigé son coup de fusil, en cherchant, autant que l'obscurité le permettait, à tirer dans les jambes, et sans une chevrotine égarée, l'événement que nous déplorons tous ne serait pas arrivé ; mais *quand même il tuerait,* dans sa conviction éclairée par le conseil demandé au juge d'instruction ou au procureur impérial, il ne courait aucun danger.

Rien donc de plus simple, de plus vrai, de plus logique que ce qu'on appelle un double système.

Reviendrai-je en vous fatiguant par des redites sur des circonstances vingt fois expliquées ? Non. Je ne veux relever que quelques objections de détail que je n'avais pas prévues, je l'avoue, et qui me paraissent trop insignifiantes pour vous arrêter longtemps.

Ainsi, pourquoi le garde Crépel était-il assis sur un fauteuil au lieu de se tenir debout, dit M. l'avocat général ? — Réponse : Probablement parce que la garde était longue et que la fatigue devait l'atteindre. — Pourquoi n'a-t-il pas tiré lorsqu'il avait Guillot au bout de son fusil ? Ou pourquoi ne l'a-t-il pas saisi, ce qu'il pouvait faire en se précipitant sur lui ? — Réponse : Il ne l'a pas tiré alors, parce qu'il ne voulait pas le tuer ; il ne l'a pas saisi, parce que à peine le billet était-il déposé, qu'il lui crie : « Arrête », et que Guillot part en fuyant. — Pourquoi n'est-il pas venu immédiatement après le coup ? — Parce qu'il n'avait pas vu tomber Guillot ; parce que un instant après, en se retournant, il entend derrière lui des pas venant d'une direction différente, et qu'il était convaincu qu'il y avait une seconde personne. Tout cela est donc expliqué.

Mais pourquoi irais-je, Messieurs, à ce moment du débat, discuter sérieusement la question de savoir si Crépel avait la volonté de donner la mort ? La loyauté de M. le président vient de nous avertir qu'une question nouvelle vous serait posée d'office comme résultant des débats, et qu'on vous demanderait, lorsque vous auriez résolu négativement la question principale de volonté d'assassiner, si au moins Crépel n'avait pas fait des blessures volontaires, et si ces blessures volontaires n'avaient pas entraîné la mort, quoique Crépel n'eût pas l'intention de la donner. Cette question subsidiaire me dispense, dans le sentiment de tous, d'ajouter un mot de plus à ce que j'ai déjà dit dans ma plaidoierie sur la question principale. On vous demande, quand les débats ont élucidé tous les faits, quand on peut facilement prévoir votre impression sur le chef capital de l'accusation primitive, on vous demande, au dernier moment, de résoudre une question qui, au point de vue intentionnel, est le renversement de tout l'acte d'accusation, de dire : Y a-t-il eu dans le coup de feu du 12 juin des blessures ayant entraîné la mort, quoique Crépel n'eût pas l'intention de la donner?

Ne disons donc plus un mot de l'accusation première. Car, dans la conscience de tous ceux qui m'écoutent, 'elle n'existe plus. Mais cette question subsidiaire qui va succomber précisément à cause de sa nouveauté, il faut la poser et fixer les éléments sur lesquels votre conviction doit s'appuyer pour la résoudre. Il y a une vérité bien simple, mais bien essentielle à retenir, c'est que cette question n'est autre chose, quant aux moyens de solution, que la question principale, car elle soulève l'examen du même droit, celui de légitime défense qui est tout le procès. La solution de la question principale entraîne donc forcément la solution de la question subsidiaire. En effet, Crépel soutient que dans son rôle de garde, chargé de garder la nuit avec son fusil une propriété, il avait le droit de porter un coup volontaire, légitime, quelles qu'en fussent les conséquences.

Si le coup a été légitime, même en entraînant la mort, il est innocent ; ne l'entraînant pas, à plus forte raison l'est-il encore. Seulement l'accusé est heureux de pouvoir dire, quoique sans nécessité pour sa défense : le résultat a dépassé ma pensée, mais la cause légitime est également la même dans les deux cas. Tout à l'heure M. l'avocat général discutait les dispositions de la loi qui règlent le droit que nous revendiquons, et que mon honorable confrère, Mᵉ Berryer, a citée de mémoire hier devant vous ; permettez-moi, en présence de l'importance qu'on donne aujourd'hui à la question à résoudre, de vous montrer par les termes mêmes sur lesquels votre verdict doit se baser, que la question de coups volontaires ou d'assassinat est exactement la même à résoudre, puisque, dans les deux cas, le droit se puise à la même source.

L'article 327 porte :

« Art. 327. Il n'y a ni crime, ni délit, lorsque l'homicide, les blessures et les » coups étaient ordonnés par la loi et commandés par l'autorité légitime. »

L'homicide, les blessures, les coups, pas d'équivoque, pas de différence. Quoi ! l'homicide serait excusable et les coups ne le seraient pas ? Cela n'est pas sérieux, cela n'est pas soutenable ! Vous allez voir jusqu'où il faut que l'accusation pousse son système avec la prétention de faire condamner un garde qui, armé d'un fusil, n'a fait que blesser l'individu sur lequel il a tiré. Ce qui est évident, s'il y avait cas de légitime défense, si vous admettez que le cas existe, vous ne condamnerez pas plus les coups volontaires, les blessures volontaires que la mort volontaire. Je me trompe, vous condamneriez mille fois moins les coups volontaires que l'assassinat. Eh bien ! dans quel cas y a-t-il légitime défense ? L'article 329 s'exprime ainsi :

« Sont compris dans le cas de nécessité actuelle de défense les deux cas sui-
» vants : 1° Si l'homicide a été commis, si les blessures ont été faites, ou si les
» coups ont été portés en repoussant, pendant la nuit, l'escalade ou l'effraction des
» clôtures, murs ou entrée d'une maison ou d'un appartement habité ou de leurs
» dépendances ; 2° Si le fait a eu lieu en se défendant contre les auteurs de vols ou
» de pillages exécutés avec violence. »

Messieurs, l'explication de ce texte me semble si claire que pour pouvoir établir les bases d'une discussion sur ce qui nous semblait l'évidence, nous nous faisions des objections impossibles, nous nous demandions si l'on voulait tenter une distinction entre la garde des personnes et la garde des choses. Le ministère public a l'esprit trop élevé pour ne pas avoir abandonné cette distinction déplorable. Nous nous demandions encore si, pour donner à Guillot une marche qui l'aurait dispensé de franchir le mur, on ne viendrait pas soutenir que le bris d'un barreau de la barrière le dispensait de l'escalade. Tout cela est encore abandonné, il n'en est plus question au procès.

Une dernière, une seule difficulté reste, et cette difficulté, vos consciences vont la résoudre, car il n'est pas besoin d'aller puiser dans la science, aux sources du droit pour cela : l'humble raison, le simble bon sens suffisent. On nous a dit : « Repoussez l'escalade, bien ; mais quand l'escalade est consommée, quand le malfaiteur est entré, vous ne le repoussez plus, vous le punissez, et vous n'avez pas le droit de le punir. »

Comment, Messieurs, c'est ainsi que nous aurons le droit de garder nos propriétés ? Si nous arrivons au moment où le malfaiteur va franchir la clôture, nous aurons le droit de l'arrêter, de le tuer même, mais si pendant que nous veillerons à droite il entre à gauche, une fois qu'il aura franchi les limites de la propriété, il faudra le respecter ! Singulière thèse ! A partir de ce moment ce n'est plus le domicile, c'est le malfaiteur qui devient inviolable ! Y a-t-il assez de cris dans les consciences pour repousser un pareil système ? Est-ce sérieusement que nous discutons ici pour savoir si la solution de cette question entraînera la condamnation ou l'acquittement des quatre accusés ? Comment, ils seraient condamnés parce que Guillot n'aurait pas été vu au moment où il montait sur le mur, moment durant lequel on aurait pu le tuer, car c'était le cas de légitime défense, et il aurait fallu le respecter après qu'il aurait franchi la première clôture, au moment où peut-être il allait grimper à un de ces treillages d'où il se vantait d'avoir jeté des regards indiscrets dans les chambres du château ; alors on le *repousse* plus, on le *punit !* Jeu de mots, mais jeu de mots cruel, car derrière cette difficulté de grammaire il y a un verdict d'acquittement dans un sens, de condamnation dans l'autre.

Je vous l'ai dit, il n'est pas besoin d'être jurisconsulte pour résoudre une question pareille en droit criminel ; tous les hommes de bons sens sont des jurisconsultes, car le droit qui dérive essentiellement du droit naturel et des nécessités sociales, on peut le comprendre sans s'être assis sur les bancs des écoles de droit. Pour résoudre la difficulté que nous discutons, nous n'aurions donc pas besoin de connaître la jurisprudence de la Cour de cassation, et les douze hommes honnêtes qui m'écoutent la résolvent comme moi, parce qu'ils savent et comprennent ce que c'est que le domicile, la protection du domicile, l'obligation de repousser une attaque nocturne, que le voleur soit entré ou qu'il ne le soit pas, parce qu'il n'y a pas à distinguer si c'est un malfaiteur *vulgaire*, comme dit le ministère public, ou un malfaiteur, je ne sais quel titre lui donner, je ne sais pas s'il y en a d'*honorables* (sourires). Cependant il existe un précédent dans une espèce jugée par la Cour de Limoges, si les circonstances n'étaient pas tout à fait les mêmes, elles étaient analogues. On veut bien admettre que vous êtes juges souverains, soit ; vous aurez à juger la ressemblance ou la dissemblance. La seule différence réelle est que le coup, par le fait, n'avait pas été mortel. Mais vous savez que les circonstances étrangères à la volonté de l'auteur d'un crime n'en ont jamais changé le caractère. Voici l'arrêt de la Cour de Limoges du 17 juin 1844 ; le dispositif vous fera suffisamment connaître l'espèce :

« Attendu que de l'instruction il résulte que, dans la nuit du 1ᵉʳ au 2 mai der-
» nier, le nommé Jean Lacore s'est introduit dans un jardin dépendant de la maison
» d'habitation de Pierre Braquet, et qu'au moment où ledit Lacore se dirigeait vers
» une des croisées de cette habitation pour s'y introduire, Braquet, qui était dans
» son jardin, lui a porté un coup de couteau à la partie inférieure de la poitrine,
» qui lui a causé une plaie qui s'est, sans accident, cicatrisée quelques jours
» après ;

» Attendu qu'aux termes de l'art. 329 du Code pénal, l'homicide commis, les
» blessures faites ou les coups portés en repoussant pendant la nuit l'escalade ou
» l'effraction des clôtures, murs ou entrée d'une maison ou d'un appartement
» habité ou de leurs dépendances, sont compris dans les cas de nécessité actuelle
» de défense ;

» Attendu que si Braquet a frappé Lacore, c'était parce qu'il avait, pendant la
» nuit, escaladé la clôture de son jardin, et pour l'empêcher d'entrer dans sa
» maison ;

» Attendu que, quand il serait vrai, comme quelques éléments de la procédure auto-
» risent à le présumer, que Braquet avait l'opinion que Lacore ne voulait pas pénétrer
» dans son habitation pour voler, mais bien pour y entretenir un commerce criminel
» avec sa femme, il aurait pu user de la violence pour éloigner Lacore du toit conjugal,
» car il aurait été bien plus important pour lui d'empêcher la consommation d'un adul-
» tère que le vol de quelques objets mobiliers, et d'ailleurs il aurait pu craindre que sa
» sûreté personnelle ne fût compromise en s'opposant par des paroles seulement à l'en-
» treprise immorale de Lacore; qu'ainsi le prévenu n'a commis ni crime ni délit, parce
» qu'il a agi dans un cas de nécessité actuelle de la légitime défense de soi-même. »

Messieurs, les parquets qui poursuivent la répression des délits avec énergie, avec conviction, sont pourtant sujets à l'erreur. M. le procureur général près la Cour de Limoges avait soutenu l'étrange thèse que je combats en ce moment. Il avait dit d'abord : Vous savez bien qu'il n'y avait pas danger de vol ; il avait dit ensuite, l'escalade était consommée, car le maraudeur était entré dans le jardin, on ne repoussait pas l'escalade, on la punissait. Le procureur général se pourvoit en cassation. Il est curieux de lire, non pas son réquisitoire en entier, je vous en ferai grâce assurément, mais ses premières lignes, pour vous montrer que la Cour de cassation a eu à juger la question que nous discutons ici, et qu'elle a eu la sagesse de la juger dans le sens rationnel de la solution que nous vous proposons. Le procureur général s'était pourvu dans les termes suivants :

« L'arrêt attaqué considère : 1° Que, si Braquet a frappé Lacore, c'est parce qu'il
» avait, la nuit, escaladé son jardin, et pour l'empêcher d'entrer dans sa maison. Ce
» considérant ne résiste pas à l'examen. La loi permet de repousser l'escalade, et
» non de la punir ; de s'opposer à ce fait menaçant, et non de le réprimer, quand
» on l'a laissé s'accomplir ; elle permet de repousser l'escalade, et non de frapper
» parce qu'on a escaladé. »

Ne croyez-vous pas entendre M. l'avocat général? Mais la Cour de cassation ne fut pas plus convaincue par le réquisitoire de M. le procureur général de Limoges que vous ne le serez par le réquisitoire de M. le premier avocat général siégeant à cette audience.

« Attendu, a-t-elle dit dans son arrêt du 11 juillet 1844, que l'arrêt attaqué
» déclare que Braquet a frappé Lacore pour l'empêcher d'entrer dans sa maison,
» après qu'avoir escaladé les murs de clôture, il se dirigeait vers une croisée de
» cette maison pour s'y introduire ;
» Attendu qu'en décidant par appréciation de ces faits que ledit Braquet avait agi
» dans la nécessité actuelle de sa légitime défense, et qu'ainsi il n'y avait lieu à
» accusation contre lui sur le fait faisant l'objet de la prévention, l'arrêt dé-
» noncé n'a pu ni refuser à ces faits la qualification légale, ni violer aucune loi ;
» rejette. »

J'ai voulu, Messieurs, vous parler le langage de la raison, de la conscience, avant de parler avec la jurisprudence de la Cour de cassation. Il me semble, en effet, que les hommes de bon sens, que les hommes de cœur n'ont pas besoin de la Cour de cassation pour proclamer souverainement, avec moi, qu'il n'y a pas plus de délit que de crime, lorsqu'on s'attaque à celui qui a violé le domicile, après son introduction, que lorsqu'on cherche à le repousser. S'il y avait un *a fortiori* à poser, je dirais que : celui qui est là, qui est entré la nuit, qui est près de vous, face à face, qui peut être armé, n'est pas moins redoutable que celui qui franchit la clôture, et que la loi doit admettre dans les deux cas le même moyen de défense, parce que dans les deux cas elle est également légitime.

Toutes ces vérités ne sont-elles pas plus directement applicables en ce qui concerne le garde? Le garde ! Mais sa fonction même le convie à user de ce droit concédé par la loi. Mais cette concession faite pour le propriétaire, elle appartient surtout à celui qui veille à la défense de la propriété. Mais pourquoi le garde est-il armé d'un fusil? Pourquoi a-t-il le droit de le porter? N'est-il pas assermenté pour la défense des propriétés de son maître? Et lorsqu'il est là le fusil à la main et qu'un malfaiteur ose pénétrer pendant la nuit, il n'a pas à scruter son intention, il doit se servir de son fusil, s'il veut faire son devoir. S'il est discret, réservé, il fera ce qu'a fait Crépel, il tirera dans les jambes; il usera de son droit jusqu'au bout, s'il est dur et brutal. Et que ferait le garde avec le système de l'accusation? Il ne pourrait pas même blesser pour repousser l'escalade? Car on vous pose comme un cas de crime la question des blessures volontaires. Il ne pourrait pas donner un coup de bâton, un soufflet, sans être punissable!

Si vous condamniez Crépel, tout en reconnaissant, comme vous y convie la question subsidiaire, qu'il ne voulait pas donner la mort, vous déclareriez par là que le garde de vos propriétés n'a pas le droit de donner un coup quelconque à l'agresseur; qu'il ne doit pas se servir de son arme même pour *cingler* (pour me servir de l'expression consacrée dans ce débat) le malfaiteur qui s'introduit chez vous par escalade ou par effraction. Crépel, en réalité, ne voulait pas autre chose; il est démontré, au moment où je parle, qu'il a tiré dans les jambes. Mais vous le faites si sûr de son coup que, s'il n'eût voulu que cela, dites-vous, il n'aurait pas tué.

En vérité vous en parlez à l'aise, vous supposez un sang-froid complet dans un homme qui, bien qu'âgé de plus de quarante ans, n'avait jamais tiré de sa vie que sur un gibier; croyez-vous qu'obligé de tirer sur son semblable, même pour défendre la propriété de son maître, il n'éprouve pas une vive émotion dans son cœur? Vous parlez de la sûreté de sa main, mais vous oubliez aussi les ténèbres épaisses de cette nuit malheureuse.

Assez, Messieurs, Crépel est innocent du crime d'assassinat, il l'est également de tout mobile impur, on le reconnaît. Il n'a pas agi par la promesse d'une récompense, cela est proclamé aujourd'hui; il n'a pas obéi à un sentiment de haine, il a défendu le domicile de son maître; son acquittement est assuré.

Les fils de Jeufosse! Je m'étonne de l'insistance du ministère public à leur égard. Je m'en étonne d'autant plus que les arguments décisifs, permettez-moi de les qualifier ainsi, sont restés sans réponse de la part de M. l'avocat général.

Aussi n'ai-je pas besoin de les reprendre en détail, je me fie à vos souvenirs sur l'explication que je vous ai donnée de la lettre au garde. On a dit qu'au mois de janvier, Albert savait qu'il s'agissait de Guillot. Le contraire est prouvé. Quand il l'a su, il a adressé à Guillot la lettre du 15 mars. S'il l'avait su plus tôt, en janvier, il eût écrit à Guillot en janvier, c'est évident.

Un mot seulement relatif à la scène du 18 ou du 19 mai, entre MM. Odoard et Tripet, dans laquelle on reproche à Ernest de Jeufosse le mot qu'il a prononcé, en se plaçant un instant en face d'un outrage qui aurait eu pour but d'atteindre sa sœur. On me reproche, à cet égard, d'avoir donné une explication du fait qui serait nouvelle, qui aurait été, pour ainsi dire, improvisée par moi.

M. L'AVOCAT GÉNÉRAL. — Je n'ai pas dit cela, j'ai dit qu'elle était donnée pour la première fois aux débats par l'accusé; je n'ai pas dit autre chose.

Mᵉ DESCHAMPS. — J'accepte l'explication. J'avais dit que lorsque Ernest avait parlé ainsi, il ignorait qu'il s'agissait de sa sœur, mais que posant une hypothèse extrême, il s'était servi d'une expression qui était dans son cœur l'écho d'une autre moins convenable aux termes de la politesse, mais que j'aurais préféré dans sa crudité. Quoi qu'il en soit, la réalité du fait est-elle contestable? Pour s'en convaincre, il faut se reporter aux termes de la lettre anonyme, et non pas, comme le veut le ministère public, de la lettre jetée dans la voiture, qu'on s'étonne de n'avoir pas vu figurer dans la scène du 18 ou 19 mai. Vous vous en étonnez! Mais vous oubliez que madame de Jeufosse ne voulait pas que le nom de sa fille fût prononcé dans cette entrevue, et elle a remis à Ernest la lettre anonyme, dont tout le monde devinait l'auteur, parce que cette lettre ne parlait que de Laurence. Voulez-vous un échantillon de cette lettre à la suite de laquelle a été prononcée l'exclamation d'Ernest qu'on incrimine aujourd'hui :

« Décidément Jeufosse devient un vrai *b*..... (je ne lis pas le mot, je l'ai traduit
» dans ma dernière plaidoirie par *lieu de prostitution*), si les bosquets pouvaient
» parler ils pourraient en dire long, etc. »

Mais revenons à l'argument capital qui innocente Ernest.

Dans cette entrevue du 18 ou 19 mai, Ernest reçoit des excuses qu'on ne veut pas écrire, mais qu'on donne verbales. On les accompagne de paroles d'honneur, de protestations, et dans cette scène animée, le nom de mademoiselle Blanche était prononcé. Alors le frère, même en face d'une simple hypothèse qui mêlerait le nom de sa sœur à ces révoltantes qualifications, ne peut contenir son indignation. Vous demandez pourquoi il s'indigne qu'on fasse mention de la maison de sa mère dans des termes tels que je ne puis les lire en public ! Que serait-ce donc si on y mêlait le nom de sa sœur ? Et alors quels que soient les mots qu'il emploie, il n'a pas besoin d'excuse.

Et puis, c'est là que je vous saisis, car c'est là que vous restez sans réponse ; le 18 mai, MM. Odoard et Tripet reçoivent la parole d'honneur de Guillot. M. Tripet vous dit avec sa parole grave et solennelle : « Je me suis porté garant. » Ernest retourne à Paris, il n'a plus entendu parler de quoi que ce soit jusqu'au 12 juin. Il est parti rassuré par la parole dont M. Tripet était le garant, et vous voulez qu'il soit responsable de ce que cette parole a été violée ! Voilà à quoi vous n'avez pas répondu, et si vous ne l'avez pas fait, c'est qu'il n'y avait rien à répondre.

Reviendrai-je sur le compte d'Albert? On a dit qu'il avait veillé. Sans doute il a veillé, il en avait le droit, il ne s'en cache pas. Il dit dans sa lettre du 5 mai : « J'ai veillé moi-même. » Et puis au moment où l'événement a eu lieu, il plaint le garde et regrette de n'avoir pas été à sa place. Encore une fois, ne revenons pas sur tous ces détails, n'abusons pas de l'attention que vous avez bien voulu nous accorder.

Une réflexion me saisit au moment de dire ma dernière parole dans ce débat. Que de peines, que d'efforts dans ce monde pour arriver au triomphe de la vérité ! Voilà cinq jours que nous luttons pour parvenir à la consécration d'un résultat qui est dans nos consciences, depuis que nous avons ouvert ce dossier. Habitués aux affaires judiciaires depuis longues années l'un et l'autre, nous disions que, dans nos souvenirs, pas une seule affaire ne s'était présentée avec des éléments qui donnent plus hautement la certitude, qui fassent déborder plus vivement la conviction. Eh bien ! il n'en faut pas moins entreprendre et soutenir une lutte longue et vive contre les insistances de la partie civile et le réquisitoire du ministère public. Vaincu sur le chef principal, on veut tâcher de garder encore quelques débris de l'accusation. Vains efforts, Messieurs, ces débris tomberont devant l'intelligence de vos cœurs, et l'acquittement de tous est inévitable.

RÉPLIQUE DE M⁰ BERRYER.

Messieurs,

Mon confrère avait bien raison de dire que le verdict de non-culpabilité que nous sollicitons et que nous attendons de vous, partait du fond de nos consciences. Ce n'est pas, en effet, sans une étude approfondie de cette affaire que nous nous sommes décidés à venir devant vous. Si j'ai cédé aux prières de madame de Jeufosse quand elle est venue me chercher, si j'ai consenti à venir, loin de chez moi, dans une enceinte de cour d'assises, discuter une de ces causes qui ne sont pas faites pour l'âge auquel je suis arrivé, qui ébranlent mon âme, tous mes sens et toute ma puissance personnelle, croyez-le bien, je ne l'ai pas fait légèrement. J'ai demandé avant tout communication des pièces. On m'a apporté ce volumineux dossier. J'ai demandé les procès-verbaux, les interrogatoires, les déclarations des témoins, la correspondance, et, c'est après un travail de trois jours et de trois nuits, que, convaincu de l'innocence, de l'irréprochabilité de madame de Jeufosse, j'ai dit à son frère : « Monsieur, cette cause est trop intéressante pour que je résiste à y porter tous mes efforts. » Ces efforts, je les ai faits hier ; comment les ai-je faits ?

Eh mon Dieu ! on parle de talent..... savez-vous ce que c'est que le talent pour un honnête homme ? c'est d'étudier, c'est de sentir, c'est d'exprimer avec vérité ce qui est parvenu à son intelligence et ce qu'il a dans son cœur. Quand on sait rendre cela avec une émotion vraie, on est éloquent, on a du talent, et quelquefois on parvient à faire triompher la vérité dont on est convaincu ; c'est ce que j'ai voulu dans la journée d'hier. Eh bien ! Messieurs, je suis sorti de l'audience avec la persuasion que j'avais fait pénétrer dans vos âmes tout ce qu'il y avait dans la mienne, dans votre intelligence tout ce qui était dans mon intelligence, et voilà qu'aujourd'hui le ministère public vient, à la dernière heure, faire entendre sa parole imposante, et chercher à ébranler ce qui était hier, je le crois, affermi dans vos convictions.

Voyons donc ce qui peut résulter des dernières raisons, des derniers arguments produits par le ministère public pour soutenir quelque peu l'accusation. Ce n'est pas tant la condamnation que demande le ministère public que la nécessité de maintenir des principes salutaires pour la société. Il a bien rempli son devoir, la société doit être défendue. Ce n'est, en effet, que dans des cas légitimes que l'on peut porter atteinte à un homme, que l'on peut le blesser ou le tuer même involontairement. Mais pour arriver jusqu'à une condamnation qui n'est pas le premier objet des préoccupations du ministère public, que vous a-t-il présenté aujourd'hui, et ce que nous vous avons dit hier a-t-il été sans résultat ? Que de points sont écartés de la cause ! Que d'obscurités sont désormais élucidées ! Voilà que la parole de M. le Président de la Cour d'assises vient vous révéler ce qui est arrivé dans la conviction des magistrats, qu'il n'y avait pas eu volonté de donner la mort, et qu'en coonséquence il ne pouvait résulter tout au plus de ces débats qu'une question qui vous sera posée : « Y a-t-il eu des blessures portées sans cas de légitime défense, et sans intention de donner la mort ? » L'intention de donner la mort s'effaçant du procès, je ne comprends plus les préoccupations du ministère public dans l'intérêt de la société ; l'intention de donner la mort s'effaçant du procès, je n'ai même plus besoin de discuter les derniers griefs qui ont été reproduits contre madame de Jeufosse.

On a cherché dans l'instruction et dans les débats quels faits pourraient lui être personnellement imputés pour la constituer complice, ou la faire déclarer coupable d'avoir excité à tuer Émile Guillot.

Que résulte-t-il du réquisitoire de M. l'avocat général ? Deux choses : madame de Jeufosse aurait dit : « Est-ce qu'il n'y aura personne qui pourra me débarrasser de cet homme ? » Est-ce bien là, Messieurs, le sens qu'il fallait attribuer à ces mots ? La mère persécutée, assiégée dans son domicile ; la mère demandant à ses gens de veiller, de garder, de protéger sa maison et disant : « Est-ce qu'on ne me débarrassera pas de ces douleurs, de ces assauts, » a-t-elle manifesté l'intention ou donné l'ordre de tuer ? Non, non, ce n'est pas ainsi qu'il faut entendre ces paroles, et la Cour elle-même est bien convaincue maintenant que cette intention n'existait pas, puisqu'elle se réfugie dans la question de blessures. Certes, ce n'est pas pour vous arracher une condamnation quelconque, ce n'est pas parce que cette question entraîne une peine moins grave que la peine capitale, ce n'est pas pour cela qu'on vous posera la question de coups et blessures ; c'est uniquement parce qu'on est bien convaincu que l'intention n'existait pas. J'ai besoin de remettre encore sous vos yeux les déclarations des témoins à cette époque du mois de janvier où madame de Jeufosse aurait prononcé les mots qu'on lui reproche. Veuillez entendre les quelques paroles de Corbeau à la date du 13 juin, c'est-à-dire après la nuit où le fatal événement a eu lieu :

« Lorsque j'étais au service de madame de Jeufosse, comme jardinier, j'ai su
» par cette dame, qu'on s'introduisait nuitamment dans sa propriété. Elle avait
» donné l'ordre à ses gens de surveiller et d'arrêter, si c'était possible, celui qui
» troublait ainsi son repos. Plusieurs d'entre nous ont rempli cette mission, moi-
» même, j'ai veillé une fois jusqu'à onze heures du soir. C'était en janvier, j'étais
» armé d'un fusil, mais il m'avait été expressément défendu d'en faire usage. »

Dans une déclaration postérieure, du 8 septembre 1857, ce même témoin s'exprime ainsi :

« Dans le mois de janvier dernier, madame de Jeufosse m'a dit que quelqu'un
» s'introduisait dans son parc, et m'a chargé de faire la garde. Elle a pris dans la

» chambre de son fils Albert un fusil chargé qu'elle m'a mis dans les mains, en me
» recommandant de ne pas m'en servir. »

Et plus loin :

« Madame de Jeufosse, en me remettant le fusil, avait voulu me le faire décharger
» et charger avec du sel. Je n'ai pas voulu, parce que mon intention n'était pas de
» tirer. »

Voilà, d'après les déclarations des témoins eux-mêmes, les ordres qui ont
été donnés ; il n'y a pas eu d'ordre de tuer, il n'y a pas eu d'intention de
tuer, il y a eu simplement intention de se préserver, et à cet égard notre conviction est celle de la Cour qui va poser la question de blessures.

Mais, madame de Jeufosse aurait fait des promesses, madame de Jeufosse
aurait offert 50 francs à l'un des témoins.

Je m'étonne que ce fait soit revenu devant vous, il a été trop bien expliqué.
D'abord, en ce qui touche Crépel, on vous a dit tout à l'heure que c'était un
homme dans l'aisance, un père de famille capable de doter ses enfants, et qui,
par conséquent, ne pouvait pas être séduit par l'appât d'une telle somme de
50 francs. Qui a parlé de récompense promise ? C'est le père de la fille Albertine, que courtisait le nommé Corbeau, et qui lui-même vous a dit ici que
Corbeau était l'amant de sa fille. C'est Criquebœuf, le même Criquebœuf qui
était chargé de recevoir les lettres que d'autres femmes adressaient à la même
époque à Guillot. Suivant cet homme, Corbeau aurait dit à Albertine qui voulait le retenir quand il retournait le soir pour garder la maison : « C'est que
j'ai de l'argent à gagner, on m'a promis 50 francs. » Pour sortir d'une maison
d'où il voulait sortir et où on voulait le retenir, dont on voulait lui faire épouser la fille, qu'il a laissée bientôt après pour en épouser une autre, pour avoir
un prétexte, il montrait l'intérêt qu'il pouvait avoir ; mais, dans ses interrogatoires il a déclaré que madame de Jeufosse ne lui avait jamais rien offert. On
lui a demandé comment il avait tenu ce propos ; il a dit : « Je ne me rappelle
pas l'avoir tenu, je ne l'ai pas tenu, ou si je l'ai tenu, je l'ai inventé. » Mais,
rien dans l'instruction, rien dans les débats ne prouve que madame de Jeufosse
ait fait des promesses. Et elle n'en a point fait ; elle a rappelé ses gens à leur
devoir, elle leur a dit : « Veillez à ma maison. » C'est ce que devait faire une
veuve, une mère qui avait deux jeunes filles à garder. Elle a voulu être gardée,
être protégée : voilà toute la part de madame de Jeufosse dans cette affaire.

Mais pourquoi se faire protéger, pourquoi faire protéger sa fille ? Elle n'avait
rien à craindre de Guillot.

Comment ! madame de Jeufosse n'avait rien à craindre de Guillot ? Mais on
oublie donc qu'elle était convaincue qu'il s'était introduit jusque dans l'intérieur de la maison ? On oublie donc ce qu'était Guillot ?

L'accusation l'a compris, et elle a fait ici de vains efforts pour relever
quelque peu la mémoire de Guillot.

Messieurs, à l'égard de Guillot, je n'ai fait que vous rappeler les déclarations
de nombreux témoins auxquels il avait raconté en termes détestables les faveurs mensongères qu'il prétendait avoir obtenues, le mensonge que cette
jeune personne aurait quitté la nuit la chambre de sa mère où elle couchait,

pour venir nu-pieds dehors, dans le parc, tandis qu'au contraire madame de Jeufosse veillait auprès de sa fille et ne s'endormait que plusieurs heures après que sa fille était couchée. On veut réhabiliter sa mémoire en disant que Guillot n'était pas un homme qui pût avoir des sentiments élevés, un amour délicat. Eh quoi ! la nécessité de la protection était-elle moins grande parce que Guillot était grossier, brutal dans ses sentiments ?

Il y a eu imprudence de la part de la fille de madame de Jeufosse.

Non, il y a eu témérité de la part de Guillot. Guillot a parlé de cette jeune personne en violant les lois de l'hospitalité, en oubliant ses propres devoirs, en oubliant ce qu'aurait été sa propre sollicitude, je n'en doute pas, s'il avait eu une fille de l'âge de mademoiselle de Jeufosse. Il a rencontré Blanche dans un corridor, il l'a embrassée, et Blanche a eu l'imprudence de ne pas le dire à sa mère.

Oh ! Messieurs, est-ce que, le 16 décembre, Blanche n'a pas fait connaître à sa mère les propos inconvenants de Guillot ? Est-ce qu'elle n'a pas dit à sa mère que Guillot lui avait dit qu'il l'aimait, qu'il ne pensait qu'à elle nuit et jour ? Eh bien ! cette jeune fille a eu honte de l'attouchement, de ce que sa joue avait été profanée par le visage de Guillot. Elle n'a pas dit cela à sa mère, mais l'eût-elle dit, que les inquiétudes de madame de Jeufosse eussent été plus grandes encore, et qu'il y eût eu pour elle nécessité plus urgente de protéger sa maison, puisque Guillot abusait des moments où il y était reçu. Madame de Jeufosse a été avertie par les inquiétudes de Laurence, le jour où celle-ci avait cru entendre la voix de Blanche. Mais qu'est-ce que cela fait au procès ? N'est-ce pas là la justification des alarmes de madame de Jeufosse ? Mais si sa fille lui a révélé une partie de ce qui s'est passé, mais si sa fille lui en avait révélé davantage, mais si Laurence lui a fait part de ce qu'elle croyait des agitations de Blanche, est-ce que tout cela ne justifie pas la nécessité où était madame de Jeufosse de défendre plus énergiquement sa maison ?

Et après tout, que serait cela ? Un défaut de vigilance, et le défaut de vigilance interdirait à madame de Jeufosse de veiller plus sérieusement, plus sévèrement, au milieu des propos révoltants qui vont bientôt lui être révélés ! au moment où la menace va lui être transmise par madame Criquebœuf, à laquelle Guillot a dit lui-même, au mois de mai : « J'aime Blanche, je veux l'avoir et je l'aurai en dépit de tous ! » Car voilà dans quels termes madame Criquebœuf a reçu la déclaration de Guillot, en quels termes elle l'a reproduite à madame de Jeufosse. Il y avait donc dans cette situation pour la malheureuse mère une révélation cruelle ; quelque innocente que fût sa fille, ne lui reprochez pas d'avoir supprimé un détail douloureux pour sa mère quand elle se réfugiait dans son sein et qu'elle lui disait : « M. Guillot ne se conduit pas comme il devrait se conduire. » On parle de l'imprudence de madame de Jeufosse : mais lorsque madame Dutfoy lui rapporte les propos que Guillot a tenus en termes révoltants, et qu'elle lui dit : « Il faut rompre, » que fait madame de Jeufosse ? Elle rompt, elle refuse d'aller dîner chez madame Guillot le 1ᵉʳ janvier ; la rupture est complète. On lui dit : « Vous auriez dû vous adresser à quelques personnes, à madame Guillot elle-même. Vous avez eu tort, et ce tort va vous faire déclarer coupable en Cour d'assises, d'avoir accueilli Guillot ; Guillot était connu. »

Guillot était connu de gens dans la société desquels ne vivait pas madame de Jeufosse. Est-ce que ce jeune maréchal des logis, est-ce que Anquetin, est-ce que ce garde forestier, est-ce que ce coiffeur étaient des personnes avec lesquelles madame de Jeufosse eût des communications, et qui eussent pu lui révéler le caractère de Guillot? Guillot se présentait chez elle sous les auspices de sa femme ; il faut bien le dire, ce sont les relations amicales de la jeune madame Guillot avec la jeune Blanche et la jeune Laurence qui ont déterminé la fréquence des relations. Guillot se présentait devant des personnes respectables comme un homme du monde, comme un homme qui pouvait avoir des inconvénients dans ses formes, mais qui enfin ne menaçait pas de violer toutes les lois de l'hospitalité, et de porter le trouble et le désordre au sein d'une famille. Mais aussitôt que madame de Jeufosse a connu par les inquiétudes de Laurence, par les révélations de sa fille, par les récits que madame Dutfoy et madame Huet sont venues lui faire de ce qui ce passait, quelle était la conduite de Guillot, est-ce qu'elle n'a pas provoqué une rupture? Que pouvez-vous lui demander de plus? Vous lui reprochez d'avoir noué ces relations ! Vous savez comment elles se sont nouées, comment elles se sont multipliées. Lorsque madame Poncet est tombée malade, elle a été recueillie chez madame de Jeufosse, et les Guillot la visitaient tous les jours. Voilà comment madame de Jeufosse a accueilli un homme qui lui était inconnu sous les rapports qui se sont révélés depuis ; mais aussitôt que son caractère lui a été révélé, son premier soin a été d'exiger une rupture qui s'est consommée.

Est-ce la rupture qui a déterminé les actes postérieurs? Est-ce à titre de vengeance, après avoir eu la témérité insolente de faire une déclaration d'amour à Blanche, qu'il a fait tout ce que vous savez? Ne voulait-il en sonnant du cor, en venant la nuit dans le parc, en faisant connaître ses prouesses aux domestiques, en révélant qu'il était à la poursuite de la même pensée, ne voulait-il que se venger de ce que cette porte lui était fermée?

Il était extravagant, il était fou.... on le qualifiera comme on voudra, peu importe à la cause. Ce qu'il y a de certain, c'est qu'il se livre à des actes inqualifiables, et qu'il a juré sur son honneur qu'il ne va pas la nuit dans le parc; ce qu'il y a de certain aussi, c'est qu'aussitôt que madame de Jeufosse a pu comprendre sa pensée, elle a provoqué et accompli une rupture complète.

Quelle est son autre imprudence ? C'est d'avoir placé près de sa fille une jeune institutrice, si jeune, qu'elle n'est que de deux ou trois ans plus âgée que Blanche. — Mais quelle était cette jeune institutrice? une amie, une compagne plutôt qu'une institutrice à gages, la fille d'un homme pauvre, ancien ami de M. de Jeufosse, qui avait assisté à la dernière maladie et aux derniers moments de M. de Jeufosse. La jeune Laurence, devenue brevetée pour exercer la profession d'institutrice, est accueillie comme compagne dans la maison de madame de Jeufosse. Madame de Jeufosse a-t-elle admis en elle une personne qui fût indigne de cette marque de confiance? N'est-il pas établi par tous les éléments du procès que si mademoiselle Laurence a été l'objet des obsessions de Guillot, elle y a résisté, qu'elle a su y résister en s'éloignant de lui, en ne lui permettant pas de s'approcher d'elle, qu'en un mot, Guillot, bien convaincu qu'il ne pouvait pas réussir auprès d'elle, a reporté ses convoitises sur Blanche elle-même? Ainsi, le choix de l'institutrice a porté sur la fille honnête d'un ami, d'un ami pauvre ; cette jeune personne est d'un âge à peu égal à celui de Blanche ; elle venait par sa compagnie, par sa société, avec une certaine instruction, adoucir l'austérité de la vie de madame de Jeufosse. La vie pour Blanche était bien grave ; dans cette maison on ne recevait que des personnes âgées, que des ecclésiastiques. Il n'y avait pour rompre cette austérité que la présence de Laurence, la compagne donnée à Blanche, et pour les relations du dehors, qu'une personne aimable, qui était madame Guillot.

On reproche encore à madame de Jeufosse de n'avoir pas renvoyé mademoiselle Laurence lorsque M. Odoart, M. Tripet et ses fils eux-mêmes qui croyaient cette jeune personne gravement compromise, qui croyaient que c'était pour elle que tout ce bruit, tout ce tapage, toutes ces invasions nocturnes avaient lieu, lui en avaient donné le conseil.

On lui fait ce reproche ! Mais, Messieurs, on oublie la situation. Quand elle résiste aux conseils de M. Tripet et de M. Odoard, quand elle résiste aux conseils de ses propres fils pour le renvoi de l'institutrice, personne ne pensait que Blanche pouvait être compromise ; jusqu'à la conférence du 19 mai, tout le monde était convaincu qu'il ne s'agissait que de Laurence. Et quelle était, au contraire, la certitude absolue de madame de Jeufosse ? C'est que Laurence était innocente, c'est qu'il ne s'agissait pas d'elle. Est-ce que madame de Jeufosse pouvait renvoyer la fille de son ami, parce que tout le monde autour d'elle croyait qu'elle s'était compromise, parce que M. Odoard l'accusait de légèreté et de coquetterie, alors qu'elle savait qu'elle était innocente ? Mais c'eût été la livrer à tous les bruits, à toutes les calomnies, à sa perte inévitable. Mais la renvoyer, renvoyer à son père une fille aimée de la famille, c'eût été l'accuser et l'accuser bien injustement, puisque madame de Jeufosse savait qu'elle était pure, qu'elle avait résisté à tout, qu'elle était innocente. Et qu'eût-il fallu de plus ? Que madame de Jeufosse allât révéler le secret qu'elle cachait au fond de ses entrailles, qu'elle allât dire : « Ce n'est pas Laurence qui est compromise, c'est ma fille dont j'ai reçu les déclarations, les confidences ! » Il eût fallu que ce secret, madame de Jeufosse allât le révéler et mît ainsi au jour ce qu'elle avait surtout à cœur de cacher, la situation terrible d'une mère qui sait que sa fille est en butte à d'incessantes persécutions. A quoi aurait servi le renvoi de Laurence ? A la faire calomnier, à la flétrir aux yeux de son père et aux yeux du monde quand madame de Jeufosse était sûre de l'innocence de cette jeune fille. En renvoyant Laurence, aurait-elle protégé Blanche ? Mais laisser sa fille seule, mais les attaques se continuant, quand Blanche en aurait été l'objet, à tous les yeux, c'eût été de la dernière imprudence, et pour le cœur d'une mère une faute irréparable et cruelle. Non, non, madame de Jeufosse ne pouvait se confier à personne. Et quand Guillot disait à ceux qui lui parlaient de la résistance de madame de Jeufosse à renvoyer Laurence : « Oh ! si je voulais, je la ferais tomber à mes pieds, » il disait vrai, car il voulait s'armer, il voulait pouvoir dire un jour : « Ce n'est pas de Laurence qu'il s'agit, mais de votre propre fille. » Voilà ce qui lui faisait dire que madame de Jeufosse ne renverrait pas Laurence. « Vous ne savez pas son secret, vous, je le sais, moi, c'est que ce n'est pas de Laurence qu'il s'agit, c'est que c'est Blanche qui est l'objet de mes recherches, de mes tentatives, de ma résolution obstinée de la posséder, d'en jouir à mon gré. » Voilà ce que Guillot

<table>
<tr><td>V.</td><td>19</td></tr>
</table>

aurait pu dire, voilà le secret qu'il a tenu, mais voilà aussi la raison intime, le secret de la résistance de la mère de famille qui n'a pas voulu perdre en l'éloignant une personne innocente, qui n'a pas voulu priver sa fille de la présence d'une personne qui lui donnait des avis sur tout ce qu'elle pouvait apercevoir, qui à son âge, très alerte, pouvait savoir ce qui se passait et qui, s'il y avait eu quelque imprudence de la part de sa fille, l'en aurait avertie. Voilà pourquoi madame de Jeufosse n'a pas voulu se séparer de l'institutrice de sa fille. Ne lui imputez donc pas comme un tort d'avoir accueilli chez elle une personne bien née et qui l'avait prouvé par sa résistance à Guillot. Ne parlez donc plus d'imprudence ; de l'aveu de toutes les personnes qui réfléchissent, il n'y a eu aucune imprudence de la part de madame de Jeufosse.

Mais madame de Jeufosse aurait pu s'adresser à d'autres personnes, à madame Guillot, par exemple.

Eh mon Dieu ! c'est la première personne à laquelle elle s'est adressée, vous l'oubliez ; est-ce qu'il n'y a pas eu une explication le 4 janvier, à la suite du dîner chez M. Odoard où Guillot se plaignant qu'on lui faisait mauvais accueil, Blanche lui dit : « Cela ne doit pas vous étonner, vous savez quels propos vous avez tenus au cercle de Gaillon. » Le lendemain, madame Guillot vint précisément pour demander une explication à madame de Jeufosse, et ce fut là que madame Guillot laissa tomber ces paroles qu'on a tant reprochées à son mari ; ce fut là que madame Guillot fut obligée de dire qu'elle n'avait aucun ascendant sur son mari. Est-ce que nous ne savons pas par tous les faits, et par ses propres révélations, que madame Guillot était la confidente forcée, soumise, de tous les désordres de son mari ; qu'il n'avait rien de caché pour elle ; qu'il s'en vantait auprès d'elle ?

Ainsi, madame de Jeufosse n'a pas eu le tort de ne pas s'adresser à madame Guillot. C'est entre elles qu'ont eu lieu les premières confidences. Plus tard, arrivant aux provocations en duel, une nouvelle explication a eu lieu entre madame Guillot et madame de Jeufosse. Madame Guillot a encore eu une conférence avec madame de Jeufosse, à l'occasion de la lettre d'Ernest tombée entre ses mains. Là, madame Guillot révèle son impuissance auprès de son mari en même temps qu'elle montre le fond de son propre caractère, ne faisant point d'éclat, de scandale, cherchant à adoucir les torts de son mari, ne pouvant se défendre d'une agitation extrême quand elle voit son mari en péril, engagé dans un duel, montrant en un mot tous les sentiments d'une épouse dévouée, comme elle les montre dans cette enceinte où elle s'est portée partie civile, mais, cette jeune femme n'avait aucune autorité et elle écrivait à son propre frère pour tâcher de le faire agir sur l'esprit de son mari. Voici ce qu'elle lui disait : « Ne me mets pas en avant, parle peu de moi. » Mais je ne puis me dispenser de mettre sous vos yeux cette lettre entière qu'elle écrivait à son frère, M. Courtaveaux, après la lettre de provocation ; elle vous fera connaître, mieux que je ne pourrais le faire, la situation de madame Guillot, et la disposition de son esprit :

« Je t'écris, mon cher Victor, sous l'influence d'une venette affreuse. Voici : les
» fils de Jeufosse étaient ici ces jours-ci, ils ont renvoyé l'argent qu'ils restaient
» devoir à Émile, de la musique ; puis, un beau jour, Émile les rencontre, les

» salue. Alors Émile s'approche d'eux et leur demande s'ils ne le reconnaissent
» pas. L'aîné lui dit : « Comme nous ne tenons pas à votre salut, nous ne vous le
» rendons pas.» Le même jour, Émile reçoit une lettre de M. du Hazey qui le prie
» de se trouver le lendemain à deux heures chez lui, que M. Ernest de Jeufosse
» veut causer avec lui. Juge de notre venette.

» L'explication a eu lieu devant M. du Hazey et M. Tripet ; elle n'a pas abouti à
» un duel, mais elle n'a fait aucun bien et la situation reste encore la même. Seu-
» lement, si Émile continue son petit train-train, il est bien évident qu'ils finiront
» par le tuer. Voilà les petits assauts qui me sont donnés pour me remettre la santé ;
» c'est agréable tout plein.

> » Je t'embrasse, etc.   Aimée GUILLOT. »

Je ne crains pas de le dire, cette lettre donne la mesure de l'autorité que
pouvait avoir madame Guillot sur l'esprit de son mari, et elle répond suffisamment à ce reproche de M. l'avocat général, que madame de Jeufosse ne
s'est pas adressée à madame Guillot.

Mais il fallait recourir aux tribunaux. Et pourquoi faire ? Pour poursuivre
Guillot comme un diffamateur ? Comment ! Vous voulez qu'une mère (oh ! de
grâce, mettez-vous à sa place) allât porter le nom de sa fille en police correctionnelle pour y faire discuter les propos indignes tenus par Guillot ! Ah !
c'est alors qu'elle aurait commis ce que vous appelez aujourd'hui une imprudence ! Vous voudriez que le nom de sa fille eût été traîné là dans une affaire
de diffamation ; qu'il y eût eu des plaidoiries contradictoires sur l'innocence
ou la culpabilité de Blanche et la gravité des indignes propos tenus par Guillot?
Vous semble-t-il possible d'imaginer qu'une mère aurait pu avoir une semblable pensée ? On répond par là à ce que je disais de l'ouverture de ces débats, de la grande publicité qui y est donnée, et on vous fait remarquer qu'il
n'y a pas de compte rendu public dans une affaire de diffamation. Mais il y a
l'audience même, le débat, la discussion, mais il y a l'impossibilité pour une
mère, quelle que soit l'horreur des propos tenus sur une jeune fille, de les entendre publiquement répétés. On va, quand on est dans un âge mûr, quand
on a montré par sa vie qu'on est une personne d'honneur, demander réparation aux tribunaux ; on s'y présente avec l'autorité d'une vie entière
pleine d'honneur pour repousser la calomnie ou l'injure ; on tient la tête haute
et droite ; mais quand il s'agit d'une jeune fille à peine entrée dans la vie, qui
est encore sous l'aile de sa mère ; quand il s'agit d'injures adressées contre
cette innocente, vouloir que la mère la produise devant les tribunaux ! Mais
c'est révoltant, et il est contre toute raison de reprocher à madame de Jeufosse de n'avoir pas donné cette pâture à la malignité, à la curiosité publique.

On a bien compris que ce reproche n'était pas sérieux, et l'on vient aujour-
d'hui lui dire: « Pourquoi ne vous adressiez-vous point aux personnes qui vous
entouraient ? » Mais elle n'a pas fait autre chose, mais toutes les fois qu'il y a
eu des assauts plus menaçants, est-ce que madame de Jeufosse n'a pas recouru
à ses amis ? Est-ce qu'elle ne s'est pas adressée à la femme impuissante, à
madame Guillot ? Est-ce qu'elle n'a pas fait des confidences à M. Odoard du
Hazey, toujours en taisant le nom de sa fille, sous l'effroi de le voir souillé par
une compromission quelconque ? Est-ce qu'elle ne lui a pas parlé des envahisse-

ments de sa maison, des attaques de sa maison, des rideaux tirés, des fleurs jetées dans les appartements, de tout ce qui troublait son existence, sa vie; de tout ce qui se passait en un mot? Est-ce qu'elle n'a pas invoqué le secours de M. Odoard, de sa prudence, de son énergie? Est-ce donc ne s'adresser à personne que de s'adresser à des voisins graves, sages comme M. Tripet, et de leur communiquer la lettre anonyme que vous savez? Depuis le mois de février jusqu'au 19 mai, elle a constamment recouru à l'intervention d'amis sages, discrets, à qui elle ne révélait qu'une partie de son douloureux secret maternel. Non, non, il n'y a pas eu imprudence de la part de madame de Jeufosse; elle a fait ce que vous feriez tous, hommes prudents et sages qui connaissez les choses de la vie, et ce que vous voudriez que vos femmes fissent; vous ne voudriez pas qu'elles ébruitassent, qu'elles allassent porter devant les tribunaux le nom de vos filles; vous feriez tous ce qu'a fait madame de Jeufosse. Ah! si elle eût eu un mari, si M. de Jeufosse eût été encore vivant, ah! certes, ce serait lui qui serait sur ce banc, car ce serait lui qui aurait donné la mort pour venger son sang, sa fille. Oui! il aurait donné la mort à Guillot; c'est ce que vous auriez fait, c'est ce que vous feriez, vous, parce que vous êtes gens de cœur, je ne veux pas vous injurier en ne vous supposant pas ces sentiments, si vos filles étaient menacées par de tels hommes. Et à qui vouliez-vous que cette malheureuse mère eût recours? Vous, pères de famille, si vous étiez assaillis dans votre intérieur, si vous étiez l'objet d'attaques de ce genre, blessés au fond de l'âme, atteints de blessures aussi cruelles que celles qui ont été portées à madame de Jeufosse dans son isolement, dans sa solitude, avec des servantes, des domestiques plus ou moins intelligents autour d'elle, certes, vous tâcheriez autant que possible de ne pas faire retentir le nom de vos filles devant les tribunaux et de protéger leur honneur autrement. Pères, vous n'iriez pas dire: «Vengez-moi»; et vous ne voudrez pas condamner une mère pour avoir emprunté le bras d'un serviteur, parce qu'elle n'a pas voulu, pour sauver le nom de sa fille, exposer le sang de ses enfants dans un duel.... Non, non, madame de Jeufosse n'a pas été imprudente; elle a été vigilante; elle a protégé sa fille tout en lui donnant l'exemple de sa noble et pure vie; elle a placé auprès d'elle une compagne modeste et sage qui a su résister à des attaques indécentes, sans faire d'éclat, sans faire de scandale, sans faire de bruit, par la seule fermeté de son attitude. Madame de Jeufosse qui donnait à sa fille sa propre chambre, ne la quittait jamais; elle couchait près d'elle, après avoir veillé plusieurs heures auprès d'elle. Madame de Jeufosse n'a pas d'imprudence à se reprocher; madame de Jeufosse, a été dans la nécessité de se faire protéger, de se faire défendre; elle a eu recours à ses serviteurs, à ceux qui étaient auprès d'elle; après avoir vainement sollicité l'intervention d'amis qui avaient obtenu des paroles d'honneur qui ne lui apportaient aucune sécurité, elle a dit à ses gens: « Protégez-moi, au nom de mon défunt mari; tenez la parole, les engagements que vous avez pris à sa dernière heure et sur sa tombe; défendez-moi: j'ai le droit d'être défendue; » et elle s'était assurée en effet de l'existence de ce droit: ce droit, veut-on le mettre en doute?

Oh! Messieurs, on a parlé au nom des intérêts de la société, et moi je vous les confie les intérêts de la société; je vous confie la sécurité de la famille, l'inviolabilité du domicile. La propriété et l'intégrité de l'honneur seraient étrangement en péril si vous veniez à condamner madame de Jeufosse. L'in-térêt de la société, c'est que vous mainteniez le droit dont a usé (dont vous useriez tous, je le répète) la femme isolée, la femme avec deux jeunes filles, en face d'un homme qui avait juré de ne plus mettre le pied chez elle et qui y venait obstinément par escalade ; qui lui portait le défi en mentant, en décla-rant qu'il n'avait pas mis le pied dans le parc, de tirer, pour s'assurer de la réalité de la personne qui y pénétrait la nuit. Madame de Jeufosse a agi dans son droit, et dans le droit du garde qui a prêté serment, qui est armé pour défendre la propriété de ses maîtres.

J'étais bien sûr que M. l'avocat général rendrait justice à ce qui est au fond de tous les cœurs, c'est qu'il y a une propriété plus sacrée que toutes les autres, celle de l'honneur, de la pureté d'une jeune fille, du droit qu'une mère a de veiller sur elle ; c'est là ce que madame de Jeufosse avait le droit de garder, ce qu'elle était dans la nécessité de garder, de défendre.

Nous sommes à cette heure, Messieurs, soulagés d'un grand poids, par la conviction qu'il n'est plus dans la pensée de personne que madame de Jeu-fosse ait voulu faire tuer Guillot. Elle a voulu le faire arrêter, le faire prendre, elle a dit : « Tirez sur lui, arrêtez ses pas, châtiez-le d'une manière éclatante, défendez ma maison ; » il n'y a pas un de vous, Messieurs, qui dans une posi-tion pareille, voyant un homme porter atteinte à l'honneur de sa fille ou de sa femme, venant tous les jours, escaladant, pénétrant dans les lieux les plus secrets où l'on ne peut pas sans crime mettre le pied, il n'y a pas un de vous qui n'en eût fait autant. Et je vous le dis en honnête homme, en homme avancé en âge, qui a l'expérience du danger de ne pas garder la famille et qui a vu trop de ces exemples, je vous le dis, si vous n'acquittiez pas madame de Jeufosse ; si vous méconnaissiez le droit de défendre sa femme, ses enfants, vous mettriez la société en péril en brisant les dispositions de la loi qui la pro-tégent. Vous acquitterez, vous ne pouvez pas faire autre chose.

M. le Président, qui dans la direction des débats a su allier les formes bien-veillantes de l'homme du monde à la dignité du magistrat, résume avec autant d'impartialité que de lucidité les arguments de l'accusation et ceux de la défense. Il avertit MM. les jurés que si leur conscience éprouve quelque doute, ils doivent incliner vers l'indulgence.

Il pose ensuite les questions et MM. les jurés se retirent dans la salle de leurs délibérations. Au bout d'une demi-heure, ils rentrent et répondent *non* sur toutes les questions.

M. le Président déclare que les prévenus sont acquittés, et ordonne qu'ils soient immédiatement mis en liberté.

Me Cresson prend, au nom de madame veuve Guillot et de ses enfants, des conclusions tendant à ce que madame de Jeufosse, ses fils et Crépel soient con-damnés à 100,000 fr. de dommages-intérêts.

Me Prieur, avoué de la famille de Jeufosse, répond par les conclusions suivantes :

« Plaise à la cour,

» Attendu que M. Guillot a été seule cause, par une imprudence du carac-tère le plus criminel, du malheur qui lui est arrivé ;

» Qu'en pénétrant de nuit, par escalade, comme un malfaiteur dans le parc du château de Jeufosse, enclos de murs, il commettait à l'égard des habitants du château une agression nocturne qui les constituait en état de légitime défense, fait formellement prévu par les dispositions de l'art 329 du Code pénal;

» Attendu que l'accident arrivé, si déplorable qu'il soit, ne peut rejaillir que sur celui qui l'a provoqué ;

» Attendu, enfin et surabondamment, que les dommages-intérêts ne peuvent jamais être que la représentation d'un préjudice causé, et que dans la cause le préjudice n'existe à aucun point de vue ;

» Rejeter les conclusions de la partie civile, à fin de dommages-intérêts, et la condamner en tous les dépens. »

La Cour, après une heure de délibération, condamne Crépel, madame de Jeufosse et ses fils, aux dépens qui incombent à madame Guillot pour tous dommages-intérêts.

COUR IMPÉRIALE DE PARIS.

PRÉSIDENCE DE M. LE PREMIER PRÉSIDENT DELANGLE.

Audience du 12 décembre 1857.

REVENDICATION DE LA PROPRIÉTÉ EXCLUSIVE

DU

PSEUDONYME NADAR.

Félix Tournachon-Nadar, contre A. Tournachon jeune et Cie.

Tout le monde connaît le dessinateur Nadar, dont le facile crayon exprime, sous la forme grotesque, des observations souvent très profondes sur les vices et les ridicules de la vie contemporaine. La grande feuille intitulée *Panthéon-Nadar*, qui représente la plupart des écrivains de notre temps, a appris le nom de Nadar à ceux qui ne lisent pas les petits journaux. Le photographe Nadar n'est pas moins connu que le dessinateur. Le public croit naturellement que le dessinateur, d'ailleurs écrivain fort spirituel, est le même homme que le photographe. Le public ne se trompe pas ; cela vient d'être jugé par arrêt de la Cour.

Mais pendant un certain temps, un frère de l'écrivain-dessinateur-photographe a prétendu s'approprier une partie de la réputation acquise à ce nom, et a soutenu que le Nadar photographe était lui, Nadar *jeune*, un autre Nadar que l'écrivain-dessinateur. Le jugement du tribunal de commerce infirmé par l'arrêt dont nous rendons compte, avait admis une partie de cette prétention, sans toutefois interdire à l'aîné des deux frères, comme le demandait le plus jeune, la faculté de signer *Nadar* des photographies.

Ce qui rend ce procès intéressant, c'est que *Nadar* n'est pas un nom mais un surnom. Les deux frères s'appellent Félix et Adrien *Tournachon*. Nadar est un nom de fantaisie, sous lequel l'aîné, Félix, s'est produit en public.

La question du procès est de savoir si M. Adrien Tournachon a acquis d'une manière quelconque le droit de s'appeler Nadar jeune.

M. Félix Tournachon-Nadar a pour organe Me Henry Celliez ; M. Adrien Tournachon est défendu par Me Ernest Desmarest.

PLAIDOIRIE DE Me HENRY CELLIEZ.

Messieurs,

Ce procès se présente au premier aspect avec un caractère pénible. Il semble, en effet, que ce soit un procès engagé exclusivement entre deux frères. Au fond, cependant, il n'en est pas ainsi. C'est un débat entre un homme qui s'est créé un nom de fantaisie, et qui après l'avoir illustré, se le voit enlever par une maison de commerce dans laquelle se trouve intéressé son frère : sans cette maison de commerce, j'ai la conviction qu'il n'y aurait pas eu de procès. Il est probable que les arbitres chargés par les deux frères de régler les questions d'intérêt qui les divisaient, auraient été également appelés à statuer sur la propriété du surnom. Félix Tournachon a toujours demandé que le débat entier fût vidé par le tribunal arbitral ; M. Adrien Tournachon, mal inspiré par ses associés, s'y est constamment refusé.

Je revendique pour Félix Tournachon, comme une propriété personnelle, le droit exclusif de se servir du nom *Nadar*. Je dois donc, avant tout, établir devant la Cour au milieu de quelles circonstances a été créé ce nom de pure invention.

M. Félix Tournachon, homme de lettres, a commencé à écrire en 1838 ; il était très gai, très alerte et plein de la verve indispensable pour écrire ces choses qui doivent amuser les autres. Un jour, dans une réunion de camarades intimes, on suivit à son égard une habitude familière alors assez générale dans un certain monde, celle de terminer les mots en *dar*, et au lieu de l'appeler *Tournachon* on l'appela *Tournadar*, puis on supprima la première syllabe du nom, et on ne l'appela plus que *Nadar* tout court. Ces futilités, qui prennent aujourd'hui un caractère sérieux, sont ainsi racontées par deux hommes d'esprit qui apportent leur témoignage à leur ami :

« Mon cher Nadar,

» Tu me demandes, pour éclairer le singulier et triste procès que tu soutiens » contre ton frère et ses associés, de rappeler, comme le plus ancien de tes amis, » mes souvenirs sur le pseudonyme *Nadar*.

» Tu ne pouvais, en effet, mieux t'adresser qu'à moi, qui fus ton parrain en cette » plaisanterie que tu as si vaillamment et heureusement fini par faire prendre au » sérieux par le public.

» C'est moi qui en 1837 ou 38 — tu demeurais alors rue Saint-Jean-de-Beau- » vais et moi rue de la Harpe — m'avisai de changer, dans nos appellations fami- » lières, la désignation de ton nom et de transformer TOURNACHON en TOURNADAR. » Une fois là, l'élision ne se fit pas attendre et nos amis simplifièrent bientôt TOUR- » NADAR en NADAR.

» Ton frère que j'avais vu tout petit enfant lors des relations de nos deux mères, » était alors, si je ne me trompe, à Lyon, et je ne fis sa connaissance que quelques » années après.

» Tu peux, je pense, appuyer mon témoignage, s'il était besoin, de celui de notre » petit cercle de vieux amis de ce temps-là qui sont encore nos bons amis d'aujour- » d'hui : E. Labiche, Marc Michel, Albéric Second, Léon Noël (il n'y manquerait » que ce pauvre Molé-Gentilhomme). Leur avis n'est pas plus douteux que le mien » sur la propriété à toi bien personnelle d'un sobriquet dont tu es parvenu à te » faire, par ton travail et ton activité que nous savons tous, un pseudonyme cé- » lèbre.

» Ceci dit, mon bon et vieux camarade, tout en appréciant le tort que cette usur- » pation de nom peut causer, comme tu me l'écris, à tes intérêts et aux intérêts qui » te sont confiés, je crois essentiellement que ton frère, si j'ai su le juger, doit » regretter, comme toi, cette division entre vous, et que, s'il était seul, il s'empres- » serait de te rendre la chose qui est à toi. Nous n'aurions, j'en suis sûr, qu'à en » appeler à lui-même sur le terrain de l'honnêteté et au souvenir de votre père, » l'homme le plus probe que j'aie connu.

» Tu ne dois donc voir, comme moi, dans cette regrettable affaire, que la con- » séquence d'une pression causée par des associés et qui pousse ton frère Adrien » plus loin, bien plus loin qu'il n'irait de lui-même. Tâche donc, encore une fois, » de lui faire accepter un arbitrage d'amis communs qui vous connaissent bien tous » deux, qui soient bien au courant de vos détails d'intimité et qui puissent vous » éviter à tous deux le chagrin et le scandale d'un procès entre frères.

» S'il accepte, je n'ai pas besoin de te dire que je suis à ta disposition en cela » comme en tout. A. LEFRANC. »

« Mon cher Nadar,

» Tu me demandes de t'écrire ce que je sais sur l'origine de ton nom de *Nadar*. » Rien ne m'est plus facile, car je suis un de tes plus anciens amis, et j'ai vu naître » ta légende.

» Quand nous nous sommes rencontrés, il y a dix-sept ou dix-huit ans, au mo- » ment où tous deux nous sortions du collége, tu t'appelais encore Tournachon. Un

» de tes camarades trouva piquant de transformer *Tournachon* en *Tournadar*, qui
» le lendemain se formula en Nadar tout court. Cette plaisanterie fit une fortune
» inouïe. Tu adoptas ce nouveau nom dans le journalisme où tu débutais alors ; tes
» camarades oublièrent ton nom véritable, et bientôt, grâce à ta verve, à ton es-
» prit, à tes succès, à ton originalité, Nadar devint un des hommes les plus connus
» de Paris.

» La substitution de Nadar à Tournachon devint si complète et si absolue, que
» j'ai vu beaucoup de gens qui connaissaient le premier très intimement depuis
» plusieurs années, apprendre avec étonnement, un beau matin, que Tournachon
» et Nadar n'étaient qu'une même personne.

» Quant à ton frère Adrien, mes relations n'ont pas été aussi intimes avec lui
» qu'avec toi. Tout ce que je puis dire sur le différend qui vous divise, c'est que
» quand il est venu près de toi, le nom de Nadar était consacré depuis bien long-
» temps, et que, mes amis et moi, nous avions l'habitude de l'appeler Adrien, —
» Tournachon jeune, — ou bien : *le frère de Nadar*.

   » Ton vieil ami,   DESMOULINS. »

Depuis ce moment Nadar a écrit dans un grand nombre de journaux dont
j'épargne la nomenclature à la Cour ; je cite le plus connu : *le Charivari*.

Les images imprimées par quelques-uns de ces journaux ont alors inspiré
Nadar. Il s'est improvisé dessinateur pour illustrer ses articles de petites caricatures qui se sont trouvées aussi gaies, aussi comiques, aussi originales que
ses anecdotes. Peu à peu, sans études préalables, mais soutenu par son ardeur
naturelle, il est arrivé, grâce à un patient travail, à se créer un nouveau talent ; il s'est fait un style, en dessin comme en littérature ; il a ainsi conquis
une légitime réputation.

La Cour pourra lire tout un volumineux dossier de lettres que je lui présente. Elle y rencontrera le nom d'une foule d'auteurs de tout ordre dont les
œuvres sont dans toutes les mains ; elle y trouvera les plus gracieux témoignages en faveur du talent de Nadar, et aussi, pourquoi ne le dirais-je pas ?
les preuves les plus honorables des excellentes qualités de son cœur, car il y
est bien souvent question des services qu'il a eu le bonheur de rendre aux
signataires.

La notoriété du nom de *Nadar* dans le monde qui lit les petits journaux et
qui s'amuse aux caricatures, est donc incontestable.

Il y a, en outre, un fait qui s'impose au public, et qui aurait, à lui seul,
suffi pour faire une réputation, c'est cette immense planche appelée le *Panthéon-Nadar*, qu'on voit exposée partout, et où se trouvent groupés deux
cent cinquante littérateurs de nos jours, dont les portraits exécutés sous forme
grotesque, représentent, souvent avec un rare bonheur, les traits saillants qui
donnent à chaque caractère sa physionomie particulière.

Au surplus, je suppose qu'on ne plaidera pas ici le procès comme on l'a
fait devant le tribunal de commerce.

Devant le tribunal de commerce, on a contesté que Nadar eût créé la propriété de ce nom. L'agréé, qui avait été mal instruit, a été jusqu'à dire aux
juges consulaires que les deux frères avaient porté le nom de Nadar au collége
et que c'était quelque chose de monstrueux qu'un surnom ajouté au nom de
famille fût contesté par l'un des frères, au moment où l'autre commençait à
s'en servir utilement et à lui donner une valeur industrielle.

Il n'en est rien. Jamais, d'abord, les deux frères n'ont été dans le même collége. Jamais on n'a porté ce nom dans la famille. Vous savez, messieurs, comment ce surnom a été créé, et par conséquent, vous pouvez ainsi apprécier ce qu'il a de personnel.

A l'époque où, d'après le fidèle récit dont j'ai eu l'honneur de vous donner lecture, les gais compagnons de Félix le décoraient de ce surnom qu'il s'est si bien approprié, Adrien Tournachon n'avait que treize ans ; il n'était connu ni des camarades de Félix, ni du public. Le nom de Nadar, en se vulgarisant, est resté la propriété personnelle de Félix Tournachon, sans difficulté, sans contestation, même sans aucune prétention d'Adrien, jusqu'à l'année 1856.

Il n'est donc pas probable que la défense de M. Adrien Tournachon présente aujourd'hui une thèse de laquelle il résulterait qu'un homme qui s'est approprié un surnom et y a donné valeur n'en serait pas exclusivement propriétaire, autant au moins que du nom qu'il tient de sa famille.

Mais ce qu'on va dire sans doute, c'est que Félix Tournachon a autorisé son frère à porter le surnom de Nadar et lui a ainsi permis de s'attribuer une partie des avantages attachés à la propriété de ce nom, à raison de la célébrité qu'il avait acquise ; qu'Adrien Tournachon a appliqué ce nom de Nadar à la photographie, qu'il lui a donné la valeur photographique ; et qu'aujourd'hui l'aîné a tort de revendiquer cette valeur. Voilà ce qui va être plaidé.

La précision de ce système de défense m'impose le devoir de faire connaître à la Cour ce qui s'est passé entre les deux frères à l'occasion de Nadar. Je ne vous parlerai pas de leurs relations antérieures qui ont donné lieu à trop de récriminations ; je ne veux pas porter la discussion sur ce terrain ; cela ne pourrait pas servir à éclairer la décision de la Cour. D'ailleurs, une sentence arbitrale régulièrement prononcée bien que non encore exécutée, quant aux obligations pécuniaires acceptées par M. Tournachon jeune vis-à-vis de son frère, a statué souverainement sur tous leurs différends à l'exception du débat sur la propriété et l'attribution du nom de Nadar, qui est resté en dehors de l'arbitrage par la volonté formelle de nos adversaires.

C'est à la fin de 1853, qu'Adrien Tournachon a commencé à s'occuper de photographie dans les circonstances que voici. Un ami commun, ami de la famille, M. Leprévost, vint un jour proposer à Félix Tournachon de s'intéresser à son frère et de l'aider à se créer enfin une carrière en fondant un établissement de photographie. La photographie est une industrie que chacun se croit habile à pratiquer ; il semble que, dans cet art, dont le soleil est le grand acteur, il n'y ait, pour le photographe, qu'un rôle passif facile à remplir par le premier venu. Mais quand on regarde de près, quand on compare les produits si inégaux des divers artistes, quand enfin on veut sérieusement se mettre à l'œuvre, on reconnaît qu'en cet art comme en tout autre, il faut pour réussir un talent particulier ; que tout le monde ne sait pas également se servir du travail de la lumière. Il faut, avant tout, acquérir certaines connaissances spéciales, et se livrer à un exercice intelligent et répété.

M. Adrien Tournachon se trouva donc fort embarrassé devant la proposition de M. Leprévost. Il ne savait comment s'y prendre ; il avait l'expérience de son insuffisance, car il avait voulu être peintre et n'avait malheureusement pas réussi. Que lui manque-t-il ? Est-ce le talent ? Est-ce l'activité, l'énergie ?

Est-ce le savoir-faire ? On ne saurait le dire ; mais il se sentait trop inhabile à réussir, pour tirer parti de l'offre obligeante de son ami. Il eut recours, cette fois encore, à son frère Félix, qu'il trouva disposé à l'aider dans cette circonstance comme dans toutes, non-seulement à l'aider mais à le soutenir, à le diriger dans cette étude de la photographie, qui devait lui fournir un moyen d'existence.

Félix Tournachon se chargea de tous les frais d'apprentissage de son frère en le recommandant à un ami, M. Gustave Legray, qu'il se plaît à reconnaître pour le plus habile de tous les photographes. Voici les preuves de cette généreuse intervention.

C'est d'abord une lettre de M. Legray :

» .... En réponse aux renseignements que tu me demandes, mon cher Nadar,
» sur les leçons de photographie que tu m'as fait donner à ton jeune frère, et sur le
» chiffre de mes honoraires, je dois dire qu'à ta considération je ne l'ai fait payer
» que 200 fr., au lieu de 400 que je prends à mes autres élèves, etc.

» GUSTAVE LEGRAY. »

C'est ensuite le billet au moyen duquel ont été payées les leçons de photographie. Ce billet, dont Félix Tournachon était le seul signataire, protesté à l'échéance, a été soldé depuis par Félix Tournachon. Il est donc hors de toute contestation que c'est Félix Tournachon qui a payé les frais d'apprentissage de son frère, au moment où celui-ci comptait s'établir comme photographe.

Les leçons ont commencé en décembre 1853, et c'est dès le mois de novembre que l'appartement du boulevard des Capucines avait été loué ; j'ai là une lettre du propriétaire qui le prouve.

Il est tout naturel que dans ce moment il ait été question entre les deux frères devant travailler ensemble, de faire profiter l'établissement, qui allait être commun, du bénéfice que promettait la célébrité attachée au nom de Nadar. Cependant cela ne fut point encore décidé. Adrien Tournachon, comprenant mal l'importance que ce surnom pourrait donner à l'établissement, importance que les faits ont victorieusement démontrée, hésitait beaucoup. Il ne voulait pas que la maison qui se fondait fût nommée Nadar ; à ce pseudonyme qui rappelait des travaux littéraires et artistiques, il préférait le nom patronymique : Tournachon. Nous trouverons la constatation de ce fait un peu plus tard, lors de la seconde association des deux frères.

Je dis la *seconde* association, car cette première tentative n'eut pas de suite. Malheureusement les caractères ne sont pas très compatibles, à ce qu'il paraît, et au bout de quelques jours Félix Tournachon quittait la partie. Adrien restait seul dans la maison du boulevard qui avait été louée en son nom, et essayait d'y pratiquer la photographie.

De son côté Félix, c'est-à-dire Nadar, ouvrait immédiatement son atelier photographique chez lui, rue Saint-Lazare, 113.

La preuve des travaux photographiques particuliers de Félix Tournachon, sous le nom de Nadar dès le commencement de 1854, lors de la première séparation, est dans la déclaration et les factures de ceux qui lui ont fourni les instruments et les matières employées. Cette preuve a son importance parce qu'on a dit en première instance, et l'on dira peut-être tout à l'heure que Félix n'était pas photographe, que c'est Adrien qui a fait la réputation photographique du nom de Nadar, de même que Félix lui avait fait sa réputation littéraire et artistique. Veuillez donc retenir ceci, Messieurs, que depuis 1854, Félix Tournachon, sous le nom de Nadar, le seul par lequel il se révèle au public, a son atelier de photographie, rue Saint-Lazare, 113.

Cependant, et c'est sur ce point que l'on va insister, après le départ de son frère, Adrien, dit-on, prend le nom de Nadar.

Voyons ce qu'il y a d'exact dans cette allégation ; et apprécions la portée des faits.

Je rencontre en effet une signature d'Adrien sous ce nom d'emprunt, et cela dans un brevet qu'il prenait en février, pour un procédé photographique. Mais j'y vois qu'il ne savait pas même l'ortographe du nom qu'il prétend lui appartenir. Il le signait avec un *d* final : *Nadard* au lieu de *Nadar*. Ne semble-t-il pas singulier qu'on revendique la propriété d'un nom qu'on ne sait pas écrire ?

D'ailleurs, à cette époque, il ne prend pas pour enseigne le nom de Nadar. Je pourrais le prouver par un grand nombre de documents, je me bornerai à en citer un seul, puisé dans une des consultations dont j'ai voulu faire précéder ma plaidoirie devant la Cour (1), pour la rassurer par avance sur la moralité d'un procès qui semble s'agiter entre deux frères.

Je lis dans l'adhésion de Me Plocque :

« Il est à la connaissance personnelle du soussigné que, dans l'année 1854, lors-
» que M. Adrien Tournachon, intimé, a commencé à exposer des épreuves photo-
» graphiques au-devant d'un établissement situé sur l'ancien boulevard des Capu-
» cines, il signait ses œuvres du nom de *A. Tournachon*, et inscrivait *uniquement*
» *ce nom sur les montres* d'exposition placées à sa porte. »

Voilà un témoignage très précieux, qui prouve que M. Adrien Tournachon séparé de son frère, après avoir été quelques jours avec lui, s'appelait simplement Adrien Tournachon et signait ses photographies *Adrien Tournachon ;* pas de doute à cet égard.

De plus, la Cour a sous les yeux un fac-simile de différentes griffes employées par Adrien Tournachon pour estampiller ses œuvres. La première de ces griffes porte : *A. Tournachon*, 11, *boulevard des Capucines*. Dans les factures qui m'ont été communiquées par mon confrère pour prouver que son client avait reçu le nom de Nadar, de la part des tiers, j'ai trouvé celle du fabricant de cette estampille, où je lis : « *Doit M. Adrien Tournachon, etc.* » De sorte qu'il est parfaitement certain que Adrien Tournachon prenait pour enseigne et signait *Tournachon* et non *Nadar*.

Plus tard, et dans le courant de cette année 1854, des amis et des membres de la famille sont intervenus et ont déterminé une réconciliation entre les deux frères. Ils se sont, en effet, embrassés vers la fin d'août, et Félix est revenu

---

(1) En effet, Nadar a fait distribuer une consultation très développée de M. Édouard Laboulaye, suivie des adhésions fortement motivées de MM. Marie, Berryer, Dufaure, Bethmont, Liouville, Mathieu, Plocque, Bertin.

au boulevard des Capucines donner à l'établissement commencé par son frère, une collaboration qui a été à ce moment considérable.

Adrien était aux abois, il ne savait pas gérer son établissement. Il n'avait acquis que d'une manière fort imparfaite encore, l'expérience qui est très nécessaire dans l'application des procédés photographiques; enfin il manquait absolument d'argent.

Félix était sur le point de se marier; il allait recevoir une petite dot, qui lui mettait dans les mains (chose rare!) un peu d'argent disponible. Il apporte ce peu d'argent dans la maison commune. Il apporte de plus à son frère le concours de son habileté et de ses relations, dont Adrien a fait un si mauvais usage. Il y apporte, en même temps, par le fait, la célébrité qui s'attachait à son nom.

L'apport d'argent est constaté par la sentence arbitrale qui en a fixé le chiffre à 3 800 fr. L'apport de travail, de concours, est constaté par les pièces mêmes de nos adversaires. Quant au mode d'apport du nom qui est la question essentielle, je ne suppose pas qu'on puisse élever de contestations.

Et d'abord comment les choses se sont-elles passées? C'est encore dans les pièces produites par Adrien Tournachon que je trouve une déclaration de nature à éclairer tout à fait la conscience des juges; c'est celle de M. Didiot, fabricant de lettres en relief, qui a fourni des enseignes, qui a assisté à la création du nom social et qui raconte ce qu'il a su des discussions des deux frères à cet égard.

Vous voyez comment cela finit, comment Félix arrivait dans l'établissement de son frère, en août 1854, plein de bons sentiments pour lui, plein de dévouement, tout prêt à s'unir avec lui pour faire une chose utile à tous deux; comment il a doté l'établissement de ce qui manquait à Adrien, le talent, la réputation et l'argent, voulant aussi faire profiter l'industrie commune de la valeur du nom qu'il s'était donné. Adrien ne comprenait pas bien cette valeur et il a fallu que Félix insistât pour que la *raison sociale* fût : *Nadar frères*, ou *Nadar jeune*.

Notez bien ceci. Dans une chose qui nous est commune, j'apporte une valeur qui est à moi, la valeur de mon nom. Je ne l'attribue pas à mon associé tout seul, mais à la Société dont je fais partie avec lui. Cet associé est mon frère, ce n'est pas une raison pour qu'il s'attribue plus facilement le nom de Nadar jeune. Si ce nom avait été conféré à un étranger, je comprendrais peut-être davantage les prétentions de l'étranger que celles de mon frère. C'est à la Société qui se formait alors que Félix Tournachon a apporté *comme raison sociale* ce nom de *Nadar jeune*. Un témoin impartial nous le raconte: c'est l'homme qui a su comment les choses s'étaient passées; c'est d'ailleurs ce qui ressort de la nature des choses et de toutes les circonstances de l'affaire.

Les deux frères sont restés ensemble depuis la fin d'août 1854 jusqu'au 16 janvier 1855. La date est précise. Voilà le temps pendant lequel l'établissement a été exploité par les deux frères réunis. On produit quelques lettres qui indiquent précisément que Félix Tournachon adressait des recommandations à son frère sur ce que celui-ci avait à faire, une lettre de remerciement de madame de Fitz-James, d'autres documents, tels que des factures; toutes pièces qui démontrent la communauté.

Pendant cette période d'association, la dénomination *Nadar jeune* a été employée dans l'enseigne de l'établissement. Nos adversaires, par les pièces qu'ils produisent dans un but différent, nous en fournissent eux-mêmes la preuve. Ils apportent trois lettres, qu'ils attribuent à Félix et qui sont signées *Nadar jeune*. Deux de ces signatures sont évidemment d'une autre main que la sienne. La troisième trahit une imitation de la forme de la signature ordinaire de *Nadar* avec l'addition du mot *jeune*. En attribuant ces signatures à Félix, on prouve que les mots constituaient une *raison sociale*, et non pas une désignation de la personne d'Adrien. Nous allons plus loin; nous montrons parmi les pièces communiquées, une quatrième signature *Nadar jeune*, qui est véritablement de Félix. Ce ne pouvait être qu'en qualité d'associé qu'il usait ainsi de la raison sociale; car lorsqu'il signe pour lui-même, il ne signe pas et ne pourrait pas signer *Nadar jeune* pas plus qu'il n'a jamais signé *Nadar aîné*, il signe *Nadar* tout court. Si donc il a signé *Nadar jeune*, pour une affaire de l'établissement, c'est afin d'employer le nom commercial qui sert à désigner la maison commune.

Cette communauté a été tantôt niée, tantôt admise dans l'argumentation qu'on nous oppose. On est obligé de l'invoquer pour expliquer l'attribution du nom de *Nadar jeune* à la maison dont Adrien et ses commanditaires sont aujourd'hui seuls propriétaires. Mais on la niait quand il s'agissait de restituer les apports de Félix. On profitait des irrégularités légales de cette association. Montrez-moi un écrit, disait Adrien à son frère, il n'y a rien d'écrit. Mais s'il n'y a pas eu Société régulièrement constituée conformément à la loi, il y a eu une communauté attestée par le compromis passé entre les deux frères, par la sentence rendue en conséquence, et par la dissolution même de la Société. On ne dissout que ce qui existe.

Voici le compromis souscrit le 25 mars 1855 :

« Les soussignés, Félix Tournachon, demeurant rue Saint-Lazare, 113, et Adrien » Tournachon, demeurant boulevard des Capucines, 11 ; après avoir prié par lettres » MM......... de vouloir bien être leurs arbitres, ce que ces derniers ont accepté, » leur ont posé les questions suivantes :

» 1° Quelle somme est due par M. Adrien à M. Félix pour les versements que » celui-ci a opérés dans la maison de son frère pendant les quatre mois qu'il y a » passés ;

» 2° Quelle somme doit être allouée à M. Félix *pour sa coopération* pendant » ledit délai.

» Une troisième question relative à la propriété exclusive du pseudonyme Nadar » avait été aussi proposée aux arbitres par M. Félix Tournachon, mais elle a été » repoussée par M. Adrien Tournachon, de sorte que les arbitres n'auront à donner leur avis que sur les deux premiers points, toutes réserves étant faites pour » la troisième. — Signatures.

» On a ajouté en marge : 3° Quelles sont les compensations à admettre du côté » de M. Adrien Tournachon.»

Cela est signé de tout le monde, des deux arbitres et des deux frères Tournachon. De sorte qu'il est bien certain qu'il y a eu coopération de Félix Tournachon-Nadar dans l'établissement du boulevard des Capucines; et s'il a été obligé de s'en aller quand la dissolution est arrivée, c'est que le local était au nom de son frère qui y était venu avant lui.

Voici maintenant la sentence, inutile à lire, mais qui établit que Félix Tournachon a versé dans l'établissement, alors commun entre eux, la somme de 2 500 fr., et qui règle la manière dont il devra en être remboursé par son frère.

Enfin, les arbitres, dans un supplément à cette sentence, ont accordé à Adrien un nouveau délai pour rembourser son frère, remboursement qu'entre parenthèses celui-ci attend encore.

Le fait de la communauté se trouve donc établi d'une manière incontestable par cette sentence qui a réglé leurs intérêts pécuniaires.

Mais, dira-t-on, la sentence ne dit rien sur le nom ! Sans doute, puisqu'il n'y a pas eu moyen de décider Adrien à comprendre cette contestation dans le compromis. Mais il n'en faut point conclure que Félix ait entendu abandonner à la maison dont il se retirait, le nom *Nadar*, même modifié par l'épithète *jeune*.

Au contraire. Aussitôt après la séparation, Félix Tournachon a déclaré à Adrien qu'il n'entendait pas que la dénomination Nadar jeune, donnée momentanément à l'établissement commun, devînt la propriété d'Adrien tout seul, lorsqu'il était séparé de lui ; qu'il n'entendait pas que son nom fût ainsi détaché de sa personne, et rendu disponible pour être apporté dans une association nouvelle. Il lui a écrit à ce sujet une lettre dont il a été beaucoup question dans les débats de première instance et dans les imprimés soumis à la Cour. Malgré les dénégations de M. Adrien, je crois qu'il l'a reçue ; cela me paraît évident par la manière dont les faits sont racontés. Il est certain que Félix a écrit cette lettre au moment de la séparation, le 16 janvier 1855, et que dans cette lettre, il lui défendait de continuer à se servir du nom de Nadar. S'il le fallait, j'insisterais sur ces circonstances. Mais, heureusement, je n'en ai pas grand besoin pour prouver l'ancienneté de la réclamation. En effet, dès le 16 février 1855, il s'est adressé aux amis qu'on cherchait à constituer en tribunal arbitre. On ne pourra pas nier cette lettre-là dont voici le passage essentiel :

» LA PREMIÈRE DE CES QUESTIONS ET LA PLUS IMPORTANTE, EST
» LA QUESTION DU NOM NADAR JEUNE. Ce n'est pas par esprit de tracasserie
» que je demande la suppression de ce nom, car mon intérêt de créancier est que
» la maison de mon frère fasse ses affaires, et il est bien clair, je pense, que ce serait
» me nuire à moi-même dans l'état des choses que de lui susciter des embarras ou
» des difficultés. Mais à la suppression du nom *Nadar jeune* que je demande, il y a des
» raisons très sérieuses, que je l'ai communiquées. D'abord, le sort des affaires est
» chanceux : si mon frère tombe, j'ai tout lieu de désirer que ce pseudonyme, qui
» est mien, que j'ai créé, ne soit pas compromis par lui. Mon frère, qui m'a dé-
» claré, chaque fois qu'il en a eu l'occasion, que ce nom n'était pour rien dans le
» succès de sa maison, n'y doit pas tenir, s'il est conséquent. Le nom Tournachon
» a toujours été accolé sur sa montre au nom Nadar, qui peut donc disparaître sans
» inconvénient, et mon frère a des griffes (estampilles) aux deux noms. Je n'ai pas
» le désir qu'il ait fait tirer, pour ne pas s'en servir, des cartes et têtes de lettres au
» nom Nadar : qu'il les épuise, s'il le veut, *mais à la condition expresse de n'en*
» *pas faire tirer d'autres*. Quant à sa montre, il sait qu'en deux heures il peut faire
» remplacer définitivement le nom Nadar par le sien. Si, ce que je ne crois pas,

» d'après le peu d'importance qu'il a toujours semblé attacher au nom Nadar, il
» prétendait, pour le garder, que c'est sur mon conseil qu'il l'a pris, je répondrais
» que je ne consentais à mettre ce nom en commun que dans des conditions qu'il a
» tout à fait changées entre lui et moi. — Je demande donc la suppression IMMÉ-
» DIATE de ce nom sur les montres, et je suppose que mon frère aura trop de
» souci de sa dignité pour ne pas s'empresser de renoncer à une chose qui ne lui
» appartient pas et qui lui viendrait de moi. »

M. LE PREMIER PRÉSIDENT. — La date de cette lettre?

M° HENRY CELLIEZ. — Cette lettre est du 16 février ; elle est imprimée
parmi celles qui sont sous les yeux de la Cour. Félix Tournachon demandait
dès lors ce qu'il demande aujourd'hui, la suppression du mot *Nadar* dans les
enseignes de la maison du boulevard.

Plus tard, il apprend qu'Adrien fait faire une griffe portant l'ancienne raison sociale. Aussitôt il fait signifier à l'imprimeur l'acte extra-judiciaire qui
suit :

» Que c'est à tort et sans droit que le sieur Adrien Tournachon, artiste photo-
» graphe, demeurant à Paris, boulevard des Capucines, 11, se fait appeler Nadar
» jeune ; que ce pseudonyme appartient au requérant seul et lui a toujours appar-
» tenu ; que celui-ci entend se pourvoir pour faire cesser cet abus ;

» Qu'il vient d'apprendre que le sieur Adrien Tournachon a commandé à ladite
» dame veuve Dondey-Dupré l'impression de cartes et adresses dont la distribution
» causerait un préjudice au requérant ;

» Qu'en conséquence, défenses lui sont faites d'avoir à imprimer les cartes et
» adresses dont il s'agit et de ne les livrer ainsi que les clichés audit sieur Adrien
» Tournachon ;

» Et ce à peine de toutes pertes et dépens, dommages et intérêts. »

Cette injonction, datée du 6 mars, est certes bien formelle. On ne peut pas
soutenir que Nadar ait abandonné son nom. Loin de là, Félix, sans connaître
le droit ni la distinction admise par la Jurisprudence entre la société légale et
la simple communauté de fait, avait le sentiment de ce qui est équitable. Il
se trouvait ainsi d'accord avec la décision habituelle des juges en pareil cas. Il
comprenait que lorsqu'il n'y a pas de société régulièrement constituée, il n'y
a pas lieu à licitation de la propriété commune, mais chacun doit reprendre
son apport, et se trouver replacé dans l'état où il était avant l'association. Félix
se disait donc naturellement : « Je reprends et j'emporte le nom que j'avais
apporté ; c'est tout simple. Mon ex-associé ne voudra pas se servir de mon
nom pour me faire concurrence ; cela n'est pas possible. »

C'est ainsi qu'il se retire, en faisant défense à son frère de se servir de
son nom.

Mais le frère, que l'on a vu au commencement hésiter devant le nom Nadar
jeune, en comprenait maintenant la valeur. Un exemple montrera qu'il avait
bien pour cela ses raisons.

Il y a dans le voisinage, sur le boulevard des Capucines, une grande maison
de photographie, qu'on appelle la maison Bisson ; elle ne fait pas le portrait ;
or, le contre-maître de cette maison avait une certaine sympathie pour Nadar
dont il connaissait les œuvres publiées par les journaux, et quand on lui de-

mandait de faire des portraits, il renvoyait à son voisin Nadar toutes les personnes qui se présentaient. Adrien les recevait et se gardait bien de les détromper. C'est ainsi qu'il est arrivé à comprendre que le nom de Nadar avait un certain attrait pour le public et à désirer se l'approprier en se faisant appeler tantôt Nadar jeune, tantôt Nadar-Tournachon, tantôt Tournachon-Nadar.

Ne croyez pas, Messieurs, que j'exagère. C'est le contre-maître lui-même de la maison Bisson, qui raconte le fait dans une lettre trop longue pour être lue à l'audience, mais que vous trouverez parmi les pièces.

Cet exemple fait comprendre quel est le préjudice causé à Nadar par la confusion que fait naître la désignation illégitime de la maison du boulevard, d'ailleurs si avantageusement située.

Mais M. Adrien n'a pas borné la concurrence à la clientèle. Il a poussé l'indélicatesse encore plus loin.

Peu de temps après la séparation, un ami de Félix, M. Adam Salomon, lui avait adressé M. Lefort, comme associé, en lui écrivant la lettre suivante :

« Mon cher Nadar,
» Un de mes bons amis, M. Jules Lefort, auquel je viens de parler de vous et de » votre projet d'une association pour la photographie, est tout disposé à entrer en » relations avec vous. La position pécuniaire de M. Lefort et ses relations feront de » lui un associé précieux pour vous. Je vais vous l'adresser demain matin.

» A vous de cœur,   ADAM SALOMON. »

Le lendemain, M. Salomon n'est pas libre; M. Lefort, trompé comme la foule par les enseignes, se présente seul, et il va trouver Nadar au boulevard des Capucines; il est reçu par Adrien qui ouvre la lettre de M. Salomon, entre en relations avec M. Lefort, et fait si bien qu'il le décide à placer son argent, comme associé, dans la maison du boulevard des Capucines. Ces circonstances sont attestées par une seconde lettre de M. Adam Salomon :

« Mon cher Nadar, décidément vous n'avez pas de chance, Lefort est allé tout » droit boulevard des Capucines. Ne l'ayant pas revu, j'apprends que l'association » est consommée. Je regrette d'autant plus cette méprise que je ne connais pas » votre frère. »

Nous ignorons les détails des manœuvres employées pour parvenir à cette substitution de personnes dans l'association projetée. Mais le fait de l'association est certain, et ce sera à nos adversaires à nous expliquer pourquoi M. Lefort est devenu l'associé de M. Adrien Tournachon, alors qu'il était adressé à son frère Félix par un ami commun.

Il est impossible de profiter avec plus d'audace de la confusion qu'on a su établir à l'aide d'une usurpation de nom.

Il est vrai qu'on repousse l'idée de confusion; on prétend qu'on se distingue, et qu'il est tout naturel qu'il y ait un *Nadar jeune* puisqu'il y a un *Nadar aîné*.

Il n'y a jamais eu de Nadar aîné; Nadar n'a jamais signé que Nadar. Mais il vient tout naturellement à l'esprit que lorsqu'il y a un *jeune*, il y a aussi un *vieux*. Or il n'y a pas deux Nadar, un jeune et un vieux, il n'y a qu'un seul homme qui ait le droit de porter ce nom.

V.   20

C'est évidemment pour bénéficier de la réputation acquise par lui seul à ce nom, que M. Adrien et ses associés persistent à se l'approprier.

Le préjudice qui en résulte pour Nadar est palpable. Vous savez déjà ce qui s'est passé au sujet de la maison Bisson, qui envoyait au boulevard des Capucines croyant envoyer chez Nadar. Voici quelques lettres qui signalent la fréquence de cette méprise. Elles montrent que Félix Tournachon est sérieusement fondé à ne pas permettre à son frère et aux associés de son frère de lui faire concurrence avec son propre nom, sa propre enseigne, sa propre signature qu'ils ont imitée, même dans la forme. Je ne sais pas jusqu'à quel point il n'y a pas là une sorte de contrefaçon matérielle ; toujours est-il qu'on copiait dans toute sa disposition la signature de Nadar à laquelle on ajoutait, tantôt *jeune*, tantôt *Tournachon*.

Voici ces lettres :

« Mon cher Nadar,

» J'ai voulu avant de vous écrire revoir les personnes dont je vous ai parlé. Elles » m'ont bien répété qu'elles s'étaient présentées il y a environ deux mois chez » votre frère, et que, *trompées par le nom de Nadar, elles se sont adressées à* » *lui croyant s'adresser à vous, puisqu'elles se sont recommandées de mon nom* » *auprès de lui.*

» Quant à l'affaire du cliché qu'elles venaient lui demander, votre frère en a bien » gardé des épreuves, mais du plein gré de la personne à laquelle il n'a demandé » que des déboursés.

» Je vous serre la main,   MARCELIN. »

« Monsieur et cher confrère,

» Vous trouverez dans mon journal deux lignes de bienvenue pour l'établisse-» ment que VOUS venez d'ouvrir sur le boulevard. Je me félicite d'avoir *trouvé* » *cette occasion de vous prouver* ma sympathique admiration pour votre talent » comme littérateur, comme caricaturiste, et je dis maintenant comme photo-» graphe ; vos charmants et spirituels articles, qui ne le cédaient en rien à vos » dessins, ne suffisaient plus à votre gloire.

» Permettez-moi d'espérer que vous me donnerez plus sérieusement l'occasion » de vous prouver tout mon désir de voir s'établir entre nous des relations de bonne » amitié.

» Agréez, monsieur et cher confrère, l'assurance de mes sentiments distingués » et dévoués.

» Paris, le 15 février 1856.   » A. MURIEL. »

« Je déclare que je me suis présenté au mois de juillet dernier chez M. Tourna-» chon-Nadar, 11, boulevard des Capucines, pour faire faire le portrait d'un jeune » enfant, mon filleul. Je suis monté, sur l'indication du concierge, aux ateliers de » photographie ; ayant demandé M. Tournachon-Nadar, que je connais depuis plu-» sieurs années, il m'a d'abord été répondu que *c'était bien chez M. Nadar que je* » *me trouvais*, et le frère de M. Nadar s'est alors présenté. Sur mon observation » que c'était à son frère que je désirais avoir affaire, il m'a été répondu que » M. Nadar aîné N'ÉTAIT PAS PHOTOGRAPHE *et que je courais risque d'être mal* » *servi par lui.* Je me suis alors retiré.

» J'étais accompagné de M. Devos et de M. Dauwe, sous-chef du matériel au
» chemin de fer du Midi à Bordeaux, père de l'enfant, lesquels étaient présents à
» ce que je viens de rapporter.

 » Paris, 21 février 1856.   » M. LEGRAND,
                   » rue des Martyrs, 48.»

« Je soussigné O. de Lalande, ancien directeur de la maison O. de Lalande et Cⁱᵉ,
» avoir fourni des appareils photographiques et des produits chimiques pour la pho-
» tographie à M. Nadar (Félix Tournachon), demeurant à cette époque, rue Saint-
» Lazare, 113, *au commencement de l'année mil huit cent cinquante-quatre.*

 » Paris, le 8 avril 1856.   » O. DE LALANDE. »

« Je n'ai réellement pas de chance, mon cher Nadar. J'espérais il y a quelques
» jours vous faire avoir plusieurs portraits : eh bien ! ces portraits ont été faits, mais
» pas par vous. Voici ce qui est arrivé :
 » Un de mes amis, médecin de l'ambassade turque, à qui j'avais plusieurs fois
» parlé de vous, fut chargé de conduire cinq à six attachés de l'ambassade chez un
» bon photographe ; croyant aller chez vous, il mena ses amis chez votre frère. En
» entrant il se recommanda de moi ; sur la réponse que lui fit votre frère, il hésita
» un moment, voyant qu'il se trompait ; mais entendant dire à votre frère *que*
» *votre maison et la sienne n'en formaient qu'une seule,* et que les portraits que
» l'on désirait seraient aussi bien faits, mon ami n'hésita plus, et, à mon grand
» regret, les portraits que je voulais vous procurer ont été par ma faute donnés à
» votre frère.
 » Une autre fois croyez, mon cher Nadar, que je prendrai toutes mes précautions
» pour que semblable erreur n'arrive plus ; veuillez aussi me donner quelques-
» unes de vos cartes pour que je les remette aux personnes auxquelles je pourrais
» vous recommander.

 » Tout à vous,   GAMBE,
              » rue Caumartin, 28. »

« Je déclare que je suis allé l'année dernière chez M. Nadar, boulevard des Capu-
» cines, pour me faire photographier, que j'ai payé d'avance le prix du portrait,
» et que malgré plusieurs séances successives depuis lors je n'ai jamais pu en obtenir
» l'épreuve de M. Nadar jeune, que *je croyais être le vrai Nadar auquel j'étais*
» *adressé.*

 » Paris, le 16 février 1856.   A. THIÉROT,
            » faubourg Poissonnière, 12.»

 « Mon cher Nadar,
 » Lorsque l'année dernière je suis allé faire faire mon portrait boulevard des Capu-
» cines, *je croyais aller chez toi et non chez ton frère que je ne connaissais pas.*
» Mon portrait a été envoyé à ma mère, qui depuis lors m'a écrit, en me priant de
» lui en envoyer un autre parce qu'elle ne me reconnaît plus maintenant aucune
» trace de ma physionomie. C'est fort ennuyeux, et *je fais appel à ta bonne amitié*
» pour réparer le mauvais travail de monsieur ton frère.

 » Tout à toi de cœur,   OUITTE,
        » Ingénieur civil résidant à Cagliari, île de Sardaigne.

 » Paris, le 16 janvier 1856. »

Une autre personne devait conduire la famille Fould chez Nadar. On la conduit par erreur chez M. Tournachon, boulevard des Capucines. La famille Rothschild est presque victime de cette même erreur, heureusement reconnue à temps cette fois.

La Cour peut apprécier maintenant si la confusion est réelle ; elle a été portée si loin que dans un différend entre M. Chaix l'imprimeur et Félix Tournachon, un arbitre rapporteur du tribunal de commerce, écrit, à la date du 10 février 1856, pour une convocation, et adresse sa lettre à *MM. Tournachon frères, Nadar et comp., boulevard des Capucines, n° 17.*

Si le tribunal avait connu tous ces faits et toutes ces circonstances, il est plus que probable qu'il n'aurait pas rendu le jugement dont nous avons interjeté appel et que je vais lire à la Cour.

Avant de le lire, je dois faire remarquer que le nom qui se trouve dans les qualités n'est plus *Nadar jeune*, mais *Nadar ;* c'est la raison sociale *Nadar-Tournachon et comp.*, qui figure au jugement dont voici le texte :

« Le tribunal,
» En ce qui touche la demande de Félix Tournachon :
» Attendu que l'établissement de photographie fondé en 1853 par Adrien Tour-
» nachon a été exploité par ce dernier jusqu'à ce jour sous le nom de Nadar jeune ;
» Que Félix Tournachon reconnaît être demeuré pendant ce temps complétement
» étranger à la propriété dudit fonds commercial ;
» Attendu que pour demander qu'interdiction soit faite à Adrien Tournachon
» d'user du nom de Nadar jeune, Félix Tournachon se fonde sur la célébrité qu'il
» aurait acquise à ce nom et sur les protestations réitérées qu'il aurait adressées à
» raison de l'usage qui aurait été fait de ce pseudonyme qui lui était personnel ;
» Attendu que Félix Tournachon a à s'imputer le tort de n'avoir pas revendiqué
» plus tôt le droit qu'il prétend exercer aujourd'hui ;
» Qu'Adrien Tournachon a en effet conquis comme photographe une notoriété
» incontestable ;
» Que ses travaux lui ont fait décerner sous le nom de Nadar jeune des récom-
» penses honorifiques par le jury de l'Exposition.
» Qu'en présence de ces résultats acquis, Félix Tournachon ne saurait à bon droit
» prétendre à l'usage exclusif du nom de Nadar, alors surtout que dans sa corres-
» pondance il a donné le nom de Nadar jeune ;
» Qu'il s'ensuit qu'il y a lieu de déclarer Félix Tournachon non-recevable en ses
» fins et conclusions ;
» En ce qui touche la demande reconventionnelle d'Adrien Tournachon contre
» Félix Tournachon ;
» Attendu que Félix Tournachon a illustré le pseudonyme Nadar par ses œuvres
» artistiques et littéraires et notamment par la publication du *Panthéon Nadar ;*
» Que Adrien Tournachon ne saurait donc lui contester de faire usage du nom
» de Nadar, et qu'il y a lieu, en conséquence, de le déclarer non-recevable.
» Par ces motifs,
» Le Tribunal rapporte le jugement dudit jour, 28 février 1856, comme nul et
» non avenu, déclare les parties respectivement non-recevables en leurs fins et con-
» clusions, les en déboute ;
» Dit que les dépens faits jusqu'à ce jour seront supportés par moitié. »

En ce qui touche le premier motif de ce jugement, que l'établissement de photographie, créé en 1852 par Adrien Tournachon, a été exploité jusqu'à ce jour sous le nom de Nadar jeune, j'ai déjà fait remarquer à la Cour qu'il y a là une erreur de fait. Cela est attesté d'abord par la facture du graveur ; cela est attesté par les autres pièces que j'ai produites ; cela résulte de la lettre de M. Didiot, dont j'ai donné lecture. Le nom de Nadar n'a été pris qu'au moment où les deux frères se sont associés, au mois d'août 1854. Il est très certain que jusqu'à cette époque l'établissement n'avait été exploité que sous le nom de Tournachon jeune. Mais à partir du mois d'août 1854, il a été exploité sous le nom de Tournachon, Nadar jeune et comp. ; c'est à la maison désignée par cette raison sociale qu'une récompense a été accordée lors de l'exposition de 1855.

Quant à Félix Tournachon, qui est un photographe très habile, comme tout le monde le sait (et il suffirait de faire passer quelques-unes de ses images sous les yeux de la Cour pour l'en convaincre elle-même), il a obtenu des récompenses très importantes, non pas en 1855 (il n'avait pas exposé, et n'avait pas encore eu le temps de se monter), mais à Bruxelles il a eu une grande médaille d'or ; il est même bon de noter qu'il se trouvait là en concurrence avec la maison rivale dirigée par son frère.

La réputation est venue au nom ; les personnes qui connaissaient le mérite de Nadar, comprenant que son talent, si souple, devait s'appliquer à la photographie, sont allées chez lui pour faire faire leur portrait. Il s'est trouvé, en effet, qu'il avait un talent supérieur à la plupart des autres photographes, pour la disposition de son modèle, pour l'usage de la lumière, pour ce je ne sais quoi qui surprend la nature et donne la physionomie réelle. C'est là ce qui fait le talent du photographe, et ce talent, Nadar le possède au suprême degré. De sorte que quand on vient lui dire : « Vous êtes le Nadar littérateur et dessinateur, mais vous n'êtes pas le Nadar photographe », évidemment on se trompe et l'on induit la Cour en erreur ; on sait bien que la réputation que s'est faite Nadar le photographe tient à la réputation de Nadar dessinateur et littérateur, et qu'elle ne s'applique nullement à M. Tournachon jeune.

Nous avons montré qu'il n'est pas exact de dire, comme le fait le jugement, que l'établissement ait été exploité sous le nom de Nadar jeune. Dès le principe, il l'a été sous le nom d'Adrien Tournachon, puis au moment de son association avec son frère, le nom de Nadar est entré dans la raison sociale. Il n'a pas été attribué à l'un des associés ; ce mot-là s'est trouvé comme providentiellement dans la lettre du témoin qui a assisté à la fondation de l'établissement.

Quand la raison sociale a cessé d'exister parce que la Société a été dissoute, Félix Tournachon a emporté son nom ; quoi de plus simple ?

Mais, a-t-on dit, Félix Tournachon est resté étranger aux opérations de la maison. Cela est contraire à tous les faits ; cela est démenti par la sentence arbitrale qui a réglé l'intérêt pécuniaire des deux frères. Est-ce qu'on va argumenter de la rédaction du compromis pour soutenir que la somme d'argent qu'il avait versée dans la maison avait été la seule coopération de Félix Tournachon ?

J'ai les mains pleines de pièces qui attestent l'existence commune des deux frères pendant l'association, et l'active collaboration de Nadar. Mais quand même il n'y aurait contribué que de son argent, quel parti pourrait-on tirer de cette circonstance pour repousser son action? Moins il y aura donné de sa personne, moins on aura le droit d'y appliquer son nom.

Le jugement reproche à Nadar de n'avoir pas réclamé plus tôt sa propriété ! S'il ne l'a pas revendiquée judiciairement, il l'a revendiquée par toutes les voies amiables ; et vraiment il est singulier qu'on vienne lui dire aujourd'hui : « Pourquoi n'avez-vous pas assigné tout de suite ? C'est dès le lendemain » qu'il fallait traduire votre frère devant les tribunaux. » Vous oubliez que quand nous étions devant les arbitres et qu'il voulait leur soumettre la question du nom, vous ne l'avez pas voulu, et vous venez aujourd'hui lui en faire un reproche !

Quels sont les autres motifs du jugement ?

« Adrien Tournachon a, en effet, conquis, comme photographe, une no-» toriété incontestable ; ses travaux lui ont fait décerner, sous le nom de » *Nadar jeune*, des récompenses honorifiques. »

Je suis très loin de le nier ; mais je fais preuve, le *Moniteur* à la main, que ce n'est pas à *Nadar jeune* qu'on a donné ces récompenses : c'est à la maison *Tournachon, Nadar jeune et comp.*, au nom sous lequel les produits de la société ont été admis à l'exposition, et même avec la virgule qui sépare les noms Tournachon et Nadar. La récompense ne désigne donc pas une personne dénommée Nadar jeune.

Le jugement se fonde sur ce dernier motif « que Félix a, dans sa corres-» pondance, donné à son frère le nom de Nadar jeune. »

C'est probablement cette correspondance, que mon confrère, toujours spiri-tuel, traduisait en ces termes : « M. Nadar, je vous défends de porter le nom » de Nadar. »

Je n'ai pas cette lettre dans les mains, mais elle sera très certainement lue par mon adversaire. Elle a été écrite pendant que les deux frères étaient en-semble, pendant que mon client Nadar employait comme signature, pour les affaires communes, la *raison sociale* Nadar jeune ; d'où il résulte que l'on ne doit tirer de là aucune conséquence. Celle que le tribunal en a tirée a été exagérée, lorsqu'il a dit que la suscription de cette lettre était la reconnais-sance formelle du nom de Nadar.

La question que vous avez à juger, Messieurs, est bien simple. Elle est dé-gagée des difficultés qui se présentaient devant le tribunal. Le tribunal a dû chercher une sorte de composition entre les deux parties, parce qu'il a vu deux frères plaidant ensemble. Je l'ai dit en commençant, ce ne sont pas les deux frères qui plaident l'un contre l'autre, c'est M. Félix Tournachon qui plaide contre une Société, la Société Nadar et comp., laquelle s'occupe, non-seule-ment de photographie, mais rêve encore d'autres spéculations, telles que l'exploitation d'un brevet qu'elle a pris pour une machine à recevoir les cartes d'entrée dans les expositions, théâtres, etc... Or, de semblables spéculations peuvent compromettre le nom de Nadar, cette Société peut tomber en faillite ; elle peut être licitée, et comme c'est une association régulière, il se trouve qu'il y aura là un nom ayant une valeur véritable, et qui pourra être vendu comme un nom commercial, comme une enseigne. Eh bien ! pourra-t-on donc vendre ce nom en présence de l'homme qui l'a toujours porté ?

Et puis, il y a une dernière considération qui doit, à mon sens, déterminer la Cour. Il est incontestable que le nom de Nadar est une propriété pour Félix Tournachon. Comment s'en est-il dessaisi? quel acte produit-on à cet égard? Nous démontre-t-on qu'à une époque quelconque il a voulu attribuer à son jeune frère un droit sur ce nom de Nadar? Non, on ne produit rien de semblable. En matière aussi grave, on ne saurait se décider sur des présomptions. Il y a donc pour mon client une propriété sacrée, qu'il n'a point abandonnée et qui doit être respectée; je suis persuadé que la Cour infirmera la décision des premiers juges qui ont méconnu cette propriété.

PLAIDOIRIE DE M⁰ ERNEST DESMAREST.

Messieurs,

Si les faits qu'on vient d'exposer étaient exacts, si les considérations dans lesquelles mon adversaire est entré n'avaient rien d'exagéré, je souscrirais moi-même aux moyens qu'il a présentés devant vous; mais sa plaidoirie a reposé sur une perpétuelle erreur, et vous allez voir que lorsque j'aurai rétabli les faits dans leur exactitude, le procès prendra une tout autre physionomie. Quoi qu'on en ait dit, ce procès est bien un procès entre deux frères : mon adversaire plaide pour M. Félix Tournachon, je plaide pour M. Adrien Tournachon; nous discutons, non pas pour contester à M. Félix Tournachon le nom de Nadar, mais pour établir qu'Adrien Tournachon a le droit de s'appeler Nadar jeune. Cela est si vrai que, même dans les conclusions qu'il a prises, mon adversaire l'a appelé Nadar jeune. Ce n'est donc pas contre une Compagnie, contre une raison sociale qu'il a plaidé, c'est contre Adrien Tournachon; c'est bien d'un procès entre deux frères qu'il s'agit. Laissons donc de côté cette distinction qu'on a voulu établir, en prétendant que l'action s'adressait surtout à un étranger.

Dans un débat de cette nature, je tiens à ce que tous les bons sentiments soient du côté de mon client. Celui qui a le bon droit de son côté doit respecter les sentiments de famille, se défendre avec modération, et éviter tout ce qui semblerait avoir le caractère de la passion. Je laisserai donc à mon adversaire le plaisir des malices et le danger des récriminations.

Le tribunal a repoussé la demande formée par M. Félix Tournachon tendant à avoir seul le droit de porter le nom de Nadar. Mon adversaire disait qu'en première instance, cette affaire n'avait pas été complétement expliquée. Je l'ignore; mais ce que je sais, c'est que plus la vérité sera connue, et plus nous aurons de chance de gagner notre cause.

Adrien Tournachon n'insiste pas sur les conclusions reconventionnelles par lesquelles on prétendrait interdire à Félix Tournachon l'usage de ce pseudonyme dont il se montre si jaloux.

Je suis autorisé à dire ici, au nom de mon client, que jamais il n'est entré dans sa pensée de monopoliser à son profit le nom de Nadar. Adrien s'incline devant le droit qu'a son frère de porter ce nom, il se borne à revendiquer le droit de s'appeler, lui , Nadar jeune. Ce n'est pas la propriété exclusive du nom qu'il demande, c'en est le simple partage.

Deux mots pour simplifier le débat : un sur l'appréciation du fait, un autre sur l'appréciation du droit.

Si j'avais pu arrêter mon adversaire , je lui aurais épargné la peine de démontrer que c'est M. Félix Tournachon, son client , qui a donné au nom de Nadar la notoriété artistique et littéraire que ce nom possède. Je le reconnais de la manière la plus complète. Les deux frères s'appellent de leur nom de famille Tournachon. Mon adversaire a raconté une anecdote charmante sur l'origine du nom de Nadar. Tout ce qu'il a dit à cet égard est vrai , et quelle que soit l'origine de ce nom, c'est Félix Tournachon qui l'a créé ; je ne veux, en aucune façon, le contester, pas plus que je ne conteste l'éclat original qu'il lui a donné. Tout ce qu'on a dit à ce sujet, j'y souscris ; je reconnais que Félix Tournachon est l'auteur de son pseudonyme.

Je reconnais également que les noms de famille sont une propriété consacrée par l'usage, et qu'il en est de même des surnoms que l'on prend. Quand, dans une pensée ou dans une autre , une personne ne trouve pas son nom patronymique assez euphonique, elle a le droit de le changer en prenant un pseudonyme. Cependant on éprouve une certaine répugnance à le substituer à son nom de famille dans les grands actes de sa vie. On peut écrire, dessiner, peindre en signant d'un pseudonyme ; mais quand on se marie, on reprend son véritable nom.

Lorsque M. Félix Tournachon a jugé à propos de prendre le nom de Nadar, son frère Adrien, alors âgé de treize ans, était au collége. Il est très vrai qu'ils n'ont jamais été au même collége , ainsi que l'a dit mon adversaire , par la raison toute simple que l'un était un homme fait, tandis que l'autre était encore enfant ; mais on a plaidé en première instance qu'Adrien s'appelait Nadar, dès le collége, et cela est rigoureusement vrai. À l'époque où M. Félix Tournachon fut surnommé Tournadar, puis Nadar, il venait fréquemment voir son jeune frère dans sa pension. Or, les enfants qui ont l'instinct du ridicule et de la finesse, qui sont des mimes si parfaits, ayant su que le frère aîné s'appelait Nadar, baptisèrent le frère cadet du nom de petit Nadar. L'objection que vous me faites n'est donc pas une objection. Sans doute, ainsi que je viens de le dire, les deux frères n'ont pas été au collége ensemble, il y a entre eux une trop grande différence d'âge ; mais l'un était dans le monde s'appelant Nadar, et l'autre en pension où les enfants l'appelaient petit Nadar.

En droit, je fais à mon adversaire toutes les concessions possibles. Je reconnais que quand une personne a pris un pseudonyme, et qu'elle a donné à ce pseudonyme une valeur artistique ou littéraire, ce pseudonyme lui appartient ; même un membre de sa famille , même un frère commettrait une mauvaise action en prenant ce nom illustré, et les tribunaux devraient réprimer la fraude. Nous sommes d'accord sur ce point. Aussi puis-je , dès à présent, passer à côté de ces volumineuses consultations qui ont précédé la plaidoirie de mon confrère. Qu'il me permette de le dire , je connais sa loyauté parfaite, mais je n'ai eu connaissance de ces consultations que peu d'instants avant l'audience, ceci soit dit sans reproches : la faute en est probablement à l'imprimeur ; mais il m'a été matériellement impossible de les lire.

M. LE PREMIER PRÉSIDENT. — Quand on fait imprimer des mémoires pour la Cour, le premier exemplaire de ces mémoires doit être envoyé à l'adversaire. Il faut que les avoués se pénètrent bien de ce devoir. Telle est la règle : il ne faut pas qu'on s'en écarte.

M⁰ DESMAREST. — Nous sommes d'accord sur les principes; entrons maintenant dans l'examen du fait.

Je supposerais le fait tel qu'il a été raconté par mon adversaire qu'il me donnerait raison, et cependant je veux montrer à la Cour que le fait m'est plus favorable que mon adversaire ne le dit. Prenons le récit au moment où Adrien Tournachon est devenu photographe. Quelle était alors la position de M. Félix Tournachon? M. Félix Tournachon avait donné à son nom la réputation et l'éclat qui lui appartiennent sous le pseudonyme de Nadar; mais s'était-il occupé de photographie? Avait-il une maison de photographie? Mon adversaire le soutient : je le nie. Je ne conteste pas que M. Félix Tournachon ne soit un esprit intelligent et facile, je ne dis pas du mal de lui; il réussira dans ce qu'il voudra entreprendre, en photographie comme en littérature. Mon adversaire, qui se plaît à dire des méchancetés, prétend qu'il existe une grande différence entre la manière de faire des deux frères, et que plusieurs personnes encore s'en aperçoivent. Je ne relève pas ces petites malices. Je maintiens seulement que, quand je suis devenu photographe, vous aviez pu vous occuper de photographie, mais que vous n'aviez pas de maison de photographie. Qui a fondé cette maison? Adrien, sans contredit; sous les inspirations et d'après les conseils d'un ami commun, de M. Leprévost. M. Leprévost ne s'était pas contenté de conseiller à Adrien de s'établir comme photographe, il lui avait avancé les fonds nécessaires pour la création de cet établissement. En voici la preuve émanée de lui :

« Je certifie avoir avancé, dans les derniers mois de l'année 1853 et au com-
» mencement de 1854, à M. Adrien Tournachon, l'argent *nécessaire* à la fondation
» et à l'exploitation de son établissement de photographie, situé boulevard des
» Capucines, 11.

» Je certifie en outre que c'est sur mes conseils que M. Adrien Tournachon s'est
» décidé à embrasser cette profession.

» Paris, le 20 avril 1856. »

Ce jeune homme s'était occupé jusque-là de dessin; il avait fait des études très sérieuses, et je demande la permission à la Cour de lui montrer que M. Nadar n'était pas tout à fait juste dans l'appréciation qu'il faisait faire tout à l'heure de son frère. Il manque d'activité, vous disait-on? Allons, allons, M. Nadar, ce sont moins des portraits que des charges que vous faites, et vous les faites très bien; vous faites en ce moment la charge de votre frère : devriez-vous la faire?

Adrien, ainsi que je viens de le dire, avait fait de très bonnes études; il avait été en Angleterre, il était revenu à Paris; il n'avait pas de position. M. Leprévost lui dit : Voilà une situation parfaite à prendre; on fait des collections, on fait celle de tous les grands maîtres; savez-vous faire de la photographie? — En aucune façon. — Eh bien! je me charge de vous la faire apprendre, et vous allez vous créer une belle situation.

M. Adrien Tournachon apprend la photographie, et la maison du boulevard des Capucines est fondée, elle l'est avec l'argent de M. Leprévost. Nous allons voir à quel titre M. Nadar est venu dans cette maison.

Mon adversaire a eu soin de ne prendre dans les pièces que je lui ai communiquées que celles qui pouvaient servir d'éléments à sa discussion. Il me permettra de lui opposer les éléments considérables qui sont de nature à faire connaître le nom de mon client. Il a dit que M. Adrien Tournachon avait eu à l'origine une très grande répugnance à changer son nom de famille et à s'appeler Nadar. Oui. Ce jeune homme, beaucoup plus désintéressé qu'on ne le dit, éprouve, en effet, de la répugnance sous deux rapports. Il répugne à quitter son nom de famille, c'est bien naturel; il répugne ensuite à s'affubler d'un nom créé par son frère. Son frère ne lui avait pas alors donné une illustration photographique, mais seulement littéraire ou artistique.

Quoi qu'il en soit, Adrien reconnaissait que ce nom était la propriété de son frère, et vous avez été témoins de sa résistance par la lecture de la lettre de M. Didiot, qui déclare avoir assisté à une scène entre les deux frères. Je ne veux m'appeler que Tournachon, disait Adrien. — Allons, appelle-toi Nadar, lui répliquait Félix; j'ai donné à ce nom une importance dont tu profiteras. Adrien finit par céder, et par prendre le nom de Nadar jeune.

C'est alors que Nadar aîné vient dans la maison de son frère. On prétend qu'il lui a rendu de grands services; soit. Qu'il lui ait prêté de l'argent : quand cela serait! On raconte que Nadar aîné, qui, lui, n'avait jamais fait de photographie, s'est mis à en faire sans jamais avoir pris de leçons, pour ses menus plaisirs ou dans tout autre but, et qu'il a parfaitement réussi. Je le veux bien; mais en définitive, la maison appartenait à Adrien Tournachon, et c'est sur l'insistance de son frère qu'il a consenti à prendre le nom de Nadar jeune. Il l'a pris, et la maison a été signalée au public sous l'enseigne de : Adrien Tournachon, Nadar jeune et Compagnie. Autour de cette enseigne se sont groupés des intérêts. Qu'à ce moment-là les deux frères aient songé à une association, je ne le nie pas. Quand cette association a été reconnue impossible, par la faute de qui, je ne veux pas l'examiner, et que Nadar aîné a jugé à propos de s'en aller, Nadar jeune a trouvé d'autres associés. Voilà tous les faits intermédiaires tels qu'ils se sont passés. Tant qu'a duré l'association ou le travail en commun, Adrien a porté le nom de Nadar, et ce nom lui a été reconnu par son frère qui était dans la maison, qui lui donnait son concours de tous les instants. Ici j'arrive à des pièces que j'ai communiquées à mon adversaire. Elles ne lui ont pas paru importantes, pour moi elles ont une importance décisive.

L'argument capital de la discussion porte sur ce fait établi que Félix Tournachon-Nadar étant dans la maison fondée par son frère, a non-seulement autorisé ce dernier à s'appeler Nadar, ce qui serait quelque chose, mais ne serait pas tout; mais qu'il l'a autorisé à prendre une individualité, et à s'appeler Nadar jeune, à côté de lui Nadar aîné.

Tout à l'heure, mon adversaire, dans ses investigations prudentes, prenant un fait ici, un autre là, et lui donnant une couleur de circonstance, a cherché à faire naître une sorte d'incertitude; s'appuyant de l'opinion de Mᵉ Plocque, il vous a parlé d'une espèce de tolérance passive de la part de M. Félix Tournachon, qui ne pouvait pas constituer, de la part de ce dernier, une renonciation formelle à une propriété, aussi justement personnelle, que celle d'un nom, création du travail et du talent. En effet, on lit dans la consultation de Mᵉ Plocque :

« Il est à la connaissance personnelle du soussigné que, dans l'année 1854, lors-
» que M. Adrien Tournachon, intimé, a commencé à exposer des épreuves photo-
» graphiques au-devant d'un établissement situé sur l'ancien boulevard des Capu-
» cines, il signait ses œuvres du nom A. Tournachon, et inscrivait uniquement ce
» nom sur ses montres d'exposition placées à sa porte. »

Voilà un fait certain, a ajouté mon adversaire. A l'origine, il n'y avait pas le nom de Nadar sur les vitrines, il n'y avait que le nom de Tournachon. A cette allégation j'oppose un fait, les têtes de lettres de la maison commerciale, je ne veux pas autre chose pour gagner mon procès.

Or, voici ces têtes de lettres : « 11, boulevard des Capucines. Ateliers photographiques de *Nadar jeune*. Portraits, reproductions, paysages, etc. »

C'est moi qui ai fait faire cette lithographie en 1854, au moment où vous étiez dans ma maison, à titre de commis ou d'intéressé, ou au moment où vous vouliez vous en aller, peu importe. C'est moi qui ai fait faire cette lithographie dans laquelle je m'appelais Nadar jeune, à côté de vous qui vous appeliez Nadar aîné. Quand il y a deux photographes à côté l'un de l'autre, que tous deux s'appellent Nadar, il faut bien les distinguer par l'âge. Eh bien ! vous étiez Nadar aîné, et j'étais Nadar jeune. Rien de plus simple.

Est-ce que j'ai fait tout cela subrepticement ? Très évidemment, si dans un coin de Paris, ou dans une ville étrangère, j'écris clandestinement votre nom, pour puiser dans cette inscription clandestine le droit de le garder, je vous vole et je commets une mauvaise action. Mais si je viens à établir que vous l'avez su, que vous l'avez autorisé ; si sur cette feuille de papier, puis sur cette gravure en encre rouge, je trouve la preuve que vous m'avez autorisé ; si, en même temps, je trouve la suscription de la lettre que vous avez écrite sur ce même papier : « Pour M. Nadar », probablement ce sera bien M. Nadar aîné écrivant à M. Nadar jeune. Eh bien ! ceci existe ; voici de l'écriture de M. Nadar aîné :

« Je te récris à cinq heures. Deux portraits : madame la comtesse de Fitz-James
» et son fils sortent tout chauds de chez Pierson, qu'ils envoyent au diable après
» l'avoir payé. Nadal les a ratés. Cette dame revient mercredi *pour prendre ses*
» *épreuves*. Sois donc ici mardi soir, c'est-à-dire demain. Tu peux prendre encore
» la journée entière de demain.
» Mon mariage paraît décidé pour lundi.

                                        » Ton frère. »

Et puis, ce n'est même pas signé, il y a seulement *Ton frère ;* c'est de l'écriture de Nadar, et c'est adressé à Nadar jeune. Voilà bien la preuve fournie par M. Nadar lui-même, qu'Adrien Tournachon s'appelait Nadar jeune ; voilà la preuve aussi que ce n'était pas Nadar aîné qui faisait les portraits.

Ce n'est pas tout, voici la comtesse de Fitz-James qui vient à l'atelier de photographie, de qui? de Nadar jeune. Elle est reçue, par qui? par Nadar aîné. Nadar aîné va-t-il se mettre devant elle et faire son portrait. Non, il écrit à son frère, et voici l'adresse de la lettre : « M. Roland, chez Pelsan, aubergiste à Marnes, près Ville-d'Avray. *Pour M. Nadar.* »

Ainsi, voilà M. Félix Tournachon qui, écrivant à son frère, n'écrit pas à M. Adrien Tournachon, mais à M. Nadar, et qui adresse sa lettre à M. Roland, *pour remettre à M. Nadar.*

Mon adversaire vous a dit : Il y a plusieurs lettres, il y en a une à peu près authentique; on nous accuse presque de faux. Il y en a plusieurs, en effet, En voici une émanée du bureau du siége de votre administration du *Panthéon-Nadar*, dans laquelle vous dites à votre frère :

> « Mon ami,
> » Voici mon bon et très bon ami le docteur Yvan. Prends-lui sa *trompe* (hilarité
> » générale) ainsi qu'il a été dit et tire-lui en de belles épreuves. Je tiens beaucoup
> » à ce que ce portrait soit très réussi. Yvan doit t'amener avec lui sa petite fille
> » (treize ans et demi) que tu prendras également.
> » Ton frère. »

Voilà le surnom de Nadar vis-à-vis des deux frères. Les voilà tous deux se regardant en face et se regardant sans rire. Mon Dieu ! ces lettres sont d'un naturel charmant, je ne les lis pas pour contrarier M. Nadar aîné, tant s'en faut.

Voici le *post-scriptum* de la dernière que je viens de vous lire :

> » Yvan est curieux, comme un vrai médecin qu'il est; fais-lui voir tout ton sac
> » à la malice. »

Les choses en étaient à ce point, Félix se considérait si bien l'*alter ego* de son frère, bien qu'il n'y eût pas d'association, qu'il signait pour lui : « Nadar jeune » et non pas : « Nadar aîné. » Non-seulement, il lui disait : « Tu as le droit de t'appeler Nadar jeune », mais il signait pour lui Nadar jeune. Il y a sept à huit pièces ainsi signées, et non pas deux ou trois, comme on vous le disait, elles passeront sous les yeux de la Cour. Si j'y joins une pièce de l'écriture de M. Nadar aîné, c'est pour montrer de son écriture, et non pas pour autre chose.

J'ai dit que je n'avais eu qu'à la dernière heure, à l'heure des plaidoiries, les consultations dont notre adversaire s'est entouré. Je suis tombé, par hasard, sur celle de M\u1d49 Liouville, et je conviens que si les faits, tels qu'il les expose, sont vrais, l'usurpation n'est pas douteuse. Voici comment il s'exprime, page 15 :

> « C'est un surnom qu'on donne à M. Félix Tournachon en 1837 ou 1838, que
> » son père n'a pas porté et qui ne lui arrive à lui-même que lorsque son frère a déjà
> » douze ou treize ans.
> » Il l'accepte ; il le rend célèbre dans les lettres et dans les arts ;
> » Il en fait sa dénomination personnelle, et seul il le porte jusqu'au moment où
> » se forme une association avec son frère, qui jusqu'alors n'a pas pensé à le prendre.

» Dans l'association, le nom de *Nadar* est apporté par Félix Tournachon avec
» une modification ; ce n'est plus *Nadar*, c'est *Nadar jeune*.

» Par ce mot, *Nadar jeune* ne désigne pas M. Adrien Tournachon, M. Tourna-
» chon jeune, car la raison sociale porte :

» A. TOURNACHON (c'est-à-dire Adrien Tournachon, Tournachon jeune) NADAR
» JEUNE (c'est-à-dire Félix Tournachon) ET Cie.

» Lors donc que, l'association étant rompue, M. A. Tournachon prend pour lui,
» pour son enseigne et pour ses factures, le nom de *Nadar jeune*, il le prend à son
» frère, et il le prend dans un intérêt de concurrence non légitime ; car il veut se
» faire passer pour lui.

» Notre solution serait identique, lors même que dans l'association qui a duré si
» peu de temps, *Nadar jeune* eût été le nom donné à son frère par M. Félix Tour-
» nachon ; parce que le droit accordé par lui, d'un usage momentané de ce nom,
» pour une association où il avait sa part, n'était pas, de sa part, une autorisation
» de continuer à s'en servir, *après l'association*, et surtout de s'en servir contre
» lui et pour détruire son industrie particulière. »

Me Liouville dit qu'il y a eu association, cela est vrai : qu'il y a eu une
raison sociale, ce n'est pas exact. Je ne crois pas que vous puissiez passer à travers les témoignages sur lesquels je viens de m'appuyer. Ce système est faux.
Il ne peut être vrai, car la grammaire s'y oppose. Si Adrien Tournachon
Nadar jeune, indiquaient deux personnes, il faudrait mettre une virgule entre
les deux noms. En second lieu, il restera inexpliqué par quel tour charriva-
rique, par quelle circonstance nouvelle, inconnue, Félix Tournachon Nadar
aîné est devenu co-propriétaire de l'établissement, à côté d'Adrien Tournachon Nadar jeune.

Mon adversaire disait tout à l'heure : « C'est devenu dans l'esprit de mon
client presque une monomanie de s'appeler *Nadar seul*. Quelqu'un qui
l'aborde et qui lui dit : Bonjour, *Nadar seul*, lui fait le plus grand plaisir. (On
rit.) En effet, ajoutait mon adversaire, il n'y a qu'un Nadar. »

Pardon, mon cher confrère, vous êtes deux, vous êtes double, à côté de Nadar aîné, il y a Nadar jeune. Je ne puis pas abandonner ma personnalité pour
vous être agréable ; il y a tout aussi bien Nadar aîné et Nadar jeune, que Tournachon aîné et Tournachon jeune. Voyons ce qui découle de ce fait.

Les caractères des deux frères ne sympathisent pas. Félix quitte Adrien,
mais il ne peut pas emporter la propriété de la maison, ce n'est pas lui qui l'a
fondée, c'est Adrien. Elle reste donc la propriété de ce dernier. Or, Félix apprend à son tour la photographie. Je n'ai pas besoin de rechercher s'il fait
bien d'abandonner la littérature et le crayon pour se faire photographe, c'est
son droit, il fait ce qu'il veut. Il fonde un établissement sous son nom, sous le
nom qui lui appartient de Nadar aîné, ou de Nadar seul, c'est sa prétention.
Formulons cette prétention, car, formulée, elle ne vous paraîtra pas accep-
table.

Je m'appelle Nadar, vous vous appelez Adrien Tournachon. J'ai voulu
m'associer avec vous. Vous ne vouliez pas vous appeler Nadar, mais je vous
ai dit : Appelez-vous Nadar ; vous y avez consenti. Nous nous sommes brouil-
lés ; je vous ai quitté et j'ai emporté mon nom. Appelez-vous comme ci-
devant : Tournachon.

Mais c'est monstrueux! Que vous ayez eu tort à un moment donné de me dire de m'appeler Nadar, que vous ayez fait un acte imprudent, soit; mais, en définitive, vous avez vaincu mes scrupules. Quand j'ai consenti à changer mon nom de Tournachon pour m'appeler Nadar jeune, à côté de vous, Nadar aîné, j'ai pris des engagements, j'ai fondé une maison sous le nom de Nadar jeune.

Eh bien! quand j'ai fait cette association avec un commanditaire que vous regrettez, qui s'est trompé d'adresse, et qui, dans ce moment est derrière moi et me donne des notes pour vous répondre; quand j'ai fait cette association avec un commanditaire, c'est sous le nom de Nadar que je l'ai faite.

Je ne méconnais pas que dans tout cela il y avait des comptes à établir entre les deux frères. Ces comptes sont établis. M. Félix Tournachon veut saisir le tribunal arbitral de la question du nom aussi bien que de celle des comptes. Mon adversaire a cherché à élever quelques griefs contre moi de ce que j'ai refusé de saisir les arbitres de la question du nom. En effet, j'ai consenti volontiers à laisser nos arbitres juges de la question de savoir de quel chiffre j'étais votre débiteur. Mais sur une question aussi importante que celle de mon nom, j'ai voulu être jugé par le tribunal de commerce, car ce ne sont pas seulement mes intérêts à moi, Adrien Tournachon, que je défendais, c'étaient les intérêts de mon commerce qui a droit à garder le nom que vous m'avez autorisé à prendre.

Jugez, messieurs, par un seul exemple, des prétentions opposées des deux frères. Mon adversaire m'a communiqué son dossier; j'ai vu le compromis. L'assignation porte sur des questions de deux natures. M. Félix Tournachon demandait modestement à son frère 4 000 francs. Cela s'est considérablement réduit dans la sentence qui n'a accordé que 2 800 francs, représentés par un solde d'à-compte de 1 200 à 1 500 fr., et par une indemnité d'une somme à peu près pareille, pour la coopération que Félix Tournachon avait donnée à Adrien Tournachon dans la maison fondée par ce dernier.

Ah! dit mon adversaire, n'allez pas vous traîner sur des arguties et parler d'association. N'équivoquons pas sur les mots, les arbitres ont dit : Coopération. Peu importe.

Comment peu importe? La maison a toujours été à moi, vous n'avez pas été mon associé, vous m'avez donné votre coopération, je vous dois pour cela une indemnité fixée par les arbitres à 2 800 francs. Voilà la situation.

Mon adversaire, après avoir établi les faits à sa guise, a ajouté : Il résulte de cela entre les deux frères une confusion nuisible aux intérêts de mon client. Il vous a fait passer sous les yeux un certain nombre de lettres qui, si elles sont exactes, seraient regrettables, mais elles sont la conséquence nécessaire de l'espèce de confusion qui s'est établie pendant quelques jours entre les deux noms. En effet, M. Félix Tournachon fait de la photographie sous le nom de Nadar aîné; M. Adrien Tournachon, sous le nom de Nadar jeune; mais il est incontestable que le premier qui en a fait, c'est Nadar jeune. Cela n'empêche pas M. Tournachon aîné d'en faire. Qu'il la fasse mieux ou plus mal que moi, ce n'est pas là la question, il a comme moi le droit d'avoir une clientèle. Mais, dit mon adversaire, ce nom de Nadar avait par lui-même donné une sorte d'illustration à la maison du boulevard des Capucines, et la plupart des clients se sont adressés à Nadar jeune, croyant s'adresser à Nadar aîné. D'abord, c'est un fait réciproque. Si des clients sont allés chez Nadar jeune, croyant aller chez Nadar aîné, d'autres sont allés chez Nadar aîné, croyant aller chez Nadar jeune.

J'ai lu avec soin les lettres produites par mon adversaire, il y en a une seule qui porte une date de manière à préciser l'époque où les personnes qui se sont trompées d'adresse sont venues boulevard des Capucines, au lieu d'aller rue Saint-Lazare. Ceci est très important. Au moment ou vous étiez chez moi en qualité d'intéressé ou de frère m'apportant votre concours, des personnes venues pour vous se sont adressées à vous ou se sont adressées à moi, c'est possible. Madame Fitz-James est venue et s'est adressée à M. Nadar aîné qui a répondu : « Ce n'est pas moi qui fais les portraits, c'est mon frère. »

M. Nadar aîné, qui s'est occupé de littérature et de dessin, a dans les lettres et dans les arts un cercle de connaissances assez étendu, aussi mon adversaire a-t-il un dossier tout rempli d'autographes émanant des personnes les plus haut placées. C'est Georges Sand qui le remercie de la manière dont il a parlé d'elle ; ce sont des directeurs de théâtre qui tous remercient M. Nadar d'avoir parlé d'eux.

Je ne veux répondre à cela qu'une chose, que c'est un adversaire redoutable que M. Félix Tournachon. Vous comprenez bien qu'un homme qui a de telles relations, et à son service tant de journaux toujours prêts à relater les actes les plus insignifiants de sa vie, les trouvera tout disposés à épouser sa querelle, sa prétention à la propriété exclusive du nom de Nadar. M. Félix Tournachon plaide son procès ; il ne le plaide pas seulement devant les juges, il le plaide devant l'opinion, et il dispose d'une foule de ressources, tous les littérateurs, pour ainsi dire, sont à sa disposition. Tous diront que Nadar a toujours obligé son frère cadet, que cela date du collége, que cela a continué lorsqu'il a voulu embrasser une carrière ; enfin Nadar sera toujours le grand Nadar, disant à son frère par l'organe de son honorable avocat : Tu n'es qu'un niais, tu n'as pas d'initiative, en un mot, tout ce qui a été répété à cette audience. C'est pour lui donner quelque valeur qu'il a voulu l'affubler de son nom, et ce nom, il le lui retire pour le replonger dans toute sa médiocrité.

Vous prétendez que vous n'avez fait que me prêter l'ombre du nom de Nadar pendant quelque temps, le temps qu'a duré notre association, que l'association finie, vous avez repris votre nom, et que moi, je dois m'appeler Adrien Tournachon comme devant, n'ayant été autorisé que six mois, un an, à me couvrir du nom de Nadar ! Les principes ne permettent pas cela. Du fait même que vous arguez qu'il y a eu entre vous et moi une association, il s'agit de savoir ce que nous avons apporté l'un et l'autre dans cette association. J'y ai apporté mon industrie, mon travail, les capitaux de mes commanditaires ; vous y avez apporté votre travail, je le reconnais, votre concours avec le puissant nom de Nadar. La maison avait pour enseigne, non pas Nadar aîné, mais Nadar jeune. Vous avez consenti à signer vous-même Nadar jeune. Or, le jour où vous avez lu cette tête de lettre portant en encre rouge avec votre autorisation : « 11, boulevard des Capucines, ateliers de photographie de Nadar jeune. Portraits, reproductions, paysage, etc., » le jour où vous m'avez écrit des lettres signées Nadar aîné, reconnaissant ainsi en face l'une de l'autre, deux individualités, ce jour-là vous n'avez plus été Nadar seul, il y a eu deux Nadar : l'aîné qui a quelques années de plus, le cadet quelques années de moins.

Cependant vous soutenez qu'il n'y a qu'un Nadar, c'est votre prétention. Elle n'est pas tolérable ; du jour que les faits qui précèdent se sont accomplis, il y a eu copropriété du nom que vous avez apporté dans l'association. Saviez-vous ce que vous aviez à faire ? A demander purement et simplement la liquidation de la Société ; à faire décider que d'abord il y avait eu une véritable Société, Société en commandite ou en participation. Vous aviez ensuite à faire procéder à la licitation du nom que vous aviez apporté. Est-ce la marche que vous avez suivie ? Non, vous avez voulu me compromettre devant un tribunal. Vous êtes venu me dire : Vous me devez, payez-moi. Je ne veux plus que vous vous appeliez Nadar. Mais prenez garde ! Vous m'avez permis de m'appeler ainsi dans une association qui s'est faite sous vos yeux avec d'autres personnes. Eh bien ! si aujourd'hui vous vous arrogez l'usage exclusif, sinon la propriété de ce nom , vous commettez à mon égard un acte inique. Remarquez bien que vous ne m'avez pas permis de m'appeler Nadar aîné , mais Nadar jeune , à côté de vous qui vous appeliez Nadar aîné. Encore une fois il n'y avait qu'un moyen de faire disparaître ce nom, c'était de provoquer la licitation. Vous ne l'avez pas fait parce qu'il n'y avait pas association, parce que vous n'étiez chez moi que mon commis ou mon frère.

Mon adversaire a attaqué tous les motifs sur lesquels se base le jugement. A l'entendre, il n'y en a aucun qui soit fondé. Vous allez voir que mon adversaire ne peut soutenir lui-même son système qu'à l'aide d'une véritable équivoque dans les mots. En effet, qu'est-ce que le jugement reconnaît ? Que l'établissement de photographie a été fondé par M. Adrien Tournachon. Le méconnaissez - vous ? Est-ce vous, Félix Tournachon , qui l'avez fondé ? Non , c'est votre frère Adrien, vous ne pouvez pas le nier. Placez - vous où vous voudrez ; dans l'hypothèse d'une association , je vous prends au mot, et je vous dis que le nom ne vous appartient pas, mais à la Société. Vous placez-vous comme copropriétaire , m'ayant autorisé à signer Nadar jeune ? Les motifs du jugement sont fondés. Voici, en effet, comment il est conçu :

« Attendu que l'établissement de photographie, fondé en 1853 par Adrien
» Tournachon, a été exploité par ce dernier jusqu'à ce jour sous le nom de Nadar
» jeune ;

» Que Félix Tournachon reconnaît être demeuré pendant ce temps complétement
» étranger à la propriété dudit fonds commercial ;

» Attendu que pour demander qu'interdiction soit faite à Adrien Tournachon
» d'user du nom de Nadar jeune, Félix Tournachon se fonde sur la célébrité qu'il
» aurait acquise à ce nom et sur les protestations réitérées qu'il aurait adressées à
» raison de l'usage qui aurait été fait de ce pseudonyme qui lui était personnel ;

» Attendu que Félix Tournachon a à s'imputer le tort de n'avoir pas revendiqué
» plus tôt le droit qu'il prétend exercer aujourd'hui ;

» Qu'Adrien Tournachon a, en effet, conquis comme photographe une notoriété
» incontestable ;

» Que ses travaux lui ont fait décerner, sous le nom de Nadar jeune, des récom-
» penses honorifiques par le jury de l'Exposition ;

» Qu'en présence de ces résultats acquis, Félix Tournachon ne saurait à bon
» droit prétendre à l'usage exclusif du nom de Nadar, alors surtout que, dans sa
» correspondance, il a donné le nom de Nadar jeune;
   » Qu'il s'ensuit qu'il y a lieu de déclarer Félix Tournachon non recevable en ses
» fins et conclusions. »

C'est une erreur, M. Félix Tournachon n'est pas resté étranger à l'exploitation commerciale. Vous avez été quelque temps dans ma maison ; mais est-ce
que vous avez eu la prétention d'en être copropriétaire? Vous vous présentez
devant les arbitres , est-ce que vous demandez la copropriété ? Non : vous demandez 4000 francs, et le tribunal vous en alloue 2800.

Je n'ajoute plus qu'un mot.

Mon adversaire a dit : « Mais enfin voilà une Société dans laquelle figure le
nom de Nadar , et qui fait non-seulement de la photographie , mais une concurrence redoutable au vrai Nadar, concurrence qui s'explique par de conti-
nuelles erreurs d'adresses ; et voilà enfin une Société qui fait autre chose que
de la photographie. »

Je suis obligé de vous répéter toujours la même chose : Pourquoi l'avez-
vous autorisé ? C'est toujours la question du procès qui revient. Et puis , je
n'ai pas la prétention de m'appeler Nadar seul ; je m'appelle Nadar jeune,
comme vous vous appelez Nadar aîné.

Mais enfin Nadar jeune peut faire de mauvaises affaires, être mis en faillite,
et alors , un jour, je serai obligé de venir réclamer pour faire faire la distinction.

Permettez : si Nadar jeune est mis en faillite , les syndics ne l'appelleront
pas Nadar aîné. Il n'y aura pas de confusion possible. Vous serez toujours Félix
Tournachon, et moi Adrien Tournachon. Vous serez toujours Nadar aîné , le
grand Nadar. Vous aurez toujours fait le *Panthéon Nadar*. Au surplus j'existe,
vous ne pouvez me supprimer. Je suis venu au monde plus tard que vous ;
mais enfin *je suis*, je m'appelle Adrien Tournachon, vous vous appelez Félix
Tournachon. Vous avez voulu que je m'appelasse Nadar, je ne le voulais pas.
Vous m'y avez forcé, et il se trouve que je suis le Nadar de la photographie
comme vous êtes le Nadar de la littérature, car j'ai donné à la photographie
une importance commerciale que vous ne pouvez pas méconnaître.

Vainement vous dites : « Je me retire et je reprends mon nom. » Un nom
peut être mis en tout ou en partie dans une Société. Vous m'avez apporté le nom
de Nadar comme mon associé. Ce nom fait partie de l'acte social ; vous ne
pouvez pas le reprendre.

Vous dites encore : « Je ne plaide pas contre mon frère, mais contre ses associés ; notamment contre M. Lefort, devenu son associé par une de ces erreurs
dont j'ai été victime. » M. Lefort était adressé par un de mes amis à la maison
de photographie Nadar : mais au lieu d'aller dans la rue Saint-Lazare, il va au
boulevard des Capucines, et il est mis en rapport avec M. Adrien Tournachon.

L'erreur n'est pas aussi grande que vous voulez bien le dire. Vous êtes allé
trouver de votre personne M. Lefort, et vous lui avez dit : « Vous vous êtes
trompé d'adresse, je suis le seul Nadar. Vous voulez donner 20 000 ou
30 000 francs à mon frère, donnez-les moi : je suis le grand Nadar, le seul

Nadar, » et en même temps M. Lefort, qui est derrière moi, m'autorise à ajouter que M. Félix Tournachon lui a dit beaucoup de mal de son frère. Trop d'animosité nuit quelquefois ; M. Lefort a mieux aimé s'associer avec le cadet qu'avec l'aîné.

En résumé, Messieurs, deux établissements de photographie existent sous le nom de Nadar. Il n'y a pas de confusion possible : l'un est connu sous le nom de Nadar aîné, l'autre sous le nom de Nadar jeune ; vous maintiendrez à l'un et à l'autre son nom. Le nom de Nadar n'a pas été usurpé par M. Adrien Tournachon ; il lui a été imposé par son frère. C'est sous ce nom qu'il a été installé dans le commerce, où il a acquis une grande notoriété. Il y avait à l'exposition dernière Nadar aîné et Nadar jeune ; une médaille d'or a été décernée à cette exposition, et l'a été à Nadar jeune. Je dis cela sans méconnaître les droits de Nadar aîné qui, on le disait tout à l'heure, a reçu aussi une médaille à l'exposition de Belgique. Tout cela prouve, Messieurs, que les deux frères peuvent prospérer l'un à côté de l'autre, et ce n'est pas sous vos auspices que l'aîné sera autorisé à reprendre le surnom qu'il a donné au plus jeune. Je persiste dans mes conclusions.

ARRÊT.

« Considérant qu'il est établi par l'appelant et reconnu par l'intimé lui-même que Félix Tournachon a pris en 1838 le pseudonyme Nadar, et que depuis lors il a signé de ce pseudonyme toutes ses productions ;

» Considérant que ce nom qui a servi d'enseigne artistique et littéraire aux fruits de son travail était incontestablement sa propriété lorsqu'en 1853 et 1854 des rapports d'intérêts et d'affaires se sont formés entre son frère et lui ;

» Que si, pendant le temps qu'a duré cette association, le nom de *Nadar* a été compris dans la raison sociale, cette confusion passagère, résultant de la convention, n'a pu avoir pour conséquence d'enlever à Félix Tournachon la propriété qu'il avait créée ;

» Que cette confusion a cessé avec sa cause ; qu'il est constant qu'immédiatement après la dissolution de la communauté d'intérêts, en février 1855, Félix Tournachon a revendiqué le droit exclusif de se servir du nom *Nadar*

» Qu'il serait aussi contraire au droit qu'à l'équité que ce nom, dont l'usage n'avait été que momentanément cédé, devînt l'enseigne d'une entreprise à laquelle Félix Tournachon est absolument étranger ;

» Que l'identité d'industrie exercée par les deux frères rend pleine d'inconvénients et de dangers l'usurpation signalée par l'appelant ;

» Met au néant le jugement attaqué ;

» Emendant.

» Ordonne que dans les trois jours du présent arrêt le nom de Nadar sera supprimé des enseignes, cartes et prospectus et de tous autres documents relatifs à l'exploitation de l'établissement de photographie situé boulevard des Italiens, 17 ;

» Fait défense à Adrien Tournachon personnellement et à la Société Adrien

Tournachon, Nadar jeune et Compagnie, de faire aucun usage direct ou indirect dudit nom de Nadar; faute de quoi faire, les condamne solidairement et par corps à payer, par chaque contravention dûment constatée, la somme de 50 francs.

» Autorise Félix Tournachon à publier le présent arrêt dans deux journaux de Paris, à son choix et aux frais des intimés;

» Condamne Adrien Tournachon et consorts aux dépens de première instance et d'appel. »

COUR D'ASSISES DE LA SEINE.

PRÉSIDENCE DE M. LE PREMIER PRÉSIDENT DELANGLE.

Audience du 25 février 1858.

ATTENTAT DU 14 JANVIER.

Le 14 janvier 1858, au moment où la voiture de l'Empereur et de l'Impératrice arrivait à l'Opéra, trois explosions successives éclataient à quelques secondes d'intervalle et la criblaient de soixante-seize projectiles. L'un des deux chevaux composant l'attelage tombait mort, atteint de vingt-cinq blessures; l'autre, grièvement blessé, était abattu le lendemain. L'Empereur et l'Impératrice n'avaient pas été atteints, mais 156 personnes avaient été plus ou moins grièvement frappées, et réunissaient le nombre effrayant de 511 blessures.

Les accusés sont:

1° Félix Orsini, homme de lettres, âgé de vingt-neuf ans, né à Meldola (États romains);

2° Joseph-André Pieri, professeur de langues, né à Lucques, Toscane;

3° Antoine Gomez, âgé de vingt-neuf ans, domestique, né à Naples;

4° Charles de Rudio, âgé de vingt-cinq ans, professeur de langues.

M. le procureur général Chaix d'Est Ange occupe le siége du ministère public. Il est assisté de M. l'avocat général Sallé.

Au banc de la défense sont assis :

1° Me Jules Favre, pour Orsini ;
2° Me Nogent Saint-Laurens, pour Pieri ;
3° Me Nicolet, pour Gomez ;
4° Me Mathieu, pour de Rudio.

RÉQUISITOIRE DE M. LE PROCUREUR GÉNÉRAL

CHAIX D'EST ANGE (1).

Messieurs ,

J'éprouve, en prenant la parole dans cette cause, un embarras que vous comprendrez facilement, je l'espère. Je dois établir devant vous qu'un complot a été formé contre la vie de l'Empereur ; que ce complot a été médité, préparé de longue main, à l'aide de savantes et infernales combinaisons, et qu'il a éclaté tout à coup dans la soirée du 14 janvier. Je dois établir, enfin, que les auteurs de ce complot sont bien ceux que nous accusons, et que leur culpabilité est certaine. Mais que puis-je dire sur un tel sujet que vous ne sachiez déjà ? Que puis-je dire après ces débats si fermement conduits devant vous, et comment démontrer ce qui est devenu pour chacun plus éclatant que la lumière du jour ? Il faut cependant, et mon devoir m'y oblige, vous présenter ici l'enchaînement et l'ensemble de cette accusation , et la part que chacun des accusés a prise, soit dans le complot, soit dans l'attentat.

Né à la suite d'agitations et de désordres dont nous avons tous gardé le sanglant souvenir, le gouvernement de l'Empereur s'est, avant tout, appuyé sur le suffrage universel. Il a profité de sa force pour donner à la France , au dedans un repos qu'elle ne connaissait plus depuis longtemps , au dehors une grandeur et une prépondérance qui en Europe ne sont pas contestées. Un tel état de choses détruisait bien des espérances, déjouait bien des calculs. Ceux qui veulent arriver à la domination par le désordre et l'anarchie maudissaient l'obstacle qui s'opposait à leur dessein, et leurs impatients efforts tendaient à le renverser. Grâce à une administration indulgente, à une clémence inépuisable, les rangs de l'armée du mal se recrutaient sans relâche ; ses cadres se reformaient, ses paroles devenaient plus audacieuses, ses menaces plus ardentes, et de plus en plus on oubliait ce mot qui, un jour, était venu tranquilliser la France : « Il est temps que les bons se rassurent et que les méchants tremblent. » De tous les points se fai-

---

saient entendre des bruits sourds, avant-coureurs des calamités publiques ;
j'ai là mille rapports qui le constatent. C'était à la fois des espérances et des
menaces : un vaste complot devait éclater ; Paris était en feu, l'Empereur
mort, la république proclamée. En effet, c'était à la vie de l'Empereur qu'on
en voulait, comme si elle était la clef de voûte de la société en Europe, et
c'est en l'assassinant qu'on voulait arriver à l'anarchie universelle : ressource
désespérée, infâme expédient, bien digne, après tout, d'une telle cause et de
ceux qui la servent.

Il faut pourtant s'empresser de le dire, ce n'est pas chez nous que ces
complots d'assassinat se formaient, c'est à l'étranger, c'est par des étrangers
qu'ils étaient conçus. En Angleterre, à l'ombre de ces lois protectrices qui
semblent choquer nos habitudes, nos maximes, nos instincts, nos mœurs,
mais dont nous ne devons pas parler trop légèrement parce que nous les connaissons mal, et parce qu'elles sont, après tout, les lois d'un grand peuple ;
c'est en Angleterre que s'ourdissaient ces trames, et ici, Messieurs, j'ai à
m'expliquer sur l'attentat qui nous occupe, et en même temps à vous faire
l'histoire de chacun de ces hommes qui figurent dans l'accusation.

Felice Orsini est né à Meldola dans les États-Romains, en 1819 ; c'est un
homme né pour conspirer ; sa vie entière n'a été qu'une lutte continuelle
contre l'ordre et la légalité, c'est sa gloire ; ce qu'il veut avant tout c'est du
bruit autour de son nom. Plus avide encore de renommée que de pouvoir, il
a éprouvé le besoin de composer l'histoire de sa vie ou plutôt ce que j'appel-
lerai le roman de sa vie ; il se complaît à raconter que les femmes sortaient
sur leur porte pour le voir passer. Il déclare en tête de ses mémoires qu'il
offre sa vie en exemple à la jeunesse, soit : la fin de cette existence si pleine de
trouble et d'aventures, servira d'exemple à ceux qui seraient tentés de l'imiter
et les détournera, nous l'espérons, de la voie funeste dans laquelle Orsini s'est
engagé. Actif, entreprenant, audacieux, infatigable, plus théâtral que vrai, se
disant le héros de récits imaginaires et l'amant de vertus qu'il n'a pas, tantôt
il déclare qu'il ne veut jamais faillir à la vérité, et en même temps l'instruction est remplie de l'histoire de ses variations, et lui-même chaque jour il
apporte un démenti à ce qu'il a dit la veille. Tantôt affectant une fausse générosité, il déclare qu'il ne veut pas dire un mot qui puisse charger ses complices
et cependant il les accuse dans l'instruction ; et jusque devant vous, avec ce
sourire qui lui est habituel, il laisse échapper des paroles qui les accablent.

Voilà Orsini : je vous ai dit qu'il avait passé sa vie dans les conspirations ;
loin de le nier lui-même dans ses Mémoires, il le proclame hautement.

En 1845, il avait alors 25 ans, il a été condamné dans son pays, aux galères
à perpétuité, aux présides à vie, pour complot. Un an après, une amnistie est
publiée ; il obtient sa grâce, mais à une condition, c'est qu'il prêtera un serment de fidélité. Nous avons sous les yeux la formule de ce serment, la voici :

« Je jure sur l'honneur et la conscience de ne jamais abuser, en aucun temps ni
» aucun lieu, de la grâce qui m'est faite, et de remplir fidèlement tous les devoirs
» d'un bon et loyal sujet. »

Voilà le serment qu'il a prêté ; l'a-t-il tenu ? Non ; à peine gracié il recom-
mence à conspirer, il viole son serment. Je sais qu'il y a des hommes, une

secte qui se dit politique et religieuse, qui pactise avec la conscience, et apporte au serment, à la foi jurée, des restrictions mentales; mais je sais que tout homme loyal, tout homme de cœur, repousse ces misérables transactions, et qu'il tient le parjure pour un acte immoral et honteux.

Orsini qui, avec ses apparences de générosité, aurait dû répudier ces maximes, conspire de nouveau.

Vous savez quels ont été les troubles de l'Italie. Orsini ne pouvait manquer de les exploiter. Ces troubles le portèrent au pouvoir; ils le firent membre de cette Assemblée constituante romaine qui a vu le seuil de son palais souillé par le sang de Rossi, que ce crime a laissée impassible et qui n'a pas même cru devoir suspendre un moment sa séance en présence d'un si exécrable forfait. Orsini devait être dans cette assemblée un des plus ardents, car il est envoyé à Ancône, comme commissaire extraordinaire, chargé de pleins pouvoirs. Il se vante beaucoup de cette phase de sa vie politique, du bien qu'il a fait; à l'entendre, il a sauvé je ne sais combien de personnes, et s'il a conspiré alors, dit-il, car, représentant du pouvoir, il a encore conspiré dans cette circonstance, il faut toujours qu'il conspire, même contre ses amis politiques, s'il a conspiré, dit-il, ç'a été pour ramener la conciliation entre les partis.

Je ne sais s'il dit vrai sur ces grandes et belles choses qu'il aurait faites dans son pays; mais ce que je sais, c'est que dans ce même pays, à propos de ces mêmes faits, lorsque le gouvernement changea, la conduite d'Orsini fut déférée à la justice, et qu'il fut condamné sur vingt chefs différents; il a été condamné pour concussions, pour déprédations et pour vols. Orsini proteste contre cette condamnation; il dit que ce sont là des actes politiques. Il nous a demandé de ne pas confondre ces actes avec les vols vulgaires qui souillent ses complices. Il ne nous en coûte pas de reconnaître que ce sont là des faits révolutionnaires, que ces exactions n'ont pas tourné à son profit, qu'elles ont été commises dans l'intérêt de son parti, et exercées contre le parti vaincu. Mais comment ne pas s'affliger du honteux spectacle donné par ces partis violents? A quelles extrémités les révolutionnaires ne sont-ils pas entraînés par les nécessités de leur position? Il est triste d'avoir appartenu de près ou de loin à un gouvernement dont les actes ont pu être assimilés à des brigandages.

A la suite de ces faits, dont, on le voit, je ne veux pas exagérer la portée, que devient Orsini? Il se promène en Europe, voyageant sous de faux noms, tantôt sous celui de Tito Celsi, tantôt sous celui d'Herwagh; il va en Suisse, en Allemagne, cherchant partout les troubles, partout les fomentant, conspirant partout. Il est arrêté sous le nom d'Herwagh et on trouve sur lui des instructions qui révèlent toute la violence de son caractère et la manière dont il entend pratiquer cette liberté qu'il veut, dit-il, conquérir pour son pays. Voici ces instructions écrites, il l'avoue, de sa propre main:

« Organisez une compagnie de la mort comme nos pères de la ligue lombarde; » que quatre-vingts jeunes gens robustes et décidés, choisis parmi vous-mêmes et » parmi les hommes du peuple les plus prudents, s'engagent par un serment terrible » à lever le poignard à heure fixe contre nos oppresseurs. Que ces quatre-vingts » restent divisés, organisés par groupes de trois, de cinq au plus, soumis au signe » de seize chefs de groupe connus de vous.

» Qu'ils promettent le silence, la prudence, la dissimulation ; qu'ils évitent toute
» occasion de rassemblements, de rixes ; qu'ils se considèrent comme consacrés à
» l'Italie. Pensez à les armer de poignards, non pas avant le jour de l'action. »

Un poignard pour le jour de l'action ! Vous voyez bien que ce sont des
assassins. Orsini se défend d'être l'auteur de ces instructions. Il dit que ces
ordres d'assassinat venaient tout préparés de Mazzini. Il prétend les avoir
reçus de Mazzini ; je l'admets. Mais qui êtes-vous donc alors ? A quel degré
d'aveuglement politique êtes-vous arrivé, vous qui êtes descendu jusqu'à vous
faire l'exécuteur de pareilles volontés ? Il les a copiés, dit-il. N'est-ce pas là
déjà une terrible expiation, que d'être obligé de confesser ces choses devant
des hommes qui se respectent, et qui, au milieu de l'acharnement des partis,
ont conservé le sens moral.

Orsini est arrêté, conduit à Mantoue ; on va le traduire devant un conseil
de guerre, il comprend le danger qu'il court ; il prévoit son sort ; avec une
adresse et un courage extrêmes, à l'aide de relations nouées dans le sein
même et dans l'intimité de la prison, il parvient à s'évader et à gagner l'Angleterre. Comment il vécut dans ce pays, il vous l'a dit : il faisait des lectures ;
c'était pour certains réfugiés un moyen d'existence ; pour quelques-uns même
un moyen de fortune. Il était flatté du bruit qu'il faisait ; l'éclat de son évasion
romanesque lui attirait de nombreux auditeurs. Cette faveur du public, je
m'en servais, dit-il naïvement, dans l'intérêt de l'Italie et de moi-même. C'est
alors qu'il fit imprimer un livre qu'il appelle l'histoire de sa vie, et qui n'en
est, je le répète, que le roman.

Il y avait à cette époque, en Angleterre, un homme d'une intelligence
moindre, d'une ambition égale peut-être, mais d'une audace plus bruyante
encore et plus grossière, c'était Pieri, né à San-Stefano, près de Lucques, dans
l'année 1808. Ce fait est certain. Aussi bien il ne conteste plus son identité.
Je n'ai pas à vous tracer l'histoire de sa vie qui peut d'ailleurs se résumer en
quelques mots. La première fois que nous le rencontrons, il avait vingt-deux
ans ; c'était en 1830. A cette époque, il se disait étudiant en droit ; c'est une
qualification qu'il a prise longtemps ; mais il allait plus souvent au café qu'à
l'école.

Un jour il est arrêté, on l'accuse de vol ; il est condamné. Il n'y a pas d'é-
quivoque possible ; nous n'avons pas à refaire ce procès et à remettre en discussion un jugement rendu par une justice régulière et impartiale. On trouva
en sa possession la reconnaissance du mont-de-piété d'une montre qui avait été
volée ; il fut condamné à un an de prison. Il interjeta appel. Là, devant une
nouvelle juridiction qui fit de nouvelles recherches, qui entendit de nouveaux
témoins, et qui étudia l'affaire avec un soin minutieux, il fut condamné de
nouveau.

Nous avons ici cet arrêt souverain qui, en confirmant la première sentence,
donne des renseignements vraiment flétrissants pour la moralité de Pieri. Il
ne s'agit pas d'une espièglerie de jeune homme, dans je ne sais quelle partie
de débauche ; l'arrêt parle d'un penchant au vol ; il parle aussi d'une fille avec
laquelle il vivait, et qui fut obligée de le quitter parce qu'elle aurait été complétement volée par lui. A Florence, il est encore soupçonné d'un misérable

vol. Il vient réclamer de la France cette hospitalité qui a été si souvent, si odieusement trahie. Il se marie à Lyon. Sa femme a été entendue dans l'instruction ; nous ne l'avons pas appelée dans cette enceinte ; nous n'avons pas voulu lui infliger la douleur de venir lever la main contre l'homme dont elle porte le nom. Elle a été obligée de fuir ses violences ; elle a été se réfugier dans la banlieue de Paris, où elle exerce l'humble profession de femme de ménage ; elle est là avec deux enfants qu'il a abandonnés.

Nous le retrouvons sur les barricades de février ; là, il déploya cette énergie sauvage que nous lui connaissons. Son exaltation politique s'accroît par le triomphe. Il fait de la propagande à la manière des héros de barricades, si bien qu'il effraye son patron, cet honnête marchand que vous avez entendu hier. Le gouvernement est au courant de ses menées. Il est expulsé.

Chassé de France, Pieri regarde d'où souffle le vent des révolutions, et il va en Italie. Là, il devient major d'un corps franc : vous savez ce qu'il a fait en cette qualité. Quelque soin qu'il ait pris à se vanter de n'avoir pas été étranger à la restauration du grand-duc de Toscane (il n'y a rien d'impossible en effet à ce qu'il ait trahi son parti), il n'en est pas moins vrai que le conseil des ministres de ce pays l'a dépouillé de son grade pour des faits infamants, et lui a même défendu de porter l'uniforme militaire. Il revient en France en 1852, on prend de nouveau contre lui un arrêté d'expulsion. Désireux de rester, il implore la clémence de l'Empereur, et si vous saviez en quels termes : il écrivait les lettres les plus soumises, les plus humbles, les plus respectueuses. Pour obtenir ce qu'il demandait de l'Empereur, il se mettait à ses pieds en protestant de ses sentiments de respect et de vénération pour celui que plus tard il a voulu assassiner.

Il dut cependant s'éloigner.

Alors il va en Angleterre ; il s'établit à Birmingham, il s'y fait professeur de langues. C'est là, à Birmingham, que se lient Orsini et Pieri que vous connaissez maintenant, c'est là que se forme le complot ; cela ne saurait être douteux après la déposition de la fille Hartmann que vous avez entendue ce matin ; c'est chez Pieri qu'on se réunissait d'ordinaire.

Pieri a beau prendre des airs de dignité, dire qu'il ne parlait pas politique devant une servante, qu'il n'allait pas dans une cuisine pour tenir de semblables conversations, et qu'il avait un salon ; cette servante quoi qu'il en dise, pénétrait dans son intimité. Entre elle et Pieri, la distance n'était pas si grande qu'il veut le faire croire ; elle n'était pas toujours dans sa cuisine, il n'était pas toujours dans son salon ; elle entendait donc causer quelquefois Orsini et son maître, et, devant elle, c'est elle qui l'a déclaré, ils laissaient éclater leurs sentiments.

D'ailleurs pourquoi se seraient-ils cachés devant elle ? Devant qui eussent-ils pu craindre de parler ? Que pouvaient-ils redouter ? La loi, la justice ? Mais n'avaient-ils pas le droit d'exciter publiquement toutes les passions politiques, de convoquer des assemblées, de provoquer des souscriptions, de faire des appels à l'insurrection, à l'assassinat ? n'étaient-ils pas sûrs de l'impunité ? Ils s'expliquaient donc sans crainte devant cette fille.

S'ils pouvaient tuer l'Empereur, alors leurs projets seraient réalisés, l'Europe serait en feu, l'un retournerait en Italie, l'autre reprendrait ses épaulettes de major ; et on se félicitait, on se serrait les mains dans l'espoir de cet avenir meilleur. Voilà le patriotisme de ces gens-là.

C'est ici que nous apercevons pour la première fois Simon Bernard qui nous échappe par la contumace ; mais l'Angleterre, au bruit de ce coup de tonnerre qui a éclaté en France, a mis la main sur cet homme ; avec son besoin de justice elle l'a déféré aujourd'hui à ses tribunaux.

Simon Bernard a aussi ses états de service dans l'armée du désordre ; ce n'est pas à vous de le juger, Messieurs les jurés, c'est à la Cour ; j'aurai donc peu de choses à vous en dire, mais, cependant, vous verrez qu'il est l'âme du complot, que c'est lui qui a tout préparé, lui qui a fourni les faux passeports, lui qui a donné les bombes incendiaires, lui qui a fait parvenir à Outrequin les pistolets achetés par Pieri à Birmingham, à Outrequin, dont l'aveuglement dans cette affaire a été si étrange qu'il ressemble presque à de la complicité ; c'est encore Bernard, Bernard le clubiste, le conspirateur en permanence, Bernard l'expulsé, qui a fourni l'argent à ceux qui en manquaient, qui aplanissait tous les obstacles, poussant ses complices sur la France, et leur marquant le but vers lequel ils devaient marcher.

Voilà, Messieurs, les principaux auteurs du complot. Le but qu'ils se proposaient, c'était la mort de l'Empereur ; les moyens, ils étaient nouveaux.

Au moment où Bernard rencontra Orsini, celui-ci commençait à secouer le joug du prophète, de Mazzini. Selon lui, le temps des moyens vulgaires était passé ; il raillait les impuissantes tentatives de Mazzini qui envoyait quinze ou vingt hommes à une mort certaine et se tenait à l'écart. « Moi, je montrerai ce que je sais faire, disait-il avec orgueil. »

Dans cette lutte ténébreuse entre ces deux génies du mal, nous allons savoir quel sera le plus audacieux. Orsini ne se bornera pas à armer la main d'un assassin ; les moyens vulgaires, il les repoussait ; il voulait des moyens énergiques, et pour atteindre plus sûrement sa victime, fallût-il autour d'elle répandre aveuglément le carnage et la mort, fallût-il autour d'elle faire couler les flots d'un sang qui à ses yeux mêmes était un sang innocent ; fallût-il, comme disent les rapports que j'ai entre les mains, fallût-il asphyxier ou détruire tout un quartier, rien ne devait l'arrêter ! Voilà l'entreprise qui tentait son ambition ; voilà l'entreprise où il s'est jeté avec son habileté, son sang-froid, son expérience des choses de la vie.

Il avait vu à Bruxelles des bombes que l'on conserve, dans un musée ; elles avaient été fabriquées en 1854 par des réfugiés qui voulaient s'en servir contre l'Empereur, et qui ont été poursuivis et punis par la justice belge. C'est sur cet engin que la pensée des assassins s'arrête. Dans leurs conciliabules, ils l'étudient, le perfectionnent et le complètent.

Je dois ici faire intervenir un nom nouveau, celui d'Allsop. Cet homme, l'intermédiaire entre Orsini et ses autres complices, est hors de toute atteinte ; on ne sait ce qu'il est devenu, mais partout, on retrouve sa trace dans le complot. C'est lui qui a été chargé de faire fabriquer les bombes, de surveiller leur confection.

Le doute n'est pas possible, Orsini avait dicté à Bernard un écrit dans lequel il donne la description des bombes, et tous les détails nécessaires pour en faire comprendre le mécanisme. Ces instructions sont entre nos mains ; les voici :

« 16 octobre 1857.

« Faire une boule en fer fondu de la meilleure et de la plus dure qualité, de la
» dimension exacte du grand modèle ; les trous devant être faits de la même dimen-
» sion et dans la même direction, le haut devant être fait avec les mêmes maté-
» riaux et arrangé de manière à visser parfaitement dessus et à s'adapter très for-
» tement ; une grosse vis pour le haut devra être faite de manière à s'adapter
» très exactement et très fortement, et faire saillie d'un quart à l'intérieur et à l'ex-
» térieur d'une petite rainure, afin de permettre de la visser très fortement, attendu
» que la rainure ne se projettera qu'au-dessous de la convexité. Les petites vis
» devront être également adaptées avec beaucoup de netteté et faire saillie d'un
» quart environ à l'intérieur.

» L'extérieur devra être pareil au modèle ; toutes les petites vis devront être per-
» forées exactement comme celle qui a été envoyée et adaptées avec grande préci-
» sion et serrées fortement. On devra faire exactement de même pour le petit mo-
» dèle ; deux de chaque.

» *N. B.* Les modèles devront être conservés soigneusement et renvoyés.

» Trois douzaines de vis en plus pour chaque trou.

» Vis ou cheminées semblables à celles des fusils.

» M. Ch. Allsop,
» Hôtel Ginger, pont de Westminster. »

Bernard remplit sa mission. Les instructions sont remises à Allsop qui, en
novembre dernier, engage une correspondance avec un ingénieur mécanicien
chargé de fabriquer les bombes. Vers la fin de novembre elles sont achevées ;
le 28 il envoie l'argent au mécanicien et on lui livre les infernales machines
qu'il avait commandées.

J'arrive maintenant à de Rudio. Rudio a vingt-cinq ans, il est né à Bellune,
il se dit professeur de langues ; il est signalé comme un séide de Mazzini ;
longtemps il a suivi sa cause, mais il paraît qu'il aurait été payé d'ingratitude ;
il a changé de drapeau, et il s'est rangé sous celui d'Orsini. Qu'est-ce que
Rudio ? Il a subi une condamnation ; il était bien jeune, n'en parlons plus.

De Rudio appartient à une famille frappée par le malheur et dont nous ne
voulons rien dire de plus. Mais cette famille, quelque déchue qu'elle soit, l'a
dès longtemps renié pour sa conduite. Lui-même, dans je ne sais quel intérêt,
il avait fait courir le bruit de sa mort. Et les siens, triste réveil, n'ont appris
que par ce procès que de Rudio vivait encore, et qu'il était assis sur les banc
des assassins.

C'est en 1856 qu'il a connu Carlotti, encore un réfugié, mais un réfugié
malhonnête homme, dit-il. Comment donc sont les malhonnêtes gens dans ce
parti, si ceux qui sont devant vous se prétendent honnêtes ?

Nous avons dit que Rudio voulait quitter Mazzini et se rallier à Orsini. A
cet effet, il écrit à ce dernier, qui lui répond, vers Noël 1857, que bientôt il
entendra parler de quelque chose.

Nous trouvons encore à Londres un dernier personnage, Antoine Gomez.
Il est né à Naples, il a vingt-neuf ans. De sa vie, nous savons peu de chose.
Soldat, il cherche à ne pas se battre. Il a servi un moment dans la légion
étrangère ; mais au premier bruit de guerre, quand il s'agissait de se mettre
en campagne, il a d'abord essayé de se glisser, comme infirmier, dans un

hôpital; puis il s'est fait remplacer pour 300 francs. Il entre alors comme garçon de service à bord d'un paquebot de la Méditerranée. Le 7 mars 1855, il a été condamné à Marseille à six mois de prison pour abus de confiance : il avait détourné une caisse de marchandises qui lui avait été confiée.

En juin 1857, il va voir Pieri à Birmingham ; dans quel but ? Pieri l'a dit. Pieri a dit qu'il était le protecteur de tous les réfugiés, de quelque pays qu'ils fussent, qu'il les aidait de sa bourse et de ses recommandations. Cela est vrai jusqu'à un certain point ; mais pourquoi Pieri exerçait-il ce patronage, et pourquoi allait-on vers lui ? C'est que tous les réfugiés sentaient qu'il y avait là un chef qui pourrait leur donner des emplois dans l'armée du désordre. C'est en cette qualité que Gomez s'adressait à lui, et ce n'était pas en vain, car tout aussitôt il lui donnait une lettre pour Bernard. Mais Gomez était une nouvelle recrue ; un jour on le voit sortir d'un bureau de police et on le soupçonne ; on l'envoie à Birmingham en surveillance près de Pieri. Là, il proteste de son dévouement et de son patriotisme.

Le 6 janvier, il avait purgé sa quarantaine ; c'est alors que tous les quatre conviennent de se trouver bientôt à Paris ; chacun s'y rend de son côté. Orsini passe par Bruxelles, il y achète un cheval des guides, car il veut un cheval habitué aux détonations de l'artillerie, pour qu'au milieu de l'action et à travers les coups de feu son cavalier ne soit pas exposé à être démonté. Le cheval est conduit par un nommé Zeghers, qui est en même temps chargé d'apporter les bombes à Paris, mais sans être dans le secret de leur destination ; les bombes sont démontées, on lui remet neuf demi-bombes.

Zeghers n'a passé qu'une journée à Paris ; nous connaissons toutes ses démarches, elles sont de nature à prouver que Zeghers n'était qu'un instrument.

Orsini part seul, Rudio de même ; Gomez et Pieri partent ensemble, et ils se trouvent au rendez-vous indiqué.

Vous savez ce qu'a fait Orsini à Paris. Son cheval était arrivé ; il allait de temps en temps se promener au bois de Boulogne, recherchant les occasions de voir l'Empereur et le suivant partout. Et en rentrant d'une de ces promenades, il disait au concierge de la rue Monthabor : « J'ai rencontré l'Empereur, je l'ai approché : il n'a pas peur. » Non, l'Empereur n'a pas peur, et, quand il n'y eût eu que cela, c'était assez, ce me semble, pour toucher un homme de cœur. Quoi ! en voyant ce simple courage, ce souverain se confiant ainsi à la foi publique, à la loyauté de la France, vous ne vous êtes pas dit : « Je l'ai vu, je l'ai approché, ma main a presque touché la sienne ; ce serait » une lâcheté de profiter de sa confiance, de son courage pour l'assassiner au » milieu même de ses sujets ! » Vous dites, en effet : « Il n'a pas peur ; » mais ce n'est pas un regret, un remords, c'est une espérance, et vous dites : « Maintenant il se fie à ceux qui l'approchent, il m'appartient ; je suis presque sûr d'arriver jusqu'à lui. »

Je reprends la suite des faits.

Le 6 janvier, Pieri et Gomez partent de Birmingham et arrivent à Londres, où ils trouvent Simon Bernard ; comme toujours, Bernard est partout. Ils pénètrent avec Bernard dans le logement d'Orsini, ils y voient sur un meuble une bombe à laquelle les cheminées n'étaient pas adaptées, la sixième, sans doute, restée probablement à Londres, et dont Orsini n'a pu rendre compte.

Bernard donne à Gomez un faux passeport sous le nom de Swiney, et de l'argent ; à Pieri, il donne également un faux passeport sous le nom de Piercy. Tous deux, Gomez et Pieri, partent de Londres de grand matin et arrivent à Lille le 7. Là, Pieri quitte Gomez, pourquoi ? il faut qu'il aille à Bruxelles ; quoi faire ? Il va au café Suisse chercher le couvercle de la cinquième bombe, A Bruxelles, il voit Rosina Hartmann, son ancienne servante.

Pourquoi ? c'est ce que nous ne savons pas, c'est ce que nous aurions voulu savoir. Ce qu'il y a de certain, c'est qu'il voit la fille Hartmann ! Ce qu'il lui a dit, vous le connaissez. Il a cherché à combattre le témoignage de cette fille : il a dit qu'elle mentait.

Dans quels termes s'étaient-ils quittés, elle et lui ? en de bons termes ; la preuve, c'est qu'elle voulait rentrer à son service, et qu'il lui promettait de la reprendre, s'il revenait en Angleterre. Rosina Hartmann ne pouvait donc avoir que de bons sentiments pour lui ; elle n'a pas de raison pour le perdre. Pourquoi mentirait-elle ?

Cependant que dit Rosina quand on lui demande ce que lui a dit Pieri à Bruxelles ? elle déclare ceci. « Pieri m'a dit : Je pars ; je suis engagé dans une grande entreprise où je laisserai peut-être ma tête, » et ces paroles il les accompagnait d'un geste que je ne veux pas rappeler tant il réveille d'horribles pensées. Il ajoute : « Si je réussis, je redeviendrai major, et mes affaires iront bien. » Toujours l'intérêt personnel. Voilà ce que devient ce grand mot de patriotisme derrière lequel s'abritent tous ces meneurs politiques.

Pieri arrive à Paris ; Rudio y arrive à son tour avec les instructions de Bernard, qui lui a recommandé de voir Allsop (c'est sous ce nom qu'Orsini se cache à Paris) : « Vous vous présenterez, lui a-t-il dit, chez Allsop, vous saurez alors qui c'est ; s'il y a un tiers faites semblant de ne pas le reconnaître ; vous vous donnerez pour un marchand de bière. » Rudio arrive le 7 au soir ; il ne trouve pas Orsini : il retourne le 8 rue Monthabor. Ce que les conjurés ont fait les jours suivants, on vous l'a dit ; ils ont complété leur armement.

Vous connaissez l'histoire des pistolets résumée avec tant de précision et d'autorité par M. le président de cette cour. Accablé par l'évidence et par le raisonnement, Pieri a essayé de lutter. Mais pour qui est-il douteux que les pistolets achetés à Birmingham, chez Hollis, soient les mêmes que ceux livrés par Outrequin ? Mais il n'y a que deux revolvers chez Outrequin, et Pieri en a apporté un troisième ; ce n'est pas assez, il en faut quatre. Le jour du crime, Pieri, Rudio, Gomez auront chacun une bombe ; Orsini en aura deux ; chacun d'eux aura de plus un poignard et un pistolet revolver, dont les six coups seront chargés et amorcés. Pourquoi ce formidable armement ? Quand les bombes auront éclaté, quand les victimes tomberont de toutes parts et que le sang coulera à flots, si l'Empereur n'a pas été touché par ces mille fragments qui portent la mort autour de lui, il faudra marcher à l'ennemi ; et si Dieu veut qu'il soit resté debout au milieu de tant de victimes, on l'abordera pour achever la besogne commencée ; sa famille l'entoure, le sang ruisselle sous ses pas, les cris des mourants et des blessés remplissent l'air ; qu'importe, les conjurés ne s'arrêteront qu'après l'avoir frappé et avoir foulé aux pieds son cadavre.

Ce n'était donc pas assez de trois revolvers. M. Devismes vous a raconté l'achat du quatrième ; l'impatience de Gomez qui le réclamait, disant que son maître allait partir ; il savait pour quelle expédition ! La veille du crime, comme des assassins vulgaires, ils veulent amuser leur désœuvrement ; ils vont à je ne sais quel théâtre voir la *Berline de l'Émigré !* Quelle misère et à quoi tient le sort des empires ! N'y aurait-il pas de quoi douter de la Providence en voyant les destinées les plus précieuses, la sécurité du monde entier à la merci de pareils hommes ! Mais cette Providence, comment aussi ne pas la reconnaître et la bénir, quand elle vient dominer toute cette scène de carnage et couvrir l'Empereur de son éclatante protection !

Nous arrivons au 14 janvier. Pieri, Gomez, Rudio ne savaient pas, disent-ils, que l'empereur dût aller ce jour-là l'Opéra. Mais tout Paris le savait. Ils le savaient à merveille, et ils avaient pris leurs mesures. Aussi voyez leur activité. A onze heures ils étaient tous réunis à l'hôtel de France et Champagne. Orsini ne veut pas les perdre de vue ; il craint de n'être pas suffisamment compris et obéi ; à quatre heures, il retourne à cet hôtel. Un jour comme celui-là, on a toujours quelques nouveaux ordres à donner ; il ne trouve ni Gomez ni Pieri, mais le soir, entre six et sept heures, tout le monde est dans la rue Monthabor.

Les conjurés sortent un instant ; ils le nient, ceux-là mêmes qui en apparence font les plus grands aveux, et qui en réalité les marchandent d'une main avare. Ce qui est certain, c'est qu'à une heure que nous ne pouvons pas préciser, mais qui se rapproche de sept heures, le cantonnier Kim, ce brave homme que vous avez entendu hier, a vu devant l'Opéra, sous le vestibule qu'il préparait, au bas de l'escalier par où devait passer l'Empereur, deux hommes qu'il reconnaît : ce sont Rudio et Pieri. Ces deux hommes, a-t-il dit, ne voulaient pas sortir du vestibule ; il essaye de les chasser, ils résistent. Le cantonnier se voit obligé de les menacer de sa pelle, et ils ne se décident à se retirer que lorsqu'il parle de les faire arrêter. Si ce n'était pas Rudio, si ce n'était pas Pieri, quels pouvaient être ces hommes ? Qui donc avait intérêt à se trouver dans ce passage à pareille heure ? Pourquoi cette insistance à y rester ? C'étaient évidemment les assassins qui étaient sortis du conciliabule de la rue Monthabor, de cette caverne, pour éclairer les lieux. Rien de plus naturel, rien de plus nécessaire pour leurs desseins. A huit heures, les places sont assignées. Gomez, celui dont le courage inspire le plus de doute, est placé en avant, plus près du boulevard. Après, vient Rudio ; à côté de Rudio, Orsini ; Orsini l'animant, l'excitant de la parole et du geste. Près de l'entrée impériale, Pieri, le soldat des barricades ; et, ainsi postés, ils attendent.

Voilà ce qui s'est passé, Messieurs ; voilà comme les choses sont arrivées ; le surplus vous est connu, je ne veux pas y revenir.

La condamnation que je viens requérir, je ne veux la demander qu'à votre conscience et à votre justice, non à votre cœur, qui saigne encore au souvenir de cette fatale soirée.

Autour des accusés, il y a des enfants dont ils entendent les voix, des jeunes filles, des vieillards ; ils ne sont pas touchés, ils restent impassibles, féroces. C'est la mort, la dévastation, le carnage qu'ils vont jeter au milieu de cette foule, joyeuse comme à une fête ; rien ne les arrêtera, et ils ne s'en iront qu'après avoir jonché cette rue de cadavres noyés dans sang !

Si je vous disais le nombre des victimes, si je vous retraçais ce lugubre tableau, ces enfants, ces jeunes filles, ces femmes, ces hommes, ces vieillards, épouvantés, éperdus, frappés par le fer, et au milieu de cette dévastation, de ce carnage, ces quatre hommes, le cœur tranquille, l'œil sec, je craindrais qu'ils ne vous fissent horreur : j'aurais l'air de vouloir arracher à votre indignation la condamnation que j'attends de votre justice.

Cependant, c'est mon devoir de le dire, rien ne les a émus ; c'est froidement qu'ils ont préparé et exécuté leur crime. La voiture de l'Empereur paraît ; la première bombe est jetée par Gomez, la seconde par Rudio, la troisième par Orsini, il n'y a pas là de doute possible. Et maintenant voulez-vous savoir pourquoi il n'a pas jeté l'autre ? N'en faisons pas honneur à sa générosité : un éclat de la première bombe l'avait blessé et réduit à l'inaction ; il se retire alors du carnage. Cependant, au milieu des victimes qui se débattent sur le pavé, sous cette tente criblée de projectiles, de cette voiture brisée par les bombes, calmes et sauvés, oubliant le danger qu'ils avaient couru, ne pensant qu'à ceux qui souffraient à leurs pieds, sortent ceux qu'on a voulu tuer. Ce jour-là, le bouclier dont la Providence les protége a été visible pour tous.

N'est-ce pas, en effet, un miracle éclatant de la Providence ? Voilà Pieri, le plus ardent, le plus rapproché du vestibule impérial, reconnu par celui-là seul qui, à Paris, a gardé le souvenir de sa face ? N'est-ce pas un miracle ; voilà Orsini armé de deux bombes, il s'élance pour porter le coup le plus sûr ; il me semble que je le vois, et il est frappé au milieu de ses victimes ; il est marqué au front ; il est aveuglé par un voile sanglant que la Providence a mis devant ses yeux pour l'empêcher de compléter son crime.

Voilà, Messieurs, ce qui s'est passé ; je vous ai dit le complot, je vous ai dit l'attentat : maintenant, en présence des aveux des uns, des interrogatoires des autres, en présence des débats, est-ce qu'on pourrait hésiter ? Est-ce qu'il y aurait une place pour l'indulgence ? Quand vous remplissez un devoir aussi grave, aussi solennel ; quand la Société vous appelle à son aide et vous constitue ses représentants, ses magistrats, sans doute vous êtes libres, et dans votre indépendance vous ne devez compte de vos décisions à personne, vous ne relevez que de votre conscience et de Dieu qui, un jour, nous jugera tous. Eh bien ! regardez ces hommes qui sont devant vous, et demandez-vous si quelque chose en eux sollicite votre indulgence.

De l'indulgence, pour qui ? pour Rudio ? pour Gomez ? Ils sont jeunes, dira-t-on ! Eux, jeunes ! Est-ce qu'il sera permis de plaider cela devant vous ? Est-ce qu'ils sont jeunes ces hommes si mûrs pour le crime, à qui, pour de l'argent, on propose un assassinat, et qui acceptent ?

Mais à leur âge, n'a-t-on pas la conscience de ce qu'on fait, la responsabilité complète de ses actes. Invoquerait-on devant vous leur situation subalterne, leur misère ? Si nous nous jetons dans cette voie, où allons-nous ? La misère ; mais ce n'est pas même une excuse, quand il s'agit d'un vol inspiré par des besoins matériels ; si nous laissons la misère armer le bras des assassins politiques, la loi sera impunément violée. Il n'y a plus de répression possible. Il faut livrer la société désarmée à toutes les mauvaises passions.

Vous parlera-t-on d'entraînement ? Mais ils ont sollicité eux-mêmes l'honneur d'entrer dans le complot. Gomez, on doutait de sa fidélité et de son courage ; il a tenu à se disculper, il s'est plaint de la méfiance dont il était l'objet, il a déclaré qu'il était prêt et qu'il ne reculerait devant rien. Rudio, mais lui aussi a demandé à s'enrôler dans le complot ; il touche le prix du crime qu'il va commettre. Oui, il a tendu la main, cet enfant d'une noble famille ! il a reçu le prix du sang. C'est la plus honteuse complicité, c'est une complicité vénale,

Vous parlera-t-on de leur faiblesse. Oh ! sur ce point, il y a quelqu'un qui n'a pas hésité ; celui qui ne veut accuser personne, celui qui hier, écoutant pendant qu'ils parlaient, avait sur les lèvres son sourire sardonique, Orsini disait : « Ce ne sont pas des enfants, ils savaient à merveille ce qu'ils faisaient. »

Je termine. Il me reste deux choses à faire : il me reste à répondre au système imaginé par Pieri, à celui inventé par Orsini, cet ami de la vérité.

Pieri a eu deux systèmes : il a commencé par dire qu'il était venu à Paris pour voir un inventeur ; que celui-ci lui avait remis le 14 janvier une bombe dont il avait voulu aller faire l'essai à Montmartre. Ils s'étaient donné rendez-vous à un tir, il a attendu jusqu'à quatre heures. « Eh bien alors ? — Je me suis promené. — Avec cette bombe ? — Avec cette bombe. — Mais comment vous trouvez-vous rue Lepelletier ? — Je revenais de Montmartre, c'était mon chemin de passer par la rue Lepelletier, pour revenir de Montmartre à l'hôtel de France et Champagne. — Comment, vous avez mis quatre heures pour aller de Montmartre à la rue Lepelletier ? — Ah ! je suis allé dîner. — Où ? — Au passage du Saumon. — Avec la bombe ? — Oui. — Mais enfin, sans parler du danger, cette bombe était pesante ; vous passez devant votre hôtel, pourquoi ne la laissez-vous pas ; pourquoi ce revolver ? »

Vous comprenez que ces choses-là n'ont pas besoin de réfutation ; Pieri le comprend lui-même, il change de système ; mais il faut qu'il explique ce changement, et alors il accuse ici les procédés de l'instruction. Qu'il me soit permis de le dire, et de le proclamer bien haut, l'instruction de cette affaire a été conduite avec une grande modération, une parfaite convenance, et c'est par les moyens les plus sûrs, les plus honorables, les plus humains qu'on est arrivé à la découverte de la vérité.

Je suis donc surpris d'une telle audace. Je suis descendu moi-même dans la prison, j'ai demandé à tous ces hommes s'ils avaient quelques plaintes ou quelques réclamations à m'adresser ; ils m'ont tous répondu qu'ils n'avaient qu'à se louer des bons traitements qu'on avait pour eux. Il y en a qui ont demandé quelques tristes faveurs, qui leur ont été immédiatement accordées. Bien plus, j'ai entre les mains une lettre de Pieri lui-même, dans laquelle il rend hommage à l'humanité et aux égards de tous ceux qui l'entourent, et il dit hautement qu'il ne trouve pas dans sa situation le régime de la prison ni les souffrances du prisonnier. Écoutez :

« Conciergerie de Paris, le 20 février 1858.

« Mon cher ami,

» *P. S.* Laissez-moi vous dire que malgré la rigueur qu'on est obligé de pratiquer » avec des prisonniers d'État, j'ai toujours trouvé l'humanité, les égards et la géné-» rosité dans toutes les branches administratives. Du plus haut au plus bas, tout le » monde s'acquitte de son devoir noblement. En un mot, je ne vois *nul* part le ré-» gime des prisons ni les *suffrences* du prisonnier. »

Ce n'est donc pas la rigueur de l'instruction qui l'a contraint de modifier son système, c'est l'absurdité de son récit. Examinons le second système. Il était venu à Paris pour voir sa femme et son fils. Sa femme, vous le savez, il y a quinze ans qu'il l'a abandonnée ou plutôt qu'elle a fui devant ses mauvais traitements. Son fils! je comprends ces sentiments paternels; mais son fils, il n'a pas même cherché à le voir. Ah! pourquoi ne l'a-t-il pas vu! Peut-être ne serait-il pas sur ces bancs. La vue de son enfant eût sans doute amolli cette âme féroce, il eût pensé à l'avenir de cet enfant, à ce nom qu'il allait lui laisser flétri par un assassinat! les armes lui seraient tombées des mains.

Revenons au second système de Pieri: Orsini avait des bombes dont il était embarrassé; il craignait que la police ne fît une perquisition chez lui, il a voulu les déménager; il en a donné une à Pieri. Celui-ci est sorti avec une bombe dans sa poche; il ne savait pas où il allait; il se dirige d'un côté, puis il change; la beauté des boulevards le tente. Il s'en va par hasard rue Lepelletier où il s'est trouvé par hasard près d'Orsini, de Rudio et Gomez. Est-il quelqu'un qui puisse ajouter foi à de pareilles inventions?

Orsini aussi a un système. Sa cause est désespérée, il le sait, et cependant il hésite devant la vérité; toute l'instruction est pleine de ses aveux rétractés, renouvelés, rétractés encore.

Dans toute cette attitude, il n'y a rien d'un héros; sous ce héros évanoui, l'homme reste. Un héros fanatique saurait accepter fièrement sa défaite; il tiendrait toujours le même langage, *me me adsum qui feci*; et nous avons ici un héros qui marchande et qui reprend ses aveux. On pourrait écrire l'histoire de ses variations. Il dit: « Je n'ai pas jeté de bombe »; qu'est-ce que cela nous fait? En est-il moins coupable? n'est-ce pas lui qui a armé le bras de Gomez, de Rudio, de Pieri, assigné les places et donné le signal aux conjurés? N'est-ce pas lui qui a fait répandre le sang qui a coulé rue Lepelletier? Il espère vainement attendrir votre justice.

S'il a été aveuglé par la première des bombes qui a été lancée, si Dieu a arrêté sa main et couvert ses yeux d'un voile de sang, Dieu en soit loué! Mais Orsini n'en est pas moins coupable; seulement il croit que sa situation devant la justice en serait plus favorable, et voilà pourquoi il soutient qu'il n'a pas jeté la bombe. Mais qu'il s'explique alors; car son récit est singulièrement invraisemblable. Il a emporté les deux plus petits projectiles, parce que le maniement en était plus facile. L'un de ces projectiles a été lancé. Par qui? C'est répond Orsini, par un Italien auquel il avait donné rendez-vous à l'insu de ses autres complices. Mais comment? ils vont ensemble à l'Opéra et l'Italien n'y est pas? Orsini place de Rudio et Gomez et l'Italien n'y est pas? Il dit à de Rudio: « Jette la bombe, » et l'Italien n'y est pas? Est-ce donc après que Rudio a fait ce qui lui était commandé, et dans un intervalle de cinq ou six secondes, que cet Italien, inconnu jusqu'alors, s'est tout à coup trouvé là?

Il ne faut pas dire de pareilles choses quand on se pose en champion de la vérité; on doit tout avouer franchement, nettement, c'est ainsi qu'on sauve sa dignité.

Mais, dira-t-on, ce complot c'est l'amour de la patrie qui l'a inspiré. L'amour de la patrie, c'est le grand mot mis en avant par tous les ambitieux! Est-ce l'amour de la patrie qui fait agir Pieri?

Vous savez ce qu'a dit Pieri : il espère que ses affaires iront mieux ! L'amour de la patrie chez Rudio ? il a tendu la main, et reçu le prix du sang. L'amour de la patrie chez Gomez ? lui aussi tend la main, et dit : « Donnez-moi de l'argent. » L'amour de la patrie chez Orsini ? Oh ! Vous ne pouvez admettre une pareille excuse. Il est vrai que, dans l'antiquité, des sectes sauvages ont appelé l'assassinat à l'aide du patriotisme. Il y a eu à ce sujet des controverses fatales, mais les principes éternels de la morale ont triomphé et ces doctrines ont été flétries.

Depuis que l'Évangile est venu régénérer le monde, ces doctrines ont osé se produire de nouveau et mettre la vie des rois à la merci des partis. La mort de Henri IV a donné lieu à de semblables débats, mais cette fois encore, la doctrine de l'assassinat a reculé devant la réprobation universelle. A ce détestable principe de la souveraineté du but, je ne répondrai qu'une chose, je dirai avec Bossuet :

« Que deviendront les États si on établit de telles maximes ? Que deviendront-
» ils, encore un coup, si ce n'est une boucherie et un théâtre perpétuel et toujours
» sanglant de guerres civiles ? »

Est-ce qu'il y aurait, en effet, une société possible avec une pareille doctrine ? Quoi, ces arrêts que la justice pèse au poids du sanctuaire, il serait permis à un simple citoyen de les rendre et de les exécuter ? Quoi, il pourrait prendre son ambition déçue, ses colères fièvreuses, les rêves d'une de ses nuits agitées pour un ordre souverain qui armerait légitimement son bras ? Quoi, Verger, le prêtre assassin, aurait donc le droit de dire : « L'organisation du clergé est mauvaise en France, et je frappe le chef de mon Église ; » il ne relèverait que de la conscience ? Quoi, les noms célèbres dans les fastes du crime pourraient être lavés de leurs souillures ?

Et l'assassin vulgaire lui-même, qui se glisse dans une chambre, et qui égorge une femme pour la dépouiller, ne pourra-t-il pas dire à son tour : « Si j'ai commis un meurtre, c'est que la société est mal faite. » Où s'arrêteront ces maximes, ces tolérances ? Ce sera un droit aveugle, barbare. Eh quoi ! C'est Orsini qui vient vous dire : « Je voulais le bien de ma patrie ! » Je vous demande s'il est possible que cet homme se soit fait illusion ? A-t-il pu croire un seul instant qu'il travaillait au bonheur de sa patrie ; mais sa patrie, pantelante, épuisée, est un moment tombée entre ses mains ; qu'en ont fait ces héros ? Ce ne furent alors que troubles, désordres, meurtres, incendies, sang répandu, fusillades sans jugements, exécutions sans magistrats. Vous savez ce qui s'est passé à Rome, ce qui s'est passé à Ancône, à Livourne ? Orsini lui-même vous le disait hier ; on dut l'envoyer en toute hâte avec de pleins pouvoirs pour qu'il mît fin aux assassinats, aux troubles de toute sorte qui désolaient sa malheureuse patrie. Et l'émigration italienne, c'est encore Orsini qui nous l'apprend, elle est divisée en plusieurs sectes qui se détestent, en partis haineux et violents. Si les projets des assassins avaient réussi, savez-vous ce qui serait arrivé ?

Ces partis haineux, dont a parlé Orsini, se seraient déchirés après avoir renversé leur ennemi commun, ils se seraient fait entre eux-mêmes une guerre d'extermination.

V.   22

Il est une fable de l'antiquité qui nous offre l'image du sanglant spectacle auquel nous aurions alors assisté ; c'est l'histoire des enfants de Cadmus. Les hommes qui peuplaient la terre avaient disparu : il ne restait plus que quelques habitants épars sur sa surface désolée. Un jour la terre s'entr'ouvrit et son sein laissa sortir des hommes inconnus et armés qui se ruèrent les uns sur les autres : les enfants de Cadmus se sont dévorés. Leur histoire eût été votre histoire ; le jour où votre ennemi aurait été étendu sous vos pieds, vous aurait vus aussi vous ruer les uns sur les autres. La patrie italienne eût été la terre de Cadmus ; elle aurait bu votre sang ; elle se serait engraissée de vos dépouilles. Le passé nous permet de présager l'avenir.

Écartons ces funestes pensées, Messieurs. Le destin n'a pas secondé les projets de ces hommes ; la France et le monde ont été miraculeusement sauvés. La Providence veillait sur celui dont le courage n'avait pas désarmé le bras des meurtriers ; elle l'a préservé. Rappelons-nous, pour l'honneur du monde, le sentiment public qui a éclaté quand on a su que, du milieu de tant de ruines, et de toutes ces victimes, sans parler de celles que la mort réclame encore, l'Empereur et l'Impératrice étaient sortis sans blessures, ce ne fut de la bouche de tous, de la bouche même de ceux dont le sang s'échappait par mille plaies, ce ne fut qu'un cri unanime de : *Vive l'Empereur !* Ce cri, il a retenti non seulement d'un bout de la France à l'autre, mais dans le monde entier, tout tremblant et frémissant à la nouvelle de cet attentat ; aussi ce fut-il un *Te Deum* universel qui se fit entendre jusqu'aux limites extrêmes de la civilisation.

Un concert unanime de félicitations s'est élevé du sein de toutes les nations ; elles ont félicité l'Empereur comme on félicite un hôte qu'on aime et qu'on vénère ; on a compris que cette vie sauve, c'était le repos et le bonheur de l'Europe ;

Mais je me trompe, le salut du monde ne dépend pas de la vie d'un homme, quel qu'il soit, que ces gens le sachent. Ils resteront impuissants ; ils n'abattront pas l'ennemi qu'ils ont en vue, parce que la Providence le protége ; ils resteront impuissants parce que, le tiendraient-ils même abattu à leurs pieds, ils ne parviendraient pas à semer dans le pays le trouble, la division, la guerre civile ; ils seront impuissants, parce que l'ordre et les institutions que Napoléon III a fondés ne périraient pas. La France alarmée, mais énergique, désolée, mais comprenant sa force, se rallierait tout entière autour de l'héritier du trône ; l'Empereur peut périr, sa race et son nom ne périront pas.

PLAIDOIRIE DE Me JULES FAVRE.

Messieurs les jurés,

Je voudrais pouvoir un instant écarter de mon âme les émotions douloureuses qui l'assiégent et la dominent, pour rendre un public et sincère hommage au talent de l'orateur éminent que vous venez d'entendre ; il a longtemps illustré notre ordre où sa place est restée vide, sa personne regrettée ; il devait jeter un vif éclat sur les fonctions redoutables qu'il a acceptées, et qui em-

pruntent à sa parole un prestige rehaussant singulièrement leur autorité ; et
cependant, Messieurs les jurés, si un écueil pouvait s'offrir à lui, dans cette
cause, c'était de ne rencontrer aucun obstacle, de se trouver, dans ce lugubre
débat, sans adversaire sérieux.

Il n'avait pas en effet besoin, Messieurs les jurés, de faire devant nous cet
appel éloquent à la pitié ; cette mâle invocation au respect de la vie humaine,
pour que nous fussions comme lui saisis d'horreur au récit de la sanglante
tragédie dans laquelle tant de victimes sont tombées mutilées ! Qui de nous
n'a frémi à la peinture de cette hécatombe nouvelle offerte au fanatisme
politique ?

Avant d'entrer dans cette enceinte, tous, nous étions prêts à déplorer les
destinées de notre nation trop de fois exposée au retour de pareils forfaits.

Certes, on peut ici rencontrer des opinions différentes sur bien des choses,
et pour ma part, que M. le procureur général me permette de le dire, je
suis loin de m'incliner devant tous les principes, tous les actes, tous les hommes
qu'il défend. Je demande la permission de conserver dans mon cœur le dépôt
sacré de mes impressions et de mes croyances, mais leur symbole n'a jamais
été ni le glaive ni le poignard. Je suis de ceux qui détestent la violence, qui
condamnent la force toutes les fois qu'elle n'est pas au service du droit. Je crois
qu'une nation se régénère par les mœurs et non par le sang. — Si elle était assez
malheureuse pour tomber sous le joug d'un despote, ce n'est pas le fer d'un
assassin qui briserait sa chaîne. Les gouvernements périssent par leur propre
faute, et Dieu qui compte leurs heures dans les secrets de sa sagesse, sait préparer à ceux qui méconnaissent ses éternelles lois des catastrophes imprévues,
bien autrement terribles que l'explosion d'une machine de mort imaginée par
des conspirateurs.

Voilà ma foi, Messieurs, ma foi profonde ; et cependant, quand Orsini
m'a appelé, je ne l'ai point repoussé. J'ai senti le poids de cet horrible far-
deau. J'ai mesuré la grandeur de l'effort et sa vanité. J'ai vu se dresser
devant moi ces ombres lamentables, dont l'image m'assiége. J'ai deviné toutefois qu'un aussi grand crime ne pouvait avoir pour mobile ni la convoitise,
ni la haine, ni l'ambition. La cause d'un pareil attentat devait se trouver dans
l'égarement d'un patriotisme ardent, dans l'aspiration fiévreuse à l'indépendance de la patrie qui est le rêve de toutes les nobles âmes. J'ai dit à Orsini :
« Je condamne votre forfait, je le proclamerai bien haut ; mais vos malheurs
me touchent, votre constance à combattre les ennemis de votre pays, cette
lutte acharnée par vous entreprise, ce sacrifice de votre vie, je les comprends, ils vont à mon cœur. Italien, j'aurais voulu souffrir comme vous pour
mon pays ; m'offrir aussi en holocauste ; verser mon sang pour sa liberté,
tout, excepté ces meurtres que ma conscience réprouve. Mais vous con-
fessez votre crime, vous l'expiez, vous donnez votre tête à la loi que vous avez
violée, vous êtes prêt à mourir pour subir la peine de votre attentat à la vie
d'autrui ; eh bien ! je vous assisterai à cette heure suprême... non pour présenter une inutile défense, non pour vous glorifier, mais pour essayer de faire
luire sur votre âme immortelle qui va retourner au sein de Dieu, un rayon
de cette vérité qui peut protéger votre mémoire contre des accusations im-
méritées. »

Me voici donc, Messieurs, devant vous, non encore une fois pour excuser, mais pour expliquer le coupable entraînement auquel cet infortuné n'a pu résister. Il ne m'appartient pas, et je n'en ai pas la liberté, il ne m'appartient pas, dis-je, de faire devant vous l'œuvre de l'histoire et de rechercher les causes qui ramènent si fréquemment dans notre pays le retour de pareils actes. Mais à ce moment solennel où la société va frapper, qu'il me soit permis d'étendre, quelques instants, ma faible main sur la tête du malheureux Orsini, et d'examiner avec vous l'intérêt et le mobile de l'acte dont on demande l'expiation, et je ne désespère pas de faire pénétrer dans vos cœurs une partie des sentiments qui agitent le mien.

M. le procureur général se trompe, non, Messieurs les jurés, le crime d'Orsini n'a été dicté ni par la convoitise, ni par la haine, ni par l'ambition. Quand on a parlé de tout cela, ce n'est pas l'histoire d'Orsini qu'on nous a faite. Italien, il a lutté toute sa vie contre l'oppression de sa patrie par l'étranger. Il nous le dit, accusez-le de folie, mais ne contestez pas la loyauté de sa déclaration ; nous en avons pour caution sa vie tout entière, je n'en connais pas de plus inflexiblement logique. Il l'a usée sans partage dans une lutte énergique, incessante contre les étrangers qui foulent son pays. Il n'en pouvait être autrement, la haine de l'étranger, Messieurs les jurés, il l'a puisée au berceau, dans le lait de sa mère, dans le sang de son père.

Le père d'Orsini était capitaine dans l'armée italienne organisée par Napoléon Ier ; il a suivi nos légions jusque dans les glaces de la Russie, il a mêlé son sang au nôtre sur tous les champs de bataille, il n'a déposé les armes qu'après avoir vu tomber le dernier soldat de la cause bonapartiste qui, alors, était celle de l'indépendance.

Quand le dernier soldat de cette noble cause fut tombé, que fit-il ? Ce que plus tard a fait son fils. Après avoir mis son épée au fourreau il conspire. En 1831, on le voit attaquer le pouvoir pontifical avec d'illustres complices dont l'histoire retient les noms et dont l'un d'eux est tombé sous les balles des sbires.

Félix Orsini avait douze ans à peine quand il fut témoin de ces malheurs ; il vit la pierre du foyer domestique brisée, son père fugitif, jeté en exil, condamné à une vie errante. Et vous ne voulez pas qu'il ait senti naître en son cœur cette haine ardente, vivace, inflexible qui l'anime contre les ennemis de sa patrie. Toutes les autres passions de son âme ont cédé devant ce sentiment profond qui a été comme un flambeau auquel son cœur s'est embrasé. Il n'y a qu'un instant, M. le procureur général vous dépeignait Orsini comme un conspirateur vulgaire, ne travaillant à la chute des gouvernements que pour monter au pouvoir et s'y livrer aux enivrements des voluptés et de la puissance. Je l'ai dit, M. le procureur général n'a pas fait l'histoire d'Orsini. Je ne veux pas d'ailleurs discuter avec lui sur ce point, ni agrandir ce débat. Seulement je le lui demande : Italien, ne souffrirait-il pas du mal qui dévore l'Italie, ne sentirait-il pas le poids des chaînes de la patrie, et tous ses efforts ne seraient-ils pas employés à secouer le joug odieux de l'étranger ? Orsini l'a tenté ; sa vie entière a été consacrée à ce noble but. L'indépendance, l'unité de l'Italie a été aussi la pensée de Napoléon Ier. Pour y arriver, que fallait-il ? Briser le pouvoir temporel du pape. Telle était la croyance d'Orsini ; entraîné

par cette pensée dans un complot, il est condamné en 1845 par le gouvernement pontifical. Amnistié, on lui fait prêter le serment de ne rien entreprendre à l'avenir contre le pouvoir papal. Quoi qu'on nous en ait dit, ce n'est
pas lui qui violera son serment; il quitte les États-Romains toujours pour conspirer, mais en Toscane, contre les Autrichiens.

Les événements de 1848 éclatent. Je n'ai pas à m'expliquer ici sur ces événements ni à reprendre le récit de l'expédition de Rome, si diversement jugée
et qui a donné lieu à des débats si animés, à des événements si funestes. Je me
borne à constater l'état des esprits en ce moment. Le manifeste de Lamartine
avait fait luire l'espoir de l'indépendance en Italie, et cet espoir était salué
avec enthousiasme par beaucoup d'hommes qui tiennent aujourd'hui un tout
autre langage. L'Autriche épouvantée repliait son drapeau derrière le Tagliamento. La France tout entière applaudissait à cette délivrance. Telles étaient
nos promesses à cette époque. Le gouvernement pontifical est renversé, Orsini
n'avait pas changé, mais il n'a pas violé son serment, on ne peut l'accuser
d'avoir alors conspiré le renversement du pouvoir du pape. S'il entre dans
l'Assemblée constituante, c'est par le suffrage universel qu'il y arrive. Comment en est-il sorti? Dieu me garde, Messieurs les jurés, de laisser tomber de
mes lèvres des paroles amères ou imprudentes, mais peut-on ne pas dire que
cette assemblée, issue, comme nos institutions à cette époque, du suffrage
universel, a été renversée par l'Europe? et qui l'a dispersée? Le canon de la
France.

Alors cet homme, condamné à la vie de proscrit, chassé par la violence,
que va-t-il faire? obéira-t-il aux anciens ennemis de la patrie? Le patriotisme
du vieux soldat de l'Empire, ce patriotisme ardent que son père a allumé en
lui par ses exemples et ses malheurs, s'éteindra-t-il dans son cœur? Non, il
sera plus brûlant encore, Orsini n'aura désormais ni paix ni trêve qu'il n'ait
brisé les fers de sa patrie. Que fait-il, en effet? il conspire, il parcourt l'Italie,
réchauffe les courages, organise la résistance. En Piémont, en Toscane, à
Lucques, à Modène, partout même pensée. Arrêté à Gênes en 1853, il est mis
en liberté, mais exilé. Il traverse la Suisse et la France, et se dirige sur
Londres. En mars 1854, sous le nom de Tito Celsi, il essaye une expédition
dans le duché de Parme, il échoue; arrêté en Suisse, il échappe par miracle.
En 1855, il se rend à Vienne sous le nom d'Herwag toujours poursuivi par le
même démon, par la même folie, diront les sages du temps. Il va chercher
des soutiens, préparer des soulèvements; mais il est découvert, arrêté, chargé
de chaînes et jeté dans la citadelle de Mantoue, un véritable tombeau. Pendant
dix mois, il voit sans fléchir la mort, une mort ignominieuse, suspendue sur
sa tête. Ses juges eux-mêmes reconnaissent en secret la noblesse de son âme
et la pureté de son patriotisme. Cependant il est condamné. Mais la générosité
et le dévouement veillent près de lui. Une femme sachant qu'un jeune patriote
italien allait mourir, s'intéresse à cet infortuné... Grâce à des miracles de
tendresse, à des prodiges de divination dont les femmes seules sont capables,
des moyens de salut sont préparés, des intelligences ménagées jusque dans l'intérieur de la prison. Enfin, l'heure de la délivrance est arrivée... huit barreaux
sont sciés... Les instruments d'évasion miraculeusement fournis !!! Vous
dirai-je, Messieurs les jurés, le temps, la patience nécessaires à tous ces

efforts? Je le voudrais en vain. Orsini, à l'aide d'un lien fragile, essaye de descendre d'une hauteur de plus de 40 mètres; le lien se brise, et le fugitif tombe à demi brisé dans les fossés de la forteresse; il se traîne néanmoins et reste vingt-quatre heures dans un lac glacé où des chasseurs viennent le recueillir... Vous le voyez, Messieurs les jurés, la Providence ne voulait pas qu'il mourût... Pourquoi ne l'a-t-elle pas voulu? Mais est-ce bien à nous, faibles vermisseaux que nous sommes, qu'il appartient de l'interroger? Que savons-nous, que pouvons-nous savoir de ses desseins? Cependant le voici encore subjugué par les mêmes idées; vaincu par les entraînements de toute sa vie, le voici de nouveau précipité dans l'entreprise horrible que je condamne, mais que je viens d'expliquer.

Après ce que je viens de vous faire entendre, aurai-je besoin d'une défense ultérieure? Me faudra-t-il encore discuter des preuves et des témoignages? Ne seriez-vous pas dès à présent persuadés qu'Orsini n'a eu en vue qu'une seule chose la délivrance, l'affranchissement de sa noble et chère patrie. Encore une fois, cette pensée, ce désir ne peuvent pas excuser un pareil attentat, ni la mort de ces tristes victimes auxquelles Orsini, il vous le disait hier, voudrait pouvoir rendre la vie au prix de tout son sang, mais ils l'expliquent: des sentiments impérieux, dominateurs, ont armé son bras.

Nous-mêmes, Messieurs les jurés, n'avons-nous pas subi l'empire de ces redoutables sentiments? Parfois, dans les cabinets des rois, il arrive que leurs conseillers politiques essayent de disposer de la vie et de la puissance des nations. La nôtre a été l'objet d'une de ces tentatives dans un temps qui n'est pas encore bien loin de nous. Dans les pages récentes de notre histoire, ne rencontrons-nous pas les sanglants souvenirs de 1815? Napoléon Ier, malgré le prestige de son nom, malgré sa puissance, n'a-t-il pas été précipité du pouvoir par les nations alliées? Le gouvernement qui a remplacé le sien n'est-il pas resté impopulaire parce qu'il était imposé; n'a-t-il pas été attaqué par les conspirateurs, ne lui ont-ils pas fait une guerre incessante et acharnée, et le pays enfin n'a-t-il pas, sinon glorifié, au moins plaint les victimes tombées dans cette lutte patriotique? Eh bien! Messieurs, vous avez devant vous un Italien qui a voulu faire pour l'Italie ce qu'elles ont fait pour la France. Descendez dans son cœur, et voyez le mobile de son crime, vous ne le mépriserez pas, et surtout vous n'ajouterez pas à ce crime le sang des malheureuses victimes enveloppées dans cet horrible attentat. La responsabilité de ce sang répandu, il la portera devant Dieu, mais elle ne peut peser sur lui devant la justice des hommes; la loi le défend; pour elle, le crime, vous le savez, n'est que dans l'intention. M. le procureur général l'a compris comme nous; aussi, dans son loyal réquisitoire, s'est-il peu étendu sur ce point. Je n'en dirai donc pas davantage moi-même sur ces accusations accessoires.

Faudra-t-il parler plus longuement des réticences dans lesquelles Orsini a cru devoir envelopper ses explications, des contradictions, des dénégations contenues dans ses interrogatoires? Quoi, Messieurs, est-ce qu'il est ici douteux pour personne que cet infortuné offre sa tête en expiation de son crime? Il a nié d'abord, il est vrai, son forfait, mais en face d'accusés qui niaient comme lui; il ne voulait pas les compromettre; ils avaient nié, il les a suivis dans cette voie. Vous voulez qu'il ait eu peur? Oh non! non, vous ne le croyez pas ! Enfin, voici le jour de la justice, le jour où il se trouve en face du jury ; c'est en ce moment qu'il doit vous apporter, et qu'il vous apporte ses dernières explications. Eh bien ! dissimule-t-il, et dans ses justifications entendez-vous une seule parole de forfanterie ou de faiblesse ? Encore une fois, il avoue franchement, courageusement, et sa faute et ses desseins. Le voici donc, Messieurs, devant vous, prêt à mourir... mais désireux encore que son sang soit utile à la cause de l'indépendance italienne, il a formulé ce vœu dans un testament suprême, dans un écrit que du fond de son cachot il adresse à l'Empereur. Vous allez voir de nouveau, Messieurs les jurés, dans ce document que je dois vous lire, après en avoir obtenu la permission de celui-là même à qui il a été adressé, se révéler la pensée de toute la vie d'Orsini :

« *A S. M. Napoléon III, Empereur des Français.*

» Les dépositions que j'ai faites contre moi-même, dans le procès politique » intenté à l'occasion de l'attentat du 14 janvier, sont suffisantes pour m'envoyer à » la mort, et je la subirai sans demander grâce, tant parce que je ne m'humilierai » jamais devant celui qui a tué la liberté naissante de ma malheureuse patrie, que » parce que, dans la situation où je me trouve, la mort est pour moi un bienfait.

» Près de la fin de ma carrière, je veux néanmoins tenter un dernier effort pour » venir en aide à l'Italie, dont l'indépendance m'a fait jusqu'à ce jour braver tous » les périls, aller au-devant de tous les sacrifices. Elle fut l'objet constant de toutes » mes affections, et c'est cette dernière pensée que je veux déposer dans les der- » nières paroles que j'adresse à Votre Majesté.

» Pour maintenir l'équilibre actuel de l'Europe, il faut rendre l'Italie indépen- » dante, ou resserrer les chaînes sous lesquelles l'Autriche la tient en esclavage. » Demandé-je pour sa délivrance que le sang des Français soit répandu pour les » Italiens ? Non, je ne vais pas jusque-là. L'Italie demande que la France n'inter- » vienne pas contre elle ; elle demande que la France ne permette pas à l'Alle- » magne d'appuyer l'Autriche dans les luttes qui peut-être vont bientôt s'engager. » Or, c'est précisément ce que Votre Majesté peut faire si elle le veut. De cette » volonté, donc, dépend le bien-être ou le malheur de ma patrie, la vie ou la mort » d'une nation à qui l'Europe est en grande partie redevable de sa civilisation.

» Telle est la prière, que, de mon cachot, j'ose adresser à Votre Majesté, ne » désespérant pas que ma faible voix ne soit entendue. J'adjure Votre Majesté de » rendre à l'Italie l'indépendance que ses enfants ont perdue en 1849, par la faute » même des Français.

» Que Votre Majesté se rappelle que les Italiens, au milieu desquels était mon » père, versèrent avec joie leur sang pour Napoléon le Grand, partout où il lui plut » de les conduire, qu'elle se rappelle qu'ils lui furent fidèles jusqu'à sa chute, » qu'elle se rappelle que tant que l'Italie ne sera pas indépendante, la tranquillité » de l'Europe et celle de Votre Majesté ne seront qu'une chimère ; que Votre » Majesté ne repousse pas le vœu suprême d'un patriote sur les marches de l'écha- » faud, qu'elle délivre ma patrie, et les bénédictions de 25 millions de citoyens la » suivront dans la postérité.

» Signé : FÉLIX ORSINI.

» De la prison de Mazas, le 11 février 1858. »

Telle est, Messieurs, la dernière parole de cet homme qui se résigne à son sort. Elle est, vous le voyez, conséquente avec tous les actes de sa vie.

Cependant, je le reconnais, c'est une sorte de témérité de sa part de s'adresser à celui-là même qu'il voulait détruire comme un obstacle à la réalisation de ses desseins, mais encore une fois, toujours fidèle à la conviction, à la passion de toute sa vie, il ne veut pas que son sang versé soit inutile à son pays. Oui, Messieurs les jurés, Orsini engagé dans l'entreprise qu'il a tentée et dans laquelle il a échoué, grâce à Dieu! s'incline; il ignore, il va mourir!..... Du bord de la tombe il adresse cette solennelle prière à celui contre lequel il n'a eu aucun sentiment de haine personnelle, à celui qui fut l'ennemi de son pays, mais qui peut en être le sauveur : « Prince, vous vous glorifiez d'être sorti des entrailles du peuple, venez au secours des nationalités opprimées, secourez un peuple ami de la France, relevez le drapeau de l'indépendance italienne que votre vaillant prédécesseur avait restaurée. Prince, ne souffrez pas que cette contrée si belle, si noble, si infortunée, soit éternellement la proie des enfants du Nord qui l'étreignent, ne vous laissez pas prendre aux démonstrations hypocrites des vieilles royautés qui vous trompent. Prince, les racines de votre maison sont dans la souche révolutionnaire ; soyez assez fort pour rendre à l'Italie l'indépendance et la liberté; soyez grand et magnanime, et vous serez invulnérable. »

Voilà, Messieurs les jurés, ses paroles ; il ne m'appartient pas de les commenter, je n'en ai ni la puissance ni la liberté; mais ces paroles dernières d'Orsini vous disent clairement et la pensée et le but de son acte. J'ai fini, Messieurs, ma tâche est terminée. Vous n'aviez pas besoin des adjurations de M. le procureur général pour faire votre devoir sans passion comme sans faiblesse. Mais Dieu qui nous jugera tous, Dieu devant qui les grands de ce monde, dépouillés du cortége de leurs courtisans et de leurs flatteurs, apparaissent tels qu'ils sont, Dieu qui seul mesure l'étendue de nos fautes, la force des entraînements qui nous égarent et l'expiation qui les efface, Dieu prononcera son arrêt après le vôtre, et peut-être ne refusera-t-il pas un pardon que les hommes auront cru impossible sur la terre.

PLAIDOIRIE DE Me NOGENT SAINT-LAURENS.

Messieurs les jurés, quand je jette un regard sur la route que je dois parcourir, je me désole et je m'effraye.

Que penser ?... que faire, et que dire ?...

Ah! c'est bien vrai, la vie d'un avocat, déjà si remplie d'émotions et de fatigues, cette vie de lutte et de combat... elle a des moments d'épreuve bien cruels.

Un crime inouï est commis. La consternation se répand sur le pays comme un voile funèbre. L'indignation se soulève et monte ; le pays comme la cité, la ville comme la campagne, la maison comme la rue... tout est plein de cris de malédiction, de colère et de rage.

Eh bien ! telle est notre civilisation... Ces manifestations violentes et légitimes cesseront. On entrera dans la période du calme, du sang-froid, de l'apaisement judiciaire... et puis, à l'audience, il faudra toujours la défense. Si elle ne vient pas du choix de l'accusé, elle viendra des hauteurs de la magistrature et des prescriptions de la loi. Oui, au cynisme, au désespoir, à l'insouciance, au refus, on réserve... que dis-je?... ou impose la défense.

La défense, c'est moi pour Pieri ; je suis nommé d'office pour cela. Ainsi donc il faudra comprimer toutes mes opinions, toutes mes affections politiques ; il faudra dominer l'émotion qui me gagne au souvenir de ce pavé couvert de sang, de morts et de blessés. Je suis le soldat de la loi. L'ordre est donné, je vais à mon poste pour y faire mon devoir ; car, il faut que cet homme le sache bien, je ne fais pas assez mépris de ma situation pour me considérer ici comme une simple formalité. Je ne viens pas prêter un appui artificiel ; je donnerai tout ce que permet la sollicitude et l'humanité. Je ne veux pas m'abattre dans une pitié inutile et dangereuse, car, je suis de ceux qui crient : « La société avant tout ! » Je ne veux pas me réfugier dans une indifférence glaciale et sans générosité, car je suis de ceux qui veulent l'éternité du principe de la défense.

Je viens chercher sérieusement dans les éléments du débat où peuvent se rencontrer les éléments de discussion, où est la défense.

Ah ! je n'ai pas une grande thèse politique à soutenir. Je ne puis, traversant des abstractions et des idées générales, chercher les couleurs de la parole sous les reflets de l'inspiration. Mon rôle est ingrat ; il est terre à terre. Que m'importe, au surplus? je ne suis pas venu ici pour obéir au sentiment d'un misérable amour-propre, j'y suis venu pour aller sans faiblesse jusqu'au bout de mon devoir.

Mais c'est trop m'attarder dans des phrases préalables? Voyons, marchons en avant. Où est la défense? Dans les témoignages ! Non. Dans la qualification des faits, dans la manière dont l'accusation est posée? Peut-être... nous verrons.

La défense, elle est surtout et avant tout en lui-même ; elle est dans ses explications multipliées ; elle est dans les pièces écrites par lui et qu'il m'a remises. Je ne dédaigne rien, moi... J'ai tout écouté, j'ai tout lu, je sais tout...

Maintenant, au milieu de ces explications nombreuses, je me réserve la liberté du choix, la faculté de l'élimination. Ce droit, que je revendique, ne doit point effrayer Pieri ; il n'aura pas à s'en plaindre. L'élimination aura le mérite de mettre en relief les parties et les explications qui peuvent devenir utiles.

Pieri est devant vous ; vous êtes ses juges. A côté de l'accusation, on a fait l'examen de l'homme. L'imputation part, traverse l'espace et va le frapper en pleine probité. Il s'agit d'un vol ; quelle est la date?... 1830. Quel est le détail?... une montre engagée au mont-de-piété. Il répond : « C'est un égarement de jeunesse. Le produit de l'engagement a été jeté dans le bruit et les plaisirs. Le propriétaire de la montre a assisté à cette folle aventure. »

Est-ce vrai?... La condamnation proteste, mais voici qui est vrai. Il y a vingt-huit ans de cela. Depuis ce moment funeste, cet homme a traversé bien des événements, bien des vicissitudes. Bien des fois, il a brûlé sa vie et ses ressources au contact des agitations révolutionnaires. Bien des fois il a traversé de froides et humides périodes de misère. Jamais sa probité n'a chancelé. Ainsi, en considérant les généralités de sa vie, vous pourrez oublier ce fait survenu au milieu des passions et des ardeurs de la jeunesse.

En 1852, il a été expulsé de France. Il s'est réfugié en Angleterre.

Je franchis le temps, l'espace et j'atteins les faits. Le 8 janvier, il arrive à Paris, le 14 janvier, il est arrêté. Le voici à l'audience, étudions son système.

Ce système, il faut l'étudier rapidement, mais il faut l'étudier. La justice n'a ni dédain, ni ironie ; elle est patiente et calme... et si les invraisemblances fortuites peut-être viennent à soulever une incrédulité bruyante et regrettable au débat, la justice conserve la froideur de sa raison, la fixité de son regard pour chercher ce point souvent imperceptible qu'on appelle la vérité.

Pieri déclare qu'il a connu Orsini en Angleterre. La politique s'est mêlée à leurs entretiens. Leur rêve était une révolution en Italie. Lui, Pieri, était contraire à un attentat.

Puis il est venu en France après avoir passé par la Belgique. Le 14 janvier, Orsini, craignant une visite domiciliaire, lui a remis une bombe. Il est sorti, il a pris par la rue de la Paix, par les boulevards, il a été attiré par les illuminations de l'Opéra ; il a cru à un incendie, puis il a été arrêté.

Ce récit est-il vraisemblable ? Non. Est-il impossible ? Non. L'accusation vous a démontré l'invraisemblance, mais non pas l'impossibilité. Or, c'est une vérité vulgaire que parfois, dans ce monde, la vraisemblance n'est pas du côté de la vérité.

Contre ce système on produit deux objections : les variations de Pieri, les déclarations de ses coaccusés.

Les variations de Pieri !.... Il est vrai que dans un premier interrogatoire, qui a suivi de près son arrestation, Pieri a déclaré qu'il était venu en France pour traiter de l'achat d'une invention industrielle. La bombe saisie sur lui devait servir à des expériences.

Ce récit est absurde, dit-on ; c'est vrai. Pourquoi l'a-t-il fait?.... Pour ne nommer personne ; pour ne compromettre personne. Cette explication est très plausible, et il est de mon devoir de vous la signaler.

Les déclarations de ses coaccusés !.... Je suis humilié, car je vais dire une chose banale et vulgaire. Qu'importe, au surplus? La vérité est partout, même au coin des bornes.

Une déclaration de coaccusé n'a jamais été une preuve sérieuse ; elle n'offre aucune garantie ; elle peut être l'effet d'un ressentiment, d'une colère, d'une vengeance. Pieri vous l'a dit avec raison : si Rudio l'accuse, c'est probablement parce qu'en donnant l'adresse de son hôtel, il a été la cause involontaire de l'arrestation de Rudio.

Je place sous vos yeux, sous vos mémoires, sous vos consciences, ce système de l'accusé. Ma défense est éclectique, elle ne peut être résolue et absolue. Vous étudierez ce système et vous déciderez s'il est resté debout ou s'il a été renversé dans la lutte judiciaire.

Au-dessus du système de l'accusé, il y a l'accusation elle-même. Voyons l'accusation. Il faut la diviser ; il est accusé de complot ; il est accusé de complicité dans l'attentat.

Le complot existe-t-il ?... Le complot est un crime spécial qui a des conditions exceptionnelles. En général, la loi ne réprime que l'acte ou la tentative de l'acte matériel. En matière de complot, à raison de la gravité du but que l'on se propose, la loi a fait un pas en avant ; elle s'est portée au-devant de l'intelligence, elle a frappé les idées, les résolutions quand elles sont sensibles et périlleuses. Ainsi, le complot, c'est le crime de l'intelligence, de la volonté, de la raison. Il n'est pas sur la terre, il est dans l'air. C'est ce point noir qui menace à l'horizon, c'est un nuage qui est sur nos têtes et qui va laisser sortir la foudre et la tempête.

Le complot existe-t-il ?... J'avoue que la défense laisse échapper un cri de faiblesse. Pieri nie le complot, et je maintiens sa dénégation ; mais je ne puis la soutenir vivement. Il y a des conciliabules à Londres, il y a ce voyage en Belgique, en France ; il y a ces circonstances qui peuvent être constitutives du complot. Vous les examinerez, et la justice prononcera. (Le crime de complot n'emporte que la peine de la déportation.)

J'arrive à la complicité de l'attentat, et ici je conteste avec énergie.

Il est accusé de complicité :

En premier lieu : pour avoir donné des instructions aux auteurs du crime ;

En deuxième lieu : pour avoir procuré des armes ou des instruments, sachant qu'ils devaient servir à la perpétration de l'attentat ;

En troisième lieu : par aide et par assistance.

Le premier genre de complicité soulevé ne me semble pas soutenable. Les instructions données sont plus que des conseils. Ce sont des ordres, des provocations, c'est un véritable commandement. Cette initiative n'est pas partie de lui. Orsini la revendique ; son intelligence la lui attribue. Sur ce premier point, je n'aperçois aucune complicité.

Il est complice en procurant des armes ou des instruments.

Ceci est plus discutable.

Il a acheté des pistolets, il a rapporté de Bruxelles le couvercle d'une bombe. Vous aurez à décider s'il savait que ces objets devaient servir à un attentat contre la vie de l'Empereur. Il le nie. Quant aux pistolets, il les avait achetés en cas de révolution, pour attaquer et se défendre, mais non dans un but spécial et déterminé.

Quant au couvercle de la bombe, il affirme qu'il ignorait l'usage et la destination de ce morceau de fer qui lui a été remis à Bruxelles, au café Suisse. Il est à remarquer que l'homme qui a a apporté les bombes à Paris ignorait leur destination. Il est à remarquer que les bombes ont été fabriquées à Birmingham, chez un M. Taylor ; que Pieri habite Birmingham, et que jamais Taylor ne l'a vu ni connu. S'il apparaît qu'il est resté étranger à la fabrication, pourquoi n'aurait-il pas ignoré la destination du morceau de fer qu'il apportait à Paris ?

Ce fait que vous étudierez ne serait constitutif de la complicité qu'autant qu'il aurait eu connaissance de la destination spéciale de l'objet qu'il apportait.... Cette preuve n'est pas faite.

La troisième complicité, celle par aide et assistance.... elle n'existe pas. Où donc la trouverait-on ? Le 14 janvier, il n'a pas jeté de bombe. Ce sang, ces blessures, ces agonies, ces morts... ce n'est pas lui, ce n'est pas lui...

On me jette l'intention à la face. Ah! je vous en prie, au nom du ciel, arrêtez-vous. Lancé sur la route de la défense, je suis comme le voyageur exténué de fatigue, tremblant la fièvre, mourant de soif, couvert de sueur et de poussière..... Laissez-moi, ne fût-ce qu'une minute, qu'une seconde, laissez-moi ce repos de l'âme, ce rafraîchissement de l'esprit et du cœur... laissez-moi respirer dans ce coin de la réalité.... Il n'a tué personne! il n'a tué personne!... Ne voyez-vous pas que c'est mon cri de joie et de consolation dans cette cruelle défense?... Le débat a semblé tourner contre lui... on se dit, on se répète : « Cet homme, Pieri, c'est le moins intéressant de tous... » Ah! que l'opinion est frivole parfois... Il m'intéresse, moi, il m'intéresse parce qu'il n'a tué personne!...

Il allait commettre l'attentat ; soit, il n'a pas pu le commettre. Mais alors il n'a prêté ni concours ni assistance sur le lieu du carnage, et cette complicité doit être écartée.

J'ai cherché à réunir les éléments de la défense. J'arrive au terme de mon devoir... Et maintenant je me retourne une dernière fois vers ce sombre procès; j'échappe à la compression du devoir, et mes sentiments éclatent, mes vœux montent au ciel et vers la Providence.

Ah! c'est la prière de mon cœur, le vœu de mon âme.... Que ce procès ait son profit dans l'avenir !

Si ma faible voix pouvait être entendue, je dirais : Dans notre vieille Europe, au-dessus du droit des gens et des lois saintes de l'hospitalité, il faut qu'il y ait un grand et large sentiment public qui déjoue les complots et veille aux attentats futurs, et cela sans distinction de frontières. Ce ne sera pas la violation du droit des gens, ce sera la solidarité de la morale et de la sécurité générale.

Si ma faible voix pouvait être entendue, je dirais à quiconque peut ressentir encore les convulsions d'une pensée sauvage..... je dirais : Cessez vos préméditations cruelles. Je ne suis pas superstitieux, mais je suis spiritualiste et croyant. Je crois, oui, je crois que la barrière humaine vous arrêtera, et si par malheur elle était un instant impuissante, il y a, quand il s'agit de ces têtes augustes qui sont la destinée d'un peuple, il y a la barrière providentielle et divine... et celle-là, elle est infranchissable !

PLAIDOIRIE DE Me NICOLET.

Messieurs les jurés,

Vous avez entendu la défense, ou plutôt le testament suprême de l'accusé qui brave et appelle sa condamnation ; vous venez d'entendre celle de l'accusé qui nie toute participation à l'attentat, et qui ose se confier à ses dénégations ! Je dois maintenant vous présenter la défense de Gomez, qui n'appelle ni ne décline son sort, mais qui peut-être (laissez-moi prononcer déjà cette parole, qui est le courage du défenseur), qui peut-être n'est point indigne de toute commisération. Dès les premiers instants, Gomez a avoué sa participation au crime: il a fait ainsi sa part devant la justice, et sa défense n'est point assez mal inspirée pour lui mesurer le mérite et le bénéfice de sa franchise. Mais doit-il en demeurer écrasé, et ne lui dois-je que l'accomplissement sans espoir d'une tâche impossible? — Je ne le crois pas encore, et plus sérieusement fidèle à mon devoir, je dois examiner loyalement, soyez-en sûrs, la part de coopération qui appartient à Gomez, où, quand elle a commencé; dans quelle mesure de liberté, de réflexion, de sang-froid il l'a accomplie; après quoi vous vous demanderez si, dans le terrible verdict que vous avez à rendre, il n'y a point de place possible pour l'indulgence et la commisération.

Je prends Gomez où l'a pris M. le procureur général, en Angleterre, au mois de juin 1857. — Il a vingt-huit ans alors: emporté dans le mouvement que l'Italie croyait en 1848 être le signal de son indépendance, il a combattu dans les plaines de la Lombardie: le mouvement comprimé, il s'est engagé dans notre légion étrangère et y a bien servi, même auprès de nos soldats. — Son engagement expiré, il est entré comme domestique au service des paquebots de la Méditerranée, et là il a rencontré cette condamnation légère dont les causes attestaient déjà la faiblesse de son caractère; et alors, expulsé de France, repoussé par l'Italie, il est venu tomber, sans ressources et sans appui, au milieu de l'Angleterre, livré à l'avance au fatal embauchage de l'émigration italienne par ses précédents, son ignorance et sa misère. Là le hasard le jette sous les pas de Pieri, qui entrevoit le parti que l'on peut tirer de ce soldat de 1848. — Il est présenté à Orsini, qui lui fait compter 14 shellings par semaine, — car voilà, comme vous le disait hier une voix éloquente, voilà ce que pèse le sort des empires! — et bientôt il se trouve enchaîné par le double lien d'un bienfait et d'une influence qui ne se révèle que dans ce terrible débat.

Cependant, Messieurs, arrêtons-nous ici un moment, demandons-nous si, à cette époque, Gomez entrevoyait les desseins auxquels sa participation devait être mêlée un jour: — Je ne crains point d'affirmer le contraire. — Orsini vous esquissait hier la théorie prudente des conspirations, et certes il l'a mise en pratique devant cet auxiliaire obscur, dont il pourrait bien se réserver le bras pour l'heure suprême, mais dont il n'aurait jamais fait le dangereux confident de si dangereux secrets! — Une lettre saisie par l'information fixe d'ailleurs le sens des seules communications dont Gomez avait été jugé digne: écoutez-la, car, au moins au moment dont je parle, elle vous atteste la vérité de la défense.

« Le 13 novembre 1857.

« Mon illustre Monsieur,

» L'indifférence que j'ai remarquée chez votre illustre seigneurie le jour de son » départ, m'a tenu jusqu'aujourd'hui dans une inquiétude où je ne puis rester da- » vantage, et j'ai pris la liberté de vous adresser la présente, à seule fin de mani- » fester mon opinion. Il est pourtant vrai que le malheur qui m'est arrivé a mis » dans l'esprit de votre illustre seigneurie une certaine défiance contre moi, mais je » veux espérer que votre seigneurie, comme homme du monde, pourra se trouver. » sujet aux mêmes malheurs.

» Maintenant je viens vous expliquer clairement ce que je pense: Fils de la belle » Italie, où j'ai passé les jours les plus heureux de mon enfance, bien qu'élevé » par un père qui ne me dictait que des sentiments contraires à ceux de liberté,

» parvenu à un âge où je pouvais comprendre le droit de l'homme, je m'élançai
» dans les bras de ma patrie (en 1848) qui demandait aide et assistance à ses fils.

» J'ai combattu en fils d'Italie dans les plaines de la Lombardie pour ma patrie
» qui se trouvait en danger, et, à cause de cela, j'ai dû m'exiler pour ne pas tomber
» dans les mains des oppresseurs de la liberté.

» Faute de secours de la part de mon père, je fus forcé de prendre du service
» militaire en France, afin de pouvoir vivre en honnête homme, et j'ai souffert des
» tourments, la faim, le froid, les fatigues, les périls ; mais la force de mon courage
» m'a tout fait surmonter.

» Maintenant, je viens demander à votre très illustre seigneurie, si elle me croit
» assez capable pour mériter sa confiance, et mériter la charge que votre seigneurie
» aura à me confier ; en attendant, qu'elle sache que je suis préparé à tout événe-
» ment et à tout signe d'elle, pour me *jeter sur les ennemis oppresseurs de notre*
» *liberté*, et en même temps faire justice à ce nom que, jusqu'à ce jour, ils ont
» méprisé et calomnié.

» Monsieur Orsini, vous savez bien que je ne suis pas porté à faire les choses
» par intérêt ; ce n'est pas l'argent qui me fait parler, mais le sentiment et l'amour
» *que j'ai toujours porté, que je porte à la patrie commune.*

» Donc, si votre seigneurie concevait quelque doute à mon égard, je la prierais
» de me le faire savoir le plus tôt possible.

» Et dans l'espoir de pouvoir bientôt lui serrer la main, je le prie, si j'en suis
» digne, de m'honorer d'une réponse, en m'assurant que votre très illustre sei-
» gneurie ne m'a pas ôté la confiance qu'elle a toujours eue pour moi ; en attendant
» je suis heureux de me déclarer pour la vie,

» De votre seigneurie,

» Le dévoué serviteur,

» Antonio Gomez.

» *P. S.* — Pieri ne sait pas que je vous ai écrit, car je l'ai fait en secret. »

Si j'avais, Messieurs, le loisir de m'arrêter aux réflexions que cette lettre
inspire, j'y signalerais en passant cette loi éternelle des inégalités humaines,
si impérieuse qu'elle s'impose à ce point à ceux-mêmes qui se proclament les
apôtres de l'égalité universelle! Mais je veux en revenir seulement à cette incontestable certitude que je confie à votre conscience : à savoir qu'à ce moment
encore Gomez voyait l'Italie, et l'Italie seule comme le but des efforts et des
sacrifices auxquels son dévouement était appelé.

Cependant il hésite encore : — il se souvient ou il entrevoit que la véritable,
la seule indépendance est celle que donne le travail, et il veut la demander à
l'Amérique ; — il sollicite un passage gratuit et il l'obtient ; mais par une fatalité déplorable, le nombre des émigrants n'est point suffisant pour amener le
départ, et Gomez reste livré à la destinée qui l'entraîne ! — Cependant on l'a
vu entrer au bureau de la police ; il est dénoncé par les agents de l'émigration,
suspecté, interné à Birmingham sous la surveillance de Pieri, et il y demeure
jusqu'au 7 janvier, jour où celui-ci l'amène à Londres, lui fournit un faux
passeport, et, passant la Manche, débarque avec lui à Calais.

Qu'à ce moment Gomez pensât qu'il s'agissait simplement pour lui d'entrer
au service d'un Anglais inconnu, du nom d'Alsopp, il le dit, mais je ne le crois
pas. — Je vous dois, Messieurs, ce qui m'apparaît comme la vérité, et les nécessités de la défense ne me feront point oublier ce premier devoir. Je crois

donc que Gomez a dû, dès lors, pressentir et qu'il a pressenti la mise à exécution prochaine des projets auxquels Orsini l'avait associé ; — mais ce que je crois fermement aussi, et si je le crois, vous pouvez le croire, c'est qu'à ce moment encore, dans la pensée de Gomez, l'Italie est le seul but vers lequel on le dirige, et qu'il ne soupçonne pas la terrible halte qu'on lui prépare à Paris.

Aussi voyez ! — Arrivé à Lille, Pieri l'y laisse pour se rendre seul à Bruxelles. — Ce qu'il y va faire, ce n'est point à moi à le dire : je suis ici pour défendre, non pour accuser ! — Mais ce que je constate, c'est qu'il y va seul et qu'il n'associe point Gomez aux secrets de son voyage. — Il revient, reprend en passant son compagnon de route, et, le 8 janvier au matin, ils descendent ensemble à Paris à l'hôtel de France et de Champagne.

Là, suivez-les encore et voyez combien les circonstances recueillies par l'instruction, si futiles qu'elles soient en apparence, dénotent chez Gomez cette insouciante ignorance que je veux vous montrer jusqu'à l'heure fatale ! — A peine arrivé, Pieri se met en courses ; ses préoccupations ou ses impatiences ne sentent point le poids de la fatigue : — Gomez, au contraire, n'est point soutenu par les mêmes excitations ; il est fatigué ; il se couche, et ne se lève que vers le soir. — Depuis lors, attachons-nous à lui jour par jour et pas à pas. Le dimanche, 10 janvier, il est mené chez Orsini qui l'engage comme domestique et lui fait retenir pour quinze jours une chambre dans le voisinage. Le 11, il commence son service ; il va, sur l'ordre d'Orsini, réclamer chez Devisme le pistolet qui y a été précédemment porté pour le faire réparer ; renvoyé au lendemain, il y retourne, et, obligé d'attendre, il exhale son impatience par des plaintes qui seraient trop imprudentes s'il savait l'horrible drame dans lequel cette arme doit jouer son rôle. — Non ! non ! il ne sait rien encore, et pour lui l'heure des confidences n'est pas venue !

Arrivons enfin au terrible jour... — Ce jour même, Gomez connaît-il le complot et la part qui lui est réservée dans l'attentat ? — Non encore ! Attachons-nous à lui heure par heure, et vous croirez fermement, comme sa défense, que, si près du moment suprême, Orsini ne lui a encore rien révélé. — Sur l'ordre de son maître, il va chercher Pieri et de Rudio, mais, eux réunis, il se retire, et c'est en son absence que les pistolets sont chargés. — Plus tard, il va prendre son repas, et reçoit l'ordre d'être de retour à six heures. — A six heures il rentre, et, en attendant son maître, ce conspirateur dont vous allez apprécier tout à l'heure l'énergie et la fermeté, fume sous la porte cochère. — Orsini revient et lui donne l'ordre de préparer du vin. Il obéit et se retire encore ; mais Pieri et Rudio sont venus se réunir à Orsini : les conjurés sont au complet ; on le sonne, et alors seulement on lui révèle le coup préparé et la part qu'il y doit prendre. Orsini lui donne la bombe qui doit éclater la première, et le pistolet avec lequel Gomez, en cas de besoin, doit se défendre. — Gomez s'incline et promet d'obéir. — Comment résistera-t-il ? Il s'est livré à l'avance, et il faut qu'il dégage son imprudence par un crime !

Il est conduit sur le lieu du crime par Orsini et Pieri ; son poste lui est assigné, et Rudio, dans un simple langage, exprime d'un seul mot le caractère de sa complicité. Orsini, raconte-t-il, a dit à Gomez : « Mets-toi là, » et il s'y est mis. — Il y reste en effet sous le regard des deux chefs ; il doit lancer la première bombe au moment où arrivera la voiture de l'Empereur ; l'horrible consigne est obéie : il voit arriver la voiture, et l'instrument de mort s'échappe de ses mains...

Ah ! Messieurs, si le magnifique langage que nous entendions tout à l'heure retentit encore à vos oreilles ; si ces scènes funèbres, tracées d'une main trop puissante, sont encore présentes à vos regards ; si vous entendez encore le cri des victimes ; si vous voyez ces mares de sang humain ; si au-dessus de cette scène de désespoir et de mort vous voyez encore planer l'image de la patrie vouée aux déchirements de l'anarchie, ah ! alors, que la défense se taise et qu'elle attende avec terreur le terrible verdict qui doit s'échapper de vos cœurs indignés ! — Mais si, au contraire, plus fidèles, j'ose le dire, à votre sainte mission, vous comprenez que toute émotion, même la plus légitime, est interdite à votre justice, alors, éloignez de vos yeux ces désolantes images qui en altèrent la sûreté, comprimez les battements de votre cœur, et suivez-moi quelques instants encore...

Là, tout près, dans une salle du restaurateur Broggi, au milieu de ce désordre et de cette scène de mort, un jeune homme est assis ou plutôt affaissé sur lui-même : il n'est pas blessé ! mais la sueur inonde son front : les larmes coulent de ses yeux, et sa voix oppressée ne laisse échapper que ces paroles : « Mon maître ! mon maître ! » Quel est-il ? — Est-ce une victime ? — C'est Gomez !... Gomez éperdu ; on l'entoure, on le plaint, on le console. Que fait-il là le malheureux ? Ne voit-il donc pas ce qui l'attend ? — Le trouble universel, l'obscurité, la sympathie même dont il est l'objet, tout le favorise : il peut fuir et il reste ; il reste des heures entières continuant à appeler son maître ! Qui le retient ? — Ah ! ne voyez-vous pas que tout à l'heure, aveugle instrument du crime, il faut qu'il demeure pour devenir l'instrument éclatant des réparations que se réserve la Providence !

Après une longue attente, qui n'a point éveillé les soupçons de la police, l'œil d'un éminent magistrat a pénétré le mystère de ce trouble inexplicable : Gomez est arrêté au moment où il entend le retour triomphal de celui qui était désigné à ses coups. On l'interroge sur le maître qu'il appelle encore : il livre le secret de sa demeure en se livrant lui-même : Orsini est arrêté ; la justice marche sûrement dans les voies qu'il lui a ouvertes, et elle apprend à la France terrifiée que le crime n'est point un crime français.

Ah ! Messieurs, ne tiendrez-vous pas compte à Gomez d'un si grand service, et ne lui accorderez-vous pas le prix de cette heureuse délation ? — Certes, si elle avait été volontaire, quelque impérieux que fût mon devoir, je ne sais si j'aurais eu le courage de surmonter mes dégoûts pour implorer en faveur d'un semblable crime le bénéfice d'une semblable ignominie ! Mais elle n'a été arrachée qu'au trouble, à l'égarement, au remords, et c'est le cœur tranquille que je puis confier ce souvenir comme un titre à votre pitié.

A votre pitié, ai-je dit, Messieurs ? — Ah ! une autre pensée m'anime, et c'est peut-être à votre justice même que je puis m'adresser. — J'ai cherché à établir que la complicité de Gomez n'avait devancé le crime que de quelques instants. Dites-moi maintenant si ma défense n'emprunte point à ces circonstances dernières une démonstration puissante. — Vous avez vu Gomez dans la journée du crime, livré aux occupations les plus futiles de son existence habituelle, et vous vous êtes demandé déjà si un jeune homme qui n'est point endurci dans la pratique de tous les crimes pouvait mêler ainsi l'insouciance la plus tranquille à la pensée du plus abominable forfait. Mais maintenant, soit, je le veux ! Effacez ces souvenirs et concevez pour un instant que Gomez a été, depuis plusieurs jours déjà, initié au complot et à cette scène terrible qui devait en assurer le triomphe. — Mais alors tout a été par lui prévu, médité, préparé. — Son énergie recueillie à l'avance ne sera point anéantie devant cette scène de désolation, dont il aura envisagé froidement les terribles perspectives : sa marche sera tracée, son plan arrêté : — L'argent tout prêt pour sa fuite, son passe-port sur lui : — Toutes ses mesures prises... Non ! rien ! rien ! — L'événement qu'il aurait médité, préparé, le trouve désarmé, même du sentiment de la conservation, sans projets, comme sans force... Ah ! cela est impossible, et je ne puis comprendre Gomez qu'en me le représentant ce que je vous l'ai montré, soldat obscur pris à l'improviste pour exécuter une terrible consigne qu'il n'a pu méditer, et qu'à peine il a dû comprendre !

Et alors, Messieurs, à vous de juger ! — A vous de faire la part de chacun ! — Allez-vous faire passer sur ces quatre têtes le terrible niveau d'un verdict également impitoyable ? — La justice elle-même le veut-elle ainsi ? — J'en doute ! — La justice humaine comme la justice divine doit peser la responsabilité des actes moins encore que des intentions, et vous demanderez si vous devez traiter avec une égale inflexibilité celui qui de longue main a conçu, médité, organisé le crime, et celui qui, instrument subalterne et commandé à l'improviste, s'est laissé entraîner seulement au moment suprême, et qui s'est aussitôt retiré dans le trouble de ses douleurs et de ses remords.

Messieurs, la défense a accompli son pénible devoir : A vous maintenant d'accomplir le vôtre, et je ne désespère point qu'à côté de la justice il y ait une place dans votre verdict pour la commisération !

PLAIDOIRIE DE Me MATHIEU.

Messieurs les jurés,

Quand j'ai reçu de la confiance de la Cour la mission que je viens accomplir, je me suis demandé quels seraient mon devoir et mon rôle dans ce triste et solennel débat ; et vous devinez à quelles préoccupations, à quelles angoisses mon cœur a été livré. Elles n'ont pas cessé devant vous, et les paroles de M. le procureur général ont encore augmenté mon embarras et aggravé le danger de ma tâche. S'il faut l'en croire, en effet, la défense est impossible ; un appel à votre indulgence, à votre pitié serait un crime, et un verdict qui oserait y répondre serait un péril public.

Est-ce vrai, Messieurs, et la loi a-t-elle voulu que le défenseur qu'elle donne à l'accusé fût une sorte de comparse inutile dans ce terrible drame judiciaire, dont le dernier mot est l'échafaud ? Ah ! ce n'est pas la pensée de cette loi, humaine et clémente jusque dans ses plus extrêmes sévérités; ce n'est pas la pensée, qu'il me pardonne de le dire, de M. le procureur général lui-même.

J'en atteste son cœur et ses souvenirs.

Et pourtant que de difficultés et de périls !

Nier le crime ? l'accusé l'avoue. Nier la préméditation? il a reçu la confidence de l'attentat plusieurs jours avant qu'il fût commis ; il a participé aux faits matériels d'exécution. Nier la culpabilité ? qui l'oserait ! Et comment le pourrais-je, sans mentir à l'évidence, à la vérité, à ma conscience; sans mentir aux sentiments de regret, de repentir, de remords que m'exprimait à moi, et qu'exprimait hier, à cette audience, l'accusé que je suis chargé de défendre? Ah ! loin de nier le crime, loin d'affaiblir par un mot l'horreur qui s'y attache, je serais tenté d'oublier mon rôle et mon devoir et de m'associer aux indignations éloquentes que vous venez d'entendre dans la bouche de M. le procureur général. Et comment, en effet, ne pas le déplorer et le maudire, au nom de l'humanité qu'il a violée, au nom de l'ordre qu'il voulait détruire, au nom de la liberté qu'il déshonore, au nom de l'indépendance de l'Italie qui l'a inspiré ?

Ah ! si leur patrie n'est pas morte; si, comme Juliette, à laquelle les poëtes l'ont comparée, elle n'est qu'endormie, ce n'est point en immolant sur son tombeau des hécatombes humaines qu'ils la réveilleront; c'est comme le disait hier Orsini, par la constance et la vertu de ses enfants. Voilà, Messieurs, ce que mon cœur et ma conscience m'ont crié, comme à vous, et je me suis demandé, en effet, si une défense était possible.

Mais quand je me suis trouvé en face de cet homme de vingt-cinq ans, mari d'une femme de dix-sept ans, qui, si vous le frappez, mourra du même coup; quand j'ai songé à cet enfant de sept mois, dont il est le père et qui ne l'aura pas connu; quand j'ai pu entrer dans les intimités de sa vie et en sonder les douleurs, mon cœur s'est serré; je me suis dit que jamais une défense n'était impossible, que si de Rudio était coupable, il n'était pas indigne de pitié ; que quel que fût le crime et l'horreur légitime qu'il inspire, il fallait, avant tout, savoir quel était le criminel.

Une première considération m'a frappé, que j'abrége parce qu'elle vient de vous être soumise : c'est l'inégalité profonde des situations et des hommes qui sont devant vous. Eh quoi ! les uns ont conçu, prémédité le crime, ils ont porté cette pensée en eux durant des mois entiers, ils en ont préparé de leurs mains les moyens d'exécution avec une infernale habileté et une incroyable persévérance; les autres, choisis au dernier jour et à la dernière heure, n'ont fait que recevoir un mot d'ordre; ils ont prêté un concours plus matériel que moral; et tous seraient placés sur la même ligne et sous le même niveau; et le même châtiment les attendrait : c'est impossible ! Quoi qu'on fasse, la conscience proteste contre cette égalité inflexible qui méconnaît l'inégalité du crime. Ah ! sans doute ils ont été libres; sans doute aucune violence physique ou morale ne les a dominés à ce point qu'ils puissent se soustraire à la responsabilité de leurs actes; mais il en est de la liberté comme du crime lui-même : elle a ses degrés et ses nuances, et c'est dans leur appréciation que réside surtout l'œuvre de votre justice. Que faut-il pour cela? Interroger la vie du coupable, les conditions au milieu desquelles elle s'est développée, les influences qui ont pesé sur elle. Lui aussi, lui surtout a le droit de vous dire :

Interrogez ma vie et voyez qui je suis.

Telle est votre mission, Messieurs les jurés, telle est ma tâche et je vais remplir.

Quel est cet homme que j'ai à défendre? Comment, si jeune encore, est-il tombé dans cet abîme de misère, de malheur et de crime? Est-ce, comme vous le disait M. le procureur général, un misérable assassin vendant au poids de l'or le secours de son bras, et recevant le prix du sang qu'il va répandre? A-t-il été, dans le passé, un de ces séides dont Mazzini excite le fanatisme et stipendie le zèle? J'en demande pardon à M. le procureur général, mais rien dans les éléments de l'instruction ne lui assigne un tel rôle; en dehors des faits du procès, nul document ne le montre engagé dans un complot ou dans une conspiration. Il s'est fait payer le prix du sang! Eh quoi! parce que Bernard a visité et adouci sa misère; parce qu'un jour, au nom de l'Italie qu'il s'agissait de délivrer, on a mis dans sa main 14 schellings et un billet de chemin de fer, qui devait le conduire de Londres à Paris, il a sollicité et reçu le prix du sang! C'est impossible et personne ne croira qu'il s'est ainsi vendu!

Qu'est-il, cependant? je vais vous le dire, car il faut que vous connaissie son passé.

Sa famille est noble et ancienne. Elle est déchue, sans doute, de sa splendeur et de sa fortune passée; mais ce qui l'a abaissée, ce n'est pas le désordre, comme le dit l'acte d'accusation, c'est le malheur; et je remercie M. le procureur général de l'avoir reconnu dans sa loyauté.

Sa décadence a été rapide; et qui s'en étonnera dans nos jours agités et mobiles, où les fortunes les plus hautes croulent si vite? Qui songerait ici à lui en faire un crime, si c'est, en partie, à son attachement à la France qu'elle a dû ses malheurs.

Il y a cinquante ans, elle était encore en possession de ses honneurs, de sa considération et de ses richesses. Son aïeul était préfet à Bellune, sous le Consulat et le premier Empire; son oncle servit la France sous le drapeau d'Italie. Il suivit le prince Eugène dans cette glorieuse et triste campagne de Russie, et il y trouva la mort comme tant d'autres. Quand, à la suite de nos desastres, les traités rendirent l'Italie à l'Autriche, tous ceux qui avaient servi la France tombèrent dans l'abandon et la disgrâce, livrés aux soupçons, à la haine, aux vengeances du pouvoir nouveau. Des revers de fortune achevèrent l'œuvre de la politique, et complétèrent sa ruine. Toutefois la famille de Rudio n'avait perdu ni sa considération, ni son rang. lorsque fut contractée l'alliance à laquelle il doit la vie. A Bellune vivait la famille du comte de Domini; celle-là n'avait pas servi la France, et l'Autriche l'en avait récompensée.

Le comte de Domini était gouverneur de Bellune lorsque l'amour rapprocha ceux que la politique séparait. Hercule de Rudio fut aimé d'Élisabeth de Domini et devint son époux contre la volonté de son père. Ce fut l'union de deux misères; car en punition de sa révolte, Élisabeth fut déshéritée, et les trois enfants qui devaient naître de cette union féconde furent voués à la misère et à l'abandon.

Voilà cette famille abaissée par le malheur, je le répète, et non par le désordre. Quant à lui, quant à cet infortuné, qu'est-il devenu au milieu de ces tristes vicissitudes ! Messieurs les jurés, l'âme humaine est libre sans doute ; je le nierais en vain, ma conscience, comme la vôtre, se révolterait contre mes paroles. C'est le privilége de notre nature de distinguer le bien du mal et de choisir entre eux. C'est pour cela que nous répondons justement de nos actes, devant Dieu et la société. Mais il en est de notre âme comme de notre corps. Elle se fortifie, ou s'altère sous certaines influences ; il est pour elle aussi une atmosphère qui peut la vicier et la corrompre ; elle se forme au contact des circonstances qui l'environnent ; et j'en appelle à votre expérience du cœur et de la vie humaine, n'avons-nous pas souvent dans l'âme les vices et les vertus dont le spectacle a été sous nos yeux ? Sans doute cela ne détruit ni la liberté ni la responsabilité de l'homme ; mais comment, sans injustice, n'en pas tenir compte ; comment ne pas l'appliquer au malheureux dont la défense m'est confiée ?

Il avait quinze ans, lorsqu'en 1848, au contre-coup de février, éclata la révolution italienne.

Le crédit d'un oncle maternel lui avait ouvert le collége militaire de Milan, puis l'école des cadets ; mais il avait respiré, dès son berceau, la haine de l'étranger, l'amour de la patrie italienne... Il prit, comme il le dit, parti pour l'indépendance de son pays, et s'enrôla sous le drapeau, non de Mazzini, mais de l'homme éminent que l'émigration italienne a récemment perdu, qu'elle doit pleurer comme une de ses gloires, et en qui s'est personnifié la lutte de Venise contre l'Autriche. Qui donc ferait un crime à de Rudio de cet entraînement patriotique qui s'emparaît de lui à quinze ans ? J'oserai l'en glorifier. L'insurrection vénitienne, en effet, n'était pas une révolte contre les lois divines et humaines, c'était l'effort d'un peuple opprimé qui veut renaître à la vie ; aucun excès ne l'a souillée, et la postérité ne lui refusera pas son estime. De Rudio concourut donc à la défense de Venise ; puis, quand la lutte devint impossible, quand Venise fut forcée de se rendre, il s'enferma dans Rome.

Bientôt ce dernier boulevard de la révolution italienne fut détruit par les armes de la France ; alors il s'enfuit à l'étranger, il vécut en Suisse, puis à Gênes jusqu'en 1851, errant, comme une âme en peine, autour de sa patrie qu'il ne pouvait se résoudre à quitter. Dans l'espoir de se procurer les ressources qui lui manquaient, il s'embarqua pour l'Amérique, fit naufrage sur les côtes d'Espagne, se sauva à la nage et vécut dans la misère à Barcelone, qu'après quelques mois de séjour, il quitta pour Marseille.

Un jour, cette vie errante et misérable a pu cesser pour lui ; un jour, cela est vrai, il a pu revoir son pays et rentrer à l'école des cadets ; mais c'était à la condition de servir sous le drapeau des oppresseurs de son pays ; il ne l'a pas voulu. Qui donc oserait le lui reprocher ?

Ce n'était pas la résolution d'une âme vulgaire. D'ailleurs l'école des cadets, c'était un grade d'officier en perspective, un avenir, la gloire peut-être. Un refus, c'était l'exil et la misère. Vous savez son choix : il préféra l'exil et vint en Angleterre. Il ne l'a pas quittée jusqu'au mois de janvier dernier, jusqu'au moment où l'accusation s'empare de lui. En décembre 1855, obéissant à son cœur, espérant trouver dans les joies de la famille, un adoucissement aux amertumes de sa destinée, il a eu, faut-il le dire, la témérité d'aimer et d'épouser une pauvre fille, Elise Booth, presque une enfant ; elle a, je l'ai dit, dix-sept ans aujourd'hui, et un enfant est né de cette union. Il a vécu comme pouvait vivre un réfugié sur une terre étrangère. Il a demandé secours à son intelligence, à l'éducation qu'il avait reçue, il a donné des leçons d'italien et d'allemand. Il a trouvé dans son travail des ressources suffisantes, jusqu'au moment où la double crise que l'Angleterre traverse est venue l'atteindre et le frapper lui-même. Quand le souffle de la fortune adverse menace notre prospérité dans sa source, ce que nous retranchons d'abord de notre vie c'est le superflu. De Rudio vit ses leçons disparaître une à une ; bientôt elles lui manquèrent absolument ; et il vit pénétrer chez lui, non pas la pauvreté, mais le dénûment et la faim. Il en était venu à cette misère poignante qui lui arrache cette lettre du 29 décembre, dont l'accusation s'empare contre lui, et dont vous me pardonnerez de vous relire quelques lignes :

« ... Pour ne pas laisser mourir de faim mon pauvre enfant et ma femme, j'ai mis en gage mon unique paletot, m'enfermant chez moi jusqu'à ce que la Providence le fasse dégager ; et ce qui m'épouvante le plus, c'est que, samedi prochain, si je ne paye pas ma chambre, je serai dans la rue à mourir d'inanition (pensée lugubre et épouvantable). Ce sont là les circonstances qui actuellement m'environnent, et si, vous, cher citoyen, ne venez pas m'aider, je suis sur le point de tomber dans l'abîme des plus cruels malheurs, et je ne sais ce qu'il pourra m'arriver. Oh ! combien je suis chagriné d'un si épouvantable avenir ! Cependant, cher citoyen, je nourris encore l'espérance que, si vous le pouvez, vous viendrez m'aider de tout votre cœur. Je vous en serai toujours le même et tout à vos ordres, en quelque temps, en quelque lieu et pour quelque chose que ce soit... »

C'est là, Messieurs, c'est au milieu de ces tristes extrémités, que l'épiaient et l'attendaient ceux qui rêvent, par tous les moyens, même les plus criminels, l'indépendance de l'Italie ; ceux qui comptent sur la misère et ses funestes conseils, comme sur des auxiliaires infaillibles. C'est alors que de Rudio voit s'agiter autour de lui, prêts à solliciter son patriotisme et son désespoir, les agents de cette entreprise rivale dont parlent ses lettres ; c'est alors qu'apparaît Carlotti. De Rudio lui fait la confidence de son malheur. Carlotti lui parle d'Orsini comme d'un homme dont le cœur est généreux, et qui peut, en se servant de lui, venir en aide à sa détresse. Dans ces premières conversations, il ne fut pas question de politique. Plus tard même, quand la pensée qui s'emparait de lui se dévoile, que fit-on briller à ses yeux ? une seule chose, l'espérance de délivrer la patrie commune, et il n'était pas besoin, en effet, d'un autre mobile pour en faire un soldat dévoué. Voilà, Messieurs, ce qu'il déclare ; et ses aveux ont été si complets, leur sincérité a été si grande et si compromettante pour lui-même, que je ne vois pas comment on peut les suspecter, et lui en refuser le triste bénéfice.

Si j'y insiste, c'est que vous l'avez compris, Messieurs, c'est là un point important, capital de la cause qui m'est confiée. Plus la confidence du crime sera voisine de l'exécution, plus il aura pu s'en défendre, et plus il sera coupable de n'en avoir pas repoussé la complicité. Mais en dehors de ses aveux tout indique que la confidence du crime projeté ne lui a pas été faite à Londres. Ah ! sans doute, Orsini le déclare : « Pieri, Gomez et de Rudio ne sont » pas des enfants à séduire... ils savaient de quoi il s'agissait quant ils sont » venus en France. » Mais écoutez Gomez : que lui a-t-on proposé à lui? de s'associer aux plans qu'Orsini avait formés pour opérer un soulèvement en Italie ? Écoutez Orsini lui-même, interrogez les faits, les circonstances, et, comme moi, vous serez convaincus que c'est à Paris seulement qu'une confidence suprême a été faite. Orsini ne vous disait-il pas hier, et ne savons-nous pas à merveille qu'en pareille matière il faut se défier de tout et de tous, se défier toujours, et ne livrer son secret qu'à l'heure où la trahison paraît impossible. Eh bien ! je le demande, pourquoi aurait-on révélé à Londres, à de Rudio, le but terrible de son voyage? Il suffisait de lui montrer en perspective l'Italie et son indépendance. A Londres, que d'obstacles pouvaient l'arrêter ! Cette jeune femme... le berceau de cet enfant ne seraient-ils pas venus se placer entre lui et le crime affreux auquel il allait s'associer ? Soyez-en sûrs, toutes ces chances ont été calculées. J'ajoute une dernière preuve, matérielle et palpable pour ainsi dire : quel a été le lien entre de Rudio et les organisateurs du crime ? c'est Carlotti seul... jusqu'au moment où vous verrez apparaître Bernard. Or, que sait Carlotti? c'est l'interrogatoire d'Orsini qui va nous l'apprendre : « Pieri lui avait fait quelque ouverture, mais » je ne pense pas qu'il lui ait fait connaître la vérité tout entière. »

Donc, de Rudio n'a pu en recevoir de Carlotti la confidence.

J'abrége ce récit, Messieurs, je franchis des faits intermédiaires que le débat a retracés vivants sous vos yeux, et j'arrive au moment où, dans la soirée du 8 janvier, Bernard lui remet un billet de chemin de fer, et 14 schellings, non pour commettre le crime, non pour payer le sang à répandre, mais pour faire le voyage. Il quitte l'Angleterre et il arrive à Paris. C'est là seulement que, dans la soirée du 11, ou plutôt, malgré les indications de l'instruction, dans la matinée du 12 janvier, il reçoit la terrible confidence. Il ne s'agit pas de partir pour l'Italie..... Il faut rester à Paris..... C'est là que le coup doit se faire... Il s'agit de tuer l'Empereur... À partir de ce moment, voyez ce qui se passe, et s'il est possible de trouver en lui, aux yeux mêmes de ceux qui l'ont fait leur complice, autre chose qu'un instrument dont on redoute la faiblesse et le repentir. Jusque-là, il a vécu seul à Paris, dans je ne sais plus quel hôtel. Le 12, Pieri s'en empare, et il chambre avec lui, dans l'hôtel de France et de Champagne, où il vient remplacer Gomez. A partir de ce moment on s'attache à ses pas; on le surveille et le jour et la nuit. M. le procureur général vous montrait ces hommes, la veille du crime, demandant des distractions à je ne sais quel théâtre, comme si leur conscience n'avait pas été chargée d'un abominable projet. Ne vous y trompez pas, Messieurs les jurés, ce n'est pas une distraction qu'on offrait à de Rudio, c'est un exemple et une menace qu'on plaçait sous ses yeux. La pièce représentée n'était pas choisie au hasard : c'était la *Berline de l'Emigré*, et elle montrait, au milieu des agitations révolutionnaires, un serviteur qui trahit son maître et qui paye sa trahison de sa vie. Voilà sous quelles obsessions on le plaçait. Ah ! sans doute il n'y a eu là, je le répète, ni violence matérielle, ni violence morale absolue. Sans doute le libre arbitre n'a pas été étouffé en lui. Mais qui oserait dire que sa résolution a été spontanée, indépendante, absolument libre, enfin, et que la responsabilité n'en doit pas être atténuée?

Que pouvait-il faire? La confidence reçue avait fait de lui un complice. Fallait-il dénoncer le crime à l'autorité qu'il menaçait? Que voulez-vous, Messieurs, pour ces hommes, la pensée d'un assassinat politique a quelque chose de moins odieux et de moins flétrissant que la trahison ; et je n'ai pas le courage de regretter qu'il n'ait point été un délateur.

Mais pourquoi ne fuit-il pas? Fuir! Ah! plût au ciel qu'il en eût trouvé le courage et les moyens! Mais le pouvait-il? Il a reçu dix schellings en quittant Londres; où sont-ils? Il est à Paris seul, sans ressources ; il est réfugié et porteur d'un faux passe-port. Il ne peut y rester et y vivre sans le secours de ceux auxquels sa misère l'a livré et l'enchaîne... Quitter Paris... retourner à Londres? L'obstacle est plus insurmontable encore. Vous voyez bien qu'il est rivé au crime par la confidence qu'il en a reçue, par son dénûment et par sa misère... Hélas! un autre ennemi l'obsède encore, c'est la peur. Ne croyez pas, en effet, Messieurs, que ces secrets de mort lui aient été confiés avec cette apparente simplicité que peut faire supposer l'accusation. Je ne veux rien exagérer, et je ne prétends pas que cette chambre de la rue Monthabor ait été transformée en tribunal wehmique, et qu'on l'ait fait jurer sur la croix et sur le poignard. Mais il faut le croire, Messieurs, lorsqu'il déclare qu'on lui a fait prêter serment de garder le secret et d'obéir en aveugle, sous peine d'une vengeance terrible. Pour lui, ce n'était pas là une menace : une cruelle expérience lui avait appris combien sont implacables les haines politiques, et comment l'émigration italienne punit, non pas la trahison, mais le soupçon et le doute. Le 16 avril 1856, dans une rue de Londres, deux réfugiés tombaient sous le poignard d'un de leurs compatriotes. L'un de ces réfugiés était Ch. de Rudio ; six coups l'avaient frappé, et il ne dut la vie qu'à une sorte de miracle. Pourquoi cette violence et cette fureur? Quelques semaines auparavant, le frère de Pianori avait été saisi par la justice française, et condamné comme coupable de complot contre la vie de l'Empereur. Le crime de Rudio, c'étaient ses relations avec un réfugié suspect d'espionnage et de délation. Voilà, Messieurs, comment l'émigration italienne frappe ceux qu'elle soupçonne ; voilà en face de quel sanglant souvenir de Rudio jurait à Orsini d'obéir. Eh bien! Messieurs, faites la part de la faiblesse humaine, et demandez-vous s'il était libre.

Je ne veux pas insister sur son attitude à cette audience et sur ses aveux. Certes, j'en suis convaincu, ils n'ont été inspirés que par le désir de soulager sa conscience en disant la verité à la justice ; mais moi aussi je crains, en y arrêtant vos esprits, de paraître vous demander le prix d'une délation. Permettez-moi pourtant quelques mots sur ce point. Après avoir nié toute participation au crime, il appelle spontanément le magistrat le 23 janvier. Il fait alors des aveux sincères, complets, accusateurs contre lui-même et qui ne taisent aucune circonstance et aucun détail. Il conduit son récit jusqu'au moment où, parvenus à la hauteur du boulevard, à l'extrémité de la rue de la Paix, les accusés vont s'engager dans la route qui doit les conduire sur le théâtre du crime. A ce moment, il se sépare d'eux, traverse le boulevard, descend dans la rue Basse-du-Rempart par le premier escalier qui s'offre à lui, prend à gauche, arrive sur le pont de la Concorde, jette dans la Seine la bombe qui lui a été distribuée, et revient à l'hôtel de France et de Champagne. C'était un mensonge; mais un mensonge qui pouvait le sauver. Qui donc, en effet, l'avait aperçu rue Lepelletier? qui l'avait vu lancer un de ces instruments de mort et de carnage? Il n'a pas voulu persister dans ce système ingénieux et coupable. Dès le lendemain, sans provocation aucune, il appelait de nouveau le magistrat, et là, Messieurs, il complétait son récit; il racontait sa participation matérielle à l'attentat, et fermait ainsi toute issue à sa défense. Ne lui tiendrez-vous pas compte de la sincérité et de la spontanéité de semblables aveux?

Voilà, Messieurs, le rôle de Rudio. Sans doute le crime est énorme et les conséquences en ont été affreuses; nous savons maintenant ce que contenaient de blessures, de morts et de deuil ces terribles engins de destruction lancés sur la voie publique dans la soirée du 14 janvier. Ce forfait crie vengeance; je me trompe, il crie justice. Mais, je le demande en finissant, une part à l'indulgence est-elle impossible? Non, sans doute, et vous ne ferez pas peser sur ces quatre têtes le même niveau sanglant!

RÉSUMÉ DE M. LE PREMIER PRÉSIDENT DELANGLE.

Le terme de ce procès est arrivé. Il ne reste plus qu'à se recueillir, à rassembler les traits généraux de l'accusation et de la défense, à fixer les éléments qui doivent déterminer vos consciences et dicter votre décision.

Le 14 janvier 1858, entre huit et neuf heures du soir, trois bombes ont presque simultanément éclaté sur le passage de l'Empereur et de l'Impératrice, qui se rendaient à l'Opéra.

Ce qui en est résulté, vous le savez : la mort enveloppant la voiture de LL. MM.; l'escorte violemment dispersée; des hommes, des chevaux jetés à terre; des vieillards, des femmes, des enfants atteints de blessures nombreuses; la terre couverte de débris et de sang; de longs cris de douleur, partout l'épouvante et le désespoir.

Dans ce tumulte affreux, deux personnes seulement avaient gardé le sang-froid et la sérénité de leur esprit : c'étaient l'Empereur et sa noble compagne, montrant une fois de plus combien ils sont dignes de la hauteur du rang où la Providence les a placés.

Une seule pensée les animait, une seule recommandation sortait de leur bouche, c'était d'appeler les soins et la sollicitude des médecins sur ceux qu'avaient atteints les débris meurtriers de ces bombes.

Est-ce aux accusés que doit être imputée cette épouvantable catastrophe?

Trois d'entre eux en acceptent la responsabilité. Ils avouent que les bombes ont été lancées par eux ou par leur ordre. Un seul nie, c'est Pieri. Il soutient qu'il a été étranger à la conception, à la préparation, à la perpétration du crime.

Vous avez entendu le réquisitoire de M. le procureur général. Il vous a expliqué les circonstances au milieu desquelles le crime s'est accompli ; il vous a rappelé les bruits vagues répandus dans toute la France, et qui jetaient l'inquiétude dans les cœurs les plus résolus ; puis il a fait à grands traits la biographie de chacun des accusés. Il vous les a montrés tous dès leur jeunesse, flottants, déclassés, commençant par le désordre, et passant par le vice pour arriver au crime.

Ce serait abuser, Messieurs les jurés, de l'attention que vous avez apportée à ces débats, que de revenir sur ces détails, dont la trace est vivante dans vos esprits.

Il serait également sans intérêt de revenir sur les détails du complot et de son exécution. Vous les avez suivis avec trop de scrupule pour qu'il soit besoin d'en ranimer le souvenir.

M. le procureur général, faisant ensuite la part de chaque accusé, vous a montré Orsini nouant en Angleterre tous les fils du complot et en préparant l'exécution sans que la crainte de frapper des innocents ait ébranlé son âme.

Il vous l'a montré, présidant à la délibération de la dernière heure, distribuant à chacun les armes dont il doit se servir, assignant à chacun son poste, et quand le moment est arrivé, se servant lui-même de l'arme terrible qu'il s'est réservée. Il vous l'a montré, après son arrestation, dissimulant la vérité jusqu'à ce que les lumières de l'information rendent la dissimulation impossible ; et alors, par un dernier effort, se créant un complice inconnu, et soutenant contre toute évidence, contre toute raison, que sa main même n'a pas lancé la mort sur le passage de l'Empereur.

Dans l'opinion de M. le procureur général, la culpabilité de Pieri est aussi éclatante, aussi avérée que celle de son coaccusé Orsini. Il vous l'a montré essayant tour à tour, et tour à tour abandonnant les systèmes de défense les plus contradictoires ; se démentant lui-même à chaque pas, et, pour repousser la vérité qui l'accable, se livrant aux suppositions les plus absurdes, à des faussetés palpables, à des mensonges si apparents, qu'il est évident que, pour Pieri, le parjure n'est pas une mauvaise action, mais simplement une forme de langage.

Et en effet, Messieurs, suivez la marche de Pieri telle que l'a tracée le ministère public, et vous verrez s'évanouir jusqu'à l'ombre du doute sur la culpabilité de cet accusé.

C'est le 6 janvier 1858 qu'il quitte l'Angleterre pour venir en France, dont l'accès lui est interdit. Il est porteur d'un passe-port falsifié ; il est accompagné de Gomez.

Dans quel but vient-il en France ? Le 14 janvier, on le trouve sur le lieu de l'attentat, armé comme ceux des accusés qui avouent y être venus dans le dessein d'assassiner l'Empereur. Comme eux, il est porteur d'une bombe ; comme eux, il est porteur d'un pistolet et d'un poignard. Or, le ministère public le demande, quel autre attirail aurait-il eu si, de son aveu, il était venu là pour concourir à l'œuvre exécutée par ses complices ?

Il y a eu un moment suprême où cette exécution a été concertée et commencée : c'est le moment où les quatre accusés sont sortis ensemble de la demeure d'Orsini, rue du Monthabor. Ils étaient bien quatre ; trois d'entre eux le déclarent. Que faisait donc le quatrième, s'il n'était pas animé du même projet que les trois autres? Mais le quatrième, ce Pieri, c'est le complot venu de Londres pour se joindre à Orsini en compagnie de Gomez. On a laissé à Bruxelles un fragment de l'abominable machine! qui va le chercher? c'est Pieri. Qui charge les pistolets chez Orsini? c'est Pieri. Qui remet les armes à de Rudio? c'est Pieri. Quel doute peut exister sur sa culpabilité? S'il s'était avoué coupable, sa situation serait-elle autre que celle qui vient d'être rappelée?

Gomez et de Rudio confessent leur culpabilité. Ce sont des mercenaires engagés pour l'assassinat. Rudio déclare qu'à Londres on s'est disputé les services que peut rendre son bras. Placé entre la société de Mazzini et celle d'Orsini, il s'est associé aux projets de ce dernier, et, pour un misérable salaire, vendu au plus abominable des crimes.

Pour Orsini, Messieurs, on vous a dit que toute défense était inutile et ne pouvait être que dérisoire. On a cherché des explications du fait dans la passion inflexible qui a dominé toute sa vie, son amour ardent pour l'Italie.

Pour Pieri, on s'est demandé où était sa défense. Dans les témoignages? Ils n'offrent pas de ressources. Dans les explications personnelles de l'accusé? Elles sont invraisemblables. Dans ses antécédents? En écartant les reproches adressés à sa probité, ses opinions et ses théories n'excluent pas l'accusation.

Mais l'invraisemblance n'exclut pas la possibilité du fait. Or si, dans la première instruction, il a fait des déclarations qu'il s'est vu plus tard contraint d'abandonner, c'est que, au premier abord, il ne voulait compromettre personne, et c'est dans ce désir qu'il donnait les premières explications qui se présentaient sans prendre le temps de les peser.

Quant à ses explications nouvelles, qu'ont-elles d'inadmissible? Il est possible que les choses se soient passées comme il l'a dit. Le pistolet et le poignard, il les portait pour sa défense personnelle. De Rudio le dément! mais c'est son coaccusé; c'est sur les déclarations de Pieri qu'il a été arrêté, et l'on peut supposer qu'il est animé d'un sentiment de haine et de vengeance.

Ici se présente une nouvelle face de la défense. Pieri est accusé de complot et d'attentat. Mais le complot, où l'accusation en trouve-t-elle les éléments? Il y a eu des conciliabules à Londres; mais où est la résolution d'agir, où est la détermination suprême qui ne laisse plus de place qu'à l'exécution?

Quant à l'attentat, dit le défenseur, il n'y a pas pris part. Aussi, est-ce comme complice qu'il est poursuivi. Or, les conditions légales de la complicité, où sont-elles? Il y a contre lui des paroles, des conseils, des théories. L'envoi des pistolets à Paris? les explications qu'il a données sur ce fait peuvent être exactes; Pieri pouvait en ignorer la destination. Les bombes qui sont venues de Bruxelles? il a pu ignorer à quel usage elles étaient destinées. Il a pu ignorer ce que contenait le paquet déposé au café Suisse. Quel concours a-t-il donné à l'attentat? Aucun; car il a été arrêté avant que l'exécution en eût été commencée, au moment même où il se présentait dans la rue Lepelletier.

Tel est, Messieurs, l'ensemble des explications données dans l'intérêt de Pieri.

Ici, la loi m'impose l'obligation de fixer les éléments de la question soulevée devant vous.

Y a-t-il eu complot? Y a-t-il eu résolution d'agir? Pieri a-t-il été un des auteurs de cette machination?

Rappelez-vous, Messieurs, les explications que vous a données M. le procureur général. C'est à Londres que le projet a été formé. C'est de Londres que Pieri est parti pour venir rejoindre, à Paris, l'auteur principal du crime. Et il n'est pas venu seul; il a emmené Gomez avec lui. Le 14 janvier, entre six et sept heures, il est chez le chef du complot. Gomez et Rudio sont présents. Pieri charge les pistolets. Chacun reçoit les bombes, et tous les quatre partent, se dirigeant vers l'Opéra. Est-ce que ce départ n'a pas été précédé de la résolution suprême? Est-ce que tout n'a pas été pesé, délibéré dans cette réunion? Et, quand ils sont sur les lieux, Pieri n'est-il pas armé comme les autres, n'est-il pas évident qu'il est sorti comme eux avec la volonté d'exécuter l'assassinat?

Ainsi, en admettant que vous n'acceptiez pas les explications des coaccusés de Pieri, qu'il vous reste un doute sur leur véracité, les faits parlent plus haut que ces hommes, et disent où est la vérité. Le complot, la résolution d'agir, sont évidents comme la lumière du jour, et quant à la complicité, elle résulte de l'achat de pistolets en Angleterre, de leur envoi en France dans l'unique but de servir à l'attentat; des assassins recrutés et amenés à Paris près d'Orsini; des instructions qui leur ont été données. N'est-ce pas Pieri qui chargeait les armes en même temps qu'Orsini remettait les bombes!

Le défenseur de Gomez vous a présenté cet accusé comme un instrument passif de volontés qu'il n'a pu discuter. Il n'a su qu'au moment suprême le plan des conspirateurs, et s'il a marché avec eux au lieu assigné pour l'attentat, c'est que toute résistance, à ce moment, était devenue impossible. Le défenseur en a conclu que, si avéré et si grand que fût le crime, son auteur n'était pas indigne d'indulgence.

Vous vous demanderez, Messieurs, s'il est raisonnable, s'il est possible que les malheureux qu'Orsini et Pieri ont entraînés, soient dans une pire situation que leurs chefs? que la tête soit épargnée quand on frappe le bras?

De Rudio, a dit son défenseur, a été poussé au crime et jeté dans l'abîme par la misère plus que par la perversité. Il a cru qu'il s'agissait d'un complot relatif à l'Italie. A Paris, on l'a tenu dans une sorte de captivité, dans une surveillance qui ne lui a pas laissé le temps de réfléchir et de se repentir.

Vous pèserez, Messieurs, ces explications, en vous rappelant le jugement porté sur deux d'entre eux par l'homme qui les connaît mieux que qui que ce soit, par Orsini : « Ce ne sont pas des enfants, ils ont bien su ce qu'ils faisaient. »

Qu'on ait cherché à exciter votre pitié, il est tout simple : il n'y avait pas d'autre parti à prendre; vous aurez à voir jusqu'à quel point il en faut écouter la voix.

M. le procureur général vous a dépeint en traits de feu tous les maux s'abattant sur la France si cet exécrable projet eût reçu son exécution; il vous a fait entendre le long cri d'horreur s'élevant, non-seulement de la France, mais de l'Europe civilisée, du monde entier pour ainsi dire, et, dans un sentiment qui a trouvé un écho dans tous les cœurs, il vous a dit en termes magnifiques comment le succès même du crime n'aurait pas eu les funestes résultats qu'espéraient les conspirateurs.

Permettez-moi d'ajouter à ces observations si graves, si éloquemment exprimées, une observation que je recommande à vos consciences. Un des écrivains qui ont le plus honoré la France, un grand esprit, Pascal a dit :

« Dans un État où la puissance royale est établie, on ne pourrait violer le respect » qu'on lui doit, sans une espèce de sacrilège.

» La guerre civile, qui en est une suite, étant un des plus grands maux qu'on » puisse commettre, on ne peut assez exagérer la grandeur de cette faute.

» J'ai un aussi grand éloignement de ce crime que pour assassiner le monde et » voler sur les grands chemins. »

Il y a quelque chose de plus odieux encore. La guerre civile a sa grandeur ; le factieux y joue sa vie, visage découvert. Combien de fois, ayant à prononcer sur le sort des vaincus, le juge a senti son cœur se troubler ! Combien de fois le bras levé pour punir s'est abaissé en partie désarmé !

Mais créer des moyens de destruction inconnus, immenses, et cacher dans l'ombre la main qui va s'en armer ; se réfugier derrière des femmes, des enfants, des vieillards inoffensifs, et, derrière ce rempart vivant, semer autour de soi la désolation et la mort, poursuivre ainsi sans danger personnel l'exécution du plus grand crime dont Dieu dans sa colère puisse accabler une nation : n'est-ce pas unir la férocité à la lâcheté ? Et peut-il pour de tels forfaits y avoir dans les cœurs une ombre d'indulgence ?

Messieurs, la justice a des devoirs rigoureux à remplir. Vous savez quels ont été les résultats de l'attentat, combien de personnes ont été atteintes, combien y ont perdu la vie, combien sont sous le coup d'une mort prochaine ! Il faut s'armer de fermeté.

Le prince est un bien public que chacun doit être jaloux de conserver. Combien ce procès montre la vérité de cette maxime ! La mort de l'Empereur des Français n'était pour Orsini, vous l'avez entendu, qu'un moyen de déchaîner en France la révolution et d'amener le bouleversement de l'Italie. Montrez quel prix nous attachons à la conservation du prince dont le génie a fait la gloire et la grandeur de la France. Ce n'est pas seulement à votre justice, c'est à votre patriotisme que je m'adresse pour répondre aux questions dont je vais vous donner lecture.

M. le premier président donne ensuite lecture des questions sur lesquelles le jury va avoir à délibérer ; elles sont au nombre de 243. Le jury répond affirmativement sur 148, et négativement sur 25. Des circonstances atténuantes ont été admises en faveur de Gomez.

La Cour, après avoir délibéré sur l'application de la loi, rend un arrêt qui condamne :

Orsini, Pieri et de Rudio à la peine des parricides ;

Gomez aux travaux forcés à perpétuité.

PRÉSIDENCE DE M. LE PREMIER PRÉSIDENT TROPLONG.

Audience du 13 janvier 1858.

QUESTION

DES

REPRISES DE LA FEMME COMMUNE:

La femme commune, soit qu'elle accepte, soit qu'elle renonce, peut-elle, lorsqu'elle se trouve en concours avec des créanciers, se faire attribuer à titre de propriété ou de gage les valeurs mobilières en vertu de l'article 1477 du Code Napoléon?

Les chambres réunies de la Cour de cassation étaient saisies de l'examen de cette grave question résolue, jusque-là, par la chambre des requêtes et la chambre civile, dans l'intérêt de la femme.

CONCLUSIONS

de M. le Procureur général DUPIN.

Messieurs,

Je n'ai pas besoin, en commençant, d'insister sur l'importance de la grande question qui vous est soumise. Vous le savez, il n'y en a pas qui touche à plus de personnes et à un plus grand nombre d'intérêts : *nec ad plures, nec ad plura pertinens.*

Une doctrine pratiquée pendant plusieurs siècles, qui avait passé de notre vieux droit coutumier dans le nouveau Code civil, et s'était, il faut bien le reconnaître, incorporée aux mœurs les plus générales de la France, a été traversée récemment par une doctrine nouvelle qui suspend les liquidations à faire, inquiète celles qui sont déjà terminées, et, par l'atteinte qu'elle porte à la puissance maritale telle qu'on l'avait connue jusqu'à ce jour, jette la défiance dans les transactions et menace de troubler la paix des ménages.

Je n'ai pas voulu, en ce qui dépend de moi, retarder une solution si vivement désirée, si longtemps attendue. Nanti du dossier seulement à la fin de décembre, j'arrive à l'audience aujourd'hui avec un empressement qui me ferait accuser de témérité, si le travail consciencieux, l'immense labeur et les savantes recherches de M. le rapporteur n'avaient facilité ma tâche en l'abrégeant.

Toutefois, je l'avouerai, ce début m'est redoutable sous plus d'un rapport : rentrer dans la carrière de la discussion orale après une interruption de six années......; et, si je ne suis pas de l'avis du pourvoi, me trouver en opposition avec vos précédents arrêts, et en dissentiment avec un jurisconsulte éminent, un puissant logicien, dont j'aimerais bien mieux avoir à invoquer qu'à combattre les opinions, que de motifs, Messieurs, me rendent nécessaires l'indulgence de la Cour et sa bienveillante attention !

La prétention d'attribuer à la femme une préférence pour ses reprises en deniers a excité la verve d'un assez grand nombre d'écrivains ; des dissertations en forme ont été publiées pour et contre, et un véritable tournoi s'est établi entre les chevaliers du privilége et les champions du droit commun. Dans cette lutte, quelquefois passionnée, il s'est produit une grande variété de systèmes et d'arguments, et cela ne doit point étonner, dans une question qui éveillait à un si haut degré et d'une manière si provocante et si neuve les appétences et l'antagonisme des intérêts.

En réalité, cependant, tout peut se ramener à deux questions fondamentales : 1° Quelle est la nature des reprises mobilières de la femme? Doivent-elles s'exercer sur les biens de la communauté, à titre de propriété? ou n'est-ce qu'une créance ? — 2° Si c'est une créance, est-elle privilégiée sur l'actif de la communauté? ou sujette à contribution avec les autres dettes?

Pour arriver à la solution de ces questions, mon dessein est d'abord d'examiner l'ancien droit, parce que, suivant moi, le Code Napoléon n'ayant rien changé à cet égard aux principes de la coutume de Paris, l'interprétation qu'a reçue cette coutume s'appliquera naturellement au nouveau Code.

En second lieu, je discuterai, sous l'empire de ce Code, et le droit de propriété qu'on veut faire résulter au profit de la femme des prélèvements opérés en vertu des articles 1470 et suivants, et le privilége qu'on veut inférer, pour les créances mobilières de la femme, des dispositions de l'article 1483.

Dans toute cette discussion, Messieurs, on ne parle que des droits et priviléges de la femme ; mais on oublie trop la puissance maritale, la dignité du mariage, et les droits des tiers !

Pothier a fait un excellent traité « de la Communauté », mais il a placé en tête un traité, non moins recommandable, « de la Puissance du mari sur la personne et les biens de la femme. » Il importe avant tout de bien se fixer sur l'étendue et les limites de cette puissance.

Il y a des objets qui sont exclus de la communauté par leur nature, par exemple les immeubles de la femme ; le mari n'en a que l'administration ; des objets qui y tombent absolument, par exemple les mises des époux dans la communauté, qui en forment le premier fonds, et dont le mari a l'entière et absolue disposition : et enfin des objets qui y tombent de fait, sauf reprise ou indemnité, tels que le prix des immeubles de la femme, vendus par le mari sans qu'un emploi régulier en ait été effectué ; les créances à elle apppartenant dont le mari a reçu le remboursement ; enfin l'argent comptant ou le mobilier et les choses fongibles échues à la femme depuis le mariage, et qui ont été l'objet d'une clause de réalisation.

« Ceux-ci (ces derniers objets), dit Pothier, *Traité de la Puissance*, n° 83, ne diffèrent des biens mis en communauté qu'en ce que la femme ou ses héritiers sont créanciers de la reprise du montant desdits biens contre la communauté. Au surplus, le mari n'a pas moins le droit de disposer à son gré desdits biens, que de ceux de la communauté....

» ..... La clause de réalisation ne laisse à la femme qu'une créance pour la reprise..... »

Dans son *Traité de la Communauté*, développant le même principe, Pothier ajoute ceci sous le n° 248 :

« Le mari étant, pendant que le mariage et la communauté durent, seul maître de cette communauté, ayant le droit d'en disposer à son gré, tant pour sa part que pour celle de sa femme, sans son consentement, même de les perdre et de les dissiper, c'est une conséquence que la communauté est tenue de toutes les dettes qu'il contracte, pendant que durent le mariage et la communauté.

» Ce droit qu'a le mari de charger les biens de la communauté, tant pour la part qu'il y a que pour celle qu'y a sa femme, de toutes les dettes qu'il contracte pendant la communauté, est une suite de la qualité qu'il a de chef de la communauté, que lui donne le droit de puissance qu'il a sur sa femme ; la femme, lorsque son mari contracte, est censée, non en son propre nom, mais en sa qualité de commune, contracter et s'obliger avec lui pour sa part en la communauté, même sans qu'elle en ait rien su, et sans qu'elle puisse s'y opposer. Ce principe a lieu à l'égard de toutes les dettes que le mari contracte, pendant que dure la communauté. »

J'ai voulu, Messieurs, donner ces citations *in extenso*, parce que le principe qu'elles renferment reviendra sans cesse, et que j'en fais le pivot principal de la discussion.

En donnant au mari une puissance aussi absolue sur les biens de la communauté, et sur les propres fictifs de la femme, qui, par leur nature, y tombent accidentellement, la législation n'a pas laissé la femme sans protection et sans défense.

Le mari seul administre : mais s'il gère mal, sans attendre sa ruine et par cela seul qu'il y tourne, *si vergit ad inopiam*, si la dot mobilière de la femme est ainsi mise en péril, elle a le droit de demander la séparation de biens.

Après la dissolution de la communauté, si elle la juge mauvaise, elle peut y renoncer ; auquel cas l'actif entier, mais aussi tout le passif, restent au mari.

Enfin, même en acceptant la communauté, la loi accorde à la femme, en faisant un bon et fidèle inventaire, le bénéfice de n'être tenue des dettes de la communauté que jusqu'à concurrence des biens d'icelle contenus dans ce même inventaire, et la faculté de s'en décharger totalement en rendant compte de ces biens.

Dans tous les cas, la femme conserve le droit de reprendre ses immeubles en nature, les créances restées en son nom, le mobilier à elle échu lorsqu'il a été constaté et qu'elle peut le faire reconnaître.

Enfin, elle reste créancière du montant de ses autres reprises mobilières en deniers, pour s'en faire payer sur les biens du mari, ainsi que les autres créanciers, en vertu de son hypothèque légale et à son rang sur le prix des immeubles, et par contribution au marc le franc, sur le prix du mobilier, s'il y a insuffisance.

Voilà, Messieurs, fort en bref, mais exactement, le régime de la communauté en France sous l'ancien droit. Il n'y a pas une de ces assertions qui ne soit fondée sur le texte de la coutume de Paris, réformée en 1580; sur les meilleurs commentateurs (1), et sur la jurisprudence des arrêts.

Je ne reproduirai pas devant vous cette masse d'autorités que M. le rapporteur a pris soin de faire passer sous vos yeux ; elles sont trop présentes à vos souvenirs. Je m'arrêterai seulement sur quelques points qu'on a voulu jeter comme des nuages sur la question, afin de les dissiper.

Ici, M. le procureur général fait remarquer que c'est à tort qu'on a présenté comme dissidents Duplessis et Lebrun; les questions que ces auteurs examinent impliquent des questions de douaire, de propres, de secondes noces, et ils ne les agitent que « entre les conjoints », sans application aux tiers, « quoiqu'il n'en soit pas de même à l'égard des étrangers », dit Duplessis.

Quant à Lebrun, s'il a fait le plus gros traité sur les successions, il n'a pas fait le meilleur ; ce n'est pas un des auteurs les plus sûrs ; et Pothier, qui lui est assurément supérieur, le réfute si victorieusement pour son mot de « prélèvement sur le mari prétendu *dépositaire* », qu'il n'y a pas besoin de lui adresser d'autre réponse.

Pothier, dans son traité posthume des Successions, agite une question de contribution au payement des dettes entre l'héritier des propres et l'héritier des meubles et conquêtes, on la résout entre eux par des considérations d'équité, mais sans examiner la question en ce qui touche la contribution aux dettes entre la femme et les créanciers (2).

Pothier, dans un autre traité posthume, celui des Fiefs, rapporte des arrêts qui, en matière de droits fiscaux, ont décidé que la femme pour ses reprises

---

(1) Les principaux de ces auteurs qui attestent que la femme n'a pas de privilége et vient seulement par contribution au marc le franc, sont : Bacquet, chap. 21, n° 260 : Ferrières, sur l'art. 232 de la Cout. de Paris, et dans son Dict. de pratique, v° Dot au pays coutumier; Renusson, des Propres, chap. IV, sect. 5, n° 1 ; Bourjon, Dr. commun, n° 134 et 135 ; La Thaumassière, sur Berry, p. 135 ; Patou, sur Lille, t. I, p. 658, n° 71 et 72 ; nouveau Denizart, édit 1771, v° Dot, n° 49, p. 209, et dans l'édit de 1788, v° Dot, § 25 ; Argou, édit de B. d'Argis, liv. IV, chap. 3, p. 402 ; Merlin, Repert., v° Contribution, n° 2, etc., etc.

(2) Bien loin de là, dans son introduction à la Coutume d'Orléans, titre XX *des arrêts et exécutions*, n° 128, il dit en termes exprès : « Les priviléges que les lois romaines » donnaient aux femmes pour la restitution de leur dot sur les biens de leurs maris, » *n'ont pas lieu en pays coutumier.* »

mobilières, ne devait pas les droits de quint ou de requint sur les objets même immeubles qui lui étaient abandonnés en paiement. Mais, dit M. le procureur général, tous les auteurs ont toujours professé que les arrêts fiscaux, fondés le plus souvent sur la faveur des personnes, et l'aversion contre les droits féodaux, étaient sans influence sur l'application des règles du droit commun, et la Cour de cassation l'a jugé ainsi elle-même, *in terminis*, par arrêt du 21 janvier 1857, sur les conclusions de M. de Marnas.

« Attendu, dit l'arrêt, que s'il résulte des lois *spéciales* sur l'enregistrement que les dispositions de l'art. 883 du Code civil ne sont pas applicables dans les matières que ces lois régissent, elles reprennent tout leur empire dans les matières du *Droit commun.* »

J'ai été plus touché, dit M. le procureur général, de ce qu'on a allégué d'un arrêt de 1567, rapporté par Guy Coquille dans son Commentaire sur la coutume du Nivernais.

Mais en recourant à la source, j'ai reconnu que cet arrêt et l'opinion du judicieux commentateur de la coutume avaient été mal cités et mal compris. L'arrêt dit bien « que la femme prendrait ses propres et son douaire sans charge des dettes faites par le mari, » mais Guy Coquille, qui approuve l'arrêt, en fixe le sens en renvoyant à l'article 4 de la coutume où l'on voit qu'il s'agissait de propres immobiliers dont en effet le mari n'avait pas la disposition, et qu'il n'avait pu ni grever ni compromettre. Quant aux biens de la communauté, Coquille est bien loin de dire que sur ces biens la femme aura un privilége au préjudice des autres créanciers, car il ajoute ce qu'ont eu grand tort d'omettre ceux qui ont invoqué Coquille et l'arrêt de 1567, il ajoute : « Mais c'est à charge que la veuve fera inventaire et qu'il n'y aura de sa part ni recèlement ni fraude. »

Je ne m'en suis pas tenu là.

Sur ma vieille coutume annotée par mon père, j'ai vu en marge de ce dernier passage : *Voyez question* 114°. En effet, Coquille, dans ses Questions sur les coutumes, a développé un grand nombre de points touchés seulement dans son Commentaire. Or, à propos de l'article 14 qui permet à la femme commune de renoncer pour se décharger des dettes, voici ce que dit le judicieux Coquille :

« Cette renonciation, qui se fait selon ledit article 14, semblerait être de peu de fruit aujourd'hui, quand, selon les jugements de la Cour souveraine, qui nous servent de loi, la femme étant demeurée commune en biens avec son mari, *sinon jusques à la concurrence des meubles et conquêts ;* en sorte que quand bien elle ne renoncerait point à la communauté par déclaration expresse, les créanciers n'auraient moyen de la contraindre *outre les meubles et conquêts ;* et elle retiendrait, franc à elle, son héritage et son douaire. »

On le voit donc, cet arrêt de 1567, bien qu'antérieur à la réformation de 1580, est conforme à la jurisprudence de la coutume réformée, et qui est attestée par un grand nombre d'autres arrêts.

Entre tous, j'en veux citer un seul, celui du 2 mars 1591, rapporté par Anne Robert, célèbre avocat du XVI° siècle, parce qu'il a cela de piquant qu'on y trouve tous les mauvais arguments ressuscités dans ces derniers temps pour appuyer le privilége de la femme, et qui ont été repoussés alors comme ils doivent l'être encore aujourd'hui : tel que celui tiré de la loi *Assiduis*, qui n'atteste que les importunités à l'aide desquelles cette concession avait été obtenue : *Assiduis aditionibus mulierum inquietati sumus*, dit l'empereur Justinien, en leur accordant le privilége exorbitant de primer les créanciers même antérieurs au mariage ; disposition qui n'a jamais été admise dans nos pays coutumiers.

Tels sont encore, et l'argument qui présente le mari comme simple dépositaire des biens mobiliers de sa femme, quoiqu'il ait évidemment en le droit d'en disposer ; et cet autre argument contradictoire qui suppose au contraire que la femme possède, comme gage de ses créances, les meubles de la communauté restés, fortuitement et sans convention à ce sujet, entre ses mains après la mort du mari. Ces arguments présentés en latin pour la femme, *pro Mœvia*, dans le récit d'Anne Robert, reçoivent leur réfutation telle que nous venons de le dire dans le plaidoyer en réponse *pro creditoribus*. L'avocat de ces derniers repousse donc le privilége réclamé au nom de la femme pour ses reprises mobilières, et il la renvoie au droit commun qui, en cas d'insuffisance du mobilier, veut que la répartition se fasse au marc le franc entre les créanciers. Il eût suffi pour cela de citer l'article 179 de la coutume de Paris ; mais, suivant le goût du temps, l'avocat des créanciers allègue un passage de Sénèque, d'accord en cela avec Ulpien : *Debitor, inquit Seneca* (on rit), *si foro cesserit, portionem feram : quod Ulpianus appellat in portionem vocari.* Mais ce qui vaut mieux, l'arrêt juge d'une manière très nette que la femme commune n'a pas de privilége pour ses reprises mobilières, et qu'elle doit venir par contribution au marc le franc avec les autres créanciers.

Au surplus, cette jurisprudence, devenue de plus en plus constante, est consacrée par une foule d'autres arrêts cités par M. Rouland dans son remarquable réquisitoire, et par deux actes de notoriété du Châtelet de Paris, l'un du 10 janvier 1711, l'autre du 4 mars 1745, qui attestent catégoriquement que « la femme n'a aucun privilége sur les biens de son mari pour sa dot mobilière et autres créances résultantes de ses conventions matrimoniales, et elle est mise dans la classe des autres créanciers, pour être payée par contribution avec eux sur le montant du mobilier, et par ordre d'hypothèque sur le prix des immeubles. »

Tel est l'ancien droit, messieurs, si bien établi, que depuis la question a cessé d'être agitée et ne s'est plus renouvelée.

Voyons si le Code civil y a dérogé.

Le Code Napoléon établit deux régimes : le régime dotal et celui de la communauté ; placés en regard, mais distincts, et soigneusement définis. Y a-t-il eu quelque innovation en ce qui concerne la communauté ? Lorsque des changements ont été introduits, lorsque des questions restées indécises dans l'ancienne jurisprudence ont été résolues et tranchées par le nouveau Code, ses habiles et savants rédacteurs ont eu grand soin d'en avertir. Mais ici rien de semblable. On trouve même la preuve du contraire dans les travaux préparatoires du Code. Ainsi les Cours de Lyon et de Montpellier, influencées par l'esprit méridional du droit romain, avaient proposé un article formel pour consacrer un privilége spécial en faveur de la femme, pour la portion mobilière de sa dot ; cet article n'a point été accepté. On est resté dans les termes du droit commun, qui consacre le droit des créanciers, même vis-à-vis de la femme, sur les biens de la communauté.

Aussi M. Berlier, chargé avec Portalis et Treilhard de l'exposé officiel des motifs du titre de la communauté, dit en peu de mots : « Si la communauté est acceptée, il faudra faire une masse commune de l'actif et du passif, et, *après* l'acquittement des charges et le prélèvement réciproque des biens personnels de chacun des époux, faire le partage du surplus. »

Le tribun Duverryer (Locré, t. XIII, p. 349) s'explique avec plus de développement en disant : « La nature des biens qui composent la communauté et le mode de son administration, la puissance absolue du mari, l'incapacité absolue de la femme, donnent naissance à des droits différents : droits respectifs des époux, qui ne peuvent être sacrifiés l'un à l'autre, droits *plus respectables* des tiers, que la loi devait plus soigneusement garantir contre les intérêts communs ou personnels des deux époux. »

On est donc bien loin de vouloir accorder un privilége à la femme contre les créanciers qui doivent leurs titres à la puissance du mari.

Cela résulte encore de ce que le même orateur dit à la page 352 : « Les droits des tiers suffisamment établis, le législateur doit s'occuper des droits respectifs des époux, attribués à l'un contre l'autre, par les opérations diverses de la communauté. »

Maintenant j'ajouterai ceci : Je porte le défi à ceux qui voudront conférer les textes de la coutume de Paris avec les textes correspondants du Code civil, d'y trouver la moindre différence de rédaction qui puisse autoriser à dire que le Code a dérogé à la coutume.

Ainsi, sur la puissance du mari définie par les articles 225 et 226 de la coutume de Paris, il y a identité avec les articles 1421, 1422 et 1428 du Code civil.

Sur la faculté de renoncer, rapprochez l'article 237 de la coutume de l'article 1492 du Code, les effets sont les mêmes ; et l'article 1492 a l'avantage d'être le plus précis.

Enfin, sur le bénéfice d'inventaire consacré au profit de la femme par l'article 1483 du Code, c'est la répétition exacte de ce qui est porté dans les articles 221 et 228 de la coutume.

Ainsi le Code civil, en ce qui concerne la question qui nous occupe, n'a rien changé à l'ancien droit coutumier : donc les interprétations données à cette coutume par les anciens auteurs et les arrêts conservent toute leur autorité.

Le Code de commerce a été publié après le Code civil, et il a cet avantage qu'au lieu de placer seulement le mari et la femme en présence l'un de l'autre, comme dans le titre de la communauté, il les place en face de leurs créanciers au titre des faillites. Mais il n'en faut pas conclure qu'il déroge au Code civil, ni qu'il établisse deux régimes de communauté, en telle sorte qu'il y aurait deux sortes de femmes et deux sortes de maris. On y trouve, au contraire, la mise en action de tous nos principes de la manière la plus nette et la plus lucide. Ainsi les reprises de la femme sont les mêmes que dans le Code civil. La femme du failli reprend ses immeubles conservés en nature (art. 557) ; les immeubles régulièrement acquis en remploi des immeubles aliénés (art. 558) ; les meubles mêmes dont elle pourra faire reconnaître l'identité (560).

Quant aux reprises en deniers, la femme reste simple créancière selon le droit commun, pour être payée comme les autres créanciers et avec eux, au marc le franc sur le mobilier (art. 565), et sur le prix des immeubles, au rang de son hypothèque légale (art. 563).

C'est encore l'ancien droit auquel, je le répète, il n'y a rien eu de changé.

Ajoutons que, depuis le Code civil, quarante-huit ans se sont écoulés, et que le Code a été, sans contestation, appliqué dans le même sens que l'ancienne coutume de Paris ; et cela non-seulement en France, mais dans les pays réunis à la France qui avaient reçu notre Code civil et qui ont eu le bonheur de le conserver. Personne, ni à Bruxelles, ni à Turin, pas plus qu'à Paris, ne s'est imaginé que dans le Code civil il y avait au profit de la femme un privilége qui l'autorisât à se faire payer de ses reprises mobilières par préférence aux autres créanciers de la communauté.

Mais en 1848, époque de grande ébullition dans les esprits, de théories, d'utopies, de nouvelles idées mises en avant et qualifiées de progrès, on a vu poindre en effet des doctrines singulières, notamment en ce qui concerne les femmes. Des journaux, des écrits, des discours, ne parlaient que de l'émancipation de la femme, de sa réhabilitation ; on comparait la femme d'Orient à la femme d'Occident ; c'était aussi le temps où certaines femmes envoyaient au garde des sceaux des ambassades pour l'engager à provoquer le rétablissement du divorce comme complément de la liberté !...

Les auteurs sérieux se sont préservés de ces exagérations ; mais certainement ils en ont reçu quelque reflet. Plusieurs docteurs ont mérité ce reproche que le célèbre Duaren adressait aux novateurs de son temps, qui croyaient s'illustrer par la singularité de leurs opinions. Je n'ai jamais oublié sa phrase, ayant eu souvent occasion de la citer : *Commentis veritatem obruunt, quo aliquid paulo argutius nec ab aliis ante excogitatum in medium adduxisse videantur.* Pensée, du reste, très vivement et très judicieusement reprise par M. Gressier dans son article sur la nouvelle édition de Zachariæ (1).

L'un de ces systèmes a consisté à imaginer une fiction à l'aide de laquelle la femme qui exerçait ses reprises mobilières sur les biens de la communauté qui lui étaient donnés en paiement, prenait ces biens à titre de *propriétaire,* et non pas comme créancière.

Ainsi dans cette théorie : « La femme n'est plus seulement une créancière protégée par l'hypothèque légale ; il ne s'agit même plus pour elle d'être payée par préférence à tous les créanciers ; mais le prix de ses propres aliénés, son argent comptant, ses meubles dénaturés, vendus ou même dissipés par le mari, auront été de plein droit subrogés sur tous les biens de la communauté, même sur ceux du mari. De telle façon qu'elle prendra ces biens, meubles ou

---

(1) Dans la *Revue historique du Droit français et étranger*, décembre 1858, p. 585 : « .... Les velléités de novation présentent d'autant plus de dangers qu'elles émanent d'un » auteur plus éminent : elles entraînent des adhésions soit par l'attrait de la nouveauté, » soit parce qu'on aime à suivre l'impulsion du talent ; et l'on voit ainsi apparaître sur » les matières les plus graves des solutions inconnues du passé, imprévues hier, et qui » viennent apporter dans le monde des affaires un trouble incalculable... Les habiles » annotateurs de Zachariæ ont su éviter ce dangereux écueil.»

immeubles, à titre de propriétaire exclusif, comme s'ils avaient toujours été sa chose, son avoir personnel. » C'est une incroyable transfusion de substances les plus hétérogènes, une vraie métempsycose plus absurde que l'ancienne migration des âmes ; car on conçoit encore que plusieurs corps soient agités successivement par une même âme, mais la matière se succédant à elle-même, et se transformant ainsi d'elle-même, cela passe l'imagination ! Et cependant, à force de faire briller ce météore, on est parvenu à faire illusion même à la Cour ! et un premier arrêt a prononcé en ce sens en 1849. D'autres ont suivi depuis.

Il en est résulté un trouble profond dans les esprits : c'était, comme l'a si bien dit M. le procureur général Rouland : « Inaugurer un régime plein de périls et de défiance ! » En effet, il impliquait à la fois le passé, le présent et l'avenir. Toutes les conséquences n'étaient pas encore révélées, mais elles étaient entrevues et pressenties. L'espèce actuelle en offre déjà un exemple.

M. le procureur général analyse sommairement cette affaire. La dame Moinet s'était mariée sous le régime dotal ; on y avait ajouté la stipulation d'une société d'acquêts.

M. Moinet est mort insolvable, laissant seulement sa charge de notaire. Son fils a accepté, sous bénéfice d'inventaire. La veuve, ne voyant aucun avantage à revendiquer cette société vide d'acquêts, y a renoncé. Elle a exercé ses reprises en nature, une maison, une ferme, quelques rentes, son argenterie, et n'est plus restée créancière que de ses reprises en deniers.

Alors elle a imaginé de se prévaloir de la doctrine nouvelle et tenté de se faire attribuer par privilége le prix de la charge, à l'exclusion de tous les créanciers de son mari.

L'héritier bénéficiaire a refusé de la payer au préjudice des créanciers opposants, et l'arrêt aujourd'hui attaqué l'a renvoyé à se faire payer seulement au marc le franc avec les autres créanciers.

Ainsi, voilà une femme dotale qui, même à ce titre, et pour sa dot mobilière, n'a pas de privilége (tout le monde en convient pour la femme dotale), et elle veut se servir d'une société d'acquêts qui n'a existé qu'en projet, et qui s'est évanouie par sa renonciation, pour réclamer le privilége que la nouvelle théorie accorde à la femme commune ! De telle façon que le régime réputé le plus faible viendrait en aide au régime jusqu'ici considéré avec raison comme le plus fort, en faisant chevaucher un régime sur l'autre, et en les faussant tous les deux ! S'il ne s'agissait que d'un arrêt d'espèce dans le cas de renonciation, c'en serait bien assez pour motiver le rejet, et nous pourrions nous arrêter ici.

Mais la question, surtout à cause des motifs donnés par l'arrêt attaqué, dont plusieurs sont erronés pour le cas où la femme accepte la communauté, me semble exiger un examen plus complet, une solution plus générale.

Je la pose ainsi : 1° La femme commune, soit qu'elle accepte, soit qu'elle renonce, prélève-t-elle ses reprises mobilières à titre de propriétaire des objets qu'elle prend en paiement, ou seulement à titre de créancière ? 2° Et, dans ce dernier cas, peut-elle exercer ses reprises par privilége, ou venir seulement par contribution sur le prix des meubles, et par ordre d'hypothèque sur les immeubles ?

Ceux qui soutiennent la question au point de vue de la propriété invoquent les articles 1470 et suivants sur les prélèvements ; les autres font résulter ce privilége du sens restrictif qu'ils donnent au mot « émolument » employé dans l'article 1483.

En ce qui touche les prélèvements, le mémoire du demandeur en cassation affirme que « si le partage suppose la propriété de ce qu'on partage, le prélèvement suppose aussi la propriété de ce qu'on prélève, sur ce qu'il appelle la masse *indivise*, » en y comprenant tout pour faire la moitié de la femme plus forte. Mais en cela le demandeur se trompe, et sur le caractère qu'il donne à tous les prélèvements indistinctement, et sur ce qu'il appelle la masse indivise.

M. le procureur général fait d'abord remarquer que le mot « prélèvement » en soi n'implique rien sur le fond de la question. Ce mot est employé indistinctement et dans la même phrase, pour le mari aussi bien que pour la femme, dans les articles 1433, 1435 et 1436 ; il est également employé dans le partage des successions pour les créances des héritiers (art. 831), et la même expression se retrouve dans la liquidation des sociétés (Delangle, *Traité des Sociétés*, tome II, n° 6956).

Ensuite, l'expression de masse indivise, employée par le demandeur, est inexacte. L'article 1488 parle correctement en disant : « La masse des biens existants. » En effet, avant d'arriver au partage, il faut opérer des rapports, dresser les comptes, indiquer les prélèvements, et tour à tour enfler la masse brute ou la réduire avant d'arriver aux abandonnements.

La masse, à son origine, comprend donc à la fois les biens propres des époux existant en nature, et les biens de la communauté. Or, les biens propres et existant en nature sont distraits, ou, si l'on veut, prélevés, non point parce qu'ils sont indivis, mais précisément parce qu'ils ne le sont pas. Il faut bien prélever ce qu'on ne partage pas.

Mais c'est ici précisément qu'il faut distinguer ce que le demandeur a le plus grand soin de confondre : les prélèvements en nature et les prélèvements qui ne constituent que de simples créances.

Ainsi, je le reconnais parfaitement, la femme reprend en nature : 1° les immeubles non aliénés ; 2° les immeubles dont elle a accepté le remploi ; 3° les meubles restés en nature qu'elle peut faire reconnaître ; 4° les titres de créances restés en son nom.

Elle reprend tout cela comme propriétaire, oui, parce que ce sont des corps certains ; qu'il n'existe point d'intermédiaire entre elle et ces corps certains, et qu'elle peut, en face de chacun d'eux, prononcer la formule solennelle de la revendication : *Aio hanc rem esse meam.*

Mais pour le surplus de ses reprises, telles que l'argent touché par le mari et qu'il a dépensé, les objets fongibles qu'il a consommés, les meubles qu'il a dénaturés, transformés, encore bien que la femme soit propriétaire du droit d'en réclamer la valeur, le prix, et qu'elle ait une action pour en exiger le paiement ; ici, et pour cette seconde classe de répétitions, elle n'agit plus que comme créancière de la communauté, et, subsidiairement, de son mari. Il ne faut donc pas confondre l'action en paiement dont elle est propriétaire, avec les objets qui pourront, par suite de la liquidation, lui être donnés en paiement ; car ces objets ne deviendront pas sa propriété *ab initio*, puisque le principe de son action est une créance mobilière ; ils ne deviendront sa propriété qu'autant qu'ils lui seront attribués dans l'opération même.

Or, cette opération voyons comment elle se fait :

Tous ceux qui revendiquent pour la femme le droit de propriété supposent toujours, par la pensée, la liquidation opérée comme par un coup de baguette ; ils supposent la femme investie en fait de la moitié de la masse brute et en possession de tous ses prélèvements exécutés, attendant, comme dans un fort, l'action des tiers, dont il n'a pas encore été question.

Ne perdons pas de vue qu'il ne s'agit que des reprises mobilières, pour argent, meubles dénaturés, prix d'un immeuble de la femme vendu avec son consentement. Comment va-t-on liquider ?

Il faut d'abord faire deux suppositions :

1° Ou la femme est en présence seulement des héritiers de son mari, en l'absence de tout contradicteur étranger ;

2° Ou il y a des créanciers opposants ou intervenants.

Au premier cas, la femme et les héritiers du mari sont-ils d'accord, tout s'exécutera, ou dans l'ordre fixé par l'article 1471, ou de toute autre manière qui leur conviendra mieux, soit en prélevant, soit en précomptant ou en compensant, et en partageant comme bon leur semblera. « Tout passe, s'il n'est contredit. »

Mais au second cas, s'ils ne sont pas d'accord, si la femme, créancière de la valeur d'un de ses immeubles aliénés, et qui a droit au prix (article 1470), avec les intérêts (1473), ne veut pas accepter en paiement du prix de sa ferme une galerie de tableaux, d'une possession gênante et d'une valeur douteuse et, d'ailleurs, improductive ; si, à la place du prix d'une ferme qu'elle a vendue, et qui lui donnait un revenu facile et régulier, on veut lui donner une usine embarrassante, qui exige, pour la faire marcher, des connaissances et des capitaux qu'elle n'a pas, n'est-il pas évident qu'on ne pourra pas la forcer à accepter ces objets en paiement ? Cependant, si elle était propriétaire, comme on le soutient, si elle se payait avec sa chose, comme on le prétend, elle n'aurait pas le droit de refuser, et les héritiers la forceraient bien d'accepter. Mais comment, lorsque, du vivant du mari, l'immeuble même acheté au nom de la femme et payé de ses deniers, ne pouvait pas lui être imposé à titre de remploi, si elle ne l'avait formellement accepté (art. 1435) ; comment les héritiers du mari, après sa mort, pourraient-ils la contraindre à prendre, parce que cela leur convient, un immeuble qu'elle ne veut pas accepter ?

Dans ce cas, évidemment, la femme retombe dans le droit commun de tout créancier, qui est de faire saisir et vendre les biens de la communauté débitrice, et ceux du mari, débiteur subsidiaire, pour se faire payer de sa créance en deniers, la seule chose qui soit *in obligatione*, en refusant des objets qui ne sont que *in facultate solutionis* et subordonnés à son acceptation.

Je dis tout cela en l'absence des tiers. Que sera-ce donc s'il y a des créanciers opposants aux scellés, à l'inventaire, à la liquidation, au partage ? Car ils ont tous ce droit-là. Que leur opposera la femme commune, quand ils sont, comme elle, créanciers de la communauté ? Le mari n'a vendu son immeuble que parce qu'elle y a consenti, et elle a su, en y consentant, que son mari deviendrait le maître des deniers, et qu'elle ne serait plus créancière que du prix touché par la communauté (art. 1435, à la fin). Elle a eu confiance dans son mari! et les tiers aussi. Mais, dira-t-elle, je n'ai pas donné le prix de mon immeuble à mon mari. — Et nous, répliqueront les créanciers, nous ne lui avons pas donné non plus notre argent, nous n'avons fait que le lui prêter. — Mais le prix de mon immeuble doit se retrouver, sous une forme ou sous une autre, dans les fonds de cette communauté. — Et nos écus! répondront en chœur tous les créanciers, ne les avons-nous pas aussi versés dans les mains du chef de cette communauté? et, s'il y reste quelque chose, c'est plutôt notre argent que le vôtre, car il n'a eu recours à nous qu'après avoir épuisé ce qu'il tenait de vous par le fait de votre consentement.

Ajoutons à cette démonstration celle qu'a donnée de son côté le savant auteur du *Contrat de mariage* (M. Troplong, t. I, p. 451), en réfutant l'arrêt du 24 mars 1849, qui, le premier, avait adopté la doctrine qui faisait la femme propriétaire.

« Cet arrêt (dit M. Troplong, n° 400) est excellent pour ceux qui l'ont obtenu, mais il ne contient pas un mot qui le recommande aux esprits qui recherchent dans les décisions judiciaires les grandes lumières du droit, et les heureuses applications des principes. »

L'auteur discute cet arrêt en détail par bonnes et solides raisons dans les numéros suivants, après quoi, s'indignant lui-même contre la nouveauté si étrange introduite par cet article, il conclut ainsi :

« En réfléchissant à cet arrêt du 28 mars 1849, je me demande quel est le texte ou le nouveau point de vue qui ont pu le déterminer à s'écarter de la jurisprudence si hautement constatée, qu'il a trouvé en vigueur jusqu'à ce jour.

» Les textes! il n'y en a pas, ou, pour mieux dire, ceux du Code civil confirment l'ancienne pratique au lieu de s'en éloigner (art. 1471). »

Cette question, je l'adresse à mon tour à ceux qui, n'ayant pu consentir à faire de la femme, simple créancière, une propriétaire, ont essayé d'en faire une créancière privilégiée.

J'arrive ainsi à la dernière partie de cette discussion.

Les partisans d'un privilége quand même au profit de la femme se retranchent sur l'article 1483, qui n'est plus sous la rubrique de l'actif, mais sous celle du passif. Et, quoiqu'il soit dit en l'article 1482 que chacun des époux doit moitié des dettes de communauté, on s'arrange pour que la femme prime tous les créanciers.

Voici comment on raisonne :

Suivant l'article 1483, la femme n'est tenue que jusqu'à concurrence de son émolument : or le remboursement de sa créance ne constitue pas cet émolument, qui ne peut être que le bénéfice tiré de la communauté. Si donc on l'assujettit, comme les autres créanciers, à n'avoir qu'un dividende proportionnel, on diminue son avoir personnel, on la fait contribuer sur toute autre chose que son émolument.

Ce raisonnement constitue évidemment une fausse interprétation de l'article 1483.

Quel est l'effet ordinaire du bénéfice d'inventaire? C'est, suivant l'art. 802 du Code civil, de donner à l'héritier bénéficiaire l'avantage de n'être tenu du paiement des dettes que jusqu'à concurrence des biens qu'il a fait inventorier ; de ne pas confondre ses biens personnels qui demeureront à l'abri des poursuites des créanciers ; de pouvoir, en conséquence, réclamer, comme eux et concurremment avec eux, ses propres créances ; et même d'abdiquer plus tard, en comptant et relâchant tout ce qui provient de l'hérédité, et de se retirer indemne. Voilà le bénéfice attaché par la loi à cette qualité.

La femme n'a pas d'autres droits. L'article 1483 du Code civil, comme jadis les articles 221 et 228 de la coutume de Paris, donne à la femme, non pas une arme, mais un bouclier. Cet article lui fournit une exception pour protéger contre les poursuites des créanciers de la communauté sa personne, les propres réels qu'elle a repris en nature, et enfin ses biens à venir. Elle n'est tenue que sur la moitié de l'actif inventorié ; elle conserve, comme l'héritier bénéficiaire, le droit de réclamer le paiement de ses créances, et sur les biens de la communauté, et contre son mari ; mais il faut qu'elle rende le compte prescrit par l'article 1483, non pas seulement de son émolument, avec le sens restreint qu'on y attache, mais, suivant cet article, que ceux qui l'invoquent ont tort de tronquer, « en rendant compte tant du contenu de l'inventaire que de ce qui lui est échu par le partage » ; c'est-à-dire de *tous* les biens de la communauté, ainsi que le porte textuellement l'art. 1456.

Tel était l'ancien droit de la coutume de Paris : les mêmes textes appellent la même interprétation, commandent les mêmes conséquences.

Mais ici, qui le croirait, les partisans de la thèse que je combats reproduisent ces mêmes arguments, qui, à l'origine de la question, avaient déjà été proposés, et qui ont été réfutés par les arrêts : ce sont les malheureux arguments de *Mœvia* ; c'est le mari considéré comme simple dépositaire, la femme nantie d'un gage ; c'est enfin l'arrêt de 1567, mais en retranchant encore de la citation de Guy Coquille la condition de faire inventaire et de rendre compte, ce qui nous ramène toujours au vrai sens de la coutume de Paris et de la clause finale de l'article 1483. (Sur tous ces points, M. le procureur général reprend sommairement les raisons qu'il a fait valoir au commencement en discutant l'arrêt de 1594.)

Reste une objection la plus spécieuse, dont le sujet serait dans le *Traité de la communauté*, de Pothier, n° 747.

Sous ce numéro, Pothier pose, en commençant, le principe que la femme qui veut jouir du privilége attaché au bénéfice d'inventaire et se mettre à l'abri des poursuites des créanciers, doit leur rendre compte « de tous les effets de la communauté qu'elle a eus par le partage, tant pour sa part qu'à titre de préciput. »

Il suppose que le partage a été fait, que la femme a été payée de ses reprises, et il ajoute que, dans ce cas, elle a droit de porter en déduction de l'actif, comme valablement faits, les paiements qui lui ont été faits à elle-même, de même « qu'on doit lui allouer ce qu'elle a payé à d'autres créanciers de la communauté qui ont été plus vigilants à se faire payer que celui par qui elle est poursuivie. (N° 748.)

Dans cette hypothèse particulière, la femme doit rapporter ce qu'elle a reçu à titre de partage, mais non ce qu'elle a reçu comme créancière, non en vertu d'un privilége spécial qui lui appartienne, mais en vertu de cette règle de droit commun, *Meum recepi*, je n'ai reçu que ce qui m'était dû : *Jura vigilantibus prosunt*. Je dis que c'est le droit commun. Et, en effet, Pothier l'invoque ici pour la femme, le Code l'applique également contre elle par l'article 1488, lequel dit que « la femme qui a payé une dette de la communauté au delà de sa moitié, n'a point de répétition contre le créancier pour l'excédant. » Pourquoi cela ? Parce que, lui aussi, *suum recepit*, *sibi vigilavit*.

De même, sous le titre des Successions, à propos de l'héritier bénéficiaire, l'article 808 dit que, « s'il n'y a pas de créancier opposant, il paie les créanciers et légataires à mesure qu'ils se présentent. » Et l'article 809 ajoute que « les créanciers non opposants qui ne se présentent qu'après l'apurement du compte et le paiement du reliquat, n'ont de recours à exercer que contre les légataires ; » — les légataires dont le titre est gratuit, mais non contre les créanciers qui, comme la femme, dans l'hypothèse particulière de Pothier, n'ont reçu ce qui leur était dû.

La même règle, enfin, s'observe dans les faillites contre les créanciers retardataires qui ne viennent qu'après les premières répartitions ; et dans les ordres, pour ceux qui se laissent forclore faute de produire ou de contredire en temps utile. Partout, *tardè venientibus...*, point de paiement ; et contre ceux qui ont été vigilants, point de répétition.

Mais si nous sortons de cette hypothèse restreinte, si nous supposons que les créanciers interviennent à temps, avant tout paiement, avant le partage, alors que doit-il arriver ?

La femme, en vertu de son exception tirée du bénéfice d'inventaire, ne peut, si elle ne s'est pas obligée, être poursuivie ni personnellement, ni sur les immeubles en nature qu'elle a par-devers elle ; mais elle est obligée de laisser tout l'actif de la communauté, tout l'actif inventorié en face de tout le passif ; elle conserve seulement le droit de venir avec tous les autres créanciers, mais comme eux et sans préférence sur eux ; — c'est un naufragé du même navire.

Il y a dans le Code Napoléon, au titre du Partage de l'actif, un article auquel on n'a pas fait attention : c'est l'article 1476 ; il est ainsi conçu : « Au surplus, le partage de la communauté pour tout ce qui concerne ses formes, la licitation des immeubles quand il y a lieu, les effets du partage, la garantie qui en résulte et les soultes, est soumis à toutes les règles qui sont établies au titre des successions pour les partages entre cohéritiers. »

Or, sous le titre des Successions, section 1re, intitulée : « De l'action en partage et de sa forme, » le droit des créanciers est nettement établi. On y voit, article 826, que chacun des cohéritiers peut bien demander sa part en nature des meubles et immeubles ; mais « s'il y a des créanciers opposants, ou si la majorité des cohéritiers l'exige pour l'acquit des charges, les meubles sont vendus publiquement en la forme ordinaire. »

Et c'est précisément lorsque les meubles sont vendus, qu'il y a lieu, aux termes de l'article 990, d'en distribuer le prix entre tous les créanciers.

La femme, en présence de ces créanciers, ne peut donc plus, comme en leur absence, passer outre et se faire délivrer aucune partie de l'actif au préjudice des autres créanciers ; et pourquoi ? Parce que l'article 2093 du Code Napoléon dit que les biens du débiteur sont le gage commun de tous ses créanciers, à moins qu'il n'y ait des causes légitimes de préférence ; qui sont les priviléges et les hypothèques.

Or, la femme a bien son hypothèque légale écrite dans le Code ; mais on cherche en vain l'article qui justifie pour elle un privilége. Où sont les textes ? dirai-je à mon tour.

Et ceci nous conduit à un dernier argument. La loi sur les priviléges et hypothèques est la dernière du Code : elle couronne l'œuvre.

Le législateur reprend toutes les matières qui précèdent : la vente, le louage, l'échange, le gage, les partages de successions ; il n'oublie rien de ce qu'il veut rendre privilégié, et il ne peut rien oublier en cette matière, où tout est de droit étroit, très étroit, *strictissimi juris*, et où rien ne peut être étendu ni suppléé.

Priviléges généraux sur les meubles, priviléges spéciaux sur certains meubles, priviléges sur les immeubles, priviléges qui s'étendent sur les meubles et les immeubles. La femme n'y est pas comprise ; donc elle n'est pas privilégiée. Et qu'on ne dise pas qu'elle a été oubliée, car le législateur s'occupe d'elle ; il s'en occupe spécialement en lui accordant l'hypothèque légale, même sans inscription, pour toutes ses reprises en deniers. Telle est la garantie qu'il a entendu lui donner ; il n'a pas voulu lui en donner d'autre.

Le privilége qu'on réclame pour les reprises de la femme, et qui primerait tous les autres créanciers, est donc un privilége fantastique, qui n'a d'existence que dans l'imagination de ceux qui ont prétendu, dans ces derniers temps seulement, le lui faire attribuer, en jetant là perturbation dans toutes les transactions, et en faisant peser sur les tiers un danger tout à fait nouveau et contre lequel ils n'ont jamais eu à se prémunir.

De là l'inquiétude générale qui a saisi tous les esprits, de là l'anxiété du notariat. Cette honorable profession, si noblement exercée sous vos yeux, est assurément fort désintéressée dans la question, car, de quelque manière qu'il faille liquider, ou suivant l'ancienne forme observée de tout temps, ou selon la nouvelle qui se produit aujourd'hui, il y aura toujours le même nombre de liquidations. Mais le notariat s'élève à de plus nobles considérations et s'inquiète au nom de la morale et du crédit, au nom de la puissance maritale et de la facilité comme de la sûreté des transactions. J'ai désiré avoir l'opinion de ces hommes versés dans la pratique des affaires, qui possèdent les secrets des familles et connaissent bien les sources de la confiance publique. Ils m'ont fourni un cahier d'observations dont je veux vous lire seulement le préambule. Le reste signale les inconvénients qui se sont déjà révélés.

M. le procureur général donne cette lecture. Il reprend ensuite et conclut en ces termes :

Messieurs, on vous demande de faire, comme juges, ce que vous n'oseriez pas faire comme législateurs ! Car les lois n'ont pas d'effet rétroactif : elles ne disposent que pour l'avenir ; une loi nouvelle (quelque regrettable qu'elle fût à mon sens) ne troublerait point le passé ; au lieu que les arrêts, n'étant que déclaratifs du droit qu'ils sont censés seulement interpréter, remontent en arrière, et leur influence s'étend même sur des faits qu'on pouvait regarder comme accomplis.

Messieurs, le véritable fondement de la discussion est la dignité du mariage et la puissance du mari comme chef.

Les lois ont posé en principe que celui qui contracte doit connaître la capacité de la personne avec laquelle il traite : *Qui cum alio contrahit, gnarus esse debet conditionis ejus cum quo contrahit.* — Le Code a tout fait pour qu'il en fût ainsi.

Les intérêts civils du mariage se rapportent à deux systèmes : définis par la loi, fixés par les contrats. Les contrats doivent être authentiques, antérieurs au mariage ; ils n'admettent pas de contre-lettres que l'on puisse opposer aux tiers. On doit de plus déclarer à l'état civil sous quel régime les époux sont mariés, sous quel pavillon ils vont naviguer.

Le reste est défini par la loi.

Est-ce le régime dotal ? Les tiers se tiennent pour avertis que les immeubles dotaux sont inaliénables ; que la femme ne peut pas plus les hypothéquer que les vendre ; qu'elle ne peut les compromettre par des engagements personnels. Des acheteurs, des prêteurs, les solliciteraient, les obtiendraient en vain ; la vente, l'hypothèque, l'engagement seraient nuls ; aucune prescription ne pourrait couvrir le vice inhérent au point de départ.

C'est un régime de sécurité fondé sur la défiance. Il est pratiqué surtout dans les familles riches, dans les hautes classes. Pour les pays de droit écrit, c'est un reste du droit romain, du droit praticien.

En effet, la femme dotale est une sorte de matrone ; elle siége, pour ainsi dire, dans une chaise curule ; elle plane, presque sans y toucher, au-dessus des affaires du ménage, et si, par aventure, elles vont mal, elle répond avec un calme stoïque aux créanciers : « Ce sont les affaires de monsieur. »

Dans la communauté de biens, c'est tout autre chose. La communauté conjugale est le régime français par excellence ; c'est celui de nos pères ; il remonte aux origines mêmes de la nation. Là les intérêts ne se divisent pas ; ils se rapprochent, ils se confondent : c'est bien là l'*omnis vitæ consortium, individuam vitæ consuetudinem continens.*

Au sein de la communauté, point de cet égoïsme, de ce presque dédain, de cette indifférence qui trop souvent glace le régime dotal.

C'est une sollicitude de tous les jours, de tous les instants ; le mari travaille ; sa femme, autant qu'elle le peut, lui vient en aide ; il gagne, elle économise ; elle sait qu'elle peut gagner, et aussi qu'elle peut perdre (et il est bon qu'elle le sache), selon que la communauté sera bonne ou mauvaise ; que le sort des enfants, que l'honneur du mariage en dépend !....

C'est là la vie la plus générale en France ; celle de près de 20 millions de laboureurs, de plus de 5 millions d'industriels, d'ouvriers et d'artisans ; c'est la vie de presque toutes les familles bourgeoises, des gens qui ont des états, des charges d'avoués, de notaires, des places à cautionnement ; dans toutes ces ruches sanctifiées par le travail, le sentiment de la communauté est celui qui fait prospérer les bons et honnêtes ménages.

Mais dans cette communauté le mari est le chef ; il la représente ; il contracte pour elle, il a seul le pouvoir de l'obliger. On sait parfaitement qu'il n'a pas le droit de vendre ou d'engager les immeubles de sa femme, mais on sait qu'avec son consentement exprès il le peut.

On sait aussi que toutes les valeurs mobilières à lui confiées par la famille de sa femme, ou qui sont échues à celle-ci pendant la durée du mariage, sont mises à sa disposition, de la manière la plus absolue, comme tous les autres biens de la communauté; qu'il en est, disaient nos vieilles lois, le *seigneur et maître*; qu'il peut, disent les lois modernes, avec moins d'énergie dans l'expression, mais avec autant de force au fond, qu'il peut (Code civil, 1421, 1422) les vendre, aliéner, hypothéquer sans le concours de sa femme et en disposer même à titre gratuit, si bon lui semble. Tous ceux qui contractent avec lui savent, par conséquent, d'avance, et la loi à la main, que tous les biens, tout l'actif de cette communauté, dont il est le chef, est et sera le gage commun de leurs créances.

Jamais nos ancêtres, jamais nos législateurs modernes n'eurent l'idée déloyale que, sous le régime de la communauté, la femme, blottie dans un coin de la maison conjugale, y guetterait les créanciers de son mari pour devenir, plus tard, la cause de leur ruine, en venant tout à coup, par un retour offensif, que rien n'autorise et dont rien ne les avertit dans la loi, prendre avant eux, par privilége et à leur exclusion, toutes les valeurs mobilières et les conquêts de la communauté, c'est-à-dire l'actif même dont le mari se parait vis-à-vis d'eux pour obtenir leur argent, et qui composaient au dehors l'armure et l'amorce de son crédit. Car, sous ce régime, on ne saurait trop le dire, sous ce régime de liberté pour la femme, la confiance qu'elle a placée dans son mari devient la source et le germe de celle que lui accordent les tiers, qui, comme et après elle, ont suivi la foi de leur débiteur.

Ils savaient bien assurément que la femme commune a une hypothèque légale. Là ils sont sans excuse, s'ils n'ont pas pris leurs informations, les précautions de droit. Mais pour le mobilier, nulle préférence, nul privilége accordé à la femme, nul privilége prévu ou indiqué par le législateur.

Vainement dit-on, pour rassurer contre les effets de ce privilége qu'on revendique pour la femme, que les tiers exigeront son engagement! Mais y songe-t-on bien? Les notaires y ont déjà répondu : ce sera la guerre dans le ménage, si la femme résiste; et souvent sa ruine, quand elle aura la faiblesse de céder; et d'ailleurs, comment exiger à chaque instant ce concours de la femme pour les affaires courantes, les marchés de laboureurs et de marchands conclus en foire, en voyage, et pour des sommes souvent peu importantes ?

Messieurs, j'ai apporté dans l'examen de cette question l'étude la plus sérieuse, et dans sa discussion la conviction la plus entière. Et il ne fallait rien moins pour m'engager dans la pénible et difficile entreprise de me mettre en travers de la jurisprudence naissante et de préférer l'arrêt attaqué à l'arrêt de renvoi.

Et pourtant je l'ai fait sans hésiter, parce que je connais la magnanimité de vos consciences, et leur désintéressement de tout amour-propre quand il s'agit de faire triompher la vérité ! — Dans plusieurs occasions, vous en avez donné des preuves éclatantes.

..... Oserai-je espérer davantage ?... Le plus grand des jurisconsultes romains nous a laissé aussi un grand exemple d'abnégation individuelle. Dans une question où il s'était trop avancé, Papinien (car c'est lui dont je parle) s'arrêta devant l'opinion d'un autre jurisconsulte, qui lui était inférieur en science et en autorité, mais qui cette fois avait raison contre lui. Papinien n'hésita point ; il se rendit de bonne grâce, en disant avec une noble simplicité : « C'était autrefois mon avis, mais je me range à celui de Sabinus : *Nobis aliquando placebat, sed in contrarium me vocat Sabini sententia.* »

Dans ces circonstances et par ces considérations, nous estimons qu'il y a lieu de rejeter le pourvoi.

ARRÊT.

Le 17 janvier, après trois audiences de délibéré, la Cour, conformément aux conclusions de M. le procureur général, a rejeté le pourvoi par un arrêt ainsi conçu :

« La Cour,

» Sur le moyen unique de cassation pris de la violation des articles 1581, 1498, 1493 et 1494 du Code Napoléon, et des principes généraux du même Code sur le prélèvement des reprises de la femme à la dissolution de la communauté ;

» Attendu qu'à la dissolution de la communauté, dans le cas d'acceptation par la femme ou ses héritiers, les prélèvements respectifs des époux, lorsqu'ils ont pour objet soit les biens propres de chacun d'eux existant en nature, soit leurs remplois dûment effectués, ne peuvent être exercés qu'à la charge de justifier, conformément à l'article 1402 du Code Napoléon, de la propriété ou de la possession légale des biens à prélever ;

» Que, dans le cas du n° 1 de l'article 1470 du Code Napoléon, les prélèvements s'exercent donc à titre de propriétaire et constituent une véritable revendication ;

» Attendu, au contraire, que c'est à titre de créancier que chaque époux prélève soit le prix de ses propres aliénés, soit les indemnités qui lui sont dues par la communauté conformément aux n°s 2 et 3 dudit article ;

» Qu'en effet, l'action n'a alors pour cause qu'une diminution du patrimoine de l'un des époux et un profit corrélatif fait par la communauté ;

» Que cette cause ne produit pas un droit de propriété sur des objets déterminés, et qu'il n'en résulte qu'une créance et une action mobilière ;

» Attendu que l'actif de la communauté, composé de tout ce qui reste, distraction faite des objets reconnus propres à chacun des époux, après justification, est le gage commun des créanciers ;

» Attendu que la femme, pour sa dot et ses conventions matrimoniales, n'obtient certains droits de préférence que sur les immeubles de son mari, conformément aux articles 2121 et 2135 du Code Napoléon ; mais qu'aucun privilége, soit général, soit spécial, n'est inscrit en sa faveur sur les meubles de la communauté dans les articles 2101 et suivants du même Code ;

» Attendu qu'on ne saurait faire résulter des articles 1470 et 1471 du Code Napoléon un droit quelconque d'exclusion à l'égard des créanciers, au profit de la femme, pour ses prélèvements, sur les biens de la communauté ;

» Que ces articles ne s'occupent que du partage de l'actif entre les époux et des droits respectifs de ces derniers, en impliquant toutefois la charge des dettes, aux termes des articles 1468, 1482 et 1483 du Code Napoléon ;

» Attendu qu'un droit quelconque d'exclusion ou de préférence ne saurait résulter plus spécialement de l'art. 1483 ;

» Que cet article, étranger aux droits de la femme considérés comme affectant l'actif, a uniquement pour objet de limiter, par une sorte de bénéfice d'inventaire, les effets de l'obligation personnelle de la femme tenue, par le fait de son acceptation, de contribuer au paiement des dettes de la communauté contractées par le mari seul ;

» Attendu que les créanciers vigilants peuvent faire tous actes conservatoires et toutes poursuites légales pour s'assurer de leur gage et à fin d'être payés, notamment en se conformant aux articles 1476 et 883 du Code Napoléon ;

» Attendu que si, *après le partage consommé sans fraude*, la femme a le droit, sous les conditions exprimées audit article, de porter en dépense le montant de ses récompenses et indemnités dans le compte qu'elle doit aux créanciers survenants, ce droit, qui ne consiste qu'à retenir ce qu'elle a reçu à juste titre, n'implique nullement un droit de préférence ou d'exclusion attaché à la créance ainsi payée ;

» Attendu que des droits reconnus à la femme renonçante par l'article 1493 naissent pour elle des actions qu'elle exerce, à raison de leur nature, comme dans le cas d'acceptation, soit par voie de revendication, soit à titre de créancière ;

» Attendu, d'ailleurs, que l'article 1493, pour le cas de renonciation, n'est relatif, comme les articles 1470 et 1471 du Code Napoléon, pour le cas d'acceptation, qu'aux rapports des époux entre eux, et ne porte aucune atteinte aux droits des créanciers vigilants sur les biens qui sont leur gage ;

» Attendu que les principes ci-dessus sont applicables au cas de communauté conventionnelle ;

» Attendu, en fait, que la veuve Moinet, mariée sous le régime dotal, avec stipulation d'une société d'acquêts, a renoncé à cette société ; que les créanciers ont formé opposition avant qu'elle n'ait été légitimement payée du montant de ses reprises par l'héritier bénéficiaire de son mari ; qu'elle a toutefois repris sans contestation tous ses propres existant en nature ;

» Attendu que la veuve Moinet ne pouvant, sous les principes du régime de la communauté, comme sous le régime dotal, prétendre aucun droit exclusif à raison de ses autres reprises sur les biens meubles appartenant ou dévolus à la succession de son mari, et n'ayant, le cas échéant, qu'une hypothèque légale sur les immeubles, l'arrêt attaqué, en la déclarant mal fondée dans sa demande à fin de prélèvement préalable, à titre de propriétaire, sur l'actif mobilier et immobilier provenant de la communauté, du montant desdites reprises, par préférence aux créanciers opposants, et en la renvoyant, quant aux biens meubles, à la distribution par contribution pour y faire valoir ses droits ainsi qu'elle avisera, n'a, dans son dispositif, violé ni les articles invoqués du Code Napoléon, ni les principes généraux de la matière, et n'a fait qu'une juste application des articles 1493 et 2093 du même Code ;

» Par ces motifs, rejette, etc. »

COUR IMPÉRIALE DE PARIS.

PRÉSIDENCE DE M. LE PREMIER PRÉSIDENT DELANGLE.

Audience du 8 août 1854.

SOLUTION DE L'AFFAIRE PESCATORE.

Nous avons publié, il y a deux ans, ce procès dans tous ses détails (tome III). Nos lecteurs se souviennent qu'il s'agissait de la validité du mariage religieux contracté en Espagne entre M. J.-P. Pescatore et madame Anne-Catherine Weber, et qu'après un jugement de partage, la 1re chambre du tribunal, présidée par M. de Belleyme, sur la plaidoirie animée de Mes Dufaure et Chaix d'Est Ange, et les conclusions remarquables de M. Ernest Pinard, déclara ce mariage nul. Une transaction intervenue depuis entre les parties a mis fin au procès.

Me Deroulède, avoué de madame Pescatore, s'exprime ainsi :

Ce procès, qui a eu un si grand retentissement, se termine par un dénoûment pacifique. Le jugement est connu de la Cour ; elle sait qu'après un partage d'opinions, le tribunal a, le 26 août 1856, déclaré nul le mariage de Renteria du 8 octobre 1851, et rejeté la demande de communauté formée par ma cliente. Madame Pescatore a interjeté appel ; aujourd'hui, néanmoins, il ne s'agit plus de ce jugement ni de cet appel.

Dès le 25 novembre 1856, une transaction formant un véritable pacte de famille, et à laquelle je tiens à honneur d'avoir pris part, est intervenue entre madame Pescatore et les légataires universels et héritiers de M. Pescatore. Déjà l'harmonie la plus complète s'était manifestée à l'occasion du bout de l'an célébré pour le défunt ; dans les lettres d'invitation à ce service, madame Pescatore avait été nommée à côté de tous les membres de la famille comme veuve de M. Pescatore.

Voici les articles importants à connaître de cette transaction :

« Les légataires universels de Jean-Pierre Pescatore renoncent à contester la
» validité du mariage célébré à Renteria, le 8 novembre 1851, entre ledit M. Pes-
» catore et madame Anne-Catherine Weber.

» Par suite, tant en leur nom qu'en celui de MM. Ferdinand et Guillaume Pesca-
» tore, frères du défunt, ils reconnaissent à madame Pescatore la qualité et la position
» de femme mariée et de la veuve de M. Pescatore, avec toutes les conséquences
» qui s'y rattachent, lesquelles seront réglées ci-après quant aux intérêts civils. »

L'article deuxième, réglant les intérêts, contient la disposition suivante :

« Il est convenu à forfait que madame Pescatore, pour représenter ses droits
» dans la communauté, aura un neuvième des biens et valeurs de toute nature en
» toute propriété et nue propriété pouvant dépendre, soit de la communauté, soit de
» la succession de M. Pescatore, après toutefois les prélèvements ci-après stipulés.

» Les parties conviennent qu'il sera prélevé, avant tout partage sur l'actif, quel
» qu'il soit, laissé par M. Jean-Pierre Pescatore et dépendant desdites communautés
» et succession :

» 1° Tout le passif à la charge desdites communauté et succession ;

» Tous les legs particuliers de meubles et immeubles, qu'elle qu'en soit la nature,
» contenus au testament olographe du 5 octobre 1853, au codicille qui le suit
» et au testament notarié du 8 décembre 1855, et toutes les charges imposées par
» ce testament aux légataires universels, y compris les dispositions faites au profit
» de madame Pescatore en toute propriété et en usufruit. »

Suit le détail circonstancié des prélèvements, parmi lesquels se trouvent les
legs faits à madame Pescatore elle-même.

Les articles troisième et quatrième règlent d'une manière honorable le
deuil, l'habitation, la nourriture, auxquels, comme femme ayant été commune, et comme veuve, madame Pescatore avait droit, aux termes des articles
1465 et 1481 du Code Napoléon.

La transaction se termine par la déclaration que le jugement du 27 août 1856
reste sans effet et comme non avenu, quant à la disposition qui considère
comme nul le mariage de madame Pescatore.

Cette transaction, ajoute M⁰ Deroulède, n'avait pu être immédiatement so-
lennisée, par suite de difficultés relatives à son engistrement ; ces difficultés
ayant été levées dans le courant du mois de juillet dernier, et l'acte ayant été
déposé dans l'étude de Mᵉ Fould, notaire à Paris, nous venons en demander
la sanction à la Cour en lui présentant un projet d'arrêt déjà soumis à M. l'avocat général et à M. le premier président, et auquel nous prions la Cour de
donner son assentiment.

Mᵉ FERRON, avoué des légataires universels, déclare adhérer à cette
demande.

Sur les conclusions conformes de M. DE GAUJAL, avocat général,

« La Cour,
» Faisant droit sur les demandes et conclusions des parties,
» Considérant que depuis l'appel, et à la date des 25, 30 novembre et 11 dé-

cembre 1856, il est intervenu entre l'appelante et les légataires universels et héritiers de Jean-Pierre Pescatore, un acte ou pacte de famille, enregistré et déposé dans l'étude de Mᵉ Fould, notaire à Paris, aux termes duquel les parties ont transigé sur les contestations existantes entre elles ;

» Que devant la Cour, les intimés renouvellent les déclarations déjà exprimées dans cet acte ; que dès lors, l'appel n'a plus d'objet ;

» Donne acte aux parties des transactions et déclarations susvisées ;

» Dit, en conséquence, qu'il n'y a lieu de statuer sur l'appel ;

» Compense les dépens que les parties emploieront en frais de liquidation et de partage. »

TABLE DES MATIÈRES

CONTENUES DANS LE TOME V.

———

www.ingramcontent.com/pod-product-compliance
Lightning Source LLC
LaVergne TN
LVHW010839060726
842526LV00002B/326